中国农垦农场志丛

云 南
东风农场志

中国农垦农场志丛编纂委员会 组编
云南省景洪市东风农场志编纂委员会 主编

中国农业出版社
北 京

图书在版编目（CIP）数据

云南东风农场志 / 中国农垦农场志丛编纂委员会组
编；云南省景洪市东风农场志编纂委员会主编 . —北京：
中国农业出版社，2022.12
（中国农垦农场志丛）
ISBN 978-7-109-30639-4

Ⅰ.①云…　Ⅱ.①中…　②云…　Ⅲ.①国营农场一概
况一景洪　Ⅳ.①F324.1

中国国家版本馆 CIP 数据核字（2023）第 070565 号

出 版 人：刘天金
出版策划：苑　荣　刘爱芳
丛书统筹：王庆宁　赵世元
审 稿 组：柯文武　干锦春　薛　波
编 辑 组：杨金妹　王庆宁　周　珊　刘昊阳　黄　曦　李　梅　吕　睿　赵世元　黎　岳
　　　　　刘佳玫　王玉水　李兴旺　蔡雪青　刘金华　陈思羽　张潇逸　喻瀚章　赵星华
工 艺 组：毛志强　王　宏　吴丽婷
设 计 组：姜　欣　关晓迪　王　晨　杨　婧
发行宣传：王贺春　蔡　鸣　李　晶　雷云钊　曹建丽
技术支持：王芳芳　赵晓红　张　瑶

云南东风农场志

Yunnan Dongfeng Nongchang Zhi

中国农业出版社出版
地址：北京市朝阳区麦子店街 18 号楼
邮编：100125
责任编辑：李　梅　文字编辑：刘金华
版式设计：王　晨　责任校对：吴丽婷
印刷：北京通州皇家印刷厂
版次：2022 年 12 月第 1 版
印次：2022 年 12 月北京第 1 次印刷
发行：新华书店北京发行所
开本：889mm×1194mm　1/16
印张：40.5　插页：24
字数：950 千字
定价：288.00 元

20 世纪 60 年代，东风农场开垦场景

20 世纪 60 年代，东风农场建场初期的开垦场景

20 世纪 60 年代，开垦梯田大会战

劳作

兵团时期，召开水电站送电庆祝大会

20 世纪 60 年代农场的拖拉机

修葺房屋

架设桥梁

水稻种植　■

劳作途中　■

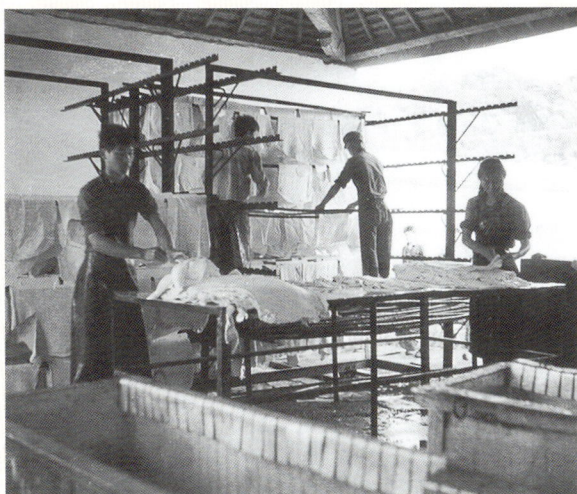

劳作　■

平整土地　■

磨刀　■

半农半读　■

民兵训练

养猪

清洗蔬菜

胶乳监测

割胶

收胶归来（过去）

收胶归来（现在）

2008 年 12 月，东风农场建场 50 周年场庆

2018 年 12 月，东风农场建场 60 周年场庆

2018 年 11 月 26 日，国营东风农场举行揭牌仪式

2020 年 11 月 24 日，景洪市东风农场社区管理委员会挂牌

1987年，农场原党委书记、省农垦总局原副局长吉来喜（左四）
"回娘家"，农场原场长徐作民（左二）陪同到胶林调研

1987年，原十三军军长，后任昆明军区副司令陈康（左二）中将
到东风农场调研

1988年，云南农垦总局原党委书记钱明达（左三）与西双版纳
傣族自治州原州委书记李殿元（左二）、原州长召存信（左六）
在东风农场视察工作

1996年，农业部原常务副部长刘成果（中间）、云南原农垦总局局长古希全（右二）到东风农场视察工作，农场原党委书记卢明康（左二）陪同视察

1998年，全国人大常委会委员、农业部部长何康（前排左四）在云南农垦总局局长古希全（前排左三）陪同下到东风农场视察工作

2006年，云南省委副书记李纪恒在西双版纳东风农场工作调研期间，向胶工董贞旺请教割胶技术

2007年2月，国家旅游局局长邵琪伟回到知青时代工作过的东风农场四分场看望曾经一起工作、生活过的在场老同志蔡娣芬

2008年12月，云南农垦集团党委书记、董事长杨焰平陪同沈红光回到当年工作过的连队看望老工人，重温当年一起种植橡胶树的场景

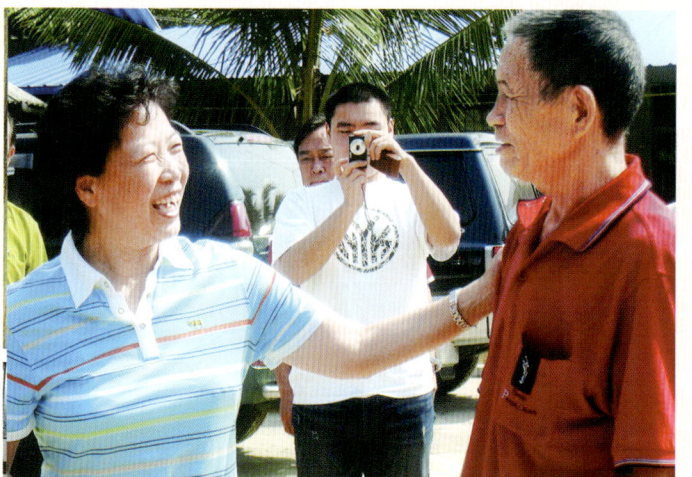

2010年5月，陈际瓦回到当年工作过的连队，看望连长夏开党

2017 年 10 月 24 日，云南农垦局领导到东风农场
考察指导产业发展工作

2019 年，景洪市委书记应亥宗（左四），市委副书
记、市长白玲（左二）在东风农场调研

2022 年，景洪市委副书记、市长刀海清在东风农场
现场办公，规划农场发展远景

1968年2月首都赴云南西双版纳东风总场疆峰农场五队"五十五"位老北京知青名录

第一排左起：李纪新、伍　明、鲍希平、李　莉、林宝玉、朱春兰、张鸿彬、杨文慧、葛安霞、梁芳洁、林　兵、张宏志
第二排左起：张春荣、宋方万、李　南、卢小平、王戈平、李小素、王小豫、周秀华、邵乐平、刘卫疆、林　力、游　恒、陈　光
第三排左起：王惠民、刘　青、严　策、刘安阳、张进辉、伍穗戈、彭振戈、凌　瑜、邓继嘉、王树理、齐景西、曾塞外
第四排左起：何龙江、卢海南、周长生、李镇江、孙　宁、安仲凯、仲永和、王文森、李大明、张承代、苏北海、陈新增、黄强祖、王开平、谢一可、魏万京、尹　正
张延华（照片中缺席）
随后，李再延、周康荣、李惠民加入老"北京55"知青行列，共58人。图片拍于1968年2月疆峰农场五队。

知青在东风农场的生产、生活场景

知青在东风农场的生产、生活场景 ■

东风农场知青点

2008 年 12 月 19 日，北京、上海、重庆、昆明四地知青代表团云集东风农场，共度场庆 50 周年

四、农场风貌

1970 年的勐龙坝

2008 年的东风城镇

2018 年初具规模的东风城镇

2020 年，远眺东风农场

东风农场一角

五、农场建设

2005 年，东风小康路竣工 ■

2005 年，东风集贸市场建成 ■

2005 年，东风自来水厂通水 ■

2007 年，东风农场景观大道竣工 ■

东风文化广场 ■

云南农垦第一座博物馆——国营东风农场博物馆

东风汽车客运站

东风龙泉公墓

东风休闲中心

知青纪念碑——记忆

东风农场雕塑群

住宿区

东风景苑

"东风花园"职工住宅区

70年代农场办公大楼

1980年，东风农场场部

1988年，东风农场场部

2008年，国营东风农场场部

2020年，国营东风农场场部办公楼

一分场

二分场

三分场

四分场

五分场

六分场

七分场

八分场

九分场

十分场

十一分场

十二分场

"东试早柚"种植基地 ■

天然橡胶良种繁育基地 ■

东试早柚 ■

火龙果种植基地 ▮

东风农场发展第三产业——橡胶林下魔芋种植（朱武军摄）▮

珠芽黄魔芋 ▮

牛油果种植基地

牛油果

木瓜种植

木瓜

芒果

菠萝蜜

香蕉种植基地

渔业养殖

牛蛙养殖

奶牛养殖

家禽养殖

东风电站

东风光明电站

西双版纳温泉山庄（东风农场七分场）

心联兴超市

东风南春车市

南春大酒店

万亩橡胶 ■

胶园晨曲 ■

国营东风农场
STATE-RUN DONGFENG FARM

发展状大的橡胶产业
制胶生产

收集

混合

凝固

压薄

压绉

装箱

干燥

称重

打包

制胶生产

产品质量国家免检 ■

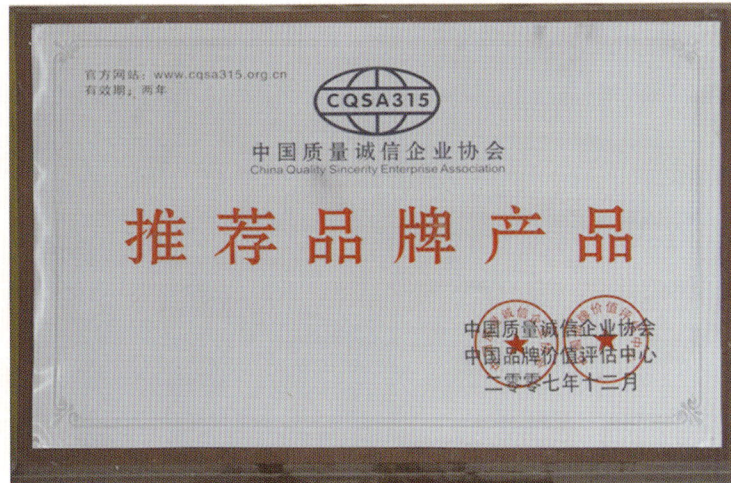

推荐品牌产品 ■

橡胶生产 ■

橡胶制品 ■

茶艺师（初级）技能培训 ■

育婴师（初级）技能培训 ■

东试早柚栽培技术培训 ■

插花技术培训 ■

中式烹调师（初级）技能培训 ■

电工师（初级）技能培训 ■

中式面点师（初级）技能培训 ■

2008年，东风农场解放思想、转变观念，加快推进农场二次创业动员大会 ■

2014年11月11日，全州"村村响"应急广播系统工程建设座谈会在东风 ■
农场召开。东风农场是全州首家全覆盖开通应急广播系统工程建设的单位

2015年6月10日，西双版纳州环境友好型胶园现场会在东风农场召开 ■

2016 年 7 月 7 日，召开国营东风农场职工（承包人）代表大会 ■

2019 年 7 月 26 日，召开景洪市东风农场第二届工会会员大会 ■

2020 年，国营东风农场第十七届二次职工代表大会代表合影 ■

2022 年 3 月，召开景洪市农垦集团东风农场有限责任公司第一次职工代表大会第一次全体会议 ■

2020 年，召开东风农场纪念中国共产党成立 99 周年庆祝大会 ■

东风文化站

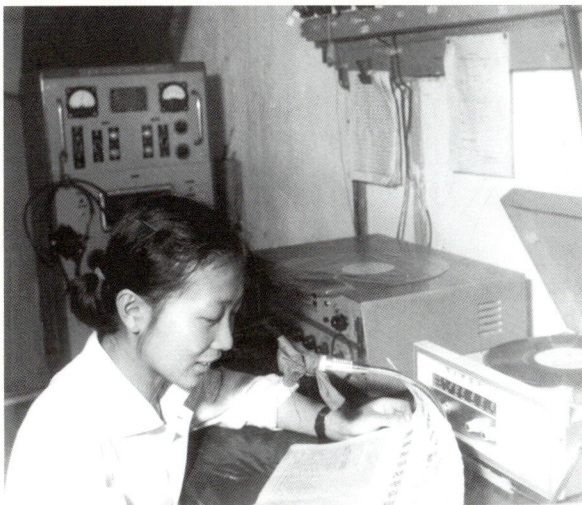

20 世纪 60 年代农场广播

广播传播正能量

农家书屋阅读活动

开展群众性健步走活动

职工运动会

2005 年 4 月 20—25 日，东风农场与勐龙镇联合举办
泼水节交易会

2007 年 1 月 18 日，东风农场自编自演的舞蹈《雨林》
在中央电视台情系云南农垦"乡村大世界"登台亮相

2008 年 12 月 19 日，东风农场举行建场 50 周年庆典
活动文艺表演"东风飞歌"

2013 年，东风农场、勐龙情重庆知青、曼景湾村联
合举办文艺联欢晚会

2014 年 12 月 20 日，东风农场文艺队在澜沧江·湄公河流域国
家文化艺术节表演情景剧《永恒的记忆》，并荣获二等奖

"东风韵"文化惠民下乡巡演 ■

"东风韵"职工群众迎春文艺汇演 ■

"中国梦—傣乡情、农垦魂"文艺下乡巡演 ■

2018年1月17日，东风农场文艺队参加中央电视台音乐
频道《美丽中国唱起来》新春走基层专题节目录制

2018年12月16日，知名画家杨革非在东风农场60周年
场庆之际向农场捐赠美术作品《岁月峥嵘》

践行社会主义核心价值观演讲比赛

2019年，景洪市首届东试早柚文化节在东风农场举办

东风幼儿园 ■

景洪市第五中学（原东风农场中学） ■

勐龙镇小街中心小学（原东风农场二分场小学） ■

曼老中心小学（原东风农场一分场小学） ■

景洪市中傣医院（原东风农场医院） ▮

东风农场医院 ▮

十二、出版成果

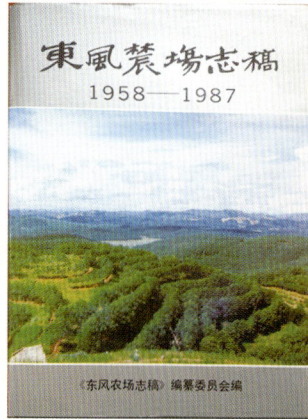

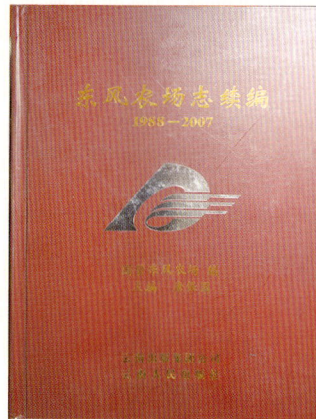

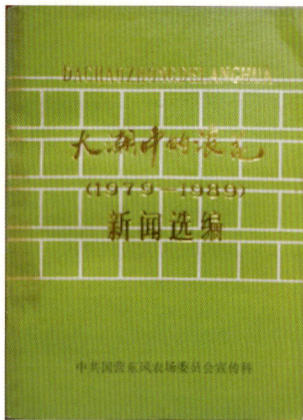

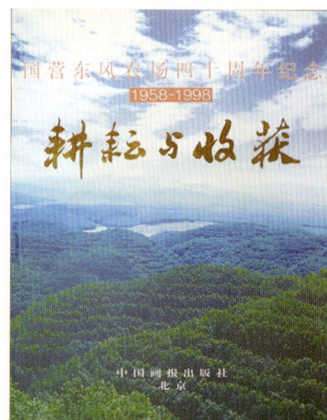

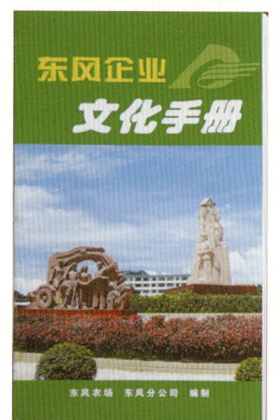

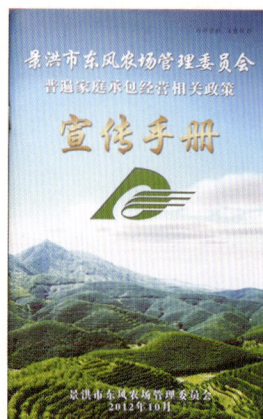

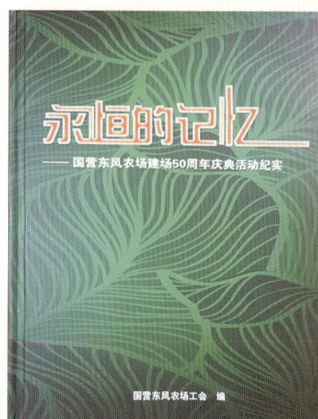

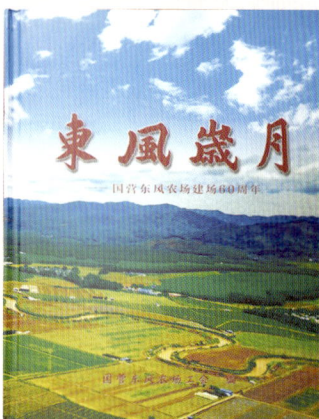

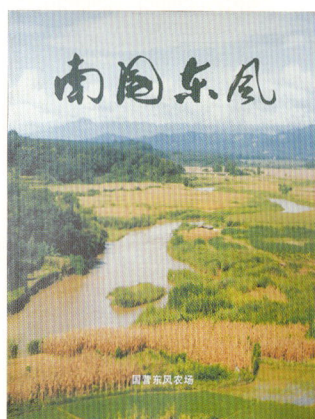

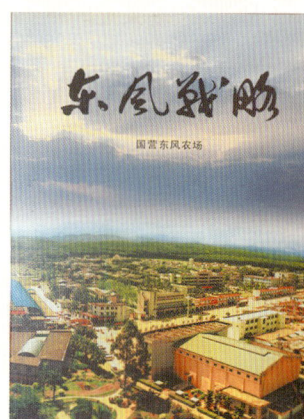

東風農場志稿
1958—1987
《东风农场志稿》编纂委员会编

东风农场志续编
1988—2007

春华秋实
国营东风霜埌三十周年纪念
(1958—1988)
AN AUTOGRAPH ALBUM FOR THE 30TH ANNIVERSARY OF
FOUNDING OF STATE OWNED DONG FENG FARM

大坝村的农民
(1979—1989)
新闻选编
中共国营东风农场委员会宣传科

DONG FENG DI YI ZHI
东风第一村
东风备垦三十五年征程
国营东风农场 编

国营东风农场四十周年纪念
1958—1998
耕耘与收获
中国画报出版社
北京

东风企业
文化手册
东风农场 东风分公司 编制

放飞理想
——东风歌辑
国营东风农场
东风分公司

景洪市东风农场管理委员会
普遍家庭承包经营相关政策
宣传手册
景洪市东风农场管理委员会
2012年10月

永恒的记忆
——国营东风农场建场50周年庆典活动纪实
国营东风农场工会 编

岁月容颜
主编
国营东风农场

東風岁月
国营东风农场建场60周年
国营东风农场工会

南国东风
国营东风农场

东风战略
国营东风农场

MENG LONG
YIN JI
上海知青在西双版纳
勐龙印迹

农场出版成果

— 44 —

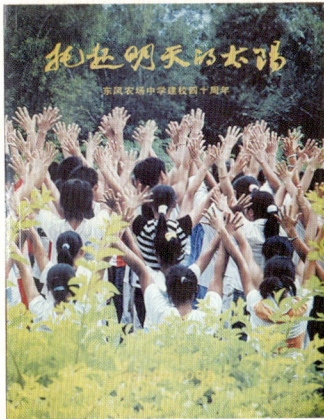
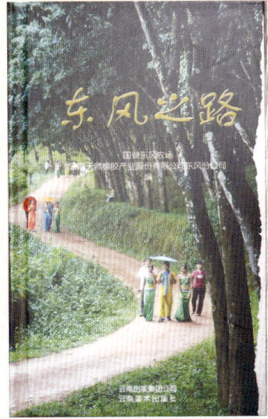

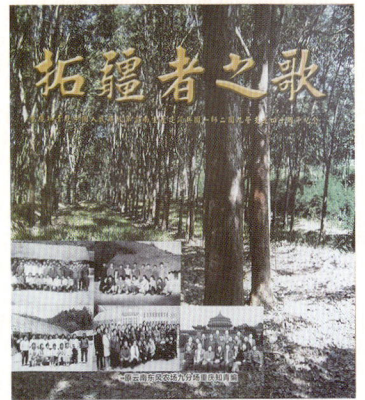

农场出版成果

十三、农场荣誉

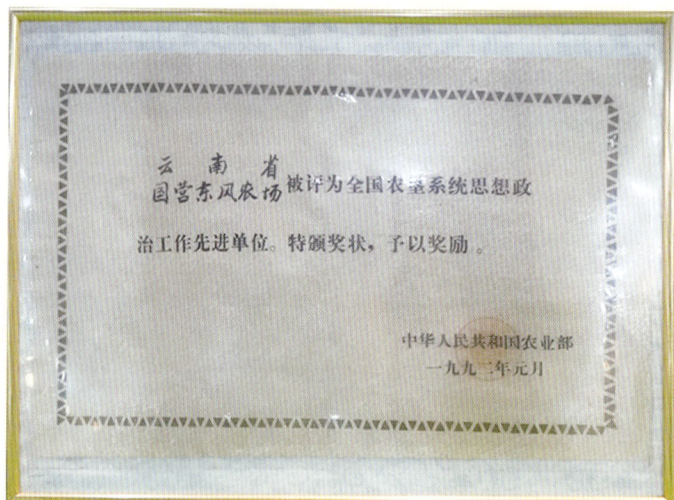

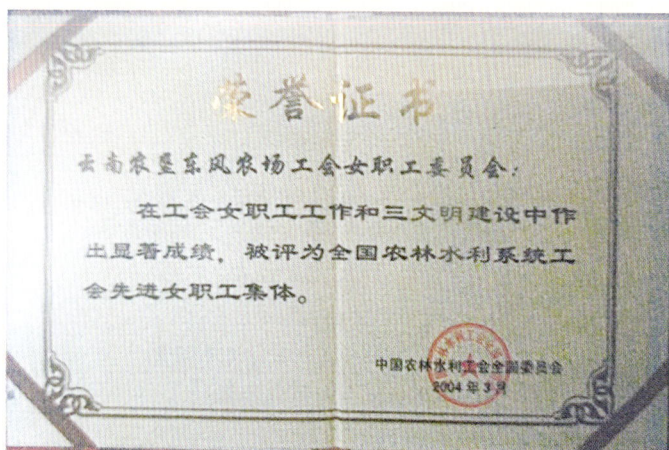

农场获得的荣誉

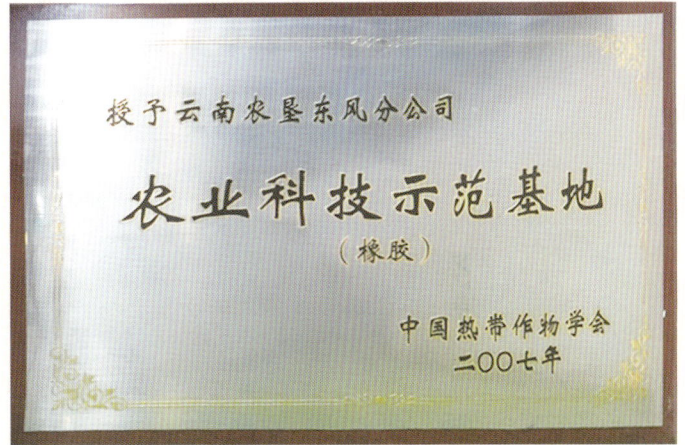

1999-2001年度

全国五四红旗团委创建单位

共青团中央组织部

授予

模范职工之家

中华全国总工会
二〇〇五年五月

全国农垦现代农业示范区

中华人民共和国农业部
二〇〇七年六月

授予云南农垦东风分公司

农业科技示范基地

（橡胶）

中国热带作物学会
二〇〇七年

文明单位

中共云南省委员会
云南省人民政府

命名 国营东风农场为

文明农场

中共云南省委
云南省人民政府

奖状

授予 云南省国营东风农场团委

云南省先进团组织

共青团云南省委
1999年5月4日

先进职工之家

云南省农垦工会
一九二十

云南省安置下岗职工再就业

先进集体

云南省总工会
一九九九年十二月

授予

模范职工之家

云南省总工会
二〇〇二年十一月

云南省五四红旗团委

共青团云南省委
二〇〇七年五月

授予：云南天然橡胶产业股份有限公司东风分公司

云南省优秀文化品牌建设先进单位

云南省经济与文化促进会
二〇〇八年元月

奖：

扶贫工作先进集体

中共西双版纳州委
西双版纳州人民政府
二〇〇五年元月

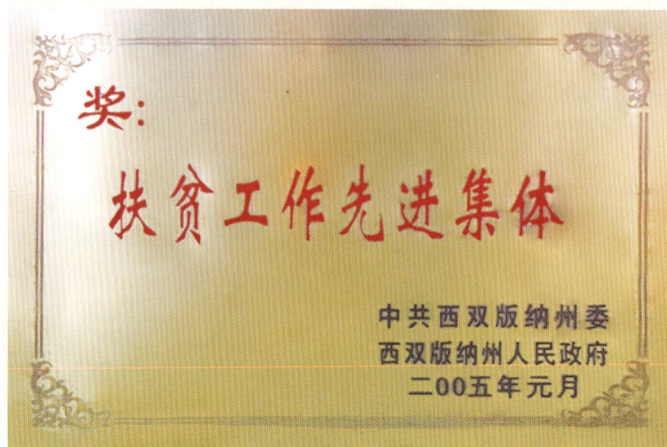

农场获得的荣誉 ■

中国农垦农场志丛编纂委员会

主 任

张兴旺

副主任

左常升　李尚兰　刘天金　彭剑良　程景民　王润雷

成 员（按垦区排序）

肖辉利　毕国生　苗冰松　茹栋梅　赵永华　杜　鑫

陈　亮　王守聪　许如庆　姜建友　唐冬寿　王良贵

郭宋玉　兰永清　马常春　张金龙　李胜强　马艳青

黄文沐　张安明　王明魁　徐　斌　田李文　张元鑫

余　繁　林　木　王　韬　张懿笃　杨毅青　段志强

武洪斌　熊　斌　冯天华　朱云生　常　芳

中国农垦农场志丛编纂委员会办公室

主 任

王润雷

副主任

王　生　刘爱芳　武新宇　明　星

成 员

胡从九　刘琢琬　干锦春　王庆宁

— 1 —

中国农垦农场志

云南省景洪市东风农场志编纂委员会

顾　　　问：赵　刚　刀海清
主　　　任：丁光宏
常务副主任：宁新功
副　主　任：瞿志敏　赵维瑜　邱　军
委　　　员：徐作民　杨　璧　唐保国　李　平　何　剑　蒋增明
　　　　　　玉楠叫　江代礼　周友剑　岩　燕　黄昌林　凌帮武
　　　　　　茹兴荣　张　军　付开兵　魏孟芝　朱密密　朱兴秋

云南省景洪市东风农场志编纂人员

主　　　审：丁光宏
主　　　编：宁新功
副　主　编：唐保国　瞿志敏　赵维瑜
执行副主编：李　平　朱密密
责任编辑：李　鑫　朱兴秋
编　　　辑：王怀健　赵旭良　王　征　周　力　贺　环　陈云发
　　　　　　周　锦　李　进　柳成章　唐文彬　朱武军　曾玉珍
　　　　　　陈　燕　苏建军　黄　东　邓元忠　普树忠　陈剑波
　　　　　　吴志红　刘　灼　张吉林　杨培荣　魏正荣　王正强
　　　　　　王海（一分场）　兰加华　陈章福　唐德锋　付华平
　　　　　　陈国忠　陈勇军　陈　辉　陶汝平　方正华　姜义新
　　　　　　李祥平　敖俊涛　陈　敏　李云候　吴　佳　李　玲
　　　　　　唐和平　钟　兵　姚永林　黄　梅　吴　芳　高汝亚
　　　　　　李建雄　李　健　杨　红　朱秘莹　李梦斯琴　鲁兰婉琳
图片提供：彭振戈（安哥）　朱武军　刁晓明　孙向荣　王怀健
　　　　　　刁绍芳　潘　泉　胡晓泉　黄国华　胡再华　李　平
　　　　　　吴雅璐　陈新增　苏怡洁　田　英　王　海（十一分场）

— 3 —

中国农垦农场志丛自 2017 年开始酝酿，历经几度春秋寒暑，终于在建党 100 周年之际，陆续面世。在此，谨向所有为修此志作出贡献、付出心血的同志表示诚挚的敬意和由衷的感谢！

中国共产党领导开创的农垦事业，为中华人民共和国的诞生和发展立下汗马功劳。八十余年来，农垦事业的发展与共和国的命运紧密相连，在使命履行中，农场成长为国有农业经济的骨干和代表，成为国家在关键时刻抓得住、用得上的重要力量。

如果将农垦比作大厦，那么农场就是砖瓦，是基本单位。在全国 31 个省（自治区、直辖市，港澳台除外），分布着 1800 多个农垦农场。这些星罗棋布的农场如一颗颗玉珠，明暗随农垦的历史进程而起伏；当其融汇在一起，则又映射出农垦事业波澜壮阔的历史画卷，绽放着"艰苦奋斗、勇于开拓"的精神光芒。

（一）

"农垦"概念源于历史悠久的"屯田"。早在秦汉时期就有了移民垦荒，至汉武帝时创立军屯，用于保障军粮供应。之后，历代沿袭屯田这一做法，充实国库，供养军队。

总序

中国农垦农场志丛

中国共产党借鉴历代屯田经验，发动群众垦荒造田。1933年2月，中华苏维埃共和国临时中央政府颁布《开垦荒地荒田办法》，规定"县区土地部、乡政府要马上调查统计本地所有荒田荒地，切实计划、发动群众去开荒"。到抗日战争时期，中国共产党大规模地发动军人进行农垦实践，肩负起支援抗战的特殊使命，农垦事业正式登上了历史舞台。

20世纪30年代末至40年代初，抗日战争进入相持阶段，在日军扫荡和国民党军事包围、经济封锁等多重压力下，陕甘宁边区生活日益困难。"我们曾经弄到几乎没有衣穿，没有油吃，没有纸、没有菜，战士没有鞋袜，工作人员在冬天没有被盖。"毛泽东同志曾这样讲道。

面对艰难处境，中共中央决定开展"自己动手，丰衣足食"的生产自救。1939年2月2日，毛泽东同志在延安生产动员大会上发出"自己动手"的号召。1940年2月10日，中共中央、中央军委发出《关于开展生产运动的指示》，要求各部队"一面战斗、一面生产、一面学习"。于是，陕甘宁边区掀起了一场轰轰烈烈的大生产运动。

这个时期，抗日根据地的第一个农场——光华农场诞生了。1939年冬，根据中共中央的决定，光华农场在延安筹办，生产牛奶、蔬菜等食物。同时，进行农业科学实验、技术推广，示范带动周边群众。这不同于古代屯田，开创了农垦示范带动的历史先河。

在大生产运动中，还有一面"旗帜"高高飘扬，让人肃然起敬，它就是举世闻名的南泥湾大生产运动。

1940年6—7月，为了解陕甘宁边区自然状况、促进边区建设事业发展，在中共中央财政经济部的支持下，边区政府建设厅的农林科学家乐天宇等一行6人，历时47天，全面考察了边区的森林自然状况，并完成了《陕甘宁边区森林考察团报告书》，报告建议垦殖南泥洼（即南泥湾）。之后，朱德总司令亲自前往南泥洼考察，谋划南泥洼的开发建设。

1941年春天，受中共中央的委托，王震将军率领三五九旅进驻南泥湾。那时，南泥湾俗称"烂泥湾","方圆百里山连山",战士们"只见梢林不见天",身边做伴的是满山窜的狼豹黄羊。在这种艰苦处境中,战士们攻坚克难,一手拿枪,一手拿镐,练兵开荒两不误,把"烂泥湾"变成了陕北的"好江南"。从1941年到1944年,仅仅几年时间,三五九旅的粮食产量由0.12万石猛增到3.7万石,上缴公粮1万石,达到了耕一余一。与此同时,工业、商业、运输业、畜牧业和建筑业也得到了迅速发展。

南泥湾大生产运动,作为中国共产党第一次大规模的军垦,被视为农垦事业的开端,南泥湾也成为农垦事业和农垦精神的发祥地。

进入解放战争时期,建立巩固的东北根据地成为中共中央全方位战略的重要组成部分。毛泽东同志在1945年12月28日为中共中央起草的《建立巩固的东北根据地》中,明确指出"我党现时在东北的任务,是建立根据地,是在东满、北满、西满建立巩固的军事政治的根据地",要求"除集中行动负有重大作战任务的野战兵团外,一切部队和机关,必须在战斗和工作之暇从事生产"。

紧接着,1947年,公营农场兴起的大幕拉开了。

这一年春天,中共中央东北局财经委员会召开会议,主持财经工作的陈云、李富春同志在分析时势后指出:东北行政委员会和各省都要"试办公营农场,进行机械化农业实验,以迎接解放后的农村建设"。

这一年夏天,在松江省政府的指导下,松江省省营第一农场(今宁安农场)创建。省政府主任秘书李在人为场长,他带领着一支18人的队伍,在今尚志市一面坡太平沟开犁生产,一身泥、一身汗地拉开了"北大荒第一犁"。

这一年冬天,原辽北军区司令部作训科科长周亚光带领人马,冒着严寒风雪,到通北县赵光区实地踏查,以日伪开拓团训练学校旧址为基础,建成了我国第一个公营机械化农场——通北机械农场。

之后,花园、永安、平阳等一批公营农场纷纷在战火的硝烟中诞生。与此同时,一部分身残志坚的荣誉军人和被解放的国民党军人,向东北荒原宣战,艰苦拓荒、艰辛创业,创建了一批荣军农场和解放团农场。

再将视线转向华北。这一时期，在河北省衡水湖的前身"千顷洼"所在地，华北人民政府农业部利用一批来自联合国善后救济总署的农业机械，建成了华北解放区第一个机械化公营农场——冀衡农场。

除了机械化农场，在那个主要靠人力耕种的年代，一些拖拉机站和机务人员培训班诞生在东北、华北大地上，推广农业机械化技术，成为新中国农机事业人才培养的"摇篮"。新中国的第一位女拖拉机手梁军正是优秀代表之一。

（二）

中华人民共和国成立后农垦事业步入了发展的"快车道"。

1949 年 10 月 1 日，新中国成立了，百废待兴。新的历史阶段提出了新课题、新任务：恢复和发展生产，医治战争创伤，安置转业官兵，巩固国防，稳定新生的人民政权。

这没有硝烟的"新战场"，更需要垦荒生产的支持。

1949 年 12 月 5 日，中央人民政府人民革命军事委员会发布《关于 1950 年军队参加生产建设工作的指示》，号召全军"除继续作战和服勤务者而外，应当负担一部分生产任务，使我人民解放军不仅是一支国防军，而且是一支生产军"。

1952 年 2 月 1 日，毛泽东主席发布《人民革命军事委员会命令》："你们现在可以把战斗的武器保存起来，拿起生产建设的武器。"批准中国人民解放军 31 个师转为建设师，其中有 15 个师参加农业生产建设。

垦荒战鼓已擂响，刚跨进和平年代的解放军官兵们，又背起行囊，扑向荒原，将"作战地图变成生产地图"，把"炮兵的瞄准仪变成建设者的水平仪"，让"战马变成耕马"，在戈壁荒漠、三江平原、南国边疆安营扎寨，攻坚克难，辛苦耕耘，创造了农垦事业的一个又一个奇迹。

1. 将戈壁荒漠变成绿洲

1950 年 1 月，王震将军向驻疆部队发布开展大生产运动的命令，动员 11 万余名官兵就地屯垦，创建军垦农场。

垦荒之战有多难，这些有着南泥湾精神的农垦战士就有多拼。

没有房子住，就搭草棚子、住地窝子；粮食不够吃，就用盐水煮麦粒；没有拖拉机和畜力，就多人拉犁开荒种地……

然而，戈壁滩缺水，缺"农业的命根子"，这是痛中之痛！

没有水，战士们就自己修渠，自伐木料，自制筐担，自搓绳索，自开块石。修渠中涌现了很多动人故事，据原新疆兵团农二师师长王德昌回忆，1951年冬天，一名来自湖南的女战士，面对磨断的绳子，情急之下，割下心爱的辫子，接上绳子背起了石头。

在战士们全力以赴的努力下，十八团渠、红星渠、和平渠、八一胜利渠等一条条大地的"新动脉"，奔涌在戈壁滩上。

1954年10月，经中共中央批准，新疆生产建设兵团成立，陶峙岳被任命为司令员，新疆维吾尔自治区党委书记王恩茂兼任第一政委，张仲瀚任第二政委。努力开荒生产的驻疆屯垦官兵终于有了正式的新身份，工作中心由武装斗争转为经济建设，新疆地区的屯垦进入了新的阶段。

之后，新疆生产建设兵团重点开发了北疆的准噶尔盆地、南疆的塔里木河流域及伊犁、博乐、塔城等边远地区。战士们鼓足干劲，兴修水利、垦荒造田、种粮种棉、修路架桥，一座座城市拔地而起，荒漠变绿洲。

2. 将荒原沼泽变成粮仓

在新疆屯垦热火朝天之时，北大荒也进入了波澜壮阔的开发阶段，三江平原成为"主战场"。

1954年8月，中共中央农村工作部同意并批转了农业部党组《关于开发东北荒地的农建二师移垦东北问题的报告》，同时上报中央军委批准。9月，第一批集体转业的"移民大军"——农建二师由山东开赴北大荒。这支8000多人的齐鲁官兵队伍以荒原为家，创建了二九〇、二九一和十一农场。

同年，王震将军视察黑龙江汤原后，萌发了开发北大荒的设想。领命的是第五师副师长余友清，他打头阵，率一支先遣队到密山、虎林一带踏查荒原，于1955年元旦，在虎林县（今虎林市）西岗创建了铁道兵第一个农场，以部队番号命名为"八五〇部农场"。

1955年，经中共中央同意，铁道兵9个师近两万人挺进北大荒，在密山、虎林、饶河一带开荒建场，拉开了向三江平原发起总攻的序幕，在八五〇部农场周围建起了一批八字头的农场。

1958年1月，中央军委发出《关于动员十万干部转业复员参加生产建设的指示》，要求全军复员转业官兵去开发北大荒。命令一下，十万转业官兵及家属，浩浩荡荡进军三江平原，支边青年、知识青年也前赴后继地进攻这片古老的荒原。

垦荒大军不惧苦、不畏难，鏖战多年，荒原变良田。1964年盛夏，国家副主席董必武来到北大荒视察，面对麦香千里即兴赋诗："斩棘披荆忆老兵，大荒已变大粮屯。"

3. 将荒郊野岭变成胶园

如果说农垦大军在戈壁滩、北大荒打赢了漂亮的要粮要棉战役，那么，在南国边疆，则打赢了一场在世界看来不可能胜利的翻身仗。

1950年，朝鲜战争爆发后，帝国主义对我国实行经济封锁，重要战略物资天然橡胶被禁运，我国国防和经济建设面临严重威胁。

当时世界公认天然橡胶的种植地域不能超过北纬17°，我国被国际上许多专家划为"植胶禁区"。

但命运应该掌握在自己手中，中共中央作出"一定要建立自己的橡胶基地"的战略决策。1951年8月，政务院通过《关于扩大培植橡胶树的决定》，由副总理兼财政经济委员会主任陈云亲自主持这项工作。同年11月，华南垦殖局成立，中共中央华南分局第一书记叶剑英兼任局长，开始探索橡胶种植。

1952年3月，两万名中国人民解放军临危受命，组建成林业工程第一师、第二师和一个独立团，开赴海南、湛江、合浦等地，住茅棚、战台风、斗猛兽，白手起家垦殖橡胶。

大规模垦殖橡胶，急需胶籽。"一粒胶籽，一两黄金"成为战斗口号，战士们不惜一切代价收集胶籽。有一位叫陈金照的小战士，运送胶籽时遇到山洪，被战友们找到时已没有了呼吸，而背上箩筐里的胶籽却一粒没丢……

正是有了千千万万个把橡胶看得重于生命的陈金照们，1957年春天，华南垦殖局种植的第一批橡胶树，流出了第一滴胶乳。

1960年以后，大批转业官兵加入海南岛植胶队伍，建成第一个橡胶生产基地，还大面积种植了剑麻、香茅、咖啡等多种热带作物。同时，又有数万名转业官兵和湖南移民汇聚云南边疆，用血汗浇灌出了我国第二个橡胶生产基地。

在新疆、东北和华南三大军垦战役打响之时，其他省份也开始试办农场。1952年，在政务院关于"各县在可能范围内尽量地办起和办好一两个国营农场"的要求下，全国各地农场如雨后春笋般发展起来。1956年，农垦部成立，王震将军被任命为部长，统一管理全国的军垦农场和地方农场。

随着农垦管理走向规范化，农垦事业也蓬勃发展起来。江西建成多个综合垦殖场，发展茶、果、桑、林等多种生产；北京市郊、天津市郊、上海崇明岛等地建起了主要为城市提供副食品的国营农场；陕西、安徽、河南、西藏等省区建立发展了农牧场群……

到1966年，全国建成国营农场1958个，拥有职工292.77万人，拥有耕地面积345457公顷，农垦成为我国农业战线一支引人瞩目的生力军。

（三）

前进的道路并不总是平坦的。"文化大革命"持续十年，使党、国家和各族人民遭到新中国成立以来时间最长、范围最广、损失最大的挫折，农垦系统也不能幸免。农场平均主义盛行，从1967年至1978年，农垦系统连续亏损12年。

"没有一个冬天不可逾越，没有一个春天不会来临。"1978年，党的十一届三中全会召开，如同一声春雷，唤醒了沉睡的中华大地。手握改革开放这一法宝，全党全社会朝着社会主义现代化建设方向大步前进。

在这种大形势下，农垦人深知，国营农场作为社会主义全民所有制企业，应当而且有条件走在农业现代化的前列，继续发挥带头和示范作用。

于是，农垦人自觉承担起推进实现农业现代化的重大使命，乘着改革开放的春风，开始进行一系列的上下求索。

1978 年 9 月，国务院召开了人民公社、国营农场试办农工商联合企业座谈会，决定在我国试办农工商联合企业，农垦系统积极响应。作为现代化大农业的尝试，机械化水平较高且具有一定工商业经验的农垦企业，在农工商综合经营改革中如鱼得水，打破了单一种粮的局面，开启了农垦一二三产业全面发展的大门。

农工商综合经营只是农垦改革的一部分，农垦改革的关键在于打破平均主义，调动生产积极性。

为调动企业积极性，1979 年 2 月，国务院批转了财政部、国家农垦总局《关于农垦企业实行财务包干的暂行规定》。自此，农垦开始实行财务大包干，突破了"千家花钱，一家（中央）平衡"的统收统支方式，解决了农垦企业吃国家"大锅饭"的问题。

为调动企业职工的积极性，从 1979 年根据财务包干的要求恢复"包、定、奖"生产责任制，到 1980 年后一些农场实行以"大包干"到户为主要形式的家庭联产承包责任制，再到 1983 年借鉴农村改革经验，全面兴办家庭农场，逐渐建立大农场套小农场的双层经营体制，形成"家家有场长，户户搞核算"的蓬勃发展气象。

为调动企业经营者的积极性，1984 年下半年，农垦系统在全国选择 100 多个企业试点推行场（厂）长、经理负责制，1988 年全国农垦有 60% 以上的企业实行了这项改革，继而又借鉴城市国有企业改革经验，全面推行多种形式承包经营责任制，进一步明确主管部门与企业的权责利关系。

以上这些改革主要是在企业层面，以单项改革为主，虽然触及了国家、企业和职工的最直接、最根本的利益关系，但还没有完全解决传统体制下影响农垦经济发展的深层次矛盾和困难。

"历史总是在不断解决问题中前进的。"1992年，继邓小平南方谈话之后，党的十四大明确提出，要建立社会主义市场经济体制。市场经济为农垦改革进一步指明了方向，但农垦如何改革才能步入这个轨道，真正成为现代化农业的引领者？

关于国营大中型企业如何走向市场，早在1991年9月中共中央就召开工作会议，强调要转换企业经营机制。1992年7月，国务院发布《全民所有制工业企业转换经营机制条例》，明确提出企业转换经营机制的目标是："使企业适应市场的要求，成为依法自主经营、自负盈亏、自我发展、自我约束的商品生产和经营单位，成为独立享有民事权利和承担民事义务的企业法人。"

为转换农垦企业的经营机制，针对在干部制度上的"铁交椅"、用工制度上的"铁饭碗"和分配制度上的"大锅饭"问题，农垦实施了干部聘任制、全员劳动合同制以及劳动报酬与工效挂钩的三项制度改革，为农垦企业建立在用人、用工和收入分配上的竞争机制起到了重要促进作用。

1993年，十四届三中全会再次擂响战鼓，指出要进一步转换国有企业经营机制，建立适应市场经济要求，产权清晰、权责明确、政企分开、管理科学的现代企业制度。

农业部积极响应，1994年决定实施"三百工程"，即在全国农垦选择百家国有农场进行现代企业制度试点、组建发展百家企业集团、建设和做强百家良种企业，标志着农垦企业的改革开始深入到企业制度本身。

同年，针对有些农场仍为职工家庭农场，承包户垫付生产、生活费用这一问题，根据当年1月召开的全国农业工作会议要求，全国农垦系统开始实行"四到户"和"两自理"，即土地、核算、盈亏、风险到户，生产费、生活费由职工自理。这一举措彻底打破了"大锅饭"，开启了国有农场农业双层经营体制改革的新发展阶段。

然而，在推进市场经济进程中，以行政管理手段为主的垦区传统管理体制，逐渐成为束缚企业改革的桎梏。

垦区管理体制改革迫在眉睫。1995年，农业部在湖北省武汉市召开全国农垦经济体制改革工作会议，在总结各垦区实践的基础上，确立了农垦管理体制的改革思路：逐步弱化行政职能，加快实体化进程，积极向集团化、公司化过渡。以此会议为标志，垦区管理体制改革全面启动。北京、天津、黑龙江等 17 个垦区按照集团化方向推进。此时，出于实际需要，大部分垦区在推进集团化改革中仍保留了农垦管理部门牌子和部分行政管理职能。

"前途是光明的，道路是曲折的。"由于农垦自身存在的政企不分、产权不清、社会负担过重等深层次矛盾逐渐暴露，加之农产品价格低迷、激烈的市场竞争等外部因素叠加，从 1997 年开始，农垦企业开始步入长达 5 年的亏损徘徊期。

然而，农垦人不放弃、不妥协，终于在 2002 年"守得云开见月明"。这一年，中共十六大召开，农垦也在不断调整和改革中，告别"五连亏"，盈利 13 亿。

2002 年后，集团化垦区按照"产业化、集团化、股份化"的要求，加快了对集团母公司、产业化专业公司的公司制改造和资源整合，逐步将国有优质资产集中到主导产业，进一步建立健全现代企业制度，形成了一批大公司、大集团，提升了农垦企业的核心竞争力。

与此同时，国有农场也在企业化、公司化改造方面进行了积极探索，综合考虑是否具备企业经营条件、能否剥离办社会职能等因素，因地制宜、分类指导。一是办社会职能可以移交的农场，按公司制等企业组织形式进行改革；办社会职能剥离需要过渡期的农场，逐步向公司制企业过渡。如广东、云南、上海、宁夏等集团化垦区，结合农场体制改革，打破传统农场界限，组建产业化专业公司，并以此为纽带，进一步将垦区内产业关联农场由子公司改为产业公司的生产基地（或基地分公司），建立了集团与加工企业、农场生产基地间新的运行体制。二是不具备企业经营条件的农场，改为乡、镇或行政区，向政权组织过渡。如 2003 年前后，一些垦区的部分农场连年严重亏损，有的甚至濒临破产。湖南、湖北、河北等垦区经省委、省政府批准，对农场管理体制进行革新，把农场管理权下放到市县，实行属地管理，一些农场建立农场管理区，赋予必要的政府职能，给予财税优惠政策。

这些改革离不开农垦职工的默默支持，农垦的改革也不会忽视职工的生活保障。1986 年，根据《中共中央、国务院批转农牧渔业部〈关于农垦经济体制改革问题的报告〉的通知》要求，农垦系统突破职工住房由国家分配的制度，实行住房商品化，调动职工自己动手、改善住房的积极性。1992年，农垦系统根据国务院关于企业职工养老保险制度改革的精神，开始改变职工养老保险金由企业独自承担的局面，此后逐步建立并完善国家、企业、职工三方共同承担的社会保障制度，减轻农场养老负担的同时，也减少了农场职工的后顾之忧，保障了农场改革的顺利推进。

从1986年至十八大前夕，从努力打破传统高度集中封闭管理的计划经济体制，到坚定社会主义市场经济体制方向；从在企业层面改革，以单项改革和放权让利为主，到深入管理体制，以制度建设为核心、多项改革综合配套协调推进为主：农垦企业一步一个脚印，走上符合自身实际的改革道路，管理体制更加适应市场经济，企业经营机制更加灵活高效。

这一阶段，农垦系统一手抓改革，一手抓开放，积极跳出"封闭"死胡同，走向开放的康庄大道。从利用外资在经营等领域涉足并深入合作，大力发展"三资"企业和"三来一补"项目；到注重"引进来"，引进资金、技术设备和管理理念等；再到积极实施"走出去"战略，与中东、东盟、日本等地区和国家进行经贸合作出口商品，甚至扎根境外建基地、办企业、搞加工、拓市场：农垦改革开放风生水起逐浪高，逐步形成"两个市场、两种资源"的对外开放格局。

（四）

党的十八大以来，以习近平同志为核心的党中央迎难而上，作出全面深化改革的决定，农垦改革也进入全面深化和进一步完善阶段。

2015年11月，中共中央、国务院印发《关于进一步推进农垦改革发展的意见》（简称《意见》），吹响了新一轮农垦改革发展的号角。《意见》明确要求，新时期农垦改革发展要以推进垦区集团化、农场企业化改革为主线，努力把农垦建设成为保障国家粮食安全和重要农产品有效供给的国家队、中国特色新型农业现代化的示范区、农业对外合作的排头兵、安边固疆的稳定器。

2016年5月25日，习近平总书记在黑龙江省考察时指出，要深化国有农垦体制改革,以垦区集团化、农场企业化为主线,推动资源资产整合、产业优化升级,建设现代农业大基地、大企业、大产业,努力形成农业领域的航母。

2018年9月25日,习近平总书记再次来到黑龙江省进行考察,他强调,要深化农垦体制改革,全面增强农垦内生动力、发展活力、整体实力,更好发挥农垦在现代农业建设中的骨干作用。

农垦从来没有像今天这样更接近中华民族伟大复兴的梦想!农垦人更加振奋了,以壮士断腕的勇气、背水一战的决心继续农垦改革发展攻坚战。

1. 取得了累累硕果

——坚持集团化改革主导方向,形成和壮大了一批具有较强竞争力的现代农业企业集团。黑龙江北大荒去行政化改革、江苏农垦农业板块上市、北京首农食品资源整合……农垦深化体制机制改革多点开花、逐步深入。以资本为纽带的母子公司管理体制不断完善,现代公司治理体系进一步健全。市县管理农场的省份区域集团化改革稳步推进,已组建区域集团和产业公司超过300家,一大批农场注册成为公司制企业,成为真正的市场主体。

——创新和完善农垦农业双层经营体制,强化大农场的统一经营服务能力,提高适度规模经营水平。截至2020年,据不完全统计,全国农垦规模化经营土地面积5500多万亩,约占农垦耕地面积的70.5%,现代农业之路越走越宽。

——改革国有农场办社会职能,让农垦企业政企分开、社企分开,彻底甩掉历史包袱。截至2020年,全国农垦有改革任务的1500多个农场完成办社会职能改革,松绑后的步伐更加矫健有力。

——推动农垦国有土地使用权确权登记发证,唤醒沉睡已久的农垦土地资源。截至2020年,土地确权登记发证率达到96.3%,使土地也能变成金子注入农垦企业,为推进农垦土地资源资产化、资本化打下坚实基础。

——积极推进对外开放,农垦农业对外合作先行者和排头兵的地位更加突出。合作领域从粮食、天然橡胶行业扩展到油料、糖业、果菜等多种产业,从单个环节向全产业链延伸，对外合作范围不断拓展。截至2020年，全国共有15个垦区在45个国家和地区投资设立了84家农业企业，累计投资超过370亿元。

2. 在发展中改革，在改革中发展

农垦企业不仅有改革的硕果，更以改革创新为动力，在扶贫开发、产业发展、打造农业领域航母方面交出了漂亮的成绩单。

——聚力农垦扶贫开发，打赢农垦脱贫攻坚战。从20世纪90年代起，农垦系统开始扶贫开发。"十三五"时期，农垦系统针对304个重点贫困农场，绘制扶贫作战图，逐个建立扶贫档案，坚持"一场一卡一评价"。坚持产业扶贫，组织开展技术培训、现场观摩、产销对接，增强贫困农场自我"造血"能力。甘肃农垦永昌农场建成高原夏菜示范园区，江西宜丰黄冈山垦殖场大力发展旅游产业，广东农垦新华农场打造绿色生态茶园……贫困农场产业发展蒸蒸日上，全部如期脱贫摘帽，相对落后农场、边境农场和生态脆弱区农场等农垦"三场"踏上全面振兴之路。

——推动产业高质量发展，现代农业产业体系、生产体系、经营体系不断完善。初步建成一批稳定可靠的大型生产基地，保障粮食、天然橡胶、牛奶、肉类等重要农产品的供给；推广一批环境友好型种养新技术、种养循环新模式，提升产品质量的同时促进节本增效；制定发布一系列生鲜乳、稻米等农产品的团体标准，守护"舌尖上的安全"；相继成立种业、乳业、节水农业等产业技术联盟，形成共商共建共享的合力；逐渐形成"以中国农垦公共品牌为核心、农垦系统品牌联合舰队为依托"的品牌矩阵，品牌美誉度、影响力进一步扩大。

——打造形成农业领域航母，向培育具有国际竞争力的现代农业企业集团迈出坚实步伐。黑龙江北大荒、北京首农、上海光明三个集团资产和营收双超千亿元，在发展中乘风破浪：黑龙江北大荒农垦集团实现机械化全覆盖，连续多年粮食产量稳定在400亿斤以上，推动产业高端化、智能化、绿色化，全力打造"北大荒绿色智慧厨房"；北京首农集团坚持科技和品牌双轮驱动，不断提升完善"从田间到餐桌"的全产业链条；上海光明食品集团坚持品牌化经营、国际化发展道路，加快农业

"走出去"步伐，进行国际化供应链、产业链建设，海外营收占集团总营收 20% 左右，极大地增强了对全世界优质资源的获取能力和配置能力。

千淘万漉虽辛苦，吹尽狂沙始到金。迈入"十四五"，农垦改革目标基本完成，正式开启了高质量发展的新篇章，正在加快建设现代农业的大基地、大企业、大产业，全力打造农业领域航母。

（五）

八十多年来，从人畜拉犁到无人机械作业，从一产独大到三产融合，从单项经营到全产业链，从垦区"小社会"到农业"集团军"，农垦发生了翻天覆地的变化。然而，无论农垦怎样变，变中都有不变。

——不变的是一路始终听党话、跟党走的绝对忠诚。从抗战和解放战争时期垦荒供应军粮，到新中国成立初期发展生产、巩固国防，再到改革开放后逐步成为现代农业建设的"排头兵"，农垦始终坚持全面贯彻党的领导。而农垦从孕育诞生到发展壮大，更离不开党的坚强领导。毫不动摇地坚持贯彻党对农垦的领导，是农垦人奋力前行的坚强保障。

——不变的是服务国家核心利益的初心和使命。肩负历史赋予的保障供给、屯垦戍边、示范引领的使命，农垦系统始终站在讲政治的高度，把完成国家战略任务放在首位。在三年困难时期、"非典"肆虐、汶川大地震、新冠疫情突发等关键时刻，农垦系统都能"调得动、顶得上、应得急"，为国家大局稳定作出突出贡献。

——不变的是"艰苦奋斗、勇于开拓"的农垦精神。从抗日战争时一手拿枪、一手拿镐的南泥湾大生产，到新中国成立后新疆、东北和华南的三大军垦战役，再到改革开放后艰难但从未退缩的改革创新、坚定且铿锵有力的发展步伐，"艰苦奋斗、勇于开拓"始终是农垦人不变的本色，始终是农垦人攻坚克难的"传家宝"。

农垦精神和文化生于农垦沃土，在红色文化、军旅文化、知青文化等文化中孕育，也在一代代人的传承下，不断被注入新的时代内涵，成为农垦事业发展的不竭动力。

"大力弘扬'艰苦奋斗、勇于开拓'的农垦精神，推进农垦文化建设，汇聚起推动农垦改革发展的强大精神力量。"中央农垦改革发展文件这样要求。在新时代、新征程中，记录、传承农垦精神，弘扬农垦文化是农垦人的职责所在。

（六）

随着垦区集团化、农场企业化改革的深入，农垦的企业属性越来越突出，加之有些农场的历史资料、文献文物不同程度遗失和损坏，不少老一辈农垦人也已年至期颐，农垦历史、人文、社会、文化等方面的保护传承需求也越来越迫切。

传承农垦历史文化，志书是十分重要的载体。然而，目前只有少数农场编写出版过农场史志类书籍。因此，为弘扬农垦精神和文化，完整记录展示农场发展改革历程，保存农垦系统重要历史资料，在农业农村部党组的坚强领导下，农垦局主动作为，牵头组织开展中国农垦农场志丛编纂工作。

工欲善其事，必先利其器。2019年，借全国第二轮修志工作结束、第三轮修志工作启动的契机，农业农村部启动中国农垦农场志丛编纂工作，广泛收集地方志相关文献资料，实地走访调研、拜访专家、咨询座谈、征求意见等。在充足的前期准备工作基础上，制定了中国农垦农场志丛编纂工作方案，拟按照前期探索、总结经验、逐步推进的整体安排，统筹推进中国农垦农场志丛编纂工作，这一方案得到了农业农村部领导的高度认可和充分肯定。

编纂工作启动后，层层落实责任。农业农村部专门成立了中国农垦农场志丛编纂委员会，研究解决农场志编纂、出版工作中的重大事项；编纂委员会下设办公室，负责志书编纂的具体组织协调工作；各省级农垦管理部门成立农场志编纂工作机构，负责协调本区域农场志的组织编纂、质量审查等工作；参与编纂的农场成立了农场志编纂工作小组，明确专职人员，落实工作经费，建立配套机制，保证了编纂工作的顺利进行。

质量是志书的生命和价值所在。为保证志书质量，我们组织专家编写了《农场志编纂技术手册》，举办农场志编纂工作培训班，召开农场志编纂工作推进会和研讨会，到农场实地调研督导，尽全力把好志书编纂的史实关、政治关、体例关、文字关和出版关。我们本着"时间服从质量"的原则，将精品意识贯穿编纂工作始终。坚持分步实施、稳步推进，成熟一本出版一本，成熟一批出版一批。

中国农垦农场志丛是我国第一次较为系统地记录展示农场形成发展脉络、改革发展历程的志书。它是一扇窗口，让读者了解农场，理解农垦；它是一条纽带，让农垦人牢记历史，让农垦精神代代传承；它是一本教科书，为今后农垦继续深化改革开放、引领现代农业建设、服务乡村振兴战略指引道路。

修志为用。希望此志能够"尽其用"，对读者有所裨益。希望广大农垦人能够从此志汲取营养，不忘初心、牢记使命，一茬接着一茬干、一棒接着一棒跑，在新时代继续发挥农垦精神，续写农垦改革发展新辉煌，为实现中华民族伟大复兴的中国梦不懈努力！

中国农垦农场志丛编纂委员会

2021 年 7 月

云南东风农场志
YUNNAN DONGFENG NONGCHANG ZHI

序言

农场作为农产品的主要来源地之一，在国民经济中一直占有重要地位。东风农场1958年成立，它是我国成立较早的国营农场之一，在整个西双版纳社会经济发展中，取得了辉煌的物质成就，也留下了浓墨重彩的精神财富。为记住这一光辉历史，让"艰苦奋斗、敢为人先、追求卓越、诚信友爱"的东风精神代代相传，历久弥新，《云南东风农场志》（1958—2020）应运而生。其编纂旨在全面记载东风人不畏艰难险阻的奋斗历程和农场各项事业取得辉煌成就的历史变迁，以及东风农场从无到有、从小到大、由弱变强的发展历程。2021年，中国共产党成立100周年，在农垦改革的关键时期，编纂《云南东风农场志》的意义重大，同时契合全国党史学习教育的要求。

东风农场成立后，先后组织编纂出版了《东风农场志稿（1958—1987）》《东风农场志续编（1988—2007）》两部志书。2022年，根据农业农村部农垦局的安排部署要求，《云南东风农场志》编纂出版工作被列为农垦局的扶持项目。结合东风农场以往的编纂基础和工作实际，东风农场管理委员会（管委会）和景洪市农垦集团东风农场有限责任公司领导班子随即召开专题会议研究，策划编纂方案，部署编纂工作，将农场成立以来的历史全面重新编纂。按照当前地方志编纂、出版的相关规定，从篇目设置到修改审定，从组织资料、编纂到审稿，地方志审查验收，以及印刷出版，切实做到程序上规范，编纂内容上真实、严谨，且具地方特色，保证了志书内容质量上乘。农场全方位组织力量，按照西双版纳傣族自治州（简称西双版纳州或州）精品佳志要求开展编纂、出版相关工作。

为更好地编纂《云南东风农场志》，东风农场派编纂人员参加农垦局组织的专业培训，按照中国农垦农场志丛的编纂要求、行文规范、基本篇目要求等进行了认真的培训学习。东风农场成立了云南省景洪市东风农场志编纂委员会，编纂团队由云南省及西双版纳州地方志专家组成，并开始志书编纂工作。内容得到中国农业出版社、中共西双版纳州委党史研究室、中共景洪市委党史研究室的审改。历时一年半最终定稿。

《云南东风农场志》全面、系统地记载了东风农场成立以来的历史，凝聚了东风农场志编、审团队精心编纂的心血和汗水。其体例完备，编纂规范，观点正确，结构严谨，层次清晰，归类合理，内容丰富，资料翔实，地域特色鲜明，时代特征突出，文风朴实、简洁。

《云南东风农场志》的出版必将起到存史资政、教化育人的作用。

齐新功

2022 年 12 月

云南东风农场志
YUNNAN DONGFENG NONGCHANG ZHI

凡例

一、中国农垦农场志丛之《云南东风农场志》（简称本志），坚持以马列主义、毛泽东思想、邓小平理论、"三个代表"重要思想、科学发展观和习近平新时代中国特色社会主义思想为指导，运用辩证唯物主义、历史唯物主义的观点和方法，以改革开放为主题，以社会主义科学发展为统揽，以"不忘初心、牢记使命"为准则，以"详今略古""求实存真"为原则，系统翔实地记述了景洪市国营东风农场的历史变迁和发展。

二、本志上限自 1958 年国营东风农场建场始，部分史料溯至 1957 年大勐龙农场建场时；下限止于 2020 年 12 月 31 日，特别事例或图片延至出版前。

三、本志以历史为经，以门类为纬，略古详今，记述景洪市国营东风农场的发展历程。采用编、章、节的结构，分门类定章，以事类定节，力求层次清楚、内容清晰、记述完整。

四、本志编年体和纪事本末体相结合，以述、记、志、传、图、表、录 7 种体裁分别记述，力求图文并茂。

五、本志资料来源于《东风农场志稿（1958—1987）》《东风农场志续编（1988—2007）》《景洪年鉴（2007—2021）》、云南省农垦集团统计资料、景洪市档案局、农场档案室、各分场档案室，部分资料来源于其他历史资料及实地采访调查。

六、本志除少数沿用当时的计量单位外，一律使用法定计量单位。

七、农场历经多次改革，农场及各分场称谓数次转变，为方便记述和阅读，均以当时名称记录，随年份而变化。

八、本志人物坚持"生不立传"的修志原则，主要收录生前为农场建设做出突出贡献的人物。在世人物以简介或图表方式入志。

中国农垦农场志

目 录

第三编　农场建设与产业经营

第四编　综合管理

第五编　党政群团

第六编　科教　文体　卫生

第七编 社会生活

第八编 综合治理

第九编 人 物

概　述

　　东风农场始建于 1958 年，是以天然橡胶生产为主，集农、工、商、贸于一体的综合性大型农业企业，亦是云南农垦总局确定的边境农场之一。2011 年，农场融入地方管理，更名为东风农场管理委员会，保留国营东风农场企业资质，延续至今。

　　东风农场位于云南省西双版纳傣族自治州景洪市西南端勐龙镇，位于北纬 20°30′—21°46′、东经 100°35′—100°47′，全场土地面积约 25 万亩[①]，拥有得天独厚的自然条件，辖 12 个农林分场和 1 个直属分场，158 个生产队，2.49 万人。

一

　　1958 年，第一批拓荒者响应屯垦戍边的号召，肩负建设我国天然橡胶生产基地的历史使命，奔赴西双版纳景洪县大勐龙区，相继创建大勐龙、前哨、东风 3 个农场，后合并为国营东风农场，来自全国各地的 2 万多名热血青年先后汇聚东风，参与农场的开发与建设。

　　创业初期，农场老一辈开拓者和建设者凭着对党的忠诚和信念，用锄头和砍刀在莽莽荒野披荆斩棘，白手起家，拉开屯垦戍边、种胶报国的序幕。其中不乏一批先辈为了农场事业长眠于这片热土，在东风发展史上树立起一座不朽丰碑！

　　党的十一届三中全会后，市场经济改革的浪潮席卷全国，农场率先在橡胶行业探索推行经济承包责任制，随后将改革迅速推广普及到全场各个行业领域，生产力得到空前提高。1989 年，农场橡胶生产干胶总产量突破万吨、亩产突破 100 千克，首次实现"过万增百"的目标，成为全国第二个年产干胶过万吨的国营农场。

　　1996 年受东南亚经济危机的影响，农场经济一度跌入低谷，农场党委积极寻求出路，全面推行割胶制度改革、减员增效、下岗分流等措施，5000 多名富余劳动力先后从橡胶产业分离出来，陆续转入私营经济领域或自谋职业。通过"三割制""四割制"的推行，

---

　　① 亩为非法定计量单位，1 亩约为 667 平方米。——编者注

2000 年达到亩产 147 千克、株产 6.6 千克、人均产胶 2.59 吨，干胶总产量突破 2 万吨大关；2003 年干胶生产再创新高，年产干胶 22125 吨、亩产 158 千克、株产 7.0 千克、人均产胶 3.33 吨，为历史最高水平。

2003 年云南省农垦局按照"六分开"的原则，实施集团化改革和农场内部政企分开改革。2010 年，全面推进农场属地化改革，更名为东风农场管理委员会（简称东风农场管委会），成为景洪市政府派出机构。对橡胶资源实施普通家庭承包经营，公安、教育、医疗等社会职能部门先后被剥离农场，电厂、制胶厂相继被移交云南农垦集团公司。属地化管理后，农场党委启动实施"以镇养镇"，筹划组建商贸公司，全面授权委托商贸公司经营城镇及农场所属二三产业，盘活城镇土地资源，延伸城镇发展空间，大力发展城镇经济；积极组织招商引资，培植农场新的经济增长点。

2018 年，为推进农场企业化改革，农场开启新一轮改革，设立"国营东风农场"，为景洪市市属国有企业。按照"思想再解放、思路再创新、改革再出发"的理念，巩固提升橡胶产业、培育壮大二三产业、科学调整种植结构、大力发展非公有制经济。至 2020 年，形成以天然橡胶为主，商贸、运输、热带水果种植等多产业融合发展的新格局。

二

东风农场的发展与变迁是一部励精图治、锐意进取的奋斗史，是一部战天斗地、从无到有、由弱到强的创业史，更是一部迎难而上、激昂奋进的发展史。凝聚了几代东风人的心血和汗水，从计划经济到市场经济，从减员增效到企业化改革，在逆境中跋涉、在创新中突围、在发展中壮大，创造了一个又一个辉煌业绩。

一是橡胶产业结出累累硕果。东风农场在北纬 18°—24° 大面积植胶获得成功，创造了突破植胶禁区的神话。橡胶亩产和株产曾领先国内，并在橡胶良种推广应用、栽培管理、割胶技术、新产品研发、病虫害综合防治、制胶生产工艺改进等领域近 100 个项目中取得重大突破。制胶技术先后获得 3 项国家专利，为国内乃至世界天然橡胶发展做出突出贡献，得到业界的普遍公认，并涌现出了林金振、姜锋等一批技术改良专家。"东风"牌天然橡胶产品在国内同行业中脱颖而出，连续三届在中国农业博览会上先后荣获铜奖、银奖、金奖和名牌产品奖，曾被国家列为免检产品，成为国内为数不多的天然橡胶知名品牌。

二是农场综合实力不断增强。农场综合经济实力不断增强，2020 年生产总值达到 3.56 亿元，其中第一产业为 1.92 亿元、第二三产业为 1.64 亿元。经济发展呈现多元化态势，职工就业有了更多选择，产业发展得到进一步拓展。以私营橡胶为代表的非公有制经济发展迅速，种植面积突破 15 万亩，以服务业为依托的第三产业得到稳步发展，2020年末全场非公有制经济产值达到 1.28 亿元。

三是城镇经济快速发展。2020 年，城镇规划面积达到 6.4 平方千米，覆盖 1 个活动中心、2 个商业中心、7 个生活小区、3 个民族村寨以及相邻生产队，城镇居民达到 1 万余人。城镇基础设施日益完善，建有东风文化广场、东风博物馆、知青纪念碑、雕塑群等地标性建筑，以及西双版纳州最大的农贸市场和足球运动场。城镇居住环境和营商环境明显改善，吸引了人流、物流和信息流，带动汽车、餐饮、房地产、农副产品和边境贸易的快速发展，促进了农场职工和地方百姓的就业。东风城镇成为东风农场政治、经济、文化中心和通往边境景洪市勐龙镇（240）口岸的重要通道。

四是社会民生持续改善。职工群众的居住、出行、就学、就业、就医、养老等问题逐年得到落实，职工文化需求得到进一步满足，全场 158 个生产队全部实现通水、通电、通路、通网络、通电视。通过争取国家政策和资金，新建经济适用房、公租房、廉租房累计达 4000 多套，不仅满足了农场 70％的职工到城镇集中居住，还吸引了很多村寨和外籍人员来农场定居。从茅草房、砖瓦房、平顶房到楼房和别墅，从"两条腿"走路、自行车、拖拉机、摩托车到私家车，从土井取水到自来水，职工生活日新月异。随着数字电视、智能手机、智能电脑走进普通职工家庭，职工群众文化生活更加丰富多彩，获得感、归属感和幸福感明显增强。

五是场群关系更加紧密融洽。农场长期坚持民族团结和"三个离不开"的指导思想，扶持、引导并带领当地民族群众发展经济、建设家园。20 世纪 80 年代初期，东风农场为鼓励村寨百姓种植橡胶，采取农场出资金、出技术，村寨出土地、出劳力，效益三七分成的方式带动村民发展橡胶。在农场的扶持下，村民们靠种植橡胶，由一个贫穷落后的村寨一跃成为当地的文明富裕村。在扶持地方发展经济的同时，农场还通过各种方式支援地方基础设施建设，累计投入资金近亿元，农场的橡胶树种到哪里，经济发展的脚步就迈到哪里，道路、水、电就通到哪里，哪里的群众就受益。在长达半个多世纪的交往中，农场和当地民族群众彼此结下了深厚友情，形成了"你中有我、我中有你"的和谐关系。

六是文化积淀更加深厚。在文化的传承与接力中孕育的"艰苦奋斗、敢为人先、追求卓越、诚信友爱"的东风精神生生不息、代代相传。一代又一代东风人传承老农垦精神和东风精神，培养了一批又一批有理想、有道德、有文化、有素质、有作为的干部职工队伍。相继有 6 位省部级领导从这片热土走出去，涌现出了高峰、张胜辉等一批见义勇为的先进模范，造就了一批批追求卓越、勇于开拓、敬业奉献的先进模范、管理团队和技术骨干，以及无数个为农场建设无私奉献的东风人，他们共同用青春和汗水、智慧与梦想、执着与坚守诠释东风精神，成就东风事业。东风农场先后被授予全国民族团结进步先进集体、全国工会促进再就业先进单位、全国总工会模范职工之家、云南省学习实践"三个代表"重要思想先进集体、云南省文明单位等称号。

七是党的建设不断加强。无论是在艰难困苦的建场初期，还是在成就辉煌的发展中期，或是在改革发展的彷徨时期，东风农场始终坚持党的建设不放松。结合不同时期党建工作的形势和任务，不断丰富党建内容，创新党建方法，拓展党建思路，全面深化政治建设、思想建设、组织建设、作风建设和纪律建设。特别是属地化改革和党的十八大以来，在西双版纳州景洪市党委及政府的坚强领导下，农场党委围绕"四个战略""五个布局"和"四个意识"不断强化基层党组织建设，深入开展"党的先进性教育""党的群众路线教育实践活动""三严三实"和"忠诚、干净、担当"专题教育、"两学一做"等活动。党委的政治核心作用、党支部的战斗堡垒作用和党员的先锋模范作用不断加强，党组织的创造力、战斗力、凝聚力不断提升，使党组织始终成为农场攻坚克难的先锋队、改革发展的"主心骨"、致富奔小康的"领路人"，团结带领着全场干部职工群众战胜前进路上一个又一个困难，取得一次又一次胜利。

三

当前，东风农场正处于一个重要战略机遇期。国家"一带一路"倡议、新一轮西部大开发战略和云南省面向西南开放重要桥头堡战略的实施，以及《中共中央国务院关于进一步推进农垦改革发展的意见》的出台，都为农场实现跨越式发展提供了千载难逢的重大机遇，也赋予了农场新的历史使命。

新的征程上，东风农场继续坚定改革信心不动摇，围绕经济建设为中心，着力调整传统橡胶产业、现代旅游和服务业、东风城镇化建设和边境贸易及物流业三大产业，加大对外开放程度，加强综合治理和执法力度，积极争取政策和资金，畅通建言平台，营造良好的发展环境，加快职能转变。切实转变工作作风，全面构建开放型经济，构建富裕文明东风、实力品牌东风、特色人文东风、美丽和谐东风。

一是巩固和发展天然橡胶。按照国家橡胶产业发展总体规划，加快推进管理创新和技术创新，探索新形势下天然橡胶发展的新思路，推行优势互补、以短养长、长短结合的立体发展模式。着力解决橡胶生产周期长、投入高、产出低、土地利用率不高等问题，在保国家红线和发展规模的基础上，有效提高植胶区土地综合利用率和经济效益，实现职工增收、企业增效。

二是寻求产业新突破。在成功培植东试早柚、芒果、菠萝蜜、牛油果等一批示范基地的基础上，采取对外合作经营和能人带动（合作社）的模式来发展新产业。通过租赁、转包、入股等方式，引进有实力的企业进行合作开发，在合作发展中总结经验、吸取教训，主动融入市场，善于突破难点、把握重点、抓住关键点，打造新亮点，精选一批有发展潜力和市场前景的新产业，使之成为带动职工增收和企业发展的新引擎。

三是通过项目带动发展。主动响应国家"一带一路"倡议，抢抓发展的新机遇，争取政策和资金，充分利用农场的资源、区位等优势，引进有实力的大企业进行合作开发，拉动农场二三产业发展。借助政府平台，陆续对外推出西双版纳温泉休闲养生疗养中心开发、西双版纳高原特色农业旅游观光开发、西双版纳避寒休闲养生庄园开发、农垦知青文化产业开发、西双版纳第一大牛油果合作开发、西双版纳万亩东试早柚合作开发等一批招商项目，通过改善营商环境来推进项目落地，实现项目带动发展。

四是精准实施城镇化建设。东风城镇是东风农场的政治、经济、文化中心，引导全场干部职工群众支持并参与到城镇化建设中来，抓实抓细城镇治安、环境、交通、文化等方面的建设。进一步提升城镇发展定位，全面整合城镇资源，挖掘军旅、农垦、知青和民族文化元素，营造宜居、宜商、宜游的城镇新环境，将东风城镇打造成西双版纳"醉"美城镇和景洪市后花园。

五是努力保障和改善民生。进一步加大社会保障政策的宣传，达到养老、医疗保险全覆盖，最终实现老有所养、病有所医。加强支农、惠农、强农政策的落实，进一步提升社会管理和社会服务能力，健全完善党委、行政、民政、残联、老龄、工会、红十字会以及各级社会组织联动的社会帮扶救助机制，继续加大基层基础设施投入，改善基层职工群众的生产生活条件。

六是加强党建，筑牢执政根基。全面谋划新时期农场党建工作的新思路和新方法，进一步强化政治建设、思想建设、组织建设和作风建设；以基层活动场所创建达标为契机，加强基层阵地建设；在全场范围内持续广泛开展思想大讨论以及场情场史教育，凝聚共识、形成合力；推动党建工作向政治、经济、文化、环境治理和社会管理等领域的融入，加强执政能力建设，发挥党建带团建、党建带群工组织建设，提升党委统揽全局的能力和水平；持续开展党风廉政建设和反腐败工作，营造风清气正的政治生态和干事创业的发展环境。

东风农场将坚定不移地以习近平新时代中国特色社会主义思想为统领，围绕全面建成小康社会总目标，坚持"四个全面"战略布局，遵循创新、协调、绿色、开放、共享的新发展理念，以新的使命、新的担当扬帆起航，乘势前行。

大 事 记

● **1958 年**　1 月，省级机关下放干部 109 人，到达景洪县大勐龙区曼康湾乡曼将村旁，建立国营大勐龙农场（1957 年 11 月，省农垦总局彭名川副局长带领李广济等人到该区商谈建场事宜，并选定场址）。4 月补充退伍军人 107 人、昆明市社会青年 124 人、昆明陆军步兵学校学员 147 人，全场 487 人，设 6 个生产队。陈仪庭任场长、党委书记，李广济、李国荣、任顺 3 人任副场长。

2 月，思茅地专机关下放干部 278 人，到达景洪县大勐龙区曼景列乡曼秀村旁，建立思茅地专机关干部试验农场（1959 年 1 月，经思茅地委批准改为国营前哨农场）。3 月补充退伍军人 210 人，全场共 488 人，设 6 个生产队，张德珍任副场长，范天锡任党总支书记。

3 月 13 日，王玉文、牛平带领十三军三十九师转业军官 267 人到达景洪县大勐龙区曼别乡，建立国营曼别农场（5 月经思茅地委批准改为国营东风农场）。3 月 19 日至 21 日，十三军三十七师 259 名转业军官分 3 批到达农场，至此共 526 人，设 6 个生产队。许汉清任党委书记，王玉文任副场长。

3 月 16 日，省农垦局副局长彭名川到东风农场给全场转业干部讲话，讲述国营农场的性质、任务、作用及橡胶在国民经济中的地位和作用。

3 月 28 日，东风农场下发第一个文件《关于政治工作的八点要求》。包含遵守政府法令，尊重地方政府，认真执行党的民族政策，加强民族团结和搞好场群关系等内容。

4 月 22 日，东风农场三队干部向崇梅的妻子毛桂仙在大青树下分娩（当时住房尚未盖好），生下一名女婴，是农场新一代的第一个诞生者。

5 月，思茅地委批准成立中共东风农场委员会，王玉文等 7 人为党委委员。

7 月，由省热带作物研究所提供橡胶树胶苗，首次定植橡胶，东风农场

31 亩、大勐龙农场 48 亩、前哨农场 1 亩。

8 月 30 日，大勐龙农场水利技术员、共青团员刘德在曼兵水库工地上突遭境外残匪偷袭，刘持枪抵抗，不幸牺牲（1982 年 11 月 27 日，云南省人民政府批准追认刘德为革命烈士）。

本月，东风、大勐龙、前哨 3 个农场相继办起职工业余夜校，每月学习 9～12 个晚上。学习内容主要有土壤学、肥料学、植物学和橡胶、农作物栽培技术。

本月，东风农场建立马车运输队，共 8 辆马车，担负农场至景洪市之间的运输任务。

9 月，东风农场第一所茅屋竹舍小学正式开学，有 1～4 年级学生共 17 人。

10 月 21—25 日，东风、前哨、大勐龙 3 个农场各派出 4 名代表参加云南省农垦局在潞江农场召开的"全省国营农场积极分子会议"。

本月，思茅专区工会办事处批准东风和前哨农场组建工会。

12 月，云南省农垦局分配第一批 DT413 型拖拉机到农场。大勐龙农场 2 辆，东风、前哨农场各 1 辆，驾驶员随车到场。3 个农场送出培训的机务人员学习归来，各场建立了机耕班。

本月，东风农场民兵团成立，共 6 个连、23 个排、55 个班，共有基干民兵 462 名，并建立了武装连。民兵团干部由各级行政干部兼任。

● **1959 年**　1 月，前哨农场与勐龙公社商定共建曼海水库。前哨农场抽调百余人，历时 5 个月，总用工 8130 个，完成土石方 20325 立方米，蓄水量为 1 万立方米，可灌溉面积 1000 亩（水库于 1961 年被山洪冲毁）。

3 月 17 日，曼景列寨子失火。前哨农场三队、五队两队职工 100 余人参加扑救。三队退伍军人余廷怀受重伤，另外 6 名职工受轻伤。

4 月 7—25 日，东风农场组织"百人开荒野战连"巡回各队开荒，18 天开荒 440.72 亩。

6 月，东风农场原铁木工小组发展组建修配厂，厂址位于曼改村旁。

7 月，东风农场贯彻农垦部"南宁会议"精神，试行"三包三定一奖"①生产责任制。

---

① 三包即包生产措施、包产品、包成本；三定即定人员、定土地、定工具和使用年限；一奖即超产受奖。

9月，海南橡胶芽条空运到昆明，云南省农垦局连夜送往农场。大勐龙、东风两场建立芽接队，首次进行芽接，培植并建立增植苗圃。

10月，东风农场李德明出席全国工会交流、财贸系统先进代表会议。

本月，从思茅、景东、景谷等地招收的农村青年到场。其中，东风农场140人、前哨农场119人、大勐龙农场115人。

12月，思茅地委通知，东风农场调出干部200余人到林业系统及其他单位工作。

● **1960年**　1月4—5日，湖南醴陵县支边青壮年1335名（另有家属808人）抵达东风农场；同年11月8日另一批605人（另有家属459人）抵达大勐龙农场。

1月，云南省农垦局批示：东风农场、前哨农场合并，场名为国营东风农场，场部由曼别村迁至曼秀村附近；任命王玉文为场长，张德珍为副场长，吉来喜为党委书记、牛平为副书记。经上级农垦局批准，农场增设作业区，为场、区、队3级管理；场部设科室，农场为核算单位。

本月，东风农场工会委员会建立，办公室配5名专职干部，景克恭任工会主席，付春生任副主席，李筱云任女工委员会主任。

3月16日，东风农场五作业区二队失火。该队退伍军人赵德兴冲进大火抢救公共财产，致使右臂和上身被严重烧伤，其模范行动受到农场表扬。

本月，东风农场、大勐龙农场两场各建立1所中心小学。东风农场小学附设幼儿园，校址在曼沙湾村旁；大勐龙农场小学校址在曼将村旁。

本月，东风农场试验站建立，职工30人，站址在勐龙区曼南坎村旁。

5月，东风农场楚保玉出席全国民兵组织工作会议，被授予"民兵积极分子"称号。

6月，大勐龙农场和东风农场举办文化夜校，开展扫盲活动。

本月，大勐龙农场和东风农场层层召开橡胶定植现场会，农场自己培育的芽接桩首次定植。

7月29—30日，东风农场召开首次党员代表大会，选举产生农场第一届党委委员。

本月，东风农场业余剧团成立。

10月，东风农场创办职工业余红专学校，大勐龙农场同时期举办职工业余夜校。

12月，东风农场林粮间作受到思茅农垦局通报表扬。

● **1961年**　1月，东风农场第二次进行"三包三定一奖"试点，落实到班组。4月发出《三包一奖实施方案》在全场推行。

本月，接景洪县通知，大勐龙、东风农场先后两次分别派出民兵200多人次和400多人次，参加中缅勘界期间支前工作，历时两月，农场民兵组织圆满完成任务。8月1日，景洪县委召开支前民兵表彰大会，大勐龙农场民兵172人、东风农场民兵289人受到表彰和奖励。

2月，为响应中央关于《全党动手，大办农业，大办粮食》的号召，东风农场、大勐龙农场两场集中主要劳力开荒备耕。

3月，东风农场党委发出《关于开展五好生产队、五好食堂、五好干部、五好工人活动的通知》文件。

4月，东风农场制定"七年规划"（1961—1967年），并绘制成图表到基层巡回展出。

10月，东风农场成立电影放映组，购买1部35毫米电影机，开始到作业区或生产队巡回放映。

本月，第一批昆明知识青年81人抵达东风农场。

本月，大勐龙农场、东风农场两场按云南省农垦局《关于下半年大力组织建造房屋工作》的指示，研究方案，加强基建队伍，逐步解决职工住房"三怕"（茅草房怕风、怕雨、怕火）的问题。

12月3—6日，东风农场召开党员代表会议，总结3年的工作。

12月25日，东风农场召开职工代表大会，学习讨论农场党代会决议，并通过了给全场职工的倡议书。

● **1962年**　1月，东风农场召开贯彻整风为中心的党委扩大会议。同时，贯彻云南省局农场工作会议确定的经营方针，即"力争粮食、副食品自给，相应发展橡胶和农副产品加工生产"。

3月17日，思茅地委批准由吉来喜等13人组成东风农场党委。

7月，东风农场成立武装部。

本月，东风农场根据中共《关于加速对党员干部甄别工作的通知》文件精神，成立了4人甄别工作小组，对场内71人逐个进行甄别。

9月，大勐龙农场党委制定《关于当前办好农场的管理办法》。

11月，东风农场举办梯田开垦规划短期培训班，全面实行"植胶十大工序”技术措施。

12月7日至翌年2月12日，农场橡胶遭受第一次严重寒害，其间≤5℃的低温反复出现6次，历时6天；1月28日出现3.1℃绝对低温。全场橡胶幼林8257亩共21742株受害。

12月27日，根据云南省农垦局《关于调整农场规模有关问题的通知》，经思茅地委决定：东风农场、大勐龙农场两场合并组成国营东风总场，由吉来喜等7人组成筹备委员会。

● **1963年**

1月6日，国营东风总场成立，下设6个农场，即龙泉农场（1966年改为红卫农场）、温泉农场、东林农场（1966年改为东方红农场）、风光农场、前哨农场和疆锋农场，场部由曼秀村迁至大勐龙区公所西侧。成立总场临时党委会，委员会由吉来喜等9人组成。

2月5日，云南省农垦局确定龙泉农场三队500亩山地作为机械化试点，由4台练轨拖拉机进行斩坝、掘根、清坝、推梯田等作业，历时4个月完成。

3月，东风总场开展学习雷锋同志的活动。

本月，曼景法寨子失火，东林农场一队职工数人奋战火海，抢救出1250多千克谷子和衣物等财物。其中退伍军人、共青团员李正学奋不顾身，6次将全身浇湿、冲进火海，被农场职工誉为"活雷锋"，农场党委号召全场职工向他学习。

4—5月，按照中央关于开展增产节约运动的部署，全场从深入学习雷锋和忆苦思甜入手，进行爱国主义和社会主义教育。

5月，从海南引进的橡胶芽条到场，总场组织7个芽接专业队投入工作。

本月，总场职工医院在曼景湾村北侧建成使用，床位40个；各农场相继建立卫生所。

6月，总场在温泉农场一队召开橡胶定植现场会，云南省农垦局局长江洪洲亲临指导。会议推广"五组一队"（即护芽、挖苗、修根浆根、运输、定植5个小组组成一个定植队）流水作业进行定植。

本月，总场引进推广无刺含羞草、毛蔓豆、爪哇葛藤、蝴蝶豆、小饭豆等9种豆科覆盖作物，种于橡胶营养带内。

7月12日，经中共云南省委批准，任命吉来喜为东风总场党委书记，王玉文为场长，牛平为副书记，王文希为副场长。

9月，总场引进600号橡胶高产品系，并大量建立此品系的增殖苗圃。

10月，总场贯彻思茅农垦局制定的《生产队橡胶管理条例》，胶林管理实行定人、定岗位、定面积、定投产开割标准的"四定"管理办法。全场林管工作进入制度化、具体化。

11月3日，总场领导带领机关干部奔赴生产第一线，与职工投入年度第二次大面积梯田开垦。

11月20日，云南省农垦局批准总场建二类乙型农机具修配厂，投资25万元建房228平方米，年修各种动力设备100台及修造各种小农具（1964年竣工）。

本月，根据云南省农垦局关于调整工资文件精神，全场范围内进行工资调整，同时规定了临时工工资。

12月26日，总场召开第三届五好先进生产（工作）者及职工代表大会，出席会议代表142名。

本年，因野外放牧牲畜、致使橡胶树遭受牛害严重，总场要求生产队在橡胶林地、农作物地边沿普遍建设防牛沟、壁、笆、墙、网等工程。

● 1964年　1月4—7日，召开中共国营东风总场第二次党员代表大会，到会代表98名，讨论和通过关于生产、财务、行政等17个规章制度的文件，选举产生总场第二届党委委员。

本月，总场全体机关工作人员到景洪听取农垦部部长王震的报告，受到他的接见并合影留念。

3月7日，总场组织检查6个场及试验站的增殖苗圃，发现有品系不纯的情况，提出了三固定（固定专人、固定面积、固定产苗标准）的措施。

本月，总场召开首次共青团员代表大会，选举产生总场团委，李舒杰任团委书记。

4月，全场学习贯彻大庆油田先进经验，开展"三老""四严""四个一样"的活动。

5月7日，总场党委扩大会议研究规定各级干部全年参加劳动的天数，建立《干部劳动手册》，要求各级干部大搞试验田、样板田，改进领导作风。

5月26日，为实现林地"四化"（梯田化、网络化、覆盖化、良种化），总场提出具体措施。

5月28日，总场召开大田芽接现场会，要求达到"三个95％"，即大田芽接成活率为95％，切秆成活率为95％，抽芽成活率为95％（年内完成大田实生树改造，芽接达4135.5亩）。

6月，根据云南省农垦局规定，总场成立政治部、农场成立政治处，并配置干部。

7月3日，云南省农垦局确定温泉农场五队800亩橡胶林地为机械化开垦、栽培、种覆盖样板田。

8月，总场贯彻执行中央批转农垦部党组文件：经营管理实行"一业为主，农牧结合，多种经营"的方针，林管工作实行"固定专业队，实行任务到组，责任到人"的生产责任制。

● **1965年** 1月，总场直属党总支成立，下辖基建队、砖瓦厂、试验站、商店、医院、修配厂6个党支部。

本月，总场上年底在疆锋农场二队进行建立班组政治小组长试点工作，在生产班组正式建立政治组长，于5月全总场普遍推行。

3月1日，总场召开三级干部会议，学习中共中央制定的《农村社会主义教育运动中目前提出的一些问题》（即23条），动员干部在提高认识基础上自觉"洗手、洗澡"。

9月，总场创办的半农半读农业中学开学，有学生90人，其中当地少数民族学生13人（1974年改为普中）。

12月，总场接收当地少数民族青年100人为农场工人。

● **1966年** 1月10日，重庆市支边青年516人到场。

3月，总场贯彻农垦《五条》和《十六条》（中央对国营农场经营管理工作的五条批示和关于改革国营农场经营管理制度的规定草案）的工作在温泉农场试点后，5月，总场制定《东风总场贯彻16条实施细则》，在全场贯彻执行。

6月1日，总场召开首次割胶誓师大会。总场所属4个农场的8个生产队的571.4亩地共3968株胶树投产，胶工123人，当年产干胶2.12吨。

本月，总场第一个日产0.5吨胶乳加工（小槽凝固）烟片厂在东林农场建成并投产使用。

8月，总场重庆、昆明和本场知青104人调至思茅专区各县担任中、小学教师。

● **1967 年**　3 月 11 日和 21 日，农场两次受到暴风雨和冰雹袭击。一分场胶林受害 2200 亩，一、二分场苗圃受害 64 亩。

4 月 1 日，农场实行军事管制，杨跃清任总场军管会主任和临时党委书记，宋天明任副主任，各农场派有军代表。

7 月 30 日，八一兵团成立。

● **1968 年**　1—3 月，在总场军管会支持下，筹备成立革命委员会（简称革委会）。经批准的 6 个农场和生产队的革命委员会取代原各级领导班子。

2 月，自发组织申请并经周恩来总理批准的北京知青 55 人抵达总场。

4 月 27 日，东风总场革命委员会成立。同月建立中共国营农场东风总场核心领导小组。

12 月 10—24 日，总场革委会召开党员代表大会，学习和贯彻党的八届十二中全会公报，并做出积极活学活用毛主席著作深入开展"农业学大寨"群众运动等决议。

12 月 30 日，上海知青 400 余人到场。

● **1969 年**　2 月 6 日，总场革委会班子对三级革委会成员做了大量调整。

3 月，总场革委会成立"五七干校"。

7 月，北京知青李镇江被任命为云南省革命委员会委员。

8 月，总场革委会成立整党核心领导小组，部署全场整党工作。

● **1970 年**　1 月 25 日，农场体制改变，东风总场组建为中国人民解放军云南生产建设兵团第一师二团，同时组成临时党委，各农场、生产队、大组、小组分别改建为营、连、排、班。

本月，北京、上海、重庆、昆明四城市知识青年 7800 人相继到场。

本月，全团抽调 256 人组成"建设政治边防毛泽东思想宣传队"，承担勐龙公社 10 个大队 85 个小队的"政治边防"建设任务。

5 月，4 营 2 连指导员邓竹青被增选为云南省革命委员会委员。

10—11 月，整党建党在 10 个营进行补课，部分党员恢复组织生活，并进行"吐故纳新"，组织处理党员 14 名，发展新党员 329 名。

● **1971 年**　1 月 9 日，全团林管大会战开始，14 天内突击管理橡胶林地 55700 亩，施肥 125 万千克。

本月，团党委组织万人开垦梯田大会战，历时 2 个月，完成 3.5 万亩。

2 月 5—8 日，团召开首届活学活用毛泽东思想积极分子大会和第二次四好连队、五好战士代表大会。

3月，新组建12营、13营、14营、15营等4个营，全团连队增至191个。

4月22—29日，连续发生3次大风、冰雹灾害。全场受风灾折断割胶树达55381株，占总开割植株的21.4％；中幼林报废2840亩，占幼林总面积的13.7％。

6月8日，全团定植橡胶35000亩（因质量、牛害、管理不善等原因，翌年报废11225亩）。

9月，全团5个武装值班连、20个武装值班组组建完毕，并开始配发武器，武装值勤。

9月21—25日，召开中共云南生产建设兵团一师二团第三次党员代表大会，会议选举产生第三届党委成员，龙兴歧为党委书记。

12月，全团完成橡胶梯田开垦13600亩。

本年，出现建场以来2.3℃的绝对低温，橡胶遭受寒害，病害流行。

本年，实现建场14年来首次盈利26.6万元。

● **1972年** 1月6日，全团橡胶因病害停割32124株，占开割总株数的12.5％。

本月，全团开展批林整风运动。

2月9日，东风电站建成投产。建站历时3年，投资160万元，装机容量3×320千瓦，年发电量300千瓦时。

3月，制胶生产将小槽凝固改为长槽凝固。

8月6日，团党委召开扩大会议，团、营、连三级干部257人参加整风学习。

11月，4营3连女胶工吴冬华在1963年定植的279株86品系胶树，首创产干胶1030.5千克的纪录。

● **1973年** 3月17日，团党委召开"夺胶高产誓师大会"，号召全体胶工开展"远学罗桂友、近学龙秀英"的活动。

4月7日，团党委召开扩大会议，贯彻全国计划会议精神，兵团党委副书记江洪洲到会讲话。

4月18日，3营遭受8级大风和冰雹袭击，三队1413亩胶林全部受害，落叶折枝达46％；全营被风刮倒胶树8389株。

7月10日，团党委召开扩大会议，连以上干部426人参加，会期10天。

11月10日，8营5连指导员、上海知青沈瑾瑾的先进事迹拍摄成新闻纪录片《根深叶茂》，在全国发行放映。

本月，云南生产建设兵团确定二团15营为兵团机械化建设重点单位之一。

1974年　1月1—6日，气温降至－0.5℃，1～3年生橡胶幼林枯死达26605亩，占幼林总面积的60.3%；割胶林地因寒害烂脚（树根）和割面条病暴发，被迫停割4855亩，占开割面积的73.3%。

1月7日，团党委做出决定，开展向7营3连4班学习的活动（师党委于1月28日、兵团党委于2月4日分别做出向二团7营3连4班学习活动的决定）。

本月，团部组织各单位干部和割胶工到6营1连学习优秀胶工龙秀英搞好管、养、割的经验。

9月6日，根据国务院、中央军委批准中共云南省委、昆明军区党委《关于改变云南生产建设兵团体制会议纪要》的要求，二团改建为农场、营改为分场、连改为生产队。

12月3日，全场开展农地基本建设大会战，20天开垦农田3326亩。

本月，农场组织出席先代会的代表参观十二分场十队林管工李运才抗寒切秆保苗成活率达90%的林地。

本年，因寒害等原因，全场全年亏损280万元。

1975年　1月11日，农场党委决定全场进行党的基本路线教育，派工作组分四批到生产队开展教育。

1月13日，八分场十三队优秀林管工、重庆女知青刘红鹰，当选为四届人大代表，出席在北京召开的第四届全国人大会议。

本月，农场部由大勐龙迁至小街区曼景湾村附近。

3月，农场泥杂胶绉片加工厂建成投产。

4月23日，农场党委召开生产形势分析会，落实"大战七五夺千吨"的具体措施。

8月，贯彻中共云南省委、西双版纳州委《关于抓紧落实政策的安排意见》文件精神，初步纠正划线站队错误。

10月17日，农场党委向全场发出动员令："学大寨，赶昔阳，苦干两年，把东风农场建成大寨式的国营农场。"

10月底，全场开展生产大会战，年内完成橡胶"三保一护"6万亩，橡胶开梯田1.7万亩。

12月12—15日，连续降雨4天，出现剧烈辐射降温，橡胶遭受第三次严重寒害，开割林地受害34410亩，受害率达92.3%，翌年被迫停割276968株，占开割总株数61.4%。

12月28日，农场党委抽调756人建立"农业学大寨"工作队，分赴全场各生产队，全面铺开党的基本路线教育和开展"农业学大寨"运动。翌年4月下旬，全场"农业学大寨"工作队结束工作，队员返回原单位。

本年，全场盈利150万元。农场组织力量对1973年和1974年冬寒害进行调查；抽调部分技术员、干部和胶工进行培训；对全场现有林地及未定植宜林地7万多亩进行小区规划调查；对不同地形、地势、土壤及气候等自然状况全面测试，核定出甲、乙、丙三个等级的橡胶宜林地，提供了橡胶越冬类型模式。从而根据三面三层或三面两层的原则进行小区区划，实行环境、品系、措施三对口的抗寒综合栽培技术措施。

1976年 1月21日，农场在十三分场召开抗灾保苗现场会，对遭受寒害的橡胶幼林采取统一措施——切秆保苗。

3月29日，农场召开制胶工作会，研究改进产品质量的途径。

本月，农场引进快速凝固制胶工艺。

3—4月，全场抗旱定植橡胶4337亩，成活率70%。

5月17—20日，农场召开首次知识青年代表大会。

7月21日，"东风农场'7·21'工人大学"举行开学典礼（共办3期，1978年4月撤销）。

12月，五分场五队优秀胶工、上海知青郭子龙出席第二次全国农业学大寨会议。

1977年 3月19日，农场在二分场召开1977年度割胶生产誓师大会。

9月26—28日，农场党委在一分场召开揭批"四人帮"和落实政策会议，要求按西双版纳州委指示：学习大庆经验，开展"三大讲"。

12月，云南省农垦总局开展橡胶寒害调查，组织有关的18个单位120人（东风农场67人）的寒害专业调查组对东风农场橡胶林和两区民营胶林进行橡胶越冬考察及防寒措施科学试验，写出《西双版纳大勐龙橡胶越冬气候和防寒措施的试验研究》，获得1979年云南省科研成果奖。

● **1978 年**　2 月 26 日，上海知青郭子龙被选为第五届全国人大代表，出席第五届全国人大会议。

3 月 3 日，西双版纳州委揭批查工作组进驻农场，领导开展揭批查工作，并组成领导小组负责全场党务和行政工作。

5 月，经过揭批查，对制造冤假错案的主要负责人和打人致死致伤残者，按其罪行和错误程度，分别给予刑事、党纪、政纪处分或免予处分。

本月，东风农场人民法庭正式建立。

6 月，抗寒性能较好的 GT1 胶苗大量上山定植。

7 月，农场引进的标准胶（颗粒）生产线，在一制胶厂安装投入使用。

本月，西双版纳州委为调整充实东风农场、分场两级领导班子，调入 13 名干部到场。农场领导班子成员为：场长王文希，副场长徐作民、左厚生；副书记龙德云、王静屏（12 月任命付德功为副场长）。

12 月，知青开始陆续返城。

本月，西双版纳州委揭批查工作组撤离农场。根据中共云南省委相关文件精神，农场成立落实政策办公室。

● **1979 年**　1 月，全场有 10813 名知青离场返城，占 1978 年末知青总数的 98％；全场职工由上年 16383 人骤减为 5800 人，各项工作处于严重缺额。

1—3 月，由于职工骤减，许多林地因无人管理遭受火灾数 10 次，损失达 4658 亩。

2 月，农场召开生产队长以上干部会议，研究解决知青回城后的严重困难；提出"顾全大局，加强团结，抓胶保苗，改善生活"的行动口号和各项措施。

3 月，农场动员在场职工写信至内地农村，动员少量青壮年来场担任合同工，以解决劳动力短缺问题。

4 月 10 日，全场恢复"三个秩序"（生产、生活、工作秩序），开始割胶，开割时间比往年推迟 1 个月。

4 月 16 日，农场在组织试点工作基础上，制定《六定一奖试行办法》（草案），并制定各类工作的奖赔岗位责任制，在全场推行。

本月，农场党委指定一名委员到各分场传达邓小平《关于坚持四项基本原则》的讲话。

5 月，钱明达调入农场任党委书记。

本月，农场党委召开分场级干部会议，学习党的十一届三中全会决议；要求全场干部坚决贯彻党中央提出的"解放思想，开动脑筋，实事求是，团结一致向前看"的方针，把工作重点转移到生产建设上来。

6月14—16日，农场安全生产委员会召开会议。贯彻省安全工作会议精神，总结经验教训，制定安全措施。

7月，根据中央1号文件精神，农场发出《关于职工家庭副业生产的规定》文件。

8月1日，农场党委召开"纪念八一建军节退伍转业军人座谈会"。

8月11日，农场党委决定将原有的13个附设初中学校调整为6个。

9月3—10日，农场举办首届割胶技术比武活动。

● **1980 年**　1月，按照国家劳动保险制度规定，农场第一次办理职工退休手续。

2月21—24日，农场召开第六届职工代表大会，出席会议代表324名。

4月，农场电视过渡台建成，农场职工和当地群众可以收看用录像带转播的电视节目。

5月27—31日，农场召开分场领导和财会人员会议，贯彻云南省农垦总局陇川会议精神，制定扭亏增盈、增产增收措施。

本月，农场办理第一批老干部离休手续3人。

7月，东风农场派出所建立。

本月，由农场农艺师和电工组成的电烤胶（颗粒）试验小组，进行电烤胶试验取得初步成功。

11月2日，根据国务院有关规定，农场成立"专业技术职称评定委员会"，开展对专业技术干部的技术职称评定工作。

本年，农场按照上级规定，每年利润返还地方6%，支援地方建设和发展民营橡胶。农场第一年支援地方资金56.7万元。

● **1981 年**　1月，农牧渔业部国家农垦总局授予三分场学校"先进学校"称号；授予二分场学校教师毛秀清"优秀教师"称号。

2月，农场召开三级干部会议，研究加强经济调整，落实联产计酬责任制。

本月，五、六、七等分场聘请当地少数民族26人，担任生产队橡胶护林员。

4月，农场召开林地整顿会议，根据实际进一步落实林管岗位责任制。

本月，农场党委召开思想政治工作会议，学习和研讨坚持四项基本原则，加强思想政治工作等方面的问题。

5月，在西双版纳州农垦分局组织的割胶比赛中，一分场彭留招、四分场陶正安被评为"神刀手"，张春梅等8人被评为"割胶能手"，受到分局的表彰和奖励。

6月，农场在七分场召开经营管理现场会，会上转发《七分场生产队生产管理若干问题的规定》，制定生产队干部的岗位责任制，在全场推广执行。

7月1日，光明电站建成发电，工期5年，投资554.3万元，装机容量3×1000千瓦，建成后即与东风电站并网。

本年，采取农场出资金、技术，村寨出土地、劳力，投产收益按三七分成（农场三成）的办法，场群联营橡胶面积达522.9亩。

● **1982年**　1月18—22日，农场召开第七届职工代表大会，审议和通过了《关于定、包、联经济责任制试行办法的决定》，简称"四定一奖经济责任制"。

本月，根据中央和上级部署，农场党委研究做出《在全场开展打击经济领域里的违法犯罪活动的决定》。

本月，农场将小而全的制胶生产体系（原规划每个分场都建1座制胶厂）改为3万～4万亩橡胶设1座制胶厂的合理布局。

本月，农场成立"职工教育办公室"，设干事1人；各分场配备业余教师30余人，生产队设教学点，对全场1968—1978年的初、高中毕业生进行文化补课。

2月，农场党委贯彻落实《关于党内政治生活的若干准则》，并对党员和干部提出"十要十不准"的规定。

本月，农场党委派出熟悉橡胶生产的干部4名，长住勐龙、小街两个区，扶持发展民营橡胶。

3月，农场党委决定每年四月为"民族团结月"，发动职工开展各项民族团结的活动。

5月，农场党委书记钱明达调云南省农垦总局，西双版纳州农垦分局副局长张跃东到农场主持党委工作。

8月28日，农场党委召开扩大会议，做出"关于办好职工食堂"的决议。

9月19日，农场制定了贯彻国务院《职工奖惩条例》的具体试行办法，要求把贯彻《条例》同开展"五讲四美三热爱"活动结合起来，并对奖惩权限做出明确规定。

10月1日，农场变电所建成投入运行。工期两年半，投资201.5万元。

11月5日，农场综合治理办公室和制定场规公约试点工作组制定《一分场场规公约》1份，《队规公约》19份，并在全场推广。

11月19日，云南省人民政府授予农场"整顿治安先进单位"光荣称号。

● **1983年** 1月3—4日，农场党委召开关于继续深入打击经济领域中严重犯罪活动的会议。

本月，著名作家丁玲及陈明一行到场参观访问。

本月，农场继续完善"四定一奖责任制"，实行"联产承包责任制"，全场职工普遍进入工作岗位。

本月，农场继续调整制胶厂布局，调整后的4个制胶厂日投产能力为73吨，比原8个制胶厂提高33吨。

2月，云南省人民政府授予七分场1982年度"先进集体"称号。

3月28日，农场党委根据十二大通过的《中国共产党章程》，发出《关于加强党员教育工作的意见》，并培训学习新党章的宣讲骨干。

3月29—31日，农场与小街、勐龙两区共同召开"民族工作联席会"，表彰和奖励先进村寨22个、生产队20个、先进干部工人16人和民族群众19人。

4月5—22日，农场5次遭到暴风、冰雹灾害，损失胶树37355株，其中开割树断裂25891株。

4月20日，二分场机务队失火，烧毁瓦房2幢，19户职工受灾，经济损失10万余元。

本月，农场召开创"优秀胶工"的割胶动员会议，颁发《优秀胶工评比条件》。

5月4—6日，共青团东风农场第四次团代会召开，恢复中断5年的团委工作。

5月18日，国家农牧渔业部农垦局、云南省农垦总局、西双版纳州农垦分局和东风农场组成"企业整顿四级联合调查组"，在农场开始企业整顿工作。7月15日，企业整顿联合调查组按照干部"四化"（革命化、年轻化、知识化、专业化）标准，通过全面调查、考核并经云南省农垦总局党委批准，任命卢明康为农场党委副书记，主持党委工作；阎荣杰主持生产行政工作；龙德云为副书记，张兆基、彭玉东为副场长。9月底，企业整顿联合调查组结束工作离场。

7月1日，农场党委开展"创先争优"活动，授予"先进党支部"称号15个和"优秀共产党员"称号152人。

本月，农场派出所配合西双版纳州、景洪县政法机关依法从重从严从快打击农场一批严重刑事犯罪分子22名，促进社会治安明显好转。

9月2日，省委、省政府在"民族团结表彰会"上授予东风农场"民族团结先进单位"称号。

11月15—19日，农场召开第八届职工代表大会，审议通过《东风农场经济责任制》（总纲），林业、制胶、农牧、机务、建筑施工、商业、砖瓦等7个联产承包责任制和干部岗位责任制、场规场约等15个文件。

11月19日，农场党委发出《关于抵制和清除精神污染的意见》文件。

12月10日，中共云南省委批准任命卢明康为东风农场党委书记、阎荣杰为场长。

本月，农场党委根据上级关于落实知识分子政策的通知，对全场具有中专及技术员以上学历和职称的专业干部进行查实，对错误处理或处理偏重的19名干部进行核查，给予甄别纠错。

本年，二分场二队割胶工李永芳被云南省政府授予"劳动模范"称号；五分场四队许万才受到全国总工会表彰。

● **1984年**　1月3—4日，农场党委召开思想政治工作会议，讨论贯彻中央批转的《国营企业职工思想政治工作纲要（试行）》；提出农场思想政治工作的任务、内容、原则和做法。

1月12日，全场进行兴办职工家庭农场的宣传教育。

2月，农场成立橡胶制品检验站。

本月，农场对企业整顿后新调整的生产队干部进行分批培训。

3月8日，农场女工委员会成立。

3月13日，农场工会首次会员代表大会召开。经西双版纳州总工会批准，刘秋春任主席，李云顺任副主席。

3月24日，农场党办发出《关于建设社会主义文明单位的评比条件》文件，共8项56条。

本月，农场幼儿园建成投入使用。

本月，经云南省农垦总局、西双版纳州农垦分局企业整顿验收组检查验收后，云南省企业整顿领导小组和农垦总局颁发企业整顿验收合格证书。

4月15日，在农场部召开"两区一场联席会议"，共商开展"场群共建"活动，提出开展活动的7项内容、8条标准及具体办法。

4月20日，云南省公安厅授予农场派出所"发扬优良传统，出色完成任务"的锦旗一面。

本月，农场改进制胶凝固工艺，一、三制胶厂在长槽凝固中试用甲酸取代冰醋酸取得成功。

本月，农场党委决定在全场职工中进行四项基本原则再教育，由宣传科编写宣讲材料印发给各单位。

5月，云南省经济委员会、农牧渔业厅、林业厅、科技委员会授予农场生产科"云南省科技推广工作先进集体"称号，并赠锦旗一面。

本月，农场组成兴办职工家庭农场工作组进行试点工作，并拟出《国营东风农场职工家庭农场章程（试行）》，发至各单位。

6月，农场对全场"以工代干"人员进行补办、转干和吸收录用手续。

8月，农场党委对全场职工进行"六个再教育"（即共产主义理想、遵纪守法、为人民服务、实事求是、民主集中和反腐蚀再教育）。

9月24日，农场党委做出《关于加强对党员进行党风党纪教育的意见》。

10月，农场成立"三司一站"（即供销运输公司、建筑安装公司、工业电力公司和生产技术服务站）。

11月11日，农场颁布《国营东风农场职工住房自建公助暂行规定》。

11月21日，农场党委发出《关于组织干部、职工认真学习贯彻中共中央关于经济体制改革的决定通知》文件。

本月，农场党委决定撤销十一、十三两个分场建制，将十一分场并入七分场，十三分场的生产队分别并入邻近的四、五、十二分场，原十四、十五分场分别改称十一、十三分场。

12月25—27日，农场召开第八届二次职工代表大会，审议通过《职工家庭农场章程》等5个文件。

● **1985年**　1月，全场橡胶树白粉病蔓延，受灾面积达90%。全场上下投入到抗灾保胶斗争中。

3月，全场普遍兴办职工家庭农场，有承包型、经营型和自营型等类型。

4月19日，农场党委在三分场召开"抗灾保产"动员大会，提出"一株不漏，一刀不停，全力以赴，抗灾保产"的行动口号。

本月，云南省农垦总局纪律检查委员会在农场召开全省农场纪律检查工作经验交流会议。

5月7日和7月22日，十三分场五队两次发生重大爆炸伤亡事故。经云南省、西双版纳州县政法部门和农场派出所联合调查，属重大责任事故。农场党委对相关人员做出处分。

6月24日，西双版纳州州长召存信受中共云南省委、省政府的委托在允景洪举行授匾仪式，授予农场为"文明农场"称号，场长阎荣杰代表全场接匾。

7月28日，农场党委转发《农场工会关于整顿基层工会组织，开展建设"职工之家"活动的意见》。

本月，农场党委做出《普法教育初步规划》，并举办第一期普法骨干学习班。

8月1日，云南省农垦总局党委决定把徐作民由橄榄坝农场调任东风农场任场长，原场长阎荣杰调离。

9月10日，全场庆祝第一个教师节，农场和分场党政领导分别代表党委和全体职工慰问教师。

本月，农牧渔业部授予农场中学"先进单位"称号，授予十一分场小学教师王远锋"先进教师"称号。

10月30日，农场党委发出《关于加强职工食堂管理的通知》，规定对在食堂就餐的职工给予燃料费补贴，并将食堂工作列入年度工作检查、先进单位评比条件之一。

本月，根据国务院《关于国营企业工资改革问题的通知》和云南农垦企业工资改革的实施办法，农场进行工资改革。

本月，农场自筹资金6万余元，购置并建立6.5米WDJ6-1型电视卫星地面接收站1个。农场职工和当地群众可收看当天的中央电视台节目。

本月，农场党委决定将"三司一站"分别调整为供销站、建筑工程大队、胶电厂和技术推广站，同时恢复农场机务科和基建科。

12月，云南省农垦总局和《大西南文学》编辑部共同邀请知青作家到农垦参观访问。知青作家余德庄等一行 10 余人到场。

本年，农场根据上级教育部门有关规定，自上年 3 月至本年末对全场中、小学教师进行在职进修教材和教法统考 3 次。全场应考教师 269 人，双关合格 255 人，占应考教师的 94.7％。

1986 年

1月 2 日，农场第一批整党工作正式开始，农场机关党支部和离休干部党支部的 71 名党员参加。

1月 16—18 日，农场在七分场召开"经营管理基础工作现场讨论会"，讨论通过《生产队党支部书记职责》《生产队长职责》《队统计员职责》和《农林技术员职责》。

1月 21—27 日，云南省农垦总局在东风农场召开全省农垦系统建设社会主义精神文明表彰大会。

本月，农场做出决定：分场橡胶超计划部分，要留利给生产队 8％～10％或 10％～15％；在完成计划任务前提下，允许生产队经营部分集体经济，收入归队使用。

本月，农场制定农场、分场两级机关各类干部岗位职责 53 项。

2月，农场为加强基建管理，保证房建质量，对房建程序、施工队伍、质量验收等做出规定。

3月 8 日，农场制定《农场劳动人事管理办法》。

3月 14 日，农场党委成立"农场场史征集委员会"，设场史编写办公室。

3月 20 日，召开"两区一场联席会议"，西双版纳州、县领导出席了会议。

4月 16 日和 5 月 7 日，供销站车队先后发生两起重大交通事故，死亡 1 人，车辆报废，损失达 3 万多元。

5月，农场党委对全场职工进行"四感教育"。

6月 6 日，中共云南省委、省人民政府表彰农场为"增百致富"先进单位。

7月，云南省农垦总局召开的制胶产品会上，农场第二、第一制胶厂产品分别评为云南垦区橡胶制品第一名、第三名。

10月，农场出席农牧渔业部在南京召开的全国农垦系统思想政治工作经验交流会议，并被授予"全国农垦系统思想政治工作先进单位"称号。

11 月 5 日，农场党委发出《全面搞好两个文明建设，用优异成绩迎接场庆 30 周年》的通知。

12 月，东风农场卫生防疫站建立。

本月，东风温泉疗养所（所址为七分场场部）建成投入使用。

本月，农场第四制胶厂改为标准胶生产工艺。至此，全场 4 个制胶厂均为标准胶生产工艺。

本月，农场被西双版纳州"五讲四美三热爱"活动委员会评为 1986 年度文明单位，农场技术推广站被西双版纳州农垦分局授予"科技推广先进单位"。

本年，全国计划生育委员会授予农场为"计划生育工作先进单位"。全年全场安装割胶防雨帽 90 余万株。割胶平均提高 8.8 刀次，年增产干胶 379.5 吨。

● **1987 年** 1 月 22 日，农场召开第九届职工代表大会第三次会议，审议通过修订后的《东风农场职工家庭农场章程》。会议决定在场庆 30 周年前为职工福利办好 10 件实事。

本月，农场党委提出用 2～6 个月的学习时间，对全场职工进行一次"东风企业精神"，即艰苦创业、团结协作、三老四严、力争上游、自强自立、开拓创新、奋斗献身精神的教育。

2 月，农场党委决定成立直属分场等 3 个分场级单位和恢复农场供销科。

本月，农场场长办公室与党委办公室联合举办建场以来第一期"公文写作基础知识培训班"，参加人员有分场行政人事干事、组织（或宣传）干事及农场机关有关科室人员共 32 人。

3 月，为防治白粉病，全场建立 468 个白粉病观测点，使用 163 台喷粉器，喷硫黄 139 吨，有效地控制了白粉病流行。

4 月 29 日，农场党委发出《关于广泛深入地开展增产节约、增收节支运动的决定》文件。

8—12 月，根据上级文件精神，全场保卫干事编入治安民警。

9 月 3 日，西双版纳州农垦分局"建设职工之家验收小组"到场，通过验收全场考核得分 92.5 分，颁发"职工之家合格证书"。

本月，云南省农垦总局将农场列为职称改革试点单位之一。农场、分场分别成立职称改革领导小组和职称改革综合评议组。

11 月，农场试制和生产的浅色胶通过部级鉴定为合格产品。

12 月，乳胶制品厂正式成立，属分场级单位。

● **1988 年** 1 月 11 日，农场卫生科和农场医院合署办公，一个班子两块牌子。

1 月 12 日，农场成立审计科和老干部科；原劳动工资管理业务从经营管理科分离，成立劳动人事科。

1 月 19 日，农场召开第十届职工代表大会，会议审议通过了《农场工作报告》《东风农场场规场约》《东风农场割胶管理细则》《东风农场一九八八年橡胶中幼林地管理细则》和《职代会决议》等文件。

4 月 11—13 日，农场召开第四次党员代表大会，与会代表 181 名，党委书记卢明康做工作报告。

4 月 12 日，农场设立以场长徐作民为主任，由行政、党组织、工会、共青团的主要负责人和职工代表组成的农场管理委员会，就企业经营管理中的重大问题协助场长决策。

4 月 30 日，为了加强对全场基本建设的管理，严格控制基建投资规模，全面对基本建设各道程序进行督促检查，农场成立了基建管理委员会。

7 月 9 日，农场成立文化中心（分场级），下辖农场电视转播台、东风俱乐部、东风公园 3 个单位。

7 月 16 日，农场成立工业科。

8 月 8 日，共青团国营东风农场第六次代表大会召开。

11 月 16 日，东风农贸市场建成投入使用，改变了当地人沿街摆摊的习惯，结束了过去早晚两次的"露水街"历史。

12 月 2—4 日，农场举行建场三十周年庆祝活动。

12 月 8 日，农场做出对连续两年、连续三年获得优秀胶工的职工进行记功、晋级的奖励决定。

● **1989 年** 2 月 1—3 日，农场召开第十届职工代表大会第二次会议，出席大会代表 181 人。

7 月，东风农场木材厂筹建完成，并建立东风农场木材厂党支部。

本月，中央人民广播电台记者来场采访农场第一代农林技术员吴惠芬，之后在中央人民广播电台播出专题报道。

本年，在全场干部职工的共同努力下，农场实现了干胶生产"过万争百"的历史性目标（总产干胶 11246.5 吨）。

1990 年　2 月 20 日，农场党委发出《关于在全场各行业开展创优劳动竞赛的决定》文件，全场上下掀起了一个"比学赶帮超"的劳动热潮。

2 月 20 日，农场下发《关于切实办好职工食堂，改善职工生活的通知》，提出六条措施，各单位相继恢复职工食堂。

9 月，农垦分局召开民族团结进步表彰大会，农场电厂、十分场在会上做经验交流。

本年，农场第三制胶厂及朱兴芬、周菊英、易建国、彭学萍、陈阿甲、王伯献、郝庭芬、罗家泽等职工分别被云南农垦总局评为先进集体和先进个人。

1991 年　1 月 26 日，农场在全场开展制度化、规范化和标准化的创建文明单位活动。

5 月 1 日，农场发出《关于继续深入开展各行各业创优竞赛、考核评比的意见》通知，此项活动的开展，实现了"干胶长一成，产值过一亿，利税增百万"的好成绩，保持了在高纬度 10 万亩以上大面积胶园株产、亩产和割胶工劳动生产率四项全国之最。通过竞赛涌现出先进个人 270 人、分场级先进集体 4 个、先进科室 2 个、队级先进单位 11 个，同时还评出了 22 个行业的单项工作第一。

5 月 4 日，共青团国营东风农场第七次代表大会召开。

1—6 月，农场连续发生两起严重生产事故，造成 1 人死亡、1 人重伤，农场对事故责任人进行处罚和全场通报批评。

6 月 4 日，云南农垦总局颁发 1990 年度科技成果及优秀论文获奖项目奖金，农场的《应用综合技术防治橡胶白粉病》《财务结算中心管理方法的推广应用》论文获科技成果三等奖。

本月，国务院政策研究室、云南省政府办公厅领导到农场了解关于科教方面的工作。

7 月 16 日，农垦分局召开首次优秀割胶工表彰大会，农场有 7 位割胶工被农业部农垦局授予全国优秀胶工称号，154 人被农垦分局评为 1990 年优秀胶工。

9 月 12 日，云南农垦总局对 1990 年度有突出贡献的优秀专业技术人才进行奖励。农场高级工程师林金振被授予一等奖，张兆基、彭若清、卢泽波、陈鸿奎等被授予三等奖。

10 月 10 日，何天喜从勐满农场调东风农场任场长。

本月，国家物资部能源司司长一行 9 人到农场视察工作。

11 月，云南省劳动厅厅长一行 6 人由分局副局长陪同到农场了解临时工用工情况和工效挂钩问题。

本月，出席全国橡胶生产会议的代表共 80 人到农场七分场参观割胶生产情况。

本年，农场被云南省政府评为"人民信访先进单位"。

● **1992 年** 1 月 11 日，农场三级电站工程全面竣工。工程历时 2 年零 8 个月。工程结算造价 8131193.81 元。三级电站装机容量为 2×1000 千瓦。

1 月 17 日，农场召开第十一届职工代表大会第二次会议，徐作民、何天喜做工作报告，审议通过了《国营东风农场经济责任制条例》《割胶管理细则》《三级干部及管理人员岗位经济责任制》。

2 月 15 日，农场召开双文明表彰大会，党委书记卢明康做报告。经农场党委批准，授予分场级"双文明"单位 4 个，复查合格分场级"双文明"单位 2 个；授予"双文明"科室 3 个，复查合格"双文明"科室 1 个；授予队级"双文明"单位 23 个，复查合格队级"双文明"单位 33 个；授予分场级"先进集体"6 个，队级"先进集体"23 个；授予"双文明积极分子"246 人，获劳动竞赛一等奖 409 人、二等奖 660 人、三等奖 928 人；获行业创优集体一等奖 25 个、二等奖 27 个、三等奖 25 个，获行业创优个人一等奖 22 人、二等奖 23 人、三等奖 23 人，获 14 种人员创优一等奖 11 人、二等奖 13 人、三等奖 11 人。为建场以来表彰人数最多、规模最大的一次。

本月，农场的《应用综合技术措施实现 12 万亩开割胶园亩产连续 3 年超 100 千克》科技论文获云南农垦总局科学技术进步一等奖。

5 月 12 日，农场第五次党代会召开，选举产生新一届东风农场党委班子，卢明康为党委书记，刘华生为党委副书记，陈敬合为纪委书记。

10 月 15 日，农场出台《国营东风农场职工医疗费用制度改革试行规定》，对职工享受公费医疗的范围、医疗经费的来源及开支范围、享受公费医疗人员自负药费规定等做出明确规定。

● **1993 年** 1 月 27 日，农场召开第十二次职工代表大会一次会议，审议通过了《国营东风农场关于贯彻执行全民所有制工业企业职工代表大会条例实施细则》《国营东风农场承包责任制条例》《国营东风农场职工医疗费用制度改革的若干规定》等文件。

3月14日，云南省人民政府追认东风农场二分场学校保卫干事李开寿为革命烈士（1991年6月24日晚李开寿在校区执行巡逻任务时，被犯罪分子报复杀害）。

3月19日，农场获云南农垦1992年度粮食农业丰收奖和养猪农业丰收奖。

4月12日，云南省人民政府追认东风农场十一分场职工刘全智为革命烈士（1991年8月26日，刘全智在扑救群众失火房屋过程中牺牲）。

9月11日，农业部农垦司、中国热带作物学会表彰全国天然橡胶新割制推广先进单位和先进个人，东风农场被授予全国天然橡胶新割制推广先进单位。

本年，农垦分局颁发1993年度西双版纳农垦分局优秀割胶工称号，东风农场122位割胶工榜上有名。

● 1994年　1月，农场出台《职工奖励条例》，共四项十六条，奖励范围包括：发明创造和应用于农场建设的科技成果，在引进应用推广已有的先进技术中，结合本场实际做了大量有效的工作，并取得显著经济效益、社会效益、生态效益；在重大工程建设和企业技术改造中，采用新技术创造性地应用并取得显著经济效益；生活中的小发明和小创造对改善生产（工作）条件、方便职工生活起了良好作用；引进人才、资金、技术有利于农场建设等。对查办大案要案，为农场挽回经济损失数额较大或社会效益显著的人员；对挺身而出，维护国家、集体财产和个人生命财产安全，勇于同违法分子做斗争的集体或个人等。凡属上述范围，都给予一次性奖励，奖励最高金额为1000元。1994—1995年，获科技论文奖4人；四制胶厂姜峰设计的"电动机提升胶块进料机"获农场发明创造奖，奖金1000元。

1月5日，景洪市人民检察院驻东风农场监察室成立。

7月31日，党委书记卢明康代理农场场长职务。

10月6日，农场开展第四届割胶生产技术比武，经过岗位比武、生产队预赛、分场复赛、农场决赛，最后决出"神刀手"3名。

11月，农场出台土地管理办法。

12月15日，农场成立昆明工作站。

本年，农场制定《关于党员、干部遵纪守法、廉洁奉公的规定》。

● **1995 年**

1月，农场在整顿改造二三产业的同时，确立了依托主业和规模化经营的路子来发展二三产业的基本思路，投资100余万元，初步建成集销售、仓储、餐饮、住宿、停车于一体的驻昆站；出资460万元在景洪旅游度假区置地23.20亩，用于兴建宾馆；出资125万元在中缅边境贸易区购地25亩，作为边贸开发区的新起点和前沿基地，积极发展边贸旅游业，着眼于与内地联营，逐步建立昆明-景洪-东风至缅、老、泰跨国旅游线。

2月9日，农场撤销建筑建材实业公司，其下属的胶杯厂划归一分场，基建队划归二分场；技术服务站划归一分场；旅游开发公司、农贸市场、商业服务公司、勐河商行合并为东风旅游商贸开发中心；修配厂与汽车队合并成立东风汽车运输中心；乳胶厂划归十一分场；橡胶产品检验站与胶厂脱钩，隶属农场机关，归项目办公室管理。撤销宣教科，分设宣传科和教育科；成立职工培训中心，与教育科合署办公；成立社会保险办公室，与劳动人事科合署办公。

本月，农场出台《国营东风农场农、林、牧、渔生产技术进步奖奖励条例》。分为新一代胶园技术生产技术进步奖、经济作物生产技术进步奖、园地管理生产技术进步奖、优质高产生产技术进步奖、畜禽养殖生产技术进步奖和渔业生产技术进步奖。农场每年召开一次生产技术进步奖总结表彰大会，颁发证书和奖金。

4月19日，西双版纳州邮电局在农场场部建设初装容量为512门的数字程控电话交换机，东风农场至景洪市的传输采用光缆，首批开通60条电路，实现数字交换、数字传输一步到位。农场所属全部单位在勐龙、东风两个支局间的通话按同一支局内通话收费标准收取。

5月24日，农场木材厂由于连年亏损决定对外承包，与海南省钟堡木业有限公司签订承包木材厂合同，承包期为10年零4个月。

5月30日，场、乡、镇在农场俱乐部召开场群共建工作表彰大会，宣读场群共建公约修正案，26个单位、158人受到表彰。

8月29日，农场成立社会综合治理委员会，党委书记卢明康为第一责任人，各分场也成立了综合治理委员会，分场党委书记为第一责任人。

9月3日，农场组干科组织慰问健在的抗日老战士，各分场以纪念抗日战争和世界反法西斯战争胜利为主要内容制作宣传栏，组织干部职工演唱《义勇军进行曲》，各中小学还利用每周一的升旗仪式开展爱国主义教育等活动。

12月5日，经中共西双版纳州委卫生局等级医院评审团检查评审，农场职工医院以888.60分的成绩通过评审，进入国家级乙等医院行列（1996年8月8日，举行挂匾仪式）。

12月30日，农场团委举办以《东风第一枝》为主要内容的"拓荒者的故事"演讲比赛，随后又组织获奖选手下基层巡回演讲14场次。

本年，农场修订《关于党员、干部遵纪守法、廉洁奉公的规定》，使其更加完善。从1994年起，先后查处违纪人员26人。

本年，东风浅色标准胶在第二届中国农业博览会上获金奖。农场以"东风"牌命名申请注册商标，于1996年被国家工商管理局批准注册并获公告。

● **1996年** 1月29日，农场第十二届职工代表大会第四次会议审议通过《国营东风农场"九五"计划和2010年远景规划》，规划目标到2000年产干胶1.70万吨；一、三产业比例各增一成；社会总产值按1990年不变价计算，争取突破2.65亿元；国民生产总值达1.287亿元；职工岗位收入8000元；自营经济年均收入2000元。

本月，农场为贯彻落实总局会议要求，根据国务院、云南省农垦总局《国营农场生产队改组股份合作企业试行办法》的有关规定，确定在发展多种经营具有较好地理条件的五分场七队、八队，橡胶产品流失较为严重的四分场四队，以及综合经营橡胶、水稻的三分场五队进行试点。

2月3—5日，农场举办首届中青年职工门球运动会，来自基层单位的14支球队参加比赛。

3月13日，经农场研究同意东风汽运中心筹建东风加油站，该加油站以股份制形式筹建，项目计划总投资80万元；农场投资20%，80%由农场职工集资入股。

3月26日，农场成立东风农场教育委员会，农场教委下设办公室，原教育科撤销。

本月，农场在三所小学和一所中学实行校长负责制、教职员工聘任制、工资总额包干制的教育体制改革试点。

5月30日，农场、勐龙镇、小街乡两年一次的场群共建民族工作表彰会在农场召开。原西双版纳州州长召存信、人大常委会主任何贵、政协主席苏恒和全国妇联常委刀美英等领导，以及西双版纳州州长刀爱民、州民委主任刀金安、市政协主席雷存礼、农垦分局副局长岩燕等有关领导应邀出席会议。会议审议通过《勐龙镇、小街乡、东风农场场群共建文明公约》，表彰先进集体26个和先进个人158名。

7月9日，西双版纳州人民政府发出《关于命名景洪农场等十六家企业为九四、九五年度"重合同守信用"企业》的决定，东风农场榜上有名，连续7年被西双版纳州政府命名为"重合同守信用"的企业。

7月10日，农场成立教育发展基金会。教育发展基金主要用于奖励有突出贡献的教师和教育工作者，奖励学习优异的学生和成绩卓著的职工，资助贫困学生完成学业和教师开展教研活动等。农场拨款50万元作为基金会的启动资金，农场教委、工会等5个部门向场内外各单位、社会团体和个人发出为基金会捐款的倡议后，全场广大职工纷纷捐款，截至12月30日，基金会共收到场内外集体和个人捐款10.20万元，加上启动资金共计60万元。

8月29日，农场召开工会第四次女职工代表大会，选举产生新一届女职工委员会。

12月7日，农场第四届职工艺术联展在农场部举行，历时半个月，共展出书法、美术、根雕、编织、手工艺品、剪纸摄影和篆刻品等职工作品403件，经评选，30件作品获奖。

● **1997 年**　2月20日，农场成立农场离退休职工管理委员会办公室，与农场社会保险办公室合署办公；成立农场机务科；国营东风农场供销机运科更名为国营东风农场供销科；成立国营东风农场建筑规划设计室；成立东风大酒店指挥部办公室（副科级）；成立国营东风农场房改办公室（副科级）；东风汽车运输中心、国营东风农场食品饮料厂、国营东风农场木材厂由副科级单位升格为正科级；民族工作科与农场土地管理所合署办公。

2月27日，农场住房制度改革实施方案在第十二届职工代表大会第五次会议上通过。全面推行住房基金制度。第一次规定了职工以综合成本价购买的住房，产权归个人所有，一般住用5年后可进入市场交易。

2月28日，农场二级水电站改、扩建工程由云南省水利水电勘测设计研究院总承包,总造价为900万元。工程从1997年3月1日开工至1998年7月1日竣工。

3月5日,农场团委、十分场团委获云南农垦总局团委授予的"带领青年投身经济建设主战场活动先进单位"称号。

3月19日,农场成立"国营东风农场综合管理科"。其主要职能是调查研究、信息收集整理、体制改革和计划统计工作;农场计划财务科更名为"财务科"。

3月25日,农场女职工委员会在全场开展了"文明家庭"建设竞赛达标活动。

本月,历时4个月的农业普查工作圆满结束,分别获得云南省政府和景洪市政府授予的"全国第一次农业普查先进单位"称号。

7月21日,农场在南阿河下游新组建十四分场。十四分场占地面积26330亩,是东风农场面积最大的分场。为加快十四分场建设,农场于12月12日至1998年1月22日调集全场精壮劳力开展一场历史规模最大的垦荒大会战。平均每天有3000余名职工参加,最多时有4150人参加会战。经过40天的奋战,共开垦梯田9280.30亩,完成预定任务的104.90%。开辟主要干道21.80千米,当年建队10个,455名职工住进新居。

本月,农场第四制胶厂厂长姜锋当选为西双版纳州"十大杰出青年"。姜锋从事制胶工作虽然只十余年,但制胶厂200多米长的生产线上应用了他13项技术革新和发明。

10月,第四届云南省消费者喜爱商品揭晓,农场食品厂生产的"傣源"牌热带果脯与其他86类133个品种的食品一起被评为云南省消费者喜爱商品,特别是"笋塔牌"果脯曾获昆明樱花购物中心1993年全国畅销国产商品"樱花杯"奖。

本月,农场生产研制的"东风"牌浅色标准胶在第三届中国农业博览会上获名牌产品。

本月,农场采用招投标方式建设的办公大楼落成并交付使用。大楼占地面积2832.7平方米,为五层框架结构楼房。由云南省设计院设计,云南宜良南洋建筑公司承建,总投资270多万元。

11月25—27日,由云南省门球协会主办、西双版纳州门球协会协办、东风农场承办的云南省第五届中青年"农垦杯"门球运动会在农场举行，来自全省 11 个地州的 15 支球队参加比赛。东风农场一队、东风农场老年队分别获得第二名、第五名；评选出优秀运动员 13 人、优秀裁判员 4 人；东风农场队获满分奖。为东风农场首次承办全省规模的运动会，在西双版纳垦区也属首次。

本月，农场七分场少先队组织荣获全国少年先锋队全国工作委员会授予的"全国文明雏鹰假日小队"称号。

本月，农场三类型植胶区高产综合技术获云南省科学技术进步三等奖。这一项目是农垦分局规划的重点推广科技项目，1979 年下达农场九分场实施。至 1995 年应用高产综合技术橡胶 11361.2 亩，其中 10030.5 亩开割，当年平均亩产 114.1 千克，较农业部规定的三类型植胶区亩产 60 千克的指标增产 90%。

12 月 23 日，农场授予陈虹宇、徐建明、李伟萍、刘明友、付开荣、郭尚德、李云梅、李正光、彭兰英、陈湘珍"十佳青年"称号。为农场首次评选的"十佳青年"。

本月，农场被云南农垦总局评为 1995—1996 年度"尊师重教"先进单位。

本年，在云南省有关部门组织的 13 项考核指标中，农场有 4 项得满分，6 项得 90 分以上，平均分 90.40 分，被评为云南省初级卫生保健先进单位。

本年，农场被云南省农垦总局授予"思想政治工作优秀企业"称号。

本年，农场鼓励职工发展自营经济，出台了一系列优惠政策，同时做好产前、产中、产后服务工作，调动职工发展自营经济的积极性。全场从事自营经济户数为 4378 户，占总户数的 49.50%；从事自营经济人数 8228 人，占职工总人数的 68.70%；全场年自营经济纯收入为 1285.70 万元，职均自营经济纯收入为 1073.56 元，占工资收入 5432 元的 19.76%；自营经济纯收入万元以上的职工家庭达 297 户。

● 1998 年

1 月 17 日，云南农垦总局局长古希全在农垦分局副局长高东风的陪同下到农场检查指导工作。

1 月 20 日，农场召开第四次工代会，270 名代表参加会议，会议选举产生第四届农场工会委员会和经费审查委员会。

3月12日，云南农垦集团公司副总经理李民在西双版纳农垦分局副局长高东风等人的陪同下，到农场十四分场新开垦的胶园考察。

本月，农场推行橡胶树新割制改革，面积为34535.90亩，683104株，分别占全场开割胶园的24.80%和23%。

4月6日，农场七、八、九分场遭受强风和冰雹灾害，造成511株胶树报废，19926株胶树不同程度受伤。

4月8日，农场制定出台《关于厉行节约，反对奢侈浪费的规定》，有效遏制各级机关的不正之风，农场接待费用较1997年下降103.44万元，下降率为43.12%。

5月17日，农场历时一个多月的职工技术等级培训及考试结束。割胶、林管、制胶岗位的2819名职工参加考试，并取得职业资格证书和岗位合格证书，它将作为职工上岗、晋级和兑现工资的重要依据。

6月19日，农场利用高吸水树脂进行橡胶抗旱保肥定植技术及应用成果通过西双版纳州科学技术委员会专家组的鉴定。把高吸水树脂应用于橡胶领域并获得成功，在我国尚属首次。

8月11日，农场第三小学校正式挂牌成立。

8月21日，农场为遭受长江中下游特大洪灾的灾民募捐，共捐现金88307.60元，加上乳胶手套、衣服、鞋、棉被等物资，共折合人民币约15万元。

本月，农场与西双版纳州广播电视发展总公司签订了《参加地方有线电视光缆联网工程协议条款》，协议规定了十五项条款。乙方保证甲方所属单位在建成的网络内正常收看中央电视台加密频道在内的第一期30套节目，第二期电视节目随西双版纳州节目源增加而相应增加，图像指标保证在4级以上。甲方以户为单位，向乙方缴纳300元/户的改造入网费，下岗职工和特困户可分别减低改造入网费10%、15%等。从此，农场职工看上了清晰稳定的电视节目。

9月1日起，农场向国内市场推出橡胶产品等级规范的新包装。对农场下属的4个制胶厂的包装和产品合格证重新设计印刷，对国家标准胶的5个等级分别印制，具有等级规范、项目明确的特点，从而结束手工书写包装袋的历史。

9月15日，农场成立转岗分流再就业领导小组和办公室，办公室设在劳人科（劳动人事科）。

9月28日，经农垦分局党委会议研究、中共西双版纳州委批准，杨军任东风农场党委副书记、副场长。

11月3日，农场出台《关于开发种植咖啡的实施意见》，计划用3年的时间种植咖啡1万亩。

12月20日，农场提高有户口的长期临时工生活补助费。凡1971年12月1日至1998年12月31日期间经农场批准在农场长期顶班劳动，现仍居住农场靠子女或亲属生活的有户口的长期临时工，男满60周岁、女满50周岁的均可享受固定生活补助费。

12月30日，农场举办庆祝元旦首届"欢乐家庭"卡拉OK演唱比赛。参赛选手以家庭成员组合为主，新颖、活泼的形式吸引了来自各单位的36对家庭组合参赛。

本年，为庆祝农场建场40周年，编辑出版了画册《耕耘与收获》、书籍《东风如歌》，邀请中央电视台拍摄制作并播放专题纪录片《胶林丰碑》；力图从存史、宣传的角度，扩大企业知名度，记录历史以示后人。

本年，农场工会在全场组织开展"爱岗敬业十星"评选活动。评选对象为在一线工作岗位上辛勤工作、无私奉献的工人，这是农场第一次以一线工作者为对象的争先创优活动。

本年，随着企业改革的深化和橡胶新割制改革的推行，富余职工已成为企业迫切需要解决的一大问题。农场结合实际，实行了以转岗分流为主的劳动力分流办法，在充分利用土地资源，发挥自身优势和制定优惠政策上做文章，多方面、多渠道分流富余人员。一是安排到新建的十四分场和九分场新开垦胶园的林管岗位；二是利用场内现有资源，重新配置安排岗位；三是培植新的经济产业转岗分流；四是开展下岗培训，寻求新的就业途径；五是从政策上优惠和鼓励职工发展个体私营经济；六是达到年龄和工龄条件的三级管理人员和割胶工，可实行下岗退养。1998年，农场共分流职工2818人。

本年，云南省大中学校跨世纪学生素质发展夺杯赛中，农场中学获得共青团云南省委颁发的"理想杯"。

本年，农场七分场学校少先队辅导员李海涛被团省委授予"云南省二级星火炬"奖章。

此年为农场改革力度较大的一年，为顺利推进各项改革，年初农场党委提出开展"问题大讨论、思想大解放、观念大更新、改革大推进、企业大发展"的群众性宣传思想工作。一场以"五大"为重点的解放思想、开动脑筋的宣传思想教育活动在全场展开。

● **1999 年** 1 月 13 日，农场根据总局文件精神，结合农场转岗分流条件，全面推行橡胶树新割制。

1 月 30 日，农场出台《关于鼓励职工分流与发展个体私营经济的试行办法》，共 10 条。

4 月 8 日，农场党委制定分场机关竞争上岗实施办法，全场各单位根据农场党委的要求，开展分场机关人员竞争上岗工作。

4 月 29 日，农场四分场学校、十二分场学校合并到第三小学。从 9 月开始，四分场学校、十二分场学校的学生在第三小学就读。

12 月 24—29 日，农场辖区内出现持续 6 天低于 5℃的强降温，个别环境较差的单位和地段极端的地方最低温度出现 0℃，大部分地区出现霜冻，是继 1973/1974 年、1975/1976 年两次特大寒害后的又一次寒害。全场的橡胶、咖啡等热带经济作物遭受严重损失。

● **2000 年** 6 月 7 日，农场决定对受 1999 年寒害严重的 1～3 年橡胶幼林，共 18.90 万株，实行补换植或复垦。

7 月 20 日至 10 月 20 日，农场开展"苦战 90 天"割胶生产劳动竞赛。

12 月 22 日，农场党委出台场发《调整在岗职工工资实施方案》文件，调整工资的范围和对象为 2000 年 1 月 1 日在册在岗并与农场签订劳动合同的，且在合同有效期内符合条件的职工，均可参加此次调资。

本年，农场干部职工在重灾之年，通过抓好各项抗灾保产工作，发挥割改增产优势，充分调动胶工生产积极性，使干胶总产量达到 20051.68 吨，首次突破 2 万吨大关。农场全年上缴税费 1721.03 万元，盈利 609.63 万元，被农业部授予全国农垦系统"扭亏增盈先进单位"。

● **2001 年** 7 月 13 日，农场成立医疗保险制度改革领导小组及办公室，负责全场医疗保险制度改革工作。

本年，农场成立"杰出工人"评审委员会，各分场级单位相应成立领导小组。符合评选条件的人选，由农场授予"国营东风农场杰出工人"称号，颁发荣誉证书和奖章，奖励人民币 1000 元，于每年的"五一"劳动节予以表彰，并记入个人档案，连续获得 3 次及 3 次以上的，每满 3 次可公费赴北京、上海、深圳或香港等地参观学习一次。

● **2002 年**　1 月 1 日，农场启动实施《东风农场职工医疗保险实施暂行办法》。

1 月 8 日，农场投资 600 万元，在农场部南侧新建的农贸市场启动营业，占地 13 亩，每年可收取摊位及管理费 40 余万元，是西双版纳州内规模最大、档次最高、配套设施最全的集贸市场。

2 月 4 日，农场环境卫生管理站成立。

2 月 21 日，农场启动合并分场工作，按照总体规划、分步实施、稳妥推进、一年完成的原则进行，在综合评估分场单位橡胶面积、年产干胶总量、在职职工人数和方便管理及降耗增效的基础上把全场 14 个农林分场合并为 9 个分场、163 个生产队。3 月 15 日，完成十分场和六分场的合并试点工作。合并组建后的十分场、六分场更名为六分场，合并一年运作后干胶增产 123.30 吨，生产成本降低 60 万元，减少分场机关管理人员 17 人，节约管理费 27 万元。11 月中旬至翌年 2 月，完成三、四、五分场，二、七分场，一、十一、十三分场的合并工作。

3 月 7 日，农场采取转让、拍卖、租赁、承包等方式，对二三产业经营权进行改革，对汽运中心进行资产评估后，一次性转让给职工个人经营。继汽运中心转让成功后，农场又于 11 月 27 日与景洪市长江胶杯厂签订一分场胶杯厂租赁承包合同，成功地完成连续亏损 19 年的胶杯厂对外租赁承包，使农场平均每年实现净收益 20 万元。

5 月 10 日，农场制定《东风农场职工道德建设实施意见》，把职工道德建设从过去笼统的思想道德建设工作中分离出来，作为一项系统工程重新部署，提出建设目标。

6 月，农场食品厂生产的"傣源牌"热带系列果脯，以其优良的品质、精美的包装和独特的口感，在北京第三届全国食品博览会上获得金奖。

7 月，农场机关被中共云南省委、省政府授予"文明单位"称号。

8 月，由教育部、艺术教育委员会联合举办的第七届全国中小学生绘画书法作品比赛和由共青团云南省委、少先队云南省工委、云南省国际青年交流中心联合举办的云南省中小学生绘画书法作品比赛，农场学生同时获全国美术类作品三等奖和云南省美术类作品二等奖 2 人、获云南省中小学生绘画书法作品比赛美术类三等奖 4 人、获云南省中小学生绘画书法作品比赛优胜奖8人。

10月24日，经云南农垦集团公司党委研究决定任命杨军为东风农场党委书记。经中共西双版纳州人大常委会会议研究决定任命唐保国为东风农场党委常委、副书记，任命李秉成为东风农场副场长。

11月12日至12月15日，农场首次组织部分中层领导干部和被评为农场的杰出干部、杰出工人到香港、澳门、珠海、深圳等地进行为期12天的学习、参观和考察，分两批共42人。

11月20日，农业部农垦局调研组一行4人，在云南省农垦总局橡胶处领导陪同下，到农场调研，为农业制定天然橡胶行动计划收集资料，了解橡胶经营模式及胶木兼优试验情况。

11月27—28日，农场召开第七次工人代表大会，306名代表参加会议，选举产生第七届工会委员会、常务委员会和经费审查委员会。

本月，农场工会被云南省总工会授予"模范职工之家"称号。

12月29—31日，农场召开第七次党员代表大会，222名代表参加会议，选举产生新一届党委和纪委。

本年，农场六分场十六队胶工刘兆仙累计产干胶95.53吨，按1990年不变价计算，创产值76万余元，为垦区胶工总产干胶和创总产值之冠。

本年，农场借鉴农村家庭联产承包的成功经验，根据橡胶树不同类型、不同环境、不同割龄等情况选择3个生产队作为试点单位，进行橡胶树岗位家庭承包经营试点，并取得成功。3个试点生产队的产量比上年增加10.183吨，增长2.64％，胶工人均收入比上年增加6409.62元，增长71.31％；吨干胶直接生产费用下降303.78元，降幅达20％。

本年，农场六分场五队被中共云南省委、云南省人民政府授予"文明单位"称号。

● **2003年**　1月9日，云南省农垦总局副局长赵剑鹏一行3人，到七分场、一分场看望慰问职工，向困难职工发放慰问金。

1月31日，农场出台《国营东风农场分场级单位合并、重组方案》文件，将现有的13个农林分场合并、重组为7个分场，全场分流减少分场级领导14人，机关干事46人，共60人。合并工作于3月31日前全部结束。

2月14日，农场出台文件《国营东风农场无息借款管理办法（试行）》，成立无息借款领导小组和无息借款评估工作组。规定了无息借款的审批及办理程序、其他事项和无息借款偿还及违约责任。

3月21日，林业部驻云南特派专员王信建一行在西双版纳州、景洪市林业局领导陪同下，到农场调研。

4月1日，农场与峨山县经纬建筑建材有限公司签署的铁矿联营开采工程——疆峰铁矿破土动工。工程的启动为农场解决约400个就业岗位，并带动沿线地区运输、服务、加工等行业的发展。

4月3日，为规范场内信访工作，农场制定《农场场长接待日制度》。

4月6日，广东农垦局局长赖诗仁率所属各分局局长组成的考察团，在云南省农垦总局副局长何天喜、分局局长高东风的陪同下，到农场考察橡胶772、774品系和胶木兼优高产品系的种植和管理以及割制改革、开割胶树防雨帽、防雨帘的安装和使用情况。

4月22日，农场召开民营橡胶收购会，就农场民营橡胶收购管理问题，以及《国营东风农场无息借款管理办法》从组织领导、收购管理、产品加工、收购资金的使用和管理、经营利润的利用、收购人员的待遇等方面的规定要求做了说明。

7月1日，农场党委出台《国营东风农场刹"三风"若干规定》。

8月11日，农垦总局副局长何天喜、分局局长高东风陪同中国农业大学橡胶研究院有关专家到农场考察胶木兼优实验情况。

8月20日，农场党委决定在六分场首次进行场级领导竞争上岗试点。同时也是农场干部人事制度改革的新尝试。

8月22日，中共西双版纳州委、州政府、州人大联合组织的10人调研组，就《云南省西双版纳傣族自治州天然橡胶管理条例》内容修改问题到农场召开专题调研会。

8月26—30日，农场参加云南省举办的"昆交会"，并向国内外客商推介十六大经济发展招商项目，共接待来访客商60余家。

10月31日，农场召开政企分离式改革动员会。会议的主要任务是分离农垦社会管理职能与企业经营职能、企业行政分开。这一改革的推行，将使实施了半个世纪的农垦体制发生翻天覆地的变化。

12月12—14日，农场党委在俱乐部举办为期3天的学习贯彻"三个代表"重要思想培训班。全场中层领导、党委委员、生产骨干及教师、医务人员 40 人参加培训。邀请云南省科技厅副厅长、云南省大专院校的教授和西双版纳州委政研室调研员、州委党校老师进行讲课。

12 月 18 日，云南农垦总局党委书记杨焰平、局长方宇铮，在分局局长高东风陪同下，到农场调研。

本年，农场全面推行农业职工家庭承包经营成效显著。全场 14 万亩、314.08 万株开割胶林的 12023 个树位，按照公开、公正、公平的原则，全部由 3923 户（人）职工承包，全年生产干胶 22125.21 吨，平均亩产 158.53 千克，平均株产 7.04 千克，胶工年均收入 18230 元，最高达 37872 元，创干胶总产量、亩产量、株产量和职工收入历史最高。

● **2004 年**　2 月 9 日，农场出台《龙泉公墓管理办法》，对公墓的管理做出相应规定。

4 月 30 日，东风派出所从农场剥离，正式移交地方管理。

8 月 23 日，农场党委、分公司决定在队级管理干部中广泛开展"管理技能大比武"活动并出台比武考评办法。办法对组织领导、参加活动的范围、考评内容、考评办法标准及奖励与处罚等都做了明确规定。

10 月 17 日，六分场联防队员张胜辉和其他队员在执行护林保胶任务中，在抓捕 2 名不法盗胶分子时被砍伤，受伤后仍抱住歹徒不放，与赶来的联防队员共同制服了歹徒，为企业挽回了经济损失。10 月 26 日，农场党委和东风分公司授予六分场联防队"护林保胶模范集体"荣誉称号，奖励 5000 元；授予六分场联防队员张胜辉"护林保胶模范"荣誉称号，奖励 1 万元。翌年 2 月 25 日，农场举行"云南省见义勇为先进个人张胜辉"授奖仪式。

12 月 30 日，农场成立东风农场自来水厂（副科级单位）。

● **2005 年**　1 月 3 日，农场首届领导干部公文写作研究班正式开课，农场党委常委、各单位领导干部 100 多人参加为期 6 天的学习，特邀中共云南省委办公厅秘书杨建林、中国村庄网首席策划总监陈道双、云南日报报业集团《社会主义论坛》主编助理霍然等名师现场授课。

2 月 6 日，农场企业内部分离资产移交仪式在农场机关举行，东风分公司资产及电力公司资产正式从农场剥离。

2 月 23—24 日，云南农垦集团公司总经理方宇铮一行到农场调研了解小城镇建设及非公经济发展情况，并对今后的发展提出要求。

自 3 月起，东风二作业区十三队在作业区技术办的指导下，采用线引法（拉丝膜包装袋）对树身高达 3 米以上的进入高强采胶的橡胶树进行线引采胶，两年多产干胶 3.67 吨，为企业增收 66101 元。

4 月 13 日下午，东风分公司机关在新落成的办公大楼前举行揭牌仪式，副经理李秉成和勐龙镇镇长岩亮共同为东风分公司揭牌。华南热带农业科学院、云南热带作物科学研究所、勐龙镇、农场和分公司机关及各部门的专家领导共 100 多人参加揭牌仪式。

4 月 20—25 日，农场与勐龙镇共同组织举办傣历新年节商品交易会。农场以交易会为契机，举办企业文化年展，向外界充分展示企业的历史、现状与发展，提高企业知名度。交易会期间，农场与巍山畜牧局、西双版纳州客运站等单位签订了 5 份协议。交易会共设商业门面 145 套，临时经营摊点 1493 个，人流量高达 171400 多人，销售额达 933120 元。农场与地方联手举办商品交易会，这在农场乃至勐龙镇的历史上尚属首次。

5 月 25 日，云南农垦非公有制经济发展及小城镇建设现场会在东风农场召开。云南农垦总局党委副书记朱恩铸主持会议，总局党委书记、董事长杨焰平，以及集团公司总经理方宇铮、西双版纳州副州长刀林荫、景洪市市长召亚平及特邀嘉宾、媒体记者、各农垦分局、十大农场领导共 170 多人出席会议。

6 月 8 日上午，东风休闲中心举行剪彩揭牌仪式，各级领导及社会各界人士共 100 多人参加仪式。

6 月底，农场出台关于扶持特困职工发展非公有制经济的相关政策，解决贫困职工发展中所面临的资金困难。

7 月 5 日，农场启动实施危房改造即"安居工程"，将全场各单位所有职工的危房纳入维修计划，维修费用由职工个人和企业各承担一半。

8 月 8 日，西双版纳垦区"保持共产党员先进性教育活动"报告团在东风俱乐部做专题报告。农垦保先教育督导组组长王沛，分局党委副书记、督导组副组长刘向东等出席报告会。农场领导、各单位的党员干部、部分离退休党员代表共 612 人聆听报告。

9 月 28 日，由共青团云南省委、少先队云南省工作委员会组织的云南省少年儿童雏鹰艺术奖章、书画作品等级比赛，东风第三小学学生的美术作品被评为一级的 3 人、二级的 1 人，4 人均获得"雏鹰艺术奖章"。

11月1日，云南农垦集团公司领导班子在昆明专题听取农场发展情况汇报，现场研究、现场答复农场在发展过程中的相关事项。

11月15日，农场法律咨询中心在非公有制经济发展中心正式挂牌为民服务，每月15日定为法律咨询服务日。

11月22日，西双版纳州城镇第一路——东风景观大道启动施工。

11月30日，农场自办中小学全部移交地方管理，结束了企业内部办学的历史。

12月12日，农场领导与210名重庆知识青年欢聚东风宾馆，共叙离别之情。农场领导唐保国向回场的重庆知青致欢迎辞。

12月22日，共青团云南省委到农场检查工作。

本年，农场党委挤出资金140万元，将200名年龄35岁以下的下岗职工和待业青年分别送到昆明和上海进行保健按摩、汽车维修、摩托车维修、家电维修、电脑维修、美容美发、厨师、缝纫、养殖等方面的技能培训，为他们的就业提供技术条件，此做法在云南农垦属于首例，得到上级领导的充分肯定。

2006 年

1月26日，农场举行场、地、军春节座谈会和春节团拜会，农场党政工领导与勐龙镇领导、驻地官兵和地方各界人士以及全场中层干部欢聚一堂，同迎新春，共谋发展。

2月13日，农场将四分场十二队、十三队、十四队、十五队、场直四队（即原十二分场）的人员、资产全部划归六分场管理。

2月15日，中央党校4名教授是受云南农垦集团公司的委托组成调研组，就云南农垦改革、发展状况到东风农场做全面调查。

3月3日，上海知识青年回访团100多名知青，手捧鲜花到龙泉公墓祭奠长眠在这里的知青朋友。

3月7日，农场首次组织人员外出务工，共有28名待业青年前往北京昌平金凯康冷饮食品厂打工。

3月7日，云南农垦集团公司总经理李军陪同省国有资产监督管理委员会和省农垦集团公司经济体制改革办公室（简称体改办）人员到东风农场就农场改革与发展情况进行调研，陪同调研组的还有：云南农垦集团公司体改办主任高雨奇、农垦分局党委书记张勇、局长陈喜民、集团公司办公室副主任林东。

3月13日，农场、勐龙镇场地协调工作会议在勐龙镇召开，经双方协商，成立调研组和矛盾纠纷调解小组，完成农场职工购买农村土地（胶林）的情况统计工作，促进橡胶合同纠纷的圆满解决。

4月5日，由农业部农垦经济研究会秘书长贾大明、农业部农垦局政策体改处专家周业铮、云南省农垦集团公司体改办主任高雨奇组成的调研组到农场就构建和谐垦区和建设社会主义新农垦进行专题调研。

4月14日，四、六作业区受暴雨和冰雹袭击。其中，六作业区受损橡胶树四级以上的有1132株，1～3级的有478株，胶树落叶率达到10％～20％；四作业区受损橡胶树面积3000多亩，胶树落叶率达50％，有1万多株胶树的防雨帽和胶碗遭受严重损失。

5月9—10日，农场举办新农村建设和企业文化讲座，邀请中共西双版纳州委党校知名教授沈卫国和游启道主讲，共300多名管理干部前来听课。

5月11日，农场工会举行"云南省职工劳动权益法规知识"模拟赛。由农场的3名选手代表云南农垦工会参加由云南省总工会组织的云南省职工劳动权益法规知识竞赛。

5月29日，云南农垦集团公司纪委书记丁文勇、产业股份有限公司生产计划部主任缪桂兰一行3人，在农垦分局党委副书记刘向东的陪同下到分公司就当前割胶生产、民营胶收购和林木资产的处置情况进行调研。

6月5日，农场工会出台《东风农场职工医疗互助活动管理办法》。

6月9—11日，农场参加首届跨国企业在华投资项目合作洽谈会，来自国外的50多家投资公司和国内众多企业参加洽谈会。应香港永豪投资集团公司邀请，副书记唐保国一行前往该公司洽谈商品猪养殖合作的具体事宜，双方就合作方式初步达成共识，并签订合作意向书。

7月6日，《国营东风农场奶水牛良种繁育体系建设项目实施方案》在昆明通过专家评审，该项目是由云南省农垦局从国家争取到的最大资金项目。

7月15日，农场遭遇严重风灾。

7月29日，新疆生产建设兵团党校屯垦研究所所长王小平受农业部农垦局委托在农垦分局团委书记庞春红的陪同下，到农场进行工作调研。

8月10日，云南省热带作物科学研究所一行3人，在分公司副经理何剑的陪同下前往二作业区，双方就《胶乳生理诊断实施方案》的有关要求交换了意见。

8月17日，云南省农垦总局组织有关专家在昆明对东风分公司等单位完成的应用技术成果"橡胶苗抗旱定植技术的改进与推广"进行鉴定。

9月27—28日，农场举办第二轮修志编纂工作研讨班，此举标志着农场第二轮修志编纂工作全面启动。为续修场史，存史资政，迎接场庆五十周年，农场党委决定进行继1987年首轮修志之后的第二轮修志工作。

11月14日，海南橡胶研究所、热带作物学院办公室主任李为国一行4人在云南省热带作物科学研究所人员的陪同下，到二分场胶木兼优试验基地调研，并就基地各类试验苗木的叶片、不同地域的土壤等进行取样调查。

12月初，农场业余文艺队赴昆明参加云南农垦汇演，共6个节目，均受到好评，其中《绣东风》《雨林》分别获表演二、三等奖。

12月7日，中共云南省委副书记李纪恒带领省国资委徐盛鹏、省委办公厅副主任林金宏、省委政策研究室副主任王兴明，在云南农垦集团公司董事长杨焰平、西双版纳州州长刀林荫及西双版纳农垦分局书记张勇、局长陈喜明的陪同下到东风农场就农垦改革与发展进行专题调研。

12月24日，农场2100多名职工参加农业特有工种职业技能鉴定理论考试。此次考试由农场和分公司组织，云南省农垦职业技能鉴定中心出题。全场割胶、制胶、林管3个行业的职工，按照相应的条件，参加高、中、初级职业技能理论考试。

本年，农场企业文化建设正式纳入发展规划，相关工作陆续展开，由农场党委副书记唐保国牵头企业文化理念攻关工作。

2007年 1月19日，东风农场对更新胶园进行科学攻关，成功研制倒树机并获云南农垦总局科学技术进步奖，使农场二代胶园建设实现从倒树、开垦、挖穴全机械化。

本日，云南农垦集团公司党委书记、董事长杨焰平，纪委书记丁文勇，办公室主任王信用一行，在农垦分局党委书记张勇陪同下，到东风农场二分场七队、四队、基建队、东风敬老院进行慰问，随后到东风俱乐部观看"东风花园"职工住宅模型。

1月20日，海南农垦集团公司一行12人到东风农场考察学习。

1月23日，东风农场场徽图案最终确定并启用。

2月21日，国家旅游局局长邵琪伟回到阔别多年的东风农场，看望慰问曾经在四分场一起工作和生活过的老同志、老战友。云南农垦集团公司党委书记、董事长杨焰平，云南省商务厅副厅长李极明，西双版纳州副州长黄姗，西双版纳州农垦分局党委书记张勇、局长陈喜民陪同。

3月2日，东风农场针对场区内流动人口较多的实际情况，首次开展计划生育"关怀关爱"系列专项行动。

3月21日，东风农场与杭州博洁建筑材料有限公司合股开办的建筑材料厂正式投产，东风农场、分公司领导到场观看首日生产情况。

4月5日，东风分公司推出橡胶树防雨帽螺旋式安装法。

4月18日，云南省林业厅、西双版纳州林业局、景洪市林业局等负责人，到东风农场一分场350亩东试早柚示范园进行调研。

4月20日，东风景观大道竣工验收。

4月25日，农业部科技入户专家组，在云南农垦集团公司副总经理何天喜、西双版纳州农垦分局局长陈喜明陪同下，到东风农场就橡胶籽开发生物柴油项目进行专题调研。

4月29日，东风汽车客运站开业剪彩。

5月12日，东风农场318名老年人走上街头，拉开老年人"与奥运同行"健步走活动序幕。

6月5日，有"现代徐霞客"称号的钟云龙到景洪市第五中学（原东风农场中学）进行环保宣传。

6月7日，东风农场、东风分公司向勐龙镇曼康湾村委会曼景湾村民小组捐赠水泥50吨。

7月，在景洪市召开的全国农垦系统扶低致富工作经验交流会上，东风农场的工作经验得到交流和推广。

8月20日，安宁泰源集团在景洪宾馆四楼会议室举行捐资助学仪式，奖励东风农场和勐龙镇2007年高考中榜的25名一本和二本学生，其中农场职工子女24名。

8月24—30日，东风农场把即将建设的商业铺面按职工人数比例分配到各单位，由各单位组织职工抽签确定。有2500多名职工参与此次集贸市场商业铺面抽签活动。

9月16日上午，南春公司在东风小康路举行南春车市开业庆典。

10月20日，东风农场与云南绿宝石百瑞有限公司合作生产的橡胶籽油正式压榨出油。

10月25日，东风分公司在第一作业区十四队召开气微割试验总结现场会，项目负责人陈云发和项目承担单位在现场详细介绍试验情况。

11月6—7日，东风农场第八次党员代表大会召开，到会代表143名。大会选举产生新一届党委委员和农场纪委委员。

11月9—10日，东风农场工会第六次会员代表大会召开，到会代表123人。大会选举产生新一届工会委员会和经费审查委员会。

12月11日，云南省工商行政管理局举行云南省著名商标授牌仪式，由云南天然橡胶产业股份有限公司授权东风分公司使用的"东风"牌商标跻身"云南省著名商标"榜，成为云南省天然橡胶行业唯一获此殊荣的商标。

12月29日，中国热带农业大学环境与植物保护学院院长郑服从一行，到东风分公司就云南植胶区橡胶根病情况进行专题调研。

2008年 2月29日，东风农场组织各基层单位60余名普查小组成员举办第一次全国污染源普查培训班，全面安排部署污染源普查的各项任务。

5月16日，东风农场二分场十三队被中国人寿保险股份有限公司授予"保险先进村"荣誉称号，十三队是第一批受表彰的单位。

5月19日，云南省总工会女职工部部长岳琼英在云南农垦集团公司工会副主席尹卓红、西双版纳农垦分局工会主席田力的陪同下，到农场调研。

6月13—15日，东风农场举办为期3天的《东风场歌》普及培训班。农场、分公司机关干部，各基层单位文艺骨干共130余人参加培训。

6月28日，东风农场举办首期驾驶技术培训班，全场共有77名职工子女和驾驶爱好者参加培训。

7月7—9日，东风农场职工医院对全场6400余名与农场签订劳动合同的在职在岗、资源配置、停薪留职和离退休女职工进行妇检。由农场和东风分公司承担全部检查费用，共计45万余元。

7月28日至8月1日，按照云南省卫生厅的要求，东风农场职工医院对全体医生进行基础知识、基本理论和基本技能"三基"培训。62名医师取得云南省医师"三基"培训合格证书。

10月24日下午，由云南省、西双版纳州、景洪市级司法部门组成社区矫正工作督导组一行6人到东风农场，对2008年度的社区矫正工作进行督促和指导。

10月26日，由农业部组织广东、海南、云南等垦区主管部门领导参加的天然橡胶良种补贴项目验收组一行12人，对东风分公司天然橡胶良种补贴项目执行情况进行检查验收。

11月4日，农业部奶类办曹永新处长、景洪市畜牧兽医站站长马启文等一行5人来到东风农场，就农场奶水牛养殖发展情况进行调研。

11月13日，全国政协常委、原农业部部长何康及夫人在原云南农垦总局局长古希全、西双版纳分局局长陈喜明等人的陪同下，到东风农场就小城镇建设等情况进行考察。

11月19日，北京知青邓维嘉代表首批赴云南西双版纳的55名知青向东风博物馆捐赠"首都赴云南支边红卫兵"的旗帜。

11月24日，已故北京知青王开平的亲属向东风博物馆捐献王开平的遗物。

12月1—8日，东风农场举行为期8天的庆祝建场50周年职工运动会，全场8个单位的代表队共690名运动员参加运动会。

12月18—20日，东风农场举行建场50周年庆祝活动。18日，在俱乐部举行建场50周年场庆迎宾晚会；19日，上午举行建场50周年庆典大会，下午举行东风农场知青纪念碑《记忆》揭碑剪彩仪式、东风博物馆剪彩仪式、东风农场职工住宅小区"东风花园"竣工剪彩仪式，晚上在文化广场上举行场庆50年焰火联欢晚会；20日，在龙泉公墓举行献花仪式。云南农垦集团公司总经理苏维凡，云南天然橡胶产业股份有限公司总经理李民，集团公司纪委书记丁文勇，原东风农场四分场上海知青、上海市委组织部部长沈红光及夫人阮汝行，原东风农场六分场知青、湖南省委组织部部长黄建国夫人喻可英，西双版纳州、市相关领导及离退休职工代表、知青代表400余人参加50年场庆活动。

本年，农场开展"解放思想、深化改革、扩大开放、科学发展"大讨论活动。先后召开动员大会、解放思想大讨论培训班、解放思想推进二次创业研讨会及解放思想大讨论活动总结大会，农场、分公司、分场、作业区全体机关人员，生产队党支部书记、生产队长参加此次大讨论活动。

本年，东风农场、东风分公司于 4 月 11 日、6 月 5 日先后两次向勐龙镇嘎囡村委会曼掌村民小组及坝卡村委会向东寨赠送水泥 30 吨、20 吨，支援该村的新农村建设。

● **2009 年** 1 月 18 日，中国农垦经济发展中心热带作物发展处处长陈建波在云南省热带作物科学研究所有关人员陪同下，到东风农场就天然橡胶发展潜力进行调研。

3 月 20 日，由海南农垦、广东农垦、中国热带农业科学院橡胶研究所、云南热带作物科学研究所、云南产业公司科技部和生产技术部组成的考察团一行 14 人，到东风分公司第六作业区考察"气刺微割"试验。

3 月 27 日，东风农场、分公司第十六届第一次职工代表大会召开，职工代表 238 人、列席代表 27 人、特邀代表 18 人参加。

4 月 14 日，中国农林水利工会农业工作部部长余蓉洁在云南农垦集团公司工会副主席尹卓红、西双版纳农垦分局工会主席田力陪同下到东风农场调研。

4 月 18 日，中国农垦 60 年电视文献纪录片《第一犁》摄制组到东风农场拍摄。

4 月 20 日，东风农场召开第五届老体协会员代表大会，审议通过《东风农场老体协章程》，选举产生第五届老体协委员会。

5 月 5 日，加拿大植物虫害专家卢克、李禄义在云南省热带作物科学研究所负责人陪同下，到东风分公司调研橡胶树病虫害。

5 月 6 日，东风农场组织开展的广场文化活动在东风农场文化广场正式启动。

5 月 7 日，由中国农垦经济发展中心研究处、云南财经大学 MBA 学院、云南农垦集团公司领导和专家组成的农垦体制改革调研组到东风农场调研。

6 月 10 日，农业部农垦局副局长彭剑良、政策体改处处长范芝在云南农垦集团公司副总经理王信用、体改办主任蒋霞陪同下，到东风农场就农垦改革进行调研。

6 月 30 日至 7 月 1 日，国家发展和改革委员会稽查组一行 5 人在云南农垦集团公司副总经理何天喜陪同下，到东风农场对 2008 年危房改造工作进行稽查。

7月6—20日，西双版纳州军警民"六联"试点联合演练在东风农场举行，景洪市人武部、市人防办、市公安局、市森林公安局、市公安边防大队、西双版纳州森警大队、驻地部队、东风农场、勐龙镇等单位100余人，就"联训、联防、联勤、联动、联建、联管"内容、方法、程序进行联合演练，东风农场派出30名基层干部民兵参加。西双版纳军分区副司令员山达、参谋长解德高莅临指导演练。

7月28日，东风农场职工医院与云南远程可视医学诊疗中心联合投资建设的远程可视医疗设备安装调试成功，并进行首例远程医疗会诊。

8月27—29日，中国热带农业科学院橡胶研究所到东风分公司进行橡胶树死皮现状调研。

9月19—21日，西双版纳垦区首届排球运动会在东风农场举行。

9月23日，云南农垦集团公司拍摄的纪录片《1959——大支边》在东风农场开拍。

同日，东风农场在西双版纳农垦分局主办、橄榄坝农场承办的西双版纳垦区第一届女子健美操大赛上获第一名。

10月1日，一汽红塔云南汽车制造有限公司党委书记、总经理王延军一行8人在西双版纳农垦分局副局长刘德连陪同下，到东风农场考察小城镇建设。

10月27日，云南农垦集团公司董事长杨焰平到东风农场就当前生产经营、职工思想政治工作、职工保障性建房进行调研。

同日，中国光华知青关爱基金会秘书长刘季平、北京知青"情系红土地，爱在彩云南"联谊活动组委会负责人王运昌在云南农垦集团公司副总经理王信用及西双版纳农垦分局党委书记张勇、工会主席田力陪同下，向东风农场捐赠价值60万元的图书。农业部农垦局副局长彭剑良、昆明知青联谊会会长杨小彪及有关单位负责人应邀出席捐赠仪式。

11月4—5日，昆明康辉文体部门球俱乐部主办东风农场承办的2009年昆明与西双版纳门球邀请赛在东风农场举行。

11月6日，东风农场奶水牛良种繁育建设项目通过验收。

12月28日，云南农垦总局国有农场农工负担监测工作总结会在东风农场召开，来自云南农垦各垦区和部分农场分管领导、主管人员参加。

12月29日，东风农场党委7名常委分率7个慰问组到各分场开展纪念湖南支边青壮年赴云南农垦开发建设 50 周年慰问活动，并召开座谈会。

本年，农场开展深入学习实践科学发展观活动，于 4 月 1 日开始，召开动员大会，举办干部专题培训讲座，邀请云南大学马克思主义研究院和云南财经大学教授授课，至 8 月 31 日召开总结大会，历时 5 个月，农场、分公司和分场、作业区机关干部及生产队部分管理人员 400 余人参加此次活动。

2010 年 1 月 6 日，全国第二届割胶技能大赛东风选拔赛在东风宾馆举行，7 个作业区 29 名选手参加。

2 月 22 日，东风农场幼儿园举行市级文明学校挂牌仪式。

4 月 24 日下午，东风分公司遭遇大风灾害，造成 28109 株橡胶树受损，6 个作业区 16 万余亩胶园不同程度受灾，造成胶乳损失 280.9 吨，经济损失达 453.1 万元。

5 月 2 日，广西壮族自治区党委副书记陈际瓦到东风农场重走知青路。

5 月 8 日，云南农垦总局党委书记、局长白建坤，云南农垦集团公司副总经理、产业公司总经理李民，在西双版纳农垦分局党委书记张勇、局长陈喜明陪同下，到东风农场就两房建设和学习贯彻省委 19 号文件精神情况进行调研。

5 月 12 日，云南证监局副局长熊军、期货处处长李景庆、云南大学副教授尹晓冰、经济学博士生王玲玲一行 5 人，到东风农场就天然橡胶产业进行课题调研。

5 月 17 日，云南农垦总局与东风农场就建立天然橡胶良种苗木繁育基地签订合同。

6 月 12 日，东风农场召开农垦改革会议，农场、分公司两级机关和全场三级管理人员参加。会议全面传达云南省委省政府、云南农垦总局、西双版纳州委州政府、景洪市委市政府农垦改革会议精神，农垦改革实行属地管理，国营东风农场更名为景洪市东风农场（乡镇级）。

7 月 10 日，国家住房和城乡建设部稽查办公室焦占拴巡视员为组长，农业部中国农垦经济发展中心、国家林业局场圃总站、国家住房和城乡建设部保障司、北京建设工程安全质量监督总站、北京勘察设计研究院等有关人员组成的建设工程质量监督执法检查组一行 8 人，到东风农场就职工危房改造建设工程项目进行质量监督执法检查，云南省住房和城乡建设厅副厅长陈锡诚、云南农垦总局副局长何天喜陪同。

7月14日，由中国热带作物协会、天然橡胶协会、热带农业科学院广东农垦总局、海南农垦总局、云南农垦总局专家组成的橡胶树胶木兼优品种鉴定组，到东风分公司对适应性试种良好的热星525和热层523品种进行现场鉴定。

7月24日，农业部橡胶树白粉病测报项目专家组到东风分公司对2010年农业部橡胶树白粉病测报项目工作进行验收。

11月，组建东风橡胶公司，以天然橡胶产业为主，兼营农场二三产业，为农场企业职能与东风分公司的合并，下设7个直属单位（商贸运输中心办公室、东风自来水厂、橡胶良种苗木基地、龙泉公墓、天宇公司、东风木材厂、橡胶产品质量检验站），何剑任经理，李派华、戴慧、王俊德任副经理；后于2012年1月撤销。

● **2011年** 5月，东风农场文化体育广播站正式挂牌。

7月6日上午，景洪市工商行政管理局代表云南省工商行政管理局到东风农场为橡胶公司"东风牌"商标获得云南省著名商标授牌。

本月，根据云南农垦"体制融入地方、管理融入社会、经济融入市场"的改革目标，云南农垦电力有限责任公司注册成立。

8月25—29日，由中共西双版纳州委老干部局主办、州老年诗书画协会承办、州老干部活动中心协办的"庆祝中国共产党成立90周年老年诗书画展"在东风农场进行巡回展览。

9月16日，东风农场启动2011年农村劳动力培训阳光工程项目，计划培训割胶工2700人。

9月27—29日，东风农场管理委员会第一届老年人"三球"（门球、地掷球、气排球）运动会召开。

10月29日上午，云南省文化厅社文处处长郭伟、云南省文化馆馆长欧阳俊虎在西双版纳州图书馆馆长尚延龄陪同下到东风农场文化广播站指导调研工作。

● **2012年** 3月14日，东风农场管理委员会下发实施《景洪市东风农场管委会推行农工家庭承包经营实施方案补充规定》文件，15日，各站所、基层生产队领导和新农场建设指导员80余人参加推行实施动员会。

5月2日，举办首届新农场建设与青年发展论坛，共同探讨青年人在农场改革浪潮中如何发挥作用。

7月11日，东风农场召开《农村基层干部廉洁履行职责若干规定（试行）》学习活动总结会。

7月15日，东风农场管理委员会新班子首次召开全场干部大会。

8月7日，东风农场向景讷乡勐板村委会纳外村小组母子皆患肾衰竭且年仅19岁完全丧失劳动能力的姚进祥进行爱心捐助。2865名干部职工、青年团员和群众捐款2万元。

8月17日，云南农垦总局党委书记白建坤、集团公司副总经理何天喜，在西双版纳州副州长杨沙和景洪市副市长岩香、市农垦局局长赵家勇等陪同下，到东风农场就农垦改革及有关工作进行视察和指导。

10月10日，成立景洪市东风农场管理委员会妇女联合会。

10月18日，东风农场工会第一次代表大会召开，选举产生景洪市东风农场工会第一届委员会。

11月23日，东风农场残疾人联合会第一次代表大会召开。

12月3日，东风农场巴黎经典、红星家具、金版纳灯饰等多户商家组成爱心代表团到东风农场养老院向老人们献爱心，捐助现金7860元。

12月9—11日，景洪市残联在东风农场举办景洪市残疾人橡胶割胶技术培训班，全市11个乡镇（街道）和5个农场125名残疾人及家属参加。

● **2013年**　2月17—19日，东风农场邀请景洪市养老保险基金管理中心工作人员对2013年达到退休条件职工档案进行审核，审核档案200份。

2月25日至3月20日，东风农场完成10195名割胶承包人上岗前割胶操作技术复训。

3月8日，东风农场东林、风光、中林3个生产队11个居民组遭冰雹、大风袭击，受灾橡胶面积1.5万亩，风断开割胶树1000余株、中幼林胶树300株；胶树叶落量平均达30％，最高达70％。住房、太阳能等设施受损，经济损失400余万元。

3月22日，东风农场橡胶树气刺微割采胶新技术试验示范项目获云南省科学技术进步三等奖。

4月13日，东风农场金沙、前哨2个生产队14个居民组215户遭龙卷风袭击，受灾橡胶面积5766.5亩，4452株；房屋受损13户、太阳能15个、汽车3辆，经济损失349万元。

4月15—16日，东风农场温泉生产队12个居民组的228户，共616个承包人连续遭受冰雹风灾。

4月29日至6月8日，东风农场残联倡议为残疾人公益事业捐款，17个单位捐款32501.70元。

5月8日，农业部热带作物种子种苗质量监督检验测试中心研究员、常务副主任张如莲一行8人，在省农业厅热带经济作物处（简称热作处）、省农垦总局科技处有关人员陪同下，到东风农场就天然橡胶良种苗木进行质量检测。

5月30日，在"节水抗旱•奉献爱心"捐款活动中，东风农场团委收到1100余名爱心人士捐款11789元。

本月，东风农场组织740名机关生产队干部职工，参加州委宣传部、州委学建办、州邮政局举办的"学习十八大，党在我心中"知识竞赛（问卷答题），农场获优秀组织奖，2名基层党员获个人三等奖。

6月20日，东风农场开展工程竣工验收。项目有饮用水安装、新建蓄水池、龙泉公墓扩建、小城镇排污管、道路维修、职工文化室维修等19项，是2011年以来通过立项审批后开始施工的。

6月21日，西双版纳州中级人民法院刑事审判庭在东风农场公开开庭审理岩某某运输毒品案。东风农场、勐龙镇人大代表、政协委员及干部职工群众代表400余人到庭旁听。

7月12日，东风农场机械开垦在更新胶园中的运用与推广项目通过景洪市科技局专家组鉴定，并在西双版纳垦区、云南省垦区推广应用。

7月22日，重大革命历史题材电视连续剧《历史转折中的邓小平》摄制组到东风农场选取外景地，副市长黄臻及云南省委、西双版纳州委宣传部相关人员陪同。

本月，东风农场橡胶树胶乳生理诊断项目获云南省科学技术进步三等奖。

8月25—26日，东风农场东升生产队四居民组、东河生产队四居民组、五七生产队七居民组，分别发生滑坡地质灾害，滑坡土方744立方米，直接经济损失23.2万元，受灾21户，63人。

9月13日，东风农场举办首期演讲培训班，邀请云南省演讲学会、西双版纳州演讲协会老师授课，培训20余人。9月26日，举办"我是东风人"演讲比赛。10月21—24日，举行巡回演讲。

10 月 11 日，景洪市工商联合会（商会）东风农场分会成立。农场各类工商企业和个体工商户代表、列席人员、特邀嘉宾 60 余人出席成立大会。

本月，东风农场群众服务中心成立。内设群众诉求服务中心、为民服务中心、信访室、人民调解室、群众工作站等 5 个办事机构。

11 月 1 日，农业部农垦局副局长胡建锋到东风农场就落实国家扶持橡胶行业政策进行调研。

11 月 14 日，中国作家协会副主席叶辛、山东省作家协会主席张炜等一行 20 余人参观东风农场博物馆。

11 月 15 日，东风农场与云南广电网络集团有限公司景洪支公司签订 IP 网络广播项目产品（设备器材）安装工程合同和广播系统网络链路租赁及设备维护合同，标志着东风农场广播建设项目正式启动。

11 月 27 日，云南省农垦总局天然橡胶标准化抚育技术示范片项目验收专家组到东风农场就天然橡胶标准化抚育技术示范片进行验收。

12 月 4 日，文化部华夏文化遗产保护中心中国文化遗产保护研究院书法家、特约研究员秦建强一行参观东风农场博物馆。

12 月 15 日，连续暴雨致使东风农场东河生产队遭受水灾和泥石流，受灾胶园面积 50 余亩，1200 余株，其中 300 余株完全倒伏。

12 月 18—20 日，景洪市残联在东风农场举办残疾人养殖技术培训班。

本年，东风农场参加橡胶林木保险，投入资金 140 余万元，对 15.9 万亩开割胶树进行保险。至 11 月，有 6000 余亩共 2.8 万余株胶树因自然灾害或意外事故受损，中国人民财产保险股份有限公司西双版纳分公司赔付 259 万元。12 月 10 日，东风农场被西双版纳州政策性农业保险领导小组办公室授予 2012—2013 年度橡胶林木保险专项工作先进单位。

2014 年　3 月 2—6 日，东风农场女职工门球代表队，代表西双版纳州参加云南省第七届普洱"三八杯"妇女门球赛获第五名，杜松玲获最佳射手奖。

3 月 5 日至 10 月 23 日，东风农场开展党的群众路线教育实践活动。

4 月 23 日，东风农场重新启用广播。

5 月 25 日，农业部中国农垦经济发展中心检查组在省、州、市农垦局领导陪同下，到东风农场检查 2011 年危房改造基础配套设施建设项目。

6 月 28 日，农业部农垦局热作处副处长林建明率云南农垦、广东农垦、海南农垦及中国热利院橡胶所专家组一行 8 人，在西双版纳州、景洪市农垦局和省热带作物科学研究所领导陪同下，到东风农场调研橡胶良种苗木繁育工作。

7 月 28 日，国务院农村综合改革工作小组办公室地方国有农场办社会职能改革试点工作绩效考核领导小组，在省、州、市有关领导陪同下，到东风农场检查考核。

7 月 31 日，东风农场"机械开垦技术在山地胶园更新中的应用与推广"项目通过西双版纳州科学技术局成果鉴定，达到省内领先水平。

8 月 20 日，东风农场发动党员群众 4753 人为鲁甸地震灾区捐款 7.34 万元。

8 月 22 日，东风农场中林生产队第十居民组发生山体滑坡，直接经济损失约 30 万元。

9 月 18 日，东风农场职工代表景洪市参加西双版纳州州委举办的"中国梦·美丽傣乡"庆祝建国 65 周年演讲大赛分别获第二、第三名和优秀奖。

10 月 15 日，东风农场 2014 年申报的"职工之家"及"女职工组织规范化建设示范单位"通过景洪市总工会考核。

11 月 14—16 日，东风农场参加在上海青年管理干部学院召开的第二届中国知青博物馆建设与发展研讨会。

11 月 26 日，云南省农垦总局党委书记、局长白建坤一行 6 人，在西双版纳州、景洪市农垦局有关领导陪同下到东风农场调研。

12 月 18—28 日，在"澜沧江·湄公河流域国家文化艺术节"上，东风农场代表景洪市参加西双版纳乡村文艺调演获二等奖。

本年，东风农场高级农艺师陈云发荣获 2014 年度云南省有突出贡献优秀专业技术人才荣誉称号，受到云南省人民政府表彰并享受政府津贴。

2015 年

1 月 9 日，东风农场科学技术协会成立暨第一届会员大会召开，各单位、生产队代表和科普志愿者 119 人参加。

1 月 28 日，农业部橡胶专家组在云南省热作处、农垦总局和西双版纳州农垦局、农业局领导陪同下，到东风农场对 2013 年纳入农业部天然橡胶标准化示范园建设项目进行检查验收。

5 月 13 日，中国农林水利工会副主席王君伟、中国农林水利工会农业工作部部长王秀生、云南省农垦工会主席尹晔弘，在州总工会党组成员、副调研员田力、市总工会常务副主席玉香约、市总工会办公室主任罗婧坤的陪同下到东风农场调研。

5月21日，东风农场召开深化改革发展动员大会。农场党政领导和各单位、生产队干部职工180人参加。会议通报东风农场考察组赴海南、广东两垦区调研考察情况，提出东风农场调整经济产业结构奋斗目标。

8月25日，东风农场举办世界反法西斯战争暨中国人民抗日战争胜利70周年合唱比赛。26日，以比赛节目为基础，举办世界反法西斯战争暨中国人民抗日战争胜利70周年文艺晚会。

10月8日，召开"大众创业，万众创新"动员会，农场党政领导和各单位、生产队干部职工110余人参加。

2016年 7月7日，农场召开职工（承包人）代表大会，出席代表127人，审议通过《台湾现代农业产业园合作项目》。

12月7日至翌年1月6日，在全场范围开展"深化农垦改革、发展青年人才论坛"比赛。

本年，东风农场管理委员会自然灾害频发，各生产队于4月24日、4月29日、5月1日连续三次遭遇暴风袭击，各生产队橡胶树、职工群众的生活设施均有不同程度的受损，损毁橡胶树11055株，直接经济损失2372.25万元。8月19日，受台风"电母"登陆西移的影响，东风农场出现大风、雷电、强降水等灾害性天气，造成12个生产队17.1万亩的橡胶树出现扭伤、折断、倒伏等不同程度的受灾情况，直接经济损失达169.5万元。10月2日，东风农场电厂三级电站、水厂、五七生产队14组和15组、温泉生产队2组和4组遭遇特大洪水灾害。

2017年 9月15日，西双版纳州第一个"农场综合文化体育服务中心示范点"在东风农场挂牌成立，西双版纳州和景洪市文化体育广播电视局、文化馆、图书馆、博物馆、东风农场党政领导等100余人参加授牌仪式。

9月21—24日，东风农场应邀参加在北京举办的第十五届中国国际农产品交易会，重点展示宣传柚子新品种——东试早柚。东试早柚以口味佳、绿色、生态、有机、健康的特点广受消费者青睐。

9月24日，由云南省文化厅组织的"文化大篷车"到景洪市东风农场"送戏下乡"进行文艺演出，全场干部职工、小学师生近2000人到现场观看。

11月5—14日，应中联部邀请，以党的中央委员、政府计划部国务秘书林维拉为团长的柬埔寨人民党干部考察团一行20人到我国访问；11月9日上午，在西双版纳州、景洪市、东风农场有关领导和人员的陪同下，柬埔寨人民党干部考察团一行来到东风农场红卫生产队第九居民组生态示范胶园进行实地考察。

12月，自2014年12月开始为期三年的地名普查工作结束。

本年，景洪市农垦局将东风农场列入胶园林下种植珠芽黄魔芋核心种植示范单位。

● **2018年**　1月17日，由中央电视台策划的春节特别节目《美丽中国唱起来》在景洪市勐罕镇西双版纳傣族园景区进行现场录制。东风农场参与录制。

6月10日，中冠云南赛区暨西双版纳州足球业余联赛落幕，东风飞歌足球队夺得冠军。

7月上旬，在全场各级党组织广泛开展"农场要发展，我该怎么干"的思想大讨论。

8月18日，东风农场管理委员会邀请辖区内40余家商企和爱心人士召开"美化城镇、点亮东风"捐助行动座谈会，活动所得善款全部用于东风城镇沿街的亮化工程。

11月26日，西双版纳州景洪市国营东风农场举行揭牌仪式，正式成立国营东风农场。

12月16日，东风农场在东风文化广场举行建场六十周年庆祝大会暨文艺晚会，2000余人参加庆祝大会，并观看文艺晚会。

本年，东风农场全面贯彻落实景洪市"禁酒令"。

● **2019年**　8月26日，景洪市委副书记、市长白玲率市教育局、东风农场党委、勐龙镇党委领导到东风农场五分场慰问景洪市高考"状元"付圆庆，颁发"优秀学子家庭"光荣牌匾及发放慰问金。

9月7日，景洪市首届东试早柚文化节在东风农场开幕。

9月26日，东风农场、勐龙镇联合举办庆祝中华人民共和国成立70周年文艺晚会。

12月2日，景洪市第二十五届"天立杯"职工篮球运动会落幕。东风农场首次组队参赛，男子篮球队以8战全胜夺冠。

12 月 14 日，由省文化和旅游厅、省财政厅主办，省滇剧院为演出单位的"中国梦·云南情——文化大篷车·千乡万里行"到东风农场进行惠民演出，东风农场干部职工群众 800 余人观看。

● **2020 年** 5 月 28 日，东风农场召开支持民营企业发展大会，会议表彰 2019 年度东风农场辖区的西双版纳中林林邦旅游开发有限公司、正禾投资有限公司、景洪市龙鑫矿业有限责任公司等 12 家"诚信企业"。

8 月 18—20 日，东风农场举办"中国梦—傣乡情、农垦魂"2020 年文化惠民文艺演出。

8 月 22—24 日，景洪市委、市人民政府主办的景洪市第二届东试早柚文化节活动，在东风农场文化广场举行。

11 月 24 日，景洪市在东风农场举行景洪市东风农场社区管理委员会成立揭牌仪式。

12 月 19—20 日，东风农场举办首届桥牌比赛，全场共 70 人参加比赛。

中国农垦农场志

第一编

地理与资源

中国农垦农场志

第一章　自然地理

第一节　地理位置

东风农场位于云南省西双版纳傣族自治州景洪市南端勐龙镇，地处北纬 $20°30'$—$21°46'$，东经 $100°35'$—$100°47'$，东西宽 $2\sim14$ 千米，南北长 39.5 千米，边境线长（全部位于九分场辖区内）14.3 千米，东接贺南东乡、曼戈龙乡，西邻勐海县，南与缅甸掸邦南板县接壤，北与景洪农场接界，跨度区域约 164 平方千米。场区与勐龙镇辖区交错，景大公路穿场区而过，场部距西双版纳州府景洪市 35 千米，距景洪火车站 32 千米，距嘎洒国际机场 31 千米。

全场有 13 个生产队，158 个居民小组，拥有土地面积 25.16 万亩，已开垦利用面积 16.5 万亩。场界内有各族人民居住的自然村 93 个，当地群众除拥有坝区全部稻田，还占有旱地约 18 万亩，现多为橡胶林地。场群之间，生产队和自然村交错毗邻，农场土地和农村土地相互穿插，大的成千上万亩，小的则十余亩、几亩。

第二节　地形地貌

勐龙，傣语意为"大的坝子"，汉语称"大勐龙"或"勐龙"。为一四周环山、南北长 26 千米、东西宽 $2\sim14$ 千米的低小盆地，盆地形如弯月，南高北低，坝区海拔一般在 $600\sim630$ 米，最低处 580 米。东为广变乃山，海拔 1394.40 米；东南为党望生甫希山，海拔 1475.80 米；南有佛家卜鲁山，海拔 1739.10 米；西属勐海高原南糯山系的南勒各脚山，海拔 2196.60 米，回南丹山，海拔 1842 米，南坎窝山，海拔 1954.10 米；东北是波贺各脚山，海拔 1294 米；北面为一自然缺口，经曼大纠村、曼播村低丘通道与景洪坝相连。俯视全坝，形似一尾部稍高、撮口向北的"撮箕"。

农场处于坝缘与高山之间的缓坡台地和低中丘陵地带。缓坡台地一般海拔 $600\sim650$ 米，受流水切割成起伏不大的坡状地形，坡度 $5°\sim10°$，相对高度不大，除边坡沟谷外无明显起伏。地段比较成块连片，如原一、二、四分场等的大部土地。低中丘陵一般海拔

650～800 米，最高达 895 米（原九分场二队橡胶林地），丘体明显，相对高度相应增大，坡度 15°～25°，局部深箐边坡，亦有高达 35°以上的陡坡。

第三节 气 候

根据坝区气象资料多年平均值测定，农场属热带季风气候。年温差小，日温差大，年平均气温为 21.20℃，最低平均气温为 14.5℃，最高平均气温为 25.3℃。大于等于 10℃的活动积温为 7738℃。年降水量为 1448.50 毫米。年日照为 2189.50 小时，日照率为 50%。

一、气候特点

1. **热量丰富** 活动积温超出热带气候的热量指标（7500℃），冬无严寒，夏无酷暑。按候[①]平均气温≤0℃为寒冷期，≥30℃为酷热期的分级标准，本地最低候平均气温为 14.60℃，最高候平均气温为 25.30℃，与寒冷和酷热期指标都相距甚远。

2. **季节以降雨状况划分** 春、夏、秋、冬只具时间概念，无气温意义。根据气候学指标[②]，本地全年无冬，33 候为春季和秋季，40 候为夏季。夏季最早从 3 月 7 日开始，9 月 13 日结束，最迟从 4 月 16 日开始，11 月 1 日结束。

3. **雨季、旱季分明** 雨量丰沛，分布不匀，水热配合适宜，全年按雨季、旱季划分：

旱季（12 月至翌年 5 月）：根据温度情况，旱季又分为旱凉季和旱热季。其中，旱凉季（12 月至翌年 2 月）又称雾季，是全年最凉的季节。降水 77 毫米，占全年降水量的 5.30%，相对湿度为 84%，平均气温为 15.8℃，年最低月均温度和（15.30℃，1 月）≤5℃，极值低温都出现在本季。雾日 60.80 天，月均 20 天，且多浓雾。旱热季（3—5 月）是体感最热的季节。降水量为 278.70 毫米，占全年降水量的 19.20%，且多雷阵雨，相对湿度为 79%。日平均气温为 22.70℃，年均气温大于等于 35℃极值高温平均出现 8 天，月均最高气温为 31.30℃。本季昼热夜凉，日夜温差达 22.50℃。雾日只 12.40 天，月均 4 天。

雨季（6—11 月）：又称湿热季。本季雨日最多，降水量为 1092.80 毫米，占全年降水量的 75% 以上，相对湿度为 89%。日平均气温为 23.20℃，年均气温大于等于 35℃的极值高温平均出现 0.30 天，月平均最高气温为 28.80℃，雾日 48.40 天，月均 8 天。本季

---

① 古时称 5 天为一候，现气象学上仍沿用。
② 气候学指标规定：候平均气温＜10℃为冬，＞22℃为夏，10～20℃为春或秋。

平均气温虽略高于旱热季，平均最高气温低于旱热季。

4. **水热条件优越**　雨量分布不匀和热量的季节变化，起到了相互影响、互补不足的作用。降雨止住了升温势头，减少了有害高温出现和持续天数。干旱削弱了低温的影响，降低了寒冻对热带作物的危害。水热条件的有效结合，对热带作物的正常生长、安全越冬十分有利。

5. **小气候特点明显**　地形地势对水热条件的再分配作用，使丘陵体表现"不同坡向、坡上坡下、高处低处，两种气候""十步不同天"的小气候特点十分明显。

6. **气温年日差异大**　多年平均最高月均温为 25.10℃（6 月、7 月），最低月均温为 15.30℃（1 月），年温差小，只有 9.80℃，日温差大，最高达 23.80℃。

二、自然灾害

东风农场为专业橡胶垦殖场，就橡胶而言，自然灾害主要包括寒害、风灾、冰雹、暴雨等。随着农场的产业结构调整，发展高原特色果蔬种植产业，也受风灾、冰雹等自然灾害影响。

（一）寒害

旱凉季气温偏低，持续时间长达 3 个月，橡胶树生长受到抑制。小气候环境差的阴坡、洼地，橡胶树常有"烂脚"（阴凉环境导致的生理病害）发生，随树冠增大变浓，又向阴坡两翼扩展。遇特冷冬季，还会造成橡胶树大量死亡。

农场先后出现过 3 次较为严重的低温寒害。其中，1973 年 12 月至 1974 年 1 月，连续出现低温天气，最低气温降至 -0.5℃，寒害死亡胶林达 32687 亩。1975 年 12 月，连续降雨，导致大幅降温，开割林地受害 34410 亩，翌年被迫停割 276968 株。1999 年冬，绝对最低气温 0.5℃。由于低温出现早、突然且持续时间长，橡胶大面积受寒害。开割胶园受害率达 28.50%，已分枝中幼林（未割胶园）受害率达 15.30%、死亡率为 1.10%，1～3 年生幼林受害率达 36.90%、死亡率为 21.50%，苗圃受害率为 51.50%。

（二）风灾

平均风速为 1.40 米/秒，静风频率为 47.80%，属于基本静风环境。但每年旱热季末、湿热季初，常有风力 8 级、风速 17.20～20.5 米/秒以上的阵性大风出现，年约 2～5 次，风向不一，范围不等，大风所至，常断树倒房，形成灾害。

农场每年均有不同程度的大风出现，造成灾害影响不一。其中，1971 年 4 月，七分场二队附近，一株直径 2 米以上的风土树被风腰断，砸毁修配厂砖木结构机修车间 572 平方米房屋。1987 年 4 月 8 日、10 日，一、二、七毗邻分场，风断开割胶树 8293

株。2002 年 4 月 27 日下午，三分场一队的橡胶林地遭特大龙卷风袭击，造成橡胶树损失在三级以上的 2000 余株、三级以下的 4000 余株，直接经济损失 50 余万元。2010 年 4 月 24 日下午，东风分公司遭遇大风灾害，造成 28109 株橡胶树受损，6 个作业区 16 万余亩胶园不同程度受灾，造成胶乳损失 280.9 吨，经济损失达 453.1 万元。2013 年 4 月 13 日，东风农场金沙、前哨 2 个生产队 14 个居民组 215 户遭龙卷风袭击，受灾橡胶面积 5766.5 亩，4452 株，房屋、太阳能、汽车受损，经济损失 349 万元；4 月 14 日、16 日，东风城镇遭受大风袭击，街道绿化树倒伏、折断 31 株；5 月 11 日，东风农场五七生产队的六、七居民组部分开割胶园遭受风暴灾害，造成 475 株开割胶树不同程度受损。2016 年 4 月 24 日至 5 月 1 日连续 3 次遭受暴风袭击，全场 13 个生产队均不同程度受灾，以中林、东林、风光、红卫、温泉、东河生产队受灾最为严重，其中：国有橡胶受损 11573 株，经济损失 2548.29 万元；私人橡胶 6421 株，经济损失 1921.52 万元。8 月 19 日，受台风"电母"登陆西移的影响，出现大风、雷电、强降水等灾害性天气，造成 12 个生产队 17.1 万亩的橡胶树出现扭伤、折断、倒伏等不同程度的受灾情况，共有 3692 株开割橡胶主干折断、倒伏，失去产胶能力，直接经济损失达 169.5 万元。

（三）冰雹

冰雹常伴随阵性大风而来，降雹频率、途径、范围、强度、密度无明显规律。"雹打一条线"时，常造成橡胶树、房屋受损等严重灾害。

农场遭受冰雹灾害频繁，其中较严重的有：1965 年 5 月 4 日，温泉农场二队橡胶幼树（1963 年定植）200 亩以上范围内，迎风面树皮全被冰雹击坏，严重的有如刀剥。1986 年 4 月 28 日，三分场割胶林地 2521.20 亩新发的嫩枝、叶片多被击断，茎围 3.50～5.20 厘米的枝条伤痕点达 28～39 个/米，有 380 亩被迫停割 45～85 天。2004 年 4 月 15 日，四分场遭受特大风雹灾害，受灾面积 7881 亩，42674 株橡胶树不同程度受损，橡胶树倒覆 615 株，损失胶碗 6599 个，6358 平方米房屋遭到破坏，其中住房 3381 平方米，46 户职工家庭无法入住。2005 年 4 月 2 日，四分场遭受特大风雹袭击，橡胶受灾面积 23587 亩，有 24362 株橡胶树不同程度受损，直接损失干胶 20 余吨。2008 年 4 月 14 日，四分场胶园遭受特大冰雹袭击，导致 4 万多亩胶林受损，干胶损失 970 吨，直接经济损失 2100 万元。2013 年 3 月 8 日，东风农场东林、风光、中林 3 个生产队 11 个居民组遭冰雹、大风袭击，受灾橡胶面积 1.5 万亩，风断开割胶树 1000 余株、中幼林胶树 300 株，胶树叶落量平均达 30％，最高达 70％，对胶乳产量将造成严重影响，经济损失 400 余万元；2013 年 3 月 15—16 日，东风农场温泉生产队 12 个居民组的 228 户共 616 个承包人连续遭受冰雹风灾，受灾橡胶面积 4653.26 亩，102453 株。其中落叶 434783 亩，92920 株；风断 293.43 亩，8803 株；倒伏 23.97 亩，719 株。2015 年 4 月，温泉生产队、红卫生产队、东升生产队、疆锋生产队、西环生产队遭遇严重的风暴冰雹灾害。

（四）洪涝灾害

洪涝灾害多发生于夏季汛期，大面积的持续性高强度降雨是发生洪涝灾害的根本原因，严重时可导致山体滑坡、泥石流，摧毁道路、房屋，危及民众生命财产安全。

农场有重点地质灾害点 18 个，每到汛期，较容易发生山体滑坡、泥石流。其中，2008 年遇特大洪涝灾害，五分场场区道路多处塌方，部分生产队道路中断，特别是五分场五队，紧靠生产队的一座山发生严重山体滑坡。2012 年 7 月，场区内多次出现大到暴雨天气，场区道路多处塌方，部分生产队道路中断。2013 年 8 月 25—26 日，东升、东河、五七生产队部分居民组发生滑坡，直接经济损失 23.2 万元，受灾 21 户 63 人；10 月 23 日，暴雨造成红卫生产队八、十六、十九居民组发生严重灾情，导致道路塌方、挡墙垮塌，通行受阻；12 月 15 日，连续暴雨致使东河生产队遭受水灾和泥石流，道路塌方 20 余处，住宅被淹；12 月的连续强降雨，金沙生产队九居民组的开割胶园大面积山体滑坡，受灾胶园面积 50 余亩，1200 余株，其中 300 余株完全倒伏。2014 年 8 月 20 日，中林生产队七居民组因暴雨造成山体滑坡，受灾 30 余人，直接经济损失约 2 万元；8 月 22 日，东风农场中林生产队十居民组发生山体滑坡，直接经济损失约 30 万元。2016 年 10 月 2 日凌晨 0 时至 1 时，东风农场电厂三级电站、水厂及五七、温泉生产队部分居民组遭遇特大洪水灾害，为辖区近 50 年来最重大灾情，其中五七生产队 14 组和 15 组受灾最严重，两座桥梁被冲毁，柏油道路中断，15 组 132 人被困，3 人在灾害中受伤，200 多间住房被淹，500 多名职工群众受灾，部分香蕉、橡胶等农作物被洪水冲毁。洪水还造成东风农场水厂的主要管道严重损坏，东风、部分生产队、居民组断水，导致农场部分生产队停电。2008—2020 年东风农场自然灾害情况见表 1-1-1。

表 1-1-1　2008—2020 年东风农场自然灾害情况一览

分类	2008 年	2009 年	2010 年	2011 年	2012 年	2013 年	2014 年	2015 年	2016 年	2017 年	2018 年	2019 年	2020 年
受灾面积	0.84	0.77	396.2	721.3	3277.8	1341.3	689.4	860.2	579.02	2516.64	65.62	7234.15	10811.81
洪涝灾（公顷）	0.84	0.13	0	0	0	760.80	59.50	0	0	0	0	0	65
旱灾（公顷）	0	0	353.69	0	3236.80	158.60	0	0	0	0	0	7150.22	8928.85
病虫害（公顷）	0	0	0.12	0	16.20	244.90	408.70	173	12.89	2487.55	22.75	57.19	63.66
霜冻灾（公顷）	0	0	0	0	0	0	0	42.30	57.92	0	0	0	0
风暴灾（公顷）	0	0.64	42.39	721.30	24.80	177	221.20	644.90	508.21	29.09	42.87	26.74	1754.30

（续）

分类		2008 年	2009 年	2010 年	2011 年	2012 年	2013 年	2014 年	2015 年	2016 年	2017 年	2018 年	2019 年	2020 年
受灾品种	橡胶（公顷）	0.64	0.64	396.2	719.8	3275.5	1341.3	688.8	860.2	579.02	2516.64	65.62	7234.15	10811.81
	粮食（公顷）	0.20	0.13	0	1.50	2.30	0	0.60	0	0	0	0	0	0
减产量	橡胶减产（吨）	3	3.50	24	231.70	1520.50	365.80	910.10	759.90	307.73	968.46	106.17	671.54	3100
	粮食减产（吨）	0.75	0.80	0	3	6.10	0	1.30	0	0.15	0	0	0	0
受灾人口（人）		0	0	0	0	119	263	215	155	17	0	0	0	1740
直接经济损失（万元）		4.82	6.40	56.13	657.80	2355.60	524.70	432	830	316.93	969.56	162.57	787.60	3488.41

第二章　自然资源

第一节　土　壤

全场土地总面积 25 万亩，土壤发生类型分为砖红壤和水稻土两大类。

一、砖红壤

砖红壤属地带性地类，风化和成土作用深，脱硅与富铝化过程强烈，盐基和硅酸淋失严重，pH 在 4.50～5.50，土壤酸性较高。土层深厚，极少母岩露头，土层多在 1 米以上，最深可达 6 米。质地均匀，有良好的水分物理性质。一般为轻壤至黏壤，粒状或核状结构。自然肥力较高，生物富积作用强，表层多为暗棕色，土壤养分含量中有机质占 2.5%～5%，全氮占 0.15%～0.25%，速效钾为 141～200 毫克/千克，速效磷为 2.80 毫克/千克，磷元素较缺少。

农场有砖红壤 20.31 万亩，占总耕地面积 98%。农场西半部缓坡台土的土壤主要由花岗岩母质发育而成，含有较多的粗石英及含钾矿物（如长钾石、黑云母），质地较轻，为轻壤土至中壤土，表土层有机质含量为 3%～5%，速效钾含量在 200 毫克/千克以上。东半部缓坡台地，主要是千枚岩、片岩母质发育而成的土壤，质地稍重，为中壤至重壤，表土层有机质含量为 2.50%～4%，速效钾含量为 141 毫克/千克，肥力次于西半部。中丘以上的土壤由红色黏土母质发育而成，质地较重，肥力不佳。

开垦植胶后，由于开垦时修筑等高、内倾的环山行或具外埂的水平梯地作为植胶带，植胶带表土埋于梯地外缘下层，底层心土覆盖于上层，用肥沃表土填入 80 厘米×70 厘米×60 厘米大小的植穴，种植胶树后，又在行间种豆科绿肥覆盖植物或间作农作物，逐年还采取胶树根圈盖草，扩穴改土，施肥压青等管理措施，使胶林土壤出现了不均匀热化特点，逐步演变成园艺型土种，即新生的胶园土。

二、水稻土

水稻土属地域性地类，全场水稻土面积约 0.50 万亩，占总耕地面积的 2%。主要分布于坝子边沿，地势稍高，属冲积母质，具备灌溉条件。

第二节 河 流

勐龙坝四周环山，箐多沟多，构成了大小沟箐从众多方向注入主河道，再从一个出口流出坝子的水网。全坝共有较大沟河七条，均属澜沧江水系。

一、南阿河

南阿河又称勐龙河（农场职工统称），它是农场第一大河流，集全坝大小河流后注入澜沧江，由十分场三队流入农场后进入坝区。流向南偏西向北偏东，纵贯全坝，将坝区和农场分成东西两面，于三分场九队西北流入山谷后再次进入九分场辖地，最后于九分场十队流出汇入澜沧江，全长 140 千米。

二、南背龙河

南背龙河又称小街河（农场职工统称），它是农场第二大河流，位于勐龙河西南。它由南背亚河、腊罗果河、南播河（傣语）汇集而成由西向东流经七分场，于小街东侧流入勐龙河，全长 20 千米。

三、南背囡河

因曼帅村、景洪市第五中学（原农场中学）位于河侧，南背囡河又称曼帅河、农中河（农场职工统称）。位于农场北部，由西北流向东南，于一分场十队流入农场，经一分场、景洪市第五中学（原农场中学），于三分场九队西侧流入勐龙河，全长 28 千米，支流不多。

四、南黑河

南黑河又称曼勐河。位于勐龙河西侧，由西向东，横穿八、九分场，于八分场场部东南流入勐龙河，全长约 16 千米，支流分布如树枝，河水涨落急剧。

五、南坎河

南坎河又称曼庄尖河。于曼庄尖村流入十二分场，大体流向由西向东，在勐龙镇东 1千米处注入勐龙河，全长约 26 千米，支流多而分布均匀但均无名。

六、南骑洛各河

南骑洛各河又称曼肯河。位于农场南端，于六分场四队进入农场，由南向北流，在曼肯村旁流入勐龙河，全长约 28 千米。

七、南泡乐各河

南泡乐各河又称曼破河，它是农场东半侧唯一较大的河流。上游称南东老八各河（傣语），于四分场九队流入农场，由东向西在曼破村旁流入勐龙河，全长约 11 千米。

第三节　植　被

场区内的植被大体可分为栽培型和自然型两大类。

一、栽培型

栽培又可分为农场栽培和村寨栽培。其中，农场栽培以橡胶（又称三叶橡胶）为主，每亩种植 30 株左右，共 17.84 万亩，树高达 12 米以上，主要分布于海拔 600～800 米的缓坡台地及中小丘陵。以东试早柚、香蕉、芒果、菠萝蜜、番木瓜及荔枝（少量）、柑橘、咖啡等热带水果为主的热带经济作物，多分布于居民点附近，庭院中多种植油棕、椰子、依兰、缅桂。村寨栽培则由当地群众在住地附近零星种植，常见的有罗望子、番荔枝、刺枣、石栗、状元红、缅栀子和小片的儿茶，个别村寨还种有小片羯布罗香（如曼费村）、柚木（如曼井坎、曼大海、曼南坎等村），均属本地有经济价值的资源植物。此外，贝叶棕、菩提树、大叶榕也在寺庙附近常见。各村寨还普遍种植铁刀木（黑心树）供柴薪及建桥造房。

二、自然型

自然植被主要指原生植被和次生植被。

原生植被　农场的原生植被仅有一分场三队旁保留一片，面积 200 余亩。林冠参差，乔木疏密，高低，大小不一，层次不明显。林内可见板根、茎花，大型木质藤本植物。上层树高度可达 30 米以上。主要树种有大叶勒麻木、长叶桢楠，灌木层常见黄檀、银背巴豆、鹊肾、罗芙木，还有鱼尾葵、露兜等。此外，在箐沟边缘，阴湿陡坡等零星地段，还可见残存的热带大型草本植物，如野芭蕉、大海芋、山姜及多种蕨类植物。

次生植被　农场的次生植被分布广、面积小。其中，竹林及竹木混交林，牡竹（习称刺竹）丛生，每丛十至数十根，高2～3米，丛基竹枝交错纠集，鸟雀难过，林下干燥空旷，混交树种有猫尾木、火绳树、钝叶黄檀等；高草及稀树草原，属多次利用的撂荒地，分布地海拔较高，以小茅棕叶芦苇、类芦为主，间或芒萁、飞机草，高2～3米，散生有山黄麻、余甘子、羊蹄甲、对叶榕等树种；飞机草地，一般分布在村寨附近、道路旁侧，飞机草为优势植物，高2～3米，间生乔灌木，常见有布渣叶、菲岛桐等。

第二编

建制沿革

中国农垦农场志

第一章 农场沿革

东风农场是由 1958 年组建的大勐龙、前哨、东风 3 个农场合并重组而成，沿用东风农场称谓至今。建场 60 多年来，领导体制实行党委领导下的分工负责制。

总场时期，农场下设分场，基层单位是生产队，实行农场、分场、生产队三级管理，三级核算制。2003 年 11 月，农场实行政企分开改革，农场由原来的农场、分场、生产队三级管理和三级核算管理体制变更为三级管理、二级预算，农场、分公司均在农场党委的统一领导下开展工作。2010 年 12 月 22 日，实行属地管理，垦区经济纳入属地统筹规划。2018 年 6 月 28 日，农场企业化改革，设立国营东风农场，为景洪市市属国有企业。

第一节 历史沿革[①]

1951 年，中央人民政府政务院做出《关于扩大培植橡胶树的决定》，决定在广东、广西、云南、福建、四川培植橡胶树，其中云南发展 200 万亩。由此，云南农垦开始起步，大批的下放干部、复转军人、步校学员、城市青年响应屯垦戍边的号召，来到西双版纳。

1957 年 12 月，云南省农垦局决定建立大勐龙农场，并抽调老农垦职工 14 人，到曼将村附近筹建。1958 年 1 月 8—10 日，省属各厅、局机关下放干部 109 人；3 月 31 日，退伍军人 107 人；4 月 5 日，昆明社会青年 124 人；4 月 25 日，中国人民解放军昆明步兵学校学员 135 人、家属 12 人，先后到达曼康湾乡，建立生产队 6 个，定名为国营大勐龙农场，场部设于曼将村西。

1958 年 2 月 16 日，思茅地专机关下放干部 278 人，到达曼景列村，建立思茅地专机关干部实验农场。3 月末，增加退伍军人 210 人，建立生产队 5 个。12 月，经中共思茅地委生产合作部批准，定名为国营前哨农场，场部设于曼景列村。

---

① 因农场各分场建制调整较复杂，故各分场及分场级单位名称均按当时称谓表述。

1958 年 3 月 13 日，中国人民解放军三十九师转业军官 267 人，3 月 17—20 日，三十七师转业军官 259 人，两批军官家属 21 人，先后到达曼别村，建立生产队 6 个，暂定名为曼别农场。5 月，经中共思茅地委批准，定名为国营东风农场，场部设于曼别村西南。

至此，国营大勐龙农场、国营前哨农场、国营东风农场组建完成，均直接隶属于云南省农垦局领导。共建立生产队 17 个，翌年增至 19 个。

1960 年 1 月，前哨农场与东风农场合并，称国营东风农场，场部由曼别村迁至曼秀村附近。为适应农场发展需要，建制扩大，场部增设科室，场与队之间增设作业区。东风农场辖 7 个作业区，每个作业区辖 3 个生产队，另有场直属小学、机务、修配、畜牧、加工、蔬菜、马车、试验站等 8 个队级单位；大勐龙农场辖 5 个作业区（1961 年 9 月撤销），每个作业区辖 2~4 个生产队，另有场直属小学、机务、基建、石灰等 4 个队级单位。

1962 年 12 月，大勐龙农场与东风农场合并，称国营东风总场，场部由曼秀村迁至大勐龙区公所西侧。1963 年 1 月，总场下设龙泉、温泉、东林、风光、前哨、疆锋共 6 个农场，生产队发展到 58 个。另设有场直属单位：修配厂、基建大队（包括基建队、砖瓦厂、石灰厂、伐木队）、畜牧队、试验站（附设文化队——剧团）、中心完全小学、卫生院。1965 年 9 月，建立半农半读的农业中学。1966 年 8 月，龙泉农场改名为红卫农场。1967 年末，东林农场改称东方红农场。1969 年初，试验站划归红卫农场，改称十一队；3 月，把部分领导干部和各类技术、行政干部 104 人集中起来，成立"五七干校"，于 11 月改称五七农场；至年末，总场下属共 7 个农场，即红卫、温泉、东方红、风光、前哨、疆锋、五七农场，生产队增至 127 个。

1970 年 1 月，云南农垦转为中国人民解放军云南生产建设兵团，东风总场编为第一师第二团，团下设营和连，将红卫、温泉、东方红、风光、前哨、疆锋、五七农场依次编为 1 至 7 营，同时组建 8 营；由于大批知青来场，于同年 2 月组建 9 营、10 营，10 月组建 11 营。1971 年 2 月，组建 12 营、13 营、14 营、15 营。将所有生产队改称连，并设团直属单位，有修理连（1971 年改为修配厂）、汽车连、医院、中学、服务社、基建队、畜牧队，同时在团内建立武装连（排）16 个。1974 年 6 月成立团直属单位宣传队，全团共有 15 个营、191 个连。

1974 年 10 月，二团恢复为东风农场，将 1 至 15 营依次改为一至十五分场，连改称为生产队，全场有生产队 206 个。同时成立直属机关党委，设场直属办公室，管理农场各直属单位，包括修配厂、基建队、汽车队、绉片厂、畜牧队、副业队、电站、中学、职工医院、商店、宣传队（1976 年撤销）。1976 年 7 月成立工人大学，1978 年 4 月撤销。1980 年增建十一分场三队、十三分场八队，恢复农场农业技术试验站。1981 年 10 月，成立电厂，辖东风、光明电站、配电所，并将农场机务科和各分场机务队组建为机务运输公司（1982 年 10 月撤销）。

1984 年 11 月，将 15 个分场精简为 13 个，原十一分场并入七分场，原十三分场所属单位分别并入四、五、十二分场等 3 个分场，原十四、十五分场分别改为十一、十三分场。同时将电厂和各分场橡胶加工厂、修配厂组建为工业电力公司，将场部供销科、汽车队、商店和修配厂、绉片厂组建为供销机运公司，将基建队、胶杯厂组建为建筑安装公司，试验站改称技术服务站，简称"三司一站"。全场队级单位调整为 191 个。1985 年 10 月，将"三司一站"改称胶电厂、供销站、建安大队、技术推广站。1987 年 2 月，撤销胶电厂，恢复电厂，成立制胶厂，供销站恢复为供销科，撤销建安大队、场直属机关党委和场直属办公室，组建直属分场。1987 年 12 月，成立胶乳制品厂。1988 年设置农林分场 13 个及技术站、直属分场、胶厂、中学、医院、乳胶厂、文化中心等分场级单位共 20 个，生产队级单位 195 个。1989 年增加电厂和木材厂，1990 年取消文化中心，至 1992 年，队级单位 167 个。

1993 年 1 月，撤销直属分场，分设修配厂、汽车队、商业服务公司、食品饮料厂、勐河商行 5 个分场级单位，驻昆办事处与经营部合并为供销经理部，增设建筑建材实业公司，分场级单位共 26 个，生产队级单位 182 个。1994 年 12 月撤销供销经理部和云南东风贸易发展公司，成立昆明工作站，场级单位 26 个，队级单位 197 个。

1995 年 2 月，将东风旅游开发公司、农贸市场、商业服务公司、勐河商行合并，成立东风旅游商贸开发公司，技术服务站划归一分场，乳胶厂划归十一分场。分场级单位减至 21 个，生产队级单位为 195 个。

1997 年 7 月，新建十四分场，全场农林分场增至 14 个[①]，设修配厂、汽车队、食品饮料厂、胶厂、中学、医院、电厂、木材厂、建筑建材实业公司、昆明工作站、东风旅游商贸开发公司等分场级非农林单位 11 个，生产队级单位 192 个。至 2001 年，分场级编制未变，生产队级单位减少到 188 个。2002 年 2 月，将十分场并入六分场，有生产队级单位 183 个。

2003 年 2 月，将一、十一、十三分场合并为一分场；二、七分场合并为二分场；八、九分场合并为三分场；三、四、五分场合并为四分场；十二分场改为五分场；十四

---

① 至 1997 年，东风农场下辖 14 个分场，此后的农场改革调整，均在此基础上进行撤销或合并。后同。

分场改为七分场；东风旅游商贸开发公司与汽车运输公司合并，成立非公有制经济发展中心（商贸运输中心）。农林分场减少到 7 个，分场级单位 11 个，生产队级单位 183 个。

2003 年 10 月 31 日，根据云南农垦集团有限责任公司云垦集字〔2003〕187 号文件要求，农场实行政企分开改革，成立云南天然橡胶产业股份有限公司东风分公司，下设作业区、生产队，行使橡胶生产技术管理职能。农场与分公司共设一个党委，设在农场，各农林分场又分为分场、作业区，分场、作业区下设生产队。五分场合并到四分场，七分场改为五分场，撤销农场制胶厂、食品饮料厂。农林分场减少到 6 个，分场级非农林单位有电厂、教育中心、医院、商贸运输中心等 4 个，分公司下辖 1～6 个作业区，全场生产队级单位减少到 106 个。

2005 年 1 月，电厂收归西双版纳农垦电力分公司；12 月，教育移交地方，教育中心和中学随之消失。生产队级单位减至 98 个。

2006 年 2 月，原十二分场从四分场剥离合并到六分场，其他编制不变。

2007 年 2 月，各农林分场场直生产队撤销，合并到各农林生产队。农场有 1～6 个分场及农场职工医院、商贸运输中心，分公司有 1～6 个作业区；生产队级单位 88 个。

2010 年 12 月 22 日，实行属地管理，垦区经济纳入属地统筹规划，原东风农场改称景洪市东风农场管理委员会。

2011 年 8 月 9 日，根据《关于撤销云南天然橡胶产业股份有限公司东风分公司的决定》，撤并 6 个作业区，有 1～6 个分场、医院、商贸运输中心，生产队 75 个，其中橡胶队 72 个。

2012 年 1 月，原一、十一分场改称红卫生产队，原二分场改称温泉生产队，原三分场改称东林生产队，原四分场改称风光生产队，原十二分场改称金沙生产队，原五分场改称前哨生产队，原六分场改称疆锋生产队，原七分场改称五七生产队，原八、九分场改称中林生产队，原十分场改称西环生产队，原十三分场改称东升生产队，原十四分场改称东河生产队，将修配厂、车队、商店、东风花园、阳光花园、干休所、农场机关、景观、福泰、桃园居民小组合并为景观生产队。至此，农场管理委员会实行三级党政管理体制，共有生产队 13 个，其中农林生产队 12 个；原生产队改称居民小组，共有居民小组 158 个。

2018 年 6 月 28 日，为推进农场企业化改革，经中共景洪市委全面深化改革领导小组同意设立国营东风农场，为景洪市市属国有企业，农场下设分场，撤销现有的生产队建制，设立分场。原生产队依次更名为：一分场（原红卫生产队）、二分场（原温泉生产队）、三分场（原东林生产队）、四分场（原风光生产队）、五分场（原前哨生产队）、六分场（原疆锋生产队）、七分场（原五七生产队）、八分场（原中林生产队）、九分场（原东河生产队）、十分场（原西环生产队）、十一分场（原东升生产队）、十二分场（原金沙生产队）、直属分场（原景观生产队）。保留现有居民小组建制，设立生产队。

2018 年 11 月 26 日，"国营东风农场"正式挂牌，下辖 13 个分场（1 个直属分场），158 个生产队。

2020 年 11 月 24 日，景洪市东风农场社区管理委员会成立。

第二节　体制演变

东风农场自 1958 年建场以来，历经 60 余年，农场体制先后经历了 7 个演变历程。在历次的新旧体制转换过程中，农场党委统揽工作全局，建立健全工作机制，稳步推进机构改革。

一、建场初期（1958 年 1 月至 1962 年 12 月）

1958 年，国营大勐龙、前哨、东风 3 个农场相继建立，实行农场、生产队两级管理，农场统一核算制。1960 年 1 月，东风（前哨农场与东风农场合并）、大勐龙两场增设作业区，实行农场、作业区、生产队三级管理，农场统一核算。农场归属思茅专署农垦局领导。1962 年 12 月，根据云南省农垦局关于调整农场规模的文件，将大勐龙农场与东风农场合并。

二、总场时期（1963 年 1 月至 1969 年 12 月）

1963 年 1 月，成立东风总场，场部设于勐龙镇景龙村，下设农场、生产队，分三级管理，总场、农场两级核算。1967 年 3 月国务院、中央军委对边疆农场实行军管，于 4 月 1 日成立总场军事管制委员会，行使党政职权。1968 年 4 月 28 日成立总场革命委员会。1969 年 8 月，成立总场党的核心领导小组，取代原总场党委领导权。

三、兵团建制（1970 年 1 月至 1974 年 9 月）

根据 1969 年 6 月 18 日国务院、中央军委批准的文件，云南农垦转为中国人民解放军云南生产建设兵团。1970 年 4 月，东风总场编为第一师第二团，属部队建制，实行团、营、连三级管理，团、营两级核算。

四、农场建制（1974年10月至2003年10月）

1974年9月6日，昆明军区下达了关于撤销云南生产建设兵团建制的命令，10月，二团恢复为东风农场，下设分场、生产队，分三级管理，三级核算。恢复农场建制后，即隶属于西双版纳州农垦分局领导。1975年1月，场部由大勐龙迁至曼景湾村旁。

五、政企分开（2003年11月至2010年11月）

2003年11月，根据云南农垦集团有限责任公司云垦集字〔2003〕187号文件要求，农场实行政企分开改革；成立云南天然橡胶产业股份有限公司东风分公司，隶属于云南省农垦总局，是自主经营、自负盈亏的经营实体，主要从事生产经营活动。政企分开后，农场由原来的生产经营管理转变为社区管理，实行职能、机构、人员、资产、费用、核算"六分开"，农场与分公司共设一个党委，对分公司生产经营实行保证监督，协调农场与分公司之间的关系。

六、属地管理（2010年12月至2018年5月）

2010年12月22日，实行属地管理，垦区经济纳入属地统筹规划。原东风农场改称为景洪市东风农场管理委员会，为市县党委、政府的派出机构（正科级），仍保留国营东风农场企业资质。经景洪市县党委、政府授权，承担农场区域内经济社会事务公共管理职能，直接对景洪市党委、政府负责并报告工作。

七、企业化管理（2018年6月至今）

2018年6月28日，根据《中共中央国务院关于进一步推进农垦改革发展的意见》精神，推进农场企业化改革，经中共景洪市委全面深化改革领导小组同意设立国营东风农场，为景洪市市属国有企业，农场下设分场，撤销现有的生产队建制，设立分场。

2020年11月24日，将农场的社会管理和公共服务职能逐步全部纳入景洪市政府各部门统一管理，东风农场管理委员会更名为东风农场社区管理委员会，承担农场区域内社会管理和公共服务职能，不再承担经营管理职能。

2021年，根据景洪市深化农垦改革发展实施意见，景洪市国营东风农场注册成立为景洪市农垦集团东风农场有限责任公司，实行自主经营、自负盈亏、独立核算、照章纳税、自我约束的经济运行机制。

至此，东风农场社区管理委员会（社区）管理体制为：农场管理委员会—社区居民委员会—居民小组；景洪市农垦集团东风农场有限责任公司（企业）管理体制为：集团公司—分公司（农场）—专业分公司（分场）—合作经营组织（生产队）。东风农场社区管理委员会与景洪市农垦集团东风农场有限责任公司实行职能、机构、人员、资产、财务分开运行。

第三节　机构设置

农场建场初期，各农场（大勐龙、前哨、东风）在场部设党政工作机构，下设行政办公室，配备业务人员，各司其职。

1960 年 1 月，各农场分党政两大系统，设置相应科室。其中，东风农场设行政科（1962 年改称行政办公室）、生产科、计财科、工业科、畜牧科、纪律监察委员会、组织科、宣传科、武装部、人事保卫科及工会（1962 年 2 月组织、宣传两科改称部）；大勐龙农场设行政办公室、生产办公室（1961 年 10 月改称生产科）、经营管理办公室（1961 年 10 月改称计财科）、工业基建科、党委办公室、人事保卫科及工会。

1963 年 1 月，总场机关科室以东风农场原科室为基础，将工业科改称工业基建科，增设供销科。1964 年 6 月将组织部、宣传部改为科，以两科为工作班子，成立政治部，未设领导人。

"文革"初期，设办事、政工、人保、武保、生产 5 个组取代原科室工作。兵团建制时期，团部设司令部、政治处、后勤处三大机关。

1974 年 10 月，恢复农场建制后，场部工作机构又按党政两大系统建立科室，设行政办公室、生产科、计财科、供销科、机务科、工业基建科（基建科）、组干科、宣教科、青年科、武装部、保卫科、派出所及工会。1978 年 2 月至 1978 年 9 月期间，农场进行"揭、批，查"，由"揭批领导小组"行使党政权力。1978 年 10 月，增设党委办公室、纪律检查委员会、劳资科、民族工作科、人民法庭，设卫生科，与医院合署办公，保卫科与派出所合署办公。1983 年通过企业整顿，机构名称及业务范围都做了适当调整，设场长办公室、经管科、生产技术科、财务科、供销站、供销机运公司（原机务科）、建筑安装公司（原基建科）、教育科、党委办公室、纪律检查委员会、组干科、宣传科、青年科、民族工作科、工会，卫生科与医院合署办公，保卫科、派出所、人民法庭、武装部合署办公，之后基本延续此机构设置。

2003 年，推行政企分开改革，其间，农场机关科室有部分变动。2003 年 11 月，成立云南天然橡胶股份有限公司东风分公司，设三部一室，即财务部、生产计划部、人力资源部和办公室。政企分开后，农场职能发生重大改变，由原来的生产经营管理转变为社区管理，机关科室基本不变。

2011 年，东风农场按照"体制融入地方、管理融入社会、经济融入市场"的改革方向，基本完成体制改革、机构调整和职能转换，农场党委和管理委员会正式挂牌运作。管理委员会设 6 个公共管理部门（党政综合办公室、经济发展办公室、社会事务办公室、社会治安综合治理办公室、人力资源和社会保障所、财政统计站）、3 个公共服务部门（农林水综合服务中心、规划建设土地环保所、文化体育广播站）、6 个工作站；农场下辖 13 个生产队、157 个居民小组。2012 年，农场党委和管理委员会实行一套班子两块牌子，配备农场（乡科级）领导 9 人，增设残疾人联合会，建立健全工会、青年、女工、老年人体育协会等群工组织。2013 年，农场（乡科级）领导增至 12 人。

2018 年，"国营东风农场"正式挂牌，设中共景洪市东风农场委员会、景洪市东风农场管理委员会，实行一套班子两块牌子，配备班子成员 10 人。管理委员会下设站所、中心、办公室 9 个，其中，公共管理综合性办公室 4 个：党政综合办公室、经济发展办公室、社会事务办公室、社会治安综合治理办公室（司法所）；公共服务机构 5 个：财政统计站、人力资源和社会保障所、农林水综合服务中心、规划建设环保土地所、文化体育广播站，属于事业机构（财政统计站、人力资源和社会保障所参照公务员法管理，农林水综合服务中心、规划建设环保土地所、文化体育广播站按照事业单位人员管理）。

2019 年 6 月，景洪市农垦集团有限责任公司正式挂牌成立。2021 年，景洪市农垦集团东风农场有限责任公司成立，内设党政综合部、财务统计部、经营管理部、人力资源部、生产技术部、资源建设部、纪检办公室、工会、安全保卫部 9 个部门。历任农场党政领导人见表 2-1-1。

表 2-1-1 历任农场党政领导人一览

时间	建制沿革	职务	姓名	任期	备注
建场初期 (1958.01—1962.12)	大勐龙农场	书记	陈仪庭	1958.09—1961.10	
		副书记	李国荣	1958.09—1962.12	
		副书记	李玉斗	1958.09—1961.10	
			周穆佑	1962.03—1962.12	
		场长	陈仪庭	1958.01—1961.10	
		副场长	李国荣	1958.01—1962.12	
			李广济	1958.01—1962.12	
			任顺	1958.01—1958.06	
	前哨农场	书记	范天锡	1958.02—1958.08	
			张德珍	1959.01—1960.02	
		副场长	张德珍	1958.03—1960.02	
	东风农场	书记	许汉青	1958.03—1958.04	
			吉来喜	1958.06—1963.01	
		副书记	牛平	1960.03—1963.01	
		场长	王玉文	1960.03—1963.07	
		副场长	王玉文	1958.03—1960.03	
			张德珍	1960.03—1962.12	
总场时期 (1963.01—1969.12)	东风总场 (1963.01—1967.03)	书记	吉来喜	1963.01—1965.01	
		副书记	牛平	1963.01—1964.08	
		场长	王玉文	1963.07—1967.03	
		副场长	王文希	1963.07—1967.03	
	总场军事管制委员会 (1967.04—1968.04)	主任	杨耀清	1967.04—1968.04	军代表
		副主任	宋天明	1967.04—1968.04	军代表
			缪祥润	1967.04—1968.04	军代表
	总场革命委员会 (1968.04—1969.12)	主任	杨耀清	1968.04—1969.01	军代表
			宋天明	1969.01—1969.12	军代表
		副主任	宋天明	1968.04—1969.01	军代表
			王文希	1968.04—1969.12	
			张友山	1969.01—1969.12	军代表
			邹礼先	1969.01—1969.12	
			李英顺	1969.01—1969.12	
	总场党的核心小组 (1969.08—1970.02)	组长	宋天明	1969.08—1969.12	军代表

（续）

时 间	建制沿革	职 务	姓 名	任 期	备 注
兵团建制时期 （1970.01—1974.09）	第一师 第二团	团 长	龙兴歧	1970.05—1974.09	现役
		副团长	王广林	1970.05—1974.09	现役
			王文希	1972.07—1974.09	
			邹礼先	1972.07—1974.09	
		政 委	张好修	1970.05—1974.06	现役
		副政委	韩卫东	1970.05—1974.09	现役
			张树智	1973.12—1974.09	现役
恢复农场建制时期 （1974.10—2003.11）	东风农场	书 记	钱明达	1979.03—1982.05	
			张跃东	1982.05—1983.06	
			卢明康	1983.12—2002.11	主持工作
			杨 军	2002.11—2003.11	
		副书记	李腾祝	1974.10—1980.04	
			蔡家顺	1974.10—1980.05	
			龙德云	1978.11—1989.05	1989.05 调分局
			王静屏	1978.11—1980.10	
			阎荣杰	1981.11—1983.07	
			卢明康	1983.07—1983.12	2002.12 退养
			刘华生	1992.06—2002.11	
			杨 军	1998.10—2002.11	1998.10 由勐捧农场调入
		场 长	王文希	1974.10—1981.03	
			徐作民	1981.03—1981.10 1985.09—1992.04	1993.02 退休
			阎荣杰	1981.10—1985.09	
			何天喜	1991.10—1994.08	
			卢明康	1994.08—2001.04	
			杨 军	2001.04—2003.11	
		副场长	李忠孝	1974.10—1978.02	
			邓竹青	1974.10—1978.10	云南省革命委员会委员
			李英顺	1974.10—1978.10	
			付德功	1978.11—1983.07	
			左厚生	1978.11—1983.07	
			徐作民	1978.11—1981.03	
			阎荣杰	1978.12—1981.10	
			张兆基	1984.05—1991.05	1991.05 调广东东莞
			彭玉东	1984.05—1988.04	1988.08 调总局食品厂
			丁世琪	1988.04—2002.11	2002.12 退养
			徐 千	1992.07—2002.11	2002.12 退养
			杨 军	1998.10—2001.04	1998.10 由勐捧农场调入
			李秉成	2002.11—2003.11	
		纪委书记	龙德云	1979.07—1988.04	
			王文剑	1988.04—1993.02	1993.02 离休
			陈敬合	1992.06—2002.11	2002.12 退休
		纪委副书记	王文剑	1983.10—1988.04	
			松 兵	2003.06—2003.11	

（续）

时 间	建制沿革	职 务	姓 名	任 期	备 注
恢复农场建制时期 （1974.10—2003.11）	东风农场	顾 问	王文希	1981.03—1982.06	
		工会主席	刘秋春	1982.10—1988.04	1988.04 退休
			刁光明	1988.04—2002.11	2002.12 退养
			李 平	2002.11—2003.10	
政企分开 （2003.11—2010.11）	东风农场	党委书记	杨 军	2003.11—2006.01	
		副书记	李秉成	2005.06—2010.11	
			唐保国	2002.11—2010.11	
		场 长	杨 军	2003.11—2006.01	
		副场长	张云江	2006.06—2010.11	
		工会主席	李 平	2003.11—2010.10	
		纪委书记	松 兵	2005.06—2012.12	2012.12 退休
		纪委副书记	松 兵	2003.11—2005.06	
			秦海雁	2007.01—2012.12	2012.12 退休
	云南天然橡胶产业股份 有限公司东风分公司	经 理	李秉成	2005.06—2010.11	
		副经理	李秉成	2003.12—2005.06	主持工作
			叶勇辉	2003.12—2005.11	2005.11 调橄榄坝农场
			何 剑	2006.06—2010.11	
属地管理 （2010.11—2018.05）	景洪市东风农场 管理委员会	副书记	张云江	2010.11—2011.09	兼常务副主任 2011.09 调景洪市农业局
			唐保国	2010.11—2012.12	2012.05—2012.07 主持 工作，2012.12 退休
			吴涌泉	2012.09—2015.07	兼常务副主任，2015.09 调景洪市旅游执法大队
			李建军	2013.05—2017.10	2016 年 7—9 月，2017 年 7—10 月两次主持工作， 2017.10 调橄榄坝农场
			张红江	2013.06—2018.05	
			张泽平	2017.11—2019.03	2012.11—2015.01 任组 织委员；2015.01—2017.10 任武装部部长兼组织委员 2017.11—2018.06 主持 工作，2019.03 调大渡岗 管理委员会
		副主任	李秉成	2010.11—2014.07	2014.07 退休
			何 剑	2010.11—2013.11	2013.11 调景洪市农垦局
			瞿志敏	2012.12—2018.07	
			黄昌林	2012.12—2018.07	
			朱继国	2013.05—2015.12	2015.12 调景洪市总工会
			李 平	2010.11—2018.05	兼工会主席

（续）

时　间	建制沿革	职　务	姓　名	任　期	备　注
属地管理 (2010.11—2018.05)	景洪市东风农场 管理委员会	武装部长	周友剑	2017.11—2018.07；	
		组织委员	桂　生	2017.10—2018.07；	
		宣传委员	辛悦梅	2012.11—2016.12；	2016.12调景洪市司法局 允景洪街道司法所
企业化管理	国营东风 农场 (2018.06—2021.01)	书记、场长	丁光宏	2018.07—2020.08	2020.08至今， 一级主任科员
		副书记、 常务副场长	黄昌林	2018.07—2021.01	
		副场长	宁新功	2018.11—2021.01	
			凌帮武	2018.11—2021.01	
			张　军	2018.11—2021.01	
		工会主席	赵维瑜	2020.03—2021.02	
	景洪市东风 农场管理委员会	书记、场长	丁光宏	2018.07—2021.01	兼主任
		副书记	张红江	2018.06—2019.05	2019.05调大勐龙镇
			黄昌林	2018.07—2021.01	兼常务副主任
			瞿志敏	2018.07—2021.01	兼宣传委员
		纪委书记	蒋增明	2018.07—2021.01	
		副主任	邱　军	2018.07—2021.01	
			易建华	2018.07—2021.01	
			岩　燕	2018.07—2021.01	
			李　平	2018.05—2019.07	兼工会主席，2019.12退休
		武装部长	周友剑	2018.07—2021.01	2021.01调景洪市江北 街道办事处
		组织委员	桂　生	2018.07—2021.01	2021.01调普文镇
		工会主席	黄昌林	2019.03—	
	景洪市农垦 集团东风农场 有限责任公司 (2021.02 至2022 年底)	副书记	宁新功	2021.03—	景洪市农垦集团有限责任 公司党委委员、副总经理， 东风农场有限责任 公司副董事长、副总经理
			赵维瑜	2021.03—	兼纪委书记、工会主席
		副董事长	凌帮武	2021.03—	
		副总经理	茹兴荣	2021.03—	
		工会主席	张　军	2022.07—	
	东风农场社区 管理委员会	书　记	丁光宏	2021.03—	兼主任
		副书记	瞿志敏	2021.03—	兼宣传委员
		纪委书记	蒋增明	2021.03—	
		副主任	邱　军	2021.03—	
			易建华	2021.03—2022.01	2022.01退休
			岩　燕	2021.03—	

第二章 分场建设

1963 年,大勐龙农场与东风农场合并,称为东风总场,下设 6 个农场,即龙泉、温泉、东林、风光、前哨、疆锋。1966 年 8 月,龙泉农场改名为红卫农场。1967 年末,东林农场改称东方红农场。1969 年 3 月,成立"五七干校",后改称五七农场。

1970 年 1 月,云南农垦转为中国人民解放军云南生产建设兵团,东风总场编为第一师第二团,将红卫、温泉、东方红、风光、前哨、疆锋、五七农场,依次编为 1 至 7 营,后陆续组建 8、9、10、11 营,1971 年 2 月,组建 12、13、14、15 营。

1974 年 10 月,二团恢复为东风农场,将 1—15 营依次改为一至十五分场。1984 年 11 月,将 15 个分场精简为 13 个,原十一分场并入七分场,原十三分场所属单位分别并入四、五、十二分场,原十四、十五分场分别改为十一、十三分场。1987 年 2 月,组建直属分场,1993 年 1 月,撤销直属分场。1997 年 7 月,新建十四分场。2002 年 2 月,将十分场并入六分场。2003 年 2 月,将一、十一、十三分场合并为一分场;二、七分场合并为二分场;八、九分场合并为三分场;三、四、五分场合并为四分场;十二分场改为五分场;十四分场改为七分场。

2003 年 10 月 31 日,实行政企分开改革,成立云南天然橡胶产业股份有限公司东风分公司,各农林分场又分为分场、作业区。五分场合并到四分场,七分场改为五分场。2006 年 2 月,原十二分场从四分场剥离合并到六分场。

2007 年 2 月,各农林分场场直生产队撤销,合并到各农林生产队。农场有 1~6 个分场,分公司有 1~6 个作业区。

2012 年 1 月,原一、十一分场改称红卫生产队,原二分场改称温泉生产队,原三分场改称东林生产队,原四分场改称风光生产队,原十二分场改称金沙生产队,原五分场改称前哨生产队,原六分场改称疆锋生产队,原七分场改称五七生产队,原八、九分场改称中林生产队,原十分场改称西环生产队,原十三分场改称东升生产队,原十四分场改称东河生产队,将修配厂、车队、商店、东风花园、阳光花园、干休所、农场机关、景观、福泰、桃园居民小组合并为景观生产队,东风农场管理委员会共有 13 个生产队(其中农林生产队 12 个)。

2012 年 1 月,原二、七分场分离,将原二分场改称温泉生产队,设 1 个党总支,1 个机关，12 个生产队。2018 年 6 月 28 日，撤销生产队建制，设立分场，又更名为二分场。

2012 年 1 月，原三、四、五分场分离，将原三分场改称东林生产队，设 1 个党总支、1 个机关及 9 个生产队。2018 年 6 月 28 日，撤销生产队建制，设立分场，又更名为三分场。

2012 年 1 月，原三、四、五分场分离，将原四分场改称风光生产队，设 1 个党总支、1 个机关及 13 个生产队。2018 年 6 月 28 日，撤销生产队建制，设立分场，又更名为四分场。

2012 年 1 月，原三、四、五分场分离，将原五分场改称前哨生产队，设 1 个党总支、1 个机关及 8 个生产队。2018 年 6 月 28 日，撤销生产队建制，设立分场，又更名为五分场。

2012 年 1 月，原六、十、十二分场分离，将原六分场改称疆锋生产队，设 1 个党总支、1 个机关及 13 个生产队。2018 年 6 月 28 日，撤销生产队建制，设立分场，又更名为六分场。

2012 年 1 月，原二、七分场分离，将原七分场改称五七生产队，设 1 个党总支，1 个机关，15 个生产队。2018 年 6 月 28 日，撤销生产队建制，设立分场，又更名为七分场。

2012 年 1 月，原八、九分场合并，改称中林生产队，设 1 个党总支，1 个机关，20 个生产队。2018 年 6 月 28 日，撤销生产队建制，设立分场，又更名为八分场。

2012 年 1 月，原五分场改称东河生产队，设 1 个党总支，1 个机关，10 个生产队。2018 年 6 月 28 日，撤销生产队建制，设立分场，又更名为九分场。

2012 年 1 月，原六、十、十二分场分离，将原十分场改称西环生产队，设 1 个党总支、1 个机关及 8 个生产队。2018 年 6 月 28 日，撤销生产队建制，设立分场，又更名为十分场。

2012 年 1 月，原一、十一、十三分场分离，将原一分场 4 队、5 队、7 队并入十三分场，十三分场改称东升生产队，设 1 个党总支，1 个机关，11 个生产队。2018 年 6 月 28 日，撤销生产队建制，设立分场，又更名为十一分场。

2012 年 1 月，原六、十、十二分场分离，将原十二分场改称金沙生产队，设 1 个党总支、1 个机关及 10 个生产队。2018 年 6 月 28 日，撤销生产队建制，设立分场，又更名为十二分场。

2012 年 1 月，原东风商贸运输中心改称景观生产队，设 1 个党总支，1 个机关，6 个党支部，10 个居民小组。2018 年 6 月 28 日，撤销生产队建制，设立分场，又更名为直属分场。

2018 年 6 月 28 日，撤销现有的生产队建制，设立分场。原生产队依次更名为：一分场（原红卫生产队）、二分场（原温泉生产队）、三分场（原东林生产队）、四分场（原风光生产队）、五分场（原前哨生产队）、六分场（原疆锋生产队）、七分场（原五七生产队）、八分场（原中林生产队）、九分场（原东河生产队）、十分场（原西环生产队）、十一分场（原东升生产队）、十二分场（原金沙生产队）、直属分场（原景观生产队）。东风农场历史沿革见图2-2-1。

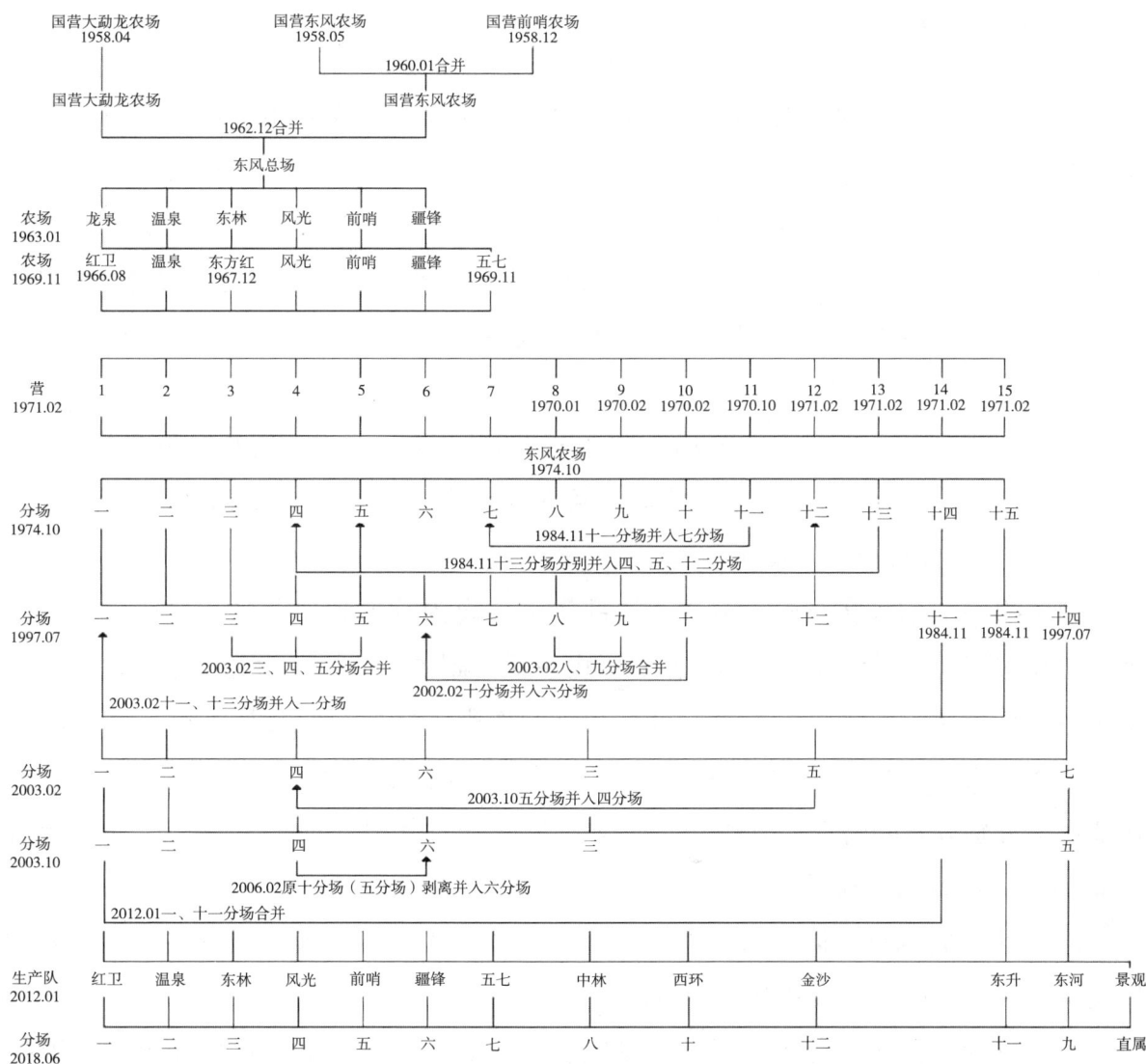

国营大勐龙农场 1958.04　国营东风农场 1958.05　国营前哨农场 1958.12

1960.01合并

国营大勐龙农场　国营东风农场

1962.12合并

东风总场

农场 1963.01　龙泉　温泉　东林　风光　前哨　疆锋

农场 1969.11　红卫 1966.08　温泉　东方红 1967.12　风光　前哨　疆锋　五七 1969.11

营 1971.02　1　2　3　4　5　6　7　8 1970.01　9 1970.02　10 1970.02　11 1970.10　12 1971.02　13 1971.02　14 1971.02　15 1971.02

东风农场 1974.10

分场 1974.10　一　二　三　四　五　六　七　八　九　十　十一　十二　十三　十四　十五

1984.11十一分场并入七分场

1984.11十三分场分别并入四、五、十二分场

分场 1997.07　一　二　三　四　五　六　七　八　九　十　十二　十一 1984.11　十三 1984.11　十四 1997.07

2003.02三、四、五分场合并　2003.02八、九分场合并

2002.02十分场并入六分场

2003.02十一、十三分场并入一分场

分场 2003.02　一　二　四　六　三　五　七

2003.10五分场并入四分场

分场 2003.10　一　二　四　六　三　五

2006.02原十分场（五分场）剥离并入六分场

2012.01一、十一分场合并

生产队 2012.01　红卫　温泉　东林　风光　前哨　疆锋　五七　中林　西环　金沙　东升　东河　景观

分场 2018.06　一　二　三　四　五　六　七　八　十　十二　十一　九　直属

图 2-2-1　东风农场历史沿革

第一节　一 分 场

一、建制沿革

原一分场，最初为大勐龙农场部分，1963 年东风农场总场成立时，为龙泉农场，后

更名为红卫农场，兵团时期为二团 1 营，恢复农场建制后，改为一分场。

2003 年，政企改制时，将原十一、十三分场并入，仍称一分场。2004 年，东风农场成立云南省天然橡胶股份有限公司东风分公司，一分场相继成立东风分公司一作业区。2012 年 1 月，将原一、十一分场合并，称红卫生产队，2018 年 6 月 28 日，撤销生产队建制，改称一分场。

二、机构设置

1987 年，一分场有橡胶生产队 13 个，机务、副业队各 1 个，卫生所、完全小学及附设初中部各 1 所。

1988—2002 年，一分场编制单位由 20 个减至 17 个，分场设有党办（组干纪检）以及宣传青年、工会女工计生、保卫及土地管理、劳资社保、基建、财务、技术植保栽培、计划统计、医保等办公室，下辖生产队 12 个、场直属单位 1 个，另有学校、砖厂、胶杯厂、农业技术推广站等直属单位 4 个。

2003 年，原一、十一、十三分场合并为一分场，设有组织、纪检、财务、退管会、技术办、计划统计、劳资工会、社保房改、医保、宣传、保卫、农化等办公室，下辖生产队级单位 33 个，含制胶厂、胶杯厂和乳胶厂 3 个队级单位。

2004 年 3 月，农场实行政企分开，场部机构分离为分场和作业区，分场（社区）设党委，党委书记、副书记统管分场，作业区设主任、副主任。社区设党群办、社区管理办以及保卫民族土地、社区主管会计、社区出纳、医保、社保、非公技术员、计划统计行政、宣传青年女工等办公室；作业区设主管，有会计及行政、技术、保卫等办公室。分场和作业区又分别设置办公室，下辖生产队级单位 21 个，其中，农林生产队 15 个，场直队 3 个和胶厂、乳胶厂、胶杯厂。

2007 年再次将场直一队并入胶杯厂，场直二队并入八队，场直三队并入十二队，乳胶厂支部工作由六队代管，共有 18 个队级单位。

2012 年 1 月，原十三分场，原一分场四、五、七队分离，将原一分场改称红卫生产队，设 1 个党总支，1 个机关及 19 个生产队，2018 年 6 月 28 日，撤销生产队建制，设立分场，又更名为一分场。

三、分场概况

一分场位于农场东北部，距农场部 2.45 千米，东临勐龙镇坝卡村委会布荷大寨、坝卡村，并与原小街乡橡胶种植场一队、二队相连；北接景洪农场十分场、勐龙镇南盆村委会；南与原二分场七队、八队、十队及现景洪市第五中学（原农场中学）相邻；南背圆河和生给老八河分别流经一分场场区。景大公路由北向南通过一分场场区路段约 9 千米。生产队和居民点多数沿景大、景哈公路以及场区内两条柏油路的两侧分布，大部分生产队队部距分场部 5 千米左右，最远达 14.60 千米。

2020 年，一分场下辖居民组 19 个，居民点 31 个；拥有人口 1535 户，3752 人。全场有土地总面积 34019 亩，已开垦利用 33892 亩，其中橡胶林地 18917 亩、耕地 322 亩、居民地 1265 亩、果地 2001 亩、鱼塘水面 352 亩，其他土地面积 11035 亩，未开垦和已开垦未利用土地 127 亩。

一分场从规模、地理、历史上均可称为东风农场的"龙头"。橡胶面积、干胶产量占全场的 1/5，种植东试早柚 268.3 亩，8004 株（9 队）。所处的地理位置，则成为场区甚至勐龙地区的咽喉要冲，是名副其实的门户。场内平地少、坡地多，机械化开垦程度高，拥有农场最大的水面面积，场区靠近农场部，交通便捷，居民点和民族村寨交互相拥构成连绵不断的绿色走廊。

第二节　二　分　场

一、建制沿革

原二分场最初为大勐龙农场部分，1963 年东风农场总场成立时，为温泉农场，兵团时期为二团 2 营，恢复农场建制后，改为二分场。

2003 年 2 月，将原二、七分场合并重组，沿用二分场称谓。

2004 年 3 月，实行政企分开，东风农场成立云南省天然橡胶股份有限公司东风分公司，二分场相继成立东风分公司二作业区。

2012 年 1 月，原二分场改称温泉生产队，2018 年 6 月 28 日撤销生产队建制，设立分场，更名为二分场。

二、机构设置

1987 年，二分场有橡胶生产队 11 个，基建、机务队各 1 个，卫生所、完全小学及附设初中部各 1 所。

1988—2002 年，二分场设有组织办、宣传办、劳资办、生产办、统计办、财务办和工会办，各办公室配备相应办事人员。下辖生产队 12 个、场直属队 1 个、基建队（1995 年 3 月农场实业公司基建队划入）、卫生所、小学（1990 年 12 月定为二分场中学）等生产队级单位。

2003年1月，二、七分场合并，重组为二分场，场部设在原二分场场部旧址，下设1个机关、27个生产队、2个直属队、1个制胶厂、1个基建队、2个卫生所、1所小学、1所中学、1处温泉山庄。另外，在原七分场场部旧址设办事处，负责协调和处理分场合并后原七分场的各项事宜。下辖生产队27个、直属队2个、制胶厂1座、基建队1个、卫生所2个、中小学各1所、温泉山庄1处。

2004年3月，农场实行政企分开，场部机构分离为分场和作业区，分场设置组干办、工会宣传青年女工计生办、财务办、劳资安全办、社保退管土地民族办、医保房改办、保卫办；作业区设置生产技术办、劳资社会保障办、财务办、基层统计办、计划办，配保卫干事（与分场保卫办合署办公）。分场和作业区又分别设置办公室，所属原27个生产队合并为13个生产队。2005年11月学校分离划归景洪市教育局管理。

2007年3月，把场直一队、场直二队、基建队分别合并到十一队、四队、十三队。各类生产队中配备了相应的管理人员，共55人。

2012年1月，原二分场改称温泉生产队。2018年，温泉生产队改称二分场。

三、分场概况

二分场位于农场中心地段，距农场部1千米，东靠景大公路和农场场部，西有光明电站和东风电站，南与三分场毗连，并与四分场隔河相望，北与一分场接壤，全分场在景大公路西侧，交通便捷。场部设在分场的东南端，十三队的原基建队居民点紧靠景大公路，其余生产队从景大公路向西延伸与公路平行分布，距分场部最近的生产队（十三队）1.30千米，距最远的生产队（七队十一居民点）约15千米。

2020年，二分场下辖居民小组12个，居民点32个；拥有人口1076户，2440人；全分场土地面积为17638.35亩，其中，开割橡胶11539.35亩，中幼林1914.9亩；种植牛油果288亩（十二队）、菠萝蜜402.4亩（十一队）；闲置土地为640.5亩；菜地212.3亩；鱼塘544.7亩（含私人）；居民地64.4亩；其他用地2031.8亩。辖区内设有制胶厂1座、温泉山庄1处，其中温泉群具有较大的开发利用价值。

第三节　三　分　场

一、建制沿革

原三分场，建场初期为东风农场第一、二作业区，1963 年合并为东林农场，1967 年改名为东方红农场，兵团时期为二团 3 营，恢复农场建制后，改为三分场。

2003 年，原三分场与四、五分场合并，称四分场；原八分场、九分场合并，称三分场。2004 年 3 月，实行政企分开，东风农场成立云南省天然橡胶股份有限公司东风分公司，三分场相继成立东风分公司三作业区。

2012 年 1 月，将原三分场改称东林生产队，2018 年 6 月 28 日，撤销生产队建制，设立分场，又更名为三分场。

二、机构设置

1987 年，三分场共 13 个基层单位，其中 9 个橡胶生产队，水稻、畜牧、机务各 1 个队，卫生所、小学校各 1 所。

1988—2002 年，三分场编制单位由 14 个减至 10 个，下辖生产队 9 个、场直队 1 个。

2003 年 3 月，原八分场与九分场合并为三分场，有生产队 19 个，另设基建队 1 个、场直单位 1 个。2004 年合并为 11 个生产队和 1 个场直单位。

2004 年 2 月实行企业内部政企分开，场部机构分离为分场和作业区，分场（社区）设党委，党委书记、副书记统管分场，作业区设主任、副主任。分场设党政综合办、经营管理办、社区管理办。分场和作业区又分别设置办公室，下设农林生产队 11 个。

2012 年 1 月，原三、四、五分场分离，将原三分场改称东林生产队，设 1 个党总支、1 个机关及 9 个生产队。

2018 年 6 月 28 日，撤销生产队建制，设立分场，又更名为三分场。

三、分场概况

三分场位于农场的中偏东部，038 乡道与 175 县道交叉口西 50 米处，与景洪市西环线相连，距农场部 7 千米，场区边有 14 个村寨，与四分场相接。

2020 年，三分场下辖居民小组 9 个，拥有人口 811 户，1599 人。土地总面积 10235 亩，其中开割橡胶林地面积 5307.5 亩，142013 株；中幼林 1258.2 亩，35796 株；种植东试早柚 2074.4 亩，水田 560 亩，其他 1594.9 亩。三分场一队存活着 1958 年农场首批种植的老胶树 142 株，喻为"母亲林"，长势良好。

第四节 四 分 场

一、建制沿革

原四分场，前身为东风农场第三作业区，1963 年建为风光农场，兵团时期为二团 4 营，恢复农场建制后改为四分场。1984 年 11 月，原十三分场所属单位分别并入四、五、十二等 3 个分场。

2003 年 3 月，原三、四、五分场合并为四分场。2004 年 2 月，原十二分场并入四分场。2004 年 6 月，实行政企分开，东风农场成立云南省天然橡胶股份有限公司东风分公司，四分场相继成立东风分公司四作业区。

2006 年 2 月，将原十二分场从四分场划出，并入六分场。

2012 年 1 月，将原四分场改称风光生产队，2018 年 6 月 28 日，撤销生产队建制，设立分场，更名为四分场。

二、机构设置

1987 年，四分场有橡胶生产队 13 个，卫生所、完全小学各 1 所。

1988—2002 年，四分场编制单位由 17 个减至 14 个，下辖生产队 13 个、场直队 1 个。

2003 年 3 月 28 日，原三、四、五分场合并后重组为四分场，设置组干、纪检、行政办、保卫办、财务办、工会、技术办、医保社保办、民族土地办、计划统计办、宣传青年计生办。场部在原四分场场部旧址，设办公室，下辖生产队 30 个、场直队 3 个。

2004 年 6 月，农场实行政企分开，场部机构分离为分场和作业区，分场（社区）设党委，党委书记、副书记统管分场，作业区设主任、副主任。分场（社区）设党群办、经营管理办、分场管理办等部门，作业区设行政管理办、生产技术办、财务核算办，下辖生产队 17 个、场直队 4 个、胶厂 1 个（2004 年 6 月，三胶厂并入四分场）。

2006 年 2 月，将原十二分场由四分场划出，并入六分场，生产队减至 13 个，其他设置未改变。2007 年 2 月根据农场改革的需要，场直一、二、三队分别合并到三、六、十一队。

2012 年 1 月，将原四分场改称风光生产队。2018 年 6 月 28 日，更名为四分场。

三、分场概况

四分场位于东风农场东北部，距农场部 15 千米，下辖居民小组 13 个，拥有人口 841 户，1917 人。全场土地总面积 13507.1 亩，其中橡胶林地 9526.1 亩；场内除橡胶外还种植有红江橙及冰糖橙 14 亩，1050 株（十二队）；产业转型种植柚子 2080.5 亩（四队、七队、九队、十一队）。

第五节 五 分 场

一、建制沿革

原五分场前身为 1958 年初成立的思茅地专机关干部试验农场，翌年改为国营前哨农场。1960 年 1 月与东风农场合并，为东风农场四、五作业区的一部分。1963 年 1 月东风农场与大勐龙农场合并，成立东风总场，称东风总场前哨农场，兵团时期为二团 5 营，恢复农场建制后改为五分场，1984 年将原十三分场[①]的六、七生产队及中学并入五分场。

2003 年 2 月，原三、四、五分场合并为四分场，原十二分场改为五分场。2003 年 10 月 31 日政企分开改革启动，五分场（原十二分场）合并到四分场，七分场（原十四分场）改为五分场。2004 年 2 月作为农场的一个试点单位，实行"一套班子、两块牌子"，改称五分场，同时成立东风分公司五作业区。2006 年 2 月，正式实行政企分开。

2012 年 1 月，原五分场改称前哨生产队，2018 年 6 月 28 日，撤销生产队建制，设立分场，更名为五分场。

二、机构设置

1987 年，五分场有橡胶生产队 8 个，农业、基建、机务各 1 个队，卫生所、完全小学及附设初中部各 1 所。

1988—2002 年，五分场编制单位由 14 个减至 9 个，下辖生产队 8 个、场直队 1 个。

2003 年 2 月，原五分场并入四分场，原十二分场改为五分场后，五分场编制单位由 27 个减至 14 个，分场机关设党委、宣传、工青妇、行政、生产技术、财务、计划统计等办公室 7 个，下辖生产队 10 个，机务、基建队 1 个。

---

① 1984 年 11 月，将原十一、十三分场（1971 年组建的 11 营、13 营）撤销，并入其他分场。

2003 年 10 月，五分场（原十二分场）合并到四分场，七分场（原十四分场）改为五分场，五分场设置场办、计生、财务、工会、宣传等办公室，下设 10 个生产队及场直和卫生所，2003 年 12 月生产队合并为 5 个。

2004 年 2 月至 2006 年 1 月作为农场的一个试点单位，实行"一套班子、两块牌子"，机关干部交叉任职，设置财务、计划生育、女工、宣传、工会、技术、计划、保卫、党务等办公室 9 个，下辖生产队 5 个、场直单位 1 个。

2006 年 2 月，正式实行政企分开，农场设置场办、计生、财务、宣传、工会等办公室 5 个，作业区设置主任办、财务、技术、保卫、计划统计、基建等 6 个办公室，下辖生产队 5 个、场直单位 1 个。

2012 年 1 月，原五分场改称前哨生产队。2018 年 6 月 28 日，更名为五分场。

三、分场概况

五分场位于农场及勐龙镇东南部，分场部距景龙镇 3 千米，距农场部 21 千米。过贺管新寨即为中缅国境线，南阿河及支流流经场区，与勐龙镇 16 个村寨为邻，与四、六、十二分场相连，并与景洪市西环线相连。

2020 年，五分场下辖居民小组 8 个，总人口 1375 人。土地总面积为 10512 亩，其中，割胶林地面积为 6260.2 亩，幼林面积为 1326.8 亩，二三产业用地面积为 1577.2 亩，原咖啡地为 400 亩，鱼塘、水稻、旱地等面积为 450.7 亩，种植芒果 300.1 亩，11412 株（二队），主栽品种为"金煌芒"和"金凤凰芒"，辅以"凯特""椰香""奥芒"等品种。

第六节 六 分 场

一、建制沿革

原六分场前身为东风农场第六作业区，总场时期为疆锋农场，兵团时期为二团 6 营，恢复农场建制后改为六分场。1984 年，原十三分场撤销后并入 4 个生产队。

2002 年 2 月 20 日，作为东风农场合并分场改革试点单位，将原十分场并入，组建国营东风农场六分场。2004 年，东风农场成立为云南省天然橡胶股份有限公司东风分公司，六分场相继成立东风分公司六作业区。2006 年 2 月，将原十二分场从四分场划出，并入六分场（六作业区）。

2012 年 1 月，原六分场改称疆锋生产队，2018 年 6 月 28 日，撤销生产队建制，设立分场，更名为六分场。

二、机构设置

1987 年，原六分场有橡胶生产队 14 个，机务、基建、副业队各 1 个，小学及卫生所各 1 所。

1988 年 1 月至 2002 年 2 月，原六分场编制单位由 19 个减至 15 个，分场机关设党委、宣传、工青妇、行政、生产、技术、财务、计划统计等 8 个办公室，下辖 13 个生产队、场直单位 1 个、学校 1 所。

2002 年 2 月 20 日，原十分场和原六分场正式合并，组建国营东风农场六分场，场部设在原东风农场六分场部，编制单位由 29 个减至 25 个，下辖生产队 21 个。2003 年 2 月，东风农场内部实行分场级单位合并，同时将第四制胶厂划归六分场管理，编制单位减至 19 个。

2004 年初，农场内部实行政企分开改革，将六分场划分为第六社区和第六作业区。2006 年 3 月，原十二分场从四分场划出，并入六分场，改称六分场和六作业区。分场设主任、副主任办公室，下设组干、宣传、劳资、社保、医保、统计、财务、民族、青年、女工、保卫、工会共 12 个部门，工作人员多为兼职。作业区设主任、副主任办公室，下设人力资源、计划、财务、生产技术。六分场单位编制正式调整为生产队 15 个、场直队 3 个、制胶厂 1 个。

2012 年 1 月，原六分场改称疆锋生产队，下设 13 个居民小组；场直、机务、基建、副业队各 1 个。

2018 年 6 月 28 日，更名为六分场，下设 13 个生产队；场直、机务、基建、副业队各 1 个。

三、分场概况

六分场位于农场及勐龙镇南部，距农场部 24 千米，隔卡包甫希山即为缅甸。有南阿河及勐龙至勐宋公路穿经场区，与 5 个乡 22 个村寨及五、十、十二分场为邻，并与勐龙镇橡胶种植场相接。辖区内一、二、三居民小组胶林地下储藏有平均含量为 42% 的铁矿，总储量 2100 万吨，由外来客商承包开采，矿山开采面积 268.30 亩，于 2004 年正式投产。

2020 年，六分场下辖居民小组 14 个，总人口 1629 人。有土地总面积 14403.58 亩，已开垦利用 13803.1 亩，其中橡胶林地 11206.6 亩，五边地 808.7 亩，职工住房用地 600.6 亩，养鱼水面 29.54 亩；产业结构调整土地面积 1362.53 亩，种植东试早柚 1044.53 亩，23685 株；原地出租种植释迦果 318 亩，已更新倒树 217.5 亩。

第七节 七 分 场

一、建制沿革

原七分场前身为 1969 年 3 月成立的"五七干校",后改称五七农场。兵团时期为二团 7 营,恢复农场建制后改为七分场。1984 年,原十一分场①撤销,将生产队及学校全部并入七分场。2003 年 2 月,将原七分场与二分场合并重组,称二分场。2012 年 1 月,将原二、七分场合并单位分离开,原七分场改称五七生产队,2018 年 6 月 28 日,撤销生产队建制,设立分场,更名为七分场。

二、机构设置

1987 年,原七分场辖基层单位 21 个,其中橡胶生产队 15 个,畜牧、基建队各 1 个,队级工厂 1 个,小学 2 所,卫生所 1 所。

1988—2002 年,原七分场设组织办、宣传办、劳资办、生产办、统计办、财务办和工会办,各办公室配备相应办事人员。下辖生产队 15 个,另有卫生所、分场直属队和小学等生产队级单位 3 个。

2003 年 2 月,原七分场与二分场合并重组,称二分场,在原二分场场部旧址设办事处,负责协调和处理分场合并后原七分场的各项事宜;设党办、场办、技术、财务、工会、保卫基建计生等办公室,分场下设生产队 13 个、场直及卫生所。2003 年 10 月 31 日,农场实行政企分开改革,后无七分场建制。

2012 年 1 月,原七分场从二分场分离出来,改称五七生产队,设 1 个党总支,1 个机关及 15 个生产队。

三、分场概况

七分场位于农场中偏北部,距农场部 7.5 千米,与 11 个村寨相邻,与二、八分场和光明电站相接。

2020 年,七分场下辖居民小组 15 个,总人口为 2272 人,有土地总面积 18941.5 亩,已开垦利用 15446.3 亩,其中橡胶林地 12763 亩,居民地 217.2 亩,水果地 1670.1 亩,

---

① 1966 年下半年至 1967 年初,抽调 40 多名职工组成水工队,负责水电站施工的前期准备工作。1969 年,成立"水电工地指挥部"领导施工工作,水电工地组成四个队,兵团时期改编为第 11 营,负责农场施工任务。1984 年 11 月,将原十一、十三分场(1971 年组建的 11 营、13 营)撤销,并入其他分场。

鱼塘水面 175 亩。未开垦和已开垦未利用土地 3348.2 亩。场内植有东试早柚 333.5 亩，9916 株（6 队）。

第八节　八 分 场

一、建制沿革

始建于 1970 年 1 月，为二团 8 营，恢复农场建制后改为东风农场八分场。2003 年 2 月，农林分场减少到 7 个，八、九分场合并为三分场；2012 年 1 月，将原八、九分场改称中林生产队，2018 年 6 月 28 日，撤销生产队建制，设立分场，更名为八分场。

二、机构设置

1987 年，八分场有队级单位 12 个，其中橡胶生产队 8 个，机务、场直属队各 1 个，卫生所、完全小学各 1 所。1988—2002 年，原八分场设党委办、宣传办、工青妇办、行政办、生产办、技术办、财务办、计划统计办 8 个办公室，辖生产队 9 个。

2003 年 2 月，农林分场减少到 7 个，无八分场建制。

2012 年 1 月，原八、九分场改称中林生产队。2018 年 6 月 28 日，更名为八分场。

三、分场概况

八分场位于农场中部偏西，分场部设在分场的东端，离景大公路 500 余米，距农场部 6 千米。场区北部与二分场相接，东部和南部与四分场相邻。西边隔景帕光山即为勐海县境。分场部海拔 630 米，南黑河流经场区。场区内有勐龙镇嘎囡村与曼龙扣村、南嗨村和曼宛洼村 4 个村委会，12 个民族自然村，7800 余人，傣族、哈尼族、拉祜族等少数民族与之共处。周围有傣族曼掌寨、曼勐寨、曼汤寨 3 个村寨为邻。

2020 年，八分场下辖居民小组 20 个，总人口 896 户，2634 人。全场有土地总面积 34854 亩，已开垦利用 25924 亩，其中，橡胶林地 20024 亩、居民地 590 亩（房屋 45931 平方米、办公室 1251 平方米、体育娱乐用房 657 平方米、其他用房 1003 平方米）、养鱼水面 96 亩。场内植有东试早柚 254.5 亩，7596 株（10 组、13 组）；坚果 209 亩，4082 株（12 队）；甜笋 10 亩，380 株。

第九节　九　分　场

一、建制沿革

原九分场始建于 1970 年 2 月，为二团 9 营；1974 年 10 月恢复农场建制后，改为九分场。2003 年 2 月，八、九分场合并为三分场，农林分场减少到 7 个。

现九分场建于 1997 年 7 月 21 日，时称东风农场十四分场；2003 年 2 月农林分场减少到 7 个，改称七分场；同年 10 月农林分场再次减少到 6 个，改称五分场；2011 年属地管理后，称东河生产队；2018 年 6 月 28 日撤销生产队建制，设立分场，东河生产队更名为九分场。

二、机构设置

1987 年，原九分场辖基层单位 11 个，其中橡胶生产队 9 个，机务及场直属队各 1 个，卫生所及完全小学各 1 所。1988—2002 年，原九分场设党委办、宣传办、工青妇办、行政办、生产办、技术办、财务办、计划统计办 8 个办公室，辖生产队 10 个。2003 年 2 月，农林分场减少到 7 个，无九分场建制。

1997 年，原十四分场（现九分场）辖基层单位 11 个，其中橡胶生产队 10 个，场直属队 1 个。2004 年 2 月作为农场的一个试点单位，实行"一套班子，两块牌子"，场部机构分离为分场和作业区，分场（社区）设党委，党委书记、副书记统管分场，作业区设主任、副主任。社区设党群办、社区管理办以及保卫民族土地、社区主管会计、社区出纳、医保、社保、非公技术员、计划统计行政、宣传青年女工等办公室；作业区设会计及行政、技术办、保卫等。分场和作业区又分别设置办公室，下辖生产队级单位 6 个，其中，农林生产队 5 个，场直队 1 个。

2012 年 1 月，原十四分场改称东河生产队。下辖基层单位 10 个，称居民组，其中橡胶生产居民组 10 个，场直划归三居民管辖。生产队设党委，党委书记、副书记统管生产队生产经营，设党建、会计、出纳、社保、医保、技术、综治、青年女工、宣传人员等。

2018 年 6 月 28 日，更名为九分场，党组织名称继续沿用东河生产队，机构设置不变。10 个居民组恢复为 10 个生产队。

三、分场概况

九分场坐落在南阿河畔，位于东风农场东北部，距农场部 17.9 千米，东与缅甸国接壤，有 14.3 千米的边境线；南、西、北面分别与曼康湾村委会曼帕扎村、坝卡村委会布荷大寨村、批沙村、贺南东村委会红江村、红保中寨村、吐鲁村委会达利村 6 个自然村接壤。

2020 年，九分场下辖居民小组 10 个，总人口 1669 人，拥有土地总面积 26669 亩，已开垦利用 21006.3 亩，其中橡胶林地 20578 亩，水果种植面积 6 亩，生产水面 10.80 亩，居民居住占地 159 亩。

第十节　十分场

一、建制沿革

始建于 1970 年 2 月，二团 10 营，恢复农场建制后改为十分场。2002 年 2 月，作为东风农场合并分场改革试点单位，将十分场并入六分场，撤销原十分场。

2012 年 1 月，将原十分场改称西环生产队，2018 年 6 月 28 日，撤销生产队建制，设立分场，更名为十分场。

二、机构设置

1987 年，十分场有橡胶生产队 8 个，机务、场直属队各 1 个，小学①及卫生所②各 1 所，共 12 个编制单位。1991 年 1 月，学校、卫生所、机务队划归场直队管理。1987—2002 年，分场机关设党委办、宣传办、工青妇办、行政办、生产技术办、财务办、计划统计办 7 个办公室，下辖生产队 8 个、场直单位 1 个。

2002 年 2 月，农场合并分场改革，十分场并入六分场，无十分场建制。

2012 年 1 月，将原十分场改称西环生产队，下设分场机关设党委办、宣传办、工青妇办、人力资源办、生产技术办、财务办、计划统计办 7 个办公室，下辖居民组 8 个、场直单位 1 个。

2018 年 6 月 28 日，更名为十分场，下设分场机关设党委办、宣传办、工青妇办、人力资源办、生产技术办、财务办、计划统计办 7 个办公室，下辖生产队 8 个、场直单位 1 个。

---

① 1988 年 9 月，隶属场直队管理的十分场小学拆并到东风三小。
② 2002 年 2 月，隶属场直队管理的十分场卫生所划归农场医院，实行行业归口管理。

三、分场概况

十分场位于农场及勐龙镇南部最末端，距农场部 29 千米，距 240 新商贸口岸 6 千米，是距离农场部最远的分场，隔卡包甫希山与缅甸接壤，西双版纳州旅游西环线从场区穿过，与勐龙镇 9 个村寨相邻。

2020 年，十分场下辖居民小组 8 个，总人口 874 人（其中户籍人口 798 人，外来人口 76 人），有土地总面积 8867.4 亩，已开垦利用 7663.85 亩，其中橡胶林地 6853.95 亩、五边地 263 亩、职工住房用地 272.1 亩、养鱼水面 24 亩。产业结构调整土地面积 522.9 亩。种植东试早柚 196.6 亩，5789 株（四队）。

第十一节　十一分场

一、建制沿革

始建于 1971 年 2 月，为二团 14 营；恢复农场建制后，改为十四分场；1984 年，原十一、十三分场[①]撤销合并，十四分场改名十一分场。

2003 年 2 月，农林分场减少到 7 个，将一、十一、十三分场合并为一分场。

2012 年 1 月，原一、十一分场合并改称红卫生产队，将原十三分场改称东升生产队，2018 年 6 月 28 日，撤销生产队建制，设立分场，更名为十一分场。

二、机构设置

1987 年，十一分场有 9 个橡胶生产队，1 个机务队，完全小学及卫生所各 1 所。

1988—2002 年，原十一分场编制单位由 13 个减至 10 个，分场设有党委办、宣传青年女工、工会、财务、统计、技术办、劳资行政、保卫等办公室，下辖生产队 8 个（1991—1999 年，有 9 个生产队）另有场直、学校各 1 个。

2003 年 2 月，将原一、十一、十三分场合并为一分场，农林分场减少到 7 个，无十一分场建制。

2012 年 1 月，将原十三分场改称东升生产队，下设 11 个居民组。

2018 年设立分场，更名为十一分场，下设 1 个党总支，11 个生产连队，4 个基层党支部。

---

① 1984 年 11 月，将原十一、十三分场（1971 年组建的 11 营、13 营）撤销，并入其他分场。

三、分场概况

十一分场位于农场东北部，东临勐龙镇坝卡村委会红星村、八一村；北接原小街乡橡胶种植场一队、二队；南与勐龙镇曼康湾村委会曼亮伞代村、曼帕扎村相邻。景哈至东风路段途经场区约 8 千米，大部分生产队和居民点多数沿景哈至东风路段两侧分布，大部分生产队队部距分场部 2 千米左右，最远达 6 千米。

2020 年，十一分场下辖居民组 11 个，总人口 1682 人，有土地总面积 15960.5 亩，其中开割橡胶树面积为 9257.3 亩，中幼林面积 4572.4 亩。产业转型种植面积为 2522.48 亩，更新倒树未开垦面积 1061.9 亩，其他五边地面积为 217.6 亩。场内植有东试早柚 881.7 亩，24730 株（四队、七队）。

第十二节　十二分场

一、建制沿革

最初由前哨农场部分生产队组成，1971 年 3 月，为二团 12 营；恢复农场建制后改为东风农场十二分场，1984 年 11 月原十三分场撤销后并入 4 个生产队（现十二分场三队、六队、七队、八队）。

2003 年 2 月，十二分场改为五分场；同年 10 月 31 日政企分开改革启动，五分场（原十二分场）合并到四分场；2006 年 2 月，原十二分场从四分场剥离合并到六分场。

2012 年 1 月，将原十二分场改称金沙生产队，2018 年 6 月 28 日，撤销生产队建制，设立分场，更名为十二分场。

二、机构设置

1987 年，十二分场有 10 个橡胶生产队，机务、基建各 1 个队，小学及卫生所各 1 所。

1988 年 1 月至 2002 年 2 月，原十二分场编制单位由 12 个减至 10 个，分场机关设党委、宣传、工青妇、行政、生产技术、财务、计划统计等 7 个办公室，下辖生产队 9 个、场直单位 1 个。

2003 年 2 月，农林分场减少，原十二分场改为五分场，先后并入四分场、六分场，无十二分场建制。

2012 年 1 月，将原十二分场改称金沙生产队。2018 年 6 月 28 日，更名为十二分场。

三、分场概况

十二分场位于东风农场及勐龙镇西北部，南坎河流经场区，北与八分场、九分场，东与五分场、勐龙镇景龙村委会，南与六分场相接，与勐龙镇帮飘村委会、金河村委会及曼南坎村委会为邻，其西为村落稀少地区，分场部距农场部 24 千米，距离勐龙镇 7 千米。

2020 年，十二分场下辖居民组 10 个，总人口 1437 人。有土地总面积 14072.55 亩，其中已开垦利用 13993.2 亩。利用率为 99.44%。在已开垦的土地中，橡胶林地 12943.35 亩，占总面积的 91.97%；耕地 177.9 亩，水果地 920.4 亩。

第十三节　直属分场

一、建制沿革

前身为 1960 年东风农场直属作业区，1963 年改为基建大队，1965 年成立直属党总支，负责基建大队等 6 个党支部工作及思想政治工作。1968 年撤销，恢复农场建制后，再度成立直属机关党委，下辖 10 个单位支部。1984 年撤销直属机关党委，成立供销机运公司、建筑安装公司和工业电力公司。1987 年 2 月正式成立直属分场，下辖修配厂、汽车队、基建队、商业服务公司、食品饮料厂、胶杯厂和幼儿园共 7 个单位。

1993 年 1 月，直属分场撤销，将修配厂、汽车队、商业服务公司、食品饮料厂等单位升格为副科级单位，幼儿园划归农场机关直接管理，胶杯厂划归东风建筑建材实业公司管理。

2003 年 2 月，分场级单位合并、重组，成立非公有制经济发展中心暨商贸运输中心，至 2007 年，中心下辖东风汽车运输公司、东风旅游商贸开发公司、食品饮料厂、东风宾馆、东风休闲中心、东风加油站、东风咖啡厂、东风万头奶肉牛养殖示范场 8 个单位。随着食品饮料厂、东风宾馆、东风休闲中心、东风加油站、东风咖啡厂、东风万头奶肉牛养殖示范场的先后撤销或对外承包，非公有制经济发展中心于 2010 年 10 月撤销。

2012 年 1 月，将修配厂、车队、商店、东风花园、阳光花园、干休所、农场机关、景观、福泰、桃园居民小组合并为景观生产队。2018 年 6 月 28 日，撤销生产队建制，设立分场，更名为直属分场。

二、机构设置

直属分场设有党政综合办、财政统计办、社会事务办 3 个办公室，主要对东风小城镇进行管理，服务社区居民，同时负责农场二三产业的经营与管理。

三、分场概况

直属分场位于景洪市东风农场福泰商业中心 G 栋，地处东风农场政治经济文化中心，由多个单位组成，具有思想活跃、结构复杂、流动性大等特点，共有土地面积 33.4 平方千米。下辖东风环卫站、物业服务部、东风养老院、龙泉公墓及代管东风汽车客运站等 5 个单位企业。

第三章　东风分公司

根据云南农垦集团公司文件精神和《云南天然橡胶产业发展规划》，结合农场生产经营、行政管理、社区管理的实际，实行农场与种植分公司职能、机构、人员、资产、费用、核算"六分开"，即将企业生产经营职能与行政、社区管理职能分开，企业生产经营管理机构与行政、社区管理服务机构分开，企业生产经营管理人员与行政、社区管理服务人员分开，企业经营性资产与社会公益性资产分开，企业管理费用与行政、社区性费用分开，企业财务核算与行政和社会事业财务核算分开。

2004年2月，东风分公司从农场改制分立，为云南天然橡胶产业股份有限公司下的16个分公司之一。东风分公司设经理办公室，有经理、副经理各1人。内设"三部一室"，即生产计划部、财务部、人力资源部、办公室，主要负责区内国有天然橡胶生产、产品初加工管理及区内民营橡胶产品的收购加工管理工作，下辖6个作业区、72个生产队、4个制胶厂，设驻昆销售点1个。

2011年8月9日，根据《关于撤销云南天然橡胶产业股份有限公司东风分公司的决定》撤并6个作业区，东风分公司就此撤销。

第一节　资源配置

一、管理岗位

分公司经理层设经理、副经理，部门负责人设主任、副主任，机关管理人员设业务主管、主办、办事员。

作业区机关设主任、副主任，机关管理人员设业务主管、主办、办事员等。

生产队设队长、党支部书记、技术员、经济员等职位，职员数根据生产队规模大小，定编3～6人。橡胶种植面积3001亩以上、年产干胶400吨以上为一类生产队，设管理人员5～6人；橡胶种植面积2001～3000亩、年产干胶350吨以上为二类生产队，设管理人员4～5人；橡胶种植面积1501～2000亩、年产干胶300吨以上为三类生产队，设管理人员3～4人；橡胶种植面积1001～1500亩、年产干胶250吨以上为四类生产队，设管理人员3人。

二、员工岗位

分公司、作业区机关设驾驶员和机关勤杂人员。各制胶厂根据生产规模定编设岗。收胶员按 300 吨设置 1 人，测含员按产胶量配 1～5 人，护林保胶管理按生产规模各作业区设 1～3 人。

第二节　劳动制度

分公司根据产业股份有限公司人力资源管理相关规定，与在编的各级管理、技术人员均须建立劳动关系，签订劳动合同，并按规定参加社会养老保险。

分公司根据集团公司关于《推行农业职工家庭承包经营的意见》《农业职工家庭承包经营管理办法》《关于规范和完善橡胶林木资产职工家庭承包经营的意见》等文件规定和精神，为维护发包方和承包人的合法权益，规范双方的经济行为，依据《中华人民共和国合同法》及有关法律、法规，分公司生产计划部与各作业区割胶、林管承包户签订经济承包合同书。签订经济承包合同书的人必须和东风农场有劳动关系并已签订劳动合同，同时还须具有橡胶割胶生产经营所需的劳动能力、抗风险能力及发包方认可的割胶技术上岗合格证书。

第三节　职工培训

抓好职工技能等级培训就是提高生产力，东风农场根据云南劳动人事厅文件精神，从1998 年 5 月至 2004 年 12 月，先后进行职工技能等级培训 4 次，累计培训 6495 人。其中通过等级考试人员：1998 年 5 月东风农场第一期职工技能等级培训 2623 人，有高级工1423 人、中级工 1168 人、初级工 32 人；1999 年 3 月东风农场第二期职工技能等级培训857 人，有高级工 541 人、中级工 316 人；2000 年 6 月东风农场第三期职工技能等级培训795 人，有高级工 407 人、中级工 365 人、初级工 23 人；2001 年 12 月东风农场第四期职工技能等级培训 71 人，有农业技师 52 人、汽驾技师 14 人、电工技师 5 人。

自东风分公司成立后，职工技能等级培训由分公司负责，共进行过 2 次培训。其中，2005 年 12 月第五期职工技能等级培训 207 人，有汽驾技师工 23 人、电工技师工 18 人，汽驾高级工 4 人、电工高级工 6 人，业务办公高级工 139 人、汽驾中级工 5 人、业务办公中级工 11 人、业务办公初级工 1 人。2006 年 12 月第六期职工技能等级培训 2149 人，有高级工 1925人、中级工 48 人，林管高级工 14 人，制胶高级工 122 人、中级工 22 人、初级工 18 人。

中国农垦农场志

第三编

农场建设与
产业经营

中国农垦农场志

第一章 农场建设

　　1958年第一批建设者到勐龙坝屯垦戍边创建了东风农场,此后来自全国各地城市、农村、企业、部队、学校的热血青年先后汇聚东风,参与到农场的开发与建设中来。

　　1984年建成招待所大楼。1987年中国农业银行入驻,同年农场投资11.4万元,建有邮电代办所、书店和土杂商品门市部等,共645平方米;投资123万元修建可放映电影的工人俱乐部(845座)和占地70亩的文化公园;投资50万元兴建从第一胶厂至曼将寨路口4千米长的沥青公路(东风商店至电影院广场段为宽阔的街道)。随着商品经济的快速发展,个体商店纷至沓来,以东风商店为主,个体户的餐馆、旅社、服装店、杂货店、钟表电器修理部等为辅的集市已经形成。

　　2007年,以农场部办公楼和东风商店大楼为中心,建有职工宿舍、老干部住宅、幼儿园、供销仓库等建筑群;沿公路往北有职工医院、基建队和农场中学;往南有汽车队、修配厂。

　　至2020年,东风农场发展迅速,城镇规划面积达6.4平方千米,城镇基础设施日益完善,城镇人口2.4万余人,城镇居住环境和营商环境明显改善,年城镇经济达1亿元以上,成为东风农场政治、经济、文化中心和通往"240"边境口岸的重要窗口。2006—2020年东风农场房屋建筑情况见表3-1-1。

表3-1-1　2006—2020年东风农场房屋建筑情况一览

单位:平方米

项目	2006年	2007年	2008年	2009年	2010年	2011年	2012年	2013年	2014年	2015年	2016年	2017年	2018年	2019年	2020年
各类房屋面积	570878	590632	603391	631949	963374	974231	543432	598170	601198	580054	580575	678692	682448	664923	667259
住房	382961	395444	422732	468879	747371	747371	446778	495840	500619	473876	478400	568849	571406	552235	552522
保障性住房		0	633	3240			58555	17384	14486	13639	15145	15145	10214	12274	12707
厂房	31230	31230	25532	17592	42130	57527	12362	14642	13067	12132	14111	11962	11881	11879	11879
人均住房面积	18.40	18.81	20.26	20.33	32.24	32.10	18	20	20	19	19	23.28	23.30	22.31	22.16

（续）

项目	2006年	2007年	2008年	2009年	2010年	2011年	2012年	2013年	2014年	2015年	2016年	2017年	2018年	2019年	2020年
仓库	26164	25950	19457	14635	12454	15835	10554	10195	10516	10734	10773	15057	15037	15347	16368
办公室（楼）	26593	27098	23850	27277	21943	24852	19127	18901	20943	20852	22693	24506	24912	26819	27767
贸易业餐饮业服务业业务用房	30671	37351	35652	35703	35046	35046	34036	39591	36185	36185	36185	36251	36251	36251	36251
交通运输及邮电业务用房	2735	2735	1779	2585	2585	2585	2187	2187	3661	2187	2187	2187	2187	2187	2187
文化及体育娱乐用房	8354	8354	8100	6345	6153	6153	2683	4084	4993	4985	4959	8870	8987	8799	8683
教育用房	1399	1399	1399	1399	0	0	77	0	0	0	0	0	0	0	0
医疗卫生用房	12258	12558	12622	12549	12733	0	2417	0	0	417	400	0	0	0	0
科研及技术服务用房	1372	7278	1421	1072	993	1151	0	0	0	476	526	0	0	0	196
其他用房	47141	41235	50847	43913	81966	83711	13211	12730	11214	18210	10341	11010	11787	11406	11406

第一节　基础建设

建场之初，由农场职工自行建盖竹木草房、土瓦房。

1960年，组建基建队，开始建造砖柱、土墙、木屋架、瓦顶的土木结构平房。

1961年，开展以专业队伍与群众运动相结合的方式进行建房，即各生产队自力更生用业余时间义务劳动建房，或各生产队备料由基建队施工，也仅限于急需的物资仓库、伙房，学校的部分校舍和一部分职工住房。

1978年，经济生产逐年好转，建筑工程允许由外承包，建筑工程速度加快，房屋结构由砖木结构发展到砖混结构。光明电站土建工程、医院、幼儿园、供销仓库、商店、桥梁、住宅、东风工人俱乐部和七分场温泉疗养所等工程项目均由外工程队承建。

1988年后，随着深化改革的不断推进，土木基建行业及具有设计资质和土木施工资质的基建队伍逐渐退出，农场建筑工程均由具有相关资质的建筑公司承包施工建设。

建场之时，由于资金不足，建材短缺，技术力量薄弱，房屋质量较差，多为草房、土瓦房。随着农场经济的发展，到1987年，全场基本拆除草房、危房。到2007年，农场房屋均为砖瓦房、砖混住房、砖混及框架结构商住房，至2020年实有各类房屋总面积667259平方米，其中办公楼27767平方米，厂房11879平方米，仓库16368平方米，农贸市场13401平方米，职工住房552522平方米，人均住房面积22.16平方米。

一、机构设置

1958年建场初期，农场未设专业管理机构。1960年，东风农场经营管理办公室设一专业技术人员管理基建；大勐龙农场由生产科兼管。

1963年，东风总场设工业基建科，原东风农场直属作业区撤销，改为基建大队，下有基建队、石灰厂、砖瓦厂、伐木排和石工班。总场下属6个农场，都有施工和建材生产队。

"文革"期间，未设专业机构，基建大队不复存在，原建材生产单位隶属基建队。

1971年，基建归后勤处管理，基建队改称工程连。1974年恢复农场建制，建场部设营建办公室，同年4月恢复工业基建科，工程连改称基建队。1980年设基建办公室管理场部建房事务（主要建医院大楼等工程）。

1985年撤销工业基建科，成立建筑安装公司。1986年重新设立基建科，同年10月增设设计室。2001年取消设计室。

2011年，管理委员会设规划建设土地环保所。规划建设土地环保所（基建科）是代表农场行使工程施工合同管理的职能部门，同时是基建工程预算、结算的管理部门，是基建工程质量的监督管理部门，也是组织基建工程验收的职能部门。2004年，农场制定《国营东风农场基建工程管理规定》，同时成立基建工程管理领导小组，农场场长任组长，成员由农场和分公司领导、综管科、基建科、纪监审、财务科、办公室负责人组成。负责基建工程项目审批，工程招投标和施工队审定，工程质量和进度监督管理，工程竣工验收、结算和查处违规行为。

二、东风城镇建设

农场小城镇自20世纪80年代起逐步形成，是农场场部由大勐龙迁至现址后，农场职工和当地居民以农场场部为中心共同发展起来的小城镇。随着市场经济的不断发展，农场小城镇建设规模逐步扩大，集中分布着农场的行政办公机关、商贸交易、文化卫生、教育设施等。

（一） 城镇规划

2005 年 3 月，农场委托云南省城乡规划设计院，根据东风农场和当地自然村寨分布的实际状况，编制了 2005—2025 年《东风农场小城镇整体规划》。东风农场小城镇的整体规划是以农场部周围 3.4 平方千米作为规划建设范围，同时将景洪市原小街乡的曼景湾、曼康湾、曼将 3 个村寨一起纳入小城镇规划区内，统一规划建设。整体规划经省建设厅组织专家考察评审通过，2007 年 5 月 8 日由云南省建设厅批准景洪市东风农场为云南省第二批村镇规划建设试点单位，东风农场小城镇正式列入政府的统一计划内实施开发建设。

2006 年，《国营东风农场"十一五"规划》以提高农场职工生活水平为根本出发点，发展农场经济及小城镇、道路、人畜饮水等基础设施建设，将东风城镇建设成为规划科学、布局合理、设施配套、功能完善、经济繁荣、环境优美，并且富有现代气息、农垦风格、地方民族特色的小康城。

2018 年，东风农场以景洪市"两创"为契机，巩固提升边疆小城镇建设，提出发展城镇经济、打造西双版纳第一镇的发展思路。

（二） 城镇建设

东风农场小城镇位于景洪市南部，北距景洪市 36 千米，南距勐龙镇 18 千米，是勐龙坝区的重要城镇。处于中国通往泰国的交通线上，交通便捷，区位优势明显，同时又处于西双版纳中缅旅游西环线上，旅游区位优势同样突出。

1998—2007 年，农场多方筹资，建设了农场办公楼、东风小康路、东风景观大道、东风知青路、东风足球场、东风小城镇引河入城项目，改造东风休闲娱乐中心、东风敬老院、东风农场职工门球场、东风宾馆、东风俱乐部等基础设施配套工程。与此同时，景洪市法院勐龙法庭、景洪市交警东风中队、景洪市公安局东风派出所、景洪市农业银行东风营业所、景洪市小街信用社等政府职能部门及事业单位先后迁驻东风农场小城镇，方便了当地老百姓的日常生活和生产需要。

2008 年，东风农场小城镇面积 2 平方千米，小城镇居住人口达 13500 余人，拥有厂房 25532 平方米，贸易、餐饮、服务业用房 35652 平方米，办公用房 23850 平方米。农场职工投入小城镇建设私营资本 4300 余万元，建设农贸市场 13401 平方米、街道商住房 60000 平方米、商业门面 842 个，附设水果、蔬菜、肉食、农副产品等摊位 700 余个。东风小城镇内个体经商户达 1000 余户，其中农场职工 700 余户、外来经商者 300 余户，解决农场富余人员就业 1000 余人，每年商品交易和农副产品销售额达 7100 余万元。

2013 年 6 月 24 日，为满足东风农场旅游小城镇规划建设功能和布局，参与勐龙国家级口岸开通及国家城镇化战略实施，东风农场启动旧城改造，改造范围包括东风休闲中心、俱乐部、老商店、农贸市场等，面积 200 余亩，打造东风商业、旅游、知青寻根文化知名城镇。

为全面响应国家"一带一路"倡议，加快农场发展步伐，农场党委加大对外招商力度，推出了西双版纳温泉休闲养生疗养中心开发、西双版纳高原特色农业旅游观光开发、西双版纳避寒休闲养生庄园开发、农垦知青文化产业开发、西双版纳第一大牛油果合作开发、西双版纳万亩东试早柚合作开发等重大项目。

至 2020 年，东风小城镇发展为集农工商贸于一体的新型城镇，城镇规划面积达 6.4 平方千米，覆盖 1 个活动中心、2 个商业中心、7 个生活小区、3 个民族村寨以及相邻生产队，建有东风文化广场、东风博物馆、知青纪念碑、雕塑群等地标性建筑，以及西双版纳州最大的农贸市场；吸引了人流、物流和信息流，带动汽车、餐饮、房地产、农副产品和边境贸易的快速发展，促进了农场职工和地方百姓的就业。

（三）　重点项目建设

中林西双版纳温泉康养文旅小镇是景洪市农垦集团东风农场有限责任公司重点项目之一，并纳入云南省 2020 年"四个一百"重点建设项目。项目位于东风农场有限责任公司一、二、十一分场，总规划面积 12000 亩，计划总投资约 174.5 亿元，开发周期为 13 年。整体建设内容包括亚洲首个"沉浸式"热带雨林野生动物园、"两山理论"生态文明示范文旅小镇、亚洲首座"雨林里"主题乐园、全球热带雨林温泉人居旅游示范区四大模块，采用滚动式开发模式，分三期投资建设。其中第一期重点建设中林西双版纳热带雨林野生动物园项目，总规划面积约 2500 亩，计划总投资约 13.39 亿元。2020 年，中林西双版纳温泉康养文旅小镇项目顺利实施，项目控规、环评通过专家评审会，于 2020 年 9 月底正式开工建设。

东风知青文旅园由国营东风农场和正禾投资有限公司合作建设，是东风农场发展新产业试点项目之一，被列为景洪市 2020 年重点建设项目。项目按 4A 级景区规划，总规划面积 2315 亩，其中核心区域（一期项目）用地面积 810.3 亩，总投资 2.65 亿元，整合东风城镇博物馆、东风文化广场、知青路、知青碑、知青人文等资源，建设内容包括西双版纳豪泰酒店（半山酒店）和傣医养生基地、休闲度假区、观光农业区、科普教育基地，是集旅游、休闲、观光、半山酒店于一体的知青文化产业园，属于农业综合体项目，建设年限为 5 年，项目已完成立项、备案，于 2020 年 7 月 15 日开工建设。

第二节　电力建设

建场初期，生活照明用煤油灯、蜡烛；个别生产用动力，如榨糖机用水车或拖拉机来带动，放电影用微型汽油发电机组，文艺演出、歌舞晚会用汽灯照明。

20世纪60年代，由于农业及交通运输机械修配业务和橡胶加工的需要，部分单位添置了柴油发电机组，到1971年全场共有柴油发电机组15台，发电能力529千瓦。同时利用水力资源修建水电站，1967年疆锋农场四队建成第一座水轮泵发电站后，水电工地、9营、6营等相继建成发电，6营为全团第一个全部用上电的单位。柴油发电机组与水轮泵电站装机容量小，大多在50千瓦以下，而且较为分散，靠380伏线路供电，供电范围小，不能联网，生产、照明时需要发电。

1963年，东风总场部迁到大勐龙后，由公社小水电站供电。1972年2月，东风电站建成发电，自此以水电站供电为主。随着10千伏输电线路的伸延，东风电站供电范围逐步扩大。

1978年，动工修建光明电站，于1981年7月建成发电。与东风电站并列以10千伏电压送电，两站并网后仍以10千伏电压送电。1982年10月东风变电所建成投入运行，光明电站以35千伏送至变电所，东风电站仍以10千伏沿原线送七分场和二分场部分单位后汇入变电所。后架设从变电所至其他分场的输电线路，改进供电情况，解决农场用电问题。

光明电站和变电所的建成，在东风农场和勐龙、小街两个区乡内形成了单独的电网，除供应农场内部用电外，还供应94个村寨和地方单位用电。

20世纪80年代中期电力供给已不能满足辖区工农业生产发展的需要，1987年农场决定在南背弄河距东风电站下游3.50千米处新建一座三级电站，1991年8月1日三级电站投产发电，新增装机2000千瓦，全厂总装机6600千瓦。1992年11月，在大勐龙新建一座35千伏变电站。

自3个发电站、2个变电所建成后，初步形成东风电厂35千伏供电网络，电网覆盖一镇、一场98%以上的供电区域，有35千伏线路3条，全长41.90千米，10千伏线路12条，全长341.28千米，配电变压器425台，总配电容量为29720千伏安，担负着22281户，10万余人口的生产、生活用电。2000年，东风电厂将240片区、勐宋片区的两个供电区域移交给景洪市电力公司，实现与省电网间接并网运行。

2005年，东风农场电厂移交云南天然橡胶产业股份有限公司电力分公司，2011年7月，更名为云南农垦电力有限责任公司，负责农场的生活、生产用电问题。

一、机构设置

1972—1981年东风及光明电站均系农场直属单位，1982年组建东风电厂，1985年改为工业电力公司，1986 年重组为胶电厂，1987 年再次改为东风电厂。

2004 年 7 月，云南农垦集团公司深化改革，成立云南天然橡胶产业股份有限公司电力分公司，它是以原西双版纳农垦所属 4 个农场的 4 个电厂和 2 个农场供电所为基础组建而成，集发、供电于一体的电力企业。

2005 年 1 月 6 日，东风农场电厂国有资产及在职职工成整建制移交云南天然橡胶产业股份有限公司电力分公司。2005 年 5 月 16 日组建中国共产党云南天然橡胶产业股份有限公司电力分公司委员会，隶属于农垦分局党委。东风农场党委将东风电厂党组织关系移交于电力分公司党委，完成整体移交手续后，东风电厂党总支隶属于电力分公司党委。

2011 年 7 月，根据云南农垦"体制融入地方、管理融入社会、经济融入市场"的改革目标，云南天然橡胶产业股份有限公司电力分公司更名为云南农垦电力有限责任公司，供电范围涉及景洪市和勐腊县 18 个乡镇、8 个农场及勐海县 4 个自然村，供电户数 129414 户，约 38 万人，形成一市一县联网的区域性电网。

二、东风电厂

农场电厂由东风电站、光明电站、三级电站和东风变电所、勐龙变电所、电厂机关等队级单位组成。电厂机关位于东风变电所东南方向，距农场部 1.5 千米。

东风电站为二级电站，它是南背弄河上游修建的第一座电站。1966 年开始筹建，1969 年正式动工，1972 年建成发电，装机容量 3×320 千瓦，但只能供应 11 个营（分场）的用电，不能满足生产和生活发展的需要，1995 年停产。1997 年 5 月投资 950 万元增容改造，1998 年 12 月竣工发电，装机容量 2×800 千瓦。2005 年改造直流系统一套。2018 年 11 月投资 878.17 万元增效扩容改造，2019 年 6 月并网发电，装机容量 2×900 千瓦。

光明电站为一级电站，它是南背弄河上游开发的第二座电站。1978 年 1 月正式动工，1980 年底竣工，1981 年 7 月 1 日光明电站二号机组开始发电，装机容量 3×1000 千瓦。1997 年 6 月投资 25 万元改造光明电站 3 台机组励磁装置。2000 年 6 月投资 30 万元改造光明电站 3 台机组调速器。2005 年改造直流系统 1 套，改造 3 号机增容转轮 1 个。

三级电站为引水渠道式小型水电站，它是南背弄河上游开发的第三座电站。1987 年末筹建，1988 年 12 月 29 日动工，1991 年 8 月 1 日投入运行。2005 年改造直流系统 1 套、1 号机励磁屏 1 套。

东风变电所位于曼将村寨和二分场场部西侧。1982 年 6 月建成投入运行，变压器容量 3800 千伏安，操作电源直流 220 伏。1991 年 7 月主变压器增容为 2×4000 千伏安。1992 年新增柴油发电车间 1 个[①]。1993 年东风变电所新增一套 900 千伏电容补偿装置。2005 年改造直流系统 1 套。

勐龙变电所位于景洪市勐龙镇。1990 年 5 月破土动工，1991 年 12 月基建工程结束，主变压器总容量 3800 千伏安（由东风变电所调入）。2005 年 1 月 6 日将 2 号主变压器 1800 千伏安扩增为 3150 千伏安。

三、电网建设及改造

东风电站未建成之前，各单位柴油发电机和水轮泵发电的供电线路全为 380 伏电压送电。1972 年东风电站建成后，不断增加新的线路，至 1981 年，东风电厂有 35 千伏线路 1 条，10 千伏线路 5 条，140 千米。1 号线路为东风电站至十分场线路，沿线供勐龙区、六分场、十二分场和第四胶厂；2 号线路为东风电站至五分场线路，沿线供三、四分场和第三胶厂；3 号线路为东风电站至九分场线路，沿线供小街和八分场各单位；4 号线路为东风电站至第一胶厂线路，西北向伸延到十一分场，沿公路供至一分场十一队和叭罕黄寨；1 号线路为近区线路，供农场部，北至胶杯厂，东至十三分场。各线供电均包括沿线附近村寨在内，其中，光明电站以 35 千伏线路输送电源，经变压以 10 千伏向用户变压器供电；东风电站以 10 千伏送沿线七、二分场部分单位和第二橡胶加工厂等用户后汇入变电所，当东风电站停止发电时则由变电所送电。

1991 年，东风变电所至勐龙变电所 35 千伏联网线架设完毕，全长 14.70 千米。1992 年 6 月架设 10 千伏出线 6 条，1992 年 11 月 8 日正式投入运行，总投资 131.33 万元。10 千伏出线 6 条：1 号线路为备用线；2 号线路供勐龙卫生院、曼汤胶厂、东风变电所及沿线村寨；3 号线路供原四、五分场及沿线村寨；4 号线路供原六分场、十分场、四胶厂、龙鑫铁矿及沿线村寨；5 号线路供原十二分场、种植场五队及沿线村寨；6 号线路供勐龙镇政府、自来水厂、商业街道及沿线村寨。

至此，形成东风电厂 35 千伏供电网络，有 35 千伏线路 3 条，全长 41.90 千米，10 千伏线路 12 条，全长 341.28 千米。

1996 年 6 月，为解决东风电厂供电辖区严重缺电的紧张局面，电厂架设景洪主变压器至东风一胶厂 10 千伏线路，实现 10 千伏与省电网间接联网。同年 12 月，投资 200 万

[①] 由于枯水期发电量减少，1991 年在东风变电所投资 101.16 万元新建柴油发电车间 1 座，于 1992 年 3 月投入运行，装机容量为 3×350 千瓦。由于柴油机发电成本大，于 1999 年 12 月停产，共发电 30 万千瓦时，2004 年报废。

元为东风变电所新增 3 条线路（农场线路、工业线路、原九分场线路）。

2000 年 3 月 7 日，景洪农场与东风农场合资架设景洪电厂三变至东风电厂东变 35 千伏线路 14.70 千米。总投资 210 万元，双方各承担 105 万元，实现了东风电网间接与省网联网运行，有效地缓解了东风电网的供电压力。

2001 年，由东风电厂投资 5 万元，对勐龙镇政府至街中心 350 米 10 千伏线路进行改造，以电缆线替代架空线。

2002 年 7 月 10 日，农场投资 686.97 万元完成农场二期农村电网改造，共建 10 千伏线路 68.68 千米，安装配电变压器 89 台，架设 400 伏线路 39.80 千米，200 伏线路 64.23 千米，改造范围包括分场级单位 17 个，生产队 298 个，地方村寨 7 个，改造户数 7136 户（地方村寨 500 户）。同年 8 月，新架设曼帕扎至原十四分场二队 35 千伏线路 905 千米，投资 134.5 万元，暂以 10 千伏电压运行，彻底解决原十四分场 11 个队级单位和 2 个自然村未通电问题。同年 10 月，投资 3.86 万元在原十四分场二队建成 35 千伏线路开闭所（开关站）。

2003 年 1 月，对已进行农网改造的村寨实行"四到户"服务。

2004 年 9 月至 2005 年 5 月，根据省农垦集团公司 10 号文件精神对 34 个自然村寨共 4435 户实行农网改造。由农场垫资，该资金后转入电力分公司。

第三节　交通建设

建场初期，场区内道路是在乡村小路的基础上略做加宽，新建生产队，靠人力开出路形。雨季时道路泥泞，难以通行。河上更无桥梁，只有当地群众自架的竹桥，安全隐患较多。

经过多年建设，全场交通便利，截至 2020 年，道路覆盖 13 个分场各个居民组，胶园道路主干道显著改善，极大地方便了东风农场职工及周边居民的交通出行。

一、道路

建场时，农场仅有一条对外的交通干线，即景洪至勐宋公路，从北向南纵贯勐龙坝区，路面未铺砂石，桥涵为木料架设，只能在旱季通马车。经过多年修建，现为沙石路面，桥涵为混凝土或石料砌筑，全年可通汽车、拖拉机。

1960 年 2 月，政府修筑景龙（允景洪至大勐龙）公路，东风农场派出 300 人负责 15 千米的筑路任务；大勐龙农场派出 100 余人负责 7 千米的筑路任务。同年，修筑曼迷至曼景列 4 米宽的便道，全长 15 千米。随后陆续修建分场至生产队的道路。至 1979 年，场区道路路基垫上片石，路面铺上沙土，全场道路在雨季亦能畅通，部分路段加宽至 6 米。除 18.15 千米的国道外，场内道路共 357.2 千米，其中可通汽车的简易公路 254.35 千米，林地道路 102.85 千米。场内道路分段由各单位就近负责维修养护。

至 1993 年，农场通往各分场的道路均被改造为柏油路，总长 34.4 千米。除允大公路贯穿场区外，场内公路共有 550.9 千米，其中农场至各分场的公路 42.1 千米，各分场至各生产队的道路 288.8 千米，各生产队通往胶园的林间道路 220 千米。

2007 年，场内拥有各种自建公路总里程 1101.13 千米，其中，柏油路 31.02 千米、沙石路 241.20 千米、林间道路 828.91 千米。

2011 年，完成二分场场部到东风小城镇、景大公路到五分场等 4 段公路修建工程，改善场区道路 32 千米。2012—2014 年，先后投资 2738.25 万元建成分场水泥路面 34.66 千米，投资 2800 万元建成居民组道路硬化 32 千米；建成居民组宽 1.2 米的林间水泥道路 180 米，宽 3 米的林间水泥道路 135 米；投资 800 万元建设通乡公路 14.2 千米。

2016—2020 年，农场开展道路"通畅、通达"建设，其中，投资 1300 万元建设完成通乡公路 26.5 千米，投资 513.8 万元建设完成场部道路 665 米，投资 149.95 万元建设完成国有农场公路通沥青（水泥）路工程 22.5 千米，投资 1700 万元维修损毁道路，规划建设小城镇人行道。同时，依托"万吨水泥进农村"项目为载体，共计发动职工群众投工投劳 6533 人次，完成生产队场地硬化 20681 平方米，道路硬化 4749 平方米，串户路 1427.2 平方米，排水沟 1691 千米。显著改善东风农场天然橡胶园道路主干道的交通状况，方便东风农场职工及周边居民的交通出行。

景观大道 由东风农场筹资建设，集车道、人行道和人工绿化带于一体的西双版纳州城镇第一路，故名东风景观大道。于 2005 年 11 月 22 日启动施工，2007 年 4 月 20 日竣工验收。距东风农场管理委员会驻地部 0.25 千米，地处坝区。占地面积 33474.6 平方米，为双向 4 车道，中间绿化带宽 8 米，两旁人行道彩色花砖各 4 米。该道分别连接东风城镇的小康西路和花园北路，横跨东风城镇南北，全长 902 米。道路中间建设有"知青纪念碑"和"东风农场纪念碑"雕塑群，两侧建盖商品房。

陶源路 因直达陶源小区而得名。于 2011 年 4 月 8 日动工，2011 年 8 月 16 日竣工。陶源路占地 4800 平方米，起始于东风纪念碑，经小街中心小学至陶源小区，道路全长约 600 米，路宽 8 米。人行道彩色花砖 2 米宽，附设人行路灯。

同心路 因直达东风文化广场，并与小康路相连，贯穿农场部机关驻地住宅区，位于东风小城镇中心而得名。于 2005 年 1 月动工，同年 12 月竣工。同心路占地 2475 平方米，西部起始于小康路中段，经东风农场文化广场，贯穿农场部住宅区至东部知青路中段，道路全长约 550 米，路宽 4.5 米。双向两车道，水泥路面。

希望路 因直达小街中心小学而得名。于 2007 年 5 月 1 日动工，2008 年 11 月 10 日竣工。希望路占地 2250 平方米，起始于东风自来水厂至小街中心小学，道路全长 500 米，路宽 4.5 米，与景大公路相连。

小康路 东风城镇重要的交通通道。于 2005 年 1 月动工，同年 12 月竣工。小康路占地 13860 平方米，东起东风休闲中心路口西至东风纪念碑，道路全长 420 米，路宽 33 米。水泥路面，双向两车道，两侧绿化带各 2 米，人行道各 1.5 米，彩色花砖各 3 米。

阳光路 因路经阳光小区而得名，于 1987 年 6 月 1 日动工，1987 年 11 月 10 日竣工。阳光路占地 2700 平方米，北起始于阳光小区，经东风农场干休所南至东风电信营业厅，道路全长 600 米，路宽 4.5 米。

知青路 因直达知青纪念碑得名。于 2008 年 3 月动工，2008 年 7 月 8 日竣工。知青路占地 3000 平方米，东起始于中国电信东风营业厅西至景观大道知青碑，路长约 600 米，路宽 5 米。水泥路面，双向两车道，两侧人行道宽各 2 米。

二、桥涵

建场之初，南阿河上只有本地群众架设的竹桥。洪水一来，竹桥冲毁，只得涉水过河。

1958 年秋，东风农场在曼迷修建一座横跨南阿河的木桥。1960 年后，在曼景列、曼龙扣、曼栋等地相继架设木桥，可以通行车辆。木桥易朽，须常修补，曾几次被洪水冲毁重建。1980 年以前，在场区内河溪上架设许多大小不一的木桥和竹桥。

1974 年，四分场在曼贵修建一座跨径 3.2 米的石拱桥。此后，各分场在场区范围内逐步建造永久性的石料或钢筋混凝土的涵洞及小型桥梁。1979 年，四分场在曼龙扣建成一座长 34 米的钢筋混凝土桥。1980 年后，十分场在曼宾、六分场在曼迈、五分场在曼秀、三分场在曼迷先后架设横跨南阿河的钢筋混凝土桥 5 座；七分场在南冷河上架设钢筋混凝土桥梁 1 座。2007 年，全场有大小桥梁 21 座，其中 20 米以上的桥梁 5 座。

至 2020 年，全场有各种桥涵 55 座 403 米，其中钢筋混凝土结构桥梁 39 座，长度达 20 米以上的中型桥梁 7 座。桥梁的建设对于边疆的生产发展、贸易经商、文化交流起着重大的推动作用，这些桥梁多被各族人民称为"民族团结桥"。

第四节　住房建设

建场之初，农场职工自行建盖竹木草房，草房要经常修补，一两年内就得翻修，三四年后需拆除重建。1958—1965年建有少量的干打垒（冲土墙）和土坯草顶房。

1960年组建基建队，开始建造砖柱、土墙、木屋架、瓦顶的土木结构平房。

1961年以专业队伍与群众运动相结合的方式进行建房，即各生产队自力更生用业余时间义务劳动建房，或各生产队备料由基建队施工。虽然如此，房屋建筑仍远远不能满足生产发展和生活上的需要。到1965年瓦房总面积仅有31485平方米，为房屋总面积的15%，只解决了急需的物资仓库、伙房，学校的部分校舍和一部分职工住房。

1968—1971年大批城市知青来场，职工人数由5000人骤增到18000多人，只能建盖草房安置，三年内瓦房宿舍仅增加15394平方米。1972—1978年，每年新建2万～4.5万平方米的瓦房，多为生产队群众性突击修建，质量很差。

1978年，建筑工程速度加快，房屋结构由砖木发展到砖混结构。1985年初在兴办职工家庭农场的热潮推动下，为尽快解决职工住房，采取私建公助办法，给申请私建新住宅或翻修旧房的职工每人补助1000元，建成后产权归自己。到1985年全场瓦房宿舍已达21.57万平方米，人均11.9平方米，基本解决了职工住房。

20世纪80年代中后期，每年安排计划投资，建设一些标准较高的砖木房及砖混房，20世纪90年代中期，农场仍沿袭计划经济的模式，建房投资逐渐加大，但生产规模亦同样不断扩大，人口向上增长，职工住房供求矛盾仍日趋突出。1987年末，实有各类房屋共445553平方米，其中职工住房266469万平方米，人均住房面积21平方米，全场基本消灭草房、危房。

2007年，农场房屋均为砖瓦房、砖混住房、砖混及框架结构商住房，东风农场实有各类房屋共590623平方米，其中职工住房395444平方米，人均住房面积18.81平方米，职工人均住房面积66.25平方米。

2009年开始，通过开展廉租房、公租房等保障性住房建设，启动阳光花园小区、金观小区、景苑小区等建设项目，满足农场职工群众对住房的刚性需求，同时也为城镇带来了人流、物流和信息流，促进了城镇二三产业的快速发展和场内职工及当地群众就业。到2015年，农场有各类房屋580054平方米，其中住房473876平方米，人均住房面积19平方米，城镇规划由原来的3.4平方千米扩大到6.4平方千米，城镇人口由原来不足5000人增加到现在的15000人。

截至 2020 年，全场各类房屋 667259 平方米，其中住房 552522 平方米（含保障性住房 12707 平方米），人均住房面积 22.16 平方米。

一、机构设置

1996 年 6 月，成立"国营东风农场住房制度改革办公室"，简称"房改办"。标志着农场住房制度改革全面启动，住房制度由计划经济模式向市场经济模式转型。1996 年 10 月 7 日，景洪市房改办对《国营东风农场住房制度改革实施方案》批复。1996 年 12 月 11 日，农场印发《关于在全场范围内建立住房公积金制度的暂行办法》《国营东风农场住房制度改革实施细则》《国营东风农场私有房屋管理办法》等房改配套文件。按照《国营东风农场住房制度改革方案实施计划及措施》要求，在全场范围内全面展开房改工作。

二、住房保障

1985 年，东风农场采取私建公助办法，给申请私建新住宅或翻修旧房的职工每人补助 1000 元，建成后产权归个人所有，基本保障了职工住房，人均住房面积达 11.9 平方米。

1986 年 1 月，农场规定职工的住房面积，其中双职工每户 40～55 平方米，农场级干部（含十八级以上离休干部）每户 70～80 平方米，按面积收取费用。同时，农场职工对分配的住房享有居住权，并承担维护房屋的义务。

随着生产生活的不断发展，人口增加，职工住房供求矛盾日益突出，全场共有 549 户职工参与经济适用房建设（集资建房），建筑面积达 2.9 万平方米，总投资 1000 多万元，以 580 元/平方米的现行成本价向集资户出售，解决了近 1000 名职工的居住问题。

1996 年，住房建设由计划经济模式向市场经济模式转变。1998 年，按照国家房改政策规定，停止了实物分房，逐步实行住房分配货币化。1998 年底，东风农场共计出售砖混结构住房 1060 幢，共有 216 个队级单位、6070 户、11002 名职工参与购房，其中，双职工 5357 户、单职工 713 户，户均购房面积 44.56 平方米，人均购房面积 24.68 平方米，全场已购房户人均居住面积达 17 平方米。

2007 年，农场职工住房面积达 395444 平方米，人均住房面积为 18.81 平方米，职工人均住房面积为 66.25 平方米。2008 年，全场拥有住房面积 422732 平方米，职工人均住房面积 68.2 平方米。

2009 年，完成廉租房建设指标 550 套，每套面积 30～50 平方米，中央、省财政补贴每平方米 500 元，每户最高补贴 50 平方米即 2.5 万元。

自 2009 年开始，按照有关保障性住房政策，开展廉租房、公租房等保障性住房建设，启动了阳光花园小区、金观小区、景苑小区、佳园小区等建设项目，至 2015 年，建设完成交付使用保障性住房 1122 套，公租房 250 套。保障性住房建设带动了东风城镇化的发展，通过集中建房既满足了农场职工群众对住房的刚性需求，同时也为城镇带来了人流、物流和信息流，促进城镇二三产业的快速发展和场内职工及当地群众就业，城镇规划由原来的 3.4 平方千米扩大到 6.4 平方千米，建设完成保障性住房小区 6 个，共 2248 套，城镇人口由原来不足 5000 人增加到现在的 15000 人。

2018 年通过争取国家政策和资金，新建经济适用房、公租房、廉租房累计达 4000 多套，不仅满足了本场 70% 的职工到城镇集中居住的要求，还吸引了很多村寨和外籍人员来农场定居。

东风花园住宅小区 该小区为职工经济适用住房，它是农场党委为解决边远生产队职工住房难、改善职工住房状况而实施的职工安居工程。它距东风农场管理委员会驻地东北部 0.25 千米，东与景大公路、北与景观大道相连，西与东风农场客运站相邻，占地面积 46669 平方米，其中建筑面积 67000 平方米，属于砖混结构，共 6 层、30 幢，建房 504 套。于 2007 年 3 月 28 日动工，2008 年 12 月 30 日竣工。

东风农场陶源小区 距东风农场管理委员会驻地西北部 500 千米，与陶源路相连，占地面积 42074.08 平方米，其中建筑面积 21848.3 平方米，属于砖混结构，共二层，建房 134 套。2008 年 3 月 28 日动工，2010 年 1 月 30 日竣工。

东风农场康城小区 距东风农场管理委员会驻地东北部 1.2 千米，与景观大道相连，建筑面积 46220 平方米，门面房 5766 平方米，属于砖混结构，共二层，建房 98 套。2008 年 3 月 28 日动工，2010 年 3 月 30 日竣工。

阳光小区 职工住宿区，它是以国家危房改造及个人投资形式在原东风农场食品厂的厂址上修建而成。距东风农场管理委员会驻地东北部 200 米，与同心路相连，东北与东风农场博物馆和文化广场相邻，南接东风城镇住宿区，砖混结构，共 6 层。2010 年 3 月 28 日动工，2011 年 7 月 30 日竣工。

金观小区 该小区位于东风农场场部景观大道右侧，占地面积 42717 平方米，新建保障性住房 24 栋 6 层住宅楼，其中 23 栋砖混结构、1 栋框架结构，530 套职工住宅，停车位 243 个，总建筑面积为 61595.74 平方米。主体工程总投资 8155 万元，其中，中央配套 477 万元、省级配套 318 万元、职工自筹 7360 万元。2012 年 1 月开工建设，于 2014 年 5 月 16 日竣工。

景苑小区 该小区位于东风农场场部知青路旁，共 970 套住房，总建筑面积 102000 平方米，资金由政府补助及职工自筹，于 2014 年 3 月 15 日开工，2017 年 7 月 4 日完成质监站备案。

三、危房改造

2005 年 6 月 25 日，农场下发《国营东风农场维修危房实施办法》，维修全场现有砖木结构危房。将危房的瓦顶、木檩条和原吊顶更换成石棉瓦屋顶、钢管檩条、轻钢龙骨和塑料扣板吊顶，采取统一组织、统一管理、统一施工的方式进行维修。并给予多项优惠措施：农场补助 50% 的危房维修费用；对职工自发维修危房达到标准的，按全场危房维修平均补助标准给予补助。危房维修后，住户与单位签订协议，承诺维护、维修房屋，保证房屋的安全使用。共计维修改造危房 1.13 万平方米，单位、个人筹集资金 180 余万元。从根本上消灭了危房，改善了基层职工的居住条件。

2008 年 7 月 5 日，农场启动实施危房改造即"安居工程"，将全场各单位所有职工的危房纳入维修计划。根据城镇建设规划，计划在未来 15～20 年内，将场内 70% 的职工逐步转移到东风城镇居住，基层单位不再建设永久性职工住房。但考虑到部分职工没有参加过福利分房，仍住在 80 年代前的老房子里。自 1998 年农场实施房改后，这些老房子年久失修，破旧不堪，存在安全隐患。农场党委从职工利益出发，在多方调研的基础上，决定将全场所有职工危房纳入下半年维修计划，维修费用由职工个人和企业各承担一半。2008 年 12 月，农场下发《国营东风农场职工危房改造实施方案》。

2008—2016 年，危房改造项目计划指标共 5008 套，已分配入住 4921 套，未分配入住 87 套。2018 年累计完成危房改造 335 户，下发省市级补助 502.5 万元。2020 年 8 月，启动国有垦区危房改造项目，总投资 6917.52 万元，其中中央投资 701.1 万元，地方投资 467.4 万元，自筹资金 5749.02 万元，危房改造 779 户。

"十二五"期间，累计完成危旧房改造 2582 户，"十三五"期间，累计完成危旧房改造 1043 户，共计投资 1564.5 万元。

四、住房公积金

建立住房公积金制度是深化城镇住房制度改革的重要内容，有利于转变住房分配体制，促进住房资金的积累、周转，提高职工的购、建住房能力，加快住房建设。

1996 年 12 月 11 日，农场下发《关于在全场范围内建立住房公积金制度的暂行办法》房改配套文件，明确规定建立公积金制度的时间，自 1996 年 1 月 1 日起开始在全场实施。

公积金的交纳标准：按本人上一年岗位技能工资（即档案工资不含辅助工资和奖金）的
5％为标准。

1997年4月，农场设立"国营东风农场住房资金管理分中心"。中心设在房改办并配备兼职会计人员，负责全场职工个人住房公积金的归集、收缴及账务处理。按统一管理、专户储存、定向使用的原则进行管理。

1998年8月13日，农场下发《国营东风农场住房公积金和住房资金管理暂行办法》，进一步规范和完善住房公积金管理体制。住房公积金管理实行三级管理体制：一级为西双版纳州住房公积金管理中心；二级为农场公积金管理分中心；三级为各分场级单位。并对每一位缴纳公积金的职工开设个人账号，定期邮寄个人住房公积金账单，定期进行三级对账，开通住房公积金余额查询电话，严格要求支取公积金的报批、审核程序，确保职工个人公积金账户资金安全。住房公积金贷款业务的开展，促进了住房资金的积累、周转，提高了职工的购、建住房能力，加快了住房建设。

截至2007年12月，全场共计9000余人缴纳住房公积金，共缴存住房公积金3300余万元。

2010年，橡胶资源实施普遍家庭承包经营，转岗分流职工增多，参与缴纳住房公积金的职工相应减少，2011年，缴纳住房公积金1607.90万元。

2018年后，实行家庭承包经营、资产租赁承包经营、自主创业的职工，住房公积金个人和企业配套部分全部由个人缴纳。在职、在册职工依然按规定缴纳公积金。

第五节　基础设施建设

东风农场自建场以来，始终立足改善农场职工生产生活条件，改善民生，完善基础设施，先后建起了温泉疗养所、温泉山庄、东风休闲中心、东风公园、养老院、龙泉公墓、东风中心广场、东风客运站、博物馆、雕塑群、知青文旅园等基础设施。同时，农场每年都要筹措一部分资金用于场地硬化、居民区亮化和绿化、垃圾池及其他基础设施的改扩建等工程建设，不断完善城镇基础设施建设，打造城镇建设新格局。

温泉疗养所　七分场场部拥有优质的温泉资源，每处温泉都有多处泉眼，最多处达十多个泉眼，相距均在4～5米，流量为每小时100.5立方米，构成沿河谷北西走向的新月形温泉群，泉口水温最高102℃，一般在90℃，泉水含有钙、镁、钠、铁、锂、氯、硫、氟等多种矿物质。1980—1985年，七分场自筹资金20.7万元，修建澡堂、招待所、餐厅、花棚、亭阁（鹤亭、沐翠亭），面积达1415平方米。1986年农场投资30.3万元，兴建 700 平方米温泉疗养所和游泳池、蓄水池和养鱼池，面积共 1050 平方米。

温泉山庄 温泉山庄位于景洪市南端，介于北纬 20°30′—21°46′、东经 100°35′—100°47′，距昆明市 600 余千米，距景洪市 40 千米，距西双版纳国际机场 36 千米，交通便利，供电、供水、通信等基础配套设施完善。2000—2002 年，农场自筹资金 120 多万元对原温泉山庄进行改造，配备标准客房 50 余套，附设温泉疗养院、游泳池、餐厅、会议室等设施。

龙泉公墓 龙泉公墓位于一分场五队，是一座花园式公墓。于 2003 年 7 月 1 日动工，2004 年 2 月 22 日竣工开园。总投资 160 余万元，首期建设占地面积 100 余亩，园内可辟墓穴 10000 多个，设有中、高档墓区和烈士、知青墓区。龙泉公墓属于公益性公墓，园区管理符合国家《殡葬管理条例》，并设专人看守。2004 年 2 月 9 日，东风农场出台《龙泉公墓管理办法》，对公墓的管理等做出相应的规定。园内还设有祭奠用品服务门市，可为丧属提供殡葬服务。截至 2020 年，入园墓葬 2318 个，被职工誉为"民心工程"。

东风休闲中心（东风公园） 1987 年，由农场投资在农场部修建东风公园，占地面积 70 亩。2005 年 3 月农场投资 200 余万元，在原东风公园的基础上维修改造，并更名为东风休闲中心，是农场职工文化、休闲、娱乐的重要场所。东风休闲中心除免费向居民开放外，对有经营价值的设施采取以"自养自护"的方式，实行对内承包经营，用承包费维护休闲中心的公益设施。

东风自来水厂 该厂位于南背弄河上游，水源为热带深山雨林天然河水。东风自来水厂是东风农场小城镇市政配套工程，该工程由云南省农业工程设计院设计，同时经云南农垦集团公司批准立项建设，项目总投资 992.5 万元，于 2003 年 8 月公开招标动工，2004 年 12 月竣工通水。东风自来水厂设计日供水量 9600 立方米，可满足 30000 人饮用水，主管道全长 21 千米，一期支线管网架设为 25 千米，覆盖东风城镇附近 11 个单位，受益人数达 10000 人。2013 年，完成东风自来水厂二期饮水工程建设，供水辐射温泉、五七、红卫、东升、东林、风光、中林生产队及部分村寨。水厂水质经西双版纳州卫生防疫控制中心检测，符合国家《生活饮用水卫生规范》标准。2014 年 10 月实行对外经营承包。

东风客运站 该客运站位于东风城镇北部，紧接景大公路，占地 9 亩，其中售票楼和候车楼建筑面积 1200 平方米、停车场 4800 平方米、围墙 240 米，安装排水管道 150 米，总投资约 310 万元，于 2005 年 4 月开工建设，2006 年 8 月完工，2006 年 10 月 1 日投入使用；2007 年 4 月 29 日剪彩开业。全年货运量约 67 万吨，货运周转量 16000 万吨千米；客运量 150 万人次，客运周转量 1500 万人千米。

东风客运站隶属于西双版纳昆曼运输有限责任公司，是东风农场与昆曼运输集团公司合作开发的项目，农场以土地作为股金投入东风客运站，占股份 49%；昆曼集团公司以现金方式入股，占股份 51%。除东风客运站站长一人由昆曼集团公司任命外，其他所有工作人员全部安排东风农场职工，从一定程度上解决了农场部分下岗职工的就业问题。东风客运站的建成，为方便当地居民的出行、规范客运市场秩序、完善东风城镇功能起到了积极作用。

东风养老院 2005 年，农场投资 327 万元在原东风农场拘留所的原址基础上改扩建一座占地面积 6667 平方米、建筑面积 1386 平方米的东风养老院，设有房间 33 间，备有 144 平方米的活动室、食堂各 2 间。农场统一配备房内设施，床上用品、柜子、电视机、空调等室内用品一应俱全，配专职服务员、护工为老年人服务。至 2010 年，共计入住老人 237 人次。2017 年，农场自筹资金 6.57 万元，完成养老院"钢架楼梯"建设。2019 年 10 月，实行对内承包经营。

雕塑群 它位于小康路商业街和景观大道交汇处环岛内，是以第一批拓荒者在东风农场生产建设的场景为原型塑造的雕塑群。于 2007 年 10 月 25 日开工建设，12 月 26 日竣工，总投资 226 万元。

知青纪念碑 它位于东风景观大道与知青路相交的十字路口南侧的中央绿化带上。于 2008 年 6 月筹建，由北京、上海、重庆和昆明四地的原东风农场知青捐款，重庆大学人文艺术学院教授江碧波总体设计、雕刻，重约 20 吨的四川隆昌青石浮雕在成都制作完成，于 2008 年 10 月 20 日运至东风农场，10 月 31 日完成安装，12 月 19 日举行揭幕仪式。纪念碑的正面浮雕为知青垦荒图，浮雕命名为"记忆"，寄托东风知青的情怀。

东风博物馆 云南省农垦系统的首家博物馆、云南首家知青主题馆，也是我国第一个介绍天然橡胶种植与生产工艺的博物馆。它坐落于农场部小康路商业街和景观大道交汇处，与东风文化广场和雕塑群相呼应。东风博物馆于 2007 年 6 月筹建，2008 年 12 月竣工，同年 12 月 19 日开馆。建筑面积 2216 平方米，征集各类实物 1600 余件。馆内通过大量的文字、图片、实物和模型，全面介绍了中国天然橡胶发展简史、云南农垦垦殖简史、云南农垦发展概况、云南天然橡胶产业股份有限公司和县区六大分局概况，真实记录了东风农场 50 年的发展历程，再现了当年拓荒者的劳动和生活的场景，展示了"东风人"的精神风貌及所取得的辉煌业绩。

因年久失修，存在安全隐患，2016 年申报修缮东风农场博物馆，并列入"十三五"规划。2018 年以博物馆维修改造和建场 60 周年庆典活动为契机，落实专项资金 500 万元，历时 2 个月，对东风农场博物馆主体建筑改造维修及对馆内展厅装修、优化布展和对博物馆外部环境进行改造建设，于 2018 年 12 月 16 日东风农场建场 60 周年庆典时恢复开放。2020 年，因屋顶漏雨墙体脱落，导致室内部分展柜、展示版面和模型严重破损，部分展品受潮霉变，已不能对外开放。

东风文化广场 它位于小康路与景观大道之间、农场部西南方，总占地面积约 20000 平方米，2008 年 3 月动工建设，12 月 10 日竣工，总投资 1000 万元。2018 年 3 月动工修建广场舞台，12 月 10 日竣工，总投资约 100 万元，面积约 400 平方米。广场以东为东风博物馆，以西为小康路、景观大道街心环岛（东风雕塑群），广场以北为广场舞台，是东风农场重大活动场所，集休闲、娱乐、观赏功能于一体。

第六节 东风文化建设

随着东风农场的建设发展，东风人拼搏、奋斗的精神被一代代传承下来，在深化改革历史进程中，展现出团结、进取、思变的文化传统，初具"东风文化"的雏形。为更加有效地提升农场的创造力、凝聚力、导向力、辐射力，2006 年，东风农场企业文化建设正式纳入发展规划后，确定了场徽、场歌，明确了"艰苦奋斗、敢为人先、追求卓越、诚信友爱"的东风精神，制作了代表东风的《东风职工文化手册》，出版了一系列记述东风建设发展历程的志书、画册，系统地完善了管理制度，构建云南农垦"天骄"企业文化理念体系，形成一套完整的东风企业文化。同时，农场还定期开展广场文化活动，开设企业文化建设培训班，举办各类弘扬东风文化的活动、竞赛，与景洪市委、市政府合办东试早柚文化节等，不断推动东风文化建设，最终实现农场的发展目标。

一、东风文化体系

2008 年，东风农场依托"云南农垦企业文化理念识别体系"活动，围绕企业文化、企业文化建设原则、云南农垦企业文化理念和特点，组织农场、分公司的领导和各行业干部、职工代表、退休工人代表进行讨论、修改、完善，最终确定了属于东风农场自己的文化体系。

场徽 2007 年 1 月 23 日，东风农场场徽图案最终确定并启用，它是建场 49 年来首次拥有的自己的标志。场徽图案由"东风"汉语拼音首字母变形组成，"DF"采用绿色，象征绿色的胶园、和谐的东风。其中，"D"形似一把犁头，代表东风农场艰苦奋斗、屯垦戍边、开拓进取的农垦精神；"F"仿佛三片绿叶、三把胶刀，喻示东风农场的橡胶主业，同时又似飘扬的东风，把"东风农场"的名字蕴含其中。

场歌 2008 年正式确定《东风赞歌》为场歌，由张永安作曲，陈与填词，集体改词而成，抒发东风人对东风农场的热爱之情。

场旗 场旗于 2008 年确定并启用，长 168 厘米、宽 96 厘米，正面为东风农场场徽，色彩选用标志的标准绿色，突出农场特质，象征东风人发展生态农业、投身绿色经济精神与崇高理想；场旗底色采用金黄色，象征东风农场的辉煌成就，寓意为东风人丰收的喜悦和快乐。

东风精神 2008 年，明确"艰苦奋斗、敢为人先、追求卓越、诚信友爱"为东风精神的核心内容，即吃苦耐劳、勇于奉献、奋发向上的"艰苦奋斗"精神；开拓创新、勇于拼搏、超越自我的"敢为人先"精神；志存高远、精益求精、攀登问顶的"追求卓越"精神；诚实守信、场群互助、民族团结的"诚信友爱"精神。

《东风职工文化手册》 东风企业文化是东风农场在长期的生产经营过程中所形成的管理思想、管理方式、管理理论、团体意识和行为规范的总和，是以"艰苦奋斗、敢为人先、追求卓越、诚信友爱"的东风精神为核心的企业文化。东风文化是东风人共同创造、共同信仰、共同遵守的价值观。《东风职工文化手册》内容包括：东风理念文化、东风行为文化、东风视听文化、东风礼仪文化等，它是东风文化的核心部分。

二、文化活动

以构建和谐东风为目标，以生产经营为平台，以精神文明创建活动为载体，培育文明道德风尚，提高职工队伍文化素质，广泛开展各种群众性活动。

（一）劳动竞赛

劳动竞赛是以生产经营为主要内容，通过表彰奖励生产经营活动中的优胜单位和先进个人，激发和调动广大职工群众的生产积极性和创造性，提高企业经济效益的一项传统活动。自 1958 年开始，每年评选表彰一次。20 世纪 60 年代，主要开展以争创五好生产队、五好干部、五好工人为主要内容的"五好"劳动竞赛。20 世纪 80 年代，开展了割胶、林管、安全等全面工作的流动红旗活动。20 世纪 90 年代至今，开展以"争创突出贡献单位和个人"为主要内容的竞赛活动。

（二）文明创建活动

文明单位 自 1984 年开始，每年评选表彰一次。评选条件：生产效益指标必须超额完成年度考核任务的 15％；无违反农场管理程序、管理规章、管理制度的行为；无安全生产事故；单位无刑事案件和治安案件发生；所属区域达到净化、美化、绿化。

文明个人 自 1984 年开始，每年评选表彰一次。评选条件：坚持讲学习、讲政治、讲正气，模范遵守场规场约，遵守职业道德和社会公德；工作突出，成绩名列同行业前茅；在科技创新与推广、技术改造与应用等方面有显著成绩。

文明家庭 自 1984 年开始，每年评选表彰一次。评选条件（十星）：政治进步，思想先进；模范遵守法纪，无违反场规场约行为；家庭成员每人均有一本科技读物，学科学、用科学取得显著成效；家庭成员均出色完成工作、学习任务；无安全生产事故；无大操大办、铺张浪费等行为；家庭成员互敬互爱，邻里团结和睦；家园内外干净整洁；模范执行计划生育政策和规定；子女遵纪守法，热爱学习和劳动。

（三）争先创优活动

优秀胶工　自1983年开始，每年评选表彰一次。评选条件：政治思想好，遵纪守法，团结互助，热爱本职工作；认真贯彻执行《橡胶栽培技术规程》和《割胶生产技术管理细则》，做到管、养、割措施协调统一，年割胶技术平均分达到标准要求；及时完成"三保一护"工程、化肥施放和优质农家肥积施工作；坚持防病割胶，及时搞好防雨帽、帘的安装和维修，病虫害发生率控制在经济危害指标以内；努力实现胶树高产稳产，完成或超额完成干胶生产任务；坚守岗位，稳定树位，全年出勤率在96％以上。

优秀林管工　自1983年开始，每年评选表彰一次。评选条件：政治思想好，遵纪守法，团结互助，热爱本职工作；认真贯彻执行《橡胶栽培技术规程》，保质、保量完成月度工作任务，月度验收考核得分在95分以上；积极积施农家肥，年株施农家肥15千克以上；苗木生长态势良好，年末验收有效保苗等于或高于保苗基数，苗木均匀度大于90％以上；达到中幼林管理三项指标要求，年度综合得分在95分以上；坚守岗位，全年出勤率在96％以上。

先进党组织　自1983年开始，每年"七一"评选表彰一次。评选条件：党政班子团结，干群关系融洽；党内生活的各种制度健全，民主决策意识强；两个文明建设成绩显著；党政班子清正廉洁，作风扎实。

优秀党员　自1983年开始，每年"七一"评选表彰一次。评选条件：模范遵守党纪国法和农场的一切规章制度；出色完成生产工作任务和党组织交给的任务；在党员和职工群众中体现出了先锋模范作用。

巾帼建功立业　自1991年开始，每年"三八"妇女节评选表彰一次。评选条件：自觉遵守法律法规，在促进社会主义和谐社会建设中起模范带头作用；发扬"四有""四自"精神，与时俱进，开拓创新，在本职工作中有突出表现；爱岗敬业，勤奋学习，岗位建功，岗位成才，服务意识强，业绩突出；具有无私奉献的精神，文明的服务礼仪，良好的职业道德，务实的工作作风。

青年文明号　自1998年开始，每年"五四"评选表彰一次。评选条件：集体中的青年热爱本职工作，敬业意识强，职业道德良好；青年集体能紧密围绕本单位的中心任务开展理论学习、技术比武等创建活动，并培养了相当数量的青年业务尖子或岗位能手；青年集体成员表现出了较高个人素质和团结协作、积极向上的团队意识，青年集体呈现出较强的凝聚力和内动力；工作及成效得到本单位党政领导的肯定，社会评价良好。

五四红旗团委（支部）　自1999年开始，每年"五四"评选表彰一次。评选条件：按期换届，民主选举，整体素质高，制度健全有效，思想作风过硬；围绕服务大局、服务青年的主题，扎实有效地开展团的活动，建有服务组织和服务性实体，在党的中心工作中较好地发挥了生力军作用；履行团委职责，加强支部建设，指导支部工作，带动支部工作全面活跃；活动有阵地，工作有依托，经费有保障。

"四好"老人　自2006年开始，每年"重阳节"评选表彰一次。评选条件：认真学习党的路线、方针、政策和法律法规，积极参加党内生活，模范遵守党的组织纪律，在党内当个好党员；关心企业发展，积极支持企业的各项改革，力所能及为企业办实事，在单位树立好形象；家庭和睦，邻里团结，教子有方，在家里做个好长辈；讲大局，顾稳定，崇尚科学，树文明新风，在社会做个好公民。

（四）平安创建活动

自2005年开始，评选条件："三有"：有创建班子、有专兼职和义务巡防队伍、有创建工作实施方案和规划；"四好"：基层党组织作用发挥好、群防群治队伍组织好、治安防控体系建设好、社会团结和谐安全稳定成效好；"五无"：无50人以上群体性纠纷械斗、无50人以上群体性上访、无50人以上抗法事件、无重大交通安全生产责任事故、无法轮功等邪教组织及非法宗教组织活动；"六降"：重大特大刑事案件、民转刑案件、刑释解教人员重新犯罪案件、青少年违法犯罪案件、刑事案件和治安案件总数稳中有降。

（五）文艺体育活动

"三叶杯"职工篮球运动会　自1986年开始，每两年举办一次。以职工为主体，以分场为单位组织参赛，比赛分男、女组，分别取前三名，同时设道德风尚奖、最佳球员奖等奖项。主要为了丰富职工业余文化生活，提高职工身体素质，弘扬团结、友爱、拼搏、进取的社会公德，光大东风精神。

"共青杯"足球赛　自1992年开始，每两年举办一届。以青年职工为主体，以分场为单位组织参加，比赛取前三名，设最佳射手、最佳守门员等奖项。主要为了活跃青年文化生活，促进全场青年职工间的交流，提高农场足球竞技水平，促进企业文化健康发展。

中青年门球赛　自1995年开始，每两年举办一次。以中青年职工为主体，以分场为单位组织参赛，比赛分男、女组，分别取前三名。主要为了激发拼搏精神，加强区队凝聚力，促进相互交流，增进彼此友谊。

老年门球赛　自1988年开始，每年举办一次。以离退休职工为主体，以分场为单位组织参赛，比赛设一、二、三等奖。主要为了贯彻全民健身计划，推广普及老年体育运动，增强老年人体质，促进老有所养、老有所乐。

职工业余歌手卡拉 OK 赛　自 1988 年开始，每两年举办一次。以青年职工为主，经各分场级单位选拔推荐，参加农场决赛。比赛设一、二、三等奖和优秀歌手奖。主要为了展示青年才艺，挖掘文艺人才，激发青春活力，展现良好风貌。

（六）广场文化活动

2009 年 5 月 6 日，东风农场组织开展的广场文化活动在东风农场文化广场正式启动。广场文化活动每周一、三、五定期组织开展，主要有广场电影、广场舞会、广场歌会、广场健身操等。后因各种原因，改为不定期举办。

三、东风柚子文化节

第一届东风柚子（东试早柚）文化节　2019 年 9 月 7 日，景洪市首届东试早柚文化节在东风农场举行。除评选出品质最优的"柚子王"外，还举行了东试早柚品牌推荐会、产销合作平台意向签约仪式、景洪市脱贫攻坚成果展和热带水果展销会等活动。特意举行"公益果树拍卖捐赠"活动，将东风农场一分场六队东试早柚种植园中 10 棵柚子树的三年采摘权进行现场拍卖，并将拍卖所得的 114247 元善款捐赠给西双版纳傣族自治州"关心下一代"工作委员会，用于资助贫困学生。自 1997 年东试早柚完成鉴评和筛选，并展开推广试种后，东试早柚以其独秀的品质屡获"柚类"评比第一名等多项殊荣，并于 2007 年 10 月 28 日完成商标注册。截至 2019 年，西双版纳全州东试早柚种植面积已达 5 万余亩，年产柚果 8 万余吨，年产值 8000 万元，成为家喻户晓的特色水果、农民增收致富以及助农脱贫的优质产业。

第二届东风柚子（东试早柚）文化节　2020 年 8 月 22—24 日，景洪市第二届东风柚子（东试早柚）文化节在东风文化广场举行。活动以"感恩'柚'你·决胜小康"为主题，设主会场及新农村、示范区、水果采摘区、民俗文化体验区、火龙果基地、乡村农家休闲区等多个分会场。主会场设脱贫攻坚图片展区、消费扶贫展区、热带水果展区、西双版纳美食展区、民族工艺品展区、地摊经济文化展区等多个展区。文化节在上年的基础上增加曼康弯文艺专场，傣拳、章哈、傣舞、乐器等文艺表演；美食展区有傣族、哈尼族等少数民族风味美食。景洪市种植东试早柚达 6 万亩，举办文化节是为进一步提升东试早柚品牌的知名度和含金量，以消费带动特色水果产业发展，打造景洪市文化旅游的一张新名片，实现一、二、三产业融合发展，培育景洪市乡村旅游品牌。

第二章 农场经济

东风农场为橡胶专业农场，自成立时就以种植橡胶为主业，是集农、工、商、运于一体的大型综合性农垦企业。建场初期，设有修配厂、基建队、汽车队、绉片厂、畜牧队、副业队、商店等队级单位，后经多次机构改革，生产经营出现了多层次、多规模的巨大变化。同时，因拥有得天独厚的自然条件，吸引了大批返乡知青、国际国内友人到东风购房置业、休闲养生、投资兴业。

2004 年，政企分开后，在加快国有经济发展的同时，积极探索"东风模式"的非公有制经济发展之路，在境内外种植私营橡胶，各种热带特色水果，充分利用橡胶林下土地资源种植牧草饲养奶肉牛，启动"创新工程""万头奶肉牛发展项目"，带动养殖业迅速发展。

2012 年，农场党委启动实施"以镇养镇"，组建商贸公司，全面授权委托商贸公司经营城镇及农场所属二三产业，盘活城镇土地资源，延伸城镇发展空间，大力发展城镇经济；积极组织招商引资，吸引社会各界人士到东风城镇投资发展，培植农场新的经济增长点。

2020 年，东风农场特色产业主要有粮食产业、水果产业、畜牧业渔业生产等三大产业。农场党委按照"思想再解放、思路再创新、改革再出发"的理念，结合农场实际，科学制定东风农场今后十年（2019—2029 年）发展思路，即"巩固提升橡胶产业、培育壮大二三产业、科学调整种植结构、大力发展非公经济"。实施"三大发展战略"措施，合理推进农场二三产业快速发展：一是实施主导产业推进战略，加快农产品加工业发展步伐；二是实施传统产业振兴战略，加快产业升级优化；三是实施龙头企业引领示范战略，促进休闲旅游、康体养生业发展提高。

截至 2020 年 5 月，东风农场生产总值（含非公）为 34936.31 万元，较 2015 年的生产总值 26434.1 万元增长 32.16%。其中第一产业 21501.27 万元比 2015 年的 16831.6 万元增长 27.74%；第二产业 537.49 万元比 2015 年的 472.7 万元增长 13.71%；第三产业 12897.55 万元比 2015 年的 9129.8 万元增长 41.27%。按辖区总人口计算人均生产总值为 1.41 万元。东风农场 2006—2020 年经济指标见表 3-2-1。

表3-2-1　东风农场2006—2020年经济指标一览

单位：万元

项目	2006年	2007年	2008年	2009年	2010年	2011年	2012年	2013年	2014年	2015年	2016年	2017年	2018年	2019年	2020年
生产总值	7514.07	7943.54	10662.74	14856.18	14272.83	61106.2	47093.1	46039.2	32921.2	29531.74	39651.02	30958.28	31764.75	31226.38	31293.16
第一产业	5734.48	5530.02	6930.85	11731.32	11655.86	60237.6	43238.7	35020.9	24172.1	19925.1	27776.46	17404.67	19022.59	18138.12	15358.36
种植业产值	1036.82	617.05	538.72	526.65	681	629.30	322.30	283.20	1074.80	1239.60	3180.20	3449.81	3936.67	3816.74	3304.17
林业产值	3281.37	3567.31	4796.93	8880.12	8515.32	58770.10	42302.50	34070.50	22268.80	17446.20	20070.67	12557.55	13654.62	11995.36	9996.51
橡胶产值（含收购）												12557.55	13654.62	11995.36	9996.51
橡胶产值占比（%）			68.94	73.93		97.60	95.80	94.50	92.10	87.60	72.30	69.12	71.78	66.13	65.09
牧业产值	1229.62	1073.47	1218.88	1962.94	2048.96	825.70	394.90	430.20	580	773.30	4173.15	883.73	869.56	1503.57	1301.39
肉类产值									514.40	743.50	4130.71	839.27	815.69	1447.70	1241.95
渔业产值	186.67	272.19	376.32	361.61	410.58	12.50	219	237	248.50	466	352.44	513.58	561.74	822.45	756.29
第二产业	80.75	111.10	188.61	45.96	63.73	196.80	267.90	210.40	472.70	501.31	577.21	309.34	403.70	547.49	350.24
工业	80.75	111.10	188.61	45.96	63.73	196.80	267.90	210.40	472.70	501.31	577.21	309.34	403.70	547.49	350.24
第三产业	1698.84	2302.42	3543.28	3078.9	2553.24	671.8	3586.5	10807.9	8276.4	9105.33	11297.35	13244.27	12338.46	12540.77	15584.56
批发零售业	363.12	574.68	716.18	605.91	746.81	245.60	2013.80	4881.80	4562.90	3613.10	6535.82	6738.55	5966.28	6118.16	5087.91
住宿和餐饮业	438.82	594.89	759.95	639.80	655.90	0	513.70	4043.10	3163.70	2285.94	1745.14	2221.42	1941.09	1709.55	2189.03
服务业	237.65	369.73	1188.19	1351.21	476.32	0	351.80	1006.70	398	1264.71	1403.38	1120.97	821.38	810.41	800.82
水利环境公共设施管理	14.53	22.65	24.40	0	0	426.20	0	139.50	0	0	0	152.90	0	0	0
卫生和社会工作	644.72	740.47	854.56	481.98	674.21	0	0	0	0	0	0	7.40	0	0	0
文化体育与娱乐业	0	0	0	0	0	0	0	0	0	0	0	0	419.87	482.50	449.20
公共管理与社会组织	0	0	0	0	0	0	707.20	736.80	1.80	0	1464.83	2834.79	2711.04	3297.95	6846.40
其他企业									150	1941.58	148.18	168.24	478.80	122.20	211.20
工农业总产值	5530.02	5530.02	7387.50	12061.78		60527.60	45223.10	35838.20	25392.10	21393.70	29337.30	18200.67	19781.39	19506.12	16439.60
工业总产值			456.65	53.20		290	1980	813.60	1220	1468.60	1560.80	796	758.80	1368	1081.24
农业总产值	5530.02	5530.02	6930.85	12008.58	11655.86	60237.60	43243.10	35024.60	24172.10	19925.10	27776.50	17404.67	19022.59	18138.12	15358.36

第一节　种　植　业

东风农场自建场起，就在发展橡胶主业的同时，种植其他农作物以保障农场职工的生活需要，主要有稻谷、玉米、花生、黄豆、薯类和蔬菜等六大类，也种植过芝麻、油菜、小葵子、向日葵、小麦、高粱、绿豆、棉花、烤烟、黄麻等作物。每年各类作物的实际种植比例是根据不同时期经营方针的确定和当年对粮、油、副、饲的需求量而变化。全场各年农作物的栽培总面积和总产量则受职工人数的增减、气候、水利和经营管理水平的影响而变化。

随着市场经济的发展，社会供应不断丰富，农场也逐步转变为"一业为主，多种经营""橡胶树下、八业开花"的经济思想，发挥自然优势，努力提高企业效益，将农场比较成片的农地、水面由集体开发和使用，享有的土地资源、水面资源及一些尚未开发的零星资源全部收回并安排使用，由转岗职工承包或做资源配置，由下岗、待岗职工承包、自主经营。

同时，农场利用更新倒树的机会，坚持集约土地，通过联盟、联营、联合及自主种植、合作种植等模式，根据不同的土地、气候种植不同的品种，以自主研发的东试早柚为主，以特色水果为辅，引进高原农业产品进行科学试验种植。截至2018年初，东风农场联营种植热带水果3796亩，农场独立投资种植2756亩，职工合作种植东试早柚397亩、芒果300亩、牛油果288亩、菠萝蜜400亩。种植面积总计达1万亩。

2020年，东风农场围绕"十三五"规划，以"垦区集团化、农场企业化"的农垦改革主线抓种植结构调整，以市场为导向，改变传统以橡胶产业为主的单一种植模式，实施"10332"（即稳固发展橡胶产业10万亩，种植牛油果3万亩，种植东试早柚3万亩，种植其他热区水果2万亩）种植结构调整模式，即东风农场通过3～5年的努力，实现种植国有天然橡胶10万亩，种植东试早柚3万亩，种植牛油果3万亩，充分利用田边地角，种植菠萝蜜、芒果、百香果等热带水果2万亩，让种植结构更合理、更科学，抗市场风险和自然灾害能力更强。

东风农场通过多年种植产业结构调整的探索，基本形成农场自主、职工群众合作、对外引进投资合作等多种模式，并制定完善推进产业结构调整实施办法，坚持以带动职工群众增收致富为宗旨，以优化种植调整为核心，不断提升调整质量和效益，完善相关办法措施，落实相关责任确保种植产业结构调整稳步推进。

一、机构设置

建场初期，全场配有 1 名专职农业技术员，隶属农场生产科。总场时期，未再设专职，由农场和分场两级生产业务部门的科技人员兼管，但科技干部人数少，又以橡胶栽培为主，故农业技术工作相当薄弱。

"文革"时期设生产组，兵团建制时期设后勤处，1974 年恢复农场建制后，重设生产科。1983 年企业整顿后，设生产技术科。2003 年政企分开，橡胶生产技术管理由东风分公司负责。

2011 年属地化管理后，设农林水综合服务中心，负责农场农业生产发展规划及生产管理。2014 年，为全面推进农场"二次创业"和产业转型，管理委员会设生产计划部，负责传达国家有关生产、技术、安全等管理方面的方针、政策、法律、法规和上级有关规定、指示；制定并执行农场中、长期发展规划，做好产业开发、项目引进、招商引资等工作，同时对项目的实施情况进行监督检查，并定期向农场领导汇报生产情况。

二、农业生产

农场的农作物生产以粮食、油料、饲料和蔬菜为主，供职工消费，为橡胶主业服务。

由于地处西南边疆，生产力低下，交通不便，所以从建场初期就必须设法自给。1958 年，在建场的同时完成开荒、播种，3 个农场（东风、前哨、大勐龙）共开荒播种农作物3045 亩，收获 2527 亩，粮油饲总产量为 155 吨。翌年，扩大粮食面积，减少油、豆播种，3 个农场收获面积 2222 亩，总产粮油饲料 159 吨。

1960 年，遵照省农垦总局关于"扩大粮食生产"的指示，争取粮食半自给，全年粮、油、饲收获面积猛增至 10249 亩，总产量 509 吨。1961 年，农场制定了"在保证粮食（口粮、籽种、饲料）、蔬菜自给的前提下，大力发展橡胶"的经营方针，农作物面积达到20220 亩，粮、油、饲料总产量 156 吨。1962 年，因干旱且栽培管理差，农作物收获面积仅 15191 亩，全年总产量 767.15 吨，平均亩产只有 50.5 千克。

1963 年，粮油供应趋于缓和，全场生产重心转移到橡胶栽培主业方面，农作物播种面积大幅度减少，全年种植粮、油、饲等作物 6167 亩，总产量 678.37 吨。1964 年播种面积减至 3088 亩，1965 年降到 2954 亩，由于栽培管理得到加强，总产粮、油、饲料348.88 吨，平均亩产达到 118.1 千克。

1966年，农作物播种面积扩大到5234亩，全年总产量598.25吨，平均亩产114.3千克，农业生产开始回升。1967年，播种面积9149亩，总产量710吨。1968年，播种面积6930亩，总产量609吨。全场经营逐步趋于"既突出植胶，又兼顾农作物生产"。

1969年，大批知识青年来场，全场粮、油、副食品需求量大幅增加，农作物播种面积骤升至15753亩。1970年播种面积达到30658亩，但由于播种面积过大，缺乏农业技术，平均亩产仅37.5千克。1971年平均亩产更降至30.5千克。1969—1973年，全场农作物播种面积累计共达106240亩，总产量4419.58吨，平均亩产41.6千克。

1974—1978年，全场农作物播种面积均稳定在20000亩左右，田间管理得到加强。累计播种98817亩，总产量6946.84吨，平均亩产达到70.3千克。

1979年，农场万余名知识青年返城，农作物播种面积骤减近2/3，降至7794亩。1980年播种面积回升，达到10480亩。1981年以后，播种面积稳定在6000亩左右，到1988年，农作物播种面积达9044亩。

1982年后，农场落实党的各项政策，农业技术措施逐步确立，经营管理水平日益提高。实行联产承包责任制和兴办职工家庭农场以后，进一步明确了职工的责、权、利，充分调动了生产者的积极性，农作物单位面积产量成倍增长。1979—1987年，全场农作物播种面积累计共59521亩，粮、油、饲等总产量共8571.02吨，平均亩产达到144千克。1988—1995年，全场农作物播种面积累计达21492.25亩（不含橡胶），粮、油、饲等总产量共4105.02吨，平均亩产达到191千克。

1995年后，农场除橡胶以外的种植业逐渐由职工自主种植经营。至2007年，全场农作物播种面积累计达40938.35亩（不含橡胶），粮、油、饲等总产量共9006.44吨，平均亩产达到220千克。

截至2020年5月，农作物播种面积421.65亩。其中蔬菜播种面积416.25亩，总产量为273.9吨；水果种植面积14238.75亩（含新定植），总产量7724.3吨。水果中香蕉种植面积286.35亩；柚、橙、橘种植面积为10127.55亩，总产量为4599.15吨；菠萝种植面积1581.9亩，总产量为2223吨；芒果种植面积549亩，总产量为300吨；火龙果种植面积560.1亩，总产量为560吨；其他水果种植面积1133.85亩，总产量为42.15吨。

三、作物种植

为发挥热带经济作物的优势，建场以来曾先后少量种植过咖啡、胡椒、剑麻、豆蔻、砂仁、轻木、茶叶等30多个品种。但因无计划种植任务和管理不善，部分品种停种。从

1981年开始，发展热带水果的种植，菠萝、香蕉、芭蕉、芒果等各种水果种植面积达4497亩，胶林间作达892亩。1985年建立与水果种植配套的食品饮料厂，加工生产果脯、果汁。此后，由农场试验站选育的东试早柚在全场推广种植。

1987年开始种植咖啡，有咖啡265亩，防护林、薪炭林157亩。1998年11月3日，农场出台《关于开发种植咖啡的实施意见》，计划用3年的时间种植咖啡1万亩。咖啡种植实行两费自理，并实行"一户一胶一农"的经营方式，一人在岗继续割胶，另一人则分流出来种植咖啡。1999年集体种植咖啡2733亩，2000年为3191亩，2001年为3781亩，延续到2003年，2004年停止种植，转为私营种植。

2005年，东试早柚种植被列为国家农业综合开发优势特色农产品开发项目（即云南西双版纳1000亩标准化种植示范园建设项目），项目投资454.59万元，于2006年正式启动，开垦1000亩，实际种植725.20亩，植株17951株，分别在一分场（350亩、8856株）和四分场（375.20亩、9095株），项目建设期为3年。为高标准建设果园，农场成立建设东试早柚基地领导小组，并安排工人承包管理果园，经过承包人精心抚管，果树长势良好，保苗率99.9%。2016年，东风农场向云南省财政厅申请农业产业化专项资金200万元，开始东试早柚示范园区建设项目。

2014年，农场开始探索尝试整合土地资源，利用林下富余土地种植珠芽黄魔芋，有效实现林下种植预期目标，为职工群众开辟新的产业创收渠道。2016年，在开割胶园林下试种珠芽黄魔芋720余亩，亩产值达7000～10000元，亩纯利润达到3000～4000元。至2017年，已累计实现林下魔芋种植面积达1200余亩，有效地实现了职工群众增产增收的目的。

2015年，为改变农场种植产业结构单一的状况，建立多元化产业发展模式，助推农场经济转型升级，发展热带水果种植，东风农场开始种植芒果、菠萝蜜。

2016年，农场在东林生产队第5居民组筹建蔬菜种植基地，自主种植无筋豆355亩，产量316.69吨，收入104.99万元；种植糯玉米100亩，产量37.701吨，收入52178元；种植黄瓜20亩，产量25.029吨，收入41481元。2016年蔬菜基地销售收入114.35万元。

至2017年，农场通过自主开发、合作、联营及承包户自发组织等多种模式，累计完成热区果蔬种植面积9690.9亩，其中东试早柚6950.5亩、芒果464.6亩、菠萝蜜402.4亩、牛油果288亩、台湾青柚682.2亩，其他果蔬种植面积903.2亩。

2018年，探索产业转型新路子，完成东试早柚、芒果、菠萝蜜、红江橙及冰糖橙等热带水果开发建设3088亩，水果种植产业基本形成。

"十三五"期间，农场通过优化种植产业结构调整，合理布局辖区种植作物品种、种植面积，坚决贯彻农场"10332"发展战略。截至2020年底完成种植结构调整1.47万余亩，其中东试早柚10359亩，牛油果664余亩，芒果571.5亩，菠萝蜜540.2亩，红心柚、台湾青柚等热区水果2000余亩。积极引入社会资本和民间资本参与到农场的产业转型战略中，2020年新增承包种植企业、个人15户，种植面积3377.83亩，土地收益增加245.37万元；新增林下种植项目4个，套种面积748.4亩，年增收32.7万元。

四、土地开发

农场农用土地资源丰富，有坝区少量平地、丘陵缓坡地和海拔900米以下的山坡地三大类。场区土壤多属砖红壤，pH4.5～6.5，呈微酸性。此外，还有少量的冲积土和塌积土，但分布面积不大，全场土壤土层深厚，平均为1～1.5米。表土层厚约15～30厘米，含全氮0.14％～0.25％，结构松散，物理性能良好，生物循环旺盛，自然肥力较高，但垦殖后地表裸露，雨水多，坡度陡，地面径流量最大。水土流失严重，土壤肥力衰退很快。

全场农田、农地开垦主要集中于两个时期：1958—1962年，建场初期。为了解决粮油自给，在栽培橡胶的同时，全场（含东风、前哨、大勐龙3场）集中了大量的人力、物力进行农田、农地开垦。由于垦前植被多为高大的次生雨林及竹林等群落，盘根错节，开垦难度极大，仅1961年上半年，在农田农地开垦中用拖拉机拔除的树头竹篷就有91986个。5年来全场累计开垦农田、农地16924亩，其中农田1691亩、农地15233亩。

1963年以后，为发展橡胶生产，一部分农地退耕还林，定植橡胶，还有一部分农田、农地逐年被附近村寨各族群众所用，全场到1965年仅余农田、农地3485亩。此后各年虽有零星开垦，但数量不大，至70年代初期，全场农田、农地面积稳定在7000亩左右。

70年代中期是东风农场农田、农地开垦建设的第二个时期。在"农业学大寨"运动中，全场集中机械和人力，将山头夷为平地，在缓坡地上挖筑梯田。至1974年，全场建设大寨田共5618亩，其中1036亩是原有缓坡旱地改造的梯田。但是，因为表土散失，土壤肥力低，加上无水源灌溉，这些"大寨田"效益普遍低于原有农地。到1977年，全场农田、农地总面积回升到10037亩，后又逐年减少，1987年全场农田、农地实有面积为4981亩，其中农田1416亩、农地3565亩。后随着橡胶种植范围的扩大及热带水果种植产业的优化，实际用于粮、油、稻、饲种植的农田、农地逐渐减少。

五、栽培管理

建场初期，农场生产技术部门重视作物栽培技术知识的普及，进行过多种形式的培训和辅导。但是，由于种植面积大、劳动力少等种种原因，在实际生产中，作物栽培技术措施未能有效地执行。广种薄收，管理简单粗放的状况延续了20多年，到20世纪80年代才逐步有所好转。此后，慢慢由粗放型向集约型、数量型向质量型转变，不断创新"结构、品种、质量、效益"等问题，围绕提高单位面积产量、挖掘作物高产潜力等技术进行攻关和技术集成，研究开发农作物优质、高效生产技术，在农业生产中发挥巨大效益。

（一）传统耕作

水稻生产多采用传统的耕作方法，田间管理多靠人工进行。施肥一般基肥以有机肥为主，但施放数量不大。追肥普遍使用速效化肥。1974年以来，农场多次在水稻专业队（三分场五队）进行化学除草试验，筛选出适合本场大田生产使用的扑草净、除草醚、五氯酸钠3种药剂，除草效果可达80%～90%，节省中耕管理劳动力较多。全场陆续推广使用，效益颇佳。

农场旱地占农田、农地的81.8%，旱地作物以大春为主。一般在每年初春备耕，翻土20厘米左右，部分旱地不施基肥。部分施用火烧土、农家肥。雨季来临时开始播种，拌施少量种肥，5月下旬或6月上旬播种结束。作物生长期内中耕除草，培土1～2次，施用追肥的不多。从1977年起，部分旱地作物使用除草剂。

全场复种指数较低，水稻一般一年一熟，部分保水田一年两熟。旱地绝大多数只种大春一季，少数水肥条件好的地块栽种一些小春作物。1970年以前，小春作物有小麦、油菜、红薯、黄豆、花生、玉米、豌豆等数种，因生长期气候干热，产量偏低。1980年后，除玉米外，小春作物基本停止栽种。

（二）机耕

1959年初，省农垦局配给大勐龙、前哨、东风3个农场4台链轨式拖拉机，各场建立机耕班，开始开荒、耕耙地等机械作业，省农垦局3次将东风农场作为试点单位，拨给各项机械并派来技术人员指导工作，促进机械开垦梯田的工作。1959—1962年，机械开荒完成17261亩，耕地13948亩。1970年开始，拖拉机逐步增至300余台，主要担负推梯田、开道路、开垦农田地，推地基等机械作业。由于农场农用耕地较少，而且零星分散，适合机耕的平地、缓坡地不多，耕作机具也常常不能配套作业，因此，历年来机耕面积所占比例不大。

（三）胶林间种

1959 年，东风农场三作业区第三生产队试验橡胶幼林间种农作物获得成功。1960 年，全面推广"林粮专业队长短一起包"的生产责任制，每个林管工管橡胶 25 亩，间作粮油 50%，全场在橡胶幼林地间种 8 种农作物达 8500 亩，占林地总面积的 76%，收获粮、油、豆、饲料 62 万斤[①]，受到思茅农垦局通报表扬。

通过多年的生产实践发现：胶林间种以三龄以内幼林为宜；间种作物应距离胶树 2 米；旱稻、玉米等高耗肥作物易导致胶树缺肥，不宜间种；木薯是根病寄主，需禁止在林间栽培。以种植花生、黄豆、芝麻等低秆作物为宜。

1979 年后，知识青年返城，劳动力锐减，林间间种面积随之骤降，胶林间种程度降低。

2014 年，东风农场开始探索尝试通过整合土地资源、利用林下富余土地种植珠芽黄魔芋[②]，有效实现林下种植预期目标，为职工群众开辟新的产业创收渠道。2017 年，东风农场被景洪市农垦局列为胶园林下种植珠芽黄魔芋核心种植示范单位，种植珠芽黄魔芋推广示范园 200 亩，其中，红卫生产队八居民组胶园种植 70 亩，为东风农场的核心示范区；东林生产队六居民组和九居民组胶园种植 125 亩、疆锋生产队五居民组胶园种植 5 亩，为示范区。通过胶园林下生产示范种植、利用珠芽黄魔芋的半阴生特性，可种植于橡胶行间不会与其他作物争地，种植空间大，且能有效利用土地资源优势，提高土地综合效益。引导农场人进行魔芋种植，达到"造血式"的扶贫效果，真正实现农场人增收的目标，同时积极地为当地农民群众脱贫致富奔小康起到良好的带头和示范作用。天然橡胶林下推广种植珠芽黄魔芋，将是东风农场农业科技创新促生产和脱贫攻坚的又一新举措。至 2018 年，东风农场累计种植林下魔芋 2755 亩次，分布在全场 6 个生产队，有 43 名职工群众参与种植，根据实际测产，每亩纯利润 3000～4000 元。

六、私营种植

1995 年 1 月，农场出台《关于发展职工自营经济的暂行规定》文件，鼓励自主经营的职工参与国有和集体荒山、荒地、荒滩、荒水的租赁和转让活动，农场对商业、运输业、养殖业和橡胶以外的种植业，实施职工自主经营。

---

① 斤为非法定计量单位。1 斤＝0.5 千克。
② 珠芽黄魔芋（A. bulbifer）是 20 世纪 90 年代新发现和驯化栽培的魔芋新品种。2008 年，西双版纳州引进珠芽黄魔芋良种，经西双版纳州农业科学研究所、西双版纳州种子管理站推荐，国营东风农场在胶园林下试种植。

1999 年后，为解决割制改革后转岗分流职工安置问题，农场将水田、菜地、鱼塘、荒山、荒地等有价值的国有土地资源作为生产岗位配置给职工承包经营。与此同时，在广泛考察、认真研究的基础上，开发种植咖啡 3781 亩，安置转岗分流职工 778 人，迈出种植业结构调整的步伐。

农场私营种植业主要以民营橡胶为主，水果种植业（东试早柚和香蕉）为辅。2003 年 4 月，农场出台《国营东风农场非公有制经济发展实施办法》，鼓励职工一是充分利用境内外土地资源，发挥自身橡胶生产技术和经营管理优势，通过购买、联营、租赁、承包等多种形式发展非公有制橡胶种植业；二是鼓励咖啡工在咖啡园中间种橡胶；三是鼓励农场职工按照规定程序报请农场审核批准后，充分利用场内家边、田边、塘边、胶园边、路边等面积在 5 亩以下的"五边"零星空地发展私营橡胶种植业。该办法的实施掀起了私营种植橡胶的新高潮，广大干部职工在各项优惠政策的引导支持下，通过向周边村寨以租赁土地、承包胶林等形式，积极发展私营橡胶种植。截至 2005 年初，全场私营橡胶面积超过 6 万亩，产值逾千万元，种植业成为职工增收的主渠道。

第二节　养　殖　业

农场的养殖业最早作为农场生产的副业，建有养殖场，主要养猪、牛、家禽类。随着经济的发展，逐渐发展成为相对独立的产业，如奶牛业、养猪业等，成为农场农业经济的主要组成部分。

一、机构设置

建场初期，农场行政办公室设畜牧干事，主管各场养殖业生产。1960 年东风农场设立畜牧科，1963 年并入生产科。

1970 年，养殖业由二团后勤处主管。

1974 年，农场成立畜牧领导小组，由行政办公室主任兼任组长。1983 年，设畜牧水产科，配置兽医 1 人，1985 年并入农业技术推广站。1986 年恢复生产科，全场养殖业工作由农场生产科负责，并设专职畜牧技术人员，主管全场养殖业生产。

1996 年 3 月，农场不再实行农场养殖和集体养殖，所有公有养殖场所，全部实行自负盈亏、自主经营，农场不再设养殖技术服务人员。

二、畜禽养殖

建场初期，设有马车队和畜牧副业组。1960 年东风农场成立畜牧队，职工 22 人。

1971 年，组建畜牧连，职工 31 人。1974 年改为畜牧队，1984 年撤销。1976 年，在三分场五队附近建立养猪场，职工 64 人。1984 年，养猪场撤销。1996 年后，农场不再实行农场养殖和集体养殖，由职工自主养殖。

2003 年，成立非公有制经济发展中心后，通过政策引导和资金技术扶持，养殖业迅猛发展。2005 年，全场上规模的养殖户（以牛、羊、鸡、鸭、鱼为主）达 300 余户，有存栏牛 2000 多头，羊 3000 多只，猪 6000 多头，鸡、鸭、鹅十万多只。农场为扶植养殖业的快速发展，还建立了良种改良站和肉牛、奶牛养殖示范点，有良种肉牛和奶牛 44 头，种植牧草 1000 多亩，引入优良牧草品种十余种，让养殖业成为职工增收的主要项目。

2015 年，大型牲畜存栏（牛）164 头、生猪存栏 353 头、羊存栏 151 只、家禽存栏 59950 只，肉类总产量 142.3 吨。2020 年，大型牲畜存栏（牛）498 头、生猪存栏 1639 头、羊存栏 812 只、家禽存栏 56694 只，肉类总产量 325.7 吨。

（一）畜禽饲养

养猪　建场初期，畜牧业以养猪（粗放）为主，1958—1965 年，东风农场死亡、逃失生猪 2004 头，1962 年末存栏 223 头；大勐龙农场损失 933 头，1962 年末存栏仅 15 头。总场成立后，分栏饲养，1965 年公养猪年末存栏数比 1962 年增加 109.7%，年产肉量增加 173.4%。

1963 年后，在发展公养猪的基础上，各生产队集体养猪，允许职工家属种饲料地 3～5 分，养猪 1～2 头。

1980 年后，农场贯彻国家、集体、家庭三并举方针，饲养比例提高到 2∶1∶7。1983 年，全场生猪饲养量达 13691 头，产肉 320.6 吨。其间，由于绉片厂榨油和饲料加工可提供大量的饲料，1981 年兴建猪圈 10 个，年存栏数 100～120 头。后因与食品生产的卫生要求发生矛盾，于 1984 年停养。

1984 年，兴办家庭农场，公养猪只占 8% 左右，畜牧专业户和职工家庭饲养量占全场存栏总数的 89% 以上，生猪出栏率由 40.51% 上升到 47.05%。同年养猪场取消。1984—1996 年，生猪养殖累计达 169865 头，其中集体养猪 10337 头、私人养猪 159528 头，产肉 10324.4 吨。

1996 年后，农场不再实行农场养殖和集体养殖，原公有养殖场所，全部自主经营。至 2007 年，私人养猪 50278 头，产肉 4951.87 吨。2015 年，生猪存栏 839 头。至 2020 年，农场辖区内生猪养殖户 347 户，生猪存栏 1831 头。

养禽 农场公养禽数量很少，1982 年公养禽 3413 只，只占全场养禽总数的 8% 左右。又因本地禽病流行，死亡率很高，引进禽种适应性差，管理粗放，饲料短缺，配合饲料价格偏高，养禽业发展缓慢。至 1988 年，养殖家禽 63011 只。2003 年后，积极发展非公有制经济，至 2007 年，养殖鸡、鸭等家禽 86095 只。2015 年，家禽存栏 50054 只。2020 年，家禽 76645 只，其中鸡 72681 只、鸭 2859 只、鹅 1105 只。

养牛 建场初期，农场购进役（水）牛 144 头。随着机械化程度的提高，水牛已由 1978 年的 504 头减少到 1986 年的 111 头。1962 年东风农场购进奶牛 8 头，因亏损，3 年后淘汰。1981 年黄牛存栏达 1081 头，由于牧场缩小，黄牛逐年减少，1986 年存栏 526 头。

2004 年 8 月，农场党委经过反复调研论证，制定《万头奶肉牛发展项目》，调整产业结构，大力发展奶肉牛。该项目经省科技厅、农业厅、畜牧站、牧草研究发展中心、农垦总局等专家论证、评审，被专家称为橡胶树下"创新工程"。2006 年，建成万头奶肉牛养殖示范场，养殖奶肉牛 4906 头，后于 2007 年改、扩建为东风农场奶水牛良种繁育基地。2020 年，养殖牛 375 头。

养马（骡） 建场初期，购进骡马 127 匹用于运输。1979 年，全部淘汰。

养羊 农场饲养山羊，因危害橡胶树和农作物，且亏损严重，所以数量很少。2006 年养羊 1252 只，2015 年存栏 1466 只，2020 年存栏 641 只，能繁母畜 358 只。

东风农场 2006—2020 年畜牧业情况见表 3-2-2。

表 3-2-2 东风农场 2006—2020 年畜牧业情况一览

项目		2006 年	2007 年	2008 年	2009 年	2010 年	2011 年	2012 年	2013 年	2014 年	2015 年	2016 年	2017 年	2018 年	2019 年	2020 年
牛	年末存栏（头）	3426	1734	970	854	685	144	145	107	164	906	398	528	487	498	270
	能繁母畜（头）	1480	678	386	155	258	82	54	0	74	381	173	255	199	205	105
猪	年末存栏（头）	4662	3011	3873	4268	3078	925	753	445	353	839	1096	1569	2186	1639	1831
	能繁母畜（头）	271	314	505	450	0	130	58	0	15	38	124	281	311	140	228

（续）

项目		2006年	2007年	2008年	2009年	2010年	2011年	2012年	2013年	2014年	2015年	2016年	2017年	2018年	2019年	2020年
羊	年末存栏（只）	1252	529	1404	489	418	218	118	1689	151	1466	1614	1921	924	812	641
	能繁母畜（只）	444	287	201	147	452	—	—	0	—	—	—	993	510	553	358
家禽	年末存栏（只）	97101	86095	86963	83369	119730	64371	55831	64093	59950	50054	49205	57267	53271	56694	76645
	能繁母畜（只）	0	—	—	—	—	0	143	0	—	—	—	—	—	—	—
其他动物	年末存栏（只）	73	24	7	0	9	0	21	27	0	0	16	30	10	0	0
	能繁母畜（只）	0	—	—	—	—	0	—	0	—	—	—	—	—	—	—
肉类总产量（吨）		1001.31	1018.82	789.25	576.45	507.88	237.60	110.80	—	142.50	205.50	1018.28	231.74	250.25	327.23	289.76
猪	当年出栏（头）	7107	6033	4120	4073	4130	2183	353	313	461	1102	1486	1421	1913	2802	2047
	产量（吨）	646.04	426.54	486.41	375.35	367.47	135.70	42.80	—	33.40	99.10	119.60	103.42	134.73	202.62	157.43
牛	当年出栏（头）	1268	1551	1009	306	213	299	173	9	104	172	216	294	225	236	144
	产量（吨）	214.84	480.81	187.88	83.63	43.69	35.90	32.30	—	20.70	32.80	30.79	30.06	19.92	25.87	18.41
羊	当年出栏（只）	1331	721	216	168	319	129	115	23	167	165	1209	1083	926	606	585
	产量（吨）	24.71	18.75	5.35	3.54	7.52	1.90	1.70	—	3.40	3.30	25.01	23.54	16.70	14.81	19.75
其他动物	当年出栏（只）	40	42	63	30	0	0	20	0	—	—	—	—	—	—	—
	产量（吨）	0.10	0.07	0.17	0.08	0	0	0.50	—	0	0	0.08	0.09	0.03	0	0
家禽	当年出栏（只）	94640	92652	82616	85135	81731	0	29113	29334	—	—	—	—	—	—	—
	产量（吨）	115.62	92.65	109.44	113.85	89.20	64.10	33.50	—	85	70.30	842.80	74.63	78.87	83.93	94.17
禽蛋	产量（吨）	56.60	54.15	64.64	44.58	31.65	64.10	31.70	—	32.80	14.20	20.21	21.47	23.59	27	28.37

（二）品种繁殖与改良

猪的繁育改良　建场初期，从本地购进滇南小耳猪和杂种猪，从外省、区引进约克夏、巴克夏、长白猪、苏白猪、宁乡猪、茶昌猪、内江猪、新淮猪、北京黑猪、汉普夏、杜洛克等优良猪种，由于缺乏科学的繁殖改良计划，盲目引进，尚未选育出适合本地的杂交组合新猪种。

1972年，引进日系和英系两个品种的长白猪40头，与本地猪进行杂交组合改良。由于饲养管理达不到要求，引进失败。引进的约克夏种猪和少量的长白猪，分散到各分场进行杂交繁育，虽然取得杂交效果，但未能保住纯种。

1978年，引进巴克夏猪40头，分散饲养在分场副业队，因病没有繁殖成功。引进北京黑猪40头，经过8年集中饲养，与本地猪种的杂交改良获得成功。

1984年，全场组织为期200多天的试验，以"数量遗传学"的理论为指导，采取"群体选育""个体选种"的方法，进行猪的繁育改良。经屠宰测定，北京黑猪×滇南小耳猪杂交二代的瘦肉率达45.7%，膘厚达0.37厘米，眼肌面积达26.6平方厘米。

1984年，引进杜洛克猪4头，设立了农场人工授精供精点，当年授精母猪共153头，怀胎126头，受胎率达82.3%，抽样调查计算，平均每次产仔猪9.4头，最高达13头。仔猪断奶时每头平均重11.7千克，最高达17千克。

几年来的繁育实践显示，杜洛克、汉普夏、北京黑猪等是适宜农场推广的瘦肉型猪种。

黄牛冻精配种 黄牛良种冷冻精液配种仅试验了一年，购入冻精试验配种母牛20头，产犊5头，受精率只有25%，而这5头牛犊也因饲养管理不良全部死亡，试验失败。

2003年10月，农场投资24244.50元，建立第一个牛品种改良站，对本地黄牛、水牛实行冻精改良。2004年11月24日，成功配育出农场第一头一代杂交改良肉牛。到2006年9月，累计冻改365头/次，生产改良犊牛158头，其中西门塔尔120头、摩拉水牛32头、黑白花奶牛6头。

2004年2月，农场投资139.4万元建立占地面积2.30亩的东风农场万头奶肉牛养殖示范场。购进西门塔尔牛10头、黑白花奶牛7头、摩拉杂交水牛29头，到2007年12月止，累计繁殖犊牛55头，已出售公牛犊22头，收入21500元。累计产奶4870千克，鲜奶收入19715元，牛粪收入5195元。

家禽引种 农场饲养的家禽多年来都是以本地品种为主。1983年后，开始注意引进家禽新品种。鸭、鹅良种引进后现存数量不多。良种鸡、蛋鸡和肉卵兼用鸡引进的品种有：白洛克、芦花鸡、星布洛、红布洛、星杂288、星杂579、白来行、罗斯、九斤黄和新汉鸡等已逐渐成为本场饲养的主要鸡种。

奶水牛良种繁育 2006年8月，东风农场奶水牛良种繁育建设项目总投资301.2万元，其中省发展和改革委员会专项资金100万元，东风农场自筹资金201.2万元，将"万头奶肉牛养殖示范场"改、扩建为"东风农场奶水牛良种繁育基地"。2009年11月6日，东风农场奶水牛良种繁育建设项目通过验收，建有86.4立方米的青贮池1个，冻精改良（冷配）站1个，饲草基地200亩，从广西中国水奶牛研究学院引进6月龄纯种母牛5头、公牛4头，从云南腾冲巴富乐槟榔江水牛良种繁育有限公司引进种公牛3头。2010年，存栏能繁母牛51头、犊牛10头、种公牛7头。项目建设成功为西双版纳奶水牛养殖起到示范引导作用，回收周边村寨稻草加工饲料，保护当地环境，增加农民收入，利用更新林地养护带种植牧草，提高土地利用率。2010 年 10 月，因农场实际情况，奶水牛繁育体系建设项目不适宜在东风农场继续实施，全部资产移交弥勒东风农场。

（三）经济效益

1960 年，人均食肉仅 0.9 千克。1963 年后，各生产队集体养猪，职工吃肉只收成本。1966 年，农场人均食肉 13.7 千克，猪肉每千克零售价 1.06 元。1975 年，人均食肉 6.3 千克。1978 年，人均食肉 9 千克，1982 年，人均食肉 16.5 千克。

1980 年，农场贯彻公私并举、私养为主的方针，实行联产计酬责任制，畜牧业亏损逐年下降，猪肉成本由 7.20 元/千克降到 2.62 元/千克。其中一分场副业队养猪场，1982 年猪肉总产量为 33.5 吨，成本为 1.36 元/千克，年盈利 5100 元。

农场畜牧业长期亏损，每个饲养劳动力年均养猪 20 余头，年产毛猪 2000 千克左右，精饲料消耗过多，设备利用率偏低，致使生产成本超过市场价格，产量越多亏损越大。

党的十一届三中全会以后，畜牧业的经营管理实行联产计酬和专业户生产承包，制定畜牧业技术承包责任制。1984 年，兴办职工家庭农场，扩大经营权，促进商品生产。家庭农场及专业户加强经营管理，提高饲养定额，达到一个劳动力年均养猪 50 头以上，产毛猪 5000 千克，或饲养生产母猪 15 头，后备母猪 5 头，种公猪 1 头，生仔猪 2250 千克。成本构成百分比为饲料费用占 59.6%，饲养劳动力费用占 10.3%，企业管理费用占 2.6%，共同生产费用占 3%，其他费用占 19.6%，固定资产折旧费用占 2%，医药费用占 2.9%，经济效益较好。

（四）技术培训

2004 年 8 月 7 日至 9 月 23 日，农场选派 6 人到巍山学习大牲畜养殖以及冻精改良技术。

2004 年 8 月 7 日，农场组织养殖户以及部分技术人员到巍山畜牧局参观学习。

2005 年 5 月，委托巍山畜牧局为农场 35 名养殖户和待业青年举办了为期 30 天的养殖技术培训班。

2005 年 7 月 31 日，农场党委针对农场畜牧业发展严重缺乏专业技术人才的情况，为尽快建起场内畜牧养殖技术队伍，解决农场职工子女就业问题，农场党委面向全场公开招考 20 名畜牧技术培训班学员，其中 2 名学员因其他原因主动放弃培训机会，18 名学员先后经过农场、云南农业职业技术学院、巍山畜牧局的培训，掌握了良种奶肉牛改良、疫病防治及防疫相关技术。4 月 23 日，农场、分公司领导、非公有制经济发展中心（简称非公中心）负责人与西双版纳州农业局领导、巍山县畜牧局领导在东风宾馆召开发展畜牧业座谈会，就如何依靠巍山畜牧局技术帮助农场发展万头奶肉牛畜牧项目进行友好协商，并达成技术服务协议：农场负责筹建畜牧技术综合服务站，由巍山畜牧局派 3 名人员到服务站从事技术服务工作，农场也派 3 名技术人员配合开展工作。巍山畜牧局为农场分批培训 100 名养殖人员。5 月 13 日，农场工会与非公中心联合举办奶肉牛养殖实用技术培训班，特邀巍山畜牧专家授课。各单位分管畜牧工作的领导、技术员、养殖户近 10 人参加培训。

2007 年，为提高农场职工水产养殖技术，非公中心在农场工会的支持下，举办首期水产养殖实用技术培训班，全场共有 50 余人参加培训。

三、牧草饲料

农场畜禽饲料自产自用。栽培青饲料以红薯藤、芭蕉芋茎叶、番木瓜、空心菜、苦麻菜等为主，面积千亩左右，饲用期为 10 个月。野生青饲料主要有糯米草、野芭蕉秆、刺旱菜、民国菜、竹叶草、白花草以及水葫芦、水浮莲、绿萍等陆生、水生饲料，全年均可饲喂。粗饲料以各种作物秸秆为多，有黄豆茎叶、花生茎叶、稻草、蔗渣等。

1974 年，饲用玉米年产量达 66.83 万千克。以后逐年缩小种植面积，到 1985 年，饲用玉米只收获 38.54 万千克。农场年产橡胶籽 250 万千克以上，用作饲料约占 60%。1976 年以来，农场购进锤片式粉碎机近 40 台，青饲料粉碎机 150 台，供各养猪副业队加工饲料。1987 年添置 3 台大型配合饲料粉碎机，日产配合饲料可达 5 吨。

1985 年，农场综合加工厂生产猪用配合饲料 7 万千克，禽用配合饲料 21 万千克。1986 年，全场普及配合饲料，年产量超过 100 万千克。

2003 年 6 月，为有效利用农场土地资源发展循环经济，农场非公中心所属万头奶肉牛养殖示范基地职工（农场职工）开始在更新胶园中试种牧草，同年，农场在云南省肉牛和牧草研究中心帮助下，引进东非兰尾草、狗尾草、臂形草、苜蓿、柱花草等 12 个品种，在二分场五队 12.80 亩更新胶园中试种，通过 1 年多的试验，选出臂形草和柱花草两个品种在更新胶园中进行推广。2005 年农场在二分场三队更新胶园中种植臂形草 19.60 亩、柱花草 86 亩，成为农场第一块"胶牧生态农业"示范基地。截至 2007 年 12 月，全场共种植牧草 787.80 亩，其中，臂形草 300 亩、柱花草 286 亩、王草 127 亩、其他品种 74.80 亩。

至 2020 年，农场种植牧草 1000 多亩，引入优良牧草品种十余种，为养殖业奠定了坚实的基础。

四、疫病防治

（一）畜牧兽医

建场初期，3 个农场各派 1 名转业下放干部，参加省农垦局主办的畜牧兽医培训班，结业后回场负责兽医工作。1959年，省农垦局分配1名中专毕业的兽医，从湖南支边职工中选用1名畜禽阉割员，1963年又安排1名兽医对口从事专业工作，组成了农场的兽医专业队伍。

1965年，农场自办短训班1期，培训兽医防疫员7名，建成了初级防疫网。

1970—1978年，农场自办培训班7期，共培训初级业务人员28人。

1979年，由于知识青年返城，畜牧技术人员严重不足，农场决定每年举办一期短训班，培养业务骨干。

1983年前，兽医业务由各分场兽医分片负责，畜牧兽医技术人员隶属于养殖主管机构。1983年10月，农场成立畜牧兽医站，设站长1人，技术员2人，1984年撤销。

1985年4月，设立兽药零售门市部，隶属于生产科，由畜牧技术员兼任营业员。至1987年，农场有畜牧兽医10人。

1989年，各分场设专职畜牧、水产技术员1人，负责本分场畜牧（兽医）水产技术工作。1996年后，农场没有再设专人负责畜牧工作。

2003年，农场非公中心成立，承担起畜牧技术服务工作，各分场设有1名专兼职非公技术人员，由于缺乏专业技术人员，此期间畜牧技术及疫病防疫多依托西双版纳州、景洪市畜牧兽医工作站。2003年10月，农场通过省人才招聘市场聘用2名云南农业大学毕业生到农场专业从事养殖业技术服务工作。

2004年12月，聘请巍山高级畜牧师吴能豪、陈文武为农场私营养殖业提供改良与动物疫病防治技术服务。

2005年，东风农场与巍山畜牧局建立畜牧技术协作关系，由巍山畜牧局派3～5名专业技术人员为农场提供牛品种改良以及动物疫病防治等畜牧技术服务工作，农场按年支付巍山畜牧局技术服务费。

2006年6月，各分场级的畜牧技术服务工作由各分场实习的18名畜牧技术人员负责。2011年后，农场畜牧工作由农林水综合服务中心负责。

（二）防疫措施

农场地处边陲，属热带原始森林开发区，自然疫源疫病繁杂，外与缅甸接壤，每年都有边民携带未经检疫的生猪入境，兽医检疫机构不力，扩散了畜禽疫病传染源。在引进畜禽品种时，由于忽略了检疫工作，也会将传染病带入。

历年来，如猪的链球菌病、传染性肠炎、水肿病、副伤寒、白肌病、牛的气肿疽、炭疽病，鸭的马立克氏病、霍乱、传染性喉头气管炎等畜禽疫病等，仍时有发生。

在畜牧防疫治病制度方面，农场规定，每年春秋必须各进行一次普及性的防疫注射。

自1958年建场至今坚持春秋两防，每次注射率为76%～85%，全场生猪防疫率为88%～90%。防疫效果达80%左右。但是，由于兽医配备不足，疫苗贮藏设备不良，技术操作不严，因此，在畜禽疫病的早期诊断、药物治疗、检疫技术和免疫程序的安排和实施等项措施上仍有待加强。

为了弥补常规预防的不足，1985年初，农场开设了畜禽药剂零售门市部，向全场职工和附近村寨的各族群众供应各种防治药品和饲料添加剂，并免费提供咨询服务。

为做好牲畜的疫病防治工作，非公中心主要按照西双版纳州、景洪市畜牧兽医工作站的统一部署开展工作。2003—2007年由非公中心负责组织，在每年春秋两季集中开展口蹄疫、禽流感、牛出败等疫病防疫工作，免疫密度按上级要求达到100%。近年来在场区内没有发生过重大疫情。

第三节　渔　　业

东风农场无可供捕捉的江河湖泊，养鱼全靠筑堤挖塘，有人工塘、库上千口，最大的仅105亩，一般在十亩上下，小的只有几分水面，构成星罗棋布的鱼塘群。

建场初期，仅有部分生产队自给性养殖，农场未设渔业管理机构，也无专职水产技术人员，由于饲料不足，水质不肥、水生植物和浮游生物少，加上养殖设施不足、捕捞工具很少、药品供应不及时，鱼种几乎全靠买进，还有相当数量的小鱼塘往往竭泽而渔，因此，全场亩产鲜鱼平均仅百余千克，只能供职工食堂逢年过节改善生活食用。

1965年有公养水面12亩，当年产鱼100千克，以后逐年用机械推筑了一些较大的鱼塘库，使用固定专人管理，逐渐形成渔业生产，产量大幅度上升，农场职工吃鱼难的局面得到了改善。

1979年，贯彻落实党的经济政策，国家、集体、个人一起上，渔业生产稳步发展，兴办职工家庭农场后，出现了养鱼专业承包户，农场渔业由自给性生产逐步过渡为商品性生产，开始向市场投放部分鲜鱼。

1982年，全场有814亩水面，平均单产鱼量69千克，其中国家养殖水面占42%，单产鱼量49.5千克，职工家庭养殖水面占5%。

1985年后，养鱼专业户自主经营，农场给予经济扶持和技术指导。一分场专业户承包水面105亩，连续三年亩产300千克以上；三分场专业户承包水面45亩，平均亩产达400千克。同时，在分局水产技术员的帮助下，十二分场扶持1户职工建起鱼种池，年育鱼苗20多万尾供应养殖户，有的专业户专育"夏花"，培育大规格鱼苗供应，1985年育鱼苗盈利近万元。1987 年自费投资修建鱼塘、育苗池 10 多户,养殖的热带经济鱼以莫桑比克罗非鱼、尼罗罗非鱼和梭鱼为主,四大家鱼以草鱼居多。稻田养鱼刚刚起步,有试验田 30 余亩。七分场利用温泉水养殖尼罗罗非鱼获得高产,后规划扩大水面到 50 亩。2006年,鱼类养殖达 2000 余亩。2015 年,渔业养殖面积为 739.5 亩,2020 年达 2764.5 亩。东风农场 2006—2020 年渔业生产情况见表 3-2-3。

表 3-2-3　东风农场 2006—2020 年渔业生产情况一览

项目	2006 年	2007 年	2008 年	2009 年	2010 年	2011 年	2012 年	2013 年	2014 年	2015 年	2016 年	2017 年	2018 年	2019 年	2020 年
养殖水面面积（公顷）	151.87	151.15	122.59	95.26	98.26	5.50	39.20	60.50	49.30	63	69.13	74.24	77.60	184.30	104.86
水产品产量（吨）	266.68	362.92	485.42	482.17	486.38	14	216.70	199.80	252.30	466	356	510.65	649.66	697.69	642.81
鱼类	266.68	362.92	484.25	482.17	486.38	14	216.70	197.30	251.30	466	356	510.65	649.66	697.69	642.81
其他水产品	0	0	1.17	0	0	0	0	2.50	1	0	0	0	0	0	0

第四节　非公有制经济

党的十一届三中全会后,市场经济改革的浪潮席卷全国,农场率先在橡胶行业探索推行经济承包责任制,随后将改革迅速推广普及到全场各个行业、各个领域,经济得到空前发展。

1984 年,根据中共中央关于"国营农场兴办职工家庭农场"文件精神,东风农场制定了《职工家庭农场章程（试行）》,选择 1 个生产队和 1 个水稻种植生产队进行职工家庭农场试点,提出"橡胶树下八业开花",号召职工发展家庭经济,促进种、养业和农副产品加工业的发展。其中,种植业以玫瑰茄、香蕉、芭蕉、芒果、菠萝等热带水果为主,养殖业以发展牛、羊、猪、牛蛙、甲鱼等畜禽为主,农副产品加工则仅限于碾米、磨面等粗加工,由于政策不配套,缺乏销售渠道,效益不佳,职工家庭经济的发展受到制约。

1992 年,进入职工自营经济发展时期,由于同样的原因,未取得实质性进展。

1996 年,受东南亚经济危机的影响,农场经济一度跌入低谷,农场党委积极寻求出路,全面推行割胶制度改革、减员增效、下岗分流,将 5000 多名富余劳动力先后从橡胶产业分离出来,陆续转入到私营经济领域或自谋职业。

1999 年,为解决割制改革后转岗分流职工的安置问题,农场将水田、菜地、鱼塘、荒山、荒地等有价值的国有土地资源作为生产岗位配置给一部分职工承包经营,称资源配置自主经营。

2002 年 12 月的云南农垦体制改革座谈会以后，农场党委把发展非公有制经济当作全面建成小康社会的首要任务来抓。通过出售、租赁、承包、合资等经营方式，将部分直属亏损企业的国有资本全部或部分退出，减轻企业负担，增加企业效益。

2003 年 6 月 2 日，农场党委按照"倾力扶持、规范运作、有章可循、有序发展"的原则，组建了非公有制经济发展中心，具体负责全场非公有制经济发展工作，并出台《国营东风农场非公有制经济发展实施办法》，明确发展非公有制经济的目标要求，即促进富余职工再就业，妥善解决其生活和发展问题；力争 3～5 年内使职工户均非公有橡胶种植面积达到 50 亩以上，将非公有橡胶面积与国有橡胶的比例提高到 50％以上；实现农场种植、养殖、工商、运输、服务等行业的非公有制经济的全面发展，力争 3～5 年内将非公有制经济占国有经济的比例提高到 50％以上，到 2010 年与国有经济持平。

2005 年，形成国有经济与非公有制经济齐头并进、共同发展的良好格局，非公有制经济发展走在云南农垦的前列，得到云南农垦总局的充分肯定。至年底，全场拥有私营橡胶 8 万余亩，开割投产 20815 亩，产值 2164.80 万元。累计种植东试早柚、香蕉等水果 5000 余亩，销售收入 300 余万元；中幼林地间种牧草、南药等 700 余亩；全场发展奶肉牛 2650 头，私营养猪 2 万余头，养羊 3000 余只，养鸡、鸭等 20 万余只，鱼类养殖 2000 余亩，个体私营运输车辆 400 余辆，私营资本投入建设商业门面 4 万余平方米。非公经济总资产达到 1.70 亿元，占国有经济比例为 65％。非公有制经济总产值达到 6436 万元，户均收入 7435 元。

2006 年 4 月，出台《东风农场非公有制经济发展实施办法》，对发展非公有制经济再次提出实施意见和发展目标。截至 2006 年底，全场私营橡胶发展到 11 万余亩；养殖奶肉牛 5002 头；种植东试早柚、香蕉等水果 2000 余亩；养猪 11654 头，养羊 2466 只；养鸡、鸭 176858 只；鱼类养殖 2000 余亩；个体运输车辆 466 辆；私人商业门面 41000 余平方米。全场非公有制经济总资产已达 2.10 亿元，占国有资产比例为 65％，非公有制经济总产值达到 7469 万元，非公有制经济发展户 6100 户，非公有制经济户均收入达到 8998 元。

2007 年，东风农场进一步促进非公有制经济发展，非公有制经济国内生产总值实现 7225.04 万元。2008 年，非公有制经济总收入达到 10302 万元。

2011 年，非公有制经济发展中心撤销，东风农场根据农垦改革文件精神，坚持"国有土地性质不变和企业职工身份不变"原则，推行全员家庭承包，首轮承包期限 19 年。凡 2008 年 12 月 31 日户籍在农场的在职职工、临时工、现役军人、退伍军人、灵活就业人员、年满 18 周岁的职工子女均可参与承包。承包量以单元株数计量（单元有效株 90～120 株），按 2、3、4 个单元 3 个等次划分。承包费收缴按每千克干胶 6.80 元计费，通过降低承包费用，大幅度增加承包户收入分配比例，承包户分配比例接近 80%。

2013 年，东风农场区域内非国有二三产业从业人员 3181 人，产值 20160.37 万元，上缴税金 1663.37 万元，实现利润 4322.98 万元。

2017 年，经济结构得到进一步优化，形成以国有经济为主导，天然橡胶为主，商贸、运输、热果种植等多产业融合发展新格局。农场综合经济实力不断增强，2017 年生产总值达到3.13 亿元，其中第一产业 1.97 亿元、第二三产业累计 1.15 亿元；经济发展呈现多元化态势，职工就业有了更多选择，产业发展得到进一步拓展。以私营橡胶为代表的非公有制经济发展迅速，种植面积突破 15 万亩，以服务业为依托的第三产业得到稳步发展，2017 年末全场非公有制经济产值达到 1.2 亿元，实现了国有橡胶与私营橡胶"两分天下"的发展目标。

2019 年，围绕"垦区集团化、农场企业化"的改革方向，确定农场"巩固提升橡胶产业、培育壮大二三产业、科学调整种植结构、大力发展非公经济"的发展思路，成立了东弘地产有限责任公司、东诚木业有限责任公司、康绿农业有限责任公司，农场企业化迈出实质性步伐。东风农场 2006—2020 年非公有制及管区经济基本情况见表 3-2-4。

表 3-2-4　东风农场 2006—2020 年非公有制及管区经济基本情况一览

项目	2006 年	2007 年	2008 年	2009 年	2010 年	2011 年	2012 年	2013 年	2014 年	2015 年	2016 年	2017 年	2018 年	2019 年	2020 年
经营单位个数（个）	5665	6755	5248	4754	4909	5099	1470	1984	2180	2038	1186	1493	1651	1725	1671
个体经济	5663	6754	5247	4564	4909	5097	1470	1936	2099	1979	1117	1490	1609	1077	1116
私营经济	2	1	1	190	0	2	0	48	81	59	69	3	42	648	555
从业人员人数（人）	7850	7852	7748	6802	7039	7342	3031	3829	4026	4564	4004	2396	2620	2980	2621
个体经济	7787	7801	7713	6572	7039	7265	3031	2960	3776	2933	3519	2329	2417	1518	1645
私营经济	63	51	35	230	0	77	0	869	250	1631	485	67	203	1462	976
劳动报酬（万元）	1963.22	2977.45	2905.08	3581.11	3889.47	4991.10	2427.90	4196.50	6197.70	5712.40	6595.43	5293	6241.08	6136.73	5687.14
个体经济	1935.12	2925.35	2870.08	3418.41	3889.47	4843.70	2427.90	3571.90	5631.70	4875.20	5700.47	5118	5423.08	2893.21	2977.24
私营经济	28.10	52.10	35	162.70	0	147.40	0	624.60	566	837.20	894.96	175	818	3243.52	2709.90
生产总值（万元）	5607.93	7225.04	8246.97	9505.08	10540.30	10666.80	8491.20	12430.20	11801.10	8846.70	13136.10	12414.32	13378.97	14295.57	12145.20
个体经济	5528.05	7113.94	8156.97	9350.31	10540.30	10470	8491.20	9198	11213.60	7791.80	11671.35	12104.98	10443.47	9064.08	7615.28
私营经济	79.88	111.10	90	154.77	0	196.80	0	3232.20	587.50	1054.90	1464.75	309.34	2935.50	5231.49	4529.92
利润总额（万元）	1793.27	2720.52	3302.92	3550.92	3752.96	3176.60	3168.50	3284.30	3120.90	2794.50	7531.09	5378.46	5059.92	5496.61	4158.51

一、机构设置

1963 年设基建大队[①]，1984 年成立供销机运公司、建筑安装公司和工业电力公司。

---

① 前身为 1960 年东风农场直属作业区。

1987年2月成立直属分场，下辖修配厂、汽车队、基建队、商业服务公司、食品饮料厂、胶杯厂和幼儿园共7个单位。

1993年1月，直属分场撤销，将修配厂、汽车队、商业服务公司、食品饮料厂等单位升格为副科级单位，独立经营，自负盈亏；幼儿园仍为队级单位，划归农场机关直接管理；胶杯厂划归东风建筑建材实业公司管理。1995年1月，农场机构调整，将商业服务公司、勐河商行、东风农贸市场并入东风旅游商贸开发中心（公司）；修配厂与汽车队合并，成立东风汽车运输中心（公司）。1997年2月，东风汽车运输公司、国营东风食品饮料厂升格为正科级单位。

2003年2月，分场级单位合并、重组，成立非公有制经济发展中心暨商贸运输中心，实行两块牌子一套班子管理，分场级建制。原东风旅游商贸开发公司和东风汽车运输公司、农场咖啡厂划并非公有制经济发展中心。2004年6月、8月，东风食品饮料厂、原胶厂机关办公楼以及机关住宿区划归非公有制经济发展中心暨商贸运输中心管理。经过农场党委的统一调整和部署，到2007年，东风商贸运输中心所辖单位有：东风汽车运输公司、东风旅游商贸开发公司、食品饮料厂、东风宾馆、东风休闲中心、东风加油站、东风咖啡厂、东风万头奶肉牛养殖示范场。

2011年属地管理后，撤销非公有制经济发展中心，保留商贸运输中心。2012年，商贸运输中心划归景观生产队（直属分场）。

二、运输业

农场运往昆明的货物主要有干胶、水果及勐海的白糖等物资，昆明运往农场的有建材、百货、机电设备、汽油、柴油等物资。

1959年初，农场场内运输依靠牛车、马车和一辆载重2.5吨旧道奇汽车。1970年开始，拖拉机逐步增至300余台、汽车增至92辆，农场年运量达4万多吨，景洪以外的运输大部分由汽车完成，场内运输主要由拖拉机完成，拖拉机运输占总运量的30.4％以上，占拖拉机总作业量的52.8％以上。1988年后，长途运输主要由农场车队完成。短途运输以乳胶为主，其次是分场所需的生产生活物资，主要靠各分场小型生活车和拖拉机完成。到1993年，长途个体运输户约占30％。短途运输，由于各分场机务队将拖拉机全部转让给私人经营，有80％的拖拉机被职工更新成了汽车，乳胶运输全部由个体运力来完成，占短途运量的80％。

2002年后汽运中心改制，将28辆货车全部作价转让给职工；长途运输全部由个体运输户完成，场内短途运输除乳胶外，其他生产生活物资，还是由各分场的小型生活车完成。修配厂的机器设备全部折价出售，厂房出租，场地租赁，各分场的机务队、机修工作也随着逐渐消亡。

到 2007 年 12 月止，全场拥有各型机动车辆共 8208 辆，其中公有车辆 54 辆，私有车辆 8154 辆。

（一）商贸运输中心

1993 年 1 月，东风农场直属分场撤销，汽车队升为副科级单位。1995 年 1 月，农场机构调整，修配厂与汽车队合并，成立东风汽车运输中心。1997 年 2 月，东风汽车运输公司升为正科级单位。2003 年 2 月，分场级单位合并、重组，成立非公有制经济发展中心暨商贸运输中心，实行两块牌子一套班子管理，分场级建制，东风汽车运输公司纳入商贸运输中心。2010 年，撤销非公有制经济发展中心。2012 年，商贸运输中心划归景观生产队（直属分场）。

汽车队 1959 年组建机耕队，1960 年成立机务队，1963 年称为东风农场机务队。1971年，兵团建立机务连，设汽车队，由修配厂代管，同年汽车队由修配厂分出单独建队，为农场直属单位。主要担负农场至昆明的长途运输任务，运出橡胶并运回生产建设用的各项物资。

1972 年增加 2 辆客车，担负农场至景洪的客运任务。至 1987 年，汽车队车辆逐步增加到 38 辆，此外，每个分场也配有各型汽车 3～8 辆。汽车成为农场运输的主力，汽车队配有修理小组，承担本队部分维修任务。

1988 年由直属分场管辖，称东风农场汽车队，属队级单位，实行独立核算自负盈亏。1993 年 1 月直属分场撤销，成为独立的东风农场汽车队，同时升格为副科级单位。1995年 1 月，农场汽车队与农场修配厂合并，成立西双版纳东风汽车运输中心。1997 年 2 月升格为正科级单位。2003 年 2 月，分场级单位合并、重组，成立非公有制经济发展中心（暨东风商贸运输中心），原东风汽车运输中心属于发展中心管辖，由中心统一核算。

1980 年，实行经济责任制之后，运输任务逐年上升，利润也相应增加，利润逾万元的车辆达 12 辆。1983 年更新 8 辆 CA-15 货车，有 7 辆利润均逾万元。

1988 年，运输车辆以国产老式东风、解放牌汽车为主，共有各型车辆 30 辆，其中长途货车 27 辆，大型客车 1 辆，油罐车 1 辆，8 吨吊车 1 辆。年完成货运周转量 890.17 万吨千米，总产值为 179.40 万元，年利润为 35.40 万元。至 1994 年，拥有各型车辆 41 辆，其中长途货车 35 辆、大型客车 2 辆、油罐车 2 辆、吊车 1 辆、生产指挥车 1 辆。完成货运周转量 1043.88 万吨千米，总产值 253.95 万元，年利润 19.70 万元。

1995 年 1 月，汽车队与修配厂合并，运输车辆以国产新型东风牌为主，共有各型车辆 36 辆，其中长途货车 32 辆、生产指挥车 2 辆、8 吨吊车 1 辆、油罐车 1 辆。完成货运周转量 1025.30 万吨千米，总产值 332.80 万元，年利润 5.37 万元。

2002 年 12 月，所有货运汽车转让给职工经营。完成总产值 64.16 万元，年利润 2.60 万元。

修配厂 1958 年 6 月，东风农场从一队抽调 4 名在部队从事过军械修理的转业人员，到三队（工业队）组成一个铁工组负责修造工作。条件简陋，在 20 多平方米的"草厂房"，用两把石工手锤和一个铁砧打制自用的炉条、铁钳和盖草房急需的蚂蟥钉，修理锄头、砍刀、打米机和制作砖瓦窑用的火钩、火铲等。

1959 年，三队从曼别搬到曼改，又增加了一个 7 人木工组，用一把解锯、几把斧头、几支凿子，制作牛车、木轮手推车和小马车。

1959 年底至 1960 年初，从湖南支边、部队退伍的和景东、景谷来场的人员中，挑选出有技术专长的人员，成立"铁木农具修配厂"，人数发展到 40 多人。厂内分铁工、木工车间。铁工车间由一盘炉子扩大到四盘炉子，主要制作湖南式锄头、铲刀、傣式砍刀以及牛车、马车、风扇车、拖斗、办公桌椅等。

1962 年厂址从曼改迁到曼景门，1963 年搬迁到曼康湾。

1964 年，龙泉、温泉两农场进入机械开荒阶段，修配厂负责拖拉机修理工作。1965 年，安装车床、钻床、汽锤、油泵试验台及氧焊设备，正式定名为"国营农场东风总场修配厂"，主要承担零修、大修和制造割制胶的生产运输设备，制造生用工具和民用生活用具。各分场机务队（班组）和农场汽车队以保养为主，担负零星换件的维修工作。

1970 年"兵团"成立后，兴建一幢 689.6 平方米的拖拉机、汽车修理厂房。挑选出一批知识青年补充各工种，增设白铁皮、翻砂和制造车间，白铁皮车间全由女同志组成，承担全场胶舌、运胶桶的制作，产品质量好，产量由半自给提升到全自给，并供应地方村寨，同时还生产民用生活用具供应市场。

20 世纪 70 年代，修配厂为各橡胶加工厂制作凝固槽、挂胶车、渡车，为建筑房屋提供铁件；为各基建队装配排锯机、圆盘锯、刨板机等木工机械；为分场的机务队制作八台交流电焊机。到 20 世纪 80 年代，随着橡胶加工工艺的改变和发展，工厂又开始制作干燥车、长凝固槽、运胶罐、收胶池等。

至 1987 年，修配厂有汽修、拖修、金工、电工、翻砂、锻工、钣金、木工和制造等 9 个车间，有车床 5 台、钻床 5 台、冲床 3 台（自制）、汽锤 3 台；有铣床、平面磨床、曲轴磨床、油泵试验台、镗缸机、气门机、剪板机、充电机、电焊氧焊机，2 吨、5 吨行吊及 50 千瓦、84 千瓦发电机等设备 28 台（件）。承担农场和当地群众的部分汽车、大部分拖拉机的大修与零星修理，制造简易割制胶设备和生活用具、生产工具及配件。年大修能力约 24 标准修理台，年产值 45 万～60 万元。

1995 年 1 月，农场机构调整，农场汽车队与农场修配厂合并，成立西双版纳东风汽车运输中心，主营修理、加工、制造、配件销售等，各种加工、维修、焊接等设备 40 余台，属于西双版纳一类汽车维修企业。

2003 年 2 月，成立东风商贸汽车运输中心，下辖汽车运输中心。

2004 年 6 月，经农场批准，将原修配厂的部分国有资产的 34 台机床设备向社会公开转让拍卖，通过拍卖后收回国有资金 185000 元。

随着修配厂的机器设备折价出售、厂房出租、场地租赁，各分场的机务队、机修工作也随之逐渐取消。

东风加油站 1996 年 3 月，由东风汽车运输中心牵头并代管，在允大公路右侧即东风医院对面设立股份制加油站——东风加油站，建设规模为二级加油站，共集资 80.20 万元，其中农场占股 36 万元，职工占股 44.20 万元，1997 年 3 月建成运营，占地面积 600 平方米，能储存油料 100 立方米，同时原农场供销科油库[①]停止加油，用于油料储存。

2003 年 4 月，东风加油站实行对外招标承包，年承包金 12.10 万元，承包期限为 8 年。2010 年 3 月 21 日，撤销东风商贸运输中心东风加油站。

（二）经营管理

修配厂自建立以来，实行责任管理制和技术管理制度。1987 年实行基本任务、基本工资及定额工时两个责任制，管理人员实行岗位责任制。基本任务（费用承包）是按全厂折旧管理、生产费、本人工资、劳保、附加费为基数，完成基本任务发放基本工资，超额部分奖 20%，亏欠部分赔 70%；任务工时按全年有效劳动工日 303 天，每天 7 小时，另外 50 小时的工具费为全年任务。完成工时任务，发放基本工资和附加费，超额部分奖励每小时收入的 20%，亏欠部分赔偿每小时收入的 70%。1987 年全厂职工人均增收 350～400 元。

1988—1994 年 12 月，农场车队运输车辆以运送农场干胶及生产生活物资运输为主，运输单价由农场供销科根据市场运价核定，车辆实行单车成本核算，驾驶员实行基本工资、基本任务、超产按比例提成奖、运费收入交单位、支出费用单位报销、车辆运输出入昆明货物采取统一调度的管理方式。

1995 年 1 月至 2001 年 12 月，对运输车辆、修理、制造等岗位实行全额承包经营，包上

[①] 2001 年 10 月原供销科油库因不符合消防要求，停止储油并全部拆除。

缴利润，包产品运量，包设备完好率，交风险抵押金，承包合同一年一订。自主经营，自负盈亏，超利归己，单位统一核算，统一代缴各种税费，年终兑现，亏损者用风险金冲抵。

2002年1月，汽运中心改制，将现有28辆货车根据车辆使用年限及车型的不同，按2～5年，每年以200～300吨的干胶数量，作为送至昆明的货源，搭配给所出售的运输货车；以2001年12月各车净值为基数作价，一次性转让给职工个人经营，退出国有资本136万元，全年节约运输费用89万元。

2002年改制后的汽车运输中心，以承包农场20000吨干胶运输为基础，继续经营运输业，直到2003年2月，成立非公有制经济发展中心后，仍继续承包农场的干胶运输。由于农垦实行政企分开体制改革，从2005年1月起，干胶运输归橡胶分公司调度管理，主要运力以个体运输户和运输信息服务部为主。农场的国有运输业，也就到此时基本结束。东风农场2006—2020年运输业基本情况见表3-2-5。

表3-2-5　东风农场2006—2020年运输业基本情况一览

项目	2006年	2007年	2008年	2009年	2010年	2011年	2012年	2013年	2014年	2015年	2016年	2017年	2018年	2019年	2020年
运输单位（个）	392	409	406	370	316	191	13	24	28	28	29	25	32	40	32
从业人员（人）	405	439	482	383	411	262	47	66	63	46	48	29	39	48	40
生产经营用运输工具（辆）	373	385	473	472	503	692	253	281	704	620	622	170	216	346	80
载货汽车（辆）	159	124	118	113	108	102	5	14	15	20	20	11	15	27	21
载客汽车（辆）	53	85	56	72	62	56	12	15	16	21	23	12	15	9	2
轿车及越野车数量（辆）	15	35	82	127	156	437	214	249	662	576	578	145	169	307	52
全年货运量（万吨）	254.01	512.19	398.40	166.43	114.52	10.70	4.40	5.80	32012.90	26100.40	29.70	3.50	5.65	74.87	69.31
全年客运量（万人）	38.48	61.65	65.30	995.98	177	16	132.80	148.20	163.80	140.60	145.20	11.97	34.15	11.72	24.32

（三）技能培训

为使自身的技术力量和修配业务能力与农机日益增多的情况相适应，东风农场从20世纪60年代初就注重培养技术骨干。培训技术骨干主要是选拔人员送外单位实习和进修。1963年6月，派到总局修配学习9人，学习时间为1年。所学工种为车工、钳工、电工、焊工、锻工、油泵工、拖拉机修理等。外出学习累计13批52人次，含汽车修理、木模、翻砂、曲磨、液压、机械制图等工种。另一方面采取以师带徒的办法，先后为本厂和分场培训修理、车、电、焊等工种工人数十人。

汽车队除运输任务外，还担负着农场汽车驾训任务，组织教练车集体培训或以师带徒的方式培训驾驶员，至 1987 年共培训 8 批 55 名汽车驾驶员。

三、商贸服务

建场前，勐龙地区商业全为景洪县商业局所属商业部门经营。商业网点仅集中在勐龙、小街两个街镇，其他村寨均未设置。民间则为集市贸易，货物为家庭农副业产品，时间由凌晨三四点钟开始，至拂晓即散。因此，建场之初，农场生产队职工购物十分不便。东风、大勐龙、前哨 3 个农场于 1958 年即分别在场部设立代销店，供应日常用品。门市部和仓库都是茅、竹结构，十分简陋，网点也较稀少。随着农场建制调整和规模扩大，代销店数量到 1972 年增至十多个。历经十余年摸索经营，单位、人员、营业额渐次增加，经过扩充网点，开拓市场，增加渠道，辅以个体及合营力量，全场初步形成商业、服务、饮食、邮电、书店各业兼备，遍及 16 个分场级单位的商业系统。至 1987 年全场共有营业单位 80 余个，从业人员 170 人，全场销售总额 492 万余元，经营品种近 3000 个。

1988—1993 年，农场有商业服务公司 1 个，商品专柜及综合门市 40 余个，职工 64 人，停薪职工、个体经商户和外来商户发展到 107 个，231 人。

1994 年改为由职工承包门市柜台，社会上个体户自主经营。经历十余年摸索经营，以及农场职工和当地人民生产生活的需要，到 2002 年农场有经商户 339 户，经商从业人员 730 余人，全为个体私人经营，经营项目 30 种，商品品种近 9000 个，年营业额达 3900 万元。

2003 年农场贯彻云南省、西双版纳州、农垦总局大力发展非公有制经济的方针政策，加大农场改革力度和农场宣传并出台各种政策，鼓励职工大力发展非公有制经济，积极开发东风小城镇的建设规划并组织实施。至 2007 年，职工个人投资 5100 多万元建成商业经营用房 47500 平方米。东风农场小城镇已发展到商业经营项目 40 个，商品品种近 20000 种，共有营业经营户 717 户，其中省外商户 170 户（长住经商），经商从业人员共有 2061 人。2007 年当年商品营业收入达 8628 万元。

（一）商业管理

1958 年，大勐龙、东风、前哨 3 个农场各办起一个代销店，职工共 4 人。

1964 年到 1972 年 5 月，为景洪县商业局经营管理阶段。农场商业、行政归农场领导。经济收支（含从业人员工资）及业务由景洪县商业局负责。

1964 年 1 月，建立总场中心商店，下设龙泉、温泉、东林、风光、前哨、疆锋 6 个农场代销店。1966 年 3 月，在东风商店及风光、疆锋农场各办起 1 个食馆，风光、疆锋农场的代销店改为东风商店分店。1971 年，除原有的 6 个分店和代销店外，在新建营陆续增设 11 个代销店，至此，全场（团）共有百货店 17 个，餐馆 3 个，从业人员 46 人。

1972 年 6 月，原东风中心店、餐馆及风光、疆锋农场分店、餐馆，其人员因属景洪县商业局编制，全转为小街商店职工。二团同时成立服务社，经销百货，下辖 15 个营及农中、电站，共 17 个代销店。服务社成立缝纫、照明、理发、补鞋等专业小店。从此，农场商业为农场自己经营管理，与景洪商业局仅有进货供应关系。

1973 年，服务社增设餐馆、招待所各 1 个。1979 年，农场办起冰棒室。1982 年，设立五金门市，农场商店共有布匹、针织、百货、综合、土杂、烟酒、五金等 7 个专柜。1983 年 1 月，农场百货大楼建成，增设成衣、文化用品、鞋帽、呢绒等柜，共设专柜 16个，早晚门市部 1 个。

1984 年，因分场撤并，代销店减少 2 个，保留 15 个。

1986 年，农场中心商店改名为东风农场商业服务公司，除原有 16 个专柜和早晚门市外，增设综合门市 2 个。另有 1984 年划归商店管理的书店、邮电代办所各 1 个。1987 年，农场商业服务公司设有商品柜 14 个及土杂、综合、新华书店、理发、照相等 5 个门市部。

至 1987 年末，全农场共有营业单位（户）83 个，其中餐馆 7 个、冰棒室 12 个、面包加工店 2 个、百货店 33 个、理发室 9 个、缝纫铺 8 个、修理室 4 个、照相馆 1 个、邮电代办所 6 个、书店 1 个。个体商业户 5 户 51 人。

1979 年以前，农场商业未实行责任制，也未下达指标计划，销多少算多少。1980 年，开始实行工日定额管理责任制，按当年应出工日数和全年总任务核定每个工日每人定额，完成任务后，以日定额换算为实际工日，每超过一个工日奖 1.5 元。1982 年，将奖励办法改为超任务按比例提奖。1985 年起，对部分项目和分场代销店实行承包型①及自营型经营②。1986 年起，对门市售货员实行百元销售额工资含量包干，销售任务完成越多，工资报酬越高，当年销售额达 3163935 元，比上年（1985）增长 40.1%。

1988—1993 年农场按计划经济的商业经营管理模式统一由昆明、思茅、景洪进货，再分配给各柜台、门市和代销店销售。1994 年，随着社会主义市场经济体制的改革，农场（东风商店）完全退出商品流通经营的管理，对商品进销货由经商户自行负责，自行管

---

① 分场代销店承包，上交金额各分场自定，每年 1000～3150 元不等。分场为承包者垫付周转所需资金，年终扣回利息及各项折旧费。全场 13 个分场代销店已实行个人承包。

② 自营型由经营者自定经营项目。自营型店铺包括农场职工（留职停薪或不停薪）经营和未就业的职工子女经营两种。农场职工自营型店，一年上交管理费 580 元，利润 480 元，职工未就业子女自营型店，每年上交工商所管理费 72 元，按章纳税，资金自筹。1987 年，全场有自营店铺、餐馆共 21 个。

理商品市场销量的多少，人们的购买力取决于农场职工、乡镇居民的经济收入而定，经商户、商业市场经营户接受勐龙镇工商所及相关部门的监督管理。1998 年，东风农场商业市场商品销售量达 1000 万元，至 2007 年达到 8600 万元。

（二）商品经营

1958—1963 年为代销阶段，前哨农场代销店向勐龙商店进货；东风、大勐龙两场向小街商业小组进货，按销售价 3％算代销费。进货品种多属一般生活用品，全部品种不超过 200 种。

1964 年至 1972 年 6 月，总场中心商店由县商业局管理，向县民族贸易公司按批发价进货，品种近 500 种。

1972 年 6 月以后，属农场自营，到 1975 年仍维持向县商业局进货的关系。1976 年，景洪县商业局停止向农场供货，农场商店改向勐海、普洱等地商业单位按北京市价进货，以微薄的地区差价作为经营收益。1978 年进货品种达 810 种。

1980 年起，农场商店扩大进货渠道，固定按批发价供应的关系，品种不断增加，到 1987 年有 2825 种，其中包括电视机（黑白、彩色）、洗衣机、电冰箱、收录机、摩托车等高档商品，还有自行车、缝衣机等，受到农场职工和当地群众的欢迎，属于畅销品。

1988—1993 年，东风商业服务公司（商店）是农场商店进货渠道，固定按批发价供应的关系，品种不断增加，商店派人驻昆明长期采购商品，经销商品有百货、副食、五金交电、土杂、电视机、洗衣机、电冰箱、自行车、摩托车及其他家用电器。

1994 年后，东风商店退出商品流通经营管理，由经商户自行根据市场需要进行采购及销售。2005 年新建中型商品超市 1 家。截至 2007 年新增汽车、手机、电脑、建材、农用拖拉机、空调机、家居等商品，东风城镇商品品种近 20000 种，货源来自全国各地，农场职工需要的商品都能买到。

（三）服务业

农场的服务业最初归农场领导，设有总场中心商店、餐馆，后有服务社，成立缝纫、照明、理发、补鞋等专业小店。1983 年，百货大楼建成，增设成衣、文化用品、鞋帽、呢绒等专柜及门市部。1986 年，农场中心商店改名东风农场商业服务公司，有土杂、综合、新华书店、理发、照相等 5 个门市部及邮电代办所 1 个。1994 年，由计划经济向市场经济改革，农场（东风商店）完全退出经营管理，经商户、商业市场经营户由勐龙镇工商所及相关部门监督管理。

宾馆 2007 年，农场场部周围共有宾馆 6 个，其中农场所属宾馆 3 个，当地村民宾馆 3 个。农场 3 个宾馆设 180 个床位，均承包给个人经营；村民 3 个宾馆全部自主经营。随着经济的发展，以农场部为中心，东风小城镇范围内，由外来人员、农场下岗职工及当地村民修建起多家小宾馆、旅社。

餐饮　1987 年，东风农场有国营餐馆 3 个、个体餐馆 4 个，还有部分固定或流动的饮食摊点 7 个。2002 年，餐馆发展到 25 个。2007 年，有餐馆 53 个，其中国营餐馆 2 个，全都承包给职工经营，可供 1000 人同时就餐。

美容美发　建场以后，农场及分场均开办理发室，设置专职理发员，后因经济效益和待遇问题，分场大多取消了理发业务。1987 年有国营理发店 3 个，个体理发店 6 个，尚未能满足需要。随着生活水平的提高，美容、美发、化妆等行业逐渐兴起，至 2007 年，农场有理发、美容、化妆店 33 个，均由农场职工和待业青年及外来人员开办。

照相　1972 年建立农场照相馆 1 个，各分场相继由行政或工会开办照相业务。近年因职工个人摄影及地方专业摄影户增多，农场营业性质的照相业趋于衰落，1987 年仅有国营照相室 1 个。至 2007 年，全场有照相馆 5 个，均由农场职工和外来人员开办。

书店　1967 年，农场建立书籍代销业务，由东风商店门市经营。1975 年，正式成立书店，单独核算。1987 年，东风书店经营书刊 17 类 1500 多种，主要供应农场及附近 8 个分场学生课本及职工所需各类书籍，其余四、五、六、十、十二等 5 个分场由勐龙区新华书店供应。2007 年，农场有书店 5 个，均由农场职工和外来人员开办。书的来源为景洪市新华书店、昆明新华书店、外省市及推销商。主要供应附近几所学校的学生课本及职工、居民所需要的各类书籍，由勐龙镇政府文化站、工商所对书店进行监察管理。

通信　1966 年，农场建立邮电代办所 6 个，设邮递员 7 人。1987 年，建立农场部代办所 1 个，邮递员 2 人；分场代办所 5 个，未设所的分场设邮递员，共有邮递员 13 人。2007 年，农场有邮电、电信、移动、联通、IP 电话亭共 11 个。

娱乐场所　2007 年，农场有娱乐场所、网吧、游戏机、音像厅 26 个，全由农场职工子女、外来人员经营。由勐龙镇政府文化站、工商所、公安局对以上经营场所进行监察管理。

药店诊所　2007 年，农场医疗诊所、药店 17 个。其中东风农场医院退休医生、停薪留职医生在城镇街道开办医疗诊所 6 个，从业人员 12 人。其余 7 家个体药店由外来人员开办。东风农场职工医院在东风城镇街道开办 4 个门诊部，方便城镇居民就诊就医。

维修加工　2007 年，有修理业、加工业 5 个，由农场职工、停薪留职职工、待业青年、外来人员联合或个人经营；汽车、拖拉机修理 10 个，从业人员 37 人；摩托车修理 9 个，从业人员 25 人；其他修理 15 个，从业人员 3 人；加工业有机械配件加工点 3 个，从业人员 5 人；建筑门窗加工点 5 个，从业人员 17 人；农产品加工点 2 个；其他加工点 3 个。

危化 1988—1997 年 3 月加油站由农场经营；新建东风农场股份制加油站于 1997 年 4 月开业；1998 年由西双版纳州烟草公司组建加油站 1 个，1998 年 12 月开业；液化气店 1998 年 1 个，2003 年增加 1 个。2007 年，有加油站、液化气店各 2 个。

金融 2007 年，农场有金融企业 2 个，其中中国农业银行东风营业所 1 个，农村信用社 1 个。

保险 2007 年，农场有保险企业 2 个，其中中国财产保险 1 个，中国人寿保险 1 个。

客运站 汽车客运站 1 个，开业于 2006 年 10 月，每天从东风客运站进出的中型客车有百余辆次，专发昆明长途客车 1 班，当天可以到达昆明。东风农场 2006—2020 年批发零售贸易业情况、住宿餐饮业情况、居民服务和其他服务业情况分别见表 3-2-6 至表 3-2-8。

四、集贸市场

1964—1966 年，农场职工开展家庭副业生产，有少量蔬菜上集市贸易，集市上只有村寨居民生产的少量蔬菜、水果、禽、蛋，其余肉、鱼几乎绝迹。此类物品，职工只能靠从内地带回和邮寄供应。

党的十一届三中全会后，农场及地方村寨各种农副业迅速发展，改变了过去吃油吃肉靠内地的倒挂局面，农场生产的各种农副、养殖产品，除自食外，多余的向市场投放，形成了以东风农场城镇为中心，农场和地方、汉族和少数民族互通有无的农贸集市。

1988 年，为规范市场管理，农场兴建了东风集贸市场，为农场和地方提供了农副产品集中贸易的场所。

2002 年 1 月 8 日，农场投资 600 万元，在原农贸市场位置上新扩建 1 个标准的集贸市场，占地 13 亩，建筑面积 19886.40 平方米，共有商品房 88 套，650 个摊位，两个彩钢瓦大棚。它是当时西双版纳州内规模最大、档次最高、配套设施最全的集贸市场，每年可收取摊位费及管理费 40 多万元。

2007 年 8 月，农场职工全额出资，在原东风集贸市场后方扩建新集贸市场，并与其连通，扩建后的东风集贸市场占地面积 22977 平方米，有商业门面 160 个，固定摊位 210 个，临时性摊位 500 余个，不但解决了部分本场职工和周边村寨群众的就业问题，还吸引了来自勐海、景洪、橄榄坝等地的客商。东风集贸市场日均消费达 5000 余人次，日均成

表 3-2-6 东风农场 2008—2020 年批发零售贸易业（非公有制经济）情况一览

项目	2008 年	2009 年	2010 年	2011 年	2012 年	2013 年	2014 年	2015 年	2016 年	2017 年	2018 年	2019 年	2020 年
年末营业单位个数（个）	153	142	96	67	379	615	581	610	59	639	791	765	676
年末固定资产原值（万元）	961.58	721.71	406.42	336.10	2029.90	4406.80	4208.30	3916.30	4184.80	4192.50	4143.82	5133.60	5074.60
年末营业网点个数（个）				0	379	615	583	610	592	639	791	765	676
年末营业用房面积（平方米）	4358	4431	3718		27254	27693	26607	31331	34408	35282	34808	38422	35162
年末从业人数（人）	211	220	154	100	576	1423	1193	844	796	830	1252	1183	1097
从业人员劳动报酬（万元）	188.34	137.49	184.77	106.70	300.40	1797.70	1633.80	1576.80	2384.94	3633.66	3716.40	3457.34	3041.84
营业（销售）收入（万元）	1476.81	1477.75	1279.41	879.10	3683.50	5874.50	8286.90	7913.50	8122.39	8711.50	9446.58	9847.25	11811.50
上缴税金总额（万元）	79.79	38.39	41.12	9.10	12.70	336	662.30	137	317.40	165.71	208.50	303.34	363.20
利润总额（万元）	375.33	372.63	460.61	182.90	1403	1872.90	1930.10	1586	3498.70	2527.84	1584.43	1799.11	1030.90

表 3-2-7 东风农场 2008—2020 年住宿餐饮业（非公有制经济）情况一览

项目	2008 年	2009 年	2010 年	2011 年	2012 年	2013 年	2014 年	2015 年	2016 年	2017 年	2018 年	2019 年	2020 年
年末营业单位（个）	50	54	33	26	54	462	454	409	12	129	129	122	112
年末固定资产原值（万元）	827.81	516.26	396	327.60	2413	3517.30	5002.60	4891.80	4891.80	5534.30	5487.42	5489.98	5000
年末营业网点（个）				0	58	466	460	409	121	129	129	122	112
年末营业用房面积（平方米）	69303.30	67768.15	67526.10		9033	10940	38410	23600	23600	24530	20170	18100	31060
年末从业人数（人）	141	129	143	69	112	166	1112	484	234	335	325	296	267
从业人员劳动报酬（万元）	209.93	87.65	123.66	67.60	106.20	1098.50	1587.60	1341.50	747.90	1016	707.79	655.14	562.50
营业（销售）收入（万元）	972.65	1042.84	1120.50	440.90	526.70	2340.80	2852.90	2431.70	1920.66	2243	2000.04	1818.43	2723.40
上缴税金总额（万元）	117.64	141.76	181.50	8.20	9.70	323.30	575.60	19.70	107.40	33.57	32.51	55.37	87.63
利润总额（万元）	401.75	346.61	315.82	137	273.70	503.40	600.30	533.40	498.50	614.48	658.14	460.25	841.40

表 3-2-8 东风农场 2008—2020 年居民服务和其他服务业（非公有制经济）情况一览

项目	2008年	2009年	2010年	2011年	2012年	2013年	2014年	2015年	2016年	2017年	2018年	2019年	2020年
年末营业单位个数（个）	52	68	63	52	32	39	37	92	7	85	79	70	57
年末固定资产原值（万元）	1139.80	1002.50	499.95	1360.50	1618	2446.60	1983.60	707.60	459.60	482.60	446.40	395.30	438.80
年末营业网点个数（个）				0	32	39	37	92	73	85	79	70	57
年末营业用房面积（平方米）	4663.20	5877.60	5861.50		4345	5838	8100	9550	6200	6840	6155	5900	9710
年末从业人数（人）	88	93	90	78	88	71	44	312	190	224	188	178	175
从业人员劳动报酬（万元）	205.68	124.25	116.56	111	142.40	103.70	68.30	561.60	483.14	599.90	487.80	448.70	358.50
营业（销售）收入（万元）	1073.62	625.89	835.51	539.20	585.50	413.50	240.10	1145	997.60	1122.60	1125.08	1108.50	1826
上缴税金总额（万元）	84.05	13.39	14.83	13.40	1.60	10.30	8.60	1.10	93	0	3.16	35.31	57.25
利润总额（万元）	273.83	140.83	185.63	165.80	181.90	231.20	162.40	283.10	320.90	43.27	268.64	259.42	278.80

交额 25 万元以上，成为西双版纳第一大集贸市场。市场的农产品来自周边几个村庄和农场职工及邻县菜农。各种农特产、养殖产品、手工艺产品经商户从内地外省运来的各种干菜、特色菜投放市场，产品品种、数量、交易额逐年增加。除集市交易外，当地的活猪、牛、羊还销往邻县，果脯和饮料销往内地。

五、建筑建材业

最初建场时，由农场基建队伍组织人员建立石灰窑、砖瓦窑进行建材生产，主要用于农场建设。

1958 年，东风农场、前哨农场、大勐龙农场各建石灰窑 1 座，人数共 30 人。1959 年，大勐龙农场、东风农场各建砖瓦窑 1 座，生产人员 32 人。

1960 年，东风农场成立直属作业区，下设基建一队、二队、砖瓦厂和石灰厂，基建人员共 192 人。1963 年成立总场，原东风农场直属作业区撤销，改为基建大队。下有基建队、石灰厂、砖瓦厂、伐木排和石工班。总场下属 6 个农场，都有施工队和建材生产队。

1968 年，基建大队机构不复存在，原建材生产单位隶属基建队。

1970 年以前，农场的建材生产几乎全靠人力手工操作。1970 年后，原木加工和木工制作用上了平锯机、圆盘锯、刨板机等机械，随着混合结构工程的增多，引进了一些生产设备，但机械化程度不高。

1982 年，根据农场生产的需要，修建胶杯厂，生产红砖（胶杯未投产）。

1988 年后，随着土木基建工程外包，基建队伍逐渐退出，农场的建材生产也慢慢消失。

1989 年 6 月，东风木材厂筹建，当年 11 月投产。1995 年 5 月 24 日，由于连年亏损，对外承包给海南钟堡木业有限公司（台资），东风木材厂更名为西双版纳东堡木业有限公司（台资），2006 年 3 月，东风木材厂划归云南天然橡胶产业有限公司木业分公司。

2007 年 3 月 21 日，农场与杭州博洁建筑材料有限公司合作开办建筑材料厂。

石灰　1958 年，大勐龙农场建石灰窑 1 座，持续生产 25 年，1983 年因资源枯竭而停产；前哨农场在曼秀建窑生产石灰 20 万斤，1959 年停产；东风农场在曼改附近的山沟里建窑烧石灰 30 万斤，1959 年撤销。1960 年在曼费建立石灰厂。农场地区石灰石资源分散，储量少，1979 年后建筑石灰多为外购。

砖瓦　1958 年 9 月东风农场在原场址附近修建一座马蹄窑，至 1959 年底烧出青砖 13.4 万块，瓦 1.5 万片；1960 年在曼景列附近组建砖瓦厂。1959 年大勐龙农场在曼将附近建窑组建砖瓦组，年生产青砖 8.2 万块，后成为温泉农场的砖瓦生产基地。1963

年后各分场均建有砖瓦窑生产砖瓦。1979年后，部分砖瓦由外包工队烧制或从景洪地区外购。1996年修建砖厂（一分场），年设计加工机制砖600万块，但从建厂开始由于选址不当，加上土质、技术等因素，产品质量始终不过关，一直处于亏损状态，1998年承包给个人。

石料 农场地区石料多属花岗石，有部分砂岩，各单位工程用石料就地取材。1958年，东风农场组成3人的石工小组在曼掌附近开辟石场，1959年撤销。1960年基建队施工全部就近开采石料。1961年建设原总场房屋时，基建队石工班在景龙镇旁开辟一石场，开采石料供应工程用料，持续生产近20年，1981年才撤销石工班。各分场工程用石料就近组织少数人自行开采。1980年后石料开采由农场职工和外业人员承包，工程用料多为外购。

木材 1958—1962年建筑用木料多为就地取材，利用开垦林地砍伐的树木加工成材。1963年2月总场基建大队组织伐木排到大渡岗林区砍伐木料，运回场内以供建房和制造用具。1972年伐木排撤销，农场所用木材由地方林业部门供应。至1980年，有些边远生产队盖房，部分木料仍然就近取材。

1989年6月，东风木材厂筹建，为橡胶林地更新、充分利用橡胶原木的配套工程，以保证更新前的合理采胶和倒树进度与倒树原木的充分利用，当年11月投产。1995年5月24日，木材厂由于连年亏损，农场决定对外承包，由海南钟堡木业有限公司（台资）承包东风木材厂，承包期至2005年12月31日止，东风木材厂更名为西双版纳东堡木业有限公司，成为西双版纳垦区首家外商独资企业。2005年东风木材厂外包期届满，2006年3月，东风木材厂划归云南天然橡胶产业有限公司木业分公司。

胶杯 胶杯厂始建于1978年，早期生产红砖，20世纪80年代试生产胶杯，但因技术、资金和设备所限，生产规模过小，成本过高，不能满足场内生产需求。20世纪90年代初期被迫停产，1996年恢复生产，以烧制胶杯为主，年产胶杯20万～30万只，为使胶杯厂得到快速发展，2002年，农场将胶杯厂承包给个人，合同期20年，年上交农场承包费15万元，每2年递增1万元，合计递增至25万元，结束了东风胶杯厂连续19年亏损的历史。胶杯厂对外承包后进行基础设施改造，扩大生产规模，引进先进的管理方式，达到年产胶杯500万只，将胶杯厂更名为"长江胶杯厂"，消化吸收下岗职工90多人，年产胶杯200万只。

建筑装饰材料 2007年3月21日，农场与杭州博洁建筑材料有限公司合作开办的建筑材料厂正式投产生产。建筑材料厂位于原十三分场仓库，有两个生产车间、六条生产线，主要生产建筑装饰材料。此后，农场与杭州博洁建筑材料有限公司签订合作合同，农场占60％股份，杭州博洁建筑材料有限公司占40％股份。

六、加工业

为解决农场职工副食品供应，建场初期已有小型副业加工，逐渐发展为小型、多样的副业加工业，其中有榨糖、榨油、酿酒和生产肥皂、食品饮料等。

60 年代初，农场的烤酒、榨油、饲料粉碎及制作豆腐等副业加工，随着职工人数增长而不断增加，但加工点多附设在各分场副业队或畜牧队内，经营分散，产量少，只能满足职工生活的部分需要。

1973 年，基建大队建起 1 个榨油厂，1975 年建立绉片厂，1977 年将榨油厂划归绉片厂。绉片厂在生产绉片的同时，还进行橡胶籽榨油、提炼食用油、制作肥皂等加工；1981 年，开始增设豆腐、米线生产及饲养猪；1982 年开始烤酒，生产白酒和试产蘑菇；1983 年试制蜂蜜汽啤酒，后又生产糕点等食品；由于缺乏原料或销路不畅、技术设备不过关等原因，不久即停产。

1985 年，绉片生产由制胶厂承担，绉片厂改为食品饮料厂，全面投入食品饮料的生产，以生产果脯和饮料（酒和果汁）为主业。其产品除销售本场、本地区外，还销售至景洪、昆明等地。这一产业结构的改革，促进了农场商品经济的发展。

1988 年后，对热带水果、玫瑰茄等产品进行深加工，口碑较好，产品在省内也有一定市场，继而成立编织袋车间，增加了经济效益，后由个人承包。2004 年政企分开后，编织袋车间划归东风分公司管理。

随着市场竞争的加大，农场加工业受市场销路、生产技术及人工成本等影响，慢慢退出市场。2010 年 3 月 21 日，撤销国营东风食品饮料厂。

榨糖　1959 年，东风、前哨、大勐龙 3 个农场共种植 324 亩甘蔗，收获 2395 吨。当年冬，东风农场三队在曼远寨附近建第一个加工点，由两幢草房、14 口锅的炉灶和一座蔗渣小发酵池起家，用拖拉机带动一台小型压榨机开始榨糖，自产自销。由于甘蔗种植面积逐年缩小，农场的红糖生产到 1963 年停止。1959—1963 年全场共生产红糖 79029 千克。

榨油　榨油的原料是花生和橡胶籽，解决各单位食用油的供应。20 世纪 60—70 年代，花生榨油是各分场自榨，批量小，工艺落后，出油率较低，仅为 22%；一些分场把花生运往景洪加工。1973 年基建大队开设一个榨油厂，有 8 台小型榨油机，主要用橡胶籽提炼食用油，每年加工橡胶籽 10 多万千克、花生 2 万～3 万千克，原料靠自行收购或各单位代为加工。

1977 年榨油车间归绉片厂管理，添置两台 950 型榨油机，年可处理原料 15 万～20 万千克。1984 年后因橡胶籽多用于加工饲料，榨油停产。1976—1985 年共榨橡胶籽油

59701 千克。

肥皂[①]　1980 年绉片厂年处理原料 30 万～40 万千克，产油枯 20 万～30 万千克，为制作肥皂提供大量的原料。由于手工土法生产的肥皂产品质量差，外观粗糙，农场派人到昆明和景洪参观学习，同时生产设备和工艺不断改进。起初，用汽油桶煮原料，每次 20 多千克；后来，焊制煮皂锅两口，一次可煮 900 千克。每天两人只能炒皂 1 锅、制 50 条，购置炒皂机后每次炒皂 500 条，仅需 50 分钟，并解决了肥皂含水量过多的问题，使产品久储而不致溶化。肥皂凝固原用小木盒，每盒 10 条，改用 36 厘米×40 厘米×60 厘米的方木箱凝固，每箱 100 条。菜刀切皂改为钢丝切皂，压坯用滑石粉换作盐水涂模，压制的肥皂颜色淡黄，表面光滑美观，日产 600 条。1984 年后因橡胶籽多用于加工饲料，制皂停产。1976—1985 年产油枯 129.2 万千克，产肥皂 156918 条，产品除供应场内外，还销往昆明、思茅、孟连、西盟、双江等地。

烤酒　1982 年，利用木板房办公室改成烤酒房，砌灶 3 口，工具自制，土法上马，每日处理原料 200 千克，产 53°白酒 100～130 千克。1985 年停止烤酒。1982—1985 年产白酒 67897 千克，提供酒糟饲料 135793 千克。白酒除供应本地区群众和职工饮用外，还销往双江、孟连等地。

饲料加工　原料使用玉米、橡胶籽或橡胶籽油枯。最初饲料中各种原料的配合比例缺少科学配方，质量不高。在畜牧技术员的协助下，根据已有的原料与猪（鸡）所需的营养成分进行计算配方，并添加防病的中草药，大大提高了饲料的质量。1986 年饲料加工曾一度停产，为促进养殖业的发展，1987 年恢复生产，当年产饲料 20.7 吨，1990 年再度停产。

豆腐、米线制作　1981 年生产豆腐 6193 千克，因原料供应不上，不久停产。1982 年购置一套生产米线、饵块两用机，可日产米线 1 吨。但因本地人口少，销量小，成本高，只生产 2723 千克后即停产。

蘑菇种植　1982 年派人到广东湛江和杨林学习蘑菇养殖技术，用草房宿舍改建为蘑菇房，栽培平菇、凤尾菇和草菇。1983—1985 年产蘑 405.2 千克，后来由于其他原因而停止生产。

蜂蜜汽啤酒酿制　1983 年从外省聘请酿酒师傅来场传授技术，同时派人外出参观学习，经过多次调整配方，试验生产取得成功。用办公室改建为发酵室和生产车间，土法制作。由新疆邮购 300 千克啤酒花，从昆明购进蜂蜜，由兄弟农场支援白糖和冰糖。1984

---

① 绉片厂将炼油所剩的油沫和油渣脚料再加工，制成肥皂。

年试产"笋塔牌"蜂蜜汽啤酒,酒精含量 8°～10°,色泽淡黄,清香味醇,产品符合卫生标准。因属土法生产,原料和包装材料的来源有限,销路未打开,只能小批量生产,后停产。1984—1986 年生产 78604 瓶。

果汁 为增加本地食品饮料品种,1984 年派人到广西南宁等地学习生产菠萝汁和汽水的制作技术。同时改制两台压汁机,将米线机改成搅碎机试产菠萝汁 20 多吨。因卫生条件差,制作技术不过关,产品易变质,曾一度停产。1985 年恢复菠萝汁的生产,并增加芒果汁和玫瑰茄汁的生产,1985—1987 年生产果脯果汁 255.57 吨。后陆续开发的饮料有橘子、菠萝、玫瑰茄及香槟酒等。与重庆第三军医大学进行技术协作,用二次发酵法试制"玫瑰茄抗衰老酒"和"三珍保春酒",可以保存较多的营养成分。

糕点 1985 年从昆明请来做糕点的师傅,试产鸡蛋糕、蛋清饼、回饼、金钱酥等十几个品种及 9 种月饼,后因原料供应有限而停产,1985—1986 年生产糕点 12693 千克。

果脯 1985 年后,利用本地区资源生产玫瑰茄脯、柚子脯、菠萝脯、芒果脯、芭蕉脯和木瓜脯。开始时派人到兄弟农场果品厂学习。自制烤炉 2 个、铝锅 4 口和一些辅助设备,试制一批样品,因工艺设备较为落后,无法批量生产。后来聘请 2 名师傅传授技艺,外出参观学习 18 人次,生产条件逐渐改善。两年中投资 35 万元,增添蒸汽锅炉和夹层锅 4 口、远红外烤炉 2 台(其中 1 台由计算机程序控制)、压榨机、果汁过滤机、渗浸机等设备,兴建 400 平方米仓库 1 座和职工宿舍 3 幢。

咖啡 2001 年 4 月,投资 11.26 万元将三分场五队粮食仓库、旧房屋、晒场、道路修建改造为咖啡厂。咖啡厂配备机器设备 8 台,其中鲜果分离脱皮脱胶组合机 2 台、旋转干燥机 2 台、除石脱壳分级组合机 1 台、质检设备 1 套、水泵 1 台、变压器 1 台,设备投资 64.57 万元。2001 年 9 月开始投产加工,2002 年加工鲜果 293.60 吨,2003 年加工鲜果 125 吨,年均加工干豆 99.50 吨。由于市场价格低,销售不景气,咖啡厂将咖啡地改种橡胶树,咖啡厂于 2004 年停产后,以季节性租用方式,由私人收购鲜果咖啡进行加工,农场收取租金。

七、地方特产

(一)热作水果

东试早柚、柑橘、桂圆、香蕉、芒果等热带水果在场区随处可见。农场职工充分利用家前房后等零星土地种植上述热带水果,除自己食用外,还供应市场,获取可观的经济效益。其中,东试早柚在省内外水果市场上享有较高知名度,属同类产品的上品。

东试早柚是由东风农场试验站 1965 年栽培,经过 30 余年研究选育、科学繁育的成果，属于特早熟中酸类柚子品种，果味酸甜适口，品质优良，因由东风农场试验站选育，故名东试早柚。1997 年荣获西双版纳柚类评比第一名，2001 年获西双版纳州科学技术进步二等奖，2008 年东试早柚商标通过国家工商行政管理总局认定。

2005 年，东试早柚种植被列为国家农业综合开发项目（即云南西双版纳 1000 亩标准化种植示范园建设项目），项目投资 454.59 万元，其中，中央财政资金扶持 200 万元，云南省财政配套资金扶持 90 万元，西双版纳州、景洪市财政配套资金扶持 10 万元，于 2006 年正式启动，实际开垦 1000 亩，种植 725.20 亩，植株 17951 株，分别在一分场（350 亩，8856 株）和四分场（375.20 亩，9095 株）建设果园，项目建设期为 3 年，安排工人承包管理果园，经过承包人精心抚管，果树长势良好，保苗率 99.9％。

2016 年，东风农场向云南省财政厅申请农业产业化专项资金 200 万元，开始东试早柚示范园区建设项目，至 2018 年初，种植东试早柚 7000 余亩。

东试早柚是东风农场改革发展的主打产品、全国畅销的名牌产品，种植东试早柚取得的经济效益也带动了东风农场职工和周边其他人员的种植，至 2020 年，西双版纳种植面积超过 3 万亩，亩产达到 1500～2000 千克，和传统柚类产品相比，每亩增产 600～800 千克。东试早柚种植不仅解决当地部分人员就业问题，促进农户增收，而且带动当地特色农产品规模化和产业化发展，成为当地农民增收致富好项目，每年有不少省外经销商慕名前来求购，市场前景一路看好。东风农场东试早柚营养成分情况见表 3-2-9。

表 3-2-9 东风农场东试早柚营养成分情况

名称	含量 （每 100 克可食部分含微量元素）	名称	含量 （每 100 克可食部分含微量元素）
可溶性固形物	11％～12％	钙	41 毫克
含糖量	7.63～8 克	磷	43 毫克
维生素 C 含量	59.3 毫克	铁	0.9 毫克
糖酸比	12.9：1	胡萝卜素	0.12 毫克
蛋白质	0.7 克	核黄素	0.02 毫克
碳水化合物	12.2 克	烟酸	0.5 毫克
热量	239.4 千焦	抗坏血酸	41 毫克
粗纤维	0.8 克		

（二）果脯加工

农场食品饮料厂利用得天独厚的热带水果资源，开发、生产系列特色果脯，产品曾销往全国各地。1993 年，食品饮料厂生产的果脯获全国畅销国产商品"樱花奖"。2002 年 6 月，食品饮料厂生产的"傣源"牌系列果脯在北京第三届全国食品博览会上获金奖。2010 年，食品饮料厂撤销后便不再生产加工果脯。

第三章 橡胶生产

橡胶树一词，来源于印第安语 cau-uchu，意为"流泪的树"，原产于巴西亚马孙河流域马拉岳西部地区，1873 年被移植到英国邱园，1877 年 22 株三叶橡胶树被运至新加坡种植成功，1898 年传到马来半岛，1904 年中国德宏引种成活。1948 年旅泰华人钱仿周到西双版纳橄榄坝建立暹华胶园，拉开了西双版纳种植橡胶的序幕。

1953 年，党中央指示开辟云南植胶区。1957—1958 年，东风农场（国营大勐龙农场、国营前哨农场、国营东风农场）组建完成，此后凭借着农垦职工对天然橡胶事业执着的追求，通过几代东风人不懈的努力，截至 2020 年，东风农场已发展天然橡胶种植面积 1.18 万余公顷，占土地总面积的 66.8%。东风农场橡胶基本情况见表 3-3-1。

表 3-3-1　东风农场橡胶基本情况一览

项目	2006 年	2007 年	2008 年	2009 年	2010 年	2011 年	2012 年	2013 年	2014 年	2015 年	2016 年	2017 年	2018 年	2019 年	2020 年
年末实有橡胶面积（公顷）	7453.56	9009.38	8602.05	9134.30	11022.61	22692.60	12838.50	13686.20	13773.90	13200.40	13111.71	12088.56	12272.65	12304.10	11826.74
年末实有株数（万株）	402.64	451.21	451.19	443.27	428.30	833.59	453.59	498.18	584.58	514.01	472.57	442.24	448.64	448.56	431.31
当年定植面积（公顷）	764.44	487.81	20.79	3.60	0	137.70	93.80	277	290.40	379.10	130.03	115.05	103.14	68.48	16
当年定植株数（万株）	44.26	22.87	0.92	0.04	0	6.14	4.21	12.46	14.38	11.43	5.77	5.17	4.34	3.06	0.70
当年补换植株数（万株）						0.18	0.25	0	0.76	0	0	0	0.06	0	0
当年更新倒树面积（公顷）						135.20	303.20	254	284.40	292.60	360.28	191.33	126.59	309.83	243.08
当年更新定植面积（公顷）						137.70	104.90	229.60	197.50	64.40	64.63	103.01	32.70	68.48	16
年末苗圃存苗株数（万株）	30.43	63.71	47.62	23.53		50	38	0	2.29	10.23	19.03	0	0	0	0

（续）

项目	2006年	2007年	2008年	2009年	2010年	2011年	2012年	2013年	2014年	2015年	2016年	2017年	2018年	2019年	2020年
年内实际到达开割面积（公顷）	1151.20	1405.81	1598.65	1998.85	2117.05	13224.80	11386.30	12888.10	12197.50	10297.50	11681.32	10606.94	10876.47	10604.75	10085.80
当年新开割面积（公顷）	153.95	161.88	167.82	150.05	162.91	222.70	248.30	121.10	59.40	299.80	438.36	122.78	136.80	19.75	8.63
年内平均开割面积（公顷）	1142.70	1401.20	1601.25	1976.97	2102.73	13224.80	10827.50	12805.10	12195.40	10124	10876.07	10489.24	10866.31	10567.95	10022.44
年内实际到达开割株数（万株）	62.38	94.50	75.14	92.75	101.29	480.27	389.94	392.38	427.24	340.36	375.76	381.77	396.69	365.27	365.19
当年新开割株数（万株）	7.04	9.87	7.08	9.77	6.36	6.64	8.97	6.66	21.18	17.56	23.83	3.14	6.11	0.33	1.81
乙烯利刺激株数（万株）									32.52	21.68	38.88	202.17	107.74	106.58	97.19
年内平均开割株数（万株）	62.36	93.26	73.04	86.87	73.49	480.27	361.57	381.84	402.45	332.70	350.61	378.30	393.93	363.37	363.82
年内实际停割株数（万株）	0	0	1.30	1.15	1.38	0	0	0.67	9.65	7.69	4.98	40.14	3.79	26.54	30.85
年平均株产橡胶（千克）	2.80	2.47	3.64	3.97	5.01	4.60	4.80	4.60	4.30	4.70	5.26	3.18	3.24	3.08	2.56
年平均亩产橡胶（千克）	101.90	109.50	110.62	116.33	116.80	110.80	107	92.40	95.70	102	113.12	76.41	78.42	70.50	61.87
橡胶总产量（吨）			2657.05	3449.60	3683.87	21978.30	17371.60	17739.80	17500	15485.70	18454.25	12022.84	12781.43	11175.06	9301.64
标准胶						21978.30	17371.60	17739.80	17500	15485.70	18454.25	12022.84	12781.43	11175.06	9301.64
收购加工橡胶（吨）							75.40	0	0	0	0	0	0	0	0

第一节　橡胶种植

　　建场时，农场职工开荒定植橡胶实生树80亩（东风农场31亩、大勐龙农场48亩、前哨农场1亩），培育橡胶苗圃127亩（东风农场78亩、大勐龙农场49亩）。到1962年累计植胶（低产实生树和国内杂品系）17126亩，507232株。后由于三年困难时期农场转入粮油生产，放松了胶林管理，1958—1962 年定植的橡胶，包括 1964 年大田芽接改造的部分在内，到 1987 年仅存 5087.4 亩，113453 株，面积和株数的保存率分别为 29.7％和 22.4％。

1963 年，东风总场成立，根据云南省农垦总局提出的胶林"三化"要求（梯田化、覆盖化、良种化），大面积推广高产优良无性系。1963—1968 年共定植橡胶 39135 亩，888212 株；1964 年大田改造 1962 年以前定植的实生树 4269 亩，97184 株；合计 43404 亩，985396 株。至 1987 年存 31251.1 亩，577719 株，面积和株数的保存率分别为 72％和 48.7％，为农场第一批高产林区。

1971 年，农场进行梯田开垦大会战，由于垦殖指标高，与当时的宜林地资源及人力差距悬殊较大，为完成指标，阴坡、阳坡、坡顶、坡脚一律开垦，有的生产队直接挖穴定植，芽接桩苗木不够以实生苗凑数，35000 亩的万人"胶林会战"后仅存 2538.5 亩。1969—1975 年，共定植 75140 亩，2030651 株，因胶林管理不当及自然灾害又造成橡胶生势差，缺株较多，后仅存 14600.4 亩，302860 株，面积和株数的保存率分别为 19.43％和 14.91％。

因 1973 年及 1975 年冬春，农场连续两次遭受特大寒害，橡胶损失惨重，继而对全场进行橡胶宜林地小区规划，分为 3 个等级。全场共有 145983.8 亩，其中：甲等 50958.9 亩，乙等 52317.1 亩，丙等 42707.8 亩。1976 年以后根据等级划分选择对口品系，发展抗寒品系，橡胶得到了恢复和发展。1976—1980 年种植橡胶 55747 亩，1489377 株，其中 1976—1978 年共植胶 46033 亩，1198325 株，占 5 年定植总面积的 82.57％，胶树生长良好，林相整齐，缺株少，开割率高，成为农场第二批高产林区。

1979 年初，知识青年回城，全场职工骤减，劳动力严重不足，部分生产队的生产陷入停滞状态，大片胶林无人看管。据统计，1979 年火烧胶林 4658 亩，牛害 257 亩；1980 年火烧胶林 951.4 亩，牛害 1121 亩；两年共损失橡胶 6987.4 亩，为 5 年定植总面积的 12.5％。

1980 年，全场对"多代同堂"、缺株多、林相不整齐的林地进行调整，采用"切疏补密""切边补内""切大块补小块"和"一次切空"等方法，重垦重定，认真管理。至 1983 年，共整顿林地 17799.4 亩，经整顿后，每亩均增加有效株 2.8～5 株。

随着经济责任制的建立和不断完善，1981—1987 年共定植橡胶 29785 亩，828043 株，虽开垦定植的林地多数是海拔较高、坡地较陡、路途较远的边缘二、三类越冬寒害区，但因抚管得当，林相整齐，生长苗壮，后存有效株 797626 株，保存率高达 96.33％。

自建场植胶开始，到 1987 年场内大面积宜林地已定植完毕，橡胶面积已基本定型，1958—1987 年，全场累计定植橡胶 216933 亩，实有胶林 142736 亩，有效种植率为 65.80％。

1997 年，新建十四分场，同时鼓励农场职工在田头地角和租赁境外土地种植橡胶，颇具规模。2007 年，开展境外橡胶种植开发工作，与缅甸联邦第四特区签订联合开发种植 20000 亩橡胶协议。

2014 年，东风农场开始建设天然橡胶环境友好型胶园，此后围绕做大做强热作橡胶传统基础产业，规范橡胶标准化生产示范园建设，全面实施科技兴胶战略，健全和强化管理，使天然橡胶标准化示范区建设取得显著成效。

截至 2020 年，国有天然橡胶种植面积 15.44 万亩，占土地总面积 25 万亩的 61.76％。其中开割橡胶种植面积 14.27 万亩，占橡胶总面积的 92.42％；橡胶幼林面积 1.17 万亩，占橡胶总面积的 7.58％。

一、栽培管理

建设和管理好橡胶幼林，实现林齐、苗壮、速生是实现橡胶持续高产、稳产的基础与保证。橡胶树的成长主要分为 5 个阶段，从播种、发芽到开始分枝，大概需要一年半到两年的时间，为苗期（1.50～2 龄）；从分枝到开割这一阶段，大概需要 3～7 年时间，为幼树期（3～7 龄）；从开割到产量趋于稳定阶段，需要 3～5 年的时间，为初产期（8～11龄）；从产量稳定到产量明显下降，大约持续 20～25 年的时间，为旺产期（12～30 龄）；从产量明显降低直至失去经济价值，为降产衰老期（31～40 龄）。

（一）育苗芽接

育苗即培育幼苗。橡胶育苗的技术要求，强调"五字"措施："早"，早开垦，早播种，早移苗；"保"，移苗保住籽种，保住第一轮根，保住顶芽；"足"，肥料足，水分足，挖地深足 30 厘米；"避"，避低洼积水，避冷空气积驻，避阴坡地；"定"，定人管理，定人定期传授技术措施，定期检查。

（1）根据生产需要，农场（分公司）建立地播苗圃、袋装苗圃和增殖苗圃。按品系对口的原则，培育足够的、优良的、纯化的壮苗，满足新建胶园及更新胶园用苗。

（2）培育优质橡胶苗，种子选择及芽接选用是关键，根据大田生产的需要，橡胶种子多选用纯度较高的 GT1 种子育苗为佳；根据环境、品种、措施三对口原则，采用适宜于林地类型的芽条进行芽接。

（3）苗圃选择在通风向阳、靠近水源、土层深厚、土壤疏松肥沃、有机质丰富、微酸性的平地或缓坡地。苗圃设计应有利于苗木生长、便于管理和充分合理地利用土地。生产上地播苗圃的株行距根据甲、乙、丙等宜林地而定，甲等宜林地株行距采用 40 厘米×50 厘米，每个苗床 50 株，每亩 44 个苗床，可育苗 2200 株；在乙、丙等宜林地区，株行距采用 30 厘米×40 厘米，每个苗床 66 株，每亩 47 个苗床，可育苗 3102 株。

（4）为达到品系纯化的要求，苗木出圃时选择优良壮苗，淘汰劣苗、弱苗，按苗木生长势头分级出圃。

农场橡胶育苗一般以逐年定植计划所定指标为依据，多育 1 倍数量的苗木以供生产需要。此外，还按比例预留部分高切秆苗供补换植用。芽接桩苗一般提前 2 年培育。高切秆芽接苗一般提前 4～5 年培育。高产品系芽接所需的芽条，一般提前 3 年建立增殖苗圃供采条。

1964 年以前，种子多数由海南引进，由于路途遥远，从采种到播下，一般历时半月左右，发芽率较低。1964 年以后，育苗种子基本自给，种源为本场自产各品系橡胶种子。随着育苗技术的不断改进，农场培育的速生橡胶壮苗出圃标准达到"三个八"[①]"四个 95%"[②]。

全场 1958—1987 年共育苗 18104.7 亩，33756664 株。1958—1987 年全场定植及补换植苗木累计 7821606 株，平均每亩苗圃利用苗木 43202 株，有效利用率为 23.17%。

芽接　即从枝上削取一芽，略带或不带木质部，插入砧木上的切口中，并予绑扎，使之密接愈合，芽接是实现橡胶良种化的关键。农场从 1959 年开始推广芽接技术，以分场为单位组织芽接专业队伍进行芽接工作。主要分为 4 类：夏季苗木芽接，每年 5 月进行，主要为当年橡胶定植和补换植提供优良芽接苗；秋季（带秆越冬）芽接，为翌年定植提供苗木，可缓解季节性劳动力紧张，适应定植节令，促进定植成活率，新建增殖苗圃及高切秆苗辅芽接也采用此方法；大田芽接，改造低产实生树为高产芽接树；增殖苗圃芽接，培育足够的优良无性系芽条供芽接需要。

1959—1962 年，芽条基本靠引进，以国内低产品系为主。由于从取条到芽接时间长达两周左右，芽片利用率和芽接成活率都偏低。1962 年，部分采取本场芽条，主要有 PB86 和 PR107 等品系，芽接成活率提高到 81%。

1963 年 5 月，经云南省农垦总局联系，由海南岛大规模空运优良无性系芽接条到场。全场组织了 7 个专业队进行芽接，到 7 月 3 日为止，共用芽条 37585.4 米，芽接 390559 株，解绑成活率为 66.1%。

---

① 育苗后第二年 8 月，有 80% 的苗木在离地 10 厘米处茎粗 1.8 厘米。
② 苗圃保苗率达 95%，芽接解绑成活率达 95%，切秆成活率达 95%，抽芽成活率为 95%。

1963 年，大量建立优良高产品系（PBIM600）增殖范围，采用绿色芽片小苗芽接方式加速增殖，满足了农场 1965 年以后对优良无性系种植材料的要求。

1964 年，大面积采用 PB86 芽条进行大田芽接，改造建场初期种植的橡胶低产实生树 4269 亩，97184 株。其中，三分场大田改造 894 亩，17805 株，成活率高达 98.4%。

1978 年至 1986 年 9 月，芽接 5344306 株，解绑成活 4321649 株，成活率为 80.86%。其中带秆过冬芽接 3431978 株，解绑成活 2273138 株，成活率为 66.23%。

2010 年 5 月，东风农场开始建立天然橡胶良种苗木繁育基地。

（二）开垦定植

橡胶定植季节一般在雨季的初中期。当雨季来临，穴土湿透，即抓紧定植。因此，大面积定植一般都集中在每年的 6 月，力争当年定植的幼树能在三蓬叶以上越冬。每年三四月，气温回升后，少数有水源条件的林段都尽可能进行抗旱定植，争取幼树能在四蓬叶以上越冬，缓解大面积定植季节的劳动力紧张，又达速生的目的。

定植作业以保水、保芽、保皮、保根为中心环节，各生产队在农场和分场的统一指挥下，按定植工序组成选苗护芽组、挖苗起苗组、修根分级浆根组、包装运输组和定植抚管组，形成"五组一队"定植专业队伍。分组操作，紧密配合，责任分明，互相检查督促，确保定植质量，提高幼树成活率。

当年的新建胶园开垦准备工作应在 2 月 28 日前完成，4 月 1 日后完成的开垦胶园当年不再种植。做好胶园开垦定植所需的其他材料（农药、肥料、防牛工程等）的准备。倒树清园，保证倒树质量，清除树桩和表层树根，推除蚂蚁包，平整地块。

在林地的规划工作中，因地制宜，充分、合理、有效地利用土地资源。对面积较大且地形复杂的林段，由分公司、作业区生产技术办公室、生产队共同进行，株行距采用 2.50 米×9 米、2.30 米×10 米、2.20 米×11 米（个别土壤质地极差的贫瘠地段可采用 2.80 米×8 米的株行距），更新胶园每亩植株 28～30 株。

修筑梯田确保等高水平，清除带面的残桩和障碍物，做到通带连片。

机垦株行距采用 2.50 米×9 米，梯田面宽 2.20 米，内倾 5°～8°筑梗，定株标距梯田内壁 1 米，植穴边距梯田内壁 0.60 米。

人垦 坡度<20°，株行距采用 2.50 米×9 米，梯田面宽 2.20 米，内倾 5°～8°筑埂、定株标距梯田内壁 0.90 米，植穴边距梯田内壁 0.50 米；坡度 20°～30°株行距采用 2.30 米×10 米，梯田面宽 1.80～2 米，内倾 8°～10°，筑埂、定株标距梯田内壁 0.80～0.90 米，穴边距内壁 0.40～0.50 米；坡度 30.10°～35°，株行距采用 2.2 米×11 米，梯田面宽 1.60～1.80 米，内倾 8°～10°，筑埂、定株标距梯田内壁 0.60 米，植穴边距梯田内壁

0.20 米。

筑埂梯田外埂高 15～20 厘米，底宽 40 厘米，面宽 30 厘米，并夯实筑紧。定准株标挖大穴，植穴口宽 80 厘米×深 70 厘米×底宽 60 厘米，每穴留表土不少于 0.40 立方米，表土经充分曝晒风化后，抗旱定植于 3 月上旬回穴，常规种植于 5 月上旬回穴，回穴时将表土打碎，捡净草根、树根、石块，每穴施优质农家肥 25 千克以上，施钙、镁、磷肥 1～1.50 千克，与表土均匀混合回入植穴中。

修筑防牛工程时防牛沟口宽 1.20～1.50 米，深 1.50～1.80 米，底宽 0.40 米，内壁高 1.5～2 米（沟底计起），防牛壁高 2.00 米，在此基础上加围 4～5 道铁丝网，种好活篱笆，建立责任落实、措施到位的防护制度，确保胶园安全。

修筑林间运输道路和"之"字路，改善生产条件，提高劳动生产率。搞好覆盖备耕，平地和缓坡地胶园，结合倒树清园搂根进行营养带全部开垦，坡地胶园覆盖备耕地面积应占营养带面积的 70％以上，并于定植当年全面覆盖率达 100％。

建场初期至 1962 年，农场以实生树苗和国内低产芽接苗作为定植材料，5 年内共定植橡胶 17126 亩，507232 株。1963 年，全场开始大面积推广优良高产品系，采用当年芽接桩定植，定植后 10～15 天即可萌芽。1966 年以后，农场普遍采用芽接萌动定植，选苗后即绑上竹片护芽，损失少、成活高、生长快。假芽、针芽和死芽不上山，芽接桩不萌动、不定植，减少了无效劳动，提高了定植质量。1963—1969 年共定植橡胶 39135 亩，1088212 株，补换植 62812 株，其中 PB86 占总面积的 32.13％，高产无性系 RRIM600 占总面积的 54.7％。

1971—1975 年全场定植橡胶 63279 亩，1715284 株，补换植 507475 株。种植材料以 RRIM600 等高产低抗品系带秆过冬芽接桩为主，同时，兼用少量的低切秆苗及当年芽接桩和袋装芽接全苗。经过两次寒害后，在种植材料上选择中抗中产品系，加大 GT1 种植面积，1976—1980 年定植橡胶 55747 亩，1489377 株。1981 年以后，全场多采用高切秆芽接苗作为定植材料，由于宜林地大多是属乙、丙类型区的边缘地带，种植材料以 GT1 等中产中抗品系为主。1981—1987 年共植胶 29785 亩，828043 株，补换植 455088 株。到 1987 年，场内大面积宜林地已定植完毕，橡胶面积基本定型。

（三）品系配置

根据垦区特点，正确划分寒害类型区及进行小区区划，做好环境、品种、措施三对口原则。

东风农场海拔在 700 米以下的西坡、西南坡、南坡为甲等宜林地，占全场宜林地面积的 34.90％左右，以安排产量高、耐寒性稍差的 RRIM600、PR107 等品系为主；海拔在

700～750 米以下的东南坡、西南坡、西坡和海拔 700 米以下的东南坡、东坡、西北坡，热量和综合自然条件稍差于甲等宜林地，属轻寒中害区，为乙等宜林地，占全场宜林地 35.80％，以安排产量中等、耐寒性稍差的 PR107、海垦 2、GT1 等品系为主；海拔 750 米以上的南坡、西南坡、东坡，海拔 700 米以上的东南坡、东坡、西北坡和海拔 700 米以下，坡度 20°以下的东北坡、北坡，温湿度条件基本能满足胶树的生长要求，土壤肥力中等，属中寒中害或重寒重害区。占全场宜林地总面积的 29.30％为丙等宜林地，以安排产量稍低、抗寒性稍强的 GT1、云研 77-2、云研 77-4 等品系为主；坡度大于 35°，冷空气易于沉积不易宣泄的低洼地、闭塞坡脚、狭谷及历年寒害严重的地段不宜作为宜林地。

1987 年全场实存橡胶林地 142540.6 亩，3391588 株，橡胶品系共有 19 个，其中 RRIM600 有 69191.2 亩、GT1 有 53035.7 亩、PB86 有 8511 亩、PR107 有 1096 亩，其他杂品系有 9005.4 亩，实生树有 1147.3 亩。

1990 年，橡胶品系配置为 RRIM600、GT1、PR107。1997 年，品系为海垦 2、RRIM600、GT1、PR107。

2003 年，引进高产抗寒新品种云研 77-4、云研 77-2、GT1、PR107、云研 73-46，株均面积大、保苗率高、开割投产时间比常规品种提前 1～2 年，在全场范围内推广。

2010 年，东风分公司引进热星 525 和热星 523 两个品种，这两个品种兼有产量高、速生、株均面积大、抗白粉病、抗旱性好等特性，被全场推广。

（四）抚育管理

橡胶的抚育管理技术措施以防害（防牛、防火、防寒、防病虫害）、保苗、增粗为重点，在不同树龄的抚育管理上采取不同的管理措施，尤其注重定植后头 3 年的管理。

通过多年实践，逐步总结出衡量与考核橡胶中幼林的管理水平，主要分为两个方面：首先橡胶中幼林管理的各项生产技术措施是否及时、准确、有效贯彻实施，并达到规范的管理水平；其次通过各项生产技术措施的贯彻实施，达到最大限度促进保苗、增粗、均匀度 3 项指标的实现：

（1）搞好新建胶园当年管理，全面进行梯田带面的平整、扩修、筑埂，及时补换植和抹芽，追施水肥，搞好覆盖作物管理，当年有效保苗率达 98％以上，力争全苗越冬。

（2）新建胶园验收实行 100 分量化评分，以自然林段为单位，分别对开垦定植质量、有效保苗和生势进行综合考核评分。

（3）化学除草是农、林业生产普遍应用的一项新技术，它具有省工、快速、成本低、效果好的优点，对水土保持具有良好的作用。橡胶中幼林、梯田带面杂草高 10 厘米左右施药效果最好，全年共施 2 次，第一次于 5—6 月进行，第二次视杂草生长情况于 9—10

月进行。选择在晴天的下午施药为宜。

（4）林管岗位均须按时、按质、按量完成林管作业措施。橡胶中幼林地年末普查，由队管人员和本林管岗位人员参与的普查小组共同进行普查。根据普查验收评分结果，按规定进行奖赔。

2013年，全面认真贯彻执行《橡胶栽培技术规程》，推广橡胶优良品种，运用先进技术，健全和强化抚育管理，至2016年，建设天然橡胶标准化抚育示范园4908.4亩。

"十三五"期间，农场创新胶园的抚管方式，对未承包的橡胶资源采取由分场和生产队集体管理或请周边村民进行突击作业方式管理；橡胶中幼林地季度验收考评抽查工作，采取连队验收、分场复验、农场抽查相结合的管理模式，加强对橡胶中幼林的管理。建设完成天然橡胶标准化抚育技术示范区，由云南省农垦总局天然橡胶标准化抚育技术示范片项目验收专家组从规划种植、抚育管理、生长质量、项目管理等4个方面进行抽查，品种纯度、良种率、保苗率均达100%，苗木均匀度达92%，东风农场天然橡胶标准化抚育技术项目建设达优秀标准，通过验收。

（五）技术培训

2008年7月29日，东风分公司举办"橡胶树营养诊断与平衡施肥"培训班，来自各作业区、生产队的160余名技术员参加培训。云南省热带作物研究所李春丽教授为学员们详细讲解橡胶树叶片样品和土壤样品的采集，并在胶林为学员们做现场示范。

2009年1月10—12日，东风分公司举办植保员培训班，各作业区植保员、生产队植保员、植保机械维修员95人参加。

2013年，面向基层群众提供科技服务，广泛开展农业实用技术培训，向广大群众传授、推广、普及割胶技术、幼林抚管、橡胶树病虫害防治等知识，参与培训达9000人次，全方位为承包人提供技术指导和服务。2015年6月24—29日，举办天然橡胶产业技术培训班，共350人参训并获资格证书。

二、灾害防治

（一）自然灾害

农场地处西双版纳南端，属南亚热带季风气候区域，纬度偏北，有明显的低温期和干旱期。场内植胶地形复杂，垂直差异大，冬季以辐射降温为主，旱季末与雨季初常发生8级以上阵性大风，因此，低温寒害、风雹害及火灾是农场植胶的主要自然灾害。

低温寒害 农场冬季因冷气流或辐射降温出现低温或较强低温，橡胶会遭受不同程度的寒害。勐龙区最冷月平均温度为15.3℃，一般年份绝对低温为4~6℃，最冷冬年的绝对低温曾出现－0.5℃，部分地区有轻霜或静水结冰现象。多数年份以辐射降温为主，持续时间短，低温强度不大，橡胶树基本上能安全越冬。少数立地环境内气温偏低的橡胶树会出现幼芽、嫩叶、嫩枝焦枯等轻寒害现象。在偏冷冬年及冷冬年，冬季受西北方向或东北方向冷气流南侵的影响，降温幅度大，低温持续时间长或冷湿交加，造成胶树成片被冻死，以及大面积胶林停割的严重损失。

以绝对低温程度和橡胶寒害反应可以把冬期寒害划分为 5 个类型：暖冬少或无寒害年、偏暖冬较轻寒害年、一般冬轻寒害年、偏冷冬中寒害年、冷冬重寒害年。一般年份无明显损失，中害年损失较小，重害年损失较大。

1958—1987 年，先后出现过 6 次冷冬（1962/1963 年、1970/1971 年、1973/1974 年、1975/1976 年、1982/1983 年、1999/2000 年），其中造成严重损失的有 4 次。寒害累计损失橡胶 42131 亩，1004927 株，低温寒害是农场植胶的重大灾害之一。

农场防寒、抗寒处理措施的具体办法主要有 3 项：

（1）选择和区划宜林地。根据本场历年的降温性质、频率、地形、小气候和胶树受寒害的程度，对宜林地首先进行寒害区类型的区划，分为轻寒区、中寒区和重寒区 3 个类型。在中寒区内遵循"三面三层"的原则，结合海拔高度、土壤肥力、胶树生势等因素，把各山头或局部地段的宜林地划分为甲、乙、丙 3 种，作为品系对口上山的单位。1982 年对全场 14 万余亩胶林地进行小区区划，区划出甲等宜林地 50958.9 亩，乙等宜林地 52317.1 亩，丙等宜林地 42707.8 亩。

（2）因地制宜配置橡胶品系。农场橡胶栽培选择品系的标准是，以抗寒高产为主，同时选用抗烂脚砧木，因地制宜配置品系。在甲等宜林地以 RRIM600 为主，乙等、丙等林地以 CT1 为主。全场先后配置近 20 个品系，经过 1973/1974 年冬春特大寒害后，生产性的对口品系以 RRIM600 及 CT1 为主，其他小面积种植的还有 RRIM603、RRIM623、云研 277-5 等品系。

（3）防寒抗寒栽培措施。选用抗寒高产品系作为定植材料，宽行定植。冬前浅割及适时停割，当年割面涂封凡士林保护越冬。冬前清除林缘高草，林内灭荒，调节冬季林内的光、热、温、湿等条件，增强橡胶的抗寒能力。越冬气温回升稳定后，及时切除干枯枝条，促使萌芽重生；烂脚胶树一律壅培肥土，促进愈合生根；对于树围烂脚 1/3 以上的胶树，先将暴露的木质部位涂抹保护剂后再培土，防止白蚁蛀食；沥青涂封冻害割面，预防虫蛀；加强施肥管理，促进停割胶树早日恢复投产；成片受害林段改用对口品系补换植；重寒害区不宜植胶地段改种二线作物。

风、雹灾害　东风农场常年多刮东南风，平均风速为 1.4 米/秒，静风率为 48%，属静风环境。但是，每年在旱季和雨季交替的3—5月都有不同程度的热力阵性大风伴冰雹发生。这类阵性大风一般风力为5～6级，常夹有大冰雹，偶尔有瞬风力达8～10级的阵性大风，冰雹大而密，大风、冰雹所过之处，成龄胶树以断冠、裂干、折枝为多，幼林大量叶片及嫩枝落地，茎干破裂，橡胶苗圃叶落梢断。割胶植株经风、雹灾害后产生机械损伤，胶乳产量和干胶含量明显下降，造成严重的风、雹灾害。

建场初期到20世纪60年代，农场橡胶以中幼林为主，抗性弱，每年因风、雹灾害造成的损失很大。20世纪70年代以后，成龄胶树逐年增加，抗风、雹能力增强，加上胶林大面积覆盖，对本地区干热空气有所调节。因此，每年的风、雹灾害的频次和危害程度逐渐减少。据不完全统计，1958—1987年，全场发生大风、雹22次，累计损失橡胶14995.7亩，374885株。2010年4月24日，东风分公司遭遇大风灾害，造成28109株橡胶树受损，6个作业区的16万余亩胶园不同程度受灾，造成胶乳损失280.9吨，经济损失达453.1万元，为近年来最严重的一次风灾。

处理措施　针对不同时期的胶树总结出不同的处理办法。1～3年生幼林进行切干处理，胶树受风、雹灾后树皮多处破损，有无数小孔，严重受害的木质暴露，将受害幼树切干后涂封黄泥牛粪，经过切干处理的幼树虽增粗较慢，但重新长出的主干树皮光滑，乳管排列正常；中幼林增施速效肥料，风、雹灾害后大量落叶断枝的林段，增施速效肥料，促进胶树恢复生长；割胶树灾后断干，无长期保留价值的，进行强割后淘汰，受灾程度轻的割胶树则及时增施、重施优质速效肥，待抽二蓬叶橡胶后才能恢复正常采胶，灾后的割次和深浅度与胶树死皮有密切关系。

牛害　农场橡胶林地与各族村寨的土地交错，经常发生橡胶牛害。1958—1987年，遭受牛害的橡胶有8754.4亩，249132株。

预防措施　农场在不断的实践中，摸索出"因地制宜、防牛沟、防牛壁、防牛林、防牛网多种形式相结合，防牛工程与专职看守相结合，护林人员与广大群众相结合，农场和村寨相结合"的防牛措施，将牛害控制到最轻程度。

从1963年开始就修建防牛工程，挖防牛沟（壁）、围防牛竹笆。1983年改用以水泥柱围铁丝网为主的防牛设施，使其更为坚固耐用。1986年，全场开始设置护林防牛专职岗位，实行"四定"（定人员、定任务、定责任、定报酬）即根据牛害频率及防护难易程度划分范围，一般以中幼林地600～800亩、割胶林地500～750亩为一个岗位，设一名护林员，按一级牛害（树叶少部受害、不影响生长）不超过10%，二级牛害（主干1.5米以上受害，但短期内可恢复）不超过3%，三级牛害（主干受害至50厘米以下，需补换植）不超过1%为标准，计算奖赔金额。

火灾 每年三四月份，天气炎热，风干物燥，极易引起火灾，胶林火灾多由人为因素造成。1958—1987年，因火灾烧毁的橡胶累计达8512.5亩，230856株。其中以两个时期最为突出：1969—1971年，胶林火灾损失共802.6亩；1979—1980年知识青年返城，胶林失管，火灾损失高达5609.4亩。

预防措施 烧坝必须在下午6时以后无风时才能进行，烧坝前一律先清理出10～20米的防火线。火起人在，人走火灭，严格监视，负责到底。火灾肇事者视损失轻重予以行政处分和经济赔偿，直至追究刑事责任。加强宣传教育，做到家喻户晓，人人遵守。

（二）病虫害

橡胶树受到不良环境的影响或致病生物的侵染时，在生理上和形态上发生病变，造成生势差。橡胶树各龄期均会发生病虫害，其中苗圃期幼苗主要有芽枯、环枯、白叶花、麻点、叶炭疽5种病害及蚂蚁、大蟋蟀和金龟子3种虫害；定植成活后的橡胶树病虫害较多，根病有紫根、褐根和红根3种，茎干病有绯腐、烂脚、割面条溃疡、死皮、木龟木瘤和寄生植物6种，叶病有白粉病、季风性落叶病、叶炭疽病和麻点病4种，虫害主要是小蠹虫。

农场植胶以来，发现的橡胶树病虫害共有19种。其中，主要病害有白粉病、季风性落叶病、炭疽病、麻点病、褐根病、紫根病和割面条溃疡病等7种，主要生理病害有死皮病、烂脚病、花叶病3种。虫害主要是小蠹虫、蚂蚁和大头蟋蟀3种。全场橡胶树病虫害以病害为烈，虫害一般不严重。

橡胶植保工作从1958年植胶开始即着手进行。最初几年，植保重点是苗圃和幼林，随着胶树成龄面积的扩大和割胶生产的发展，植保工作的任务日趋繁重。自1970年起，每个分场都配有专职植保技术员，到1972年，各橡胶生产队也配备了专职或兼职的植保技术人员，至1986年，全场已健全了农场、分场、生产队三级橡胶植保技术网络，共有专职植保技术人员131人。

通过多年的植保实践，农场常见和多发的橡胶病虫害及其防治措施已有规律可循，能适当地控制病虫害的发生和蔓延。在白粉病、割面条溃疡病的防治季节，全场每年都有近5000人投入植保工作，有效地防止了橡胶病害的流行。但是，橡胶病虫害发病率高，防治面积大，在特大流行年份，尚无法完全控制其危害。

白粉病 白粉病是由白粉菌侵染胶树的嫩叶、嫩梢和花序引起的病害。感病后胶树嫩叶、嫩梢和花序出现白粉病斑。病情严重时胶树大量落叶、落花，重复感染后甚至会使枝条回枯。白粉病对胶树茎围和树皮的生长影响较大，妨碍胶树结籽，延迟胶树开割，是橡胶树的主要病害之一。

1964 年，农场首次在橡胶苗圃发现白粉病，1970 年，在成龄胶园内发现白粉病，并逐渐扩散蔓延，1973 年，白粉病初次在全场林区内流行，部分林段严重落叶，被迫推迟开割时间。1985 年是建场以来白粉病流行最严重的一年，全场割胶林地 56076 亩，977431 株，全部感病，发病率为 100%，最终病情指数达 65.9，3～5 级病株占 71.2%。第一蓬叶受害后平均落叶量达 63.1%，并且重复感病，大片胶林被迫休割或停割。4 月 1 日全场休割胶林 49261 亩，占开割总面积的 84.4%，直到 6 月底才全面恢复割胶，但能够正常割胶的只有 77.1%，22.9% 的胶树只能降低强度勉强开割。2008 年遭受橡胶树特重白粉病灾害，累计灾害面积达到 16 万余亩。2019 年，开割橡胶树 141790.7 亩，不同程度地感染白粉病，发病率为 100%，最终病情指数为 41.1，属重病流行年。2020 年病情调查，开割橡胶树 137411.7 亩，均受白粉病为害，发病率 100%，最终病情指数为 73.5，属白粉病特重流行年，71512.5 亩橡胶树未能正常按时开割，占开割面积的 52.04%。

防治措施　做出准确的中期和短期预测预报，以降低成本，提高防治效果。农场的中期预测预报在每年的元月进行，根据当年的物候资料及有关数据测报本场白粉病的流行强度。凡冬季温暖，元月至二月中旬平均气温在 16～17℃，越冬落叶在 70% 以下，老叶带病率在 20% 以上，二月上旬抽芽早而不整齐，气象预报 2～3 月平均气温在 20℃ 以下时即可预报当年白粉病流行；短期预报以嫩叶感病率和胶树物候情况，测报喷药日期：抽叶 20%～50%，嫩叶古铜色，总发病率为 5%～7% 时，3～5 日后喷药；抽叶 51%～85%，嫩叶淡绿色，总发病率为 3%～5%，一周内喷药。第一次喷药一周后 50% 的叶片尚未老化，须再次喷药；若抽叶 80% 以上，总发病率在 3% 以下时，可不再喷药；若局部发病率在 20% 以上、气温在 24℃ 以下时须局部喷药。

农场每年 2 月进行白粉病防治工作，主要使用"丰收-30"担架喷粉机和 3MF-3 型、3MF-4 型背负式多用喷粉机喷施硫黄粉，防治效果较显著。

割面条溃疡病　由真菌引起的一种传染性病害，主要侵染胶树割面皮层。割面感病后，皮层发生不同程度的溃烂，严重时整个割面甚至割面上下未割胶部位树皮也会大幅度溃烂，多年不能恢复割胶。树皮溃烂后，树干常被小蠹虫蛀食，容易被风吹断。割面条溃疡是农场橡胶茎干的严重病害。

农场 1966 年开始割胶，1968 年在开割胶林发现割面条溃疡病，此后逐年蔓延，由于林地环境不同，管、养、割水平各异，不同林段的病害程度也不同。

防治措施　养树防病割胶，农场制定了"三浅""两深""四不割"的技术措施，对不同季节的制胶刀次和深度都做出具体规定，采取割胶技术与养树防病相结合的联产计酬方法，每月对胶工进行多项目综合技术评分，取得显著效果。加强胶林抚育管理，每年 10

月前组织胶工砍除林间高草及胶树下垂枝，降低湿度，改善林段内通风透光环境，并结合压青施肥搞好梯田维修，提高胶树的抗病能力。搞好药物防治，1982年以前使用2％的赛力散药液，1983年改用5％的溃疡净，1984年以后选用国产0.4％的瑞毒霉和40％的乙磷铝（使用浓度均为1％～2％）。药液于收胶后当天下午涂在割线上，雨季每割2～3刀涂药1次，病区刀刀涂药，旱季一般不涂药。发现1厘米以上的病斑，立即刮除涂药。每年冬季停割后普查病情，对感病割面涂药，控制病斑扩展，涂封凡士林保护越冬。若病菌未控制而涂封，经寒冬低温高湿会造成割面大片溃烂。安装防雨帽，1983年农场进行防雨帽安装试点，逐年推广，防雨帽能阻挡树干径流水流入割面，雨季使割面相对干燥不易感病，并能减少涂药的次数及用量。在季风落叶病区，还可避免病菌侵入新割线。

季风性落叶病　在季风雨开始以后才发生流行的橡胶病害。每年7月、8月、9月，雨量集中，低洼和荫蔽度较大的林段通风不良，有利于病菌的繁殖、传播和侵染。季风性落叶病可以为害橡胶树地上部分的任何器官，主要为害叶片、绿色枝条和绿色胶果，引起落叶、枯枝、烂果，使胶乳减产。1965年西双版纳首次发现此病，1981年东风农场出现此病，当年感病轻，范围小，以后逐年蔓延扩散，病情各年不一。季风性落叶病与割面条溃疡病属同病原菌，因此，在季风性落叶病区常诱发橡胶割面条溃疡病。

防治措施　主要采用含铜杀菌剂氯氧化铜、1％波尔多液＋0.2％硫酸锌等药物。但在开割胶林喷药时，若胶乳污染的铜离子含量超过8毫克/千克，胶乳的性质就会受到影响。农场植保机具扬程偏低，无法有效施药，所以对开割胶林的小面积病树尚未采用化学防治，主要采用栽培方面的预防措施，及时砍除林缘的灌木、竹篷和高草，林段内加强管理，清除林下杂草，砍除胶树下垂枝，增加林间通风透光程度，降低林内湿度，安装防雨帽防止病菌侵染，并清理病叶病枝，集中烧毁，控制病菌扩散传播。

死皮病　割胶生产中最常见的一种生理病害，一般是由割胶强度过大引起的，导致胶树割线局部或全线停止排胶，胶乳产量下降，甚至被迫停割。强度割胶时，植株体内营养生理失去平衡，致使乳管丧失产胶能力，树皮组织坏死变态，形成死皮病。除割胶因素造成的原因外，树干受伤、风寒灾害后胶树根部受伤、伤口潮湿沤水、水冲胶引起乳管机能破坏、乳管逐步回枯等，都会引起死皮病发生。

橡胶树死皮病是尚无有效治愈方法的严重病害，有的胶树单面死皮，有的胶树双面死皮，病情严重的死皮面纵长1～2米。全场各割胶生产队都不同程度地发生死皮病，随着开割年龄的增长，死皮病也出现逐年增多的趋势。

防治措施是认真处理好管、养、割的关系，贯彻科学割胶，预防死皮病的发生。对中轻度死皮树降低制胶强度，浅割、减刀或暂时休割，增施速效肥料，促使病树恢复健康；

对病情严重的死皮树，在部分死皮的植株上充分利用原生皮采胶，单面死皮树采取换面割胶，下部死皮树则改在上部健康皮上割胶，或在高于 1.5 米以上部位用阴刀割胶，与此同时，加强施肥和管理，降低割胶强度，使死皮树既能养树恢复，又能获得一定的胶乳产量。

烂脚病 它是由低温寒害引起的一种生理病害。烂脚是指胶树的茎基部离地面 30 厘米范围内的树皮溃烂，受害部位初期内皮变色，内部往往夹有凝胶块，一般隆起、爆裂流胶，树皮会继续溃烂，后期烂皮干缩下陷，形成烂脚。烂脚在茎围 1/4 以下的，一般两年即可逐渐愈合。当烂脚达茎围 1/4 以上时，对胶树的生长和产量都有明显的影响，如胶树茎部全部烂掉，植株会很快死亡。烂脚病主要发生在以辐射低温为主的地区，东风农场植胶纬度偏北，辐射寒害严重，橡胶烂脚病是农场主要病害之一。

防治措施 冬前全面铲除植胶带面杂草，防止烂脚病发生。铲除的杂草立即压青，不能堆置在植胶带面上，以免加重寒害和烂脚；每年 11 月前，对定植较密或荫蔽度过大的林地适当修枝，以修除树冠下层枝为主。

蚧壳虫 东风农场自 2003 年首次发现橡胶蚧壳虫，至 2005 年，其虫害率呈几何级数增长，两年之内即覆盖全农场。橡胶蚧壳虫若虫和成虫都为害橡胶树，成龄树多集中于枝条，虫口密度大时，也扩散到叶片、果实上；未分枝幼林多集中于主干，主要刺吸掠夺胶树营养，诱发煤烟病，严重影响橡胶树的呼吸和光合作用，造成开割林地推迟割胶、停割、减产，严重时胶树落叶、枯梢，甚至死亡。

防治措施 加强养护管理，定期施肥，增强树势及树木的抗性；结合养护管理，秋季人工刷除枝、干上的越冬若虫；对死株进行集中烧毁，彻底消灭虫源，以免传播；加强修剪，通风透光，减少虫害发生率。

红、黄蜘蛛 主要寄生于橡胶、青枣、柑橘、茶叶，属世代重叠，一年 23 代左右，30℃为生长发育和繁殖最适温度。橡胶树为害主要发生在 4 月下旬至 5 月及 10 月下旬至 11 月，主要为害橡胶树老叶，亦可为害嫩叶，初期在叶片背面沿主脉两侧，然后扩展为害，破坏叶绿素，影响光合作用。2019 年红（黄）蜘蛛在部分区域橡胶树叶片上发生危害较重，出现危害症状的橡胶叶片达 28%～100%。

防治措施 合理密植，适时修剪，使胶林通风透光良好；加强栽培管理、肥水管理，增强树势。视病虫害的严重性，严格按防治指标适时适量喷洒防治药剂。

三、胶园

当橡胶树经过多年割胶，已无可供割胶操作的树皮或胶园产量下降到经济水平以下时，必须进行更新。对自然条件适合继续植胶的橡胶林地更新建立新一代胶园时，必须种植抗性好、耐刺激、产量高、木材积量大的优良品种，以大幅度提高新一代胶园的生产水平和经济效益。2014 年，新的《橡胶栽培技术管理规程》确立了以保苗、增粗、均匀度为重点的胶园园艺化管理模式；以抓好水、土、肥基础工程为主的中幼林管理考核原则；以岗位创优和生产技术进步奖为主要内容的激励制度，以及化学除草"三保一护"工程等管理措施，胶园管理保持了较高水平。

（一）更新周期

第一代生长正常的胶园采用 s/2d/2 常规割制，后期采用乙烯利刺激新割制，割胶达到 40 年以上，已无可供割胶操作的树皮时进行更新。因风、寒、病等自然灾害造成的残缺胶园，每亩有效开割株在 10 株以下，产量低于该类型区同类胶园平均产胶量的 60％时进行更新，农场于 1990 年开始更新工作。

（二）种植模式

更新胶园的规划设计，要根据林段的地形地貌做到因地制宜，同时符合技术规范，在林地的规划工作中，切实做到充分、合理、有效利用土地资源。为确保林地规划标准，对面积较大且地形复杂的林段，由分公司、作业区、生产队共同进行，2003 年以前株行距采用 2.5 米×8 米，更新胶园每亩植株为 30～33 株，2003 年以后株行距采用 2.5 米×9 米，每亩植株为 28～30 株。为提高土地负载量，2013 年后的部分更新胶园采用宽行种植方式，但每亩胶地橡胶种植不得低于 21 株。

（三）更新准备

农场、分公司根据不同割龄的实际情况，提前做好更新面积的规划，尽可能较合理地安排，做到有序更新。根据安排好的年度更新计划，在更新前 3～5 年采用强割制度进行强割，充分挖掘产胶能力。更新时还必须做好橡胶木材的充分利用，以提高橡胶树的经济价值。

更新倒树清园，平地和缓坡地采用机械倒树，重点清除树桩和表层树根，不能采用机械倒树的坡地，应控制树桩锯切高度（离地 10 厘米处），树桩锯切面涂化学药剂毒杀。还应推除蚂蚁包，平整地块，方便规划和开垦。

（四）更新面积

农场于 1990 年开始在五分场二队进行更新定植 320 亩，截至 2020 年底更新定植总面积达 53696.4 亩。

2007 年，东风农场对更新胶园进行科学攻关，成功研制出倒树机并获云南农垦总局科学技术进步奖，使农场二代胶园建设实现了从倒树、开垦、挖穴全机械化操作，劳动生产效率大幅提高。同时挖掘机的深翻使保护带和营养带土质疏松，更有利于今后天然橡胶的生长，原胶树的树根全部挖除并经太阳暴晒，杜绝了根病的再次发生。自2007年开始采用挖掘机全机械化开垦二代胶园，至2013年，更新开垦胶园19527亩，节约成本343.7万元。2016年，将1998年以前定植的600品系进行更新，更新面积1329.6亩，更新采伐橡胶26441株。2017年，更新胶园4084.5亩，更新采伐橡胶72197株。2018年，更新倒树面积1798亩。2020年更新采伐6089.2亩，108958株。

2013年，东风农场被列为环境友好型生态胶园的试点单位，在辖区更新胶园内建设州级环境友好型生态胶园示范基地，按照上级文件要求，每年建设长短经济林、速生高产优质的环境友好型生态胶园示范区1000亩以上，构建长短结合，多层多种橡胶复合生态系统，形成生态环境友好的作物种类多、立体的二代新胶园。2013年在东升生产队10居民组建设示范园。

2014年，投入资金331.6万元，建设环境友好型生态胶园1400亩。从林地道路规划、带面定植行距、橡胶苗木株距、开挖穴坑、回穴、定植等方面完成胶园更新。根据土壤结构，在胶园山顶和山脚栽种格木、铁力木、沉香、草花梨、黄花梨、印度紫檀等经济林木；在橡胶营养带面栽种香蕉，提高承包户收入，实现更新胶园"头戴帽、腰系带、脚穿鞋"的发展目标，为实现胶园绿色、低碳、循环和可持续发展及打造环境友好型庄园奠定基础。

2015年，投入资金239.05万元，建设环境友好型生态胶园1555亩，在更新林地上推行"山顶戴帽、腰间系带、脚底穿鞋"和"林下种植灌木、灌木下养殖家禽"的建设模式。实现山顶连片种植，山脚边缘单行种植，林间道路两旁种植珍稀经济林木。沟谷陡坡还林，在根病区及不适宜种植橡胶树区域种植大树菠萝，在胶园内种植短期经济作物，构建长短结合、以短养长、多层次多种林木和谐共生的复合生态系统。二代更新胶园不再高密度种植橡胶，每亩胶地橡胶种植不超过25株，每3带套种1带果树，在10个生产队对6500亩的更新、低产胶园进行改造，种植具有西双版纳特色的热带水果。在山顶种植珍稀林木，地势低洼地带种植保水保土经济作物。实现林业生态多元化、林业经济立体化、土地利用高效化、职工利益长远化。至2015年种植黄花梨、沉香和紫檀等7个品种的珍稀苗木9747株。

2016年，完成环境友好型示范胶园1222亩，其中，橡胶面积900亩，东试早柚322亩，其间套种珍贵用材林616株。

环境友好型生态胶园的建设能提高二代胶园的土地利用率，达到以短养长、解决橡胶中幼林非生产期间承包人的经济来源。在山顶、风口处，四周种植高大经济林木，能形成防风屏障，增加抵御风灾能力，减少胶园损失。通过积极推广混种、套种、网格化种植等先进方式，调整橡胶纯林结构，改变了过去单一橡胶模式，保持胶林植物多样性。2013—

2016 年的环境友好型生态胶园建设各项指标均达到验收标准和要求，通过了上级主管部门的最终验收。截至 2020 年 5 月，完成环境友好型胶园 4801.2 亩，种植油梨 8560 株、珍贵林木 560 株及珠芽黄魔芋 1000 余亩。

（五）胶园管理

植胶带面管理　中幼林带面管理常年保持带面无高草，尤其是新植胶园，注重带面管理、抹芽、修枝、浅松土，4 年以上的新植胶园重在"三保一护"培肥工程，结合日常管理，80% 的植胶带面平整，内倾 5°～8°，起到保水、保土、保肥、护根作用。

开割胶园的管理，无论是平地和坡地，一律采用适时锄草、平整带面与"三保一护"水肥沟（坑）相结合，保持土壤疏松和肥沃，促进营养吸收，改善带面环境。

营养带管理　中幼林地和开割胶园每年 6 月底和 10 月中旬分别砍除林间高草和林缘四周 7～10 米内的高草、杂树、竹林，合理修枝、整形，改善林间通风透光条件，减少病、虫、寒害发生。

树身管理　胶树树冠重心保持平衡，林郁闭光度保持在 70% 左右，增强抗风抗寒能力。清除树冠枝条上的寄生枝和枝干上的木龟、木瘤，对机械损伤的伤口，实行涂抹凡士林处理。

施肥管理　开割胶园和中幼林地施肥主要施有机肥、化肥。有机肥有厩肥、土杂肥。每割胶岗位均施 7000～10000 千克，中幼林每割胶岗位施 4000 千克。按照营养诊断对症施化肥。割胶树株均施 1～2 千克，中幼林株均施 0.5～1 千克，全年分两次施放，4—5 月土壤湿润施第一次肥，7—8 月施第二次肥。施入水肥沟（坑）内覆土盖实，保证胶树叶蓬大而厚、郁亮，生势健壮。

第二节　生产加工

一、割胶

1961 年 11 月，农场生产科以三分场一队为试点，试割 1958 年定植实生树 19 株（树龄 3.25 年），采胶 2.5 千克，送云南热带作物研究所橡胶加工厂制成烟胶片，经过检验，理化性能达到标准。

1966 年试割投产，到 1987 年底，开割胶林 7.68 万亩，投产胶树 132.3 万株，累计 22 年产干胶 47617 吨。

2007 年，有橡胶林面积 17.78 万亩，386.87 万株。其中开割 15.71 万亩，323.12 万株，中幼林 3.64 万亩；开割树位 4248 个；3938 名胶工人均割胶面积 39.9 亩。2008

年，开割橡胶面积达到 16.07 万亩，此后每年开割面积均在 16 万亩以上。2014 年后，因胶价下跌以及农场产业结构调整，橡胶种植面积略有减少，至 2020 年，国有天然橡胶种植面积为 15.44 万亩，占土地总面积 25 万亩的 61.76％。其中开割橡胶种植面积 14.27 万亩，占橡胶总面积的 92.42％；橡胶幼林面积 1.17 万亩，占橡胶总面积的 7.58％。国有橡胶总产量 9245.2 吨，总产值 8690.5 万元，占公有生产总值 20640.49 万元的 42.1％。

（一）开割胶林品系

农场开割胶林共有 RRIM513、RRIM600、RRIM603、RRIM623、RRIM712、RRIM901、RRIM905、GT1、PR107、PR228、云研 77-4、云研 77-2、云研 73-46、南越 22、南华 1、籽种园、PB235、PB86 海垦 2、RRIC105、杂品系、云研 1、系比区、实生树等共 27 个品系。根据 2006 年开割胶林普查统计，RRIM600 面积最大，合计 82096.60 亩，占割胶总面积的 52.30％；GT1 合计面积 58044.40 亩，占割胶总面积的 36.90％；PR107 合计面积 973.60 亩，占割胶总面积的 0.70％；其他品系合计 16004.20 亩，占割胶总面积的 10.10％。

（二）开割标准与割面规划

开割标准 1966—1979 年，农场单株开割标准：实生树离地 50 厘米处，芽接树离地 100 厘米处，树围 50 厘米。但是，绝大多数林段和树位投产第一年的开割率都低于应占总数 50％的规定。

1971 年，兵团割胶生产会议决定，将芽接树开割标准降低到离地 50 厘米处，树围 45～50 厘米，造成胶树严重损伤，是导致数年后胶树疫病流行的原因之一。

1980 年，贯彻云南省农垦总局颁发的《橡胶栽培技术规程》实施细则规定的开割标准，即同林段内，芽接树离地 100 厘米处，优良实生树离地 80 厘米处，树围 50 厘米的胶树，占林段或树位总株数的 50％，正式开割。但是，东风农场的三等宜林地树龄 8 年时，树围难以达到 45 厘米，一般延至 10 年才能开割。对正式投产 3 年以上、开割率达 80％的林段，一律全部开割。

1989 年后，橡胶单株开割标准为：同林段内，芽接树离地 100 厘米处树围达 50 厘米、重寒区及树龄已达 10 年，树围达 45 厘米以上的胶树占林段 50％时，正式开割；林段开割 3 年后第 3 年还未达到开割标准的胶树全部开割；这一标准一直延续至今。

割面规划 1979 年以前，全场开割胶树的割面规划标准是：实生树第一割面新割线下端离地高度为 50 厘米，第二割面离地高度为 80 厘米，第三割面离地高度为 100 厘米；芽接树第一割面新割线下端离芽接点 100 厘米，以后割面转换全定在 130 厘米这一高度上。芽接树的第二割面规划高度偏低，不利于采用阳刀，易造成第一、第二割面两线重叠。不能有效地利用原生皮，同时影响产量。1980年，芽接树第一割面新割线下端离地高度提高到130厘米，第二割面为150厘米，转入第三割面后，1985年前在150厘米高处阳线割胶，1986年改为采用阴线向上割胶，避免造成"吊颈皮"。优良实生树第一割面新割线下端离地80厘米，以后各割面新割线下端离地120厘米。

1989年，开割胶树的割面规划标准是：芽接树第一割面的新割线下端离地130厘米，以后第二割面新割线高度为150厘米，第三割面在再生皮的第一割面的割线交界处开线。

通过多年的割改实践，2003年至今，开割胶树的割面规划标准是：芽接树第一割面的新割线下端离地110厘米，第二割面新割线高度为110～130厘米，第三割面在再生皮的第一割面的割线交界处开线。

（三）割胶制度

农场自1966年起，一直采用1/2树围，隔日割制（s/2，d/2）。同林段内，割面方向一致，平地为东（西）向，坡地面向株间。割线从左向右倾斜，实生树为22°～25°，芽接树为25°～30°。

1989年为"常规割制"，即割制为1/2树围，隔日割制（s/2，d/2），原则上是2个树位，平均岗位面积为18亩，割株420株；岗位采用"三系数"确定，即：岗位面积18亩，系数为5，每大于或小于1亩，系数增（减）0.28；岗位割株420株（强割岗位280株），系数为47.50，每大于（或小于）1株，系数增（减）0.11；岗位产量2100千克系数增（减）0.02，实际确定岗位量时，允许各要素间系数比例的增减变动，岗位量的大小以3项系数总和反映，低于100为欠额岗位，100为满岗位，高于100为超额岗位。

1998年后推行割制改革，所有树均采用常规d/3不刺激割制、d/3刺激割制、中龄割制、老龄割制（s/2＋s/4↑ET）、强割（低、中、高强割）。原则上是3或4个树位，平均岗位面积38亩，割株750～1050株；割线倾斜度：阳线25°～30°，阴线35°～40°；所有的阴线不论割线的高低均采取安装接胶槽的措施，防止胶乳外流。劳动生产率大幅度提高，增幅达211.10％，岗位按甲、乙、丙、丁分为三大片或四大片。

（1）品种划分。将生产上的橡胶树品种划分为以RRIM600为代表的不耐刺激的Ⅰ类和以PR107为代表较耐刺激的Ⅱ类品种。RRIM系列、云研277-5、海垦2、云研1号（有性系）列为Ⅰ类品种；GT1、PB86、云研77-4、云研77-2、云研73-46等列为Ⅱ类品种。

（2）割胶制度及乙烯利（ET）施用浓度。d/3割制第1～39割年，d/4割制第1～40年为正常割制，其后均为强割制度；d/4割制Ⅰ类品种的第1～3割年和Ⅱ类品种的第1年不施用ET期间，若胶工只割3个树位，可改为d/3频率割胶；采用（s/4+s/4↑）d/（3～4）割制，从第6割年起，至第16割年转（s/2+s/4↑）d/（3～4）老龄割制。原开割高度为150厘米的橡胶树参照割制使用浓度表对应割龄段执行。东风农场d/3、d/4割制使用ET浓度分别见表3-3-2、表3-3-3。

表3-3-2　东风农场d/3割制使用ET浓度

割制	割龄（年）	ET使用浓度（%）	
		一类品系	二类品系
s/2·d/3	1～3	不使用乙烯利	不使用乙烯利
	4～5	不使用乙烯利	0.5
	6～7	0.5	1.0
	8～11	1.0	1.3
	12～15	1.3	1.8
	16～19	1.8	2.3
(s/2+s/4↑)·d/3	20～24	1.8	2.3
	25～29	2.3	2.8
	30～34	2.8	3.3
	35～39	3.3	3.8
(s/2+s/2↑)·d/3	40～41	3.8	4.3
(2s/2+s/2)·d/4 或 (s/2+2s/4t↑)·d/4	42～43	4.3～4.5	4.8～5.0

表3-3-3　东风农场d/4割制使用ET浓度

割制	割龄（年）	ET使用浓度（%）	
		一类品系	二类品系
s/2·d/4	1～3	不使用乙烯利	不使用乙烯利
	4～5	不使用乙烯利	0.8
	6～8	0.8	1.3
	9～12	1.3	1.8
	13～16	1.5	2.3
	17～20	2.0	2.8
(s/2+s/4 t↑)·d/4	21～24	2.0	2.8
	25～28	2.5	3.3
	29～32	3.0	3.8
	33～36	3.5	4.3
	37～40	4.0	4.8
(s/2+s/2t↑)·d/4	41～43	4.5	5.3
(2s/2+s/2)·d/4 或 (s/2+2s/4↑)·d/4	44～45	5.0	5.8

（3）乙烯利刺激剂的施用。

剂型　糊剂。一是用淀粉，即按淀粉和清水 1.5：50 的比例配制。二是用化学糊剂，即用食品级呈微酸性的羧甲基纤维素钠，以 1：100 的比例加水搅拌溶解，再加入乙烯利和螯合稀土钼拌匀。

糊剂剂量原则上 s/2 单阳线或（s/4＋s/4↑）阴阳线每株每次涂药量 2 克；（s/2＋s/4↑）阴阳线每株每次涂药量 3 克。因树龄大小不同，割线长度和树皮厚度不一样，涂药时根据具体情况进行调整。

周期　d/3 半个月为一个涂药周期，每一周期割 5 刀，全年割胶期涂药：一类型区涂药15～16 次；二、三类型区涂药 13～14 次。d/4 则 12 天为一个涂药周期，每一周期割 3 刀，全年割胶期涂药：一类型区涂药 18～19 次；二、三类型区涂药 16～17 次。

配药　由东风技术服务推广中心经过培训的技术员配药、发药，再送到各作业区技术办，由技术办管割胶辅导的人员分配到各生产队技术员，由生产队技术员再分配到胶工手中。

（四）　割胶管理

1969 年前，全场试割投产初期，未进行树位定产。1970 年，树位定产由胶工自报、群众公议、领导定任务的方式决定。胶工一律按工龄领取等级工资，割胶技术的优劣和完成任务的多少与工资报酬无关。

1979 年起，实行基本工资加奖励的报酬制度。每个胶工全年计划用工 288 个，月平均 24 个工日。其中：停割期计划用工 72 个；割胶期计划用工 216 个，分为复训用工 12 个、割胶用工 125 个、割胶准备与收尾工作用工 8 个、林管和施肥用工 50 个、涂药用工 12 个、点漆用工 3.5 个、机动用工 5.5 个。超产干胶和超额完成岗位作业定额任务，核算为定额工日，计发超定额奖。完不成干胶和岗位定额任务则折算为定额工日扣赔。

树位定产主要依据定植年代、品系、立地环境、林地现状和是否使用刺激剂，参照前 3 年的产量和同类树位产胶规律，结合自然增长比例，测算出当年计划任务。生产队成立由队干部、技术员、统计员和胶工代表组成的定产小组，认真听取胶工本人和群众意见，报分场定产审批领导小组审核，经批准后实施，每年一次。

1985 年开始实行岗位技术、产量、作业定额任务综合计酬。每年 2 月 21 日至 11 月 20 日为割胶期，逐月检查考核各树位的割胶技术和胶乳产量。胶工割胶技术以百分考核制的 60 分为计酬基数，每降低 1 分，减发报酬 2%。超产干胶每千克奖 1 元，60 分以上每增 1 分，超产奖增值 2%；60 分以下每降低 1 分，超产奖减值 4%；制胶技术在 49.9 分以下者，超产不计奖。完不成树位定产任务者，每千克干胶扣赔 1.20 元。停割期为每年

11月21日至翌年2月20日，按岗位作业定额核算工日，以工日数计发胶工报酬。

1988—1997年的割胶树位平均定产量为2.1吨；1998年推广应用割制改革技术后，劳动生产率大幅度提高，割胶树位平均定产量为5.10吨左右。胶工产量是割改前的2.48倍。

1999年，农场实施农业生产岗位长期承包，承包期限一直延伸至承包人退休为止。

2002年，农场开云南农垦先河，按照"三自理、四确保、六统一"以及效益优先、多劳多得、统筹兼顾、适度调节的原则，在3个生产队进行橡胶树家庭承包经营试点。2003年，职工家庭承包经营成效显著，在全场推行，农场与3996户职工家庭签订割胶岗位承包经营合同，实现生产经营方式的重大改革。全年干胶总产量为22125.21吨、平均亩产158.53千克、平均株产7.04千克，胶工年均收入18230元。创农场建场以来干胶总产量、亩产量、株产量和职工收入等最高水平。

2004年政企分开，成立东风分公司后，全面推行职工家庭承包经营，在所有的分公司范围内正式全面推行职工家庭承包经营。

2010年，橡胶资源实施普通家庭承包。2012年，重新界定承包人范围、承包人资格、承包资源量及承包费计费方式，修订完善普通家庭承包方案和4个承包合同文本。全场有14501人符合承包条件，已承包资源12083人，其中承包橡胶开割林地10587人，人均承包面积16亩；承包橡胶中幼林地1496人，人均承包面积13.3亩。先后采取奖励肥料、封岗停割、收取滞纳金等措施促进承包费收缴。

（五）技术考核及培训

农场自开始割胶就坚持对胶工割胶技术进行业务指导和培训，并制定割胶技术检查制度，逐级逐层对胶工的割胶技术进行季度、半年度和年度的检查，后又修订农林技术员岗位职责，明文规定割胶辅导员和植保员10项岗位考核标准。自实施职工家庭承包经营后，更是加强了割胶技术管理，坚持每月1次技术复查、作业区每月1次技术抽查、生产队当月技术检查不放松，同时积极开展割胶调研，对同期减产树位进行跟踪调研和产量分析。要求两级机关干部与分场、生产队挂钩，下到生产队督促指导割胶生产，确保割胶技术和各项措施标准落实到位。

1. 技术考核

检查考核　割胶初期，月度技术检查由各分场组织进行，农场生产科每年对全场各生产单位的割胶技术进行1～2次全面检查，发现问题，及时纠正，采取检查与技术指导相结合，以提高技术水平为主的办法。

1970年后，割胶技术月度检查由生产队组织进行，割胶辅导员、植保员和各割胶生产班组的负责人在队干部带领下逐树位抽查胶工技术状况。分场对各队的月度检查给予指导，重点组织季度、半年和年度的割胶技术检查。

1977年，农场制定胶工1～3级技术等级标准，按照割胶技术、产量任务、养树措施、林管作业和割胶理论知识等5项内容，评定胶工技术等级。但是，由于技术等级未与报酬、奖赔挂钩，胶工技术等级制没有得到有效的执行。

1979年以后，全场割胶技术检查制度逐步完善。农场实行技术奖赔措施，规定耗皮、伤树、割线、割面、下刀收刀、树位六清洁、胶刀等级和防病等8项技术指标，胶工优于指标有奖，劣于指标扣赔。1983年，农场进一步将割胶技术指标量化为割胶技术百分考核，每月每个树位抽查20株胶树，逐株分项评分，按耗皮20分、伤树14分、下刀收刀8分、割线18分、割面20分、磨刀12分、树位六清洁8分评定。防病治病完成措施差，发病超过规定指标为负分。割胶技术百分考核制综合性强，能较准确地反映胶工的实际技术水平，奖赔更趋合理。

1983年，"割胶生产联产承包经济责任制"规定，生产队割胶技术月度检查由主管割胶生产的干部、割胶辅导员和植保员组成检查评分小组，负责本队全部树位的检查。分场由主管割胶生产的领导、割胶辅导员和植保员组成复查小组，逐队复查10％～25％的树位。复查的平均误差在5分之内，生产队参加检查人员各奖励5元；误差超过5分，每超1分，各扣赔1.50元；误差超过10分的加倍扣赔。农场生产技术科对分场复查结果进行不定期、不定点抽查，按同株的误差允许范围核定分场复查人员的奖赔。

1988年割胶技术检查以岗位按月抽查20株，采用逐株分项目综合评分办法。技术检查8项指标评分标准为：①耗皮20分。隔日割制每割次耗皮1.30毫米，隔两日割制每割次耗皮1.40毫米，强割树位耗皮：阳线1.50毫米/刀，阴线1.50～2毫米/刀，月累计耗皮每超1毫米扣1.50分。②伤树14分。伤树扣分，每个特伤扣4分，大伤扣2分，小伤扣0.50分。③下刀收刀8分。④割线18分。芽接树倾斜度25°～30°（阴线35°～40°），每大于或小于1°扣0.30分，割线变形根据变形程度扣0.20～0.30分。⑤割面20分。分均匀光滑和深浅度。⑥磨刀12分。⑦树位六清洁8分。⑧防割面病害。扣合计分，发现病株1～2级每株扣0.20分，3级每株扣2分，4～5级每株扣5分。

2004年分公司成立后对技术检查评分标准有所改变，技术检查8项指标评分标准为：①耗皮25分。检查10株耗皮量总耗皮，取10株的平均值。阳线：原生皮平均每刀次d/3≤1.30毫米，d/4≤1.50毫米；再生皮平均每刀次d/3≤1.40毫米，d/4≤1.60毫米。强割树位耗皮为阳线：平均每刀次d/3≤1.60毫米，d/4≤1.80毫米；阴线：平均每刀次d/3≤1.50毫米，d/4≤1.70毫米。②割胶深度40分。检查10株（有阴阳割线的岗位：

阳线查 5 株，阴线查 5 株）超深割每超 0.10 毫米扣 8 分，偏浅则扣 4 分。③割面 6 分。④割线 8 分。⑤下刀收刀 10 分。⑥六清洁 5 分。⑦胶刀 6 分。⑧伤树。检查 20 株每个特伤扣 5 分，大伤扣 3 分，小伤扣 1 分。

技术干部岗位考核　1966—1978 年，农场没有健全割胶技术干部考核制度。1975 年，农场生产技术科曾起草过"割胶辅导员，植保员基本岗位职责"，但未能在全场贯彻执行。

1979 年后，农场逐年修订农林技术员岗位职责，明文规定割胶辅导员和植保员 10 项岗位考核标准。即：严格执行《橡胶栽培技术规程》、深入树位辅导割胶技术、圆满完成上级安排的技术工作、及时发现并报告生产中出现的问题、配合单位领导抓好割胶生产、按时进行割胶技术检查、搞好橡胶树病虫害防治、准确提供生产技术数据并建立技术资料档案、根据本单位割胶技术的优劣和胶树病虫害的防治水平计发报酬与奖赔。

技术检查奖赔制度　1988—2003 年割胶技术检查误差：检查误差分≤3 分，队检查组每人奖 10 元，误差 3.10～5 分每增误 1 分扣 3 元，误差分＞5 分，每增误差 1 分扣 10 元。技术分＜60 分的胶工：生产队重点辅导，并组织复训。40 分以下胶工，必须停割培训 6 天，经过考核才能上岗，若当月技术检查仍低于 40 分，收回岗位承包权。

2004—2006 年技术误差：检查误差分≤3 分，队检查组每人奖 20 元（2007 年改为 50 元），误差为 3.10～5 分，每增误 1 分扣 10 元（2007 年改为 20 元），误差分＞5 分，每增误差 1 分扣 20 元。月技术分达 85 分以上，在完成当月任务的基础上，每高 1 分奖 5 元，超过 90 分的，每高 1 分奖 10 元。2007 年技术分＜60 分的胶工：生产队重点辅导，并组织复训，当月割胶技术分低于 80 分，每降低 1 分扣 15 元（2007 年改为 20 元），60 分以下胶工，必须进行在岗培训，经过考核才能上岗，承包人一年内累计有 3 个月割胶技术革新分低于 60 分的，分公司收回承包岗位。

作业区月平均技术分不得低于 80 分，生产队月平均技术分不得低于 81 分，每少 1 分，作业区领导和技术办人员扣赔 200 元，生产队管理人员扣赔 100 元。

2. 技术培训

胶工培训　1966 年 3 月 23 日，农场首届胶工培训班在四分场开办，培训胶工 23 名，各分场派 1 名技术员参加。农场生产科编写出近 2 万字的《胶工培训班讲义》，有割胶工具和用具、磨胶刀技术、割胶操作技术、橡胶树基本习性及器官功能、胶树排胶原理、胶乳早期保存、开割物候指标及常见病的防治等内容。云南热带作物研究所派人负责技术辅导，经过两个月的培训，全体胶工到景洪市热带作物研究所通过技术鉴定，割胶理论和实际操作取得较好的成绩，成为农场割胶生产的骨干力量。

1967 年 2 月 28 日至 3 月 30 日，农场举办第二届胶工培训班，培训胶工 20 人。1968

年 2 月 24 日至 3 月 27 日，农场举办第三届胶工培训班，培训胶工 18 人。通过 3 次集中培训，全场已有 51 人的胶工队伍。从 1969 年起，胶工培训改由各分场组织进行，农场生产技术科负责检查指导。

新胶工的年龄要求在 35 岁以下，身体健康，工作负责，有一定的文化程度。新胶工培训结束后学习成绩和考核项目达不到规定标准的不能上树位割胶。实行经济责任制后，新胶工培训成绩的优劣与培训期间的报酬挂钩。

每年割胶前，老胶工均以分场或生产队为单位，进行 10 天至半月的技术培训，经考核及格才能进入岗位测胶。1979 年后，增加职业教育为培训内容。2011 年后，东风农场启动农村劳动力培训阳光工程项目，主要对割胶工进行割放理论和实际操作技能培训，并进行严格考核。2011 年因新胶工大量增加，举办了有史以来规模最大的一次新胶工割胶技术培训班，共为 2000 余名新胶工颁发割胶技术合格证。

技术干部培训　1966—1969 年，负责割胶技术工作的干部是农林院校的毕业生，业务素质高，能以科学指导割胶生产。

1970—1978 年，全场大面积开割，逐年从胶工中选拔出优秀者担任生产队级制胶辅导员和植保员，主要采用以会代训的方式进行技术培训。

1970 年 5 月，农场在三分场举办"割胶技术培训班"，各生产队辅导员 50 人参加学习，统一和提高割胶操作与磨胶刀技术。

1973 年 1 月，农场举办"橡胶白粉病测报防治培训班"，各分场生产队辅导员、植保员 30 人参加，由云南热带作物研究所派人主讲。

1975 年 5 月，各分场生产植保员和割胶辅导员 36 人，在五分场参加"橡胶树割面条溃疡病、绯腐病、根病综合技术防治现场会"，提高技术干部的理论水平和实际操作能力。

1979 年后，对割胶生产管理干部、割胶辅导员和植保员的技术培训由农场和分场分批进行。每年停割后，农场组织各割胶分场和年产干胶 80 吨以上的割胶生产队的辅导员和植保员以《橡胶栽培技术规程》为教材，系统学习割胶的基础理论，统一技术操作要领，解析生产中出现的技术问题，推广先进经验，为翌年割胶生产做技术准备。农场培训班结业以后，各分场在新胶工培训前举办生产队割胶管理干部、辅导员和植保员技术培训班，综合本单位生产实践，贯彻农场技术培训班的学习内容和精神，并由农场统一出题考试。

1985 年和 1986 年，农场举办割胶管理培训班，各单位负责割胶生产的管理干部参加，由生产技术科讲授割胶生产管理知识。2009 年 1 月 6—12 日，东风分公司举办割胶辅导员培训班，各作业区分管割胶生产的领导、技术主管、生产队辅导员 88 人参加。

2012年2月24日，东风农场2012年度阳光工程项目——割胶技术培训启动会，在温泉生产队新型农民科技培训学校举行。2013年5月3日，东风农场举办割胶技术检查标准骨干培训班，由全场41名技术骨干参加。30日，东风农场举办科技活动周割胶实用技术培训，各生产队负责人47人参加。2015年，用提高党员干部带头致富的能力，使每一名党员掌握一门实用技术，培训党员割胶实用技术308人，13个生产队远程教育全覆盖，共培训党员3000多人次。

操作方法培训　农场使用推刀割胶。试割投产初期，胶刀的圆口偏大（2.5～3毫米），刀间吃割面，旱季割线易早凝，雨季常产生割面黏胶，影响胶乳产量。1969年后改进磨刀方法，胶刀圆口适当磨小。1973年，农场采用2毫米小圆口刀型。1979年，全场统一规定：胶刀圆口2毫米，刀身内外光滑定型好，凿口斜度均匀，刀口平整锋利；胶工双刀上树位，定点换刀。这一规定有利于产胶和养树防病。

在操作技术方面，1972年以前，全场采用阳刀顺割操作技术。1973年2月，农场举办"阳刀倒割培训班"，推广阳刀倒割，解决换割面后割线提高至1.3～1.5米处难于顺割操作的问题。1981年，进行阴刀割胶试验，充分利用阳刀无法采割的高部位树皮。1983年举办"阴刀割胶培训班"，1984年在一至六分场采用阴刀操作技术。1986年，农场派出2名技术员到海南省保亭黎族苗族自治县试验站学习"4-B型"阴刀采割技术，在一至六分场试用后推广，要求全体胶工学习和掌握"顺、倒、阴"3种割胶操作技术，争当"全能胶工"。

2011年属地管理后，进入东风农场农工家庭承包经营的割胶岗位人员必须参加培训，主要学习橡胶生产的理论知识、橡胶树病虫害防治常识、橡胶树抚管常识、割胶操作技术等，不参加培训的视为放弃承包资格，参训者经考试合格后方可持证进入承包的割胶岗位。2013年2月25日至3月20日，东风农场完成10195名割胶承包人上岗前割胶操作技术复训。2019年，在全场各农林分场组织开割前新、老割胶工的割胶技术培训和复训工作，参加培训人员共计8141人。"十三五"期间，东风农场组织开展割胶技术培训，培训范围包括12个农林生产队、148个居民组，参训人员达1.3万人次。

创优活动　为提高全场胶工的技术水平，多产胶，割好胶，农场自1979年9月3日至10日举行"第一届割胶技术比赛"后，每年都组织安排技术比赛，以胶工的树位管、养、割水平进行现场比赛，并评比出一、二、三等奖，颁发"割胶能手""优秀胶工""优秀割胶技术员""优秀植保员"等称号。

二、制胶

东风农场制胶生产以固体生胶为主，品种有烟片胶、绉片胶和标准胶等。

1966 年，东风农场第一个日产 0.5 吨的简易制胶厂在三分场建立投产，产干胶 2.12 吨。1967 年在五分场、1968 年在一分场和四分场、1970 在二分场和六分场及农业中学、1971 年在十三分场，先后建立同样规模的简易制胶厂 8 个，但生产设备较少，制胶量小。各制胶厂均靠凝固盘、小凝固槽凝固，用脚踏压片机及组合式压片机压片，烟房面积小，挂片、出片人工操作劳动强度大，生产效益低。

1971 年，农场重新选点定址，分期分批动工兴建 6 座日产 2～4 吨的制胶厂。采用小槽或长槽插板凝固，组合式机动压片机压片，配备轨道式挂胶车挂片，洞道式烟房烤胶。由于胶乳高产季节各胶厂无法及时加工，部分产品一级率较低，通过抽样检验，农场烟片胶理化性能达到一级品的仅 28.6％。

1975 年，绉片厂建成投产，将胶园泥胶和变质胶团加工成褐绉片，随着技术的更新，各制胶厂均用泥、杂胶生产通用胶，绉片厂于 1985 年停产。

1977 年，全场有日产 0.5～4 吨规模的制胶厂 8 座，日产能力累计达 16 吨，制成干胶共 1659.17 吨。

1978 年 3 月，农场引进橡胶快速凝固生产工艺，缓解了加工能力低于胶乳产量的矛盾。1978 年下半年，农场引进快速凝固标准胶生产工艺，建成一条锤磨生产线和两个单元的干燥柜，干燥生产周期从 4 天减为 8 小时，产品等级率达 90％左右。1982 年，组织技术力量研制成功电热干燥标准胶，平均每吨干胶耗电不超过 400 千瓦时。9 个制胶厂日产规模 25 吨，制成干胶 3890.94 吨。

1983 年，农场成功引进常规标准胶生产工艺，使混合池周转加快，长槽凝固能力增加，干燥周期缩短，能源消耗降低，劳动生产率提高。

1984 年，第一胶厂和第三胶厂分别在长槽中试用甲酸凝固胶乳获得成功，同时，第一胶厂试制出浅色标准胶样品。1985 年，浅色标准胶的试制列入国家重点技术开发项目，一胶厂被指定为试制单位之一。1987 年，浅色标准胶通过部级鉴定，正式投入生产。

1984—1986 年，经云南省农垦局检验站对东风农场生产的标准胶抽样检查，一级品率均在 90％以上，超过鲜胶乳标准胶一级品率须达 85％的部颁标准。1986 年 12 月，农场第四制胶厂改为标准胶生产工艺。至此，全场 4 个制胶厂均为标准胶生产工艺。

1989 年，农场橡胶生产首次实现"过万增百"的目标，干胶总产量突破万吨、亩产突破 100 千克，成为全国第二个年产干胶过万吨的国营农场。

2000 年，干胶产量首次突破 2 万吨大关、亩产 147 千克、株产 6.6 千克、人均产胶 2.59 吨。

2007 年，生产干胶 19304.54 吨，占计划任务的 97％，平均亩产 122.87 千克，平均株产 6 千克，胶工人均年产干胶 4.9 吨。

2020 年，国有橡胶总产量 9245.2 吨，总产值 8690.5 万元，占公有生产总值 20640.49 万元的 42.1%。

三、制胶厂

1966 年按照就近加工的原则，全场先后建成日产 0.5 吨的简易制胶厂 8 座。

1971 年，一至六分场相继重新选择适宜地点，分期分批建成投产日产 2~4 吨规模的制胶厂 6 座，取代简易制胶厂。

1975 年，农场绉片厂建成投产，专门加工全场的胶园凝胶和变质胶团。

1980 年后，各制胶厂逐年扩建，到 1982 年，全场制胶厂总加工能力达到日产 25 吨的规模。

1982 年，农场将小而全的制胶生产体系（原规划每个分场都建 1 座制胶厂）改为 3 万~4 万亩橡胶设 1 座制胶厂的合理布局。

1983 年，农场继续调整制胶厂布局，一分场制胶厂改建为一胶厂；二分场制胶厂改建为二胶厂；三分场制胶厂和五分场制胶厂停产，并入四分场制胶厂，改建为三胶厂；六分场制胶厂改建为四胶厂。调整后的 4 个制胶厂日投产能力为 73 吨，比原 8 个厂提高 33 吨。

1983 年，按照规划方案停建八分场制胶厂，保留 4 座制胶厂，边加工生产，边改建扩建。

1987 年 2 月，农场胶电厂撤销，成立制胶厂，下辖一、二、三、四制胶厂（橡胶加工厂）及橡胶产品检验站，全场制胶厂总能力达到日产 73 吨的规模。

1997 年 1 月，橡胶产品检验站与胶厂脱钩，隶属农场部。

2004 年，制胶厂建制撤销，4 个制胶厂则划分所属地的作业区进行管理。

（一）胶厂管理

1966 年，全场制胶工仅有 3 人，1977 年增到 304 人，1979 年知青返城，全场制胶工减至 167 人。14 年间，各制胶厂逐步由统一操作过渡为分工作业，按照凝固、干燥、包装 3 个主要制胶阶段，组成专业生产班组，从班组内集体加工发展为各司其职，初步建立岗位责任制，实行定额管理。1979 年，全场 9 个制胶厂全面实行"六定一奖"（定岗位、定出勤、定产量、定质量及技术要求、定消耗、定成本，以工定产，以产核工，超产受奖）的生产责任制。

1982 年，各制胶厂贯彻执行"一专四定一奖赔"（专业线，定岗位、定任务、定成本、定质量技术标准，超产有奖，完不成任务扣赔）的岗位经济责任制。

1983 年，建立职工代表大会，实行民主管理，定期检查岗位责任制、考勤制、交接班制、技术操作规程制、产品质量检验制、经济核算制、安全文明生产制和奖惩制等规章制度的执行情况。明文规定：检查过滤人员职责、测试人员职责、胶乳凝固处理人员职责、干燥车间人员职责、造粒生产线人员职责、分级包装人员职责，实施整个制胶工序的"三定六有"（定人员、定岗位、定职责，出勤有考核、操作有规程、安全有措施、任务有指标、质量有检查、消耗有定额）制度。

1984 年，各制胶厂实行经济责任制。农场《制胶生产联产承包责任制》规定：以制胶厂为承包单位，在保证完成全场制胶任务的前提下，实行"三定二奖一提成"办法。超吨产值和降低吨成本综合平衡后，盈余部分 50％交分场，50％留制胶厂（制胶厂以 30％奖给个人，70％留厂，留厂部分主要用于技术革新、改善生产条件和职工福利设施）；出现亏损时，亏损额由制胶厂和个人分别按七三比例予以赔偿。

1985 年末，经农场职工代表大会审议修改《国营东风农场职工家庭农场章程》第 35 条规定，按制胶厂全体职工平均年加工 27 吨定为全场（含代地方加工）任务，每吨优质胶平均产值为 5840 元，制成率 99％；杂胶每吨平均产值为 5434 元，制成比例为 1.6：1；洗净泥胶 3 吨制成 1 吨；鲜坏胶、老化胶、带树皮的胶线，不折抵分场任务，回收率在 99.6％以上。制胶厂除平均每吨胶乳干胶的加工费用 270 元、泥杂胶干胶的加工费用 350 元外，其余全部产值返还各分场，多出理论干胶的实际产量全部返还分场。提高产值和降低用油耗电成本奖，按全部加工任务综合平衡后，增值、节余部分按 50％留在胶电厂，30％留在制胶厂，20％奖励职工，出现短亏金额也按此比例赔偿。开发新产品的增值部分，由农场和胶电厂分成。

（二）制胶厂改造

进入 20 世纪 80 年代后期，农场制胶生产面临的最大压力来自橡胶产量的大幅度增长，减轻和消除压力的唯一途径就是有计划地进行技术改造，在提高生产能力的基础上，确保生产发展的后劲十足。整个 80 年代，农场在制胶生产技术改造方面的投资约 750 万元，主要的改造项目是：攻克电热干燥技术难关，推广电热干燥工艺；推广四段八车位洞道式半连续干燥工艺；进行全面改造，推广常规标准生产工艺，试验甲酸凝固胶乳获成功；推出以煤代电、以煤代油的干燥生产线，实现电、油、煤灵活互换使用的三炉一体化干燥供热系统。有效地提高了农场的产品质量的一致性，为设备设施管理的系统性以及技术改造的计划性打下了良好的基础。

进入 20 世纪 90 年代，农场天然橡胶的自然增长速度达到 1000 吨/年以上，此时多数设备进入更新期，长槽也满足不了生产需求，在设备、设施更新改造的基础上，对原有生产工艺进行了突破性的变革。

1991年，投资26.80万元在第一制胶厂引入2台双功能150T液压打包机代替原100T和120T打包机，不仅提高了打包速度，而且操作方便、安全。同时，对该厂的杂胶线也进行了相应改进。1992—1994年，投资23.50万元新建三炉一体干燥线一条，更新绉片机9台，洗涤机1台，压薄机1台，打包机2台，柴油发电机组2台。1995—1996年，分别把第一、第二、第四制胶厂的凝固浅槽改为深槽，提高了各厂的加工处理能力。1997年，投资107万元更新了第二、第四制胶厂的打包机，对第二、第四制胶厂的干燥线进行了进一步改造，并新建仓库一座。

经过上述改造，不仅使农场的日加工能力提高到130吨以上，且大大缓解了橡胶自然增长给制胶生产产生的压力，使农场4个制胶厂全部跨入大型制胶厂行列，也为农场产品质量稳定及保持垦区制胶先进水平奠定了坚实的基础。

2009年1月，东风分公司投资860万元对第一制胶厂进行设备改造。其中，干燥设备引进业内先进专用煤炉，干燥工艺由深层干燥改为浅层干燥，实现运行机械化、温控自动化打包和装箱工艺机械化，杂胶加工实现流水作业，年加工能力由0.8万吨提高到1.5万吨。

（三）工艺流程及改革

1. 烟片胶生产工艺及创新　1977年以前，各制胶厂一直沿用常规烟片胶生产工艺，但常规烟片胶生产工艺落后，各生产工序以手工劳动为主，产品一级率较低。随着全场割胶面积的迅速扩大，胶乳产量猛增，烟片胶生产工艺不能适应割胶生产的矛盾日益突出。1978年初，在一分场制胶厂引进云南省热带作物研究所研制成功的快速凝固生产工艺，提高胶乳凝固能力1倍以上，各制胶厂及时推行使用，缓解了制胶加工缓慢严重影响割胶生产的被动局面。1978年下半年，东风农场在一分场制胶厂引进快速凝固标准胶生产工艺，建立锤磨1条生产线和2个单元式干燥柜，二分场也建立了此项生产工艺线。烟片胶生产工艺流程见图3-3-1。

1980年后，各制胶厂年产干胶先后突破千吨大关，快速凝固标准胶生产工艺无力满足生产发展的需求。1981年，农场派职工赴广东湛江学习常规标准胶生产工艺，1984年后，各制胶厂逐年改造，推广常规标准胶生产工艺，工艺流程见图3-3-2。

常规标准胶生产工艺有5个优点：混合池周转使用快，减少收胶台上运胶车辆的拥挤和忙乱；凝块熟化时间长，用酸量减少，不需投放快凝剂，每吨干胶加工凝固费用节省11.25元；在不增加厂房面积的前提下，长槽凝固能力可提高1倍；劳动生产率提高50%以上；干燥周期缩短，能源消耗降低，减轻工人劳动强度。

常规烟片胶
生产工艺流程

鲜胶乳→检查称重→孔筛过滤→加水稀释→澄清→凝固→压片
                                                    ↓
包装←压包←称重←检查分级←烟片←熏烟←挂片滴水←洗片
↓
涂料标示→胶包入库

快速凝固烟片胶
生产工艺流程

鲜胶乳→检查称重→混合稀释→加凝固剂在传送带上凝固
                                        ↓
烟片胶←熏烟←挂片←浸片←压片←凝块

快速凝固标准胶
生产工艺流程

鲜胶乳→检查称重→混合稀释→加凝固剂在传送带上凝固
                                        ↓
压包←分级称重←干燥←装车←造粒←压绉←凝块
↓
塑料袋包装→标准胶

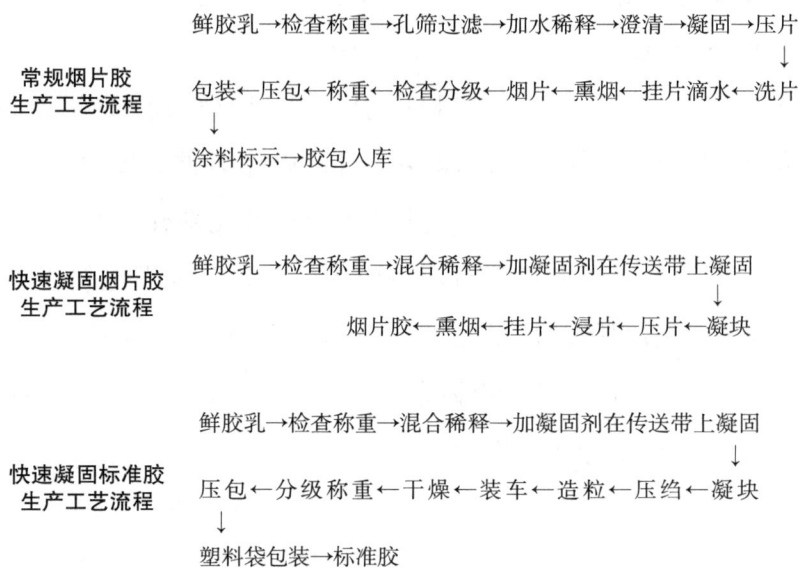

图 3-3-1　烟片胶生产工艺流程

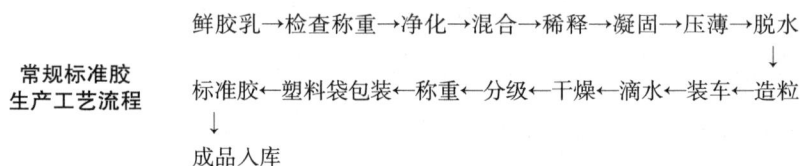

常规标准胶
生产工艺流程

鲜胶乳→检查称重→净化→混合→稀释→凝固→压薄→脱水
                                                ↓
标准胶←塑料袋包装←称重←分级←干燥←滴水←装车←造粒
↓
成品入库

图 3-3-2　常规标准胶生产工艺流程

2. 干燥工艺及创新　快速凝固烟片胶和常规烟片胶的烤胶工序都以木柴为燃料，烤胶生产周期一般需 4 天，挂片和出片的劳动强度较大，产品以外观状态分级，由人工剪除烟胶片的火泡、气泡和夹生等类缺陷，经压包包装、涂料、标志等工序后入库。引进标准胶生产工艺后，改用柴油烤胶，每吨干胶耗油 40～50 千克。

1978 年，农场投资 4 万元购入一条微波干燥生产线，因多种技术问题未能安装投产。

1979 年，第一制胶厂以家用电热丝组成 150 千瓦电炉安装在两个单元的单元式干燥柜上烤胶，由于热交换率太低，进口温度只有 90℃，烤胶周期长达 12～24 小时，耗电量大，电阻丝极易烧断，没有取得预期的效果。

1982 年，农场组织电烤攻关小组，经过几个月的研制，电热干燥标准胶试验获得成功。

电热干燥发热材料选用价廉耐用的 70Cr25A15（铁铬铝）大功率电热丝，绕成螺旋状排列安放在有孔耐火砖上，鼓风机把冷空气吸入耐火砖孔道，充分与电热丝接触，由于电热丝按星形接法与电源接通，通过计算，使电热丝表面功率处于 1.5 瓦/平方厘米以下。在工作状态下不发红，大大减少了热损失，热交换率处于较高状态。近 5 年来，电热干燥标准胶平均每吨耗电在 400 千瓦时以下，比原农垦部颁发的标准节约 20% 以上。用电热干燥的标准胶外观色浅透明，产品质量高。

用电作干燥能源，不仅实现了以电代柴、以电代油，而且减轻了工人劳动强度，干燥周期仅为 8 小时，减少了环境污染，有利于森林保护。电热干燥的研制成功，为天然橡胶提供了一种应用电能干燥的好方法。这一研究成果被西双版纳、河口和临沧等垦区的橡胶农场采用。

3. 快速凝固工艺及创新　使用快速凝固工艺改变用小槽或长槽进行片状凝固的过程，厂房面积不增加，凝固能力提高，免除加酸搅拌，提高插板等重体力劳动。快速凝固的胶片厚薄均匀，熏烤后夹生片减少，产品一级率上升。但快速凝固工艺有两点不足：添加氯化钙和肥皂等凝固剂，成本增加；增加浸泡胶片的工序，否则干胶水溶物含量过高。

1980 年后，各制胶厂年产干胶先后突破千吨大关，快速凝固标准胶生产工艺无力满足生产发展的需求，显示出 3 个方面的弱点：高产季节胶乳大量增加，凝固时间长，混合池周转困难；凝固剂用量大，凝块熟化时间短，干燥比较困难；单元式干燥柜生产能力不高，燃油消耗大，4 个单元日干燥量仅达 8 吨。

1981 年，农场派职工赴广东湛江学习常规标准胶生产工艺，引进四段式（八箱无底罩车式）八车位洞道式半连续干燥线。

常规标准胶工艺投入生产后，随即进行使用甲酸代替冰醋酸[①]的试验。1982 年，第三制胶厂在快凝工艺中曾试验使用甲酸、乙酸混合凝固胶乳，但由于用酸量偏高，使用甲酸操作较困难，未出结果。1984 年 4 月，第一、第三制胶厂分别在长槽中试用甲酸凝固胶乳获得成功。每吨干胶使用甲酸 5～6 千克对制胶操作和干胶品质、外观无影响。翌年，全场推广使用甲酸凝固。

1984 年，在第一制胶厂采用长槽凝固，电热源干燥试制浅色标准胶[②]。1985 年，浅色标准胶的试制作为国家重点技术开发项目，由农牧渔业部农垦总局主持研制。第一制胶厂定为长槽凝固、电热干燥试制浅色标准胶的单位。1987 年 9 月，浅色标准胶通过部级鉴定，正式投入生产。

4. 凝胶工艺及创新　常规标准胶生产工艺的应用为胶园凝胶的加工找到了新途径，胶园凝胶生产工艺流程见图 3-3-3。

农场的胶园凝胶和变质胶团约占每年鲜胶乳产量的 5%～10%。投产后的前 10 年，

---

①　我国制胶业历来使用冰醋酸（乙酸）作胶乳凝固剂，每吨干胶用酸量一般为 10～18 千克。
②　浅色标准胶是制造彩色或浅色橡胶制品的原材料，每吨定价比一级标准胶高 10%。参加全国橡胶用户会议的各橡胶制品厂代表带回我场刚试制成功的浅色标准胶样品 1～2 千克，回厂进行浅色橡胶制品试验，其中有些橡胶制品厂试验后从我场批量进货。

胶园凝胶和变质胶团置于胶车底部，在烟房烤干后以杂胶产品出售，每吨单价只有 600～2400 元。1975 年，新建投产一座绉片厂，专门加工胶园凝胶和变质胶团，制成的褐绉片每吨单价为 2800～4000 元。

引进标准胶生产工艺后，胶园凝胶可直接加工成标准胶，逐步取代褐绉片的生产。胶园凝胶加工成标准胶后，每吨胶产值比褐绉片增加 1700 元以上。

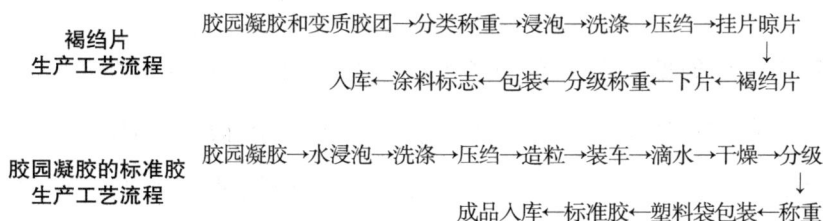

褐绉片生产工艺流程：胶园凝胶和变质胶团→分类称重→浸泡→洗涤→压绉→挂片晾片→褐绉片→下片→分级称重→包装→涂料标志→入库

胶园凝胶的标准胶生产工艺流程：胶园凝胶→水浸泡→洗涤→压绉→造粒→装车→滴水→干燥→分级→称重→塑料袋包装→标准胶→成品入库

图 3-3-3　胶园凝胶生产工艺流程

（四）干燥能源

1987 年以前，干燥能源以木料、柴油为主。1988 年后，4 个制胶厂都是采用的标准橡胶的干燥方法，主要采用热风穿透干燥法，其优点是干燥速度快，燃料消耗量较少，以及利用部分废气循环，使干燥周期更短，热的利用率更高等，其干燥能源主要有重油、电、煤。

重油　重油是多种碳氢化合物混合而成，与原油一样，这些碳氢化合物主要是一些烷烃、环烷烃、烯烃和芳香烃。重油中的可燃性元素为碳、氢和硫。发热量约 37.8～46.2 兆焦/千克，且重油的灰分含量低，因此，重油燃烧产生的烟道气可以用强制通风的方式直接穿透胶层加热，这样橡胶污染较小。重油虽是一种很好的液体燃料，但必须具备一定的条件才能燃烧良好，且成本较高。

电　在云南垦区，由于地处边远地区，燃料油的来源和运输都比较困难，而该地区又有丰富的水电资源，因而，以电代油干燥颗粒，不但能充分发挥当地的资源优势，而且电热干燥具有设备简单、操作方便、对环境污染较少等优点。

煤　用煤干燥颗粒胶时，其优点主要有操作简单，来源充足，且成本较低。因此，农场的 4 个制胶厂主要采用在旱季用煤进行干燥，在雨季则用水电进行干燥，充分利用了农场的资源，节约了成本。

（五）科学试验

东风农场制胶生产的科学试验课题较多，其中，成效显著的有电热干燥标准胶试验、使用甲酸代替冰醋酸、浅色标准胶试制、"气刺微割"等项。在制胶科技、工艺改革方面坚持了 3 条原则：积极引进先进新工艺，及时解决生产中出现的困难和问题。在引进先进工艺时，农场采用"先试验、后推广"的稳妥步骤，选择一个制胶厂先行安装试产，取得经验后再全面推广。1978年初引进快速凝固工艺，下半年又引进快速凝固标准胶生产工艺，1981年引进常规标准胶生产工艺，都是先在第一制胶厂试点生产，取得成功后逐厂推广的。

遵循"挖潜、改造、革新"的方针，做到花钱少、效益高。在工艺改革中，我场尽量利用原有厂房和设备，附属车间基本不动，报废的锤磨机修改后安装在杂胶生产线上使用，将单元式干燥车改装成半连续式干燥车，大量采用旧插板改建长槽。到1986年底，全场第一、第二、第三制胶厂的固定资产净值和扩建费用总计210.85万元。若新建同样规模的制胶厂，平均每吨制胶能力则需投资10万元以上。

取长补短，改进新工艺。对引进的新工艺，我场力求做到消化、吸收、改进，不生搬硬套。在改造混合池时，充分吸取新工艺的优点，结合厂房原有面积，在占地不变范围内改建，提高池中容量，实现操作方便，经济实用。安装长槽也精心计算，使槽间距缩小1厘米，增加了长槽数量，扩大了凝固能力。在干燥柜的设计和安装上，对新工艺进行了科学改进，使其结构简单，操作方便，热风穿透力加强，显示出干燥效果好、能源消耗低和产品外观质量好等特点。

电热干燥标准胶　1979年，第一制胶厂以家用电热丝组成150千瓦电炉烤胶，未取得圆满效果。1982年，农场组织电烤胶攻关小组，该组选用Cr25Al15（铁铬铝）大功率电热丝。绕成螺旋状排列安放在有孔耐火砖上，鼓风机把冷空气吸入耐火砖孔道，充分与电热丝接触。由于电热丝按星形接法与电源接通，表面功率处于1.5瓦/平方厘米以下，大大减少热辐射的损失，因而获得成功。

使用甲酸代替冰醋酸　农场自制胶开始，一直使用冰醋酸（乙酸）做胶乳凝固剂，每吨干胶用酸量为10～15千克。1982年，第三制胶厂使甲酸、乙酸混合凝固成胶乳，但由于用酸量偏高，未成功。1984年，第一、第三制胶厂分别在长槽中试用甲酸凝固胶乳获得成功，每吨干胶使用甲酸5～6千克，每吨节省凝固费用的15～20元。翌年，全场推广使用甲酸凝固。

试制浅色标准胶　1984年农场第一制胶厂用长槽凝固，电热干燥，配与有关化学药品试制取得成功。1987年9月，浅色标准胶通过部级鉴定，正式投入生产。

"气刺微割"试验　2007年，根据云南天然橡胶产业股份有限公司"十一五"科技项目安排，东风分公司被列为"气刺微割"试验参试单位。2007—2010年在红卫、温泉、中林、东林、东升、金沙、疆锋生产队推广应用8442亩，取得较好成效，创效益104.2万元。于2010年获西双版纳州科学技术进步二等奖。2013年3月22日，东风农场橡胶树气刺微割采胶新技术试验示范项目获云南省科学技术进步三等奖。气刺微割采胶试验是农业部"948"项目，由中国热带农业科学院橡胶研究所主持实施，采用乙烯利气体刺激排胶，达到简化割胶操作，减轻劳动强度，提高生产率，延长胶树经济寿命的目的。最早由中国热带农业科学院从马来西亚引进，并在海南八一农场和西双版纳部分植胶区获得成功。气刺微割采胶技术是一项全新的橡胶树采胶技术，因割线短、操作简单、割胶速度快等优点成为降低生产成本、提高割胶劳动生产率的有效途径，是当前全国进一步深化割胶制度改革的重要研究方向。

胶乳生理诊断项目试验 2008 年，东风农场与云南省热带作物研究所合作，在红卫、温泉、疆锋生产队进行橡胶树胶乳生理诊断项目试验，根据不同品种、割制、地形等，划分胶乳生理诊断区，通过规范取样测定胶乳蔗糖、无机磷、硫醇和干胶含量，再根据西双版纳胶乳诊断标准参照值，对开割胶树采胶情况进行分析和评价，用于指导割胶生产。有效降低超强度割胶产生的产胶疲劳，降低死皮病发生率和采胶不足发生频率，保证橡胶树正常产胶潜力，最大限度采胶而不伤树，确保胶树割胶安全和健康成长。试验周期 3 年，取得较好成效，2010 年获西双版纳州科学技术进步奖。2013 年 7 月，获云南省科学技术进步三等奖，是当前全国进一步深化割胶制度改革重要研究方向。

（六）产品质量检验

1988—2001 年，各制胶厂都严格按照《中华人民共和国国家标准 GB 8081—1987》《天然生胶标准胶规格》进行产品检验分级。2002—2007 年，根据农场产品质量检验站的抽检结果，严格按照新国家标准《中华人民共和国国家标准 GB 8081—1999》进行分级。

按照原农垦部颁发的《烟胶片质量标准》和云南省农垦总局的有关规定，各制胶厂的分级包装车间在称重压包前，根据烟胶片的外观质量进行检验分级。云南省农垦总局检验站每年对农场出厂的烟胶片抽样检查，分析其理化性能，检测农场自行分级的准确程度。绉片和杂胶产品同样由农场根据其外观质量自行检验分级。

自 1978 年以后，各制胶厂加工的标准胶外观质量较好，颜色浅黄，极少夹生发黏。农场自行分级的鲜胶乳标准胶，一级品率都在 99％以上。云南省农垦总局检验站每年对农场生产的标准胶进行六项理化性能抽样检查，各年的抽样标准胶样品的一级品率均达 90％以上，超过了部颁标准要求鲜胶乳标准胶一级品率须达到 85％的规定。

为了保证标准胶的产品质量，科学指导制胶生产，农场派出产品质量检测人员到昆明市农垦总局检验站和海南橡胶产品中心测试站学习检验技术，1984 年建立农场橡胶产品检验站，后因购入的华莱士塑性计机械故障，农场橡胶产品检验站无法进行塑性初值和塑性保持率测定，只能对本场各制胶厂生产的标准胶样品的杂质含量、挥发物、氮含量和灰分等四项理化性能逐项测试。这四项检验数据对橡胶产品的生产质量起到了有效的指导和监督作用。

（七）技术培训

为提高企业的全面素质，提高生产的应变能力和政治思想觉悟，各制胶厂从实际需要出发，认真编制职工培训计划，根据年龄、文化程度，以及从事的工种不同，分期分批进行培训。同时，组织制胶厂厂长、技术员、骨干职工外出培训或到其他农场参观学习。

各制胶厂在每年的停割期间都要对职工进行培训，由厂长及技术员组织进行一年一度的全员培训，对新工人进厂要进行基础技术训练和全面质量管理教育，经考核合格的，方可上岗操作。制胶厂通过一系列的人员培训，已使广大职工掌握了各种技能，理解了制胶生产技术理论知识，掌握了生产的主动权，更好地进行生产工作，从而更有效地控制产品质量。

四、橡胶籽油合作开发

2007 年 10 月 20 日，东风农场与云南绿宝石百瑞有限公司合作生产的橡胶籽油正式压榨出油。橡胶籽油有广泛的应用价值，可加工成多种保健品、生物制品、航空用润滑油及其衍生物制品，还可作为增塑剂等，东风农场所在的勐龙镇辖区每年可产橡胶籽 10 余万吨。为提高橡胶籽的经济价值，增加农场职工和当地群众的收入，东风农场与云南绿宝石百瑞有限公司合作开发橡胶籽油项目由东风农场组织收购橡胶籽、压榨橡胶籽油；云南绿宝石百瑞有限公司提供橡胶籽收购款和橡胶籽榨油机械设备，并负责收购橡胶籽油。东风农场以每千克 0.6 元向职工收购橡胶籽，共收购 700 余吨，农场职工因收购橡胶籽增收42 余万元。

第三节 经营发展

一、产品

农场生产的橡胶产品主要有天然标准橡胶 SCR5、SCRI0 及等外胶合浓缩胶乳，农场及其"东风牌"橡胶系列产品先后获得"云南省 AAAA 示范企业""全国重质量、守诚信企业""中国优质品牌"等荣誉称号。

"东风"牌天然标准橡胶于 1995 年申请注册商标，翌年国家工商行政管理局批准注册，成为中国天然橡胶生产行业第一个企业自有品牌。先后获中国第一届农业博览会银奖、中国第二届农业博览会金奖，在第三届农业博览会上又被认定为"名牌产品"。经云南省咖啡橡胶产品质量检验站每年两次定期抽检，均保持抽检合格率 100％的高水平，完全达到国务院国发〔1999〕24 号文件规定的免检标准，被列为国家免检产品。2004 年被云南省名牌战略推进委员会评为"名牌产品"和"著名商标"，是国内为数不多的天然橡胶知名品牌。

2007 年，东风分公司被列入首批"天然橡胶产品免检企业"申报企业。同年 12 月 11 日，"东风"牌商标跻身"云南省著名商标"榜，成为云南省天然橡胶行业唯一获此殊荣的商标。2011 年 7 月 6 日，东风农场"东风牌"商标再次被评为"云南省著名商标"，有效期 5 年。

二、橡胶制品

农场于 1987 年成立乳胶制品厂，1989 年 6 月投产后生产浓缩胶乳、医用检查手套、输血管、止血管、瓶塞、泡沫橡胶海绵制品等，根据客户订单生产产品。

三、橡胶生产与效益

东风农场于 1966 年开始，陆续有少量胶树投产，但一直处于亏损状态，1971 年开始盈利 28.7 万元，1973—1974 又因寒害连续两年亏损，自建场开始，累计亏损 839.1 万元。1977 年盈利达到 300 万元以上，1981 年开始，年盈利均在 1000 万元以上。1985 年由于调整工资，生产资料上涨，离退休人员逐年增加，利润总额固定在 1300 万元左右。自 1971 年盈利开始，至 2007 年累计实现经营利润 60729.90 万元（不包括政企分开后，2005—2007 年东风分公司的经营利润）。

2004 年，东风农场实行内部资产剥离，挂牌成立云南天然橡胶产业股份有限公司东风分公司，负责区内国有天然橡胶生产、产品初加工管理及区内民营橡胶产品的收购加工，设驻昆销售点。

2007 年，东风农场和橡胶分公司销售干胶 18639.62 吨，实现利润 9885.11 万元。至 2012 年，5 年共生产干胶 101588.77 吨，创造利润 23325.43 万元。

2020 年，国有橡胶总产量 9245.2 吨，总产值为 8690.5 万元，占公有生产总值 20640.49 万元的 42.10%。

随着经济效益的提高，生活水平不断改善，职工经济收入也明显增加。1958—1977 年，职工人均年收入 364 元，总人口人均收入 239 元；1978 年，职工人均年收入 874.80 元；1987 年，职工人均年收入 1383.73 元；1997 年平均年收入 4513.87 元；2007 年平均年收入 13001 元。2011 年后胶价持续下跌，至 2020 年，垦区劳动者人均年收入 16827 元，从业人员人均年收入 15375 元。

第四节 昆明工作站

国营东风农场昆明办事处位于昆明市东郊官渡区金马镇凉亭村。1992年10月1日至2005年7月31日以租赁的方式使用，2005年8月1日改为征用，使用期50年，土地使用权面积14822.51平方米。2020年12月29日，因该地块在昆明市交通投资有限责任公司土地一级开发范围内进行项目用地征收，经景洪市人民政府批准，按程序移交昆明市官渡区重点项目征地拆迁和土地收储供应协调推进办公室、金马街道办事处。

1995年1月，农场在整顿改造二三产业的同时，依托主业和规模化经营的路子来发展二三产业，投资100余万元，建成集销售、仓储、餐饮、住宿、停车于一体的驻昆站，并更名为"国营东风农场昆明工作站"。建有办公楼1栋约390平方米，招待所1栋1658平方米，仓库2栋2195平方米，住宅楼1栋约2600平方米，配电室19平方米，厕所73.40平方米。

一、机构设置

最早农场在昆明设有采购组，为农场采购物资。1983年，昆明采购组改为驻昆办事处。1993年1月，驻昆办事处与经营部合并为供销经理部。1994年12月成立昆明工作站，撤销供销经理部和云南东风贸易发展公司。工作站在农场党委领导下有党支部，设销售部、财务部、采购室（2002年撤销）、仓储部、经营部，有工作人员7人。负责农场生产、生活物资的采购，农场销售橡胶和其他产品的中转，为农场提供信息，引进项目、资金、技术和人才，以及农场公差人员和往来客户的接待及农场交办的其他事务。

2010年8月1日将工作站对外承包给昆明健饮食品有限公司，承包期为10年，2020年7月31日到期。随着2020年12月土地被征收，昆明工作站不复存在。

二、经营情况

（一）橡胶销售方式

现款现货销售：即电话联系销售，客户来人直接销售的方式；坚持现款现货、款到发货的原则，具有方便、直接、快捷、安全、保证资金及时回笼的特点。

期货套期保值交易：1996年进入期货市场至2003年交易额达10000余吨，具有通过当前价格预测中、远期价格趋势，对橡胶现货销售有较好的指导作用。

异地交货销售：由农场组织人员进行市场考察，确定交易城市和客户，把产品发到异地仓库，派人到当地负责销售，在橡胶销售困难时期有利于及时把产品销售给客户，曾在株洲、石家庄、沈阳、北京、青州、兰州等地设销售点。

（二）橡胶挂单交易

由双轨制销售转变为单位统一销售，由传统销售转变为电子交易平台挂单交易，由各单位自己销售转变为由产业公司统一挂单销售，即1993年前由农垦供销公司和各单位共同销售，1994年至2002年11月25日由各单位现货销售，2002年11月25日至2005年4月1日由各单位到电子商务交易平台挂单交易，2005年4月1日起由产业公司在电子商务交易平台统一挂单交易。

（三）橡胶销售情况

东风农场1990—2005年橡胶销售情况见表3-3-4。

表 3-3-4　东风农场 1990—2005 年橡胶销售情况统计

年　份	销售数量（吨）	内：期货销售数量（吨）	销售收入（元）	平均单价（元）	库存数（吨）
1990	3066.54		22270790.00	7262.51	325.98
1991	2473.25		19327260.00	7814.52	422.54
1992	3498.60		24496284.00	7001.74	577.86
1993	5742.60		41577461.69	7240.18	265.46
1994	5287.60		56787039.54	10739.66	1135.38
1995	14053.72		191461058.00	13623.51	1915.36
1996	15942.26		212380702.40	13321.87	2201.14
1997	12831.52	1400.00	116162495.00	9052.90	2122.78
1998	18583.66	1150.00	132631940.00	7137.02	2754.00
1999	19699.18	450.00	165900230.08	8421.68	1952.78
2000	21353.06	1940.00	179388541.01	8401.07	1857.00
2001	20505.60	1800.00	137772238.70	6718.76	540.86
2002	22168.87	150.00	188552813.10	8505.30	1675.02
2003	24887.73	3575.00	306237644.52	12304.76	629.78
2004	15968.29		205744967.90	12884.60	2373.72
2005	4046.79		49182735.20	12153.52	
合　计	210109.27	10465.00	2049874201.14	9536.48	

第四编

综合管理

中国农垦农场志

第一章　管理体制

第一节　领导体制

2010 年以前，东风农场是国家农牧渔业部农垦总局所属的云南省农垦总局领导的直供垦区橡胶农场。

农场的基本建设投资和国家统配物资由农牧渔业部农垦局管理，其他资金由云南省农垦总局管理。全场生产计划任务和投资的确定、统配物资的分配和调度、场长一级干部的任免和奖惩以及产品的处理等权限都统归上级主管部门行使。

农场在执行党和国家的方针政策和统一计划的前提下，享有规定的企业经营自主权：因地制宜调整经营方针，决定经营管理方法，利用场内自然资源，发展农工商综合经营；利用利润留成或亏损补贴结余扩大再生产及兴办集体福利事业；加工和销售多余部分产品（橡胶除外）和全部三类农副产品；对场内自然增长的劳动力，可按国家政策择优录取为农场正式职工。

2010 年 12 月 22 日，保持农场国有土地性质不变、企业职工身份不变的前提下，按照"体制融入地方、管理融入社会、经济融入市场"实行属地管理，垦区经济纳入属地统筹规划，为市县党委、政府的派出机构（正科级），仍保留国营东风农场企业资质。经市县党委、政府授权，承担农场区域内经济社会事务公共管理职能，直接对景洪市党委、政府负责并报告工作。

2018 年 6 月 28 日，根据《中共中央　国务院关于进一步推进农垦改革发展的意见》精神，推进农场企业化改革，国营东风农场为景洪市市属国有企业。

2020 年 11 月 24 日，将农场的社会管理和公共服务职能逐步全部纳入市政府各部门统一管理，东风农场管理委员会更名为东风农场社区管理委员会，承担农场区域内社会管理和公共服务职能，不再承担经营管理职能。

第二节　内部管理体制

2011 年以前，农场实行农场、分场、生产队三级管理、三级核算的管理体制。

农场场部是本场企业内部的生产行政指挥中心，负责全场的经营管理工作。设场长1人，副场长2人。场部设有场长办公室、经管科、财务科、生产技术科、供销科、基建科、机务科等生产经营和行政管理职能机构，对全场各基层单位的农、林、牧、渔和场办工业等各种生产建设实行统一领导，全面核算。

分场及分场级单位作为农场部的派出机构，行使相应的管理权限。生产队是农场的基层生产单位和基层核算单位。生产队在农场和分场的领导下，直接从事生产和行政管理工作。生产队管理的主要内容是：技术经济设计、经济责任制实施、生产组织管理和经济核算。

2011年属地管理后，公共管理参照乡镇党委、政府内设机构设置，农场党委、管理委员会统一设置党政综合、经济发展、社会事务、社会治安综合治理（司法所）4个综合性办公室。公共服务参照乡镇公共服务机构设置，设财政统计站、劳动和社会保障所、农林水综合服务中心、规划建设环保土地所、文化体育广播站5个农场所属事业机构，按相关职能开展工作。在原分场设立作业区和社区工作站，负责原分场的工作。未参公参事人员则组建企业管理办公室，负责全场一、二、三产业的管理。管理委员会政企分开，职责明确。

农场管理人员按照干部管理权限和领导职务，经考核任命为新农场领导，为参照公务员法管理人员，报西双版纳州公务员主管部门给予登记，参照公务员管理制度进行管理。新任命的农场领导实行一年的任职试用期。试用期满，经考核胜任现职的，办理正式任职手续。

公共管理人员通过公开招录进入新农场公共管理岗位，成为参照公务员法管理人员，报西双版纳州公务员主管部门给予登记，参照公务员管理制度进行管理。

公共服务人员通过公开招聘进入新农场公共服务岗位成为事业单位人员，与所属事业单位签订聘用合同，按照事业单位人员管理制度进行管理。

内设机构负责人由农场党委分别在已竞争到公共管理岗位和公共服务岗位的人员中选拔任命。

第二章　经营管理

农场在经营管理工作中，遵循政治与经济相结合的原则、按照客观经济规律办事的原则、民主办场的原则和勤俭办场的原则。为了贯彻农场管理的四大原则，巩固和完善农场管理体制，农场内部的基本管理制度有：党委领导下的场长分工负责制、党委领导下的职工代表大会制，以及相应的技术责任制和经济责任制等。

第一节　经营管理制度的演变

建场初期，东风、前哨、大勐龙3个农场的经营管理制度都是套用苏联国营农场的管理模式，并部分沿袭军队的建制和管理方法而形成的。各农场在企业管理上实行参照行政系统的管理方法，用行政办法进行管理，事无巨细均由上级机关包揽；生产管理上实行指令性计划和高度集中指挥，农场按照上级计划进行生产，职工则按照农场的集中统一指挥进行劳动；财务管理上由国家统收统支、统负盈亏，基建投资和固定资产添置均由国家拨付，农场无偿占用；在分配上实行与职工的劳动数量和质量没有直接联系的固定等级工资制。

1962年，东风农场颁发《三包一奖试行办法》，在土地、农机具、耕畜、劳动力"四固定"的前提下，把用工、产量、成本三项指标包给基层生产单位，超产提奖，实行"定、包、奖"生产责任制。

1963年，东风总场成立，实行"基本工资加奖励"的分配制度。全场以计划为中心，以定额为标准，按照工时和定额核定基本工资，超额完成生产任务提取工资总额的2%作为季度奖金。

1965年，农场按照农垦部规定，开始对生产队实行"三定一奖"，即定产量、定上缴利润、定工资总额，超产奖励，充实了农场生产责任制。

1966年，农场执行《中共中央〔64〕554号文件》（党中央批转农垦部党组关于国营农场经营管理工作上五个需要注意问题的报告）和农垦部《关于改革国营农场经营管理制度的规定（草案）》十六条（简称《农垦十六条》），在温泉农场进行试点工作。试点工作从3月9日开始，至5月10日结束。在试点过程中，学习山西省昔阳县大寨大队经验，将"定额记分"改为评标兵工分。同年5月16日，农场颁发《国营东同农场贯彻经营管理十六条实施细则》，在全场铺开贯彻执行。

《农垦十六条》对国营农场的经营方针、政治思想工作、劳动制度、工资制度、奖励制度、劳保福利制度等一一做出明确规定，使有关部门在具体工作中有据可依，农场的经营管理水平得到相应的提高。但是，由于评分付酬不能突破原工资总额，在执行中，时常有出勤高的生产单位，职工多劳不能多得的状况，群众反映强烈。特别是《农垦十六条》规定："不采用退休和开除的办法"在全场职工中造成相当大的思想压力。

1967年4月1日，根据国务院、中央军委关于在云南边疆地区实行全面军事管制的命令，我场实行军事管制，各农场派驻军代表，一切权力归军事管制委员会。

1968—1972年，农场先后接收安置了1.4万名城市知识青年。1970年1月，东风总场组建为云南生产建设兵团一师二团，所属农场改建为营，生产队改建制为连，全场实行军队管理制度。

1974年9月，恢复农场建制，加强了定额管理和考勤制度。在"农业学大寨"运动中，全场"大突击""大会战"此起彼伏，梯田开垦，农地基本建设，橡胶林地抚育管理等都组织"大兵团作战""吃在山，住在山，不完成任务不下山"。

1978年，农场贯彻执行国务院国发〔1978〕20号文件《关于批发全国国营农场工作会议纪要的通知》的精神，"加强计划、财务、劳动、生产、技术、机务、物资和产品管理，健全生产指挥系统和以岗位责任制为中心的各项规章制度"，试行超定额奖，以工定产，以产核工，超产有奖。场发〔78〕13号文件规定，每超额一个定额工，计奖0.80元；胶头胶线每超产10千克奖励0.10元；泥胶每超产1千克奖励0.05元。奖金限额每人每月最高不得超过10元，各基层生产单位每月月底须将本单位生产计划、项目的完成情况和发放奖金的人数详细造册上报，经分场批准后发放给职工本人。

1979年，农场贯彻执行国务院〔1978〕91号文件精神和农牧渔业部农垦局推广广西国营农场"六定一奖"的经验和云南省委推广景洪农场"六定一奖"经验的指示，经过试点，制定出本场《"六定一奖"试行办法（草案）》和《关于"六定一奖"的补充通知》，颁发全场实行。"六定"即定员（包括定出勤及用工，固定岗位）、定产量或工作量、定质量（包括生产技术措施及要求）、定消耗（包括原料、材料、燃料、工具）、定成本（各项生产的直接费用及投资额）、定产值（包括盈利指标）。各种"六定"指标，由农场统一下达到各分场，由分场下达到生产队，生产队根据实际情况逐项落实到各班组及个人。计奖方法是，以"六定"为依据，以工定产，以产核工，超产有奖，全场统一规定每个超产工日按1.20元计算，原则上每月总结一次，部分工种采取季度或阶段计奖。超过消耗抵消奖金，完不成任务根据经济制裁的原则，实行重奖轻惩，注重思想教育，做到奖惩兑现，查清原因。

1980年，农场贯彻执行《中共中央关于加快农业发展若干问题的决定》和农牧渔业部农垦局在武汉召开的国营农场经营管理会议的精神，在1979年试行"六定一奖"的基础上，充实内容、简化方法、突出主业、平衡工种，制订出《国营东风农场1980年"四定一奖"实施方案（草案）》。实施方案规定，农场实行农场、分场、生产队三级管理，三级核算。农场为独立企业，进行独立核算；分场为农场的一级管理机构，进行内部核算，即按农场统一核定的内部价格核算；生产队既是一级管理机构，又是直接生产单位，直接进行成本核算。1980年全场实行以岗位责任制为中心的管理制度，实现人人有岗位，事事有责任，依据生产效果执行"四定一奖"。对分场级单位定人员岗位、定任务、定成本费用、定盈亏指标；对生产队级单位定人员岗位（出勤、出工）、定产量、定产品质量、定直接生产成本；对生产班组和职工个人定岗位、定产量或任务、定质量、定消耗。奖励共有4类：基本任务奖，按月计发，出勤1天并完成当日基本任务并遵守劳动纪律的职工，每人发奖金0.47元；超产奖，以工定产，以产核工，每超过一个定产工日的产量或工作量计发1.20元；增盈减亏奖，以分场为单位，按超盈、减亏部分提出50％上交农场，50％留给分场（其中20％发给个人，30％用于职工福利，50％用于扩大再生产）；干部奖励，生产队管理人员按季另提本队季奖总额的7％计奖，分场机关工作人员按半年另提本分场半年奖金总额的3％计奖；干部个人得奖金额一般不得超过该单位职工的最高额，平均额不超过该单位奖金的平均额；教师以教学效果衡量计奖。经济制裁3项：未出勤或不服从工作调动者停发基本任务奖；工作失职，违反规章制度，造成严重损失的，除取消领受基本任务奖资格外，还要根据情节轻重赔偿损失；干部、教师和工作人员年底结算，未完成任务者，按比例退回超领的基本任务奖。

1981年，农场在"四定一奖"的基础上，制定《国营东风农场一专、四定、一奖赔，联产计酬岗位责任制》。"一专"即专业生产线或专业生产队、组及个人，"四定"即定员定编、定任务（或工作量）、定盈亏、定成本及费用，"一奖赔"即联系产量实行奖赔，超产（包括节约）有奖、减产（包括超耗）要赔。联产计酬岗位责任制在全场实施时，农场提出4项执行措施：岗位责任制是基础，"四定"要合理，既积极可靠，又留有余地，使职工通过努力，有产可超，有奖可得；实物定额是中心，每个职工每年定270个实物工，以工定产（如胶工每个实物工产干胶5千克），以产核工，每超产1个实物工奖励1.50元，每差1个实物工扣赔0.75元，当月兑现50％，年底综合平衡一次结算。验收核算是关键，生产队做到月计划、周安排、每周检查、月底验收，分场组织季度检查，农场组织半年检查，年终验收，要求统计和会计报表要及时、清楚、准确。奖赔兑现是条件，做到奖赔严明，反对平均主义。

1983年，农场实行"定、包、联"经济责任制。经过企业整顿，农场贯彻执行全国农垦湛江会议和石德子会议精神，制定出《国营东风农场经济责任制》，有总纲和8个实施细则。总纲规定：承包的基本原则是坚持"两不变""五统一""三有利"，即生产资料全民所有制性质不变，承包者职工身份不变；统一计划、统一计划内产品管理，统一分配政策，统一劳动管理，统一财务管理；有利于实现两个转化（向大规模商品生产转化，向现代化农业转化），有利于发展科学技术，有利于提高经济效益。8个实施细则是：《林业生产联产承包责任制》《制胶生产联产承包责任制》《农牧业生产联产承包责任制》《机务生产联产承包责任制》《建施工业联产承包责任制》《砖瓦生产联产承包责任制》《商业经济责任制》和《干部岗位经济责任制》。在全场全面实行逐级定包、分项核算、全面考核、联产计酬、联利计奖、有奖有赔的经济责任制。

1984年，农场落实中共中央关于"国营农场要兴办职工家庭农场"的指示精神，借鉴各垦区农场的经验组成工作组，选择二分场三队（割胶）和三分场五队（种水稻为主）为兴办职工家庭农场的试点单位，历时两月，于7月初分别在这两个队召开职工大会，向家庭农场户主颁发了《职工家庭农场证书》。8月，农场制定出《职工家庭农场章程（试行）》，在全场实施。

《职工家庭农场章程（试行）》规定："家庭农场是构成我场整体的一个经济细胞和经济实体，凡以家庭为单位（包括单身职工个人或数家联合）进行生产经营、自行核算、自负盈亏，经审批发证的都是家庭农场，其含义可延伸到家庭养鸡场、家庭养鱼场、家庭商店、家庭食馆、家庭托儿所等生产和服务项目。"

职工家庭农场分为3种类型：①由国家按单位工作量投资，家庭农场经营管理的称为承包型家庭农场，如中幼林地管理、公路保养、建筑施工等。②凡在计划指导下完成任务、交售产品、实行自主经营的称为经营型家庭农场，如种植业（含实行产量工资的割胶）、养殖业、农副产品加工业等。③自定经营项目，处理产品的称为自营型家庭农场，过去已经停薪留职的也属本类型。兼具两种以上类型特点的家庭农场，按其规模、收入定出主次，以主定型。1984年末统计，全场兴办职工家庭农场5709个，其中，承包型家庭农场1881个，占32.95%；经营型家庭农场3327个，占58.28%；自营型家庭农场501个，占8.78%。兴办家庭农场的职工共6768人，占全场职工总数的67.5%。

家庭农场占用国家自然资源，要交纳资源占用费：水田每亩5~15元，鱼塘每亩50~150元，旱地每亩10~20元；经批准开发占用的土地，对主产品有收益的头三产实行无偿占用。家庭农场内的正式职工，每人每年向农场缴纳社会保险费、福利费、企业管理费、房屋折旧费共300元。家庭农场必须按规定纳税，要上交一定利润。逾期不交各种费、税的，每天收滞纳金1‰。按规定上缴各种费、税的职工，享受职工劳保福利待遇，计算连续工龄，保留工资级别做调资、调动、退休等用途，逾期3个月无故拒缴纳费、税的，农场取消其职工身份。

1985年末，农场根据"坚持改革，再展宏图"的精神，结合兴办职工家庭农场的实践对1984年的《职工家庭农场章程（试行）》进行修订，自1986年1月1日起，实施《国营东风农场职工家庭农场章程》。章程明文规定，章程的修改权属农场职代会。新章程将本场家庭农场分为承包型、自营型和开发型3类，即将试行章程中的经营型并入承包型，新增加在统一规划下，开发荒山、荒地或新的生产项目，自筹资金、设备，待有收益时，再按规定缴纳税、费等的开发型职工家庭农场。1987年末统计，全场共有职工家庭农场5531户，其中，承包型4399户，占79.53%；自营型与开发型1132户，占20.47%；兴办家庭农场的职工共6804人，占全场职工总数的61%。

本场职工家庭农场采取6种分配形式：定额包交、其余是自己的；联产承包和专业承包；存利润或产值工资含量承包；作业计件承包；岗位责任制；经营效益承包。实行定额包交的家庭农场职工，每人每年缴纳社会保险费、福利费、企业管理费、房屋折旧费共580元。占用国家自然资源费修改为，水田每亩5～10元，鱼塘每亩30～100元，旱地每亩10～20元。新章程对本场各行业职工家庭农场应上缴的利润标准也做出具体规定。

1987年，农场再次修改职工家庭农场章程，颁发《国营东风农场职工家庭农场章程及多种经济责任制》，附件有《1987年割胶管理细则》《1987年橡胶中幼林管理细则》《1987年水果园管理细则》《1987年防牛、护林，养路岗位经济责任制》《关于机务工作及安全管理办法》《三级干部岗位经济责任制》和《基建行业岗位责任制及房屋管理制度》，全场实施。

随着橡胶经济低迷的影响，西双版纳垦区各大农场均有不同程度的弃管弃割现象，东风农场有弃割人数211人，弃割面积22455亩；有弃管人数560人，弃管面积8672亩。2011年实施《景洪市东风农场管委会推行职工家庭承包经营实施方案》，承包人增加到12000多人，导致一些单位1个承包人只能承包2个单元200株橡胶树，承包资源未合理分配，加上部分工人不按割胶规程操作，多年弃养弃管，单株产量越来越少。

2012年3月14日，农场管理委员会下发实施《景洪市东风农场管委会推行职工家庭承包经营实施方案补充规定》，从开割林地承包费用收取、橡胶中幼林资产承包费用收取、建立承包人承包档案和技术管理措施、承包资源调整分配等方面进行补充完善。农场领导、站所、机关各部门与各生产队实行挂钩督导制，农场机关、各站所、生产队管理人员实行包点联户与承包费用收缴业绩挂钩。同时完善考核奖惩制度，实施1年分3次（期）收费，分段奖励，年终设先进单位和优秀个人奖。为鼓励承包人自觉缴费，农场采取奖励政策，对在规定时间内完成一、二阶段费用缴纳承包人进行肥料奖励。全场发放奖励复合肥1400余吨，价值500万元。

2013年后，东风农场召集各生产队主要领导、技术人员、试点单位代表对农场制定的指导意见进行讨论，广泛征集意见和建议，不断推进完善开割橡胶树林木资产普遍家庭承包经营工作及橡胶资源承包费收取工作。至2015年，东风农场橡胶承包面积17.77万亩，达到应包尽包。开割15.48万亩，年产干胶1.5万吨，鼓励承包户一次性缴费，全年收缴承包费2004.1万元。

2021年，公司实行自主经营、自负盈亏、独立核算、照章纳税、自我约束的经济运行机制。

第二节　企业整顿

1983年，按照国民经济调整改革整顿提高的方针，云南省农垦总局和西双版纳州分局确定把东风农场列为第二批企业整顿单位。企业整顿工作分蹲点调查和深入整顿两步进行，蹲点调查工作历时4个多月，分3个阶段，深入整顿为期半年，在农场新班子领导下，进一步落实各项整改方案，完成综合治理、全面整顿的任务。1983年11月，召开第八届职工代表大会，审议了经济责任制及其实施细则，农、牧业生产整改方案，劳动管理办法，制胶生产整顿意见，做出了实施决议。1983年底，完成229个生产队（含13个独立班、排）的整顿，撤并13个生产队。1984年2月，各分场、生产队及农场机关科室，分级进行了综合自检和专项自检，及时发现问题，把全场的整顿深入下去。

按照企业整顿的"五项工作""三项建设"和"六好要求"，农场健全领导体制，完善经济责任制，提高企业管理水平；整顿农、林、牧业，加强生产技术管理；改革财务制度，注重综合经济效益；整顿劳动组织，实行定员定编；整顿科技工作，建立科技委员会；加强基本建设管理，提高工程质量；改革文教、卫生工作，按系统加强领导；加强综合治理，促进治安秩序的好转；制定长远规划，明确企业发展方向。

通过企业整顿，在林业"三定"的基础上，进行全面规划补课工作，摸清了农场的自然资源，制定了长远规划，预测全场1985年橡胶发展定型达14万亩；1990年产干胶8000吨；2000年达到1.2万吨，工农业总产值9600万元，比1980年的2135.9万元翻两番多。对多种经营、水电建设、职工福利和文教卫生等也做出相应的规划。

1984 年 3 月 24 日，云南省农垦总局和西双版纳农垦分局作为主管验收部门，对农场企业全面整顿 5 项工作检查并验收合格。

第三节 产业结构

东风农场自成立时就以橡胶为主业，同时集农、工、商、运于一体，多种经营。1986 年，调整产业结构，大力发展社会主义商品生产。2004 年，政企分开，在加快国有经济发展的同时，积极探索"东风模式"的非公有制经济发展之路，在发展种植业的同时，启动"创新工程"《万头奶肉牛发展项目》，带动养殖业迅速发展。

2015 年，东风农场制定产业结构调整战略布局规划。以二次创业为核心，绘制"三年打基础，五年见成效，十年创辉煌"的发展蓝图。主要包括建设环境友好型胶园、3 个"万亩计划"、大棚蔬菜基地、热带雨林水果庄园、特色养殖基地、加快东风城镇化建设、温泉旅游开发 7 个项目。在稳住基础产业的前提下发展特色产业，改变单一产业现状，降低单一产业风险，实现产业结构优化升级。引进龙头企业，扶持、培育种植养殖大户，拓宽职工就业增收渠道。坚持用现代农业理念谋划种植结构调整，以科技为核心、产业转型发展为主导，走好有机、精品、绿色种植结构调整发展之路。大力实施精品产业、有机产业、品牌产业和生态产业战略，强力提升产业转型竞争力和综合生产能力，构建现代产业新体系。

至 2018 年 7 月，种植特色热带作物水果土地总面积为 12077.2 亩，其中农场自主种植面积为 2375.5 亩；职工群众合作种植面积为 2397.2 亩；温泉、前哨、五七生产队管理人员及中林支部试验基地面积合计为 142.8 亩；对外合作种植面积为 6931.7 亩；待定种植面积为 230 亩。

2020 年，结合农场实际，科学制定东风农场 2019—2029 年发展思路，即"巩固提升橡胶产业、培育壮大二三产业、科学调整种植结构、大力发展非公经济"。至年底，完成 350 亩香蕉示范园种植、400 亩芒果种植示范园开垦规划定植工作、30 亩褚橙开展规划及试验性定植、1200 亩更新林地东试早柚开垦规划定植。完成西双版纳傣乡雨林水果庄园测绘、可行性报告等前期工作；东林生产队 570 亩蔬菜种植项目初见成效；1730 亩东试早柚种植示范园实施方案通过评审。积极与上海中硅融德集团接洽，完善五七生产队温泉开发项目；与云南宏为农业发展有限公司签订 200 亩建盖牛肝菌厂土地租赁合同。

第三章　土地管理

农场国有土地分布于勐龙坝区北纬 20°31′—21°46′、东经 100°35′—100°47′，地势呈西南高东北低，土地多分布于海拔 600～1000 米的低山丘陵地带，全场国有土地总面积为 251751.40 亩。

第一节　机构管理

为依法管理土地，加强执法监察，维护国有土地合法权益，西双版纳州人民政府根据云南省政府办公厅文件规定，于 1993 年 12 月 28 日下发文件批转西双版纳州土地局、西双版纳州农垦分局"关于在国营东风农场成立土地管理机构意见和方案的通知"。1994 年 6 月 2 日，景洪市人民政府批准"关于在景洪市辖区内国营农场成立土地管理派出机构的决定"，同年 10 月 10 日，农场正式挂牌成立"国营东风农场土地管理所"，并与农场民族科合署办公。土地管理所属于景洪市土地管理局的派出机构，行政上受国营农场领导，业务上直接服从景洪市土地管理局的领导和管理。

1996 年 5 月，土地管理所与农场党政办公室合署办公，1997 年 2 月至 2010 年，土地管理所与农场民族科合署办公，并设立 1 名土地管理所副所长负责处理日常业务，各分场级单位分别设立兼职土地管理员。

2011 年属地化管理，进行机构调整和职能转换，设立规划建设土地环保所为公共服务部门，下设综合办、规划办、建设办、土地办、环保办、城管办、财务办等 7 个办公室，在册在编人员 60 人，其中专业技术人员 17 人，管理人员 43 人。

2015 年，规划建设环保土地所由综合办、土地办、规建办、环保办等 4 个部门组成，事业编制 36 人，聘用企业干部 5 人，主要服务于农场管理委员会和各生产队。

2016 年，调整为所长办、综合办、土地办、规划办、建设办、环保办、安监办等 7 个办公室，在职在编人员 42 人，工勤岗位 5 人，共 47 人。

2019 年，规划办与建设办合并为规建办。2020 年，设所长、综合、自然资源管理、建设、生态环境、安监 6 个办公室，在职在编人员 36 人，工勤岗位 4 人，共 40 人。

第二节　用地审批

根据景洪市人民政府文件规定，在国营东风农场管辖范围内，农场土地管理所（规划建设环保土地所）代景洪市国土部门行使有关职权。凡在农场土地权属范围立项（即工农业生产、公共设施、经营建筑以及职工自建私人住宅等），一律实行逐级申报、登记制度（即单位或个人写出用地申请报告，并附上有关图件和材料，经所在单位同意，送农场土地管理所审核报农场领导批准后，由农场土地所办理或呈报办理正式用地手续），违者视为违法用地，将依照国家有关法律、法规追究其责任。对改建、扩建的单位或个人充分利用原有土地、空闲地和其他非耕地，禁止占用农用地，对未经批准擅自洽谈用地（含地上附着物）所签订的合同、协议书和其文字一律无效。农场土地管理所同时协助辖区内居民办理土地使用权过户、继承、换证等工作，平均每年接待场内外咨询人员百余人次，为职工群众办理相关用地手续提供便利。东风农场择年建设用地情况见表4-3-1。

表 4-3-1　东风农场择年建设用地情况

单位：平方米

建设年份	建设主要项目	建设用地面积
1997	二分场在东风路修建综合服务楼	878.9
	二胶厂治理污水工程	666.7
2000	三胶厂、四胶厂扩建治污工程	17334.2
2001	扩建东风农贸市场建设大棚3个	6000
	农贸市场建盖经营门面房88套	3580
2003	农场建设敬老院1座	6667
	农场建设龙泉公墓	66670
2004	建设双功能商住房188套，职工住房73套，百货自选商场1座	9733.8
	新建小康道路450米	6750
2005	扩建农场医院至邮政局一段主干公路、铺设柏油路面1255米	20080
	修建人行道3200米，排污水沟200米	15600
	建东风客运站	5333.6
2006	建设景观大道	29440
	建景观大道绿化带及人行道	23920
2007	建职工别墅38套	6900
	建职工住宅楼2栋16套	1600
合计		221154.2

第三节 土地利用

农场土地使用制度是随着社会的发展和企业改革的变化以及围绕着国家土地管理政策、法规及相关配套的管理制度而不断完善逐步形成的配套土地管理办法，行之有效地合理利用土地，杜绝和减少浪费土地资源，最大限度地发挥农场土地资源效益。把农场土地由公有制封闭式管理向有偿使用及推行承包、出租、租赁等实行合同制管理转变，把农场职工个人占有的土地资源谁占归谁的无序状态，推向统筹安排、合理使用，逐步推行平衡、调整、公平、公正、合理规范管理，使土地管理工作有效地遏制了各类土地纠纷，减少了各种土地矛盾，为社会稳定、发展非公有制经济创造了有利条件。

2018年，为加强农场国有资产的监管，积极探索土地资本化运作，实现国有资产的保值增值，优化产业结构，农场出让部分土地，以土地作为资本与社会投资人合作发展种植业，农场占总额的60%，投资人投入种植业前4年所需要的全部资金，包括开垦、苗木定植、施肥、修建道路、安置灌溉设施，投资人占总额的40%，项目获得效益后，双方按照股份比例分红。同时，为在产业发展过程中有效地带领农场职工群众发展水果、蔬菜、热带农产品等现代农业，东风农场以土地出租的方式，允许并鼓励农场内承包人组建经济发展合作组织，联合联营，共同参与到农场改革、产业转型、新型现代化农场建设中。

农场近年来土地的开发利用主要是保障性住房项目，项目均包含在城镇规划范围内，项目名称为"金观小区"及"景苑小区"，共用地135亩，已由农用地转为建设用地。此外，东风农场旧城改造项目收储出让土地27.89亩，南春车市转型提升项目收储出让土地3.796亩（表4-3-2）。

表4-3-2 东风农场2006—2020年土地面积情况一览表

单位：公顷

项目	2006年	2007年	2008年	2009年	2010年	2011年	2012年	2013年	2014年	2015年	2016年	2017年	2018年	2019年	2020年
土地面积	15290.54	16417.75	15617.87	15519.99	15367.16	15334.7	17019.6	17041.8	17246	17246	17120.01	16871.48	17088.67	17096.27	17096.15
林地	0.66	0	0	0	0	0	0	93.90	0	90.90	90.90	90.90	90.90	142.60	90.90
橡胶地	12687.51	11854.76	11893.22	11881.08	11881.08	11838.10	12838.50	13686.20	12838.50	11757.20	11145.78	10929.63	10902.07	10550.24	10580.87
耕地	322.80	322.26	321.06	321.06	255.18	264.2	264.2	264.2	264.2	264.2	131.91	131.91	130.8	130.8	126.21
水田		96.39	101.52	101.52	96.33	127.40	127.40	127.40	108.40	127.40	73.89	73.89	73.89	73.64	68.93
旱地		225.87	219.54	219.54	158.85	136.80	136.80	136.80	155.80	136.80	58.02	58.02	56.91	57.16	57.28
果园		141	78.52	89.03	82.21	74.60	59.60	58.70	58.20	215	389.33	601.65	725.10	762.99	946.06

（续）

项目	2006年	2007年	2008年	2009年	2010年	2011年	2012年	2013年	2014年	2015年	2016年	2017年	2018年	2019年	2020年
居民点及工商业用地		273.93	402.37	420.88	420.88	420.90	420.90	420.90	562.40	562.40	579.80	578.80	579.80	579.80	595.49
水域面积		164.29	270.76	167.36	163.93	163.90	77	84.10	75.50	75.50	77.60	77.60	77.60	77.60	106.46
生产水面		151.15	158.90	153.57	142.75	142.80	42.80	37.30	24	24	30.30	30.30	30.30	30.30	45.68
可垦荒地	52.03	52.02	59.02	59.02	59.02	59	17.30	17.30	17.30	17.30	17.30	17.30	8.40	8.40	1.60
其他土地	2227.54	3117.65	1894.61	1888.58	1888.58	1888.60	2816.70	1896.60	2923.30	3756.90	4306.78	4066.86	4194.48	4464.32	4260.75
交通道路		18.43	218.35	218.35	218.35	218.40	218.40	218.40	218.40	218.40	218.40	214.62	218.42	218.42	215.92

第四节　用地管理

为促进东风农场经济发展，加强土地管理，合理开发利用土地资源，努力增强和提高土地使用效益，依法管理和使用土地资源，结合农场土地管理过程中遇到的实际情况，制定《国营东风农场土地管理实施办法》，由职工代表大会通过后施行，并适时进行修订。

一、土地调整及变更

1982年，西双版纳州政府根据省委、省政府文件关于开展林业"三定"工作的通知精神，下发西政发文件《关于林业"三定"若干政策原则问题的规定及关于林业"三定"若干政策补充规定》，规定了关于稳定山林、林权、划定自留山，确定了林业生产责任制。对国营东风农场经营使用的土地，经过公社以上政府决定或通过协议划定的，应予承认，维持现状，经县人民政府批准发给山权、林权证。农场此后需发展橡胶，由农场提出申请，报当地人民政府批准，划拨林地。村寨附近的宜林荒山优先划给集体发展民营橡胶和热带经济作物，群众无力开垦的划给农场垦殖。经多方工作颁发了1∶50000的原小街公社地类山林分布图和大勐龙公社地类山林分布图。

1991年，景洪县核发国有林权证工作领导小组根据《中华人民共和国森林法》第一章第三条规定，为依法保护国有山林所有权不受侵犯，依法保障国有山林经营管理单位的正常生产与经营合法权益，依法核准填写国有山林权证。1992年3月，景洪县人民政府正式颁发"国营东风农场"国有山林权证。

1992年5月30日至1994年11月，根据国务院国发、云南省人民政府通知精神，按照西双版纳州人民政府文件的统一安排部署，委托原成都军区测绘大队，遵照国家土地管理局《土地利用现状调查技术规程》《云南省土地利用现状调查技术规程》，在景洪市土地管理局土地详查办公室组织下进行"土地详查"工作，历时2年零6个月，完成实地勘界、外业调绘、内业航片转绘、面积量表汇总和编制图表等项工作，确定东风农场土地总面积为223052亩，下发1∶25000土地详查图14张。

1994年11月，农场出台土地管理办法。农场成立土地管理领导小组，分场相应成立领导小组并设专人负责。农场所属单位成立了21个分场级土地管理领导小组，对国有土地资源依法行使管理权，对依法临时使用面积8868平方米土地的15户职工，以及占地35.50亩的单位都按规定办理了手续。

1996年，根据农场发展的需要，决定组建一个新分场，扩大经营种植范围，在景洪市政府及当地政府的支持下，组织扩建了十四分场，土地总面积为30269亩。

1998年2月，根据省、州、市人民政府文件精神，在景洪市土地管理局的布置下，对企业国有土地进行核权发证，历时4个月外业勘界，核定绘制图纸，顺利完成"企业用地"核权发证工作。全场土地面积251598.20亩，发放国有土地使用证90本。

2003年，实行政企分开改革，成立云南天然橡胶产业股份有限公司，划拨移交土地173.18亩，其中东风橡胶分公司122.38亩，东风电力分公司50.80亩。

根据云南省人民政府关于《云南省国有企业分离社会职能工作实施意见》的通知，农场派出所于2004年4月30日剥离农场，归属景洪市公安局管理，划拨土地1.20亩；2005年11月26日东风农场所属7所学校剥离农场，移交景洪市教育局管理，划拨移交土地407.69亩。

2017年11月，根据《景洪市农垦国有土地使用权确权登记发证工作实施方案》开展土地确权登记发证工作。农业用地确权工作历时60天，完成11个生产队146个居民组的实地勘界，同时参照1998年农场已确权的界线和本次确权外业勘界界线进行全面细致的核对，发现在1998年土地确权界线范围的335块土地（面积8504.58亩）被划出，不属1998年土地确权界线范围的94块土地（面积3004.57亩）被划入，经过技术员认真核查，已得到纠正。建设用地确权工作历时9个月，完成11个分场202个居民组建设用地测绘调查，面积约8100亩，至2018年7月完成农业用地和建设用地的外业勘界和测量工作。2019年5月，完成农场辖区与当地村寨土地边界的权属认定工作。本次确权登记农用地262宗，面积203691.09亩，建设用地210宗，面积7285.14亩（其中，二调面积5436.98亩，需转用地1848.16亩）。2019年9月至2020年4月已将各项宗地资料提交至景洪市不动产权中心审核并进行数据输入，2020 年 10 月向景洪市人民政府提出批准颁发不动产权证。截至 2021 年 8 月 30 日，数据入库工作已完成，发证 119 宗，面积 209567.8 亩，完成 99.33%①。

2019 年，因中林西双版纳温泉康养文旅小镇项目的建设需要，对金观小区旁约 28 亩、南春车市约 2.13 亩、景洪市第五中学对面约 5.93 亩、东风仁济医院约 3.05 亩的土地进行调规。于 2020 年，通过 3 个地块的规划调整批复。

2020 年，对农场 2021 年 7 个建设项目共计 13346.5 亩农用地进行新增建设用地指标安排计划，并上报景洪市重点项目建设指挥部备案。将位于东风农场一、二分场的中林西双版纳温泉康养文旅小镇项目 346 亩土地及位于东风农场一分场四队的西双版纳知青文旅园建设项目 50 亩，共计 396 亩土地，纳入景洪市未来 3 年及中长期土地收储计划。

二、调解土地纠纷

根据国务院办公厅《关于依法保护国有农场土地合法权益意见的通知》规定，国有农场土地是国有农场经济发展的基础生产资料，是国有资产的重要组成部分。农场根据边疆与周边少数民族土地及村寨相互交错的特点，既要维护国有农场土地权益又要搞好场群团结，在处理土地侵权工作中始终坚持 3 个原则：一是调查处理土地侵权纠纷，坚持林业"三定""土地详查""企业核权发证"，做到讲法律政策，讲原则、界限，讲维护国有土地权益；二是调查处理土地侵权纠纷，坚持依靠当地政府及执法部门，做到讲党的领导，讲边疆发展与进步，讲脱贫共同致富的方法；三是调查处理土地侵权纠纷，坚持抓正反两个典型教育，做到讲疏导、讲感化、讲危害影响、讲社会教育效果。

全场自 1988 年开展工作以来，至 2005 年共调查处理土地侵权纠纷 407 起，收回国有土地 2199.80 亩，处理工棚 23 间，砍除橡胶树（苗）13890 株，发生经济补偿 130318 元。

2011 年农场改制后，因土地权属争议问题引发的矛盾日益尖锐，为维护双方土地权属不受侵犯，农场土地管理部门会同当地政府土地部门、村寨干部多次到现场勘界，至 2015 年，共协调处理土地权属争议 7 起，制止侵占农场土地行为 4 起，协调处理内部纠纷和制止违规用地 17 起。

2016 年，协调处理土地权属争议 4 起（涉及红卫与曼老、温泉与曼康弯、中林与曼先坦等），制止侵占农场土地行为 2 起（曼老村民侵占红卫三组土地、曼先坦村民侵占中林土地）。2017 年，协调处理土地权属争议 3 起。2018 年，协调处理中林生产队与勐龙镇曼先坦下寨、东河生产队五组与贺兰东村委会叭洪老寨、东升生产队二组与曼怕扎村的土

---

① 勐龙变电站、电厂两宗地因面积变化与作业公司协商，通过政府部门批复后再进行发证。

地权属争议 3 起。

农场历年历次发生的重大土地争议案件都得到地方政府、执法部门及当地村委会村干部的大力支持，最终都得到圆满解决，防止由土地争议引发纠纷，维护了农场与当地村寨间的团结。

三、查处违法用地

1994 年"国营东风农场土地管理所"成立以前，农场没有专门的土地管理机构，土地管理所成立后，根据《中华人民共和国土地管理法》及农场历年职工代表大会通过的《国营东风农场土地管理暂行办法》，对建筑用地管理加大力度，严格场内职工建筑用地审批程序，及时查处违反农场有关土地管理规定用地行为。

1994—2007 年，共拆除砖混结构房屋 1 套、81 平方米，砖木结构房 2 套，工棚 23 间，职工个人垒砌围墙 7 户，整治东风街道拆除总面积 4850 平方米的防雨棚 97 个，整顿拆除门面房 3 户。

2011 年 10 月 27 日，东风农场召开违规建设用地清查工作会议。会议针对辖区内部分住户自行圈地，未批先建、私搭乱建等违规用地比较突出的现象，要求各单位认真清查并进行整改。至年末，共制止私搭乱建 33 起。

2013 年，大面积清理"两不三占"人员，共清理收回违规承包开割橡胶单元 400 多个，收缴割胶物资胶碗 8050 个，胶架 8017 个，收回被强占国有土地 40 余亩。

2016 年，结合农场辖区内国土资源分布及城乡建设情况，对辖区范围内国土资源、城乡建设的违法违规突出问题情况进行全面清理，共清理出违法违规、私搭乱建 543 户，面积 22002.09 平方米，涉及全场 12 个生产队。其中，占用建设用地 539 户，面积 20714.88 平方米；占用农用地 1 户，面积 20 平方米；占用水田 1 户，面积 140 平方米；占用园地 2 户，面积 1127.21 平方米。清理的情况上报景洪市国土资源局执法监察大队。

2018 年，清查出违法违规建筑 39 户，违法违规建筑面积约 7367 平方米，下发停止违法占地行为通知书 3 起；发现新增违法违规建筑 5 户，建筑面积共 267.35 平方米，全部下发限期拆除通知书。对全场辖区内的非法破坏买卖国有农场土地违法行为进行逐一核查，共清理非法买卖土地 4000 平方米。

2019 年，对景大公路沿线商户进行排查，共查出 76 块土地涉嫌违规，涉及违建户 128 户，违建面积共计 37241.7 平方米，其中，违建彩钢房面积 23733 平方米，临街雨棚面积 13508.7 平方米，已全部整改完成。7 月 16 日，景洪市在全市范围内开展"违建别墅"清查整治工作，各分场立即组织人员对辖区内的"违建别墅"情况进行排查，农场土地部门对各分场进行巡查，辖区内未发现"违建别墅"情况。8月8日，农场开展清理整治土地非法交易摸底调查工作，通过全面排查，共清理出违法用地3起，面积3086.67平方米，全场未发现非法交易土地行为。

2020年，为防止私搭乱建及违法用地发生，农场土地部门在辖区内共巡查62次，发现违法用地1起（西双版纳杰银贸易有限公司在东风农场五分场原卫生所旁建盖彩钢大棚），下发停止违法行为通知书，西双版纳杰银贸易有限公司已自行拆除建筑物。

2015—2020年，累计拆除违规建筑、大棚面积27102.74平方米，清理道路29.8万平方米，整治非法占用土地3086.67平方米，整治占道经营2066件次，规范道路旁车位1012个（包含摩托车位）。

农场土地管理部门除查处违反有关土地管理规定用地行为外，还配合开展国土卫星监测执法检查工作。按照景洪市国土资源局安排，根据云南省国土资源厅卫星监测结果，对涉及农场辖区的疑似违规图斑配合景洪市国土局进行逐一核实，并将涉及的图斑地块相关资料收集整理上报景洪市国土局监察大队。

四、宣传管理

农场土地管理工作自始至终离不开土地法制宣传，在执法办案工作中，农场土地管理所按照国家"三五""四五"普法工作要求，结合每年"六·二五"土地普法宣传的活动，针对农场场情、当地社情、场群民情，全方位、多层次发挥宣传舆论作用，实事求是，具有针对性地开展"土地管理法制"宣传。并在全场成立普法领导小组99个，组织成员391人，在普法过程中，把《中华人民共和国土地管理法》《基本农田保护条例》《云南省土地管理条例》《景洪市建设用地管理规定》等文本印发至分场各生产队及当地乡镇村委会。

1995—2007年，共发放土地管理法规宣传册4357本，张贴宣传标语及土地广告传单46553份，土地新闻宣传报道文章324篇，参加州、市、农场电视新闻播放土地报道102期，办各类土地宣传板报204板次，制作永久性土地宣传标语86处，临时设立土地法律咨询点13起次，组织土地法规宣传车36辆次。通过宣传教育，达到知法、懂法、依法行政和依法管理维护国有土地。

随着社会经济的发展，职工群众经济收入增加，部分群众土地法规意识淡薄，违法用地现象频出，为提高职工群众遵守国土法律、法规、政策，合法使用土地的意识，农场土地管理部门采取多种形式，大力宣传土地法律法规：一是利用各种会议宣传土地管理法律法规，强调依法使用土地的重要性；二是以违法用地案例报道作为警示宣传，正反两方面警示教育效果明显；三是利用全国"土地日"全面宣传和讲解土地法律、法规、政策，采取在主要街道悬挂宣传横幅，在生产队、居民小组粘贴土地宣传标语，农场土地部门利用活动宣传车辆到各生产队进行活动宣传。2011—2020年，发放国家土地政策宣传单20000余份、土地法律知识宣传单5000余份，张贴宣传标语1500余条，每年设置宣传点10余个、接受咨询100余人次，发放宣传视频到QQ、微信群，观看土地日宣传视频约1000人次。通过宣传，各级管理人员对土地管理的责任心得到了进一步加强，干部群众遵守土地管理法规意识普遍得到提高，违法用地私搭乱建的行为得到了有效遏制。

第四章 财务管理

农场创建时，尚无完整的财务管理制度，领导干部和会计人员初涉企业管理工作，普遍存在着供给制观念。

1959年农场实行"三包三定一奖"生产责任制。克服供给制思想，加强成本观念的教育工作。1960年后，根据国家颁发的财政政策、纪律、决定和云南省农垦局关于财务管理成本核算等一系列规定，东风、大勐龙两场初步制定了财务管理的一些规章制度，生产上实行"评工记分"办法，1962年又进行了清产核资，逐步扭转了财务管理混乱和无章可循的局面。

1963年1月，成立东风总场后，对财务管理工作做了若干规定。1964年1月，总场党代会通过并下发了《财务管理暂行办法》等9个文件。同年云南省农垦总局又下发了加强生产队核算有关问题的通知，转发了国家计委和财政部关于财务管理上的若干规定。这些规定和农场财务管理制度的健全，为加强财务管理奠定了基础。"文革"期间，已建立起来的财物管理制度遭到破坏。

1966年后，已建立起来行之有效的规章制度财务管理遭到严重破坏。

党的十一届三中全会后，农场先后实行了多种形式的经济责任制，根据1978年财政部和国家农垦总局颁发的《国营农场财务管理试行办法》等文件，先后补充和制定了农场的财务管理、成本核算、资金和费用包干、内部结算中心管理办法等一系列规定。1980年起，实行"包干上交，一定五年不变，结余留用，短收不补"等一系列经济体制改革，使责、权、利紧密结合起来。财务管理的不断改革和逐步完善，对提高农场经济效益和加快建设发挥了积极的作用。

1988年，农场对分场实行生产经营责任承包制，重新修订了农场的财务管理、成本核算、资金和费用包干等一系列规定。

1996年，推行两个生产队股份制试点，制定了股份制财务管理办法。

2004年，按照云南农垦企业政企分开改革，农场内部剥离，调整农场资产、负债结构的要求，重新制定了农场财务管理、国有资产管理、财务预算管理、成本费用管理、物资采购及管理、会计档案管理、会计核算办法和财务会计岗位职责等规定。

农场的财务管理工作经过不断改进，逐步完善，建立健全了一套比较完整的财务管理制度。

第一节　机构设置

东风农场财务管理实行三级管理（农场、分场、生产队）、两级核算（农场、分场）。农场为核算汇总单位；分场是农场内部的一级核算单位，组织分场内部的全面会计核算工作，计算盈亏，全面反映资金活动、成本、费用和利润的完成情况；生产队实行向分场报账制。

1958—1959 年，东风、前哨、大勐龙 3 个农场均实行农场、生产队两级管理，农场集中核算，生产队向农场报账。农场配专业会计人员 2~3 人，计划、统计 1 人，由分管财务工作的农场领导主管。生产队配文书 1 人。

1960 年 1 月，东风（前哨农场已并入东风农场）、大勐龙两场建立作业区，实行农场、作业区、生产队三级管理，农场统一核算制。1961 年 9 月大勐龙农场撤销作业区，恢复两级管理，农场核算制。东风农场设计财科，大勐龙农场设经营管理办公室（后改称计财科）。专业会计增至 3~4 人，计划、统计 2 人，作业区配会计 1 人、计划统计 1 人，生产队配统计 1 人。

1963 年 1 月，大勐龙农场与东风农场合并，成立东风总场，实行总场、农场、生产队三级管理，农场两级核算。总场设计财科，农场设计财办公室。两级科室配有主管、成本、供销等会计及出纳员、计划员、统计员，生产队配统计员 1 人。

1970 年 1 月，农场改为兵团建制后，实行团、营、连三级管理，团、营两级核算，财务工作归后勤处管理。团、营两级设专业会计 3~4 人，连队配文书 1 人。

1974 年 10 月，恢复农场体制，实行农场、分场、生产队三级管理，农场、分场两级核算。1983 年经过企业整顿后，实行三级管理、三级核算制。撤销兵团建制后即恢复了计财科，并划出供销业务。1984 年 10 月，调整生产结构，划出计划、统计业务，改称财务科。分场配专业会计 4 人，生产队配统计核算员 1 人。

1988—1994 年，农场设财务科，分场设财务室。农场财务科配专业会计 6 人（含结算中心），分场财务室配专业会计 4 人，生产队配文书 1 人。

1995 年农场机关科室合并，改称计划财务科，配专业会计 6 人、计划员 1 人、统计员 1 人，分场财务室配专业会计 4 人，生产队配文书 1 人。1996 年农场在原五分场推行两个生产队股份制试点。1997 年全场有 36 个生产队实行股份制，农场对股份制生产队实行三级管理，三级核算制（农场、分场、生产队），配专业会计2人。1998年橡胶割制改革，划出计划、统计业务，农场又恢复财务科。1997年3月19日，农场成立"国营东风农场综合管理科"。其主要职能是调查研究、信息收集整理、体制改革和计划统计工作，农场计划财务科更名为"财务科"。

2004年7月，按照云南农垦集团有限责任公司关于企业政企分开改革，农场内部剥离，调整农场资产、负债结构，理顺产权关系，优化资产重组，分立社会职能，实行职能、机构、人员、资产、费用、核算"六分开"的要求，组建云南天然橡胶产业股份公司东风分公司，撤销了股份制生产队，农场设置财务科，东风分公司设置财务部。农场仍实行三级管理（农场、分场、生产队），两级核算（农场、分场）。农场财务科配专业会计6人（含房改办），分场配专业会计2人，直属生产队配文书1人，生产队实行向分场报账制。

2011年属地管理后，农场设财政统计站，负责农场财政、统计工作。财务部负责贯彻执行国家财务相关法律法规，并制定农场财务管理的各项规章制度，配合协助农场年度目标任务的制定与分解，编制并下达财务计划、上报年度财务预算，定期向农场领导汇报财务运行及预算执行情况，并对农场资金运转提出合理化建议，负责农场财务管理工作。

第二节　财务计划

农场在每年的第一季度编制出当年的财务计划，计划包括流动资金、劳动工资、利润、产品销售、成本、专用基金及其支出、专用拨款及其分项等计划。计划经农场党政领导集体讨论批准，由主管财务的领导和财务科长以及编表人签章上报主管部门审批。分场编制季或月度财务计划，并分别做出物资需要计划和劳动工资计划等。

1988年5月，农场对生产实行定额管理、分项核定计划资金、坚持超支不补、节约留用的原则。在财务计划实施过程中做到：实行财务管理目标责任制，坚持分级分口管理，指标落实到单位和项目，做到目标明确；把年度利润指标落实到分场和各直属单位，分场落实到队，生产队实行经济承包责任制，落实到个人；专业性的财务计划落实到有关部门；定期检查和分析财务计划的执行情况（农场每半年进行一次综合性财务计划执行情况的检查分析，有好的经验进行推广，对存在的问题提出有力措施；分场每季向农场报送财务计划执行情况表，对生产队实行月计划，当月检查验收，根据完成情况计酬，超额有奖，完不成按比例扣发当月基本报酬）。

第三节　财经制度

1988年后，根据党和国家的有关政策、法令、财经制度的规定和要求，结合本农场实际，进一步健全和完善了财务管理、物资领发、现金管理、成本管理、固定资产管理、基本建设管理、农场内部结算、农场财经纪律检查等制度，财务管理逐步走向了正规。对于贯彻国家规定的各项制度和保证国家财产的完整起到了保障作用。其他费用（如差旅费报销、职工探亲报销、成本费用开支标准及范围等）开支标准，均严格按照国家规定执行。

2003年根据财政部有关文件精神，农场成立财务预算委员会，由农场领导和农场财务、综合管理、生产、劳动人事、基建科等负责人组成；农场场长任财务预算委员会主任，副场长任财务预算委员会副主任。办公室设在农场财务科，负责农场年度经营收入、成本和费用、营业外收支预算，以实现农场的经营目标。

编制财务预算过程中，实行指标管理，即劳动力控制指标、生产任务指标、产品质量指标、生产操作技术、财务（包括成本、销售、管理费、利润等）指标、工资总额控制指标、基本建设投资控制指标。并且，参照上年度财务决算、财务预算完成情况，进行认真分析、认真预测，编制当年切实可行的财务预算。

农场按年度财务预算，对所属生产单位下达各项经济考核指标，实行指标考核与经济效益挂钩制。预算执行过程中，农场对各生产单位日、月、季度生产计划完成情况跟踪落实，发现问题及时处理；如遇风灾、病虫害、冰冻等自然灾害对橡胶树造成严重影响，农场通过调查落实，根据实际情况，对受影响的割胶岗位产量做适当的调整；并且，通过职工劳动竞赛增加割胶产量，以超产来弥补自然灾害造成的损失。年终，根据各生产单位完成各项经济指标的情况进行奖惩。

第四节　审计管理

一、机构设置

1985年12月14日，西双版纳农垦分局审计机构成立，要求各农场成立相应部门。经农场党委研究决定，国营东风农场审计科于1988年1月12日正式成立，办公室暂时设在财务科，设科长、科员各1人。

1993年后，纪委、监察、审计3个科室合署办公，由纪委书记负责，同年3月设副科长 1 人。1995 年，设科长、副科长各 1 人。1996 年、1997 年分别增设科员 1 人。

二、审计工作

农场审计科根据农场实际边组建、边工作，积极开展内部审计。

1988 年 8 月，出台《国营东风农场内部审计工作试行细则》。8 月 25 日农场召开由农场领导、科室领导、各分场领导、主管会计参加的首次审计工作会议，对审计工作做了具体部署和要求，审计工作正式开始。

1988 年 9 月，对农场医院财务收支进行审计，审计金额 28 万元，查处问题金额 27 万元，挽回经济损失 25.62 万元，提出审计建议 17 条。

1989 年，进行财务收支情况审计项目 1 个，承包经营责任审计项目 5 个，配合综合管理科对农场基本建设项目进行跟踪等 6 项审计，审计金额 53.06 万元，查处问题金额 26.02 万元，提出审计建议 7 条，挽回经济损失 13.88 万元，纠正了基建停、缓建项目。

1990 年，对全农场第一轮承包经营责任终结审计及对全场中、小学 1990 年第一学期的收费情况和 1989 年教育经费开支情况进行调查审计，共 28 项，审计金额 27 万元，查出问题金额 3.95 万元，挽回经济损失 2.37 万元，提出审计建议 30 条，为贯彻执行《企业法》后的第一轮承包经营提供了可靠的依据。

1991 年，进行农场内部 2 个事业单位（学校、医院）财务收支审计和 17 个承包经营责任审计，审计金额 21 万元，查处问题金额 8.62 万元，挽回经济损失 2.84 万元，提出审计建议 40 条。配合财务科对全农场 18 个单位进行了税收、财务、物价大检查，同时进行了 1991 年经济责任制执行情况的调查，并将调查情况与书面材料向农场领导汇报。

1992 年，根据"国营东风农场职工医疗费用制度改革'试行'"和"关于做好医疗费和药品管理"的有关规定精神，对"职工医疗费用制度改革和药品管理"情况进行 16 个方面调查，同时对全场 13 个主业生产单位 1991 年盈亏审计，审计金额 27 万元，查处问题金额 10.92 万元，挽回经济损失 0.58 万元，提出审计建议 4 条。

1993 年，进行医院、车队、农贸市场等 4 个单位的财务收支审计，审计金额 24 万元，查处问题金额 19.38 万元，挽回经济损失 14.91 万元，提出审计建议 12 条。

1994 年，农场审计组进行内部承包经营审计 14 个，审计金额 7156 万元，查处有问题的金额 122.26 万元，提出审计建议 5 条。其中包括对原八分场勐河商行 1991—1992 年的财务收支审计，审计金额达 7097 万元，审计出有问题金额 117.70 万元；对十二分场基本建设虚报应付建筑队钢材差价款问题进行审计，追回现金 3 万余元。

1995 年，农场审计科、财务科组成 6 人，对全场分场级单位承包合同进行考核兑现。

审计科对 14 个单位的承包经营及财务收支情况进行审计，审计金额 21 万元，查处问题金额 14.88 万元，挽回经济损失 11.60 万元，提出审计建议 15 条。针对收费价格问题进行违规罚款处理。审计组对商业服务公司 1988—1994 年的财务收支进行就地审计，对该单位历年虚报盈利、管理不善造成的重大损失做出了记过、罚款及退回奖金的处理。这是农场对商业系统的第一次审计。

1996 年，进行 21 个承包经营责任审计，审计金额 4.95 亿元，查处问题金额 426.90 万元，挽回经济损失 108.51 万元，提出审计建议 20 条。

1997 年 4 月，云南农垦总局召开第一次纪、监、审工作会议。根据会议要求，总结几年来的经验，结合农场实际，进行了 21 个单位的承包经营责任审计，审计金额 8.87 亿元，查处问题金额 1370 万元，挽回经济损失 192.82 万元，提出审计建议 25 条。

1998 年，进行 21 个承包经营责任审计，审计金额 17.48 亿元，查处问题金额 2697.36 万元，挽回经济损失 387.65 万元，提出审计建议 22 条。

1999 年 3 月，云南农垦总局在河口召开纪、监、审工作会议，东风农场审计科提供了题为"发挥内审职能，为农场经济服务"的交流材料。进行了 23 个承包经营责任审计、9 个离任审计和 3 个财务收支审计，审计金额 7.70 亿元，查处问题金额 284.31 万元，挽回经济损失 52.60 万元，提出审计建议 8 条。

2000 年，对东风农场 22 个单位 1999 年承包经营责任进行审计。审计金额 12.38 亿元，查处问题金额 55.44 万元，挽回经济损失 6.81 万元，提出审计建议 3 条。

2001 年，对 2000 年度 19 个承包经营责任和 2 个财务收支单位进行审计。审计金额 2.14 亿元，查处问题金额 136.04 万元，挽回经济损失 49.71 万元，提出审计建议 44 条。

2002 年，进行了 20 个承包经营责任审计和 2 个财务收支情况审计，审计金额 21.59 亿元，查处问题金额 51.09 万元，挽回经济损失 31.80 万元，提出审计建议 53 条。

2003 年，进行了 2 个承包经营责任审计、6 个离任审计、21 个基建工程项目审计，审计金额 9.865 亿元，查处问题金额 11.8 万元，挽回经济损失 11.39 万元，提出审计建议 27 条。

2004 年，进行了 2 个承包经营责任审计、3 个离任审计、2 个财务收支审计和 72 个基建工程项目审计，审计金额 11.84 亿元，查处问题金额 64.41 万元，挽回经济损失 59.69 万元，提出审计建议 21 条。

2005 年，对财务收支情况审计 1 个、离任经济责任审计 1 个、基建工程项目审计 116 个，审计金额 2.548 亿元，查处问题金额 41.2 万元，挽回经济损失 28.26 万元，提出审计建议 6 条。未发生党纪政纪处分案件，追回被贪污的公款 9 万多元。全年完成审计项目

18 项，为农场挽回经济损失 33.70 万元。

2006 年，进行 129 个基建工程项目审计，审计金额 0.31 亿元，查处问题金额 19.81 万元，挽回经济损失 8.24 万元，提出审计 10 条。

2007 年完成内部审计 126 项。其中：财务收支审计 2 项，基本建设工程项目结算审计 124 项。共完成审计金额 4.71 亿元，查出有问题的项目 39 项，查出有问题的金额 39.80 万元，挽回经济损失 24.10 万元，提出审计建议 26 条。

1988—2007 年，共审计了 702 个项目，审计金额 104.38 亿元，查处问题金额 5198.16 万元，挽回经济损失 961.61 万元，提出审计建议 395 条，对查出的问题做出处理，并不定期举办财会人员审计培训班，进一步提高业务人员的业务水平，增强业务人员坚持原则、执行纪律的自觉性。

2011 年属地化管理后，农场财务工作除了接受西双版纳州、景洪市政府和云南省西双版纳州景洪市农垦局的专项检查考核外，对资金使用量大的基本建设项目、工程预算造价在 5 万元以上的项目都要请中介审计机构进行审计审定后，才能作为工程项目的最终结算价款。未经审计审定之前采取预付总造价 80％以下的方式支付工程款，审计审定工程造价结束后，按照审计报告中的审计结算价进行财务结算。此外，东风农场除了请中介机构审计外，还接受景洪市审计局和省审计厅审计。

2015 年 3 月 10 日至 2016 年 2 月 1 日，景洪市审计局对东风农场 2011 年国有垦区危房改造项目进行结算审计，该项目新建六层住房 24 栋及附属工程，工程送审造价 1.09 亿元，审计审定结算价 1.04 亿元，审减工程价款 0.05 亿元，东风农场以审计审定结算价作为最终结算价款。

2016 年 12 月至 2017 年 3 月，云南省审计厅对西双版纳州本级及景洪市 2016 年保障性安居工程及配套基础设施的计划、投资、建设、分配、运营等情况进行跟踪审计，东风农场根据省审计厅 2017 年 3 月 5 日下发的审计报告《征求意见稿》进行整改。

第五节　物资管理

物资是指农场在日常生产经营过程中持有以出售，或仍然处在生产过程，或在生产过程中提供劳务过程将消耗的材料或物料等。物资包括原材料、低值易耗品、在产品、产成品等。因此，物资采取分类管理的办法，建立严格的领发制度及入库手续。并且对库存材料实行定期或不定期的盘点，年终进行一次全面清查，对盘盈或盘亏及其需要报废的材料查明原因，分别按照不同情况报经领导和上级主管部门批准后进行处理。

一、机构设置

1958年，大勐龙、前哨、东风3个农场都组建了办公室，物资工作由其中财务人员经管。

1960年，前哨、东风合并为东风农场后，成立计划财务科，大勐龙农场成立财务办公室，物资工作归其管理。

1962年，东风农场成立供销科，专管物资工作。

1963年，东风总场成立后，改组供销科。1967年，撤供销科，物资工作并入财务科经管。

1971年，改建为兵团，撤销财务科，设立后勤处，管理物资。

1974年，恢复农场建制。重新成立财务科，兼管物资供应。1975年，成立供销科，物资工作由财务科分出，归供销科专管。1984年10月，供销科和机务科合并。成立供销机运公司，下辖车队、中心商店、果品加工厂、修配厂4个单位。1986年1月，机务科分出，供销机运公司改为供销站，仍辖上述4个单位。

1987年1月，农场撤销供销机运公司，再改供销站为供销科，4个单位划归直属分场领导。承担全场的物资采购、供应和橡胶等产品的销售工作。

2004年农场内部改革撤销供销科，成立东风物资供销公司，面向市场，自主经营，自负盈亏。

二、物资计划

1988—2003年，农场物资申请、采购、供应计划统一由供销科组织各分场供销会计办理。各分场在每年的10月底前将下年度物资计划报农场供销科，经农场主管物资工作的领导组织物资采购小组共同审核，报昆明工作站采购。

三、管理体制

1958—1962年，3个农场实行物资一级管理、一级核算、二级领发。各场办公室（东风农场1962年成立供销科）配有财务（供销）人员2～3人，兼管（或专管）物资工作，设采购员1～2人，仓管员1人。农场物资部门统一核算，生产队统计员负责本队物资领发，不设账、不核算。

1963—1966年，实行二级管理、二级核算、三级领发。总场供销科配工作人员5人，科长1人，负责全总场物资供应。农场设会计1人，仓管员1人或2人，负责本场物资领发，少量三类物资采购。总场及农场分级核算，农场所属生产队各配有统计员1人，负责向农场领取本队物资，生产队不设库，不核算。

1967—1974年，农场物资管理工作混乱。

1975—1982年，重新建立物资管理体制，仍实行二级（农场、分场）管理和核算，三级（农场、分场、生产队）领发，并放宽了分场物资采购权限。

1983—1986年，实行经济承包，改善经营管理，物资工作逐渐开始了三级（农场、分场、生产队）管理、三级核算，农场供销人员增至11人，昆明采购组改为驻昆办事处，分场设供销会计，负责全分场物资领发、管理、核算，生产队统计员负责物资领发。定额管理，设财务账，进行物资和财务核算，生产队一般不设物资库，各机务队设有材料库、油料库、均为小型。

四、管理办法

1958年，3个农场设有物资管理制度。1959年根据云南省农垦局《国营农（牧）场财务管理试行办法（草案）》中有关物资管理的规定，结合具体情况，制定了各场《财务（物资）管理办法》，主要内容是：物资采购、调配、领用均以核准的计划为准；采购计划、储备定额、领料限额，由生产部门提出，场长批准；采购业务由指定的供销人员办理，各业务部门不得自行采购；材料领发，原则上采用限额制；材料收付，按照规定的凭证和程序办理，口头或白条无效，不能将物资随意借出和挪用；低值易耗品及工用具坚持交旧领新，并实行登记上卡。

1963年，3个农场合并后，仍沿用东风农场的物资管理办法。1973年及1979年，物资管理办法经两次补充修改。1984年再度修改物资管理办法，制定了《东风农场物资管理暂行办法》。

1988—1995年，沿用《东风农场物资管理暂行办法》，农场对各生产单位实行经济承包，物资工作按农场财务管理的要求实行三级管理（农场、分场、生产队）、两级核算（农场、分场）。分场负责物资的领发、管理、核算，生产队负责发放到职工个人的登记工作。1996—2003年后，随着橡胶割制改革、股份制生产队的试点、农业职工家庭承包的推行，农场对物资管理再次进行修改，物资核算到队、到户。2004年云南农垦农场内部实行政企分开，按照分开后的农场社区管理的需要重新制定了物资管理办法。

五、物资采购

物资采购实行统分结合、分级管理的原则。大宗物资（包括生产建设用物资、劳动保护用品、办公用品）价值在 5 万元以上的，由农场和橡胶东风分公司统一组成的采购小组进行招标、议标采购。价值在 5 万元以下的，按管理权限分别由农场和橡胶东风分公司审批办理。零星办公用品等核定费用后由科室（办公室）自行购买。

二三产业的生产物资，由本单位根据生产需要编制采购计划，报农场分管领导审定，交财务部门备案后，会同综管、监察、财务、审计等部门，在认真进行市场调研的基础上，按计划采购使用和管理。

各单位当年新增物资库存量不得超过 5 万元，累计物资库存量不得超过 20 万元。盲目采购或购入质量不合格的物资，造成物资库存量超过本条规定或损失 1 万元以内的，当事人扣赔 20%，主管领导扣赔 10%；损失超过 1 万元（含 1 万元）的，要追究当事人责任，给予其必要的经济处罚、行政处分直至提请司法部追究其刑事责任。

六、物资供应

农场割制胶生产需用物资品种繁杂，购销存量较大。主要物资有化肥、农药、油毡等。

建场伊始，即有物资供应。早期种类单一，以小型农工用具及籽种为主，采购上以就近购置三类物资为主。1963 年以后，供应量逐年扩大，品种趋向大中型和复杂化，改向昆明等地调购一、二、三类物资回场。

1958—1962 年，农场物资工作先由办公室，后由财务科负责，其中东风农场于 1962 年即成立供销科专管。自 1960 年开始，根据上级有关条例，大勐龙和东风农场分别制定了物资管理办法，物资管理机构经过 8 次更迭，平均 3 年半 1 次。

1966 年，农场橡胶投产开割，产品自此归供销部门管理。

1967 年起，物资管理制度全部被废除，工作混乱。同时，由于职工人数剧增，机构扩大，物资需要量增加，十多个分场级单位都设置了物资工作人员。因社会物资紧缺，农场、分场均派专人及探亲的知青利用各种渠道到各地采购，缓和急需物资的紧张状态，也造成部分积压、损失。

1975 年，制定了物资运、收、发的新制度，消除了长达 8 年之久的收发货无手续，货物随意乱卸的混乱状态。1979 年 5 月进行全场性清仓利库工作，处理积压物资，合计金额约 54 万元，同年，粮食及部分其他农副产品划归供销部门管理。

1984 年，实行经济承包责任制，加强了物资费用核算，从领导到业务人员都制定了"岗位责任制"，供销部门根据农垦部有关条例，修订了农场《物资管理暂行办法》等 4 个条例，强化了农场、分场、生产队三级物资管理工作，并使供销科成为较完善的物资管理机构。

1984—1986 年，一度将供销科改为供销机运公司后又为供销站及下辖修配厂等 4 个单位实行了计划、发放、零售相结合的供应方式。1987 年供销站改为供销科。

1958 年到 1987 年末，形成了从农场到生产队的物资供应和管理的体系，全场现有专业供销人员 54 人，物资仓库 11970 平方米（不包括队级仓库），储有汽油 8958 吨、柴油 9394 吨、化肥 10379 吨、各种钢材 6503 吨、水泥 42068 吨、木材 14449 立方米以及大量农机、汽拖和配件，二、三类物资，总计金额达 9298 万元。物资由建场初期年消耗 20 余万元，发展到近年来年消耗 1100 多万元，同时，负责农场主产品橡胶 47134 吨（价值 26866 多万元）的运输及销售工作。

1988—1997 年，农场按年度生产计划编制大宗物资采购计划，由农场驻昆明工作站（原农场驻昆明办事处）向农垦供销公司调购和市场采购。

1998 年后农场试行橡胶割制改革，割胶生产用物资实行定额管理，费用核拨到生产单位落实到生产工人，超支不补，节约留用，除大宗物资农场统一采购外，其他物资可由职工自行购买。

（1）割胶生产、基本建设材料物资由各单位按实际需要向农场申报，经农场物资采购领导小组审批后招、议标，统一订购、调拨；零星物品、办公用品由分场组织订购，严格加强管理。

（2）农场两级机关其他职能部门不得从事物资订购、供应工作，但应积极向使用部门提供物资质量、价格及代用新产品的信息，并对供销工作督查指导。

（3）特殊行业单位，属农场不宜订购的特殊物资，由本单位根据实际需要编制采购计划，报农场物资采购领导小组审批或招、议标后，由本单位按计划采购，农场对其进行督查指导。

（4）技术等部门须对化肥、农药、油毡、设备供应商的资质证、产品质量、适用性及服务质量进行认真审查。

（5）对盲目采购和购入的质量不合格物资，造成物资积压浪费及报废的，损失达 1 万元以上的，当事人扣赔损失 20%，主管领导扣赔损失 10%；损失严重的，要追究当事人的责任，给予必要的经济处罚和行政处分。

（6）主要原材料由多个厂家及供货商投标报价后，通过本企业物资采购领导小组集体议标后决定采购物资价格。采取货到验收，合格后分期付款的支付方式。

（7）电力由本企业自供，煤由澜沧煤矿供给，能源足够支持企业的生产发展。

第六节　计划管理

建场初期，东风、前哨、大勐龙3个农场各设有1名计划统计员，隶属于各农场行政办公室，负责计划管理业务工作兼统计工作，生产队计划管理工作由生产队统计员兼任。

1960年，东风、前哨两场合并为东风农场，下设6个作业区，场部设立计财科，配有专职计划员1人，在场长领导下从事计划管理工作，作业区计划工作由统计员兼任，生产队计划管理仍由生产队统计员兼任。

1963年，大勐龙农场并入东风农场，成立国营东风总场，下设疆锋、前哨、风光、东林、温泉、龙泉6个农场。各场配有1名专职计划员，隶属于经营办公室，负责本场的计划管理，并指导生产队统计员开展计划业务工作。全总场的计划管理归口属总场计财科，日常计划管理业务工作由总场计划员负责。

"文革"开始后，各级生产、经管机构被改编为生产指挥领导小组，计划管理业务一律改由统计员兼任。

1970年，农场改建制为云南生产建设兵团一师二团，分场改编为营，生产队编为连。团部和营部均配有1名生产参谋，负责统计和计划工作，业务上隶属于团司令部领导。生产队统计员改称连队文书。

1974年，恢复农场建制，计划管理工作重新由农场计财科负责领导。1978年以后，全场计划管理机构得到恢复。1983年经过企业整顿，农场和分场两级管理机构配置专职的计划员。1985年农场成立经营管理科，全场计划管理统一由经营管理科负责。生产队计划管理业务工作由生产队统计核算员兼任。

1995年，与财务科合并成立计财科。1997年从计财科中分离，成立农场生产经营综合管理科，编制6人，职责除原负责的计划工作（负责农场的计划管理，编制农场社会经济发展中长期规划，并制定实施的措施、办法；编制经济发展指导性计划；搞好计划的宏观调控和综合平衡，并上报和组织实施）外调整和新增。

为适应改革需要，2000年，农场项目办撤并到综管科，编制不增。农场综管科逐年精简人员，至2006年已减至2人。分场设专职计划员、统计员各1人，90年代开始为压缩管理人员，分场计划员、统计员身兼他职，生产队设专职经济员1人（编制在分公司）。分场、生产队在农场综管科领导下开展相应的经营管理工作。

一、管理体制

农场实行统一计划、分级管理、以生产队为基础、专业协作的计划管理制度。

建场初期，各农场的计划管理工作由主管生产的场领导负责主持，计划统计员具体承办，农林技术员配合工作。各项计划一般实行一年一定，以年度计划为主，阶段计划为辅。

1963年总场成立，全场的计划管理工作在建场5年的生产经营实践中逐步健全。在场长领导下，组成规划小组，编制《国营东风农场长远规划》，进一步明确"以橡胶为主"的经营方针，生产建设有了纲领性的长远目标。同年，全场对主要生产作业项目统一制定定额，年度计划和阶段计划的科学性和合理性得到加强。1963—1966年，全场实行全面计划管理，通过计划的编制、计划的执行和计划的检查，生产队、农场和总场的各项工作纳入计划管理的轨道，生产经营取得预期的效果。

"文革"时期，计划管理受到严重干扰，正常的生产秩序被打乱。"文革"结束后，计划管理工作逐渐恢复、健全。

随着生产责任制和经济责任制在全场的实行，农场加强定额管理和统计管理等计划基础工作，着重抓年度计划这一计划体系中的关键环节，通过"两上两下"的程序，采用民主集中制的方法编制计划，把全场各单位的年度计划建立在"定、包、奖"或合同制的基础上，尽量做到计划指标既积极可靠，又留有余地，统筹兼顾，讲求实效，使包产单位有产可超、有奖可得，把国家、企业和个人三者利益在计划中恰当地结合，引导全场职工为实现生产经营的总目标而共同努力。

1983年企业整顿后，农场制定《计划管理办法》10条规定。1985年，根据党的十二届三中全会《关于经济体制改革的决定》精神，为适应兴办职工家庭农场及多种经济责任制管理的需要，发挥计划管理的指导、控制、组织、平衡、协调及考核等作用，在《计划管理办法》的基础上，制定了《关于计划管理工作的规定》，颁发全场贯彻执行。计划管理的重点是组织计划的实现，做好计划的执行和检查工作。《关于计划管理工作的规定》第六条第4款规定：计划员必须经常深入实际，了解计划执行情况，发现管理中的问题，提出改进意见。做好生产、经营活动分析预测，及时指导、协调、控制计划实施。总结推广典型经验，促进生产发展，保证计划完成。第五条规定：计划的检查和考核以完成计划为主；措施考核与最终效益考核相结合，以最终效益考核为主；技术考核与产品数量、质量考核相结合，以产品质量为主；专业考核与综合考核相结合，以综合考核为主。农场每年一次，分场每季度一次，生产队每月考核并报分场审核后兑现。

进入 20 世纪 90 年代，农垦总局加大改革力度，促进农场向现代企业制度转轨，在推行"简政放权"、财务包干和兴办职工家庭农场、执行承包经营责任制的基础上，进行"三项制度"（即人事制度、劳动用工制度、分配与社会保险制度）和产权制度改革。

农场为适应机制转换，在云南农垦总局（云南农垦集团有限责任公司）领导下，1993 年在人事制度上打破干部、工人界限，在农场内部实行竞争上岗或聘任上岗。在劳动用工制度上，所有岗位均实行定员、定岗、定承包任务，按照提高管理定额、推行适度规模经营的原则。橡胶行业从 2002 年起在云南农垦首创"橡胶树职工家庭承包经营"，胶工户均承担的割胶岗位量从 2002 年的 3 个树位、35.10 亩、754 株、5.19 吨提高到 2007 年的 3.38 个树位、40 亩、835 株、5.39 吨，其他作物全部转为非公有制经济（农场非公有制经济发展分为 4 个阶段即家庭庭院经济、自营经济、资源配置自主经营到非公有制经济）在分配制度上全面实行工资总额与经济效益挂钩的办法，农场内部根据不同工种实行多种分配制度，打破分配上的平均主义。

1992 年，按照建立现代企业制度的要求，农场把深化企业改革推向资产经营形式的改革，结合落实"八·五"后三年承包经营责任制，探索国有资产经营方式的改革，为承包经营向符合农垦企业生产力水平、有利于促进产权制度改革的资产经营方式过渡。1995 年，将东风木材厂承包给台商经营，成为当时西双版纳垦区第一家台商企业。1996 年在云南农垦区首次进行股份合作制生产队试点，对 3 个分场的 4 个生产队进行改组为股份合作制试点，在取得初步经验的基础上，1997 年将试点范围扩大到全场 13 个分场 36 个生产队，其中一个分场全部列入试点（2003 年经集团公司批准终止）。1999 年，共种植咖啡 3781 亩，安置转岗职工 775 人（2004 年集团公司批准处置）。2002 年在集团公司首家探索"职工家庭承包经营"试点，现已在全垦区内推行。2003 年开始开发铁矿资源，年产精洗矿 20 万吨；撤销合并原商贸中心、汽运中心，成立商贸运输中心；国有干胶运输车辆全部转让给职工；医院、教育实行内部整体剥离，对场办小型工、商、运、建等行业推出一系列改革措施。

2003 年推行企业内部政企分开改革后，农场由原来的农场、分场、生产队三级管理和二级核算管理体制变更为三级管理、二级预算（农场核定分场相关指标）。分公司作为云南天然橡胶产业有限公司的子公司，下设作业区、生产队，行使橡胶生产技术管理权，农场、分公司均在农场党委的统一领导下开展工作。农场对 8 个分场级单位下达管理费用等指标，实行预算管理，分公司对 6 个作业区下达产量、技术、费用等指标，亦执行预算管理。分公司共设置农林生产队 72 个，具体负责《承包办法》和实施细则的实施，承包指标的分解、下达和公开，承包户往来账登记，承包户生产经营和履行承包经营合同的监督和考核，承包户收入计算和发放等具体工作。

二、经营计划

按照贯彻因地制宜、统筹兼顾、讲求实效的原则，以党和国家的方针政策为依据，采用"上下结合"的方法，在上级计划部门指导下，由基层生产单位提出建议指标，逐级审核落实，把国家、农场和职工三者利益相结合，努力做到使计划既积极可靠，又符合本场实际便于操作。

（一）长期经营计划

1963 年总场成立时，组织规划小组编制了《国营东风农场长远规划》，进一步明确"以橡胶为主"的经营方针，生产建设有了纲领性的长远目标。

1977 年，修订了《国营东风农场十年规划（1976—1985）》。1979 年，在十年规划的基础上编制出《国营东风农场 1980—1985 年规划》。1980 年，编制《国营东风农场 1980—2000 年长期规划》，确立"一业为主，多种经营，因地制宜，适当集中"的经营方针和"以橡胶为主"的专业化方向，突出"扬长避短，发挥热带优势，搞好农、牧、渔各业"的生产结构特点。

2000 年，编制《国营东风农场"十五"计划和 2015 年远景规划》，规划总结了"九五"计划的经验教训，分析研究本场的主客观条件，确立了"巩固提高基础产业（橡胶）、调整产业结构和经济结构"的经营方针。

除长期计划外，2003 年编制了《国营东风农场天然橡胶产业发展规划》，2004 年编制了《云南农垦垦区道路建设规划》，2005 年编制了《云南农垦垦区"十一五"社会公益性基础建设规划》和《农村饮用水规划》。

（二）年度经营计划

2003 年推行农垦内部政企分开改革以前，农场每年均编制年度生产经营计划，采用"两上两下"的方法，即从每年的第三季度开始，准备编制下年度经营计划的各项工作，着手收集资料，进行调查研究，总结当年计划完成情况和未完成某些计划指标的原因，初步提出下年计划设想，在征求各方面意见和分场计划建议指标的基础上，农村综合平衡，编制年度经营计划草案，报党委批准后，以农场文件形式下发执行。

2003 年推行农垦内部政企分开改革后，农场管理职能发生变化，主业橡胶年度生产经营计划划归分公司，农场制定并实施"转变工作职能、调整两个结构、实现一个目标"的计划。发展目标：工作职能由生产经营转变为社区管理，调整经济结构和产业结构，实现农场小康社会。在毫不动摇地抓好国有经济的同时，大力发展非公有制经济，制定加快非公有制经济发展"五大目标""四个要求""十条措施"规划，形成东风模式非公有制经济发展之路。根据农场发展战略和每年具体实际情况，在每年年初对《东风农场综合管理办法》进行修改、补充和完善，经职工代表大会审议通过后印发贯彻实施。

三、考核执行

执行　每年计划下达后，各所属单位按计划严格执行，原则上不允许超计划指标，特殊情况由单位提出书面报告，经专业部门提出初步意见，报党委审批后予以变更计划指标。在执行过程中，进行调查研究，及时收集整理资料，积累经验，吸取教训，根据执行情况在下年计划中对有关指标做适当调整。

考核　政企分开改革以前，每年年终（12 月 20 日）由综管科对各单位计划执行情况按百分制严格考核，考核结果与年终奖挂钩。

政企分开改革后，农场、分公司按各自管理范围、权限对分场、作业区分别进行考核，考核分经农场、分公司综合平衡后，报党委批准，考核结果与当年绩效工资挂钩。

第七节　统计工作

农场统计工作实行统一领导、分级管理、专业负责、逐级考核的管理体制。全场各级基层统计机构在上级主管部门和当地政府统计部门的领导下，负责组织和管理本单位的统计工作。

一、机构设置

建场初期，东风、前哨、大勐龙 3 个农场的场、队两级管理机构均配有专职或兼职的统计员。1960 年以后，增设作业区，各农场、作业区和生产队设有以兼职为主的统计员，生产队各班组有 1 名兼职的记录员，负责原始记录的登记工作。

1963 年，东风总场成立。总场、农场和生产队三级管理机构配置了专职的统计员。生产队班组的兼职记录员和生产队统计员按业务工作状况实行职务补贴。全场开展统计工作制度化、图表化、台账化和流动红旗评比活动。1963 年，东风农场被评为省农垦系统统计工作先进单位，出席农垦部在北京召开的全国农垦统计工作先进代表大会。

"文革"期间，统计工作受到冲击。农场（团）、分场（营）和生产队（连）三级统计业务人员更换频繁，又多是兼职，班组记录员由副班长兼任，统计机构不健全。统计业务仅能维持收集生产进度和填报报表，部分基层单位原始记录不全，统计台账不齐，统计资料散失。

1979 年，国务院做出了《关于加强统计工作充实统计机构的决定》，东风农场恢复了农场、分场和生产队三级配置专业统计员的制度，加强统计工作，通过以会代训、现场参观、个别辅导和短期培训等方式提高各级统计员的业务能力。1983 年企业整顿，制定了《统计工作暂行规定》，定期进行业务理论、统计分析、报表填报、进度报送和统计"三化"（图表化、台账化、手册化）的考核与评分，按照工作优劣分等级发放职务补贴，对成绩卓著的统计员予以表扬和奖励。

1986 年，农场颁发《统计工作管理办法》，要求各级统计机构人员落实，练好业务基本功，努力实现"服务优质化、工作制度化、任务指标化、指标系统化、标准规范化。"同年年底，农场被景洪县统计局评为全县统计工作先进单位。全场有 4 名统计员被景洪县统计局评为统计工作先进个人。

1992 年，农垦总局编制《统计基础工作建设规范化要求》。1994 年，农垦总局制定下发《关于进一步加强垦区统计基础工作建设的通知》，对统计组织机构、原始记录、统计台账、统计报表、网络报送做出详细规定。

1998 年，农场颁发《国营东风农场统计工作管理办法》。农场配备专职统计员 1 人，分场级单位根据规模大小配备专职或兼职统计员，生产队按规模配备专职经济员 0.5～1 人，车间、班组配兼职记录员 1 人，统计工作落实到人。实行统计岗位责任制，制定统计工作逐年考核评比办法。同时对分场级统计员进行为期 20 天的电脑知识培训。

1999 年，农场实行统计人员持证上岗。

2000 年，西双版纳农垦分局下发《统计基础工作规范化管理实施办法》，明确规定农场和分场确定 1 名场领导主管统计工作，农场配备 1 名或多名专职综合统计员，分场、生产队、车间配备 1 名专职或兼职统计员。

2004 年，云南农垦实行政企分开改革，增设东风橡胶分公司，下设分场、作业区。农场、分公司各设专职统计员 1 人，分场、作业区各设兼职统计员 1 人，生产队按规模大小设专职或兼职统计员 1 人。

2011 年，属地管理后农场设财政统计站，负责源头数据的采集以及统计执法等管理工作，完成上级统计部门安排布置的各项统计工作，为各级党委政府提供决策咨询服务。

1990 年以来，农场深刻认识到统计基础工作的重要性，对统计基础工作坚持常抓不懈，形成整套统计工作管理制度：建立健全了统计原始记录表、台账、统计图表、岗位任务考核验收表、劳动报酬兑现表等，每月定期上报统计台账报表；生产队根据规模大小相应配备一定素质的统计员，农场、分场对基层统计工作进行不定期的抽查和检查，对基层统计存在的问题及时加以纠正和解决，建立一整套行之有效的统计工作方法、制度，确保所搜集的统计数据准确、客观真实地反映经济活动，起到统计信息功能的作用。2003 年，农场统计工作被景洪市统计局评为全市统计工作先进单位。

二、统计台账

历年来，基层班组均按照农场或分场统计部门印发的原始记录表，对生产和经济活动进行逐日逐人登记。

生产队按照时间顺序定期收集原始记录，逐一将各项分散的原始记录资料集中记录在农场印制的统计台账上，使之系统化、条理化和档案化。

1986 年，农场颁布的《生产队统计核算员及班组记录员职责》中明文规定：班组记录员由班组长兼任，负责记录本班组的生产活动，协助验收生产作业质量，做好职工家庭副业生产收入记录，准确及时交报生产队统计核算员。又规定：生产队统计核算员必须组织指导和督促班组记录员做好记录工作，检查原始记录质量，及时解决记录工作中存在的问题，保管好生产队的统计台账、报表及原始资料。

同年，全场经营管理基础工作现场讨论会进一步规定：生产队统计核算员必须认真做好统计工作，做到有生产经营活动，就有统计记录。要全面收集原始资料，逐日记录和公布每个胶工的产量，定期检查橡胶中幼林地管理和其他热作生产，按月公布各项生产经营项目的统计分析和职工收入的兑现金额。要建立健全生产队统计台账，对人口、职工、岗位、资金流动、固定资产、队有公物、集体福利和职工家庭副业收入等一一定期记账，以保证原始记录和统计数据的完整性和连续性，使其成为准确、及时、全面、系统地反映和分析生产经济活动及发展趋势的重要历史资料。此外，还应设立生产队大事记，记录本队的好人好事和职工义务劳动等情况，逐步从单纯的定性分析过渡到兼顾数量的全面分析。

三、统计调查

统计报表制度是统计调查的基本组织形式。全场各级统计机构根据原始记录和统计台账，按照统一规定的指标项目和表格形式，自下而上定期向各级主管部门报送定期报表和年报。

定期报表　定期报表有进度报表，综合日报、季报和专业月报、季报及地方政府统计部门专业（工业、农业、固定资产、劳动工资）月报、季报等。

月报：报统计台账、工业生产电讯快报、农业生产电讯快报、橡胶生产电讯快报、农垦主要产品产销存情况表。

季报：报农作物播种面积表、农作物产量表、国民生产总值报表、固定资产投资完成情况表、工业基本情况表、农牧渔业产值表、第三产业基本情况表、从业人员劳动报酬情况表等。

半年报：报农垦主要物资消费半年及全年预计报表、畜牧业和渔业生产情况半年报和全年预计报表。

进度报表：进度报表在全场不同时期、不同季节有不同的报送周期和内容。一般在农忙季节或生产突击时以日报为主，其余时间按生产进展情况每 3 日、5 日或 10 日（旬）报送一次。内容包括出勤、主要作业项目和完成的数量、质量等项指标。近年来，中心生产进度报表改为信息情况十日报。各单位每 10 日将本单位的生产、销售等经营情况逐级上报，为各级领导分析决策和指导生产提供信息。

自大面积橡胶开割后，干胶生产 5 日进度报表形成制度。开割期间，各割胶单位和制胶厂必须向上级统计业务部门报送期内生产数、干胶含量、计划任务和完成百分比等项指标，农场统计部门每 5 日汇总分析一次，向全场公布。

综合月报、季报和半年报由云南省农垦总局下达，农场根据综合定期报表规定的指标项目和报送时间，从生产队、分场到农场逐级汇总统计台账，按照规定的报送程序准时向上级主管业务部门报送。

农场现行的专业统计定期报表主要有割胶生产技术月报、制胶生产效益月报、工业生产快报等，均根据专业特点和业务需要由上级下达或经本场领导批准后执行编报。

年报　国营农垦企事业单位综合统计年报由云南省农垦总局下达，第三产业、国民生产总值统计年报和国民收入统计年报由国家统计局下达。

国营农垦企事业单位综合统计年报由云南省农垦总局编辑下达，第三产业、国民生产总值和国民收入统计年报由国家统计局下达，由农垦集团公司汇总上报。

地方政府统计部门各专业年报由景洪市统计局布置，并编报政府统计部门汇总上报。农垦集团统计年报于 1999 年开始进行电脑汇总上报。

农场历年均采用会审汇编的方法，逐级汇总填报，经农场领导审批签名后向上级统计业务部门和县统计局报送。

企业的统计任务是对企业生产经营管理活动及发展情况进行记载、收集、整理、积累和分析，给企业提供统计信息，搞好统计决策和监督，并完成上级的统计任务。基层生产队统计员根据原始记录和统计台账，按照统一规定的指标项目以表格形式自下而上定期向各级主管部门报送定期报表和综合统计年报进行统计调查、分析，并完成国家的各项普查工作。

统计调查　以全面调查为主，非全面调查的方法较少采用。

在非全面调查中，随机抽样调查、重点调查和典型调查运用均不普遍，有待加强。橡胶生产方面采用抽样调查的方式较多，历年来有橡胶苗木生产情况，病虫害发生及危害情况和割胶林地现状等项抽样调查。

在全面调查中，又以颁发定期统计报表的方式为主，一次性全面普查为辅。每年各单位一般组织一次橡胶林地普查。全场性的普查主要有1970年、1972年、1975年、1980年、1983年的橡胶林地普查，1974年、1976年的橡胶寒害普查和1984年的橡胶白粉病普查。

1979年，开展第一次全国地名普查。后于2014年，开展第二次全国地名普查。

1982年，开展第三次全国人口普查。后于1990年、2000年、2010年、2020年开展第四至第七次全国人口普查。

1984年，开展全省水面资源普查、土地规划普查。

1985年，开展全国城市房地产普查。

1986年，开展工业普查。

1995年，开始增加自营经济情况的逐年调查。

1996年，完成第一次全国农业普查工作和第一次全国基本单位普查，获得省级先进单位称号。后每隔10年开展一次全国农业普查，于2006年完成第二次、2016年完成第三次。

1997年，开展国有农场农业基本情况调查。

1998年，进行国营东风农场改组股份合作制职工场龄配股统计调查工作。

1999年，开展农垦改革进展情况调查。

2000年，完成农垦R&D资源清查摸底调查单位基本情况统计。

2001年，开展个体私营经济情况调查和东风农场橡胶旱情损失情况调查，完成第二次全国基本单位普查。

2002年，开展国有农场城镇化建设情况调查，完成云南农垦独立核算二三产业企业深化改革情况调查。

2003年，进行农垦系统工业情况调查。

2004年，完成第一次全国经济普查，被评为省级先进单位。后每隔5年，完成一次经济普查，至2020年共完成4次全国经济普查。

2005年，完成全国1‰人口抽样调查，被评为州级先进集体。

2006年，完成人口变动和劳动力调查、东风农场私营橡胶情况调查；同年圆满完成全国第二次农业普查。

统计资料　统计资料的积累和提供由农场、分场和生产队三级统计机构和统计业务人员负责分级管理。

全场三级统计机构均设有历史资料档案，对本单位的基本情况、生产经营活动的主要指标及有关的专题资料和对比资料进行经常性的积累或专门的搜集和整理，以备查阅参考。

1980年以后，实行统计资料手册化的制度。每年2月前，农场和分场两级统计部门须将上年度的统计年报内主要指标选录汇集，编印成小手册，便于各级领导和管理业务人员携带使用。

农场要求各级统计业务人员定期撰写统计分析报告，利用统计资料对本单位的生产经营活动进行研究分析、揭露矛盾、找出原因、提出解决问题的方法、搞好统计服务。

基层统计业务人员常常根据统计资料提供的数据绘制各种统计图，张贴和公布在文化室、职工之家或办公室。统计图使统计资料看起来生动形象、直观清晰而概括，容易被广大群众理解，有利于民主管理，受到全场职工的欢迎。

四、统计监督

统计监督是根据统计调查和分析，对社会经济运行状况进行定量的检查、监测和预警，提示决策和执行中的偏差，以促使企业经济按照客观规律发展。

企业统计工作是根据本单位的生产经营活动来开展统计调查活动的，又需要根据企业自身经济管理的要求有针对性地解决问题，只有通过企业经济统计的调查，才能发现经济活动存在的偏差。例如：统计部门认真做好每期"干胶生产五日进度表"，及时统计每日胶乳产量、干胶产量、干胶含量、平均干胶日产量、杂泥胶完成毛数、年累计完成任务比例、月计划任务完成情况，并进行下年与上年同比增长幅度及增长速度等经济指标对比分析，通过统计表的形式公布，使农场、分场领导及各部门管理者一目了然，很清楚地掌握当前生产情况。通过数据分析发现存在的问题，及时采取相应的管理措施来调整割胶生产，有效地达到了生产预期目的。此外，统计部门每年编辑印发"年度主要经济资料手册"，为各级领导和管理部门提供统计资料。再如：农场橡胶经营管理过程中的岗位联产承包责任制、干胶产量的调查分析、干胶产量的销售收入、胶工的岗位报酬和奖金分配、固定资产投资、投资利润率及国民生产总值的核算等主要经济指标，都是通过统计对比、分析、监测和预警来实现的。

第五章　政务管理

建场开始即设立行政管理机构，几经变革，逐步趋于稳定及合理化，成为有效的行政综合指挥部门。

第一节　行政管理

一、机构设置

建场初期，原前哨、大勐龙、东风农场设有行政办公室，配置秘书、管理员，后设有主任（东风农场设行政科长）。

1963 年，东风总场时期（军管时期和革委会时期设办事组，取代行政办公室职责），行政办公室设主任、秘书、管理员等，成为总场机关的综合性机构。

1970 年，兵团时期设司令部，设参谋长 1 人、副参谋长 3 人，下辖生产、军务、作训 3 个办公室，参谋人员 11 人，取代行政办公室职能。辖警卫通信排和招待所、打字室、教导队。

1974 年，农场建制恢复，行政办公室随之恢复，设主任、副主任、秘书、信访干事、机关管理员各 1 人，并兼设安全委员会、保秘委员会日常办事机构。1983 年改为场长办公室，设主任、副主任、秘书、信访干事、机关管理员，同时设置安全、保密工作日常办事机构。辖通信班、招待所、打字室、小车班、收发室、医务室。

1988 年前，农场分设党委办公室和场长办公室。

1988 年 12 月，农场撤销党委办公室，保留场长办公室。

1990 年 1 月，恢复党委办公室。

1993 年 1 月，农场党委办公室与场长办公室合并，成立党政办公室，为农场党委、行政部门，是进行生产指挥、行政管理、日常办事的工作机构，是农场党政工作综合性管理部门。

2003 年，政企分开，党政办公室依然为农场党政工作综合性管理部门，不再具备生产指挥职能。2011 年后，调整为党政综合办公室，为公共管理部门。

二、综合管理

党政办公室是农场党委和行政领导进行生产指挥、行政管理、日常办事的工作机构，属农场党委和行政工作综合管理部门。

建场至今，农场、分场两级机关的组成部门多数都曾经历过建立、合并、撤销又恢复的变更，唯有行政办公室作为综合性部门一直存在。

1983 年 8 月，企业整顿以后，行政办公室改为场长办公室，成为农场领导实行生产指挥和行政指挥的工作机构。其日常行政事务，除履行"场长办公室职责"（十条）规定的任务职责外，经常性和周期性的行政事务主要为执行和承办农场领导随时交给的政务事项；向机关有关科室和农场所属单位传达农场领导的指示、决定，并检查执行情况；根据各个时期的中心工作，了解和掌握全场大的动态，尤其是场情、社情和治安、行政管理中的重要情况，与保卫科、民族科会商分析，及时上报场领导，取得指示，会同有关部门处理，重大问题均立卷存档；接收下级和机关有关部门送来的申请报告，一般问题按有关政策规定即行答复或批复，重大问题请场长办公会议或农场党委讨论决定，并传达和贯彻执行该决定；办理以农场名义对外的一切文电；根据国务院颁发的《企业职工奖惩条例》，对有显著贡献的职工报请给予奖励和对违纪职工实施政纪处分（1982 年农场制定贯彻《条例》的具体执行方法，对农场、分场、生产队三级奖惩权做了明确规定，对记大过处分以上的职工要同本人见面做工作，核实情况）；负责对外接待工作，安排食宿，需要时拟定接待计划，或会同保卫部门做好安全警卫工作；做好拥军优属工作，每年"八一"建军节和春节期间负责对本场烈、军属，荣、复、退、转军人和当地驻军、武警部队及当地政府定期慰问；主持对重大安全事故的调查处理；督促管理职工生活，美化环境、维修道路等；管理机关内部日常事务（包括检查各项制度）执行情况和住房、绿化、用具、用品、机关生活事务等；会同保卫部门做好对机关的安全警卫工作；做好职工探亲管理。农场统一印制通行证明，按国家有关规定，由分场级单位批假和报销费用。

1993 年后，党政办公室工作职责主要为：贯彻执行党和政府的方针、政策及上级机关的指示、决定；负责农场党政综合性工作，及时准确地做到上情下达、下情上报，在农场党政领导下组织、协调、检查、督促各部门的工作；负责农场党政工作计划、总结、报告、请示、通知、决议和上报下发文件的起草、校对、印发以及日常公文的处理；根据领导决定发布通知、通告；组织安排全场重大会议和活动，承担党委和书记、场长主持召开的各种会议的准备、通知以及会议记录工作，负责整理会议纪要和决议案，并对会议决定的事项负责催办、落实；负责文件和各种函件的收发、登记、呈批、传阅、清退、催办及归档、销毁等工作；负责档案管理和保密工作；负责农场党委、行政公章的保管使用，办理介绍信、证明信等；负责公务用车的管理工作；负责对外联系、接待上级部门和兄弟单位来场视察、参观、考察等工作；负责农场领导及各部门报刊的征订、分发工作；负责群众来信来访工作（2006 年 7 月后专设信访办公室）；完成领导交办的其他事项。

三、场务公开

场务公开工作是新形势下职工民主管理的相关制度。农场党委根据中办发及云南省"三公开"工作会议精神和云南农垦总局党委下发文件要求，成立了场务、队务公开领导工作机构，场务、队务公开工作办公室设在农场工会。

（一）公开制度的建立与完善

1999 年，农场党委、行政、工会共同制定下发了《关于积极推行场（厂）务、队务公开的试行意见》文件，对场务、队务公开工作的基本原则、主要内容、主要途径、基本形式、基本程序、组织机构做了明确规定，标志着场务、队务公开制度在农场实行。

2001 年，农场党委、行政、工会共同制定完善《东风农场（厂）务、队务公开、民主监督实施办法》，文件对场务、队务公开工作进一步规范，对组织机构的职责进一步明确。

2002 年，农场党委制定下发《关于开展场务队务公开工作全面考评整改的通知》文件，对加强和促进场务、队务公开工作具有很大作用。

2003 年，农场党委、行政、工会共同制定完善《东风农场场务队务公开工作实施办法》文件，根据形势发展的需要对公开工作进行了充实和完善。

2006 年，农场党委、农场行政、东风分公司、农场工会共同制定完善下发《东风农场场务、分公司司务公开工作实施办法》文件，根据政企分开后的需要，对场务、司务、队务公开工作进一步规范化。同时党委制定下发《关于印发东风农场场（司）务、队务公开工作考核细则的通知》，此文件的出台，标志着场务、司务、队务公开工作考核做到了制度化。

2012 年，农场完善群众监督机制，定期向群众公开党务、政务、财务运行情况，共为农场机关、13 生产队、2 居民小组建立公开栏 260 块。

2013 年，农场将财务、人事、土地、规划、建设等部门纳入廉政风险监管范围，进一步规范行业管理，确保权力运行公开透明，定期组织清理 13 个生产队、3 个站所"小金库"，检查资金管理和使用情况并张榜公布。

从农场到生产队实行三级公开栏制，强调公开工作的规范化和科学化，提高公开内容的深度和广度，加大信息公开量，增强公开的宣传效果，促进了基层民主管理、民主决策、民主监督制度的有效落实。

（二）公开形式的规范

会议形式的公开　一是坚持一年一度的职工代表大会制度，每个季度召开一次职工代表团（组）长会议；二是坚持召开党政工领导联席会议；三是生产队坚持一个月召开一次职工代表大会。

文字形式的公开　一是农场的各项政策规定通过文件下发全场予以公开；二是发布公告公开，需要及时向全场发布的事项发布文字公告；三是通过内部刊物《东风工会信息》公开到生产队。

电视形式的公开　农场自办电视网络连通全场家家户户，坚持每周播放 4 次场内新闻，使农场的重大政策、重大活动、重大事项通过电视向全场公开。

竞标形式的公开　从 2002 年以来，凡应公平竞争，需要社会监督的事项，如基建工程、物资采购、资产承包、土地招租、资产处置等都由招标领导小组按照程序向社会公开招标。

专栏形式的公开　农场、分场、生产队都建立了公开栏，公开栏的布置工作，从 2004 年开始，由手工布置转为电脑办公，使公开栏的形式做到了有时效性和规范化。

（三）表彰

每年组织一次场务、队务公开工作的考核评比，进行量化考核；组织一次职工满意度测评，开展问卷调查。每 3 年进行 1 次表彰，自 1999 年开始执行场务、队务公开制度，至 2022 年共表彰 6 次。

第二节　信访管理

一、机构设置

接待和处理来信来访，建场后直至总场期间均由行政办公室负责（革委会时期由办事组处理），兵团时期由司令部军务办公室处理，恢复农场体制后，仍归行政办公室和场办负责。2006 年 7 月，农场专设信访办公室。2013 年 7 月成立群众诉求中心，至此，农场已有信访办、群众诉求中心、司法所、便民服务中心、人民调解中心、群众工作部等职能部门，形成信访、诉求、调解、便民、援助"五位一体"的群众服务中心，面向基层，服务群众，多方面化解矛盾。

二、信访工作

信访工作主要集中在两个高峰期：一是京、沪、渝、昆四大城市知青来场至 1978 年底，大量的知青及其家长要求办理知青探亲、治病、病退、回城等问题。二是知青回城后的 1980 年至企业整顿前，多系单位来函查询知青在场表现和知青本人来信索取有关证明。办公室按其要求，本着实事求是的原则，恰如其分地做出函证，部分直接答复处理，大部分批转分场办理。

企业整顿后，来信来访中的重要问题均立案查处、立卷归档，直接到有关分场商议处理和约会有关单位工作人员来谈，一般问题批转有关单位或科室答复处理，做到一事一清。

农场经济体制改革以后，来信量有所减少，但来访者增多。信访工作的主体由以前的优抚对象、老幼病残、贫困户扩大到离退休、退养人员、最低生活保障对象、各种纠纷当事人、各种资源配置人员等，主要反映有关退休、就业及工资福利、经济承包中的定额与兑现、社保、拆迁、职工纠纷等问题，信访办等相关职能部门"一张笑脸相迎，一把椅子让座，一杯开水解渴，一片诚心办事"，向来访者宣传农场的政策和规章制度，对来访者反映的问题，能解决的当场联系解决，暂时不能解决的向来访者说明情况，做好解释工作，并不定期走访上访户了解反映情况，真正掌握第一手资料，避免重复来访和越级上访，并及时将了解到的情况和职工群众的所想、所说、所愿传达给有关部门及上级领导，为正确决策提供依据，对信访对象反映的实际问题，真正做到"封封信有回音，件件事有着落"。

2003 年 4 月 3 日，为规范场内信访工作，农场特制定农场场长接待日制度。制度规定：每月的 10 日、20 日和最后一天为分场级领导接待日；每月的 5 日、25 日为职工接待日；每周周一为农场机关科室领导接待日；每个接待日的接待时间为半天，并对接待要求和接待地点等相关事宜做了明确规定。该制度为民办实事，使职工群众表达意愿的重要渠道畅通，为职工群众排忧解难。

2011 年，在推行全员家庭承包经营和体制改革过程中，群体诉求不断增多。为化解矛盾，维护农场改革、发展，稳定大局，东风农场党委层层签订维稳责任书，落实维稳工作责任制，针对职工群众反映强烈的热点、难点问题，做好来访接待和疏导工作。

2012 年，农场党委统揽工作全局，坚持解决历史问题和现实矛盾相结合、维护稳定和推进改革相结合，处理局部问题与兼顾全局发展相结合的原则，妥善处理了一系列重大维稳安全事件。

2013 年 10 月，东风农场管理委员会群众服务中心成立，内设群众诉求服务中心、为民服务中心、信访室、人民调解室、群众工作站等 5 个办事机构。中心整合劳动社会保障、司法、民政、计生、信访等职能，实行"一站式"服务，实现群众办事"少跑一道门、少找一个人、少花一点钱"，为广大群众搭建快捷便利服务平台。其主要职责是"一站式"办理群众日常生产生活需审批事项，搞好社会治安综合治理，排查化解矛盾纠纷，解决信访问题，维护社会稳定。同时通过网络和固定宣传栏公开投诉电话、在适当位置设置群众意见箱等，接受群众监督。

2015 年，为完善信访工作方式，农场制定"一畅通、二规范、三分类、四协调、五调处、六化解"工作方案，做到依法规范办理、程序引导合法、信访受理及终结有效。

至 2016 年，信访情况明显好转，未发生重大信访案件或集体上访事件。

2018 年，农场完成云南信访信息系统数据的录入和办理，职工群众通过来信、来访、网上投诉、视频信访、领导信箱等各种渠道提出的信访事项全部纳入统一的网上信访办理综合平台。

第三节　档案管理

一、机构设置

1990 年 7 月，农场成立东风农场综合档案室，初设专职档案管理人员 2 名。1991 年 5 月，设档案专职人员 1 名。1998 年，由保密员兼管档案工作，档案室主任由党政办主任兼任。2011 年后，设置人力资源行政部，负责农场档案管理及各类文件资料的归档。

二、档案收藏

农场综合档案室自建立以来，接收和保管的档案文件共七大类：文书档案包括 1958 年至 2020 年下发上报的文件、上级部门下发涉及农场的文件、农场处分职工文件、会议纪要及会议记录本等；会计档案包括 1958—2001 年的凭证、账簿、报表等以及已撤销的原十三分场 1971—1984 年会计档案；人事档案主要为农场离退休干部人事档案；实物档案包括 1958 年至今农场所获得的省职工先进集体、省文明单位、入围全国农博会获奖名单、橡胶树在北纬 18°—24°大面积种植技术"一等奖"、省党政机关社会团体档案工作规范化管理示范单位等重大奖项奖状证书；照片档案包括单位重大会议及重大活动照片；印章档案包括农场财务印章、行政印章、党支部印章、分公司行政章、财务章、合同专用章、原生产队行政章、财务章以及条码章等已作废印章；其他档案包括 2015 年以来重大项目合同档案、无主档案、学校、医院、派出所移交资料、景苑小区房屋清理盘点报告等。

文书类 早期文书采用"年度—保管期限—机构"法进行分类，时间为1958—2012年，共492卷；并有1975—1998年农场处分职工等各类文件27卷；2013—2019年文书采用"年度—保管期限"法进行分类，有永久33卷999份（含历年会议记录67本），30年31卷858份，短期42卷1372份。

实物类 奖状证书实物档案54件。

会计档案 包括凭证、账簿、报表共2132卷，时间为1958—2001年；已撤销原十三分场会计档案共55卷，时间为1971—1984年。

照片档案 2012—2017年单位重大会议、重大活动照片档案305张，博物馆照片档案114张。

图书和数字、音像资料档案 书籍94本，DVD 30盘，录像带1盘。

印章档案 印章共187枚。

业务档案 合同档案2015年3份，2016年30份，2017年40份，2018年82份，2019年40份。离退休干部人事档案共1094卷。

无主档案 无主档案232卷，学校、医院、派出所移交资料，景苑小区房屋清理盘点报告等。

三、档案管理

档案作为人类社会活动直接形成的历史记录，本身具有很强的社会性，是制定各项方针政策的依据和条件。加强档案工作规范化管理，提高档案管理水平，优化服务质量，是档案管理工作的重要组成部分。农场管理委员会成立了以分管领导为组长、相关人员为成员的档案管理领导小组，农场党政办公室作为档案管理机构，负责管理、检查、指导全场档案工作，并安排一名专职档案管理员负责全场档案日常事务及管理。各生产队、站、所、办、中心相应安排兼职档案管理员，全场档案工作明确分级管理职责，全面、准确、真实地保存好各种档案。

为加强农场基础管理，发挥档案为农场服务的作用，农场制定了《关于进一步加强档案安全保管工作的通知》和《国营东风农场档案整理工作实施办法》以及《档案室管理制度》《档案室工作职责》《档案室保密工作制度》《档案安全防火防盗制度》《档案查借阅制度》《档案工作人员保密规定》《档案鉴定销毁制度》七项制度，将档案制度做成牌匾下发至各生产队，实现制度上墙。档案管理制度对农场档案的收集、整理、分类、立卷、归档做出各种明确规定，初步实现档案集中统一管理、文件资料保管安全规范、查找利用各种档案资料方便快捷。编制手工检索目录 16 本，其中文书档案目录 6 本、主词 2 本、会计档案目录 4 本、无主档案登记 1 本 232 份、离退休干部死亡档案 3 本 330 份。2020 年，对离退休干部人事档案、离退休干部死亡人事档案、实物档案和 2013—2017 年的文书档案实行档案数字化管理，更加方便查找和利用。

四、档案资料利用

农场利用率较高的档案为文书档案、财会档案、个人档案，涉及工资、工龄、职务、违反计划生育、开除公职、异地安置等问题。档案的完整保存，为机关的各项工作提供了有力的原始依据，充分发挥了档案的职能作用。

五、机要文件传递

农场自设立党政办公室以来，即配备专职机要员 1 名，负责接收管理机要文件和本场形成的各类文件资料。要求机要员做到每份文件认真登记、编号、抄写目录后及时送交主管领导批阅办理。对办理完毕的文件及时整理、归档、填写清退目录表，装订成卷、妥善保管，以备查阅。工作中严格遵守机要文件传借阅制度，认真履行登记手续，维护文件资料的完整与安全，同时积极为机关的各项工作服务。从 1991—2007 年机要室共收到上级文件 6762 份，所有文件都能及时处理、上传下达。每年的文件清退率达到 100%，机要室的文件保管完整齐全，无泄密事件发生。

六、保密管理

建场初期，大勐龙农场、东风农场和前哨农场各有 1 人专门负责保管文书档案与各级保密文件。成立东风总场后，设立保密室，配专职收发保密员 1 人，并于 1964 年成立东风总场保密委员会，成员 37 人。当时农场的文件种类分国营农场东风总场文件、中共国营农场东风总场委员会文件两种，文件刊头和正文字体统一，均为四号铅字。

1970 年 1 月，总农场改为生产建设兵团二团后，团机关保密员由现役干部担任，称机要收发员，各营由组织干事和军务参谋兼理文件保管。文件种类有中共云南生产建设兵团第二团委员会文件、云南生产建设兵团第二团文件两种，均为铅印红色刊头。

1974 年 10 月恢复农场体制后，重新建立农场保密委员会，由行政办公室、政治部、保卫科等部门组成，办事机构设在行政办公室，配备专职保密员 1 人。分场由党委秘书和行政秘书分别保管承办各级党政文件。文件种类除农场党委、农场所发文件外，各科室均向下行文。政出多门现象偶有发生，文件传递也由行文科室托人捎带。

1983年8月企业整顿后，建立文印制度，作为机关工作制度之一。文书保密工作逐步完善，农场保密委员会调整为由党办、场办、保卫科和纪委组成，配备机要保密员1人，隶属场办（1985年后隶属党办）；分场级单位建立保密领导小组，确定1人任兼职保密员，发生产队的文件由党支部书记或文书保管。农场设专职通信员，配备"金鹿牌"两轮摩托车1辆，每周送文件两次，急件随时送达。两级机关使用统一的"国营东风农场文件收发承办登记簿"（铅印），严格实行登记、存档、清退和直线传阅制度。后又补充规定凡机密级文件资料均不下发分场，派专人由警卫队护送传达，随即带回。文件种类定为5种：中国共产党国营东风农场委员会文件、国营东风农场文件、国营东风农场党委办公室文件、国营东风农场场长办公室文件、国营东风农场安全生产委员会文件，均为铅印红色刊头。此后，各业务科室不再独立行文下发分场级单位。

1993年1月，成立党政办公室后，配备专职机要员1名，负责接收管理机要文件和本场形成的各类文件资料。要求机要员做到对每份文件认真登记、编号、抄写目录后及时送交主管领导批阅办理。对办理完毕的文件及时整理、归档、填写清退目录表，装订成卷，妥善保管，以备查阅。工作中严格遵守机要文件传借阅制度，认真履行登记手续，维护文件资料的完整与安全，同时积极为机关的各项工作服务。从1991—2007年机要室共收到上级文件6762份，所有文件都能及时处理、上传下达。每年的文件清退率达到100%，机要室的文件保管完整齐全，无泄密事件发生。

2016年，农场管理委员会制定《保密法制宣传教育实施五年规划》，深入开展保密法制宣传教育，提升全场广大干部职工保密意识和知识技能，加强对领导干部、涉密人员、工作人员的保密法制宣传教育，从2016年开始实施，到2020年结束，共分3个阶段。

2017年，根据《中华人民共和国保守国家秘密法》及农场《保密法制宣传教育实施五年规划》成立保密工作领导小组，并制定农场保密规章制度，将保密工作纳入年度工作计划，强化保密工作奖惩措施并将自查自评结果纳入年终考核。建立健全收发文制度，对上级部门发来的秘密文件，由专人负责收发和存档，并在规定范围内进行传阅，传阅密件应当使用专用文件夹，要有登记签收手续，不得横向传阅，密件不得在阅办人员手中过夜，当天必须交回保密工作人员手中留存。加强对现代通信、办公自动化设备和计算机及其网络管理，不能利用外网计算机处理、存储、传递标有密级的文件。领导、干部、涉密人员不得使用手机谈论秘密事项，不得将手机带入谈论秘密事项的场所。保密领导小组半年检查一次全场保密工作，年终进行保密工作总结，对查找出的不足限期改正，对问题严重的科室或个人进行严肃处理。

至2020年，农场以开展保密法制宣传教育工作为推手，进一步加强广大干部职工保密的法治观念、责任意识和知识技能，不断提高遵守保密法律法规自觉性，充分发挥保密工作"保安全、保发展"的重要作用，未发生泄密事件。

第四节 宣传管理

东风农场一直以来都十分重视宣传工作，大力建设文化阵地，农场、生产队、居民小组建立健全宣传员和宣传工作队伍。为提高宣传队伍的业务能力，文化站不定期举办新闻培训班，强化通信员的写作水平和业务素质；制定完善宣传报道工作考核奖励办法，与生产队层层签订宣传工作责任书，完善新闻宣传工作激励奖惩措施；开展"优秀通信员"评选活动，调动广大通信员的工作积极性；与西双版纳报社签订联办协议，开通景洪政务信息网，拓宽投稿渠道，为通信员写稿投稿创造条件、搭建平台；加强宣传阵地建设，规范东风农场信息网、生产队宣传栏、居民小组黑板报等老阵地，保证各块宣传阵地内容经常更新，发挥作用。以党建引领文化兴场、文化强场，呈现出了家庭和睦、邻里互助、社区和谐、场内平安、风清气正的良好局面。

一、机构设置

1960 年 1 月，农场成立宣传科，负责农场的宣传思想政治工作。

1988 年，农场宣传科配科长 1 名，副科长 1~2 名，干事 2~3 人；下设调频广播站和有线电视差转台，有专职播音员 1~2 人。电视、广播专业维修人员各年人数不一，负责电视节目的差转和线路安装和维修。

1993 年 1 月，宣传科与教育科合并为宣教科，设科长、副科长、广播电视编导（副科级）各 1 名。

1995 年 2 月，撤销宣教科，分设宣传科和教育科，设副科长、编导各 1 名。

2011 年，东风农场管理委员会设文化体育广播站，为公共服务部门，应用各种文化艺术广播电视手段进行宣传教育，普及科学文化知识；组织各种群众性文娱、体育活动，建设、管理和应用好广播电视网络；开办各种类型的培训班，发展各类群众性文化艺术创作组织和业余文艺团队；协助生产队、居民小组建立健全文化室。

二、宣传队伍

农场的新闻报道工作紧紧围绕农场经济建设及农场改革发展稳定大局，坚持正确的舆论导向，突出正面宣传，弘扬主旋律，促进农场三个文明建设发展。1963 年前后，农场、分场配备兼职播音员。1970年，团部配专职播音员、通信员，营部配兼职播音员、通信员，撰写稿件。1983年开始，各分场成立了以宣传干事为主，各队级单位业余报道人员为辅的70多人新闻报道网络，2003年分场合并，各分场宣传干事均为兼职。2013年，各基层单位和农场各部门有专兼职宣传员、业余通信员89人。2019年，13个分场及机关各部门有文化宣传员110余名。

为提高业余通信员的业务素质，农场和分场除每年都举办一期业余报道员培训班和宣传骨干培训班外，还不定期地邀请相关专家到场进行业务培训。2013年举办新闻宣传培训班，邀请西双版纳报社和西双版纳州广播电视台相关人员授课；2014年举办新闻写作暨"七彩云南"社会体育指导员培训班，邀请《春城晚报》驻西双版纳记者站就新闻写作进行专业培训。2019年，邀请《西双版纳报》记者授课，举办文化宣传业务培训，培训内容有新闻写作方法、演讲技巧，精神文明建设、乡村文化旅游宣传技巧等。

2006年开始，农场每年度都会召开宣传思想工作总结表彰会，对每一年度的宣传思想工作进行汇报总结，评选出"宣传思想工作先进单位""宣传思想文化先进个人""优秀通信员""优秀编辑""优秀摄像""好新闻"等，进行表彰奖励。

2009年5月27日，东风农场在西双版纳农垦分局召开的2008年度新闻宣传表彰会上获"新闻宣传先进单位"荣誉称号，通信员28人获"优秀通信员"荣誉称号。

三、宣传设备

农场党委历来重视宣传工作，自1988年以来，分别为农场广播站、电视台、宣传科和各分场级单位增添了宣传设备。

为广播站和电视台分别购买广播调频发射机1台、盘式录音机2台、索尼（BTKM）摄像机1台、索尼（DVKM150、190）摄像机各1台、索尼播音提词器1台、海信液晶显示器3台、编辑工作台2个，以及金视霸、索贝21、索贝77、大洋非线性编辑机各1台，电视节目回传器1台，调音台1台；为农场宣传科购置尼康相机2台；为各分场级单位宣传干事购置（两批）索尼（DVKM）摄像机27台。

至2018年，东风农场管理委员会安装IP广播167套（IP网络功放、IP对讲话筒、动圈话筒、室外号角、室外支架），包括广播控制软件1套，达到东风农场IP广播全覆盖。

四、宣传工作

自建场以来，坚持把握正确的舆论导向，运用各种宣传阵地和宣传工具，全面、准确、及时地宣传党和国家的方针政策，宣传农场党委的中心工作和各项决策，报道各部门、各单位的工作进展和工作经验，宣扬职工群众中涌现出的先进典型和感人事迹，传播正能量，在新闻传播、舆论引导、政策引导、典型交流、推动改革等方面发挥了重要作用。

（一）口头宣传

讲课 由农场召开宣传教育工作会议，邀请讲师到场授课，培训骨干、编写宣讲材料，并以分场为单位组织干部先学一步，然后按计划对职工进行讲课。

交流座谈会议 一种是在农场每年一度的先进表彰会议上做口头经验交流，先准备书面材料，由先进集体代表或先进个人口头介绍经验；另一种是现场经验交流会，比较重大的现场会印发文字材料配以现场口头经验介绍。以生产队为单位召开的现场会则只用口头介绍。

入户家访 干部深入职工家庭进行访问，自兴办职工家庭农场后，农场干部一直坚持开展"访贫帮富、访富问计"活动。

个别谈心 党、团组织布置党团员有目的地开展谈心活动，特别是对后进青年经过多次谈话，使之由后进转变为先进的例子较多。

广播 自建场之日起，即运用口头广播表扬好人好事和读报。1963 年后，农场、分场配备兼职播音员。到 1987 年，全场有专职播音员 1 人，分场有兼职播音员 14 人，建立通信网点 100 多个。2003 年至今，公开招聘播音员 1 名，从周一至周五，每天中午 12 时和下午 6 时两次定时播音，每次播出时间为 20～30 分钟。

（二）文字宣传

新闻小报 东风农场于 1958 年创办《跃进小报》，1960 年改为《东风小报》，1970 年创办《军垦战士》，为手刻油印小报，刊登农场新闻稿件，文章短小简明，每周出版 2～3 期，每期 1～2 版或 4 版，因各种原因，办报时间均在一年左右。原大勐龙农场于 1958—1962 年办《大勐龙农场小报》，每周 2～3 期、1～2 版。

刊物 根据各个时期的中心工作，反映政治运动、典型经验、生产建设、调查研究或综合情况，不定期出刊，《简报》《情况交流》《农场工作》由农场业务部门主办，其中，《农场工作》由各科室供稿，宣传科负责编辑，1983—1987 年共办 69 期，后停办。

宣传栏（墙） 由农场或分场机关主办，配合重要节日或中心工作做专题宣传，配以文字和图片，不定期刊出，各个生产队（分场）均建有宣传栏。

文化室、黑板报 由各生产队（分场）主办。

多媒体 创新传播方式，将农场新闻制作为每周一期和每月一期的手机报，发布在微信工作群和QQ工作群，让大家及时了解每周和每月农场的最新消息。充分运用LED电子屏的特点及时传播重要信息。

（三）活动宣传

以农场工作为中心，结合农场实际经常性组织开展丰富多彩的节日文体活动和群众喜闻乐见的文化活动，举办书法、美术、摄影展览，宣传党和国家的重要思想、重要观点、重大判断、重大举措、重要部署。

为激励农场职工为农场广播站、有线电视台及场外新闻媒体提供稿件，做到报刊上有文章、广播上有声音、电视上有图像。农场制定了新闻工作表彰和奖励办法：①宣传干部一等奖70篇，二等奖60篇，三等奖50篇。业余通信员一等奖50篇，二等奖40篇，三等奖30篇。场外上级新闻单位用稿折抵农场用稿，州级1篇折抵2篇，省级一篇折抵5篇，国家级1篇折抵10篇。②经审查符合优秀通信员条件者，由农场授予"优秀通信员"一、二、三等奖证书并向上级新闻单位推荐表彰。③连续三年获农场"优秀通信员"一等奖同时获2次以上分局"优秀通信员"一等奖者或连续两年获农垦总局"优秀通信员"一等奖或农业部农垦司"优秀通信员"表彰者，由农场授予"新闻推行标兵"称号，享受农场统一安排的疗养或其他的政治待遇。④好新闻被农场广播电视或上级新闻单位采用，并加编者按语或评论文章的稿件，被地州以上新闻单位评为"好新闻"一、二、三等奖的稿件或相应级别报刊的头版头条新闻，均可评为农场好新闻。农场级奖励稿酬50元/篇，地州级奖励100元/篇，省级奖200元/篇，国家级奖400元/篇。好新闻分一、二、三等奖，奖励稿酬按地州以上报刊电台用稿级别发放。⑤新闻工作先进单位，一年评选一次。

2007年全场累计完成宣传稿件3564篇，场外用稿1729篇，场内用稿1835篇。2016年，东风农场共发表2089篇文字新闻稿件，图片稿件1500副，两项合计3589篇（副）。其中通信132篇，两篇通信分别获得《西双版纳报》汉文报的二等奖和三等奖。2018年，文化站完成新闻稿件2075篇。

第五节　老干管理

一、机构设置

农场党委为保证老年工作规范管理，农场和分场都成立党政领导任主任、各相关部门和离退休职工代表组成的离退休管理委员会以及老年人体育协会组织。还专门设立老干科，与退休管理委员会（退管会）合署办公，负责全场离退休老年职工的日常工作。各分场级退管会和老年人体育协会（老体协）组织9个，生产队退管组织75个。凡有3人以上退休职工的生产队都成立党支部书记负责制的退管小组。2011 年后，退管办公室撤销，老年工作服务管理由社会事务办公室负责，农场管理委员会为进一步加强对老干工作的组织领导，做好新形势下的老干工作，成立了老干部工作领导小组，由党委副书记、管理委员会常务副主任任组长，管理委员会副主任、工会主席及组织委员任副组长，下设办公室在党政（组织）办，并指定 1 名专人负责日常事务。

老干科（社会事务办公室）　1988 年 3 月农场设立老干科，全称为"中共国营东风农场委员会老干部科"，具体日常事务由农场干休所负责，专门为离休干部服务。1990 年 3 月合并到劳资科办公，1990 年下半年恢复单独办公，1994 年合并到组干科办公，设主任科员 1 人负责老干部工作。1995 年老干部工作由组干科代管。2004 年正式恢复老干科挂牌办公，具体负责落实离休老干部的政治待遇、生活待遇及服务管理工作。

2011 年体制改革，机构重新调整，农场管理委员会设社会事务办公室，负责辖区内老年工作服务管理。

退管办公室　1997 年 2 月成立退管办公室，全称为"国营东风农场离退休职工管理委员会办公室"。2003 年以前退管办公室一直与社保办、劳资科合署办公。2004 年起退管办公室与老干科挂牌合署办公，两块牌子，一套班子，设科长 1 人、科员 1 人。负责落实退休职工的政治待遇、生活待遇，做好服务管理。2011 年体制改革后，退管办公室不复存在，离、退休职工的管理工作均由社会事务办公室负责。

老体协办公室　1989 年 3 月成立老体协办公室，全称为"国营东风农场老年人体育协会"，设主席、副主席、秘书长各 1 人，委员若干人，刘秋春任主席，丁世琪任副主席，普发旺任秘书长。与退管办合署办公，负责老年人的文体活动，组织开展老年人健康保健的各类活动。先后召开 7 次老体协会员代表大会，于 1992 年 4 月选举产生第二届老体协委员会，普发旺任主席，丁世琪任副主席，邓世鸿任秘书长；1995 年 4 月选举产生第三届老体协委员会，石朝民任主席，普发旺任副主席，邓世鸿任秘书长；2000 年 4 月选举产生第四届老体协委员会，普发旺任主席，李云忠任副主席，李华平任秘书长；2009 年 4 月 20 日选举产生第五届老体协委员会，陈敬合任主席，邱继昌任副主席，李国寿任秘书长；2010 年 11 月沈平华任秘书长，审议通过《东风农场老体协章程》；2014 年 5 月 20 日选举产生第六届老体协委员会，陈敬合任主席，周益民任副主席，吕建华任秘书长；2018 年 5 月选举产生第七届老体协委员会，李平任主席，唐保国任副主席，黄秋任秘书长。至 2020 年底，全场有分场级老体协组织 14 个、老体协会员 6624 人。

东风农场老龄协会　2018 年，为加强老龄的社会化服务管理，农场成立老龄协会，配置理事人员 5 人，农场分管老龄工作的领导兼任老龄协会会长，并制定《老龄协会章程》和《景洪市东风农场管理委员会强化老龄工作社会化服务管理联动机制实施办法》下发至各生产队和各部门，建立服务挂钩联系制度。全场共建立老龄社会化服务管理组织机构16个，其中农场1个，由19人组成，生产队15个，由93人组成，全场有158个居民组，组长均指定为老龄服务管理人员。通过建立组织机构，完善联动机制，使农场老龄工作社会化服务管理向规范化迈进。

干休所 1980年，农场部设干休所，专门为离休干部服务，配置党支部书记1人、管理员1人。1985年修建300平方米的老干部活动室，备有桌凳、茶具、文体活动器材及报刊。其间多次筹资扩建，添置活动设备，至2020年东风干休所老年活动中心占地7.1亩，其中活动室400平方米、地掷球场300平方米、门球场1200平方米、气排球场1000平方米、陀螺场600平方米，配专职管理员1名。

二、离休干部管理

1980年5月始，农场按国务院颁布的退休条例，办理干部的离、退休手续，全场有符合离休条件的老干部共84人。到1987年末，共办理老干部离休手续74人，其中异地安置20人（省内11人、省外9人）；居住在农场部7人；农场干休所16人；各分场27人。1988年，全场符合离休条件的老干部均已办理离休手续。

2007年，农场有离休老干部43人，其中参加过抗日战争的2人，参加过解放战争的41人，参加过抗美援朝的40人，新中国成立初期参加过部分地方解放战争的11人。根据自愿原则，省外安置7人，省内其他地州安置5人，农垦分局干休所安置2人，农场干休所安置29人。

2017年，农场管理委员会有离休干部15人，其中异地安置人员4人。2020年，农场管理委员会有离休干部12人。

农场部设有干休所，配有专职人员，为入住干休所的离休干部服务。1985年修建老干部活动室，部分分场设置老干部活动点。凡已离休的老干部都已住上新房，其中18级以上的离休干部，每户107平方米（干休所）或80平方米（分场设点），19级以下的每户60平方米。安置在异地的离休干部，每隔两年，由农场领导和相关部门人员组织前去探望。

农场每年召开的重要会议或报告会都会邀请离休老干部参加，不定期组织学习有关重要文件，同时组织座谈会或登门拜访，听取和征求相关意见，在春节、重阳节等重要节日开展慰问活动。每年进行一次身体健康状况检查，发现病情及时给予治疗，还设立了老干部病房，安排离休干部到省内外疗养院疗养。生活上，根据农场现有条件和实际情况，给予适当照顾。

为了鼓励老同志就地安置，1985年起，每年给在场定居的老干部补助120元的生活费（在特需费用内列支），同时对有困难的老干部，酌情进行了补助。对要求到原籍或到配偶所在地安置的干部，组织上尽力给予联系。

三、退休人员管理

1980年，农场按照上级规定，实行退休、退职和离休制度。1987年，全场有离、退休干部342人，退休工人1336人。2007年，全场有退休职工4213人，占在职职工的51％。2012年，农场离、退休职工4927人，内退965人。2020年，全场有离、退休职工6600人，分布在全场13个生产队。

按照上级有关文件规定，农场认真落实老干部政治待遇，及时向老干部传达有关中央、省、州及农垦局重要文件，并邀请他们参加农场重要会议，包括党代会、职代会、先代会等，并听取他们的意见建议。老干部经济待遇，包括工资、补贴、住房、医疗等，均按相关规定得到了全面落实。农场建有活动室，方便开展老年活动，每逢节日，农场党委都要进行走访慰问，帮助他们解决日常生活中的困难等。同时，为保证老年活动正常开展，农场根据各单位离退休人数，每人每年划拨60元活动经费，在重大节日给离退休职工发放慰问金。仅2005年，中秋节给离退休职工发慰问金即达42万余元；敬老节给每个老同志发50元的慰问金，共20万余元；元旦又给每个离退休职工发放保健费300元，共123万余元；全年福利费共达185万元。2006年春节给每人发放慰问金200元，共82万余元。农场每年还要给离退休职工发放未参保的各种补贴达300多万元。离退休人员的养老金，由社保办负责全额、准时发放。

2011年属地管理后，农场老干工作依然由农场党委主要领导亲自抓，分管领导具体抓。每年召开离休干部座谈会2次，组织相关人员家访老干部，重视老干部思想文化建设，为干休所两支部增订人民日报、云南日报、西双版纳报、健康报、中国老年报等9个方面的学习资料，不定期召开老干部联席会议。坚持离休老干部服务管理工作日常化，注重离休干部个人信息资料的收集和整理，认真落实老干部政策待遇，做好离休干部生活补贴的发放，医疗费用报销给予优先考虑，时报时销没有发生过一起延期的现象。根据各单位离退休人数，每人每年划拨80元活动经费，40％划拨到分场级单位，由各单位掌握使用，60％留作农场活动经费，用于开展老年活动。在重大节日给离退休职工发放慰问金，另外，农场在财政极度困难的情况下，依然坚持在统筹外工资给予退休工人福利，多方筹集资金给予统筹外退休工人发放补贴及退养生活费等，保障统筹外退休工人生活的最低标准。

四、老年工作

农场管理委员会老年工作服务管理辖区共 13 个生产队、1 个干休所、1 个养老院（在养老龄 44 人），电厂和医院属农场托管单位（托管老年人 101 人）。成立了以管理委员会主任、书记为组长，常务副主任、副书记和管理委员会副主任、工会主席为副组长的老干、老龄工作委员会，成员由社会事务办公室、党政办公室、人力资源和社会保障所、财政统计站、文化广播站、干休所相关部门的负责人组成，共计 14 人。生产队建立老龄工作服务管理领导小组 16 个，合计 96 人，居民组配置骨干负责人合计 138 人，成立老龄文、体协会组织，由 5 人组成，各生产队相应配置老龄文、体协会小组 12 个，合计 36 人，农场共计配置老龄工作服务管理人员 289 人。至 2018 年，全场总人口 24075 人，老龄人口（60 周岁以上人员）有 4083 人，其中 80 周岁以上老年人 611 人，老龄人口占总人口达 17％。

2014 年，农场开始进入老年化，老年工作成为农场一项不可忽视的重要工作，关系到全场的和谐与稳定。2018 年，制定《景洪市东风农场管理委员会强化老龄工作社会化服务管理联动机制实施办法》，并建立服务挂钩联系制度。全场共建立老龄社会化服务管理组织机构 16 个，其中：农场 1 个 19 人，生产队 15 个 93 人，全场 158 个居民组组长均指定为老龄服务管理人员。为加强老龄的社会化服务管理，农场成立老龄协会配置理事人员 5 人，农场分管老龄工作的领导兼任老龄协会会长，并制定了老龄协会章程，农场管理委员会以文件的形式加以确定。通过组织机构的建立，联动机制的完善使农场老龄工作社会化服务管理向规范化迈进。

为进一步加强对老年工作的管理，农场制定了《离退休管理工作安排意见》《关于加强离退休管理工作的规定》《老年工作百分考核法》，建立和完善了离退休职工学习制度，鼓励老年人"活到老学到老"，更新观念，更新知识。农场、分场定期不定期组织老年人学习相关文件、听取情况通报、参加重要会议、组织文体活动等。成立健康咨询中心，增强老年人自我保健意识。同时建立走访慰问、组织省内外参观考察、探视住院病人、参加体育锻炼等制度。各分场根据农场规定，也制定相应管理办法。退管工作逐步做到规范化管理，各级领导尽心尽责为老同志服务，全场上下形成"老有所学、老有所为、老有所医、老有所养、老有所乐"的良好局面。

（1）强化舆论宣传。农场党委将"家家有老人，人人都会老，人人必敬老，社会更美好"的宣传教育主题作为宣传教育的中心内容，弘扬中华民族尊老、敬老、爱老、助老的传统美德，在全场营造良好的社会氛围和探索、创新敬老文化内涵，在场区醒目地点粘贴宣传标语，坚持召开老龄工作会议，开展老年人健身保健知识讲座，发放老年人权益保障法宣传册（贴画），农场有线广播不定期报道老龄工作新闻内容。

（2）开展"敬老月"活动。农场管理委员会制定《开展"敬老月"活动实施方案》，做到全场参与，活动、慰问全覆盖，组织老年人开座谈会，开展老年文体活动，为年满70周岁、80周岁的老人开展祝寿活动。关注老龄特殊弱势困难群体，慰问困难老年人，到养老院慰问在养老人，通过"敬老月"和困难、高寿老年人家访慰问活动扩大老龄工作的影响，对培育和践行社会主义核心价值观起到积极作用。

（3）老年人意外伤害保险。2017年，农场管理委员会开展老年人意外伤害保险工作，为广大老年人提供有效的社会保障，并列为老龄工作的重要议事日程来抓，2017年参保443人，2018年参保516人。

（4）落实老龄群体政策待遇。坚持透明公开，为民办实事、办好事，落实老龄群体政策待遇，逐级审批，张榜公示、接受群众监督。为老年人服务办理"老年优待证"，安排老年人免费体检，为65周岁以上老年人建档立卡，接待老年人来访，向老年人宣传有关政策、法律和法规。为80～100周岁的老年人按时发放人均600元的长寿保健费。

（5）老龄资料统计。社会事务办制定老年情况年度统计表，注重基础数据资料的统计；制定特殊（特困）群体统计表，注重特殊（特困）群体信息的采集，做到老龄群体心中有数，以便更好地加强老龄工作服务管理。

（6）老龄社会生活。将文、体项目活动的开展作为老龄社会生活的重要内容，以农场老龄委、老体协会为"轴心"驱动全场开展门球、气排球、地掷球、陀螺、太极拳、交谊舞、舞蹈、健身球、健身操等健身活动，促进老年人身心健康。在体育活动方面，主要采取以农场集中组织比赛和分散到各生产队相结合的两种活动比赛方式。做到日日有活动，节日有比赛。在文艺活动方面，主要以东风广场为活动地点，每晚进行广场舞、健身操活动。

（7）老龄公益设施建设。坚持老年人公益活动设施建设，做到各生产队均具有老龄活动健身器材的安装，有固定的老龄公益活动场所，有条件的单位配有老年活动室。2007年，全场共有老年活动室104间，4851平方米，有门球场62块，地掷球场23块，气排球场39块，各活动室都安装空调或电扇，购买桌椅和各类体育用品。至2020年，东风农场建有东风老年活动中心1个，活动室120间，门球场31块，地掷球场15块，气排球场60块。

五、老年文体活动

为让老年人增强体质、健康长寿，每年初，农场退管办即制定当年主要活动安排意见，要求各分场退管组按照农场统一部署安排老年活动，做到经常化、制度化。充分利用现有的文化娱乐设施，坚持群众性、广泛性、节约性原则，开展适合老年人特点的有益健康、丰富多彩、简单易学的文化体育活动。

农场先后从西双版纳州、景洪市请来教练员举办各种培训班，为离退休职工传授门球、地掷球、气排球、陀螺、太极拳、剑、木兰拳、木兰扇和各种秧歌舞蹈等方面的技巧，并使这些活动项目很快在全农场普及。全农场凡是有老年人的单位，都开展了不同形式、不同内容的活动，每个重大节日都有赛事，农场老年人在场外参加各项比赛中曾多次获得奖励。

2007年，全场组建有门球队76支，队员1300人；地掷球队30支，队员300人；气排球队14支，队员200人；太极拳、剑队8支，队员300人；文艺演出队10支，200人。培训门球裁判48人，其中省级一级裁判5人，地掷球裁判24人，气排球裁判25人。

1997—2007年，农场举办了十届门球运动会、五届地掷球运动会、一届气排球运动会；成功举办西双版纳垦区两届门球运动会、一届地掷球运动会。

开展全民健身活动，每逢重大节日，农场老体协都要组织全场离退休职工进行各类球赛和文艺活动，成为农场文体、文艺活动的一支中坚力量，并带动了中青年健身活动，形成了老、中、青一同锻炼，相互交流，同台竞赛的氛围。

2007年5月12日，农场附近7个单位的318名老人走上东风街头，拉开了农场老年人"与奥运同行"健步走活动的序幕。全场老年人"与奥运同行"健步走活动，是农场为响应国家体委"与奥运同行"全民健身活动而组织展开的。活动从5月12日开始，到2008年8月7日结束。

2008年6月20日，农场举办第五届老年人政策法规与健康保健知识培训班，来自全场各单位的离退休职工及主管老年工作的干部和领导共130余人参加培训。

2008年10月28—29日，西双版纳农垦分局为庆祝垦区老体协成立20周年，举办第六届垦区老年文艺汇演。东风农场老体协获集体二等奖；《胶林卫士》获创作一等奖、表演三等奖；《人民公仆》《火红的秧歌》分别获表演二等奖、三等奖。

2009年4月28—30日，西双版纳州第四届老年门球运动会在东风农场举行。运动会由西双版纳州老体协主办，东风农场承办。来自西双版纳全州各行业的20支门球队、组委会成员和裁判员共180人参加。

2011年，农场为60岁以上老人办理"老年优待证"25人次；兑现高龄老年人健康补助169人，84500元；组织开展老年义务服务活动200人次；举办首届老年人门球、气排球、地掷球运动会。

2012年1月16日，农场在东风宾馆召开离退休干部春节座谈会，农场领导与40余名离退休干部代表和老干科、老体协、养老院等相关人员欢聚一堂，共话发展，互送新春祝福。

2012年10月22日，东风农场老年文艺队参加由西双版纳州老龄委主办、西双版纳州民政局和西双版纳州老龄工作委员会办公室承办的西双版纳州2012年重阳节晚会。

2018年10月，组团15人参加景洪市老龄协会组织的太极拳健身运动交流大会，成为东风亮丽的风景线。为培养老年文体骨干人才，东风老年协会还邀请西双版纳州老年协会专家为东风组织各种球类的裁判员培训班一期，参训人员120人，并颁发等级证书。

第六章　安全应急管理

第一节　安全生产管理

安全生产是促进农场健康发展的基本保证，农场党委始终高度重视安全生产工作，把安全生产纳入农场改革、发展、稳定和构建社会主义和谐社会的重要内容，并制定了各项规章制度，为农场经济发展提供了基本条件。

1987年，将防火、防毒、防爆、防盗、安全用电、机务交通等方面的规章制度综合编印成《安全生产规章汇编》下发各分场全面贯彻。

2007年，为使农场安全生产管理工作逐步实现制度化、规范化和科学化，同时也便于学习和掌握安全生产知识和技能，提高安全意识。结合农场实际，将1987年编印的《安全生产规章汇编》重新修订，改编为《国营东风农场东风分公司安全生产管理规章制度汇编》，并印制8000份，发至全场职工、东风街道经营户及在农场辖区内经营的厂、矿企业。

2008年，开始落实安全责任制，逐步建立长效管理机制。根据重要时间节点及上级文件要求多次召开安全工作会议，对目标任务进行细化分解，与辖区各分场、站所、中心、企业签订《安全责任书》《食品药品安全目标管理责任书》《消防安全目标管理责任书》《道路交通安全责任书》《烟花爆竹安全责任书》等安全目标管理责任书，明确各单位的责任，同时强化企业安全主体责任，督促生产经营单位加强安全管理。

2018年，根据《西双版纳州关于推进落实企业安全生产主体责任实施意见》，全面开展"落实企业安全生产主体责任"活动，督促企业健全完善安全生产责任体系、安全生产管理制度体系、安全投入保障体系、安全教育培训体系、隐患排查治理体系、应急自救能力体系，使辖区内的安全生产水平得到全面提升。

一、机构设置

建场初期至东风总场成立期间，根据特殊的地理位置及社情、生产规模等，在加强治安保卫工作的同时，制定了防火、防事故等八条措施。由于机械化水平不高，机械拥有量少，人员构成简单，事故发生频率不高。

1971 年 1 月，兵团部在原二团团部召开行政管理现场会，对机务运输、防火、防毒做出初步规定，但未能形成系统化、规范化管理的安全规章制度，事故发生频率升高。直至 1974 年 9 月，农场都未成立专门的安全生产组织。

1974 年 10 月，恢复国营农场体制，农场成立安全生产委员会（简称安委会），由行政办公室、保卫科、机务科等部门 7 人组成，场长兼任安委会主任，办事机构设在行政办公室。安委会负责有关安全生产规章制度的宣传、教育、贯彻及各类重大事故的现场勘查、调查处理，并向上级报告。各分场相应成立 3～5 人的生产领导小组。

1978 年底至 1979 年春，因知青回城造成两级安全生产组织人员不足。1979 年 6 月，农场召开安全工作会议，调整健全安委会，由农场副场长任安委会主任，并建立 19 个分场级单位安全领导小组。

1983 年 8 月，企业整顿后，两级安委会再次调整，仍由一名副场长任农场安委会主任，安委会由场长办公室、保卫科、机务科、劳资科、工会、汽车队等部门组成，日常办事机构仍设在场办。19 个分场级单位的领导小组也同时相应调整充实。

1988 年，农场安委会成员 13 人，由农场场长任主任，第一副场长任副主任，成员由劳人科、派出所、机务科、工会、车队、电厂、直属分场的领导组成，日常机构分别设在场长办公室和机务科。20 个分场级单位设有安委会成员 140 人，生产队安全生产领导小组成员 530 人。

2002 年，为了贯彻落实公安部《机关、团体、企业、事业单位消防安全管理规定》，成立国营东风农场"消防""森防"安全工作领导小组，小组成员 13 人，农场场长任组长，副场长、副书记、工会主席任副组长，成员由劳资科、生产科、保卫科、党政办、机务科等部门领导组成，办公室设在劳资科。各分场及直属单位也相应成立"消防""森防"工作领导小组，共有小组成员 133 人。同年，农场成立"义务消防队"，共有消防队员 710 人。

2003 年，成立东风农场安全生产事故调查组，由主管安全生产工作的领导任组长，安委办主任任副组长，成员由工会、生产科、派出所、综治办、纪委、监察、机务、劳资等部门的领导组成。

2007 年，农场安委会成员 19 人，由农场场长任主任，分公司经理、党委副书记、副场长、分公司副经理、工会主席、纪委书记任副主任，成员由办公室、劳动社会保障科、综治办、人力资源部、生产计划部等部门的领导组成，日常机构设在农场劳动社会保障科。6 个农林分场和 2 个直属单位设有安委会成员 85 人，76 个生产队级单位设有安全生产领导小组成员 456 人。

2015 年后，设生产计划部，负责传达国家有关安全生产的方针政策及相关规定和指示；在规划建设环保土地所设安监办公室，负责全场的安全监察工作。

2020 年，农场管委会成立安全领导小组，并根据工作变动及时调整小组成员，加强安全工作领导，建立安全工作 QQ 群、微信群，及时传达上级安全工作新要求、新安排、新部署，随时收集和掌握各分场及企业工作动态。

二、安全生产管理

自建场以来，农场对安全生产工作一直十分重视，先后制定防火、防事故等八条措施，对机务运输、防火、防毒做出规定。自 1974 年 10 月，农场成立安全生产委员会后，一直由安委会负责有关安全生产规章制度的宣传、教育、贯彻及各类重大事故的现场勘查、调查处理，并向上级报告。坚持"安全第一、预防为主、综合治理"的工作方针，召开各种安全生产工作会议，签订安全生产目标管理责任书，落实安全生产责任，完善各项安全生产制度，坚持开展今冬明春、旱季防火、雨季防洪安全生产大检查，定期开展建设工程领域、节前安全检查、易燃易爆化学物品等专项检查工作活动，发放道路交通安全宣传册，排查消除安全隐患，预防和遏制事故发生，确保安全形势稳定。

1983 年，东风农场被西双版纳州交通安全委员会授予"交通安全先进单位"称号。2006 年，农场被云南农垦集团公司评为"十五"期间安全生产先进单位。唐保国、钱光宏被云南农垦集团公司评为"十五"期间安全生产先进个人。

2003—2007 年，连续五年，农场被西双版纳农垦分局评为安全生产、消防安全优秀单位。

（一）宣传教育培训

1963 年 10 月 9 日，发生一起翻车事故，为吸取教训，东风总场集中 108 名驾驶员学习交通安全条例，为东风农场首次安全生产教育。

1987 年 8 月，农场安委会举办第一期"初级电工培训班"，32 人经考核合格并颁发操作证书。

自 1991 年 6 月 17—23 日，由农场场办组织首次开展以"安全就是效益和提高职工安全意识"为主要内容的"安全生产周"后，活动一直延续。至 2001 年，机务科、党政办、劳资科先后组织开展以"创造良好安全生产环境和提高全社会的安全意识""遵章守纪、杜绝'三违'""勿忘安全，珍惜生命""不伤害自己，不伤害他人，不被他人伤害""治理隐患、保障安全""遵章守纪、保障安全""加强管理、保障安全""落实责任、保障安全""安全、生命、稳定、发展""掌握安全知识，迎接新世纪""落实安全规章制度，强化安全防范措施"为主题的"安全生产周"活动11次。

2002年，中共中央宣传部、国家安全生产监督管理局等部委，结合国家安全生产形势，确定于2002年6月开展首次安全生产月活动。同年6月，由农场劳资科组织开展以"安全生产责任重于泰山"为主题的"安全生产月"活动，此后每年6月，均定期组织开展"安全生产月"活动。

2003年6月，由农场劳资科组织开展以"实施安全生产法，人人事事保安全"为主题的"安全生产月"活动。2004—2008年，由农场劳动社会保障科组织开展以"以人为本，安全第一""遵章守法、关爱生命""安全发展、国泰民安""综合治理、保障平安""治理隐患、防范事故"为主题的"安全生产月"活动。

2009年以后，由东风农场和勐龙镇政府等相关部门在东风农场俱乐部广场、勐龙镇街道中心、东风广场等人员较为集中的地方联合举办安全生产月咨询日活动。通过制作安全文化展板案例漫画，多媒体播放实例宣传画、广播，发放宣传资料等方式，向过往职工群众针对交通安全、消防安全、职业病防治、打非治违、道路交通安全、正确燃放烟花爆竹、如何增强安全意识、用电安全、食品药品安全、消防安全、扫黑除恶、平安建设、禁毒等知识进行宣传，出动广播宣传车1辆，到生产队、居民点进行宣传。同时就广大群众在生产、生活中遇到的安全问题提供咨询解答。至2020年，共发放各类宣传单和宣传画32000余份。

农场管理委员会除在"安全生产月"外，还以法制宣传为契机，联合东风交警中队开展安全宣传活动，通过现场讲解、发放宣传单等方式，向过往群众进行道路交通安全知识宣传。不定期邀请东风交警中队到各个生产队开展道路交通安全知识讲座，到幼儿园、小学、中学开展交通常识宣传教育活动。在东风客运站向员工、驾驶员和乘客开展道路交通安全宣传和文明劝导活动，敲响交通安全警钟，减少交通事故的发生。

农场管理委员会还充分利用广播专栏和宣传栏，深入分场开展安全宣传下基层活动，向辖区干部职工群众宣传安全生产、消防安全、道路交通安全、食品安全相关知识，提高辖区职工群众的法治观念和安全意识。

根据从业人员安全知识培训制度，每年举办辖区企业从业人员安全知识培训1~3期，举办辖区内特种作业操作证培训1期，保证从业人员必须具备必要的安全生产知识，熟悉相关的安全生产规章制度和安全操作规程及技能。组织辖区内的分管领导及安全员、企业负责人、农场机关相关工作人员和部分从业人员参加由省、州、市消防协会主办的消防安全培训、应急疏散知识培训、安全知识培训，对应急疏散知识、消防基本知识、初期火灾扑救措施、火灾逃生技巧、室内灭火器使用方法等方面进行学习。同时，组织企业和经营单位、生产队和农场各部门中心、站、所深入学习国家有关安全生产法律、法规，普及安全知识，提高全场从业人员的安全意识和自护能力，开展安全知识竞赛活动，以赛促学，全面推进安全生产宣传教育活动。

（二）安全检查

1979 年 6 月，为适应恢复生产工作秩序的需要，农场召开安全工作会议，贯彻省政府安全工作会议精神，重新研究制定安全生产措施，并将安全生产列入农场半年和年度工作检查内容，进行定期评比。

1987 年，农场安委会行使"事故隐患整改指令"，对危及职工人身安全的重大隐患，限时消除。

2002 年，农场和分场分别建立安全生产会议记录、安全生产检查记录、安全生产隐患整改记录等 17 本基础工作台账，生产队建立安全生产综合台账 1 本，为规范安全生产基础管理工作奠定基础。

2006 年，在全场 6 个分场、2 个直属单位以及 72 个生产队建立《有毒有害物质信息卡》《危险源点警示卡》和《安全检查提示卡》共 271 块（简称"一法三卡"）。"一法三卡"工作制度的建立，使职工从根本上认识到自己工作岗位存在的安全隐患和必要的防范措施。同时也为一线管理人员在安全生产工作检查中的检查部位和检查方法等提供依据。自实施"一法三卡"工作制度以来，安全事故发生率明显降低。

2012 年 1 月 17 日，东风农场与大勐龙公安派出所、食品安全监管、工商、交警、路政等部门开展联合执法检查，针对辖区宾馆、车站、客运、食品加工等行业安全监管工作进行全面检查。现场查封不符合卫生安全规范米线、米干加工作坊 1 家。

2013 年，与勐龙镇派出所联合对烟花爆竹销售点、娱乐场所、宾馆、车站进行消防安全大检查；对人员聚集场所、易燃易爆危险物品产销储存使用单位展开检查；与勐龙公安分局联合开展消防安全检查。7 月 29 日至 8 月 2 日，东风农场对 13 个生产队组织机构、日常工作记录、地质灾害、道路交通安全、消防设施和闲置办公楼、住房、收胶站等进行检查，查出并限期整改安全隐患点 8 处。投入资金 3500 元对老百货大楼外墙砖脱落隐患采用水泥桩和铁丝网扎成 59 米安全防护栏并张贴"禁止停留"警示牌。

2015 年，农场落实消防安全"一岗双责"制度。全年检查行业场所 539 家，发现隐患 2309 个，督促整改 2309 次，下发整改通知书 410 份，行政处罚 43 家。开展消防安全宣传 56 次，组织行业场所、学校等消防演练 12 次。处置火灾 17 起。

2016 年，加强道路交通安全检查，对事故多发路段、陡坡、临水临崖、深沟路段、桥梁、涵洞等处的安全进行检查，对安全防护设施和警示标识缺失进行整改。制作宣传牌标语155块，排查隐患219起。

2017年，开展安全生产大检查、大排查整治，消除灾害隐患，减少伤亡事故发生，降低事故发生率。到各企业检查30余次，共检查木材厂3个、木炭厂2个、加油站3个、烟花爆竹经销店6个、胶杯厂1个、香蕉套袋厂1个、珍珠棉厂1个、胶厂4个、石场2个、酒店宾馆4个和幼儿园3个，下达现场检查记录30份。大检查期间边检查边整改，以检查促整改。

2019年，深入辖区内32家企业、经营户和人员密集场所进行安全生产、消防安全检查。同时配合景洪市应急管理局对非煤矿山、危险化学品进行协同检查，查出隐患17起。进一步加强民用爆炸物品安全监管工作，向辖区企业及13个生产队开展民用爆炸物品摸底排查，未发现非法违法销售、购买、运输、储存、使用民用爆炸物品现象。开展加强公交车行驶安全和桥梁防护工作，管理委员会制订并下发了行动方案，每季度进行小结报送，辖区13个分场共排查出82处临水临崖无防护设置隐患点，共计7657米。开展"防风险保平安迎大庆"消防专项行动，对辖区出租房、城中村、企业、商场、幼儿园、养老院、胶厂、木材厂等企业进行安全隐患排查，发现隐患24条，现场整改1条，已整改23条。开展"新中国成立70周年"综合大检查工作，由农场管理委员会领导带队，分成5个检查小组对辖区35家企业经营户开展大检查工作，查出安全隐患44起，并及时向被检查单位反馈检查情况，已完全整改完毕。

2020年，农场管理委员会制定《景洪市东风农场管理委员会安全生产专项整治三年行动计划》：

一是加大检查力度。2020年一季度对辖区6家加油站、5家胶厂、3家木材厂、3家非煤矿山、5家烟花爆竹、3家医院、集贸市场、城中村"老油库村"、宾馆、餐厅、客运站、水厂、幼儿园、人员密集场所、工贸行业等35家企业和经营户进行彻底检查，共查出安全隐患91起，并下发整改通知书17份，取缔新型生物醇油销售点1家。二季度在泼水节、"五一"、两会期间到人员密集场所进行实地检查，共检查企业、场所32个，包括3个非煤矿山，7个胶厂，3个木材厂，6个加油站，2个糖厂，2个农副产品加工，1个酒店（隔离观察酒店），1个隔离观察人员早点供应店，3个超市，1个农贸市场，2个小区，1个养老院，共发现隐患26处，参加检查111人次。三季度对辖区6家加油站、3家木材厂、2家非煤矿山、5家烟花爆竹店、集贸市场、幼儿园、人员密集场所等44家企业和经营户进行彻底检查，共查出安全隐患11起，下发整改通知书7份，开出罚单2份。四季度对辖区内5家烟花爆竹经营店、6家加油站、4家制胶厂、3家非煤矿山（2家石场停产，1 家砖厂试营业）、3 家木材厂、3 家制糖厂、4 家 KTV、3 家网吧、1 家酒吧、1 家车站、1 家集贸市场等企业开展专项安全检查，开出现场检查记录 16 份，查出存在隐患 19 起，责令限期整改指令书 1 份。

二是落实道路交通安全。春节前后 3 次深入客运站开展隐患排查和安全劝导工作，共发放交通安全宣传资料 100 余份，登记劝导人员信息 50 余人，受教育 300 余人。通过自查自纠，对公路沿线广告牌进行排查，清除影响交通安全、存在安全隐患广告牌 19 块。对九分场路段、曼康湾石场到一分场场部景大路段和东风农场水库（一分场 8 队）的施工车辆出现粘带泥土和抛洒滴漏、污染公路现象，以及对马路市场特别是利用公路两侧作为赶集场所等违法现象进行重点巡查。通过巡查发现该路段没有利用公路两侧作为赶集场所，但发现白云翔石场路口有沙石抛洒滴漏现象，将九分场路段塌方悬空隐患和因拉沙石损坏道路情况上报交通局。

三是开展消防安全专项工作。开展打通消防生命通道和企业复产复工消防安全防范 8 项措施工作，对 6 家加油站、5 家烟花爆竹店、3 家木材厂、2 家胶厂、1 家碳厂、2 家糖厂、1 家客运站共 20 家单位和企业进行检查，查出隐患 17 条，完成整改 9 条，待整改 8 条，发放消防通道宣传海报 50 份。开展疫情防控特殊时期火灾防范工作，全场 13 个分场有"五种人"148 人，均有监护人；清理消防通道 194 条；对消防水源每月检查 1 次，有 6 个分场共计 68 个生产队的消防水源不足；每月开展 2 次"四清理一规范"活动，每月对用电、气、火、油（烟花爆竹、祭祀）检查一次，共查出隐患 108 起，已整改 108 起，电动车专项检查 2 次，发现 6 起，已整改 6 起；全场的微型消防站全部进行检修，器材完好。

四是开展食品的安全防范工作。农场管理委员会对预防群体性食物中毒高度重视，针对辖区内居民有杀年猪、自办宴席、亲朋好友聚会的习俗，充分发挥基层信息员的作用，坚持宴席报备工作，指导监管操办酒宴群众科学烹饪、食品留样，特别是针对宴席用酒方面，杜绝发生聚众聚餐食品中毒事件。为防止野生菌中毒事件的发生，管理委员会通过 QQ、微信群向辖区内 13 个分场、35 家企业下发关于野生菌安全的通知，通过走访检查将野生菌安全的宣传海报下发至各分场各企业；对辖区内集贸市场进行检查排查，要求市场禁止售卖野生菌。加强农场辖区内白酒生产经营监督管理，辖区白酒作坊共 118 家，其中已办理证照经营户 4 家，其余白酒作坊均无证照，对排查中存在脏乱差和无证照小作坊已要求整改和办理相关证照后方可售卖白酒。根据爱国卫生"七个专项行动"的决策部署，开展"净餐馆"专项行动工作，对农场辖区内的 52 家餐饮服务单位进行摸底调查、造册登记。对餐饮服务单位全面落实《餐饮食品安全操作规范》和"明厨亮灶"进行检查，加大指导力度，督促提升改造，认真落实索证索票和进货查验，做好消毒和"四防"措施，消除食品安全风险隐患。

（三）劳动保护

全场劳动保护用品的发放，历年来均按上级规定执行。

1958—1980年，农场劳保用品的发放管理由财务部门负责。农、林生产工人的劳保用品一般仅有1顶雨帽和1双蚂蟥袜。特业工种根据操作需要发放部分劳保用品。随着农场生产的发展和作业工种的增加，劳保用品的品种和发放范围逐年有所改进。

1981年，农场开始执行云南省劳动局颁发的《云南省国营企事业职工劳动防护用品发放标准及暂行规定》，劳动保护用品的发放和管理工作由劳资部门按定员定编规定审批劳保用品计划，物资供应部门负责采购、保管和发放。

从1984年开始，农场试行《国营东风农场职工个人劳动防护用品发放标准规定》。全场享受劳保用品待遇的工种有橡胶、农牧渔、机务、基建、修造、电力、工副业、邮电、文化、卫生、服务等11类71个工种。劳保用品有工作服背带裤、胶雨衣、布胶鞋、胶靴、工作帽、防护帽、风镜、布袜子、毛巾、口罩、线手套、肥皂、蚂蟥袜、草帽、胶围胶、下水裤、胶手套、防酸靴、半筒靴、布手套、雨伞、耐油鞋、绝缘鞋、安全帽、安全带、翻皮鞋、袖套、白上衣、工作上衣、白罩衣、布围腰、电焊手套、绝缘手套、面罩、防酸服等36种。

第二节　应急救援管理

随着经济社会的快速发展，工业化、机械化、城市化进程不断加快，影响社会公共安全的因素日益增多，为确保事故救援工作高效有序进行，最大限度地减少人员伤亡和财产损失，2002年，根据《消防法》中明确指出的"加强应急救援工作"，成立"义务消防队"，共有消防队员710人。2006年6月23日，农场组建一支抢险应急小分队，共有队员30名，年龄均在30岁左右，多是部队的退伍兵，具有较好的体能素质和实战经验。应急小分队的主要任务是应对各类突发事件和险情，保障辖区内治安和职工的财产安全。2013年，成立专职消防队。2018年，在景观、东林、疆峰、东河四个生产队建设"有人员、有器材、有战斗力"的重点单位微型消防站。2020年，组建民兵应急抢险分队86人。

一、地质灾害监测

地质灾害的防治涉及人民群众的生命财产安全，根据云南省国土资源厅地质环境详查确定，东风农场一、三、四、六、七、九、十、十一分场 19 个生产队存在地质灾害隐患，其中 11 个生产队被列为重点地质灾害隐患点。2011 年，建立地质灾害应急预警报告制度，同时开展地质灾害排查，排查出地质灾害隐患点 27 个，其中重点地质灾害点 18 个。

为进一步摸清辖区内地质灾害隐患点的隐患程度，2016 年 3 月，对农场辖区内 27 个地质灾害隐患点进行逐一排查，对个别险情较重的地质灾害隐患点，要求生产队干部、监察员重点巡查，发现问题及时做好记录并上报相关部门。2017 年，每月对农场辖区内 20 个地质灾害隐患点进行一次逐一巡查，生产队发现问题做好记录并及时上报。2020 年，不定期对农场辖区内 19 个地质灾害隐患点进行逐一巡查，对个别险情较重的地质灾害隐患点，分场、生产队干部、监察员重点巡查，发现问题及时做好记录并上报相关部门。

根据《地质灾害防治条例》，农场管理委员会分别与景洪市人民政府和农场辖区内的 13 个分场签订《地质灾害防治工作责任书》，并在各个隐患点安排地质灾害监测员，从 2016 年的 8 人增至 2020 年的 38 人，定期参加景洪市地质灾害防治培训，提升监察员的业务能力。每到汛期，农场组织排查 20 余次，各分场地质灾害隐患点监测员巡查排查 150 余次。同时做好地质灾害防治宣传工作，每年利用全国土地日宣传活动发放防灾避险手册 1000 余份；发放各分场地质灾害宣传画报、群防群测手册、群防群测漫画手册，粘贴宣传标语 200 余条。

在开展地质灾害监测与群防群测的同时，农场管理委员会也加强对地质灾害隐患点的治理，多次与景洪市自然资源局对接，争取地质灾害治理工程项目，辖区内 27 个地质灾害隐患点，至 2019 年已治理完成 8 个，2020 年由政府投资 150 万元用于十一分场八队的地质灾害隐患治理。

二、应急预案

应急预案是各类突发事故的应急基础，有利于应对突发事件及时准确地做出响应和处置，避免突发事件扩大或升级，最大限度地减少影响和损失，提高职工群众积极防范社会风险的意识。东风农场通过多年的不断完善补充，形成一套科学、高效、统一、协调的突发事件应急处置机制。先后制定了《国营东风农场重大安全事故应急救援疏散预案》《国营东风农场公众聚集场所灭火应急救援疏散预案》《国营东风农场突发公共事件应急预案》《东风农场管理委员会重大事项社会稳定风险评估及群体性事件处置应急预案》《东风农场管理委员会社会治安综合治理工作实施办法与处置预案》《景洪市东风农场管理委员会突发事件应急预案》《景洪市东风农场小（Ⅱ）型水库防洪抢险应急预案》，并在全场范围内贯彻实施。

三、应急演练

为提高应对突发性事件和灾害的反应能力，保证防治应急工作高效有序进行，避免或最大限度减少灾害给人民生命财产造成的损失，维护人民生命财产安全和社会稳定，东风农场管理委员会每年都会组织不同项目的应急演练。

2014年3月5日，农场召开应急处置工作布置会，通报3月1日发生在昆明火车站的严重暴力恐怖案件，传达州、市应急工作会议精神，并在全场范围内开展防恐应急演练。

2015—2016年，在汛期之前对辖区内4个重点地质灾害隐患居民点进行地质灾害应急演练。2017年，在东河生产队第五居民组开展地质灾害演练现场观摩会，120余人参加。与辖区内拓成木材厂联合开展消防事故应急救援演练，各生产队自行组织生产队职工进行消防演练。2018年，组织开展反恐演练1次。2019年，开展"安全生产月"和"防范风险行动"活动，组织880人参加安全演练。

2020年，先后组织开展多起应急演练。组织农场机关全体工作人员开展地震应急知识培训及现场演练活动；分别与小街派出所在拓成木业公司，与勐龙派出所、直属分场一同组织辖区内易燃易爆品企业在东风养老院、天勤幼儿园开展消防应急疏散演练活动3次。演练包括有限空间作业、应急救援、人员疏散、干粉灭火、水枪灭火等全方位的安全演练活动，共有300余人参与演练活动。组织19个地质灾害隐患点逐一开展地质灾害应急演练，各地质灾害隐患点的主要领导、土地业务员及职工共600余人参与演练。

四、应急抢险救援（选述）

2016年10月2日凌晨0时38分，五七生产队和温泉生产队遭遇特大洪水，为建场以来特大洪水灾害。受灾单位涉及五七生产队十四组、十五组和温泉生产队的二组、三组、四组，累计受灾478人，五七生产队132人被困、3人受伤。洪灾还引发山体滑坡，导致东风水厂水源堵塞，制水设施瘫痪，东风辖区1万多职工群众断水，累计经济损失1475.54万元。管理委员会及时成立抗洪救灾应急处置工作领导小组，并临时抽调人员组成维稳组、调度组、联络组、宣传组、后勤保障组、灾害统计组，管理委员会所有领导亲临现场，指挥并参与抢险救灾，农场机关、站、所、办通力配合、分工合作，公安、武警、消防和广大干部、受灾群众协同作战，全力投入抢险救灾工作，参与抢险救灾1825人次，清除淤泥2570立方米。经过长达7天的抢险救灾及善后工作，灾区群众生活秩序基本恢复。

2018年9月12日晚9时，红卫生产队十二居民组突降暴雨，山洪冲进居民家中，该组共有 31 户 93 人，造成经济损失 200 万余元。灾情发生后，农场领导班子、受灾单位及相关部门及时赶到现场，启动应急预案进行抢险救灾，组织人员转移，安抚受灾群众，清理受灾现场并安排联防、民兵、生产队干部夜间值守，保障受灾群众安全及生活所需。23 时已将受灾存在安全隐患的 8 户 15 人劝导撤离并妥善安置。9 月 13 日上午 7 时 50 分红卫生产队及农场领导，各室、所、中心相关人员到达现场，进行灾后处置。其中生产队管理人员进行清除公共区域堆积沙石、杂物，确保公共区域恢复功能；党政综合办公室开展受灾居民生活用水、饮用水及就餐保障工作；农林水综合服务中心、农场应急办公室工作人员到水源头"沉沙池"现场查看情况，并清除淤泥杂物，排除安全隐患；规划建设环保土地所、农场安监办公室工作人员对居民房屋、建筑物及周边地址进行现场查勘，排查安全隐患；社会事务办公室、农场工会进行入户核实登记受损情况，并安抚受灾群众情绪；仁济医院出动救护车和医疗人员提供医疗救护保障。灾后处置工作妥善处理，生产生活秩序逐渐恢复。

第五编

党政群团

中国农垦农场志

第一章　农场党组织

中国共产党国营东风农场委员会（简称农场党委）成立于1958年，属思茅地委领导；1963年后受中国共产党西双版纳傣族自治州委员会（简称州委）、中国共产党西双版纳傣族自治州农垦分局委员会（简称农垦分局党委）领导；2011年后受中国共产党西双版纳傣族自治州委员会、中国共产党景洪市委员会领导。基层党组织设分场级党总支、党支部。

第一节　组织沿革

农场党组织，随行政建制转变而转变。

创建农场时，农场有从省内外各条战线转入的共产党员602人，按党章规定，依次建立党的各级组织。其中，原东风农场有共产党员382人，建立党支部6个，1958年5月，经思茅地委批准，成立中国共产党国营东风农场委员会；原大勐龙农场有共产党员127人，建立党支部6个，1958年9月，经思茅地委批准，成立中国共产党国营大勐龙农场委员会；原前哨农场有共产党员93人，建立党支部5个，1959年1月，经思茅地委批准，成立中国共产党国营前哨农场总支委员会。三个农场的党委（总支）成立后，均属中共思茅地委领导。

1960年初，前哨农场党总支撤销，与东风农场合并，称东风农场党委，有党员391人，设总支7个、支部27个。1962年末，大勐龙农场党委撤销，与东风农场合并，有党员604人。1963年1月14日，经州委批准，成立东风总场党委，下设农场党委6个、总支1个、支部58个。

1967年4月1日，农场成立总场军事管制委员会，负责党政工作。1968年4月1日，成立总场革命委员会，党组织尚未恢复建立。1969年8月，成立总场党的核心小组，取代原总场党委。

1970年1月，农场改制为生产建设兵团，经中共云南生产建设兵团第一师委员会批准，于1970年3月21日成立第二团党委会。至1971年4月，先后建立营级党委16个、支部182个。

1974 年 10 月，恢复农场体制，二团党委改称东风农场党委，并将 1 至 15 营依次改为一至十五分场党委，另成立场直党委，共有支部 209 个。

1978 年 3 月 5 日，州委工作组进场，停止原党委工作，由"揭批查领导小组"行使党政权力。同年 10 月，经州委批准，农场党委改组，成立新的农场党委会，下设分场级党委 16 个、党支部 223 个。

1983 年，企业整顿，根据干部革命化、年轻化、知识化和专业化的要求，调整两级党委成员，支部调整为 155 个。分场级党委先后调整为 1984 年 15 个、1985 年 16 个、1987 年 14 个。

1988—1992 年，农场党委下设分场级党委 14 个、党总支 2 个、党支部由 168 个增至 196 个。

1993 年 1 月，撤销直属分场党委，将修配厂、汽车队、商业服务公司、食品饮料厂、勐河商行升格为副科级单位，分别设立分场级党支部；将驻昆办事处与经营部合并为供销经理部，为正科级单位，建立供销经理部党支部；将农场基建科、基建队、胶杯厂组建为建筑建材实业公司，成立建筑建材实业公司党总支。至年末，东风农场党委下属分场级党委 13 个、党总支 3 个、党支部 198 个。

1994 年 12 月，成立昆明工作站，撤销供销经理部，建立昆明工作站党支部。东风农场党委下属分场级党委 13 个、党总支 3 个、党支部 195 个。

1995 年 2 月，东风旅游开发公司、东风商业服务公司、勐河商行合并为东风旅游商贸开发公司，成立东风旅游商贸开发公司党委；修配厂与车队合并，成立东风汽车运输公司党支部；撤销建筑建材实业公司党总支，技术服务站党支部划归一分场，乳胶厂划归十一分场。东风农场党委下属分场级党委 14 个、党总支 2 个、党支部 199 个。1996 年，党支部增至 202 个。

1997 年 7 月，新建十四分场，成立十四分场党委。东风农场党委下属分场级党委 15 个、党总支 2 个、党支部 200 个。至 2001 年，党支部减为 195 个。

2002 年 2 月，六分场、十分场合并为六分场，建立六分场党委，撤销十分场党委。东风农场党委下属分场级党委 14 个、党总支 2 个、党支部 194 个。

2003 年 2 月，一分场、十一分场、十三分场合并为一分场，八分场、九分场合并为三分场，二分场、七分场合并为二分场，三分场、四分场、五分场合并为四分场，旅游商贸开发公司与汽车运输公司合并为非公中心，成立教育中心，十二分场改为五分场，十四分场改为七分场，分别成立分场级党委。截至年末，东风农场党委下属分场级党委 9 个、党总支 2 个、党支部 188 个。

2004 年 1 月，五分场（原十二分场）合并到四分场，七分场（原十四分场）改为五分场，分别成立分场级党委。同年 3 月政企分开，建立分公司机关党支部，撤销胶厂党总支。同年 7 月，撤销食品饮料厂党支部。截至年末，东风农场党委下属分场级党委 8 个、党总支 1 个、党支部 120 个。

2005 年，随着电厂转农垦西双版纳电力分公司、教育中心移交地方，所有转出和移交单位党组织自然消失。东风农场党委下属分场级党委 7 个、党支部 106 个。

2006 年 2 月，原十二分场从四分场划出，合并到六分场。2007 年 2 月，各分场场直队撤销，合并到各生产队。一分场场直一至三队，二分场场直一至二队、基建队，三分场场直队，四分场场直一至三队，六分场场直一至二队等 12 个党支部自然消失。东风农场党委下属分场级党委 7 个、党支部 106 个。

2007 年 9 月，木材厂党支部划归农垦木业公司后，农场党委下设分场级党委 7 个，即一至六分场党委及非公中心党委；分场级党支部 4 个，即医院、昆明工作站、农场机关、分公司机关党支部；生产队级党支部 90 个。

2011 年，东风农场按照"体制融入地方、管理融入社会、经济融入市场"的改革方向，基本完成体制改革、机构调整和职能转换，农场党委和管理委员会正式挂牌运作。党委下设党总支 7 个、党支部 92 个。2012 年，全场党总支增至 13 个，党支部 161 个，其中队组支部 153 个（包括联合支部），农场直属支部 6 个，外单位挂靠支部 2 个。2015 年，党支部减至 154 个。

2018 年，党总支未变，党支部 152 个，其中生产队机关、居民小组党支部 141 个（联合党支部 25 个），机关、站所、中心党支部 4 个，非公有制经济和社会组织党支部 2 个，离退休党支部 5 个。2019 年，党支部减至 145 个，其中青年人才党支部 1 个、非公有制经济和社会组织党支部 2 个、离退休党支部 5 个。2020 年，党支部减至 137 个。1983—2020 年农场党组织情况见表 5-1-1。

表 5-1-1　1983—2020 年农场党组织情况

单位：个

年份	党委（分场级）	党总支（分场级）	党支部
1983	16	—	155
1984	15	—	155
1985	16	—	155
1986	16	—	155
1987	14	—	155
1988	14	2	168（分场级 6 个）

（续）

年份	党委（分场级）	党总支（分场级）	党支部
1989	14	2	173（分场级 6 个）
1990	14	2	182（分场级 6 个）
1991	14	2	189（分场级 6 个）
1992	14	2	196（分场级 6 个）
1993	13	3	198（分场级 12 个）
1994	13	3	198（分场级 12 个）
1995	14	2	199（分场级 7 个）
1996	14	2	202（分场级 7 个）
1997	15	2	200（分场级 7 个）
1998	15	2	196（分场级 7 个）
1999	15	2	194（分场级 7 个）
2000	15	2	195（分场级 7 个）
2001	15	2	195（分场级 7 个）
2002	14	2	194（分场级 7 个）
2003	9	2	188（分场级 6 个）
2004	9	1	120（分场级 6 个）
2005	7	—	106（分场级 4 个）
2006	7	—	106（分场级 4 个）
2007	7	—	94（分场级 4 个）
2008	7	—	94（分场级 4 个）
2009	7	—	94（分场级 4 个）
2010	7	—	94（分场级 4 个）
2011	7	—	92
2012	—	13	161
2013	—	13	161
2014	—	13	161
2015	—	13	154
2016	—	13	155
2017	—	13	153
2018	—	13	152
2019	—	13	145
2020	—	13	137

第二节　党员代表大会

一、党员代表会议

1959 年 7 月，东风农场召开党员代表会议，党员代表 44 人，到会 43 人。列席会议的有：团员代表 7 人、妇女代表 8 人、工人代表 2 人。会议听取吉来喜做《加强经营管理，厉行节约，为确保 1959 年生产、基建、财务计划的完成而奋斗》的报告。讨论通过《行政管理暂行条例》和生产管理、计划、统计、财务、成本核算等暂行办法及思想政治工作的意见等 7 个文件。

1959 年 12 月 21—24 日，东风农场召开党员代表会议。会议听取和讨论通过王玉文做的《反右倾，鼓干劲，高举总路线的红旗，为完成 1960 年生产、基建、财务计划而奋斗》的报告。

1961 年 12 月 3—6 日，东风农场召开党员代表会议，会议总结三年工作，布置 1962 年工作任务。

二、党员代表大会

中共国营东风农场第一次党员代表大会①　前哨农场和东风农场合并后，于 1960 年 7 月 29—31 日在东风农场场部召开，出席大会的代表 80 人，列席代表 6 人。大会听取牛平做《关于建场两年来党委工作总结及下半年工作意见》的报告；通过《贯彻以胶为纲，粮畜并举，多种经营，全面跃进》的决议。通过选举产生第一届党委会，13 人为委员，并选出 22 人为出席景洪县首届党代会代表。

中共国营东风总场第二次党员代表大会　大勐龙农场和东风农场合并，成立东风总场后，于 1964 年 1 月 4—7 日在东风总场场部召开。选出党员代表 111 人，出席会议代表 98 人，请假 13 人，列席大会代表 15 人。大会听取牛平做代表资格审查报告、吉来喜做 1963 年党委工作报告；讨论和通过关于生产、财务、行政等 17 个规章制度的文件；大会通过选举，选出吉来喜等 15 人为总场第二届党委会委员，通过了关于生产、财务、行政等 17 个文件和大会决议。

中共云南生产建设兵团一师二团第三次党员代表大会　农场体制改变，组建生产建设兵团后，于 1971 年 9 月 21—25 日在修配厂召开，按农场成立后召开的党员代表大会算起，为第三次党代会，时称二团第一次党代会，出席大会的代表 360 人。会议听取龙兴歧做《在毛主席革命路线的指引下，团结起来，争取更大的胜利》的报告，一师政治部主任张怀珠在大会上做重要讲话，讨论通过了《关于认真读书，努力学习马克思列宁主义、毛泽东思想的决定》报告，最后大会通过选举，选出龙兴歧等 31 人为第三届党委会委员。

① 注：东风农场 1959 年 7 月、12 月和 1961 年 12 月三次召开的党代会，原称第一、二、四次党员代表大会。1960 年 7 月召开的党代会，原称第三次党员代表大会，又称首届党代会。东风总场成立后，1964 年 1 月召开的党代会原称第一届，1971 年 9 月召开的党代会原称第三届，从历次党代会的情况看，第一、二、四次党代会，会议议程及时间不符党员代表大会要求，故排列为党员代表会议，不分届次。党员代表大会应排列为：1960 年 7 月 29 日召开的大会为第一次，1964 年 1 月 4 日召开的大会为第二次，1971 年 9 月 21 日召开的大会为第三次。大会选出的党委，亦称一、二、三届党委会，其间变迁的党委作为本届任期排列。

中共国营东风农场第四次党员代表大会　继农场第三次党员代表大会近 17 年，在实行党委领导下场长负责制转换为场长负责制后，农场第四次党员代表大会于 1988 年 4 月 11—13 日在东风农场老干部活动室召开。党员代表 181 人，出席会议代表 166 人，列席大会代表 10 人。大会听取卢明康做的《积极回顾过去、认真总结经验、勇于面向未来、大胆探索前进》党委工作报告、龙德云做的《努力搞好纪检工作，切实加强党风建设》纪检工作报告；讨论通过了《关于农场党委工作报告的决议》和《关于农场纪检工作报告的决议》的决议；大会经过投票选举，选出卢明康等 19 人为第四届党委会委员、王文剑等 5 人为纪律检查委员会委员。

中共国营东风农场第五次党员代表大会　于 1992 年 5 月 12—14 日东风农场第五次党员代表大会在农场俱乐部召开。党员代表 219 人，出席会议代表 206 人，列席大会代表 3 人。大会听取卢明康做的《充分发挥政治核心作用，大力推进两个文明建设》党委工作报告、王文剑做的《振奋精神，再接再厉，为搞好我场党风和廉政建设而奋斗》纪检工作报告；讨论通过了《关于农场党委工作报告的决议》和《关于农场纪检工作报告的决议》的决议；大会经过投票选举，选出卢明康等 21 人为第五届党委会委员、陈敬合等 5 人为纪律检查委员会委员。

中共国营东风农场第六次党员代表大会　于 1997 年 10 月 28—30 日东风农场第六次党员代表大会在农场俱乐部召开。党员代表 225 人，出席会议代表 217 人，列席大会代表 5 人。大会听取卢明康做的《同心同德二次创业，昂首阔步迈向新世纪》党委工作报告、陈敬合做的《加强纪检监察工作，促进我场经济健康发展》纪检工作报告；讨论通过了《关于农场党委工作报告的决议》和《关于农场纪检工作报告的决议》的决议；大会经过投票选举，选出卢明康等 21 人为第六届党委会委员、陈敬合等 5 人为纪律检查委员会委员。

中共国营东风农场第七次党员代表大会　于 2002 年 12 月 29—31 日东风农场第七次党员代表大会在农场俱乐部召开。党员代表 230 人，出席会议代表 226 人，列席大会代表 7 人。大会听取杨军做的《认真贯彻落实"三个代表"重要思想，全面建设农场小康社会》党委工作报告、刘华生做的《恪尽职守，反腐倡廉，为农场改革发展和稳定保驾护航》纪检工作报告；讨论通过了《关于第六届农场党委工作报告的决议》和《关于农场纪检工作报告的决议》的决议；大会经过投票选举，选出杨军等 21 人为第七届党委会委员、松兵等 7 人为纪律检查委员会委员。

中共国营东风农场第八次党员代表大会　于 2007 年 11 月 5—7 日东风农场第八次党员代表大会在农场俱乐部召开。党员代表 147 人，出席会议代表 145 人，请假 2 人，列席大会代表 12 人。大会听取了党委书记做的《抢抓机遇，加快发展，全面推进农场二次创业》党委工作报告、松兵做的《服务大局，履行职责，为农场二次创业保驾护航》纪检工作报告；讨论通过了《中共国营东风农场第七届委员会工作报告的决议》和《中共国营东风农场纪律检查委员会工作报告的决议》的决议；大会经过投票选举，选出 21 人为第八届党委会委员、松兵等 7 人为纪律检查委员会委员。建场初期（1958.01—1962.12）党委领导名录、东风农场第一至第八届党委会领导名录、景洪市东风农场管理委员会党委领导名录见表 5-1-2 至表 5-1-4。

表 5-1-2　建场初期（1958.01—1962.12）党委领导名录

单　位	书　记	副书记	委　员				备　注
东风农场党委 （1958.05—1960.07）	许汉青 吉来喜		王玉文　牛　平　吉来喜　梁明智 侯宪仑　任承印　谢　慎　薛振乾				1958 年 4 月，许汉青调离 1958 年 6 月，吉来喜接任
大勐龙农场党委 （1958.09—1962.12）	徐议清（未到职） 陈仪庭	李国荣 李玉斗	王世军　马万强　田霖树　李国荣 李玉斗　张景新　陈仪庭　金碧元（女） 谭仲初　王树元　牟绍福　周穆佑				1959 年下半年，田霖树、金碧元、谭仲初调离，先后增补王树元、牟绍福、周穆佑
	陈仪庭 周穆佑	李国荣 周穆佑	马万强　李国荣　陈仪庭　张景新 周穆佑				1961 年 10 月，对原党委进行改组，陈仪庭调离，周穆佑主持工作
前哨农场党总支 （1959.01—1960.01）	范天锡 王文双（未到职） 张德珍		李　飞　周德福　杨天贵　张德珍 范天锡　徐永明　黄景吕　周中彦 杨逢春				1958 年 8 月，范天锡调离，张德珍接任

表 5-1-3　东风农场第一至第八届党委会领导名录[①]

届　次	书　记	副书记	常　委			委　员				备　注
第一届党委会 （1960.07—1964.01）	吉来喜	牛　平	吉来喜　牛　平 王玉文　张德珍 程载德		王玉文 李舒杰 聂德胜	王华光 陈双喜 曹　铭	牛　平 张德珍 景春路	付春生 杨天贵	吉来喜 程载德	
	吉来喜	牛　平			吉来喜	牛　平	王玉文	李国荣	周穆佑	1963 年 1 月成立东风总场临时党委
第二届党委会 （1964.01—1971.09）	吉来喜	牛　平	吉来喜　牛　平 王玉文　王文希 李国荣　程载德		王玉文 李国荣 陈双喜	王文希 李舒杰 聂德胜	王华光 冯　斌 高贵志	牛　平 杨天贵 程载德	吉来喜 周穆佑 景春路	1964 年 8 月牛平调离，1965 年 4 月增补程载德为常委、1965 年 1 月吉来喜调离，王玉文主持党委工作
	宋天明				王文希 李英顺	宋天明（军代表） 张友山（军代表）				1969 年 8 月成立总场党的核心小组，宋天明任组长
	张好修	龙兴歧			王广林 韩卫东	龙兴歧 杨海林	李文章 邹礼先	刘统文	张好修	1970 年 1 月农场改为二团时成立的党委

---

　　① 建场初期，党员来自各方，党组织刚刚建立，除原东风农场曾召开党员代表会议外，原大勐龙农场和前哨农场未开过党代会，3 个农场的党委（总支）由思茅地委批复。党委届数由 1960 年 7 月原东风农场召开的第一次党员代表大会选举产生的第一届党委算起。届与届之间党委的调整或改组均作为本届的任期排列。

（续）

届　次	书　记	副书记	常　委	委　员	备　注
	龙兴歧	张好修	龙兴歧 张好修 韩卫东 王广林 刘统文 刘清胜 李文章 高殿奎 王文希 邹礼先	邓永恒 王广林 龙兴歧 李文章 李水辉 刘统文 刘清胜 武显昌 高殿奎 张好修 杨志梅 杨国荣 韩卫东 钱 江 丁财陜 邓竹青（女）邓世鸿 王文希 李志山 李忠孝 李英顺 李腾祝 李镇江 邹礼先 牟绍福 张家瑞 沈瑾瑾（女）程载德 杨明新 顾恩贵	1974年5月前，张好修、刘统文调离，增补刘清胜、高殿奎、邹礼先为常委。1974年9月，现役军人全部撤离
第三届党委会 （1971.09—1988.03）		王文希 蔡家顺 李腾祝	王文希 蔡家顺 李腾祝 邓竹青（女） 李英顺 王华光	丁财阶 邓竹青（女）邓世鸿 王华光 王文希 付泽亮 冯应彤 李忠孝 李英顺 李腾祝 陈阿甲 牟绍福 张家瑞 张振谷 沈瑾瑾（女）杨明新 蔡家顺	1974年10月二团改为东风农场后组成的党委。1978年2月后，由朱忠恒主持工作
	钱明达 张跃东	龙德云 王静屏 阎荣杰 尹忠厚	王文希 王静屏（女） 龙德云 付德功 左厚生 徐作民 阎荣杰 钱明达 尹忠厚 张跃东	未设委员	1982年5月至1983年6月，由西双版纳分局副局长张跃东主持党委工作
	卢明康	卢明康 龙德云	王文剑 卢明康 龙德云 刘秋春 徐作民 阎荣杰	未设委员	1983年7月，卢明康任副书记，主持党委工作，12月任书记
第四届党委会 （1988.04—1992.05）	卢明康	龙德云	卢明康 龙德云 徐作民 王文剑 刁光明 赵家才 欧阳孝清	卢明康 徐作民 王文剑 龙德云 刁光明 赵家才 唐金标 陈敬合 杨 昆 邹南江 王新喜 张成章 吴吉昌 张峪豪 展云会 顾秀珍 王晋滇 朱明寿 欧阳孝清	1989年5月，龙德云调西双版纳农垦分局
第五届党委会 （1992.05—1997.10）	卢明康	刘华生	卢明康 刘华生 何天喜 丁世琪 陈敬合 赵家才 刁光明	卢明康 刘华生 何天喜 丁世琪 陈敬合 刁光明 赵家才 王树山 梁纪平 伍 平 王新喜 唐金标 杨 昆 邹南江 展云会 魏光明 张峪豪 顾秀珍 徐 千 欧阳孝清 欧阳培华	
第六届党委会 （1997.10—2002.12）	卢明康	刘华生	卢明康 刘华生 丁世琪 徐 千 陈敬合 刁光明 杨 昆	卢明康 刘华生 丁世琪 徐 千 陈敬合 刁光明 杨 昆 王树山 戴 慧 蒋朝奎 欧阳孝清 伍 毅 唐保国 张双琪 周文平 李 平 陈德宇 宁伟功 张峪豪 廖达理 饶汝昌	1998年1月，杨昆辞去委员、常委
第七届党委会 （2002.12—2006.12）	杨 军	唐保国 李秉成	杨 军 唐保国 李秉成 李 平 松 兵 叶勇辉	杨 军 唐保国 李秉成 李 平 王晋滇 叶勇辉 宁伟功 伍 毅 刘宏应 杨晓云 李仕明 李国寿 李继华 李德荣 肖继平 何 剑 松 兵 周文平 彭水炎 董俊友 戴 慧	2005年1月，伍毅受处理解聘
		唐保国 李秉成	唐保国 李秉成 李 平 松 兵 何 剑 张云江	唐保国 李秉成 李 平 张云江 何 剑 松 兵 王晋滇 宁伟功 刘宏应 杨晓云 李国寿 李德荣 李仕民 肖继平 周文平 彭水炎 董俊友 戴 慧	
第八届党委会 （2007.11—2010.10）	李秉成	李秉成 唐保国	李秉成 唐保国 张云江 何 剑 李 平 松 兵	李秉成 唐保国 张云江 何 剑 李 平 松 兵 杨晓云 李派华 刁晓明 宁伟功 伍 平 王晋滇 杨新顺 李德荣 李仕民 陈德宇 钟 春 戴 慧 周文平 张红江	

表 5-1-4　景洪市东风农场管理委员会党委领导名录①

职务	姓名	任期	备注
书记	丁光宏	2018.06—2021.01	
副书记	张云江	2010.11—2012.12	2012.01 调景洪市农垦局
	唐保国	2010.11—2012.11	2012.12 退休
	吴涌泉	2011.12—2015.08	2015.09 调景洪市旅游局执法大队
	李建军	2013.04—2017.10	2017.10 调橄榄坝农场管理委员会
	张红江	2013.06—2019.04	2019.05 调勐龙镇
	瞿志敏	2014.03—2015.03	
	张泽平	2017.10—2019.02	2012.11 任组织委员，2015.03 任武装部长，2019.02 调大渡岗农场管理委员会
	黄昌林	2019.02—2021.03	2021.03 转非
	瞿志敏	2019.04—2022.10	兼宣传委员
纪委书记	唐保国	2010.11—2012.12	2012.12 退休
	李建军	2013.04—2016.11	2017.10 调橄榄坝农场管理委员会
	蒋增明	2016.11—2021.01	
委员	李秉成	2010.11—2012.06	2014.07 退休
	松兵	2010.11—2012.11	
	何剑	2010.11—2013.11	2013.11 调景洪市农垦局
	李平	2010.11—2019.05	2019.12 退休
	瞿志敏	2014.03—2021.01	
	辛悦梅	2012.11—2016.12	2016.12 调景洪市司法局
	桂生	2017.10—2021.01	2021.01 调普文镇
	周友剑	2017.10—2021.01	
	邱军	2019.04—2021.01	
	岩燕	2019.04—2021.01	

第三节　组织工作

建场初期，来自转业、复员、退伍军人和下放干部中的共产党员，一部分是在战争年代入党的，一部分是在 20 世纪 50 年代前期入党的，经过党的长期培养教育和考验，党性强，政治热情高，是一支生气蓬勃的组织力量。1959—1962 年，由于其他战线需要人才，先后从农场调出部分党员。其间，增加了部分支边干部和工人党员，同时发展了一批优秀团员和积极分子入党。

1969 年 9 月开始"整党建党"，从 11 月起，逐步恢复党组织和党员生活。组建

① 2011 年属地管理后，未再召开党员代表大会，景洪市东风农场管理委员会党委班子由景洪市党委考核任命。

兵团后，党的组织生活虽有一定的好转。粉碎"四人帮"后，党的组织生活逐步走上正轨。

党的十一届三中全会后，健全党的生活，加强党员教育，在发展新党员中，坚持党员标准和积极慎重的原则。通过制度化经常性教育和集中性教育相结合，加强党内教育和党的组织建设，先后开展整党、"三讲"教育、先进性教育活动，学习实践科学发展观活动，群众路线教育实践活动，"不忘初心、牢记使命"主题教育等，全场党的各级组织和全体党员保持先进性、纯洁性，以开拓创新精神为党的事业发挥先锋模范作用。

一、机构设置

1960 年 1 月，各农场分党政两大系统，设置相应科室，党委设有组织科、宣传科、武装部、人事保卫科及纪律监察委员会。1963 年 1 月成立东风总场时，党委工作机构以原东风农场党委工作机构为基础而延续下来。1964 年，成立政治部。1970 年，兵团建制时设政治处。1974 年，恢复农场建制后，农场又按党政两大系统建立科室，党委设政治部、组干科、宣教科、青年科、武装部、保卫科。1978 年，增设纪律检查委员会、民族工作科。1983 年企业整顿，设党委办公室、纪律检查委员会、组干科、宣传科、青年科、民族工作科、保卫科、派出所、人民法庭、武装部合署办公。1988 年党委办公室经历撤销又恢复后，与场长办公室合并，称党政办公室。此后农场历经政企分开、属地管理、企业化管理等数次体制改革，均设有党政办公室。

组干科　1960 年 1 月设立组织科，1962 年 2 月改称组织部，1964 年 6 月又称组织科，与宣传科合为政治部。1970 年 1 月，在政治处（部）内设组织干事。1974 年 10 月，成立组干科。

宣传科　1960 年 1 月设人事宣传科，1962 年 2 月改称宣传部，1964 年 6 月又改为宣传科，与组干科合为政治部。1970 年 1 月，在政治处（部）内设宣传干事。1974 年 10月、1993 年 1 月，两次与教育科合并，组成宣教科；1982 年 10 月、1995 年 2 月，又两次划出教育业务，改称宣传科。

青年科　1960 年，设立青年干事，其和共青团委合署办公。1974 年 10 月设立青年科，仍和共青团委合署办公。1993 年 1 月，工会、青年科、女工合署办公，组成群工部。1996 年 3 月，撤销群工部，青年科继续与团委合署办公。

保卫科　1960 年 1 月设人事保卫科。1967 年 3 月设人保组。1970 年 1 月在政治处内设保卫干事。1974 年 10 月设保卫科，其与派出所合署办公。1983 年后，保卫科相继与派出所、人民法庭、武装部合署办公。1996 年，保卫科与武装部、社会治安综合治理办公室合署办公。2003 年 4 月派出所移交景洪市公安局，保卫科和社会治安综合治理办公室合署办公。

武装部　1960 年 1 月设武装部，"文革"开始时其曾主持生产工作，军管后设武保组。1974 年 10 月重新组成武装部。1985 年 2 月与保卫科合署办公。1996 年，武装部与保卫科、社会治安综合治理办公室合署办公。2006 年 7 月，武装部与保卫科、综合治理办公室分开，农场武装部单独设置专职武装部办公室。

政治部（处）　1964 年 6 月，以组织科和宣传科为工作班子，设政治部。1967 年 3 月设政工组。1970 年 1 月设政治处，1974 年 10 月设政治部，领导和协调各党委工作机构的工作。1983 年 7 月撤销。

民族工作科　1981 年以前，只在政治部（处）内设民族干事。1982 年设立民族工作科。1997 年 2 月民族工作科与土地管理所合署办公。

党政（党委）办公室　1983 年 7 月设置党委办公室。1988 年 4 月，由实行党委领导下的分工负责制转换为场长负责制后，撤销党委办公室，设党政办公室；1990 年 1 月，恢复党委办公室；1993 年 1 月，与场长办公室合并，称党政办公室，此后一直延续。

史志办公室　1986 年 4 月设置，1988 年撤销。

文化中心　1988 年 7 月成立文化中心（分场级），下辖电视转播台、俱乐部、东风公园 3 个单位。1991 年撤销。

老干科　1988 年 1 月成立老干科，1988 年 12 月撤销，其职能划归劳动人事科。1990 年 8 月恢复老干科，1993 年 1 月并入组干科，2004 年 3 月恢复老干科。

纪律检查委员会　1959 年 7 月，设立纪律监察委员会。1979 年 7 月改称纪律检查委员会。1990 年 8 月建立监察科，与纪委合署办公。1993 年 1 月纪委、监察科、审计科①合署办公，称纪委监察审计科。

二、党员发展

发展党员是基层党组织的一项经常性工作，农场党委坚持按照党章规定的党员标准发展党员，依托党校、多媒体等平台，通过专题讲座、"三会一课"、交流讨论等形式，采取集中与分散、线上与线下相结合的方式，加强入党积极分子、发展对象、预备党员的培养

---

① 1988 年 1 月成立审计科。

教育。同时严格发展党员程序，抓好入党申请关、入党推优关、入党考察关、讨论发展关，把发展党员作为加强基层组织建设的重要保障，开展党员发展工作。

1958 年 1—4 月，从各条战线转来农场创业的共产党员有 602 人。

1960 年，前哨农场与东风农场合并，共有党员 391 人。因行政建制扩大，开展了党建工作，发展新党员 55 人，其中原东风农场 33 人，原大勐龙农场 22 人。

1962 年末，大勐龙农场与东风农场合并，有党员 604 人。1961—1966 年，由于政治运动不断，党员发展工作时断时续，其间共发展新党员 32 人。

1969 年 9 月，开始进行"群众性的整党建党"工作。在整党中贯彻执行毛泽东关于"吐故纳新"的指示，先后进行 3 次整党，共发展新党员 547 人。在发展的新党员中，存在个别入党方式违背了组织原则的问题（从甲单位去乙单位办理入党手续和不经党支部大会讨论，入党后又回原单位）。

至 1971 年 4 月，全场共有党员 1417 人。1974 年 10 月，恢复农场体制，共有党员 1633 人。1972—1976 年，陆续发展新党员 702 人，多数为知识青年。

1978 年 3 月 5 日，州委工作组进场，停止原党委工作，由"揭批查领导小组"行使党政领导权力。同年 10 月，经州委批准，农场党委改组，成立新的农场党委会，全场共有党员 1694 人。

1979 年，知青中的大部分党员，在"回城"浪潮中迁回城市。党员从 1978 年的 1694 人减至 1981 年的 1236 人，党的各级组织仍能正常工作。同时因知青返城，1979—1980 年仅发展新党员 4 人。

1982 年 9 月，党的十二大通过新党章后，在党员发展工作中坚持成熟一个发展一个，严格履行入党手续，按期讨论预备党员转正等。除在生产一线发展党员外，还从各项专业技术工作中发展积极分子入党。1981—1988 年，共发展新党员 372 人，其中各种专业技术人员 81 人、少数民族职工 35 人、女职工 67 人。党员中的年龄和知识结构逐步发生变化。1988—2007 年，农场党员从 1568 人增加到 2109 人，其中女党员从 156 人发展到 288 人。

2011 年后，按照"坚持标准，保证质量，改善结构，慎重发展"的方针，针对全场党员年龄老化、文化结构偏低、妇女比例偏少的情况，各党支部严把党员"入口"关，将有能力、有文化的年轻人吸收到党员队伍中来。特别是把致富能手吸收到党员队伍中来，2014—2020 年，共发展党员 140 人。在农场积极发展党员的同时，不少党员的组织关系由农场转出，至 2020 年，全场共有党员 1829 人。

1988—2020 年东风农场党员发展情况见表 5-1-5。

表 5-1-5　1988—2020 年东风农场党员发展情况一览

单位：人

年份	党员情况		
	总数	女党员	新发展党员
1988	1568	156	86
1989	1610	160	61
1990	1676	173	253
1991	1748	181	72
1992	1792	189	71
1993	1840	202	67
1994	1889	220	68
1995	1924	229	55
1996	1962	246	61
1997	2024	262	85
1998	2070	288	65
1999	2102	299	57
2000	2144	308	51
2001	2180	314	60
2002	2216	324	66
2003	2237	310	36
2004	2251	318	38
2005	2103	280	26
2006	2119	290	16
2007	2109	288	8
2008	2106	323	19
2009	2080	326	16
2010	2085	328	13
2011	2071	341	15
2012	2060	352	19
2013	1988	348	20
2014	1914	345	17
2015	1926	343	16
2016	1879	340	13
2017	1859	337	14
2018	1857	355	30
2019	1850	370	29
2020	1829	365	21

三、党员管理

农场党委认真贯彻执行党的路线方针和政策，紧紧围绕经济建设为中心，积极适应社会主义市场经济和现代化建设需要，加强党员的教育、管理、监督，全面提高党员素质，使广大党员自觉做到"带头学习讲政治、带头干事谋发展、带头创新建佳绩、带头服务比奉献、带头自律树形象"，充分发挥共产党员在各行业中的先锋模范带头作用。坚持按照党章和党内有关规定，要求党员认真执行党的决定和决议，忠实履行党员义务，正确行使党员权利，自觉遵守党的纪律，发挥先锋模范作用。督促党员自觉参加组织生活，完成党组织交给的任务，按期按规定交纳党费，接受党组织的教育和管理；根据党员工作、学习和生活实际，对党员进行监督、审查和鉴定。加强和改进对离退休党员的教育管理工作，深入开展党员先锋岗、党员示范窗口和党员责任区活动；贯彻落实"坚持标准、保证质量、改善机构、慎重发展"的方针，有领导、有步骤地做好发展党员工作，正确处理好发展党员工作中数量与质量、重点与一般、培养与吸收等关系，严格履行入党手续，把握发展党员工作中培训、政审、考察、审批、转正等各环节。党员管理坚持做到"五个原则"，即坚持全面从严治党的原则、注重实效的原则、制度规范的原则、组织管理与思想教育相结合的原则、继承与创新相结合的原则。

1991年，农场党委专门下发《党支部、党员工作目标管理实施办法》，要求党员带头参加各种学习和有关会议，带头执行党的决议，带头遵守法律、法令、法规，带头完成生产、工作任务，带头为职工群众办实事、做好事，带头深入基层和联系职工群众，带头遵守社会公德和职业道德，带头坚持四项基本原则，带头同腐败现象和不法行为做斗争。

2015年，对流动党员建立基础台账，确定专人定期联系，加强流动党员党费收缴工作，定期走访外出务工党员户，确保党员离家不离党。

2016年，为加强新形势下党员管理，掌握党员动态，疏通党员出口，农场党委以排查为契机统筹推动基层党建工作再上新的台阶。重点对外出务工经商、异地居住、人户分离、返乡大中专毕业生党员进行排查，经过仔细摸排，全场现有一名退休党员失联。

2019年，以党员信息采集工作为突破口，完善党员信息管理，做到党员隶属关系清楚，转入转出及时，确保每一名党员纳入党组织的有效管理。

四、整党工作

自 1967 年 3 月全场党的各级组织完全处于瘫痪后，1969 年 8 月成立了总场党的核心小组，于 1969 年 9 月至 1971 年 4 月，进行"群众性的整党建党"和整党建党补课工作。1969 年 8 月，总场成立整党建党办公室，由党、团员和群众共 112 人组成"整党建党毛泽东思想宣传队"，分别于 9 月 17 日到原风光、疆锋两场各单位进行第一批"整党建党"工作，12 月 8 日在原红卫、温泉、东方红、五七等 4 个农场进行第二批"整党建党"工作。1970 年 11 月至 1971 年 4 月初，在 5、11 营及修配厂、汽车队、商店、中学、医院等直属单位进行第三批"整党建党"工作。三批"整党建党"工作前后共历时 1 年零 9 个月，共恢复了 527 名党员的组织生活，对 14 名"犯有不同错误"的党员做了组织处理，发展新党员 547 名。

1983 年 10 月 11 日，党的十二届二中全会通过《中共中央关于整党的决定》，根据上级党委的安排步骤意见，结合农场实际，于 1986 年 1 月 2 日开始整党工作。在整党期间，农场党委成立了整党和生产两套班子，设整党办公室，制定整党安排意见。分 3 批进行，每批整党，农场党委都以党委文件下发，明确指出整党的重要性和必要性、指导思想、需重点解决的问题、学习内容、方法步骤和时间安排、组织领导、注意事项等。

第一批整党单位是农场党委、农场机关党支部、离休老干部党支部，共有党员 71 名。1986 年 1 月 2 日开始，7 月 1 日结束。经过整顿，予以党员登记 65 名，预备党员按期转正 5 名，缓期登记 1 名。

第二批整党单位是分场级党委（总支、支部）19 个、分场直属党支部 16 个，共 333 名党员。1986 年 7 月底至 11 月中旬进行。经过整顿，予以党员登记 320 名，预备党员按期转正 13 名。

第三批整党单位是生产队级党支部 144 个，党员 997 名。1987 年 1 月 10 日全面展开，3 月 25 日结束。经过整顿，予以党员登记 924 名，受组织处分而予以登记 4 名，62 名预备党员中取消预备党员资格 1 名，缓期登记 4 名，不予登记 3 名。

经过 1 年 2 个月的整党，先后对农场、分场和生产队的党组织进行全面整顿。参加整党的单位共有农场党委、分场级党委（总支、支部）20 个，队级党支部 162 个。通过整党验收，参加整党的 1401 名党员中，正式党员 1321 人，予以党员登记 1309 人，受组织处分予以登记 4 人、缓期登记 5 人、不予登记 3 人；预备党员 80 人中，按期转正 18 人，取消预备党员资格 1 人。

全场三级整党，都经历了整党动员、党课教育、思想检查、组织处理、党员登记、总结验收等阶段。在党课教育中，除学习上级规定的《党员必读》等学习材料和文件外，根据农场实际，农场党委拟定了教育专题。农场和分场党委、机关党支部整党，教育专题有：认真贯彻《中共中央关于整党的决定》，全面搞好农场（分场）机关整党工作；正确认清形势，坚定改革决心；增强党性观念，纠正新的不正之风；端正业务工作的指导思想，建设具有中国特色的国营农场；深入进行民族政策的教育，进一步改善场群关系，增强民族团结。生产队级党支部整党，教育专题有：为共产主义事业奋斗终身，全心全意为人民服务；共产党员必须坚持党的四项基本原则；坚持党的三大作用，发扬党的光荣传统；增强民主与法治观念，加强党的组织纪律；新时期党支部的战斗堡垒作用和共产党员的先锋模范作用；党在新时期的总任务和总目标；正确认识形势，深入进行经济体制改革；端正业务指导思想，坚持"两个文明"一齐抓；积极合理地调整产业结构，大力发展社会主义商品生产；深入进行民族政策再教育，进一步改善场群关系，增强场群团结；切实端正党风，为实现"三个根本好转"而努力。

整个整党过程，坚持了自上而下、上下监督、着重思想教育的方法，避免了左的错误发生。通过学习文件，开展批评与自我批评，全场各级党组织和全体共产党员，正确认清了改革开放的大好形势，增强了同党中央保持一致的自觉性；提高了对端正党风重要性的认识，坚定了纠正不正之风的信心和决心；进一步端正了党的工作的指导思想，切实坚持两个文明一起抓的方针；深化了对"两个否定"的教育，增强了同志之间的团结；加深了对党的民族政策的认识，进一步提高了搞好民族团结的自觉性；加强了党的民主集中制，健全了党的民主生活制度；增强了领导就是服务和领导机关就是搞好服务工作的观念，改进了领导作风和机关作风。经过整党，加强和改善了党的领导，在群众心目中恢复了党的光辉形象。

第四节　队伍建设

1958 年前后，大批转业军人和下放干部，奔赴勐龙坝，创建东风、大勐龙、前哨 3 个农场。农场初创时，所有转到农场的干部，除少数人担任领导或其他工作职务外，都投入生产一线劳动。多年来，除下放干部调回原单位外，还先后向省内外各条战线输送各类干部 500 余人。同时在农场发展进程中，也造就了大批德才兼备的各类干部，成为农场建设的骨干力量。经过各种严峻的考验和艰辛的磨炼，为农垦事业的发展做出贡献。

一、干部队伍（专业技术干部队伍）

1958 年 3 月，中国人民解放军 37 师和 39 师的转业军官 526 人，创建了原东风农场，为农场干部的主要来源：原大勐龙农场有省级机关下放干部 109 人，转业军官 25 人，老农垦干部 9 人，原前哨农场有地专机关下放干部 278 人。建场初期共有干部 947 人，其中 90％以上都在生产一线劳动。

1959 年下半年，下放干部除留场十余人外，都分批调回原单位。到 1962 年末，转业军官先后调回部队 8 人，输送省内外各条战线 283 人。1966 年 8 月，向景东、景谷等县选送 104 名青年担任教师。1970 年 12 月，调往勐腊县各农场各类干部 53 人。除西双版纳州之外，还零星调出了一部分干部。

1961 年 1 月，职工人数猛增，农场规模不断扩大，原有干部又大批向外输送，农场干部队伍需要补充。至 1965 年止，除转来湖南支边干部 69 人外，在复员、退伍军人、支边青年、支边工人中，选拔干部 88 人。

"文革"开始后，干部队伍受到冲击。1968 年 4 月成立总场革命委员会，下属 6 个农场的 24 名领导干部，结合到革命委员会领导岗位的仅有 9 人。1969 年 1 月调整革命委员会领导成员，撤换 3 人，增补 1 人。同年 3 月，将 104 名干部送进"五七干校"，被迫离开领导或技术岗位。8 月后，将在"干校"的干部逐步分配工作，部分干部调离总场。

1970 年 1 月，由现役军人干部担任团、营、连三级主要领导。为适应发展，至 1973 年，相继在老工人和知青中选拔 602 人，分别担任各级领导和各类干部职务。凡担任干部职务的工人，作为"以工代干"人员，扩大了农场的干部队伍。

1974 年 10 月，现役军人干部全部撤离，原革委会时期的领导担任各级主要领导，直至 1978 年。

1979 年知青回城，担任干部职务的也随之离场，干部队伍从 1977 年的 1744 人减至 1979 年的 1060 人，且留场干部年龄逐渐老化，因此在已参加工作的老职工子女及其他青年工人中，选拔了 263 人充实干部队伍。

1987 年末，全场共有干部 1272 人，其中民族干部 109 人、女干部 330 人。按职务区分，有农场级领导 5 人，分场级（包括农场机关科室）领导 95 人，队级干部 580 人，各类专业技术干部 607 人，政工干部 247 人。按文化程度区分，有大专 72 人，中专 119 人。

1988 年，为适应企业管理的需要，根据相关政策规定，将生产队文书、割胶辅导员纳入干部管理，干部人数由上年的 1272 人增至 1914 人。干部结构也发生了巨大变化，35 岁以下干部有 1202 人，占干部总数的 62.80％，高中以上文化干部 818 人，占干部总数的

42.74%，干部队伍呈现出年轻化、知识化。

1989—1992年，干部队伍除正常退休、解聘少数不称职干部外，基本稳定在1800人左右。

1993—1998年，为建立现代企业制度，增强企业活力，逐步实现股份制合作，为二次创业打好基础，农场实行了分级经营、分灶吃饭、经营承包，撤并了部分生产队，先后出台了鼓励干部停薪留职、自主经营政策，1998年有99名干部转岗分流，干部总人数减至1529人。

1999年，随着企业改革的深化，为降低生产成本，提高劳动生产率，增加效益，农场从实际出发，紧缩非生产管理岗位和辅助岗位，干部队伍人数再次大幅度减少，当年减少干部137人，到1999年末全场共有干部1392人。此后干部队伍基本稳定在1300人左右。

2003年，为适应农垦总局政企分开的需要，农场党委决定将13个农林分场合并为6个（六分场与十分场于2002年试点时已合并），商贸中心与汽运中心合并为非公有制经济发展中心，生产队卫生员全部进入生产岗位，当年精简干部156人，干部总数为1147人。

2004年初，农场内部正式实行政企分开，按照农垦总局政企分开实施方案要求，农场将144个农林生产队合并为72个。同年5月，公安干警正式移交地方管理，当年精简干部96人，干部人数为1051人。

2005年11月，农场教育正式移交地方政府，转出干部195人。当年全场干部总数为816人，其中企业管理干部603人、文教卫生干部213人（含未移交教师干部27名）。至2007年12月，干部人数稳定在813人，其中副科级以上干部75人。有专业技术人员764人，其中高级职称11人、中级职称169人、初级职称511人。

2011年属地管理后，医院移交地方政府，电厂、制胶厂移交农垦集团，干部队伍人数减至754人，其中纳入地方编制的公共管理人员54人，纳入地方编制的公共服务人员113人。生产队机关在编管理人员114人，居民小组在编管理人员474人。

2016年，管理委员会有管理人员619名。其中农场领导班子8人，生产队、机关部门、站所中心中层干部85人。有专业技术职称63人，其中高级3人、中级37人、初级23人。2018年，管理委员会配备管理人员578人，其中参公38人、参事66人、企业内部管理人员474人。

2019年，推进"领头雁"培养工程，成立青年人才党支部，强化农场后备干部队伍。2020年，按照《干部选拔任用条例》调整中层干部16人，新提拔任用8人，基层管理人员44人。

二、干部培训

（一）培训

长期以来农场干部绝大多数都是从生产一线提拔任用的，学历、文化水平不高。农场对干部的培训，除参加上级组织的各类业务培训外，还采取短期培训、以会代训等形式，不断提高干部的政治和业务素质。同时选送一部分干部到省、州级党校和部、局办的干部学校深造，按照分系统、分层次，以提高在职为主、外送深造为辅的格局，加大干部培训力度。

建场初期，从事橡胶生产，对干部来说是一项新的事业。为迅速发展橡胶，1958—1959年，先后派出生产队长和其他人员45人到外地学习。

1960年10月，创办了东风农场职工业余红专学校，以植物学、土壤学、肥料学和《矛盾论》《实践论》为教材，对112名干部分批进行了一次轮训。1964年2月1日成立了总场干部轮训队，取代职工业余红专学校，以各类专业工作人员16人兼任教员，对全场干部分批讲授各种专业知识，有力地促进了干部素质的提高。

1972年2月，组建团教导队，举办马列理论骨干培训班，学习《共产党宣言》《国家与革命》和毛泽东的有关论述，两期共培训129人作为理论骨干。1975年3月28日起，农场又连续举办五期学习班，每期15天，共618名干部参加。1976年7月，组建农场工人大学，共培训五期320人，后于1979年3月撤销。

1983年7月，请企业整顿蹲点调查组的工程师授课，对分场场长、主管会计、计划、统计等人员进行经营管理干部学习班培训，两期87人。

1986年9月，就加强企业管理、办好职工家庭农场为学习内容，对分场场长和部分生产队长举办了两期管理干部培训班。

1987年4—7月，从江苏聘请授课教师，对87名部分分场机关干部和生产队领导进行了培训，讲授经济管理和生产管理等10门学科。4月，对187名党支部书记分两期进行政工作理论学习，每期一周。

1996年7月，农场举办为期3天的中层领导干部理论学习辅导培训班。主要培训党的十四届五中全会精神、与市场经济有关的法律知识、建设有中国特色社会主义理论、社会主义市场经济知识、加强党的基层组织建设及加强新形势下企业思想政治工作、领导干部提高政治素质要立足于自觉并强化监督和管理等6个方面的内容，并聘请州委党校老师来场授课，共83人参加培训。

1997年，为认真贯彻执行中组部"九五"企业管理人员培训《纲要》，农场制定了用

3年时间对管理人员普遍轮训一次，以提高其政治素质和业务水平，改变重使用、轻培养的状况。

2001年，按照中央《2001—2005年全国干部教育培训计划》的要求，农场党委提出每年举办一期高规格大型理论培训班，聘请专家、学者来场讲课。截至2003年，农场先后举办党的十六大和十六届四中、五中全会、党的十七大精神培训班，对全场管理人员进行"三个代表"重要思想、全面建成小康社会、加强党的执政能力建设、树立科学发展观、建设社会主义新农村等思想理论培训；组织开展生产队干部"管理技能大比武"活动；举办党支部书记、队长培训班和入党积极分子培训班；逐级开展干部能力建设研讨活动，增强党员干部贯彻党的基本理论、基本路线和方针政策的自觉性。其中2003年2月举办的"三个代表理论"学习培训班，有500多名干部参加培训。

2006年5月，举办了一期"企业文化建设理论"培训班，有320名干部参加了培训。为使基层干部进行系统理论知识学习，开阔眼界，农场党委分期分批选送生产队干部到省农垦干校进行为期一个月的培训。

2008年3月1日，东风农场党委举办学习宣传十七大精神培训班，聘请省委政策研究室到场授课，全场三级管理干部和部分离退休老同志共410人参加培训。

2011年9—10月，东风农场举办干部电视专题讲座，主要围绕经济发展与社会稳定、城镇化建设与生态环境研究、农民增收问题研究、完善信访机制与社会稳定等14个方面内容进行讲解。同年10月，东风农场生产队干部培训班在州委党校开班，采取党校教师专题辅导和外出考察的方式，学习如何做好新形势下群众工作、加快转变经济发展方式、加快西双版纳州"桥头堡"建设等内容。生产队77名干部培训结束后，又用3个月时间，分5期对作业区383名基层干部进行轮训。

2013年1月，东风农场举办学习贯彻党的十八大精神干部培训班，各单位、生产队负责人270余人参加。邀请景洪市委组织部和州纪委、州委党校领导和老师授课。全年，全场各级党组和党小组共组织各类学习培训170余次，参与学习突破4600人次，培训内容涉及十八大以来的一系列方针政策，省、州、市改革精神，农场改革形势分析，以及各类专业知识。2013年农场先后组织党员干部培训3次，参与培训1970人次，培训内容包括中央、省、州、市相关政策，党建知识，人事管理，行业管理，专业知识等众多方面，农场所有正副职领导（乡科级）按照景洪市委组织部的要求参加了远程教育，并通过了考试。根据农场改革实际，有针对性地学习了相关法律法规、农场改革文件和割胶管理的相关实施细则。积极鼓励干部积极参加其他学历教育培训，逐步提高干部整体学历水平。通过加强学习，不断提升领导干部思想觉悟和政治素质，筑牢干部拒腐防变、清正廉洁的思想基础，优化了党员干部知识结构，提高了基层干部的科学文化水平。

2016 年参加各类培训 2100 余人次。其中：农场举办的大型企业经营管理人才培训班 1 期、云南大学资深专家培训 1 期，参训 614 人次；各种业务知识培训 10 期，参加人次 1700 余人；参加上级组织培训专业技术人才培训 201 人次。西双版纳州人才培训 1 人，培训期一年。

2019 年组织开展"千堂党课进基层"150 余期，"万名党员进党校"4 期，全场上下共开展上党课活动 600 余次。其中，农场领导干部上党课 24 次，生产队党总支班子上党课 70 余次，党支部书记上党课 500 余次，党员受教育 3500 余人次。11 月 2 日，在全场范围内挑选 11 名中高层干部到浙江大学参加为期一周的农垦改革与经营管理能力提升培训，为农场发展培养人才。全场 13 个党总支书记和 145 个党支部书记均进行全员集中轮训；对 94 名现任基层管理干部进行干部选优配强、调整充实，组织 11 批次 83 人到省内外参观考察学习，让企业干部进一步解放思想、增长见识。

为提升干部队伍的专业知识及技能，对担任农林技术、计划、统计、会计、教师、医护、文秘、宣传等职务的人员进行专业培训。在农场中学开设了专业班，其中 1981 年 9 月开设橡胶专业班 1 个，学制两年，结业 43 人；1983 年 3 月开设计财专业班 1 个，学制半年，培训 48 人。还委托高等学院进行培训，1988—1992 年先后 5 批选送 10 人到昆明大学学习橡胶工艺；1988 年委托江苏教育学院在农场开办了一个教师大专学历培训班和一个中专学历培训班。

农场一直以来都坚持选送优秀中青年干部到各级党校、省内外高等院校脱产学习深造。其中，1980—1987 年，全场选送到省内外各大（中）专院校进修深造的人员共有 121 人，其中大专 83 人、中专 38 人。1985 年选送 2 名政工干部到州委党校培训；1989 年选送 7 名干部到云南大学马列部培训；1991 年选送 2 名干部到云南经济管理干部学院培训；1992 年选送 8 名干部到省委党校培训；1993 年选送 4 名干部到华南热作学院培训；2004 年 4 月选送 20 名干部到云南财贸学院进行本科深造；2007 年选送中层干部 33 名、生产队干部 49 名到省农垦干校、云南民族大学进行为期一个月的培训。

同时鼓励干部自学成才。农场党委出台文件，对参加函授学习、自学考试的干部职工，学习期间计算出勤，发放工资，取得大专以上学历的发给奖学金。极大地激发了干部职工学习的积极性，报名参加成人高考、党校学习的干部十分踊跃。1984 年，全场参加中央农业广播学校学习 43 人，取得毕业证的有 23 人。通过自学，经成人自学考试，取得专科毕业证书的有 2 人。针对参加函授学习人员多，为方便干部学习，又不影响单位工作和生产，1999 年，农场与北京农垦干部管理学院联合在东风农场举办了一期《现代企业管理》函授大专班，培训干部 73 人（其中其他农场 10 人）。2006 年农场与云南热作学院联合举办了一期《热作专业》函授大专班，培训干部 49 人。2007 年农场与云南省农垦干校联合举办《经济管理》函授大专班和本科班，大专班培训 62 人、本科班培训 33 人。1988—2007 年，共有 600 余名干部通过送培、参加函授、自学考试取得大专以上文凭。大专以上学历干部由 1988 年占干部总数的 4％增加到 50.31％。

（二）考核

1958 年大批干部住到农场，经过一年半的劳动，1959 年 6 月，农场对下放干部进行考核鉴定，分批调回原单位分配工作。年末，转业军官进行自我总结鉴定，通过组织考核，按上级要求向各条战线输送各类干部。

1961 年 8 月，东风农场党委对机关干部提出考核要求，下队必须做到"四带""四同""四到田"①。

1963 年 12 月，对全总场干部在自我总结的基础上，普遍进行一次全面考核鉴定，实事求是地评价每一个干部，对正确使用干部有了可靠的依据。

1964 年 5 月 7 日，总场党委扩大会议决定各级干部每年参加劳动的天数，并建立劳动手册。"文革"时期，干部考核制度被破坏。

党的十一届三中全会后，干部考核制度重新建立和健全。1982 年末，制定《干部考察表》对全场干部进行一次年终考察。1981 年制定基层干部职责。1983 年建立干部岗位责任制，实行考勤登记制度、奖赔兑现制度，把工作效益和劳动报酬有机地结合起来。1987 年又制定了各类干部的百分考核法，对干部的考核逐步做到了科学化。

为便于了解和使用干部，曾先后在 1965 年、1975 年、1981 年、1987 年 4 次对干部人事档案进行建立、清理、装订工作。1987 年末，已建有干部档案 1500 余个，同年，还参加省劳动人事厅档案资料输入电子软件的人才预测统计工作，使全场干部履历第一次进入省级电子计算机。

1988 年后农场党委逐步建立和健全干部考核制度，修订完善各类干部百分考核办法，开展干部行业创优活动。坚持每年底对分场（科室）和生产队两级班子考核一次，主要考核干部的德、能、勤、绩情况，重点考核工作业绩和综合素质。采取个人述职、民主测评、民主评议、听取意见、考察谈话、现场查看等方式进行，从不同角度全面了解领导班子、领导干部的真实情况，并将考评结果作为对干部奖惩、升降、调整、培训的依据之一。仅 1994 年就解聘不称职干部 57 人，同时提拔任（聘）用一般干部 123 人。

---

① 四带即带政策、带措施、带劳动工具下队、带队里情况回场汇报；四同即与职工同吃、同住、同劳动、同商量工作；四到田即指挥、劳动、开会、介绍经验到田间。

2007年，为推动企业管理工作，完善干部考评机制，农场党委制定了《国营东风农场干部年度业绩考评试行办法》，实行领导与群众相结合，平时与定期相结合，定性与定量相结合的方法对干部进行考核，并将考核结果与贡献奖挂钩，形成了有效的激励机制。

2013年后，农场党委以作风建设为抓手，采取民主测评和综合考评的方式，对农场机关、站所、生产队、居民小组干部的德、能、勤、绩、廉进行全面考评。改变干部考核"年终突击、秋后算账"的一贯做法，在部门之间、岗位之间开展每月之星评比活动，将干部平时的工作作风、岗位履职、工作业绩与年终测评结合起来，激发干部的工作积极性、主动性和创造性。

（三）技术职称评定

1980—2007年，农场先后3次根据从事自然科学和社会科学的技术干部的学识水平、业务能力、工作成就、学历资历等，经个人申报，专业技术职称评定委员会评定，各级组织考核和有关领导机关批准，对125名专业技术干部评定相应的技术职称。其中授予农艺师11人、助理农艺师4人、工程师1人、会计师1人、助理会计师2人、助理经济师2人、主治医师4人、医师15人、医护士64人、兽医7人、农业及其他技术员14人。授予技术职称的占专业技术干部的31.4%。

三、干部管理

1983年8月，为提高各级干部的管理水平，农场下放了干部管理权限，生产队级干部由分场考核、管理，分场级干部及专业技术干部由农场管理。

1988年，农场干部管理体制由党委领导下的场长负责制转换为场长负责制，干部管理方式也随之转换为党群干部由党委任用、组干科管理，有政工干部256人；行政干部由场长任用、劳动人事部门任用管理，有1658人。

1990年，干部管理恢复归口统一管理，即：按照党管干部原则，干部由农场党委任用、组干科管理。

1993年，农场下放干部管理权限，队级干部的任免和管理由分场党政班子集体研究决定，任免名单报农场组干科备案。为控制队级干部的编制，确保队级干部的相对稳定和合理使用，农场有权及时纠正分场用人不当或干部管理中存在的不正之风。中层干部、中级职称以上专业技术干部、农场机关干部的任用（聘用）、调配和管理，由农场党政班子集体研究决定。

2004年，农场实行内部政企分开，成立东风分公司，党委设在农场。干部管理按党管干部的原则，中层领导干部、农场、分公司机关干部的任（聘）用、调配由农场党委班子集体研究决定；分场、作业区机关干部和生产队干部的任（聘）用、调配由分场党委集体讨论决定，报农场党委审批后任（聘）用。

2011 年属地管理后，农场干部管理仍坚持党管干部的原则，中层领导干部、农场、机关干部的任（聘）用、调配由农场党委班子集体研究决定；分场机关干部和生产队干部的任（聘）用、调配由分场党委集体讨论决定，报农场党委审批后任（聘）用。

由于历史的原因，农场管理干部年龄普遍偏大，2012 年，改革干部人事制度，推荐选拔年轻的后备干部，将能干事、想干事、会干事的年轻人充实到管理岗位，形成能者上、平者让、庸者下的干部激励机制，此后一直延续，每年都会从一线基层岗位提拔一批年轻职工到管理岗位，逐步解决农场基层干部队伍中的结构不合理的问题。

（一）企业整顿

1983 年，为了适应改革、开放、搞活，把竞争机制引入干部管理，在企业整顿中，对农场、分场、生产队三级班子进行了调整。调整后的三级领导班子，年龄、文化等方面比原班子有了较大的改变。

从 1983 年起，对一些年龄偏大，文化偏低，不适应继续做领导工作的干部，按政策退出领导班子，安排他们做一些力所能及的工作。至 1987 年末，共安置 339 人。同时，为加强干部队伍的活力，废除干部终身制，农场实行在优秀中青年工人和专业技术人员中聘用干部，到 1987 年末，共聘用各类干部 455 人。

（二）"以工代干"

从工人中提拔担任干部的人员，简称"以工代干"人员。

1983 年 6 月，按中共中央组织部、劳动人事部相关文件及省委组织部、省劳动人事厅通知，对 1980 年 1 月 1 日以前的"以工代干"人员分别进行补办和转干手续。对 1979 年 3—12 月和 1980 年 1 月 1 日以后的"以工代干"人员，给予文化补课，由云南省委组织部命题进行考试，合格者给予转干和吸收录用。1984 年 9 月 16 日全部工作结束，报经云南省农垦总局党委批准，共补办干部手续 959 人、转干 76 人、吸收录用 187 人，共1222 人转为国家正式干部。

（三）落实知识分子政策

1987 年末，全场有中专以上学历和在专业技术岗位上的专业技术干部共 607 人，其中农林技术人员 76 人、工程技术人员 11 人、医务人员 66 人、中学教师 120 人、小学教师 215 人及会计、财务、统计人员等 119 人。

1980 年开始对从事自然和社会科学技术的干部评定技术职称，按干部"四化"要求，至 1987 年共选拔具有中专以上学历、技术员以上职称的干部 24 人，分别担任各级领导，其中有农场领导 3 人、分场级（含科室）领导 24 人。同时，根据党员标准，1984—1987年，全场共吸收优秀中青年专业技术干部加入中国共产党 52 人，其中有农艺师 3 人、医护士 3 人、农林技术员 5 人、中小学教师 35 人、其他技术人员 6 人，还有许多专业技术人员向党组织递交了入党申请书。至 1987 年，全场有知识分子党员 115 人，占知识分子总数的 19％。对中专以上学历和技术员以上职称的专业技术干部，分别实行学历和职称浮动工资，按农场现有条件解决住房等相关待遇问题。

第五节 纪检监察

中共国营东风农场纪律监察委员会成立于 1959 年 7 月，1966 年前称为中共国营东风农场监察委员会；1966 年 12 月至 1979 年 4 月，农场无监察委员会机构；1979 年 5 月，恢复和建立了中共国营东风农场纪律检查委员会。1959—2010 年中共国营东风农场纪律检查委员会共产生九届，2011 年属地管理后，由景洪市纪委、组织部考核任命，一般由农场党委副书记兼任纪委书记。

1959 年 7 月，东风农场党的监察委员会成立，至 1966 年停止工作。

1979 年 5 月，恢复和建立了东风农场党的纪律检查委员会，主要解决"文革"的遗留问题。

1982 年以后，认真贯彻执行《关于党内政治生活的若干准则》和党的十二大《党章》，把工作重点转到党风建设上。同时，会同政治部门开展打击经济违法犯罪活动。纪检组织得到健全，纪检工作开始走向正轨。

东风农场纪律检查委员会在农场党委的领导下，不断加强自身建设，建立健全各项工作制度，认真履行"保护、惩处、监督、教育"四项职能，强化对全场党员干部的党风廉政建设和反腐倡廉教育，认真做好职工群众的来信来访工作，依法严肃查处各类违法违纪违规案件，保证党的路线、方针、政策和农场各项规章制度的贯彻落实，为农场的改革、发展、稳定起到保驾护航的作用。

一、机构沿革

1959 年 7 月，中共国营东风农场纪律检查委员会经思茅地委批准成立，由 7 人组成，配兼职书记 1 名。1962 年，增设兼职书记 1 名，1963 年成立办公室并增专职干事 1 人。

1966 年，无监察委员会机构。

1979 年 5 月，恢复纪律检查委员会，由 4 人组成，配兼职书记和专职副书记各 1 名，设办公室及专职干事 1 人。1983 年，设纪委办公室和打击经济犯罪活动办公室，增加专职干事 4 人。

1987 年底，组织建设有了很大发展，农场纪委更加健全，14 个分场级单位建立了纪委组织，105 个支部委员会设了纪检委员。全场有专职和兼职纪委干部 17 人，形成了自下而上的监督系统。

1988 年 3 月，成立国营东风农场审计科。1990 年 8 月，建立国营东风农场监察科。1993 年 1 月，农场机构调整，农场纪委、监察科、审计科合署办公（由纪委牵头）。

1994 年 1 月 5 日，景洪市人民检察院驻东风农场监察室成立，协助监察机关办理本单位的经济、法纪案件，提供有关信息，开展综合治理，进行法制宣传等工作。

1999 年 4 月和 2004 年 3 月，两次机构调整，农场纪委、监察科、审计科均合署办公。至 2007 年，全场 8 个分场级单位（1～6 分场、非公中心、医院）均建立了纪检组，配有专（兼）职纪检干部 8 人，全场纪检工作按照规范化、制度化正常运作。

2018 年，纪委配备委员 5 名，含纪委书记、副书记、纪检监察员及部门工作人员。设置群众诉求中心 1 个，配备专职工作人员 2 人；诉求联络点 13 个，配备诉求联络员 13 人。成立党风廉政建设监督委员会 13 个，每个委员会配备主任、副主任各 1 名、委员 3 人，共计 65 人；在 144 个居民组成立党风廉政建设监督小组，每个小组配备组长 1 人、组员 2 人，共计 434 人。

二、纪律检查委员会

1959 年 7 月，成立第一任纪律监察委员会，配备书记 1 人、委员 7 人。

1962 年 5 月，成立第二任纪律监察委员会，配备书记 1 人、副书记 1 人、委员 6 人。

1965 年 4 月，成立第三任纪律监察委员会，配备书记（兼）1 人、委员 7 人。

1979 年 7 月，成立第四任纪律监察委员会，配备书记 1 人、副书记 1 人、委员 3 人。

1988 年 4 月 11—13 日，农场召开第四届党代会选举产生国营东风农场纪律检查委员会，配备书记（历次第五任）1 人、副书记 1 人、委员 5 人。

1992 年 5 月 12—14 日，农场召开第五届党代会选举产生国营东风农场纪律检查委员会，配备书记（历次第六任）1 人、委员 5 人。全场共有分场级纪检组 16 个、纪检人员 55 人。

1997 年 10 月 28—30 日，农场召开第六届党代会选举产生国营东风农场纪律检查委员会，配备书记（历次第七任）1 人、委员 5 人。全场共有分场级纪检组 16 个、纪检人员 63 人。

2002年12月30—31日，农场召开第七届党代会选举产生国营东风农场纪律检查委员会，配备书记（历次第八任）1人、委员7人。全场共有分场级纪检组17个、纪检人员77人。

2007年11月5—7日，农场召开第八届党代会选举产生国营东风农场纪律检查委员会，配备书记（历次第九任）1人、委员7人。

历任纪律检查委员会名录见表5-1-6。

表5-1-6 历任纪律检查（监察）委员会名录

任 期	书 记	副书记	委 员	备 注
第一任 (1959.07—1962.04)	王玉文		张由之 程载德 冯 斌 刘海旺 李有银 谢 慎	
第二任 (1962.05—1962.12)	牛平	程载德	王玉文 杨天贵 李舒杰 陈双喜 聂德胜	
第三任 (1965.04—1967.02)	程载德 （兼）		王文希 李国荣 李舒杰 陈 匡 杨吉甫 杨天贵	
第四任 (1979.07—1987.12)	龙德云	张家瑞（1981年10月调离） 王文剑（1982年10月任职）	赵家才 刘秋春	
第五任 (1988.04—1992.05)	王文剑		王树山 朱如礼 伍胜茂 彭向东	
第六任 (1992.06—1997.11)	陈敬合		梁纪平 何天云 王树山 彭向东	
第七任 (1997.12—2002.12)	陈敬合		王树山 松 兵 王远峰 张建明	
第八任 (2003.01—2007.10)	松 兵	松 兵	杨晓云 张建明 戴俊中 王远峰 李 忠 曾龙秋	2003年3—6月，由党委副书记唐保国主持工作；2003年6月至2005年5月，由纪委副书记松兵主持工作；2005年5月30日，松兵任职纪委书记
第九任 (2007.11—2010.10)	松 兵	秦海雁	刘宏应 杨晓云 李 忠 曾龙秋 黄昌林	
2010.11—2012.11	唐保国		刘宏应 杨晓云 李 忠 曾龙秋 黄昌林	
2013.04—2016.11	李建军	黄昌林（2012.10—2013.03） 易建华（2013.04—2014.06） 王正强（2014.06任职）	黄昌林 易建华 王正强 蒋增明 钱光宏	
2016.11—2022.07	蒋增明	王正强	庄颖丽 李 玲 柳成章	
2021.04—	赵维瑜		魏正荣 张吉林 王丽莉 沐 清	景洪市农垦集团东风农场有限责任公司
2022.07—	玉楠叫	王正强	王 敏 李 玲 柳成章	东风农场社区管理委员会

三、纪检监察工作

1979年5月，农场纪委建立后，认真贯彻党的十一届三中全会的决议，对全体党员进行实事求是的思想路线教育和增强党性、反对派性的教育。

1980 年，全场党员学习中央《关于党内政治生活的若干准则》。1982 年，农场党委根据《准则》的精神，下发《关于坚决纠正在招收和调动职工工作中摘不正之风的决定》，规定党员干部做到"十要""十不准"，由农场纪委进行监督和检查。

党的十二大确定了纪律检查工作"从过去把主要精力用在查处党员违纪案件，转到现在着重抓执政党的党风问题上来"的指导方针。1983 年，农场党委制定《加强和改善党的领导，切实搞好党风的决定》，规定党员干部要做到"十带头"。企业整顿后下发《努力提前实现党风根本好转的意见》，农场纪委根据党委制定的《决定》和《意见》协助党委抓好农场、分场两级党委领导班子和两级机关干部的思想作风建设。中纪委《关于对党员干部加强党内监督的若干规定》下发后，农场纪委建立健全了各级党组织的民主生活会制度。根据中纪委七次全会精神和《党员再有索贿者一律清除出党的决定》的精神，进行两次党风大检查，并对党员进行系统的党风党纪专题理论教育和正反两方面的典型教育。

随着改革开放、社会经济的快速发展，农场纪委除维护党的章程和其他党内法规，检查党的路线、方针、政策和决议的执行情况外，还协助党委加强党风廉政建设，开展党风廉政教育，组织协调反腐败工作。为了更好地促进农场纪检、监察工作趋于规范化、制度化，农场制定了《纪委工作职责》，集中力量管好党纪，协助党委管好党风，发挥"保护、惩处、监督、教育"职能作用。农场的党委成员都能带头端正党风，没有出现过大的违反党纪的人和事。全场大多数党员都能严格遵守《准则》和《党章》，分场党委成员中出现了严于律己、廉洁奉公的优秀党员领导干部，党员干部中出现了不少拒贿赂、抵歪风，坚持原则的先进事迹。

（一）纠正"文革"中的冤假错案

1979 年 5 月，恢复纪检工作，建立东风农场纪律检查委员会以后，对 1978 年落实政策办公室遗留下来的"文革"中的问题，继续进行善后工作。本着有错必纠的原则，对先后收到的申诉和来信来访反映的问题进行大量的调查、取证和核实工作，为被错误处理的280 人落实了政策。

在解决"文革"遗留问题的善终工作中，农场党委做了大量协调工作，并得到西双版纳州委和农垦分局党委的指导和帮助。农场党委于 1983 年 3 月召开了两级党委成员和分场组织干事参加的"文革"遗留问题善终工作会，标志着"文革"遗留问题的彻底解决。

（二）打击经济违法犯罪活动

1982 年 3 月，农场党委遵照中央《关于严厉打击经济领域里严重犯罪活动的通知》

精神，做出在全场开展打击严重经济犯罪活动的斗争的决定。成立领导小组，集中力量同有关部门密切配合，严厉打击走私贩私、贪污受贿、投机诈骗等严重违法犯罪活动。1983年1月农场党委下发《关于继续深入开展打击经济领域犯罪斗争的通知》，并成立打击经济犯罪活动办公室。1984年1月农场纪委下发《关于对全场财务、商业、粮食等部门开展账务大检查的决定》。从1982年到1987年打击经济犯罪活动办公室撤销，全场共查处经济违法案件48件，受到党纪处分的6人，受到政纪处分的8人。

（三）查处违纪违规案件

查处党员干部违纪违规行为是纪检、监察工作一项重要任务。农场纪委根据《准则》《党章》等党内重要法规，对党员领导干部中的以权谋私和官僚主义错误进行纠正和查处。对党员和党员干部中的贪污受贿、道德败坏、打架闹事和钻改革空子等违法乱纪案件进行严肃查处，从1979年到1987年共查处违纪党员65人。对职工群众反映党员干部或集体中违纪违规行为及时进行登记、调查和处理，按照党纪政纪条规，重证据、重事实，发现一起，查处一起。1988—2007年共接待职工群众来信来访846件（次），查处案件184起，处分违纪违规党员干部198人次，通报批评47人，挽回经济损失98.97余万元。

（四）企业内部监督管理

农场纪委坚持发挥监督职能作用，充分调动审计人员的积极性，加强对全场的监督、审计工作。主要监督检查场务队务的公开情况，监督检查全场中层以上领导干部个人收入情况，监督并参与对全场中层以上领导干部的考察、提拔任用及考评工作，参加基层党组织民主生活会，参与农场物资采购及工程招投标、基建管理和基建验收执法检查，参与林地更新倒树木材评估等工作。农场审计科坚持每年对全场各单位的账目和使用专项资金部门的账目进行审计。严格遵守审计工作"依法审计，服务大局，围绕中心，突出重点，求真务实"20字方针，突出"深、准、透、实"四个字。至2007年，共审计项目702个，审计金额达104.38亿元，查处问题金额5198.016万元，挽回经济损失961.61万元，提出审计建议395条，对查处的问题做出妥善处理。

2008年，开展效能监察工作，对农场2004—2006年中央、省财政下拨的中央橡胶基地资金、部农业综合开发资金、"三个一"资金和省发展改革委资金的管理和使用情况进行自检、自查，重点自查橡胶林地开垦定植管理、东试早柚标准化种植示范园项目、东风小城镇基础设施建设、奶水牛良种繁育基础建设4个项目，通过效能监察避免经济损失18.21万元，挽回经济损失13.12万元。基建工程审计挽回经济损失24.1万元，查处违纪违规党员干部3人。

2013年，由纪检组织及相关部门人员组成的明察暗访8人小组，采取不定时、事前不打招呼、直入现场查岗的方式，突击查处各级机关干部离岗、脱岗、混岗、无假外出，以及不作为、慢作为、乱作为等突出问题，共查处干部4人。

2015年，采取明察暗访、专项整治、诫勉谈话等措施，规范干部行为，督促干部依法行政，明察暗访10次，处置违纪干部6人，其中免职5人、通报1人。

2017年，专门成立自查工作领导小组，将贯彻落实国家重大政策措施情况及执行财经纪律自查工作作为工作中一项重要内容来抓，在整治过程中，不定期地对与之相关的工作进行抽查。主要领导亲自督促，分管领导专门负责，工作人员明确分工，形成一级抓一级、层层抓落实的工作局面。严格按照文件精神和要求，把各种资源有机地整合起来，调动各方面的积极性和主动性。整治发现，国家重大政策措施方面的宣传力度不够到位，一部分职工群众对国家的各项政策了解不全面，同时由于近年来胶价持续下滑，导致农场企业收入有限，上级专项扶持资金少，部分项目未能得到有效开展，从而使相关政策措施未能够全面落实到位。财经纪律实施方面一直严格执行中央八项规定及各项财经纪律规定、制度，完善内部财务管理办法，未出现任何违法、违纪情况。

2018年，农场纪委主动出击，力求及时发现违规违纪行为，对苗头隐患做到"早发现、早化解"，妥善处置，防止小问题演变成大错误。受理各类信访件8件，包括立案审查1件（党内严重警告处分1人）、问责1件（全场通报问责1人）、上报景洪市纪委监委2件、予以了结2件、暂存待查1件。通过五级联动平台受理诉求件850件，发现苗头性问题2件，当场纠正。充分利用"第一种形态"开展提醒谈话10人次，诫勉谈话1人次，集体约谈2期10人次，任前廉政谈话2期5人次，点名通报3个单位、7人次，并做出书面情况说明和个人书面检查。

第六节　党的建设

党的建设是党为保持自己的性质而从事的一系列自我完善的活动，不仅包括党务工作，还包括党的政治建设、思想建设、组织建设、作风建设、纪律建设和制度建设等。

党的建设关系重大、牵动全局，农场党委一直以来都十分重视党的建设，经常讨论和检查党的宣传工作、教育工作、组织工作、纪律检查工作、群众工作、统一战线工作等，时刻关注研究党内外的思想政治状况。

一、思想政治工作

农场的思想政治工作，始终围绕各个时期的形势、党的中心工作和任务，结合本场职工的思想实际，在党委的直接领导下进行，由各级党组、政工部门和政工人员组织开展。不断创新思想政治工作方法，用提高职工素质作为思想政治工作基础，用舆论宣传推进思想政治工作，用说真话、讲实情强化思想政治工作，用思想政治工作承包办法落实工作责任，用思想政治工作保证生产经营目标实现，用深化改革加强思想政治工作，用做好事、办实事促进思想政治工作，用加强场群团结、搞好场地协作改善思想政治工作，使农场的思想政治工作取得显著成绩。

建场初期，为落实屯垦戍边、建设农场、种好橡胶的任务，农场党委对职工开展"建设边疆、保卫边疆是我们的光荣职责""国营农场的性质任务和作用""橡胶在国民经济中的主要地位和作用""美丽富饶的西双版纳和本场发展规则""发扬艰苦创业精神，做一个合格的农垦工人"等专题教育；开办职工业余夜校，组织职工学习政治、文化和生产技术知识；开展"向雷锋同志学习""四个革命化"①活动，全场职工学习雷锋精神，热爱本职工作，好人好事蔚然成风。同时对职工进行党的民族政策教育，以队为单位派出 2～3 人群众工作组到村寨中，宣传党的民族政策，加强场群团结、民族团结，和当地各族人民一起共同建设社会主义新边疆。

"文革"期间，思想政治工作受到影响。党的十一届三中全会以后，党委领导全场职工开展"实践是检验真理的唯一标准"的讨论，冲破"两个凡是"的束缚，解放思想，深入贯彻党的十二大提出的两个文明一起抓的战略方针。组织职工重点学习《中国共产党第十二次全国代表大会文件汇编》《中共中央关于经济体制改革的决定》等文件。

1984 年，农场党委根据中共中央批转的《国营企业职工思想政治工作纲要（试行）》的精神，在改善和加强思想政治工作方面，研究和制订贯彻方案，并以《改善思想政治工作，促进两个文明建设》下发各单位，召开政工人员会议，进一步学习该纲要，思想政治工作做到制度化、系统化。同时建立以农场党委成员为主的中心理论组、普法领导小组，及时研究制订学习计划和开展思想政治工作，坚持两个文明一起抓的战略方针，树立领导就是服务的观点，要求领导干部和机关工作人员做到"三个面向""三反对""三短"②。要求农场、分场两级机关干部每年下基层调查研究分别不少于 60 天和 90 天，少讲空话，多办实事，抓好典型。

1985 年，农场党委召开政工会议，提出以"五化一结合"方法，贯彻落实《国营企

---

① 四个革命化：领导班子革命化，领导干部带头学习毛泽东著作，种试验田，深入生产队调查研究，培养典型，总结经验，做到"三个面向""三个服务"；实现机关革命化，建立劳动手册，与工人"四同"（同吃、同住、同劳动、同商量）；职工思想革命化，以雷锋为榜样，热爱本职工作，以场为家，争当"五好工人"；企业革命化，对职工进行社会主义教育，发扬三大民主，扭亏增盈。

② "三个面向"即面向基层、面向生产、面向群众；"三反对"即反对官僚主义、反对分散主义，反对文牍主义；"三短"即开短会、讲短话、写短文。

业职工思想政治工作纲要（试行）》，把坚持改革、服务于改革作为新时期思想政治工作的基本任务，以培养"四有"新人为目标，促进农场改革的顺利进行和生产经济的发展。此后，党、政、工、团、妇等部门齐动手，多形式、多渠道地开展思想政治工作，对职工进行"社会主义民主和法制""市场竞争和提高效益""勤劳遵法致富和奖优罚劣""尊重知识尊重人才""开放搞活和改革创新""坚持四项基本原则和反对资产阶级自由化"6个方面的专题教育，做到思想、组织、措施三落实。同时，在教育中做到理论联系实际，把国家、集体和个人的利益紧密地结合起来，1985年深入开展"四感"[①]教育，1987年开展"东风企业精神"教育。农场的思想教育工作做到了制度化、网络化、系统化。

1988年7月，组织召开由农场和分场党政主要领导、农场党群部门负责人、基层党群干部共同参与的思想政治工作会议。会上明确提出建立"四位一体"思想政治工作新格局，之后"四位一体"思想政治工作组织形式随着企业改革不断深化日渐完善，逐步形成党政工团齐抓共管、各行各业齐心协力的"大政工"格局。

1990—1992年，在全场干部职工中广泛开展"四情""五爱"以及"双基"[②]教育，农场专门成立教育委员会，专项负责，使"一个中心，两个基本点"深入人心。

1993年2月，农场成立职工思想政治工作研究会，并组织召开政研会第一届理事会。会上审议通过《国营东风农场第一届职工思想政治工作研究会章程》和理事会成员名单，明确该组织的主要任务和工作职责。此后，政研会每2年召开一次，不断分析总结农场思想政治工作中的经验和教训，同时指出今后的工作任务和加强改进思想政治工作方法及途径，至2007年，共组织召开五届政研会。

1998年，围绕农场二次创业，在全场开展艰苦创业、爱岗敬业教育；同年，根据中共十五大精神，在全场干部职工中广泛开展"五大"讨论和"四个意识"[③]教育；围绕"如何加强和改进当前企业思想政治工作"的问题召开农场思想政治工作研讨会，各分场级单位党政工领导、政工干部及各科室领导130多人进行深入探讨。

2000年，结合企业改革和转岗分流的需要，由农场党委直接领导、农场宣传科牵头、党政工团共同参与，在全场干部职工中深入开展思想解放和观念更新的讨论。引导干部职工树立创新意识、竞争意识、风险意识、营销意识和品牌意识，教育职工克服等、靠、要的消极思想。在推进企业深层次改革的进程中，农场党委始终把党建思想政治工作放在首位，坚持"三不变""四到位"的原则，即党建思想政治工作在企业中的地位不变、所形

---

① 建设好农场的主人翁责任感，做一名橡胶工人的自豪感，为国家多做贡献的荣誉感，以场为家的归属感。
② "四情"即国情、社情、边情、场情；"五爱"即爱党、爱国、爱边疆、爱农场、爱岗位；"双基"即基本国情和基本路线再教育。
③ "五大"即问题大讨论、思想大解放、观念大更新、改革大推进、经济大发展；"四个意识"即危机意识、机遇意识、压力意识和动力意识。

成的基本格局不变、服务于经济建设中心思路不变，保证党建思想政治工作组织到位、人员到位、责任到位和资金到位，确保在新形势下党建思想政治工作的正常开展。

2003 年，农场党委启动"抓五讲、刹三风"① 教育活动，同年 7 月，农场举办 500 多名管理干部参加"三个代表"理论培训班，邀请省著名学者专家来场授课。

2004 年政企分开后，为保证党建思想政治工作落到实处，农场党委针对政企分开的改革新形势和合并分场、生产队的实际情况，对基层党组织及时调整、组建和重新划分。同时，注意把政治素质好、业务能力强、热爱党务政工工作的党员干部选配到党组织领导班子中来。对政工干部进行不同形式的培训，学习党内规章制度、业务知识，做好党的工作经验交流，使他们尽快熟悉业务、胜任工作。农场党委先后出台 12 项党建思想政治工作管理制度、3 项政工条例和 1 项政工章程，这些制度包括党员管理、思想教育、道德建设、精神文明建设等内容。而且，强化党建思想政治工作责任，农场与分场、分场与生产队每年签订党建思想政治工作责任状，把党建思想政治工作目标责任层层分解落实到位；与生产经营同部署、同安排、同考核、同奖励，真正做到了两个目标一起订，两个任务一起下，两项工作一起抓。党建工作规章制度的不断完善，为农场党建思想政治工作规范化、科学化奠定了基础。此外，各个党支部的"三会一课"制度、民主评议党员制度、民主生活会制度、党员汇报制度、民主选举制度等各项规章制度都得到落实。

2006 年后，农场党委结合企业改革、发展与稳定的需要，积极研究和探索新形势下职工道德价值取向，广泛开展职业道德、家庭美德、社会公德教育。教育广大干部职工树立正确的人生观和价值观，着力培养有理想、有道德、有文化、有纪律的"四有"队伍。深入开展以"东风精神"为主题的企业精神教育和优良传统教育，将"东风精神"融入农场三个文明建设，着力培养职工的光荣感、使命感、自豪感和归属感。

2016 年，农场党委坚持思想建党与制度建党相结合，进一步完善党委中心组理论学习，强化廉政教育机制，落实党组负责人交心谈心制度，严格党内政治生活，使民主评议工作常态化。健全党员监督约束机制，对不符合标准的党员清除出党，对需要整改的党员限期改正，始终保持党组织的纯洁性和先进性。把思想进步、作风正派、勇于担当的群众吸收到党组织里来，提升党员素质，起好先锋模范带头作用。全年举办学习传达党的十八届五中全会精神和习近平总书记系列重要讲话精神等专题讲座 5 期、大型党员干部培训学习 7 场、中心理论组学习 4 次、各类专题学习培训 50 余次，开展思想道德教育，提高职工群众道德素质。深入开展精神文明创评活动，进一步加强职工群众社会公德、职业道

---

① "五讲"即讲团结干事、讲服从大局、讲维护稳定、讲坚持原则、讲求真务实；"刹三风"即刹赌博风、刹吃喝风、刹乱花钱风。

德、家庭美德、个人品德和诚信教育；逐步实施"道德讲堂"建设活动，不断提升干部职工群众思想道德修养。全年，东风农场开展道德宣讲活动 158 次，参与人数 17478 人次。开展"善行义举榜"建设活动，引导社会风气，践行社会主义核心价值观，并在中林生产队、红卫生产队和农场机关进行试点。

2018 年 3 月 22 日，东风农场党委举办学习贯彻习近平新时代中国特色社会主义思想主题教育宣讲会，并邀请景洪市委党校高级讲师做专题讲座，以学习贯彻习近平新时代中国特色社会主义思想主题教育和党的十九大精神为主线，围绕党的系列重大理论观点、重大战略思想、重大决策部署，中央、省委、州委、市委的方针政策、重要会议、重点工作，群众关心、关注、关切的热点难点问题进行宣讲。全场各单位部门联系各自工作实际，联系干部群众思想实际，坚持学以致用、用以促学，切实把十九大精神落实到各自的实际工作中去，以此全面推进农场社会经济发展，持续推进、务实创新、积极作为、勇当先锋，为农场企业化改革夯实思想之基。

二、党建工作

自 1958 年党的组织建立时起，各级党组织就注重党的思想、组织、作风、制度和反腐倡廉建设。每个支部都坚持"三会一课"制度，党员经常向组织汇报思想情况，开展批评与自我批评。党课教育中，进一步学习党章、党的基本知识和马列主义基础理论，开展向先进模范人物学习的活动，传达和学习党内重要文件精神。

1979 年开始，在全场党的各级组织内建立和健全党的生活制度，严格组织生活。农场、分场两级党委成员坚持过双重组织生活，每季度开一次民主生活会，会议记录报上一级党委。支部委员每月过一次生活会，会议记录报分场党委。党小组每周一次生活会，支部每季一次支部大会，定期向党员报告工作。

1980 年起，农场坚持党课教育，以分场为单位，对全体党员集训一次，支部每月（季）一次党课学习，农场对支部书记进行不定期培训。1982 年 2 月，为认真贯彻《关于党内政治生活的若干准则》，农场党委对全场党员和干部提出"十要十不准"，并在农场和分场两级党委班子中，开展"从我做起，带头纠正不正之风"的自查活动。1983 年 3 月，根据中央和省委关于学好新党章的通知精神，发出《关于加强党员教育工作的执行意见》，针对农场党内的实际情况，进行"十个明确"的教育。同年 12 月，农场党委发文，要求全场各级党组织抓好党员学习，为全面整党做好准备，对党员和干部提出除了做到"十要十不准"外，还必须做到"十带头"，加强自身的思想和作风建设。

2003 年，农场在全场开展了以"讲顾全大局、讲团结干事、讲维护稳定、讲坚持原则、讲求真务实"、刹"吃喝风、赌博风、乱花钱风"为主要内容的党纪党风教育活动。活动分学习理论、找准问题、开好民主生活会、制定整改措施4个阶段进行。农场党委还与5个分场级党委签订《禁赌、禁贪责任书》，各分场党委也与203个生产队级党支部签订责任书，2513名党员干部写出保证书，把禁赌、禁贪落到实处。

2007年3月，农场党委下发《国营东风农场党建示范点建设工作实施意见》，创建"云岭先锋"基层党建示范点20个，其中：分场级党组织3个、生产队级党支部17个；党员先锋岗155人。对全场3个分场级党组织、17个生产队级党支部、155名党员由农场党委统一制作牌子重点培养。党员先锋岗有农场、公司科室领导，分场、作业区机关干部，生产队党支部书记、队长，技术员、经济员、一线工人、资源配置人员、外来经商户、离退休人员等。从而达到"培育一批，带动一片，推动整体，促进全面"的效果。

2015年，党员远程教育平台、综合服务平台覆盖13个党总支，加强基层党建活动室建设，建立职工之家5个，打造党建示范点5个，环境卫生整治示范点1个。

2018年，着力健全党支部工作制度，落实党建责任体系，不断完善领导班子党建挂钩指导党建机制，扎实推进农场"领头雁"工作。层层签订责任书，规范台账，使"三会一课"、党员积分制管理、"3+N"主题党日活动逐步常态化。以"四项提升工程"为契机，结合"千堂党课进基层""万名党员进党校""两学一做"，学习贯彻习近平新时代中国特色社会主义思想和党的十九大精神，提升党建队伍水平。实施"示范工程"，着力打造"两学一做"示范点2个，发挥以点带面的辐射作用。以信息平台丰富党建内涵，将使用党员手机App纳入基层党支部书记培训内容，不断探索"网上党支部"新举措。实施"示范工程"，打造党建新品牌，将前哨4组、疆锋3组列为"两学一做"示范点，红卫、风光、中林生产队列为示范单位。

2019年，继续开展支部创建达标工作，在2018年投入资金100余万元创建达标48个党支部的基础上，2019年再次投入资金84万元对78个达标创建点进行提升硬件、优化软件，全力强化活动场所办公议事中心、党员活动中心、教育培训中心、综合服务中心、文体娱乐中心的"五大"中心功能，全场支部规范化创建达到79.7%。

2020年，制定出台"基层党建创新提质年"系列文件，使党建工作由"软指标"变成"硬任务"，进一步增强各级党组织书记抓党建工作的主动性，成立了干部资格联审小组，对全场293名生产队干部及居民组干部进行任职资格联审，通过联审，及时将不合格干部清理出去，维护干部队伍的纯洁性。对13名党总支书记进行县级备案管理，有变动的，及时调整备案。

自开展党建工作以来，农场党委围绕"抓改革、谋发展、强作风、惠民生、保稳定"

五大中心任务，深入学习贯彻中央、省、州党委、纪委会议精神，坚持不懈贯彻新发展理念，以党的政治建设为统领，以落实全面从严治党主体责任为主线，以规范党内政治生活为重点，以提高党员干部素质为根本，以党支部标准化、规范化建设为抓手，全力夯实党建工作基础，创新党建工作方法，全面提升党建工作水平，持续巩固和深化党建工作成效。

组织建设　农场党委以党建工作为核心，将党建工作与发展改革大局同谋划、同部署。延伸组织架构、丰富组织内涵、拓展组织形式、完善组织管理，巩固组织阵地；全面推进党建带团建、党建带工建、党建带群工组织建设，提高基层组织的覆盖面；深入开展各项学习教育活动，打造创新型组织、学习型组织和服务型组织，增强基层组织的凝聚力和战斗力。

制度建设　农场党委结合党建工作实际，制定《国营东风农场基层党建工作十项制度》，即《党员、干部学习制度》《流动党员管理制度》《无职党员设岗定责制度》《党员干部民情恳谈制度》《创建党员先锋岗制度》《党组织关心帮助服务党员制度》《两级机关首问首办责任制度》《基层党组织党务公开工作制度》《医疗卫生单位服务群众制度》《"五好"党组织目标考核制度》。2019 年，健全党支部工作制度，统一制定基层党组织 18 项制度并汇编成册发放至党支部作为"一簿通"指导基层党组织规范开展各项活动，做到党总支每月开展一次集中检查，规范台账，使"三会一课"、党员积分制管理、"3＋N"主题党日活动等常态化工作正常。

作风建设　严格按照党的十八大提出的"干部清正、政府清廉、政治清明"的廉政建设要求，服务农场改革、发展、稳定大局，不断加强干部廉政教育和作风建设，建立健全干部监督约束机制，推行干部廉政问责制，开展"千名干部访万户·群众评议考干部"活动，着力改善干部不作为、慢作为、乱作为的现象，提高党员干部的廉政意识、服务意识和责任意识，促进干部廉洁从政和文明行政。

农场党委为扎实推进党的基层组织和党员队伍建设，增强基层党组织的创造力、凝聚力和战斗力，充分发挥共产党员的先锋模范作用。每年"七一"党建系列活动期间，经民主评议、各党（总）支部推荐、现场核实、农场党委研究，评选出先进党组织及先进个人，号召全场各级党组织和广大党员干部以先进为榜样，争做"服务改革、服务发展、服务民生、服务群众、服务党员"的践行者，以昂扬的斗志、崭新的风貌、务实的精神，拼搏奉献、开拓创新，为实现"富裕文明东风、实力品牌东风、特色人文东风、和谐美丽东风"做出积极的贡献。其中，2007 年，表彰实施"云岭先锋"工程先进党组织 14 个，先进个人 84 人；2008 年，评选出先进党组织 13 个，先进个人 111 人；2010 年，评选出先进党组织 14 个，先进个人 108 人；2012 年，评选出"2012 年度'四群'教育工作先进单位"4 个，"云南省第六批（农场第一批）新农场建设优秀指导员"7 人，"2012 年度'四群'教育工作先进个人"8 人；2013 年，评选出先进党组织 24 个、优秀党务工作者 31 人、优秀共产党员 103 人以及"推进改革突出贡献"先进单位 20 个、先进干部 64 人、先进承包户 129 户；2014 年，评选出"先进基层党组织"18 个、"优秀党务工作者"6 人、"优秀共产党员"58 人、"突出贡献"5 人、"勇于担当"1 人；2015 年，评选出先进党组织 2 个、先进党支部 17 个、优秀党务工作者 10 名、优秀共产党员 61 名。2016 年，评选出"先进基层党组织"18 个、"优秀共产党员"76 人、"优秀党务工作者"25 人；2017 年，评选出"'两学一做'学习教育"先进基层党组织 18 个、优秀共产党员 80 人、优秀党务工作者 20 人；2018 年，评选出先进基层党组织 17 个、优秀共产党员 67 名、优秀党务工作者 18 名。

三、党风廉政建设

自党组织建立时起，农场各级党组织始终坚持反腐倡廉建设，加强思想理论学习，构筑拒腐防变的思想防线，认真贯彻《关于党内政治生活的若干准则》，加强自身的思想和作风建设。

1988 年，农场党委制定《关于党员干部遵纪守法廉洁奉公的有关规定》，提出干部和技术人员的文化标准、人事管理、工作责任制、管理工作、购买物资、对外签订物资订货合同、回扣酬金、公务生活费用开支、发会议纪念品、查处违纪行为的职责划分等 10 个方面的规定要求，加强对全场党员干部遵纪守法、廉洁奉公的教育和管理。1990 年、1992 年、1995 年，按 12 个方面的规定要求再次进行修改完善。

1989 年，结合农场实际，坚持党纪教育八项制度：一是案例教育制度，规定凡属党员干部党内严重警告以上处分的，都必须进行剖析原因，总结教训，提出防范措施；二是表彰先进制度，每年进行一次，在党员中开展争先创优活动；三是党课教育制度，每季一次，由分场党委书记或副书记讲课；四是预防教育制度，要求党员领导干部在做每项工作时必须遵守纪律，保持廉洁；五是受处分党员回访制度，每半年进行一次，对受处分的党员进行回访，了解处理是否恰当，政治上是否受到歧视，思想上是否得到帮助，生活上是否有困难；六是民主评议党员干部制度，每年进行一次副科级以上党员干部民主评议；七是民主生活会制度，规定分场级党委每年过 3 次民主生活会；八是工作总结制度，逐级上报，分场纪检工作每半年一次，年终总结一次，书面总结上报农场纪委，农场纪检工作总结上报分局纪委。

1994 年，农场制定《关于党员、干部遵纪守法、廉洁奉公的规定》。一是严格遵守人事管理制度；二是严格执行回避制度；三是严格工作责任制；四是严格执行管理程序；五是严格执行回扣交公的规定；六是健全公务生活制度；七是严格执行艰苦奋斗、勤俭节约的规定；八是严厉打击社会丑恶现象；九是严格管理指挥车、生活车；十是鼓励职工发展庭院经济和自营经济。1995 年，农场在总结经验的基础上又修订该规定，使其更加完善。从 1994 年起，先后查处违纪人员 26 人。

1996 年，为使全场管理干部增强在新形势下抵御各种腐朽思想侵蚀的能力，进一步加强党风廉政建设，搞好干部廉洁自律，农场下发《东风农场管理人员廉洁自律的若干规定（试行）》文件，共 18 条，让各单位执行。

2003 年 7 月 1 日，为加强我场廉洁自律工作，规范全场职工思想道德行为，农场党委出台《国营东风农场刹"三风"若干规定》的文件，"三风"行为得到了有效的遏制。

2006 年后，对新任职的中层干部发出《祝愿与希望》廉洁从业信，向干部和家属发出《构筑清廉防线，建设和谐家园》公开信，从思想、工作和生活上给予厚望，提出廉洁自律要求。制作《廉政箴言》规定，在一定程度上起到警示作用。制定《国营东风农场党员干部廉洁从业行为规范（试行）》（即四十个不准规定），从制度上加强对党员干部廉洁从业行为的约束。2008 年，东风农场党风廉政建设工作得到云南农垦集团公司党风廉政建设检查组的认可："东风农场党风廉政建设工作方法新颖独特、制度措施有力、落实责任有效、工作成绩显著"。

2012 年，组织生产队和居民小组负责人学习《农村基层干部廉洁履行职责若干规定》及相关解读资料，并复印发给每名管理委员会班子成员和基层生产队、中心、站、所党总支（支部），采取集中培训与个人自学相结合，加强学习教育。同时，签订党风廉政建设和领导干部廉洁从业责任书、党员领导干部分片包干责任书、党建工作目标管理责任书。

2013 年，党的十八届三中全会决定提出党风廉政建设，农场党委以"为民务实清廉"为主题，以作风建设为抓手，制定下发《中共景洪市东风农场委员会作风建设整改方案》，在全场各党组召开民主生活会，联系实际查找思想认识和工作作风存在的不足，明确努力方向和整改措施，共征集和梳理农场党委班子意见 55 条，拟定整改措施 28 条。全年累计接受警示教育 420 人次，发放"算好人生七笔账"警示教育卡 258 份，参与廉政知识竞赛 200 人次，广泛开展廉政文化进家活动，与中层干部及家属签订助廉责任书 93 份，将廉政教育从机关延伸至家庭。公开晾晒干部家底，清理并张榜公布了全场 136 名财政供养人员、121 名生产队干部、452 名居民小组干部、819 名干部家属的资源承包情况，以及干部及家属承包费收支情况。

2014年，东风农场明确党风廉政建设主体责任，建章立制，认真履行"一岗双责"，全面落实"两个责任"，抓党风、带政风、促行风。严格执行民主集中制，坚持重大决策、重大投资项目、人事任免和资金使用等重大问题集体讨论决定，确保民主决策和科学决策。严格执行领导干部述职述廉、个人有关事项报告、诫勉谈话制度，及时召开民主生活会。聚焦"形式主义、官僚主义、享乐主义、奢靡之风"，与党员干部签订廉政承诺书，与干部家属签订家庭助廉承诺书。严明党的纪律，严肃查处违反纪律行为。全年开展明察暗访29次，查处违反工作纪律干部17人，作风不实党总支1个。

2015年，加强党风廉政建设，提高廉政意识，筑牢思想防线。年内廉政谈话496人次，签订家庭助廉责任书627份。

2016年，农场党委与各级党组织签订党风廉政建设和惩防体系建设目标责任书，签订率达100％。在党员干部中开展严禁"收送红包"专项治理活动，全场管理干部签订"不收送红包"、家庭助廉承诺书各627份，占应签人数100％。

2017年，进一步增强思想自觉和行动自觉，召开党风廉政建设民主生活会，以问题导向开展整改，召开6次党风廉政建设专题会，开展党内法规学习、廉政谈话、撰写《打铁还需自身硬》心得体会，开展警示教育，签订助廉倡议书，开展明察暗访33次，专项检查72次，建立风险点31个，制定防控措施271条。同时，对新提拔任用的干部召开集体廉政谈话，组织全员学习《农村基层干部廉洁履行职责若干规定（试行）》以及《关于新形势下党内政治生活的若干准则》相关内容，签订廉洁从政承诺书。

2018年，结合《景洪市2017年度党风廉政建设责任制检查考核存在问题整改方案》和2017年度党风廉政建设责任制检查考核组现场提出的"深入剖析近两年来身边的典型案例教育党员干部职工不够"和"述责不够、职责不清"两个问题，农场从5个方面进行整改落实，组织农场领导班子成员、生产队和部门负责人、廉政高危行业从业人员到景洪市看守所开展警示教育活动；邀请景洪市纪委监委第三纪检监察监督审查室开展以"知纪知法，杜渐防萌"为主题的遵纪守法专题讲座暨干部培训会；到景洪市人民法院旁听杨继山行贿案和周江林挪用公款案庭审；开展集体廉政谈话；利用党委会、班子会等传达学习述责述廉报告的规范化写作。同时，调整充实东风农场惩防体系和党风廉政建设责任制领导小组，生产队党总支和居民组党支部分别成立监督委员会、监督小组，进一步建立健全党风廉政建设责任制组织体系。完善制度建设，制定下发《中共景洪市东风农场委员会党风廉政建设工作计划》《中共景洪市东风农场委员会党风廉政建设和反腐败工作主要任务分解》《东风农场党委主体责任清单、"第一责任人"责任清单、班子成员"一岗双责"责任清单》文件。堵住腐败源头，从政治纪律、组织纪律、廉洁纪律、群众纪律、工作纪律、生活纪律方面进行认真梳理，共查找出廉政风险点 178 个，制定防控措施 153 条。农场纪委对全场 12 个职能部门进行排查，共梳理出 89 个廉政风险点，制定 137 条防控措施；对 82 个风险岗位进行排查，梳理出 229 个风险点，制定防控措施 261 条。强化廉洁意识，组织全场党员干部签订干部廉政、家庭助廉、严禁领导干部收送"红包"、严禁领导干部违规插手干预工程建设、严禁领导干部违规插手土地征用、严禁领导干部违规插手矿产资源开发利用、"违法用地、违法建设"清理整治工作等承诺书 2539 份。利用 IP 网络广播、微信工作群、印发学习材料、粘贴公开信等方式，广泛宣传"禁酒令"和婚丧喜庆事宜相关规定及廉政文化，营造崇廉拒腐的清风正气，正确引导党员干部自觉遵守党的纪律和廉洁自律规范，树立廉洁家风，管好自己和身边的人。

东风农场通过组织巡回宣讲、文艺演出、专题讲座、理论学习中心组等多种形式，组织全场党员干部职工深入学习贯彻党的各项会议精神，强化思想建党，围绕深化改革工作重心，推进党风廉政建设和反腐败斗争，不断推进全面从严治党向基层延伸。2007 年 4 月，东风农场被西双版纳农垦分局党委评为实施 2005 年、2006 年党风廉政建设责任制工作优秀单位。

第七节　教育活动

加强党员教育，提高党员修养，增强党性观念，树立党员形象，切实提高党员干部执政能力，进一步增强党的领导核心作用，是党组织在党建工作中的一项重要课题。农场党委建立和完善了党员教育管理各项工作制度，坚持用制度来规范党员教育管理行为。从日常教育管理，在组织关系转移、流动党员、离退休党员管理，不合格党员和违纪党员的处理、责任追究等方面进行了规范，各基层党组织也相应制定了党员教育管理制度。

1991 年，农场党委专门下发《党支部、党员工作目标管理实施办法》的文件，要求党员带头参加各种学习和有关会议，并在全场上下广泛开展"创建学习型企业、争做知识型职工"活动，加大对干部职工的学习教育力度，在制定硬性学习制度的同时，不断在学习形式上推陈出新。

2003 年，农场党委还成立了两级党委中心理论学习组，坚持每季度一次党委中心学习组学习制度，重点学习理论知识、时事政治、法律法规及党的路线、方针、政策。党员领导干部带头参加党支部组织的集体学习，坚持每年给党员讲党课、做形势报告。党支部严格坚持"三会一课"制度。支部大会，每季度召开一次；支委会，每月召开一次；党小组会，一个月召开一次；分场党委每季度上一次党课。此后每年都根据形势和任务的要求，制订切实可行的学习计划，建立理论学习教育制度。

一、创先争优活动

建场初期，曾开展过争做"好党员"活动，由于政治运动不断，因此活动未能开展起来。1981年，农场党委决定，在全场范围内开展"好支部""好党员"活动，在经过一年多的实践后，从1983年起改为开展"创先进党支部，争当优秀共产党员"（简称创先争优）活动，并以党发〔83〕4号文件下达全场各级党组织，决定每年7月1日，经广大党员认真评选，农场党委审定，对决定授予的先进党支部、优秀党员进行表彰。1983—1990年共表彰了先进党支部102个、优秀党员705名。1991年开始表彰先进党委和优秀党务工作者。1991—2004年共表彰先进党委11个、先进党支部253个、优秀党务工作者154名、优秀党员1089名。

二、云岭先锋活动

2004年8月，为深入贯彻落实云南省委《关于实施"云岭先锋"工程，大力推进党的基层组织建设的决定》和西双版纳州委《关于实施"云岭先锋"工程，大力推进党的基层组织建设的意见》精神，农场党委结合实际，制定《关于实施"云岭先锋"工程，大力推进党的基层组织建设的意见》的规定，成立实施"云岭先锋"工作领导小组，负责专题部署"云岭先锋"工程的组织实施工作。

农场党委把建设一支高素质党员队伍作为实施"云岭先锋"工程的一项重要任务，按照省委提出的"五带头"，加强党员队伍建设。坚持把党课制度作为党员教育的基本形式，要求各级党组织负责人必须带头上党课，从农场党委书记到生产队支部书记带头上党课，对党员进行系统的学习教育；组织专题教育报告会，在东风俱乐部分别组织700名党员参加的形势报告会和先进事迹报告会，并把两次专题会通过农场电视台向全场进行现场直播，各基层党支部组织党员认真收看和讨论，收看的党员和职工群众达10000多人；根据"五好""五带头"的标准，结合农场行业的特点，提出具体的争创标准，在场内开展"云岭八优秀活动"[①]。随着"云岭先锋"工程的实施，"五好五带头"活动的深入开展，让众多党员重新找准自己的定位，全场各行各业的党员示范岗、党员示范窗口，在职工中重新树立了党员的良好形象。农场党委还把实施"云岭先锋"工程与大力发展职工非公有制经济相结合，鼓励职工发展非公经济，促进职工增收。

---

①　争做云岭优秀书记、优秀干部、优秀党员、优秀职工、优秀青年、优秀巾帼、优秀教师、优秀人才；创建云岭示范社区、示范机关、示范胶园、示范班组、示范岗位、示范车间、示范窗口、示范家庭。

"云岭先锋"工程实施以来，经各基层党组织推荐，农场党委严格考评，评出"五好"党委5个，"五好"党支部41个，"五好"班组4个，"五好"党支部书记20人，"五好"队长17人，"五好"干部18人，"五好"党员308人，"五好"离退休党员20人，"云岭割胶示范岗"18人，"云岭林管示范岗"3人，"云岭制胶示范岗"2人，"云岭教育示范岗"2人，"云岭机车示范岗"3人，"云岭个体示范岗"5人，"云岭外资示范岗"2人。

三、保持共产党先进性教育活动

2005年7月，按照中央关于在全党开展以实践"三个代表"重要思想为主要内容的保持共产党员先进性教育活动的要求和西双版纳州委、分局党委的统一部署，农场党组织列为第二批开展先进性教育活动，第一时间制订《国营东风农场保持共产党员先进性教育活动实施方案》，成立由农场、分公司领导及有关科室主要负责人共10人组成的保持共产党员先进性教育活动领导小组，下设8人组成的先进性教育活动办公室。

按照上级要求，在先进性教育活动的每一个阶段，农场都召开转段动员大会，认真总结前一阶段取得的成绩和存在的不足。学习动员阶段，农场党委组织全场中层领导干部、分场组织干事、宣传干事、队级党支部书记和农场机关、分公司机关以及农场附近直属单位全体党员共400余人在农场俱乐部召开保持共产党员先进性教育活动工作动员大会，同时邀请州委先进性教育活动办公室副主任游启道做专题形势报告，农场电视台对动员会、党课和专题形势报告向全场进行现场直播，各单位以党支部为单位组织党员、干部、职工进行收看，覆盖面100%。据不完全统计，职工群众参与现场直播收看率达10000余人。

为扩大农场保持共产党员先进性教育活动覆盖面，农场党委充分利用简报、黑板报、宣传栏等宣传载体，采取职工群众喜闻乐见的形式，极力宣传先进性教育活动的重要意义、目标要求，宣传各单位党组织和党员开展先进性教育活动的先进典型和好的做法及经验。在先进性教育活动中，全场各单位共出黑板报416期，刊登有关报刊文摘、新闻报道1623篇，悬挂横幅55幅，张贴宣传标语1189条，农场先进性教育活动办公室编辑出版先进性教育活动《简报》12期，采用新闻稿件、图片180篇（幅），力求做到图文并茂。每期《简报》均由农场主要领导审批，印发到123个基层党组织，在全场起到了交流经验、互相学习的作用。农场电视台举办先进性教育活动电视专题节目10期，同时保证每期《东风新闻》有50%以上内容反映各单位开展先进性教育活动的新闻报道，共播出先进性教育活动方面新闻190篇。据不完全统计，先进性教育活动期间，农场被地州级以上新闻单位采用刊登有关农场先进性教育活动方面的新闻稿件达161篇，其中，国家级2篇，省级17篇，地州级142篇。

农场党委在先进性教育活动中，认真践行全心全意为人民服务的宗旨，把党的先进性体现在实现职工群众的愿望，满足职工群众的需要上，在农场、分场、生产队三级党组织和党员个人中，建立了向职工群众承诺办实事、解难题的长效机制。农场党委每年为职工办实事不少于6件，分场党委不少于5件，生产队党支部不少于2件，党员不少于1件。其中，农场党委公开承诺的6件实事全部落到实处：一是解决危房问题，多渠道筹措资金340万元，将建于20世纪70年代末的砖木房进行修缮，使454户职工住上安全舒适的新房；二是解决职工饮水问题，投入资金200万元对供水设施设备进行维修或更新改造，让近万名职工群众吃上放心水；三是修缮公益设施，农场拿出专项资金维修居民点厕所27个，修建居民点道路5000平方米、水沟130米、挡土墙320立方米；四是送培待业青年，农场党委挤出资金140万元，将200名年龄35岁以下的下岗职工和待业青年分别送到昆明和上海进行技能培训，为他们的就业提供技术条件；五是解决"三难"问题，农场党委对全年人均收入在2000元以下的贫困户，通过调查核实张榜之后，给予资金扶持发展项目，共扶持贫困户83户，扶持资金21.50万元。同时，以先进性教育活动为契机，加大"一帮一"扶贫活动力度，在信息、技术、资金上分别给予扶持，全场党员干部共建立帮扶户638户，给予资金扶贫22万元；六是关心职工身心健康，对全场14000多名职工和离退休人员做全面体检，并建立完整的职工健康档案，对检查出来患重病的职工及时安排住院治疗，成立职工健康咨询中心，提供常年咨询服务。

在先进性教育活动中，各级党员干部身先士卒，成为带领一方职工脱贫致富的楷模。同时结合农场实际，制定了10条先进性教育活动长效机制，即：党员党课教育机制、提高党员能力机制、党员学习培训机制、党员责任意识机制、党员服务群众机制、党员谈心交心机制、党员民主监督机制、党员廉洁自律机制、党员发挥作用机制、党员调查研究机制。

农场先进性教育活动自7月21日开始，至10月18日由西双版纳州委派驻农垦督导组和分局督导组，组织农场中层党员领导干部、非党中层干部、职工群众代表、离退休代表138人，对农场党委保持共产党员先进性教育活动的满意度进行测评。其中，"提高党员素质"的满意和基本满意率为99.28%；"加强基层组织"的满意和基本满意率为99.28%；"服务人民群众"的满意和基本满意率为97.83%；"促进各项工作"的满意和基本满意率为97.10%；四项综合的满意和基本满意率为98.28%。达到规定要求，取得6个实效：即理想信念更加坚定、思想作风更加扎实、服务意识更加坚强、永葆本色更加廉洁、勤奋学习更加进步、工作成效更加显著。先进性教育活动结束后，经基层党组织推荐，农场党委召开先进性教育活动总结表彰大会，表彰分场级党委 2 个、生产队级党支部 13 个、先进个人 50 人。

四、解放思想大讨论活动

2008 年，根据集团公司党委、西双版纳州委的统一部署，农场党委在全场范围组织开展了一场"解放思想、深化改革、扩大开放、科学发展"大讨论活动，自 5 月开始到 8 月 26 日结束。农场党委成立了由农场党委书记、场长任组长，农场党委副书记、分公司经理任副组长的解放思想大讨论活动领导小组，下设办公室，负责具体工作。同时，结合实际制定了《解放思想大讨论活动各阶段工作安排表》，建立领导联系点制度，加强对全场解放思想大讨论活动的监督指导。农场党委 7 个常委与分场、作业区建立挂钩联系点，全程参与并及时指导基层开展大讨论活动。

在大讨论活动的第一阶段，农场党委把学习培训作为大讨论活动的重点，举办培训班，聘请州委党校远程教育科科长和培训部主任讲课，400 多名党员干部参加学习培训；农场、分场两级党委理论学习中心组组织解放思想大讨论专题学习；各级党组织通过召开干部和职工大会，集中学习关于解放思想、更新观念的重要论述。为推动学习深入开展，农场党委以农场电视台为主阵地，对农场和各单位开展的解放思想大讨论活动情况进行宣传报道，在东风网站进行同步报道，扩大宣传面。解放思想大讨论活动办公室还主办了简报，共刊登专题简报 4 期，对解放思想大讨论活动起到了指导的作用。

农场党委把查找问题作为解放思想大讨论活动第二阶段的重中之重来抓，以二次创业为主题，通过召开专题民主生活会、向全场中层干部发放意见征求表、逐级发放问卷调查、召开"解放思想推进二次创业研讨会"、开展"交好一份建议"活动，通过多层次、多角度、多领域反复查找，找出关于干部职工思想不够解放、机制不活、产业结构比较单一、职工队伍老化、民生方面有待改善等 5 个方面的问题。农场党委立即制订了《东风农场党委解放思想大讨论活动整改方案》，整改内容包括贯彻省委 12 号文件、干部作风建设、职工教育培训、农场发展思路、关注民生等 5 个方面，提出整改措施 10 条。为确保整改措施和目标落实到位，7 名农场党委常委分工负责各项整改措施的落实，同时指导和监督 8 个分场级单位和作业区开展整改工作。各分场级单位也分别建立整改工作责任机制。与此同时，农场党委还把整改方案向全场中层干部和农场机关、分公司机关干部公开，接受干部职工的监督和评议，使整改方案确实体现民意、符合农场实情。

解决问题、推动工作作为解放思想大讨论活动的第三阶段，农场党委着力在转变思想观念、转变工作作风、取得工作实效等方面下功夫，解放思想大讨论活动取得了显著成效：农场和分公司从上到下围绕推进二次创业展开了深入的研讨，补充完善了农场二次创业的总体思路和主要措施；干部职工思想观念有了新的转变，在"三破三立"① 中，进一步把思想和行动统一到农场二次创业上来；对全场干部的组织纪律、工作态度、服务质量、工作效率等作风提出新的要求，并以此作为衡量干部改进作风的标准；农场党委以五十年场庆为契机，大力加强企业文化建设，企业文化建设取得新的成果；改善民生推出新的举措，举办待业青年驾驶技术培训班、实施第二期自来水工程、不断完善场区道路；分公司实行月度任务考核，堵塞管理漏洞，使干胶生产出现恢复性增长；境外开发取得新的成绩。

历时四个多月，农场党委把解放思想大讨论活动与当前农场实际相结合，以推进二次创业为主题，以找差距、查问题为突破口，以推动工作为目的，高质量高标准抓好各阶段工作，解放思想大讨论活动取得了显著成效，基本实现了观念上有新飞跃、思想上有新突破、作风上有新改进、工作上有新局面的目标。

五、党的群众路线教育实践活动

2014 年 3 月 5 日至 10 月 23 日，东风农场开展党的群众路线教育实践活动。以贯彻落实中央八项规定为切入点，切实解决群众反映强烈的突出问题，"四风"蔓延势头得到遏制。围绕改进作风，突出重点，促进整改，建章立制，管理逐步制度化、规范化和常态化。创新活动载体，拓展活动内容，提升活动内涵，确保"三不误、三促进"。广大党员干部思想认识明显提高，党性得到锻炼，理想信念更加坚定，联系和服务群众的自觉性普遍增强。聚焦问题，展开批评，高质量开好专题民主生活会和组织生活会，倾听群众呼声，为民办实事、解难题，急、难、险、重等民生问题得到进一步落实，累计投入资金 8440.46 万元，解决群众住房、饮水、道路、安全隐患整改等民生工程 57 项；投入资金 28.28 万元改善基层文化设施，增设篮球架 12 套，建立职工书屋 4 个，修建文化室 5 个；加大对弱势群体的关心、关注和关爱力度，慰问困难党员、老党员和困难职工 585 人次，并发放慰问金；奖励高考优等学生 11 人，发放奖学金 5.7 万元；资助困难职工子女就学 25 人，发放助学金 6.7 万元；扶持创业就业残疾人 9 人，发放扶持金 2.4 万元。

东风农场在开展党的群众路线教育实践活动的同时还举办了党的群众路线教育实践

---

① 一是破除"大场"观念，树立忧患意识，从别人的赞扬声中走出来。二是破除"自满"观念，树立进取意识，从自我陶醉的状态中走出来。三是破除"僵化"观念，树立创新意识，从"唯书""唯上"的禁锢中走出来。

活动专题知识竞赛。采取笔试预选和现场决赛两种方式进行，22支参赛队60人参加预赛，8个单位进入决赛，经过个人必答、小组答题和风险题三轮决出一、二、三名及优胜奖。

六、"不忘初心、牢记使命"主题教育

2019年9月20日，东风农场成立主题教育工作领导小组及办公室，在全场范围内开展"不忘初心、牢记使命"主题教育，以党员干部受教育、职工群众得实惠为目标，按照"不划阶段、不分环节"的要求，制定党委、领导班子、基层党组织主题教育3套实施方案，领导班子按照"学习教育、调查研究、检视问题、整改落实"四个方面及基层党组织按照"学习教育、检视整改"两个方面扎实开展主题教育工作。

农场党委征订并发放8类书籍共6000余本，要求全体领导干部和党员按照读原著、学原文、悟原理的要求，把文件和必读书目真正学深悟透、入脑入心。全体党员通过"学习强国""基层综合服务平台""云岭先锋"等学习平台开展学习，利用"醉美东风"微信公众号、全场IP广播等推送学习内容，强化理论武装，增强政治自觉。依托农场党校，结合"云岭夜校""万名党员进党校"和党务工作者培训，培训普通党员，推送主题教育内容，确保全场党员全员轮训。同时对农场37名流动党员，采取函告调入单位、电话邀约参与、邮寄书籍、微信远程教育等方式，确保流出党员的学习教育正常开展，做到党员全覆盖。领导班子除每天自学1小时以外，还通过"每周一晚学习研讨会、党委理论学习中心组学习会、读书班集中学习、参加组织生活"4种形式开展学习教育，同时通过"调查研究、检视问题、整改落实、专题民主生活会"4种方式开展主题教育。基层党组织深入学习《习近平关于"不忘初心、牢记使命"论述摘编》和《习近平新时代中国特色社会主义思想学习纲要》，以"学党史、新中国史"为主题，组织党员到党性教育基地缅怀先烈、开展爱国卫生运动、唱红歌、边境沿线生产队走边关、慰问新中国成立前入党的老党员等系列活动，引导大家探寻初心、牢记使命。全场党员对照《党章》《准则》《条例》等党内法规认真检视"18个是否"，梳理问题清单，制定整改措施，开展5个专项整治，活动期间共召开动员部署会议159场次。

开展主题教育期间，云南省委、景洪市委组织部等上级单位先后11次到农场指导主题教育工作，市委第一巡回指导组经常列席研讨交流会，督促、指导农场按时按质完成主题教育工作。同时，农场党委成立12个主题教育工作巡回指导组，开展指导检查40余次。

至2020年1月，农场党委、全场13个党总支、145个党支部根据主题教育工作方案

对标对表逐项开展，重点解决 10 个问题，办好 10 件惠民实事，全场 1854 名党员做到理论学习有收获、思想政治受洗礼、干事创业勇担当、为民服务解难题、清正廉洁做表率。通过主题教育筑牢初心使命，基层党组织战斗堡垒作用得到增强，党委班子能力得到提升，党员干部队伍素质得到提高，职工群众得到实惠，主题教育取得显著成效。

第二章　群团组织

农场工会、团支部、女工委员会于建场初期就已成立，1963 年共青团委员会成立，2012 年残联成立。随着工会、妇联（女工组织）、残联的建立健全，困难家庭、残疾人、老年人、妇女儿童等弱势群体的基本权益得到有效保障。

第一节　工　　会

一、机构沿革

东风、前哨、大勐龙 3 个农场工会成立于 1958 年至 1959 年。1963 年，成立东风总场工会。

1958—1965 年，建场初期的工会组织本着生产、生活、教育三位一体的方针开展工作。围绕生产组织职工开展劳动竞赛、举办业余教育、发展福利事业、开展文体活动等，工会组织发挥了积极作用，并取得了一定成绩。同时，会员队伍也不断壮大。

"文革"期间，工会活动停止。1974 年，恢复工会组织，隶属于政治部，很少开展活动。

1978—1979 年，知青回城，职工流动不定，工会活动再度停顿。

1980 年，整顿工会组织，重新登记会员，发展会员，选举各级工会委员会，到 1981 年，工会工作才重新走上正轨。在坚持四项基本原则和改革、开放、搞活的方针指引下，重点组织职工行使民主权利，参加企业管理；为职工说话办事，维护职工合法利益；整顿基层工会组织，建设"职工之家"，并和有关部门一起开展文化、体育、娱乐及"创优争先"等活动。

1983 年，建立健全职工参加民主管理企业的制度，由职工代表审议批准生产经营的重大决策。至 2020 年，共召开职工代表大会 17 届。

1984—2020 年，先后召开 7 次国营东风农场工会委员会、2 次景洪市东风农场工会委员会，选举产生第一至第七届东风农场工会委员会和第一至第二届景洪市东风农场工会委员会委员、常委、主席、副主席。

2020 年，工会实行三级管理，下设 14 个生产队级工会、女工委员会，161 个居民工会、女工小组。农场设工会主席 1 人（由农场管理委员会副主任兼任）、工会常务副主席 1 人、女工主任 1 人（由工会常务副主席兼任）、工会干事 2 人（其中 1 人兼职）。

1988—2020 年东风农场工会组织、会员发展情况见表 5-2-1。

表 5-2-1　1988—2020 年东风农场工会组织、会员发展情况

年份	农场工会	分场级工会	队级工会	工会小组	工会会员	女工会会员
1988	1	21	181	623	9299	5693
1989	1	19	189	698	10355	5779
1990	1	19	196	712	11881	6338
1991	1	21	192	793	12775	6557
1992	1	22	193	786	12800	6745
1993	1	22	193	786	12811	6637
1994	1	22	193	786	12790	6442
1995	1	22	193	786	12677	6102
1996	1	22	193	663	11893	5857
1997	1	23	204	634	10410	5762
1998	1	23	196	634	10022	5097
1999	1	23	196	663	9994	5165
2000	1	23	196	663	9723	4970
2001	1	22	196	513	9641	4780
2002	1	22	183	183	9473	4679
2003	1	16	148	183	9410	4589
2004	1	11	97	183	9385	4434
2005	1	11	97	183	9215	4252
2006	1	9	86	183	8806	4197
2007	1	9	86	183	7349	4015
2008	1	9	86	183	7023	3878
2009	1	9	86	183	6725	3459
2010	1	9	86	183	6412	3012
2011	1	9	86	183	4755	2488
2012	1	16	158	161	4564	2017
2013	1	16	158	161	4967	1719
2014	1	16	158	161	4779	1574
2015	1	16	158	161	4021	1470
2016	1	16	158	161	4076	1339
2017	1	16	158	161	3806	1171
2018	1	16	158	161	3544	890
2019	1	16	158	161	3210	699
2020	1	14	158	161	3052	681

二、职工代表大会

从建场开始，东风、前哨、大勐龙 3 个农场就按照职工代表会议制度开展工会工作。1959 年 1 月 1 日，东风农场召开职工大会，总结交流工作经验，表彰先进，动员职工搞好 1959 年生产，争取更大成绩；1959 年 12 月 16 日，前哨农场召开职工代表大会，听取讨论工作报告；1960 年 2 月 1 日，大勐龙农场召开职工代表大会，听取讨论《1959 年的财务决算和 1960 年生产计划》的报告。

总场成立后，坚持召开职工代表大会，除行使民主权利外，还组织职工参加工人管理企业小组或队委会，讨论决定生产队重大事项；组织职工进行生产及工作检查，评选先进单位及个人；组织职工评议干部，选举出席上级会议的代表等。

2011 年属地化管理后，未召开职工代表大会。2018 年恢复国营东风农场体制后，先后召开了两届职工代表大会，探索讨论并出台了关于机构设置、财务管理、人员薪酬等 18 个文本方案汇编，组建成立国营东风农场办公室、国营东风农场工会、生产经营办等职能部门，有序推进企业化改革各项工作。

第一届职工代表大会　于 1961 年 12 月 25—28 日召开，出席会议代表共 161 名。听取讨论场长王玉文做的《关于建场三年工作总结和 1962 年生产安排》的报告，学习讨论农场党员代表大会决议，通过给全场职工的《倡议书》。

第二届职工代表大会　于 1962 年 12 月 19—22 日召开，出席会议代表 119 名，列席代表 13 名。会议听取讨论场长王玉文做的《关于 1962 年工作总结和对 1963 年工作安排意见》的报告，听取讨论农场工会主席景克恭做的《关于 1962 年工会工作总结和 1963 年工会工作意见》的报告，并做出决议。

第三届职工代表大会　于 1963 年 12 月 26—29 日总场召开第三届职工代表及"五好"先进生产（工作）者大会，出席会议代表 142 名，其中"五好"代表 61 名。会议代表听取讨论总场领导《关于 1963 年工作总结和 1964 年生产任务的报告》及《关于当前形势的报告》。会议通过给全场职工的《倡议书》。

第四届职工代表大会　于 1965 年 1 月 11—15 日总场召开第四届职工代表及"五好"代表大会，出席会议代表 148 名，其中"五好"代表 82 名。会议通过了给全场职工的《倡议书》。

第五届职工代表大会　于 1966 年 1 月 25—29 日总场召开第五届"五好"及职工代表大会，与会代表听取讨论总场领导《关于 1965 年工作总结和 1966 年工作安排的报告》，参观各农场的"五好"展览，互相交流经验，通过了给全场职工的《倡议书》。

第六届职工代表大会 于1980年2月21—24日召开，到会代表324名，列席代表91名，合同工代表16名。会议审议通过了场长工作报告，表彰一批先进单位和个人，通过了给全场职工的倡议书，并给独生子女户颁发奖状和奖金。

第七届职工代表大会 于1982年1月18—22日召开，到会代表236名，特邀代表12名，列席代表103名，还有46名先进代表出席大会。会议审议通过《国营东风农场工作报告》《关于发展职工家庭副业生产的报告》《关于加强财务管理，严格财经纪律的报告》《关于进一步加强劳动纪律的说明》《加强计划生育工作的报告》，并做出决议。

第八届职工代表大会 于1983年11月15—19日召开第八届职工代表大会，1984年12月25—27日召开二次全会，出席会议代表262名。审议通过《国营东风农场工作报告》《国营东风农场经济责任制》《国营东风农场劳动管理办法》《国营东风农场场规场约》以及《干部岗位责任制》《教育工作整改方案》《卫生系统整改方案》《农场规划补充方案》《职工家庭农场章程》《有关职工福利的规定》《调整生产结构，发展多种经营》等文件。

第九届职工代表大会 1985年12月3—5日，农场召开第九届职工代表大会，出席会议代表184名。审议通过《场长工作报告》《职工家庭农场章程》《三级领导干部管理责任制》《橡胶割胶管理细则》《中幼林地管理细则》等文件。

第十届职工代表大会 于1988年1月19—20日召开第十届职工代表大会一次会议，1989年2月1—3日召开二次会议，1990年1月21—22日召开三次会议，代表211人。审议通过场长年度工作报告及《职工家庭农场章程》《割胶管理细则》《橡胶中幼林管理细则》《国营东风农场场规场约》《三级干部及管理人员岗位经济责任制》《经济作物管理细则（试行）》《割胶岗位经济责任制》《职工住房制度改革试行办法》等文件。

第十一届职工代表大会 于1991年1月23—24日召开第十一届职工代表大会一次会议，1992年1月17—18日召开二次会议，代表306人。审议通过年度场长工作报告及《经济责任制条例》《三级干部及管理人员经济责任制》《割胶管理细则》《橡胶栽培管理细则》《全员风险抵押试行办法》《关于企业内部试行发放"浮动工资"的办法》《职工食堂管理暂行规定》等文件。

第十二届职工代表大会 于1993年1月27—28日召开第十二届职工代表大会一次会议，1994年1月19—20日召开二次会议，1995年1月23—25日召开三次会议，1996年1月29—31日召开四次会议，1997年2月27—28日召开五次会议，代表280人。审议通过场长年度工作报告及《"八五"计划和"十年"规划报告》《改组股份合作制企业试点试行意见》《承包经营责任制条例》《职工医疗费用制度改革的若干规定》《职工代表大会条例实施细则》《经营管理实施细则》《职工奖励条例》《非农用土地管理办法》《国营东风农场场规场约》《实行全员劳动合同制暂行规定》《关于发展职工自营经济的暂行规定》《养老保险统筹暂行管理办法》《国有民营企业试点试行办法》《岗位技能工资制方案》《事业单位工资制度改革实施方案》《"九五"计划和 2010 年远景规划》《住房制度改革实施方案》等文件。

第十三届职工代表大会 于 1998 年 3 月 4—6 日召开第十三届职工代表大会一次会议，1999 年 1 月 29—30 日召开二次会议，2000 年 2 月 24—25 日召开三次会议，代表 215人。审议通过场长年度工作报告及《生产经营综合管理方案》《橡胶树新割制实施意见》《生产队股份合作制暂行办法》《职工医疗费用改革实施办法》《鼓励职工分流与发展个体私营经济的试行办法》《全面推行改组股份合作制的意见》《土地管理暂行办法》《国营东风农场场规场约》《计划生育管理办法》《封定工资实施方案》《关于清理劳动关系规范劳动关系行为的工作意见》《调整在岗职工工资实施方案》《私营橡胶管理试行办法》《集体合同书》《劳动合同约定条款》等文件。

第十四届职工代表大会 于 2001 年 1 月 18—19 日召开第十四届职工代表大会一次会议，2002 年 1 月 11—12 日召开二次会议，2003 年 1 月 27—30 日召开三次会议，代表 243人。审议通过场长年度工作报告及《业务招待费支出情况报告》《干胶定产和盈亏指标测算办法》《私营橡胶管理试行办法》《国营东风农场场规场约》《调整在岗职工工资实施方案》《合并分场的实施方案》《"十五"教育改革方案》《医疗保险实施方案》《开割橡胶树承包经营到职工的试点试行方案》《生产经营综合管理办法》《非公有制经济发展实施办法》《农业职工家庭承包经营实施办法》《天然橡胶发展规划》《咖啡生产经营管理办法》《关于做好职工基本养老保险移交地方社保机构续接的实施意见》《职工医疗保险实施暂行办法补充意见》《合并分场方案修订意见》《关于富余干部转岗分流的实施办法》等文件。全体代表对农场级领导干部进行了民主测评。

第十五届职工代表大会 于 2004 年 1 月 30 日至 2 月 1 日召开第十五届职工代表大会一次会议，2005 年 3 月 6—7 日召开二次会议，2006 年 3 月 9—10 日召开三次会议，2007年 3 月 8—9 日召开四次会议，2008 年 3 月 18—19 日召开五次会议，代表 246 人。审议通过场长、分公司经理年度工作报告及《农业职工家庭承包经营实施办法》《生产经营综合管理办法》《国营东风农场场规场约》《土地使用管理办法》《非公有制经济发展实施办法》《咖啡产业处置办法》《岗位绩效工资制实施方案》《政企分开改革方案》《社区综合管理试行办法》《橡胶林木资产职工家庭承包经营实施办法》《职工医疗保险实施暂行办法》《龙泉公墓管理办法》《"十一五"规划报告》《万头奶肉牛发展实施意见》《职工医保险实施暂行办法修改补充意见》《集体合同书》《城镇建设管理实施细则》《橡胶林木资产承包经营实施细则》《东风农场经营管理办法》《国营东风农场、东风分场公司集体合同》《职工奖惩办法》等文件，大会代表对农场、分公司领导成员进行了民主评议。

第十六届职工代表大会　于 2009 年 3 月 27 日，召开东风农场、分公司第十六届职工代表大会，职工代表 238 人、列席代表 27 人、特邀代表 18 人参加。大会审议通过了《东风农场工作报告》《东风分公司 2008 年生产经营工作报告》《东风农场 2008 年财务决算情况报告》《东风分公司 2008 年财务决算情况报告》《东风分公司 2009 年度橡胶生产承包经营实施细则》《国营东风农场场规场约》等文件。

第十七届职工代表大会　2019 年 3 月 20—21 日，召开国营东风农场第十七届职工代表大会，2020 年 6 月 17—19 日召开二次会议，2021 年 3 月 17—19 日召开三次会议；职工代表 207 人，实到 201 人。会议审议通过了《国营东风农场工作报告》《国营东风农场财务工作报告》及《国营东风农场生产经营管理办法》《国营东风农场场规场约》《国营东风农场家庭承包经营方案》《国营东风农场财务管理办法》《国营东风农场土地管理暂行办法》《国营东风农场关于“东风城镇建设”管理实施细则》《国营东风农场割胶生产技术管理实施细则》《国营东风农场橡胶树植保技术工作管理实施细则》《国营东风农场天然橡胶栽培技术管理实施办法》的修改说明和《国营东风农场管理干部薪酬方案》《国营东风农场机构设置方案》《国营东风农场产业结构调整实施办法（试行）》《国营东风农场水果产业栽培技术、管理及植保技术管理实施细则》的起草说明，与会代表就大会议题和全部文稿进行讨论并审议通过，同时对农场今后的发展提出了合理化建议。

三、工会会员代表大会

1980 年，农场整顿工会组织，重新登记、发展会员，选举产生各级工会委员会，至 1981 年，工会工作走上正轨。

（一）东风农场工会会员代表大会

第一次代表大会　于 1984 年 3 月 19 日召开，选举产生新的农场工会委员会，委员 21 名，常委 7 名，经西双版纳州总工会批准，刘秋春任主席，李云顺为副主席。

第二次代表大会　1988 年 4 月 7—8 日召开，参加会议代表 186 人。大会选举产生东风农场工会第二届委员会委员 21 人，常委 7 人，工会主席刘秋春，副主席李云顺。大会贯彻落实中国工会十大的方针任务，培养“有理想、有文化、有道德、有纪律”的职工队伍。

第三次代表大会　于 1992 年 4 月 30 日至 5 月 1 日召开，参加会议代表 260 人。大会选举产生东风农场工会第三届委员会委员 27 人，常委 7 人，工会主席刁光明、副主席李云顺。大会贯彻中国工会十一大工作方针，发挥新时期工会"建设、参与、维护、教育"的职能。

第四次代表大会 于 1998 年 1 月 23—24 日召开，参加会议代表 294 人。大会选举产生东风农场工会第四届委员会委员 25 人，常委 7 人，工会主席刁光明。大会贯彻中国工会十二大工作方针，维护职工合法权益，全面建设工会职工之家。

第五次代表大会 于 2002 年 11 月 28—30 日召开，参加会议代表 309 人。大会选举产生东风农场工会第五届委员会委员 25 人，常委 7 人，工会主席李平。大会贯彻中国工会十三大方针，全面履行"四项"社会职能，强化民主政治建设和民主管理。2003 年 2 月，增补王树山为工会副主席。

第六次代表大会 于 2007 年 11 月 9—10 日召开，参加会议代表 129 人。大会选举产生东风农场工会第六届委员会委员 15 人，常委 7 人，工会主席李平、副主席王树山。农场工会主席李平做《全面落实科学发展观，团结动员广大职工在二次创业中发挥主力军作用》工作报告。

第七次代表大会 于 2019 年 3 月 12 日召开，参加会议代表 179 人。农场工会主席李平做《肩负新使命 实现新作为 为建设美丽和谐富裕的新东风而奋斗》工作报告。大会选举产生国营东风农场工会第七届委员会委员 5 人，工会主席李平，工会副主席瞿志敏；选举产生工会经费审查委员会委员 5 人，主任曾龙秋；协商产生了工会女工委员会委员 5 人，主任吴志红。2019 年 7 月，增补选吴志红为国营东风农场工会副主席；2020 年 3 月，增补选赵维瑜为国营东风农场工会主席；2020 年 4 月，增补选朱密密为国营东风农场工会女工主任。

（二）景洪市东风农场工会会员代表大会

景洪市东风农场工会第一届会员代表大会 于 2012 年 10 月 18 日召开。大会选举产生景洪市东风农场工会第一届委员会，委员 7 人，工会主席李平，工会常务副主席魏孟芝；选举产生工会经费审查委员会，委员 3 人，主任曾龙秋；协商选举产生工会女工委员会，委员 7 人，主任魏孟芝，任期 7 年。

景洪市东风农场工会第二届会员代表大会 于 2019 年 7 月 26 日召开，参加会议代表 118 人。大会选举产生景洪市东风农场工会第二届委员会，委员 5 人，工会主席黄昌林，副主席吴志红；选举产生工会经费审查委员会，委员 5 人，主任曾龙秋；协商选举产生工会女工委员会，委员 5 人，主任吴志红，任期 3 年。

四、职工之家

1985 年 7 月，农场党委转批农场工会《关于整顿基层工会组织，开展建设"职工之家"活动的意见》，成立了由党委书记任组长、工会主席任副组长的9人"整建"领导小组。同年8月，"整建"工作在全场展开，参加"整建"的有19个分场级工会，170个生产队级工会。"整建"工作历时两年。

农场首先整顿基层工会组织，建设工会干部和积极分子队伍，建立工会工作档案。所有分场、生产队级工会领导班子，全都进行改选。由群众推荐，投票选举，再由上级工会批准，选举委员318人，平均年龄由40.3岁下降到30.8岁，文化水平有所提高。对选举出来的委员以会代训，1986—1987年培训专职、兼职干部153人，培训工会小组长362人。各级工会组织及时制订工作计划，积极开展"建家"活动，壮大工会队伍，工会积极分子从1985年的1142人发展到1987年的1742人。

工会以"建家"活动为契机，开展了制胶技术、林管岗位、时事政策、"双增双节"、生活福利知识等各种竞赛活动。同时，采用现场会和组织参观等方法，推广七分场五、六队发动群众筹集资金改善职工福利和十三队自己动手改造家园的经验，号召全场向七分场学习，推动建设"职工之家"活动。农场还注重加强思想教育，提高职工素质，生产队坚持每周1～2个晚上学习，对职工进行"四感""四有"教育和法律常识教育。

"整建"两年，发动群众"自己的家自己建，自己的事自己办"，全场行政拨款192436元、生产队留用资金311763元、职工自筹资金207293元，共修建篮球场113个，购置电视机221台，乒乓球桌、阅览桌423张，椅子3856张，书柜、书架212个，图书28392册，杂志4930份，报纸7603份，挖掘水井83口，修建水塔106个，铺设水管22057.2米，为食堂购置电冰箱9个、炊具601件，为托儿所购置用具500件、玩具292件，投入职工义务劳动工42312个，铺设水泥路13127米，砌花池34587.3米，种树24896株，种花11495株。两节期间，对离退休职工、烈军属、伤病员、教师、小学生、独生子女等进行慰问，对经济困难的职工进行救济。

在"整建"工作中，农场建立健全各种制度，使工会工作经常化。分场、生产队工会建立起了档案、体育、慰问、竞赛制度，制作会员、先进集体和积极分子、职工代表、离退休职工花名册，还有会员、会费、财物、好人好事、会议记录本等。生产队成立管理委员会，一年一次的评议干部在部分分场和生产队形成制度。分场工会每年向农场工会报送年终报表和工作总结，农场工会通过开展创建优秀"职工之家"活动对分场工会进行检查和指导。至1987年6月，经过验收、复查，"整建"达标的有19个分场级工会，169个生产队级工会。8月，农垦分局对农场"整建"工作进行验收，达到优秀"职工之家"标准。

从1988年以后，农场工会继续深入开展建设"职工之家"活动，并作为提高工会组织素质建设的长效机制。1990年，根据中华全国总工会《关于继续深入开展建设职工之家活动的决定》的要求，结合农场工会实际，制定《建设职工之家工作目标管理责任制及考评细则》，对建设合格的"职工之家"进行标准规范，促进工会组织建设。

2014年10月15日，"职工之家"及"女职工组织规范化建设示范单位"通过景洪市总工会的考核。

2016年，工会开展"创家活动"，创建市级模范职工之家1户，职工小家13个，其中市级模范职工小家3个。

2020年，工会开展"创家活动"，二分场六队、三分场五队获得景洪市模范职工小家称号。

五、职工帮扶

自工会成立以来，对于职工的劳动保护、劳动保险及生活福利，不定期地进行调查研究，提出建议，具体事宜由行政部门管理负责。对于职工的安全保障、离休退休，工会通过参加安全生产委员会和劳动鉴定委员会工作，为职工说话，维护职工的合法权益。1960—1962年，补助困难职工167人（不包括大勐龙农场），补助金额3497元。1964—1965年，补助困难职工371人，补助金额5391元。1981—1987年，补助困难职工2991人，补助金额95610元。1988—2003年，给予困难职工扶助资金75.72万元，帮助人员16512人次。

工会不断完善扶助困难职工工作，逐步建立健全了扶助困难职工工作制度和工作机制，建立困难职工档案，组建困难职工扶助基金。对于困难职工的补助，一般由行政拨款，工会组织讨论，评定应补助职工及金额，党支部审查批准；干部的困难补助，由上级党委或组织部门批准。困难职工扶助工作逐步规范化。

2004年，工会成立"困难职工帮扶中心"，制定《东风农场工会困难职工帮扶工作实施办法》。帮助的对象为因长期患重病，造成家庭经济和生活困难的；家庭收入低，子女上大学无经济承担能力的；下岗失业人员从事再就业，资金特别困难的；因受天灾人祸的损害，造成家庭经济和生活暂时困难的。扶助条件为必须向帮扶中心注入一定数量的资金，按注入数量的1∶5无息借贷，两年内归还。从实施帮扶工作以来，职工投放互助资金保持在5万元左右，2004年10月至2008年1月，使用帮扶资金73.03万元，受助帮扶对象175人次，其中子女读大学116人次，下岗再就业55人次，意外事故4人次。

2005年6月，农场出台了关于扶持特困职工发展非公经济的相关政策。文件规定，为加大非公经济扶持力度，解决贫困职工发展中所面临的资金困难，将特困职工纳入重点扶持对象，并针对不同发展项目和发展规模，分别给予1000～5000元的扶持资金，着重用于扶持特困职工发展养殖业。

2006年，工会成立了职工爱心互助基金会，制定《东风农场工会职工爱心互助基金会工作实施办法》，每个工会会员每年捐助20元，用于扶助家庭成员人均月收入低于最低生活保障标准的困难职工，如会员患癌症等特殊大病造成生活特别困难的、会员因家庭特别困难子女上学面临辍学的、会员家庭无固定收入的、会员由于患癌症等重大疾病进行长期治疗而造成家庭生活特别困难的等。

2003—2007年，通过困难职工帮扶中心、职工爱心互助基金会、职工医疗互助基金会三项互助帮扶活动，帮扶人员达19691人次，共捐助筹集资金155.62万元，实施帮扶救助困难家庭715户，使用帮扶互助资金96.46万元。全场各级工会组织开展送温暖活动，慰问患病、特殊困难职工和困难残疾人员3765户次，发放慰问金22.13万元。

2015年，关注农场职工因病致贫、因病返贫的问题，明确救助对象，做好临时救济和医疗救济工作，累计发放救助金10.4万元。

2016年，全场通过上级审核进入全国困难职工帮扶的有471人。农场看望慰问困难职工264人次，发放慰问金7.92万元。

2018年，建立完善困难职工动态管理，以景洪市总工会困难帮扶中心为总枢纽，辐射13个生产队困难职工帮扶网络，开展困难职工精准识别回头看工作，对11户困难职工继续帮扶，对不再符合建档立卡标准的47户困难职工家庭、196户已退休困难职工家庭及时进行脱困注销。全年慰问帮扶1558人次，发放慰问帮扶金20.72万余元。

农场工会不断拓展服务领域，加大对困难职工的帮扶力度，充分发挥困难职工帮扶中心作用，由短期帮扶发展改为长期帮扶。

六、职工医疗互助

2006年6月5日，农场工会建立职工医疗互助基金会，出台了《东风农场职工医疗互助活动管理办法》，参照《云南省职工医疗互助活动管理办法》相关内容及要求，结合农场实际制定。活动遵循"自愿、公开"的原则，通过职工互助互济的形式，帮助患病住院职工解决个人自付医疗费用过高的困难，使职工在患病住院时，在享受基本医疗保险的同时，还能根据自付数额的大小，得到相应比例的医疗互助基金补助，减轻患病职工家庭的经济负担。凡参加农场职工基本医疗保险和大病补充保险的在职职工和离退休人员，并按时缴纳医疗互助金的，均能享受"医疗互助"活动的相关权益。农场工会对"医疗互助"资金实行专款专用，并成立了"医疗互助"活动管理委员会、监审会和互助中心，具体负责"医疗互助"活动的日常工作和资金管理。根据云南省总工会的要求，组织开展困难职工医疗互助活动，凡与农场签订劳动用工合同的职工（退休职工），第一年每人交72元。一年为一个互助期，在基本医疗保险和大病补充医疗保险报销后，个人自付费用在当期起点800元以上，20万元以下的部分，可按当期规定的补助标准获得相应的补助。全场有8962人参加，收到互助资金64.53万元，从7月1日起开始对受助对象进行兑现，到10月共兑现医疗互助资金10.93万元，受助人数46人。2007年参加职工医疗互助人员8340人，收到互助资金60万元，第一期报销11.13万元，受益人数214人。

2008—2020年，全场共有80644人参加医疗互助，共缴纳医疗互助金7285742元；有12444人次享受医疗互助金补助，补助金额6431312元；有87374人参加爱心互助，共缴纳爱心互助金2210639元；有8632人次享受爱心互助金协助，补助金额1796610元。

七、工会活动

（一）竞技比赛

从建场开始，竞技比赛就作为一项长期的、重要的工作推进，工会负责每年竞赛方案的拟稿、组织实施、检查考核、总结评比、表彰奖励工作。1960年后，工会协同其他部门，围绕生产，组织职工开展比、学、赶、帮活动；1961年，在全场开展以争创4个"五好"为中心的劳动竞赛；1963年成立总场后，竞赛活动形式变得多种多样，有挑应战、夺红旗、打擂台、争标兵、夫妻赛、对手赛、生产运动会等，由农场或生产队竞赛委员会评比，对优胜单位和个人送贺信、送红旗、戴红花、通报表扬、上光荣榜，及时地进行宣传，使广大职工比有对手、学有榜样、赶有目标、帮有对象，以推动竞赛活动更广泛地开展。

"文革"期间，偶尔开展劳动竞赛。

1979年后，农场陆续开展了争创先进集体、先进生产（工作）者活动；评比割胶、林管、生活、安全、计划生育等全面工作的流动红旗活动；争创六好企业、五好家庭、五好职工、优秀胶工活动；物质文明和精神文明建设先进集体、先进个人活动。把活动中涌现出来的先进单位和个人作为学习的榜样，通过"先代会"、有线广播、现场参观、印发材料等形式进行宣传，号召职工向他们学习，进一步开展竞赛，使农场的劳动竞赛逐步深化和提高。

1988年后，围绕农场主业生产、经济建设活动，组织开展行业创优、技术创新、岗位创优活动，评选割胶先进班组、制胶优质班组，开展争做优秀胶工、优秀林管工等社会主义劳动竞赛活动，充分发挥职工群众的积极性和创造性，促进了农场技术进步和技术改造，增强企业活力，推进农场经济不断向前发展，并涌现出大批的先进集体和先进个人。

2011年后，农场工会除在全场范围内组织技能竞赛活动外，还举办了《劳动合同法》、"美丽景洪、和谐东风"市情场情、"学党章党规、学系列讲话、做合格党员"知识竞赛以及与生产息息相关的知识竞赛活动。其中"美丽景洪、和谐东风"市情场情知识竞赛活动，以景洪市和东风农场历史、地理、文化、时事、政策、改革等内容印发试卷到职工群众家庭进行开卷考试，全场9000余户职工群众家庭参加，为史上规模最大的一次开卷竞赛。对外，还定期组织技术能手参加全省职工技术技能大赛活动，先从场内选拔出优秀技术能手参赛，再组织干部职工参加西双版纳州、市举办的各类知识竞赛，均取得优异成绩。

（二）文娱活动

建场初期，农场在春节等重要节日期间举办职工文艺汇演，组织文艺队到各个生产队进行演出，受到农场职工及附近村寨群众的欢迎，促进了场群关系的和谐发展。

随着物质生活条件的好转，农场重视和加强精神文明建设和农场文化建设，职工群众的文化生活愈加丰富。由工会牵头，农场其他部门协同合作，间隔3～4年举办一次书法、美术、摄影、根雕、工艺品、盆景、布贴画等艺术联展，举办书法、美术、摄影、装裱、舞蹈、体操、演讲等培训班。从1988年开始举办职工业余歌手卡拉OK赛，每两年一次，以青年职工或职工家庭为主。1995年后，职工文娱活动更加多元化，增加了时装表演、歌咏、健美操、大合唱、演讲等全场规模的比赛，开展全民健身活动，各种重要节日举办文艺晚会，组织职工参加省、州、市级文体活动，并取得优异成绩，职工文体活动发展水平不断提高。

1988年7月1日，举办首届职工业余歌手大奖赛。同年12月2—4日，东风农场举行建场30周年庆祝活动。2日，农场在东风俱乐部前召开建场三十周年庆典大会，共计800余人参会，进行旱船、蚌壳、湖南花灯剧、秧歌舞、鱼灯舞、龙灯、狮子舞等表演，举办建场三十周年文艺晚会，并邀请曼康湾村民燃放孔明灯、烟花，还有各单位的民间艺人做出的彩灯202盏、书画等作品进行展览；3日，举办拔河比赛及男女篮球邀请赛；4日，各单位召开座谈会和庆祝活动。

1990—2004年，举办书法、美术、摄影、根雕、工艺品、盆景、布贴画艺术联展5次，1813人参展，作品共2192件。举办书法、美术、摄影、装裱培训班3期。

1999年，举办国庆50周年文艺晚会及"庆澳门回归，迎21世纪"大型晚会。

2005年，举办迎新春大型文艺活动晚会4场和场地交易会文艺活动、小城镇建设现场会文艺活动。

2007 年，参加西双版纳州首届社区职工文艺汇演并获奖。

2008 年 12 月 18 日，举行建场 50 周年场庆迎宾晚会。19 日上午，举行建场 50 周年庆典大会。19 日晚，在文化广场举行场庆 50 年焰火联欢晚会，演出分《峥嵘岁月》《红土热血》《南疆情缘》《东风飞歌》4 个篇章。其间共有 179 个单位和部门的 1500 余名嘉宾，4000 余名代表，2 万余名职工群众参加农场建场 50 周年庆典活动。

2009 年 3 月 8 日，东风农场工会举办"我们最风流"健美操比赛，全场 6 个分场级单位参加。

2013 年 6 月 27—28 日，东风农场举行庆祝建党 92 周年"党旗飘扬，唱响东风"千人合唱大赛。各单位以 80～100 人组队，共 14 个代表队 1100 余人参赛，为东风农场建场以来规模最大、参赛人数最多的一次文艺活动。同年还举办了广播体操、演讲、气排球教练员及裁判员培训班各 1 期。

2014 年 8 月 8 日，东风农场联合城镇附近单位、医院、商家近 500 名职工群众参加第六个"全民健身日"活动启动仪式和健步走活动。

2014 年 8—9 月，东风农场职工先后参加景洪市委举办的"中国梦·美丽景洪"演讲比赛、州委举办的"中国梦·美丽傣乡"庆祝新中国成立 65 周年演讲大赛，并获奖。9 月 26 日，参加景洪市工间操（第九套广播体操）比赛获二等奖。12 月 18—28 日，在"澜沧江·湄公河流域国家文化艺术节"上，东风农场代表景洪市参加西双版纳乡村文艺调演获二等奖。

2015 年 8 月 25 日，东风农场举办世界反法西斯战争暨中国人民抗日战争胜利 70 周年合唱比赛。26 日，以比赛节目为基础，举办世界反法西斯战争暨中国人民抗日战争胜利 70 周年文艺晚会，景洪市委等 20 余个单位和团体领导到场观看。

2017 年 1 月 4—16 日，东风农场管理委员会举办第二届"健身操"比赛。

2018 年 8 月 8 日，"全国全民健身日"组织机关、13 个生产队、健身团体、健身爱好者，共计 550 余人开展"全民健身　你我同行"健步走活动。12 月 16 日，在东风文化广场举行建场六十周年庆祝大会暨"新时代·东风韵"文艺晚会，晚会由《东风岁月》《东风情怀》《东风梦想》3 个篇章组成，以多种文艺形式讴歌东风农场建场 60 年取得的巨大成就，2000 余人参加庆祝大会。

（三）职工运动会

为了激发职工的拼搏精神，加强职工之间的团结互助，自建场开始，农场经常组织开展拔河、长跑等比赛，不定期开展篮球、足球、乒乓球等运动会。从 1986 年开始，每两年举办一次"三叶杯"职工篮球运动会；1988 年开始，每年举办一次老年门球赛；1992

年开始，每两年举办一次"共青杯"足球赛；1995 年开始，每两年举办一次中青年门球赛；2013 年开始，举办"东风杯"职工群众运动会，后作为农垦文化体系的一部分，延续至今。部分运动竞赛因实际情况而取消，或未在应办年份举办。

1964 年春节，农场首次举行职工体育运动会，开展男女篮球、男排、男女乒乓球比赛，并选出优秀运动员组成代表队，参加景洪县、西双版纳州运动会。

1972—1975 年，农场先后举行职工运动会 3 次、中小学生运动会 1 次。

1982 年，举办东风农场第一届职工全运会，项目包括篮球、排球、乒乓球、羽毛球、足球。后于 1983 年、2003 年、2005 年举办第二、三、四届职工全运会，第四届比赛项目包括足球、篮球、门球、地掷球、田径五大项，新增陀螺项目，共有 5000 人次参与活动，为参赛人数最多的一次全运会。

1981—1987 年，农场举行职工运动会 9 次，包括篮球、排球、乒乓球、羽毛球、足球以及射击、拔河、象棋、扑克比赛。1987 年，参加体育活动的人数达到 13943 人，其中女工 3981 人。

1986 年，举办第一届"三叶杯"职工篮球运动会，后于 1988 年、1990 年、1999 年、2005 年举办第二至第六届运动会，每届均有 600 余人参赛。

1988 年开始，以离退休职工为主体，每年重阳节期间举办一次老年门球赛，后又增加了地掷球、陀螺、气排球等项目。2006—2008 年累计参加人数达 8000 余人次。

1992 年，举办第一届"共青杯"足球赛，于 1994 年、1999 年举办第二、三届足球赛后，未再举办，改为五人制足球竞赛。

1995 年，举办第一届中青年门球赛，后于 1999 年、2000 年、2002 年、2004 年举办了第二至第五届中青年门球运动会，平均每次运动会均有 300 人次青年职工参与。

2013 年 1 月 4—13 日，东风农场管理委员会举办第一届"东风杯"职工群众运动会，包括地掷球、气排球、门球、陀螺、拔河、五人制足球、广场舞、篮球等 8 个竞赛项目。于 2013 年（12 月 30 日）、2014 年（12 月 15 日）、2016 年、2017 年、2019 年举办第二至第六届职工群众运动会，比赛项目包括门球、陀螺、地掷球、气排球、可乐球、柔乐球、五人制足球、篮球等 8 个大项，参加人数在 1500 人左右。

农场工会凭借多年的办会经验，于 2002 年成功承办了西双版纳农垦分局运动会，共有 2000 余人参加。同时，长期坚持举办由职工、群众共同参加的运动会，涵盖篮球、拔河、中长跑比赛、自行车拉力赛和越野赛等体育项目，为促进场群共建起到积极作用。

（四）技术培训

从 1988 年以来，农场工会协助生产技术部门抓职工的技术培训和技术竞赛活动。每年对老胶工进行一次复训，对新胶工进行一次上岗培训。结合劳动竞赛组织一次割胶技术大比武活动，动员胶工全员参与技术大练兵，组织一次技术考评，不断促进职工队伍技术素质的提高。

1994年，农场工会举办蚕桑种植技术骨干培训班，培训人数33人。2003年，农场工会举办肉牛养殖技术培训班，主要培训肉牛高效饲养与疫病监控、饲料青贮技术，参训62人。

2004年，推行胶工上岗技术证书制度，农场工会协助生产部门对3900名胶工进行培训考核，同时对2700名下岗和待业人员进行系统的橡胶生产管理理论知识和应用技术培训，经考试合格者，发给技术资格上岗证书。同年，还举办茶花鸡养殖实用技术培训班，培训再就业人数240人；举办南药种植实用技术培训班，培训再就业人数108人；举办良种牛冻精改良实用技术培训班，培训人数64人。

2005年，农场工会举办牧草种植技术培训班6期，培训人数182人。选送部分35岁以下的下岗失业人员外出学习，其中，送至昆明南方民族医学进修学校职业培训站培训保健按摩师16人、昆明金妮美容美发培训学校培训美容美发师26人及送至昆明市交通高级技工学校培训汽车维修工34人、摩托车维修工10人、昆明市饮食行业职业培训站培训厨师15人、昆明茶道茶艺职业培训站培训茶艺员14人、上海市服装行业职业技术学校培训服装设计定制工12人。组织养牛专业户30人到大理白族自治州巍山县实地学习养牛技术。同时，还聘请福建省平和县农业局柚子种植专家到场，举办柚子种植管理实用技术培训班，培训人数92人。10月14日，农场33名待业青年拿到了云南省新华电脑学院的入学通知书，踏上了求学之路，将进行为期两个月的电脑专业培训。同年，农场党委为引导待业青年就业，先后4次选送200多名待业青年外出参加技能培训，为待业青年就业创造条件。

2006年，举办牲畜防疫防病知识培训班6期，培训人数320人。

2007年，聘请西双版纳州农业局水产品研究中心技术人员来场举办热带鱼养殖实用技术培训班，培训人数60人。

2008年8月10日，东风农场工会在各基层单位选派具有一定音乐基础的职工16人，前往普洱市进行为期20天的声乐知识培训，由思茅区音乐家协会知名的音乐老师对学员们进行声乐理论、识谱、节拍、演唱、指挥等音乐知识培训。

2015年，东风农场大力实施未来人才发展战略，为农场未来发展奠定人才基础。5月，选派15名干部到云南春晓高原农业有限公司学习大棚蔬菜种植、管理、加工、销售，到海南南田农场学习芒果种植技术；选派6名年轻干部到昆明参加企业＋互联网模式与营销策略转型培训班学习，为打造"东风农场经济升级版"创造良好条件。

2016年，以提高广大干部职工群众思想素质、业务水平为目的，根据农场工作实际，全年共举办各类培训班 22 次。

2017—2018 年，继续推进职工各项技能培训，在上级工会的大力支持下，职工技能培训 850 人，其中茶艺师 158 人、中式烹调 208 人、中式面点 238 人、初级维修电工 80 人、育婴师 78 人、家政服务 88 人，并获得云南省就业资格证书；组织裁判教练员培训 110 人次。

农场工会开展各项技能培训，取得显著成效，有效地促进了农场失业职工再就业。2004 年，云南省总工会授予国营东风农场工会为"工会促进再就业工作先进集体"荣誉称号。2005 年，农业部农垦局、中国农林水利工会授予张登红"全国农垦系统再就业明星"荣誉称号。2006 年，中华全国总工会授予国营东风农场工会为"全国工会促进再就业行动先进单位"荣誉称号。

八、创先争优

自 2009 年起，全场各级工会、女工组织在农场党委的领导下，每年组织开展"和谐家庭·好家风"创建活动。从"学法用法不违法，创守法之家""文明理家讲规范，创美德之家""化解矛盾'零暴力'，创友善之家""自我防范讲安全，创安全之家""崇尚科学守公德，创文明之家""尊老爱幼重教子，创关爱之家""爱岗敬业讲奉献，创勤奋之家""参与公益献爱心，创爱心之家""依法维权不缠访，创明理之家""讲究卫生抓保健，创健康之家"10 个方面，最大限度地发动职工、组织职工、吸引职工、宣传职工、扩大职工参与率。传承"夫妻和睦、尊老爱幼、科学教子、勤俭持家、邻里互助"的家庭美德，引导职工和家庭在参与中接受道德教育、提升文明程度，以实际行动培育和践行社会主义核心价值观。同时，建立长期有效的激励机制，工会每年对"和谐家庭、好家风"创建活动进行考核和评比，按 1‰ 的比例对成绩突出的职工家庭进行表彰和奖励，至 2020 年，共表彰和谐家庭 560 户。

第二节　共 青 团

一、机构沿革

建场时，东风、大勐龙、前哨 3 个农场的复员、转业军人和下放干部成员中，有共青团员 400 余人，约占职工总数的 1/3，相继建立了生产队团支部，由农场党委指定一名委员兼管团的工作，3 个农场共有团员 413 人。后随着大批湖南支边青壮年到场，大勐龙农场于 1959 年 9 月 17 日成立团委，设兼职团委书记，生产队建团支部，有团员 311 人。东风农场于 1960 年 4 月成立团委，由农场组干科长兼团委书记，7 个作业区均建立了团总支，共 32 个团支部。到 1961 年，东风、大勐龙两场共有团员 799 人。在党组织的领导下，广大共青团员和青年在艰苦创业中，发挥生力军和突击队的作用，并在开展种试验田和扫除文盲的活动中做了大量工作。

1963 年 3 月，东风农场召开团代会，成立了共青团国营东风总场委员会，委员 13 人，设专职团委书记、团委干事各 1 人，下设团总支 7 个、团支部 57 个，共有团员 579 人。委员会负责组织团员和青年学习毛泽东著作，开展"向雷锋同志学习"、争创"五好青年"等活动。

1966—1972 年，团委工作中断。

1972 年底，二团党委开展整团建团工作。1973 年 5 月，召开团代会，成立共青团二团工作委员会，设兼职委员，配有专职团干部 1 人；各营也分别成立团委，设专职团干部，连组建团支部。共有团员 4143 人。

1974 年 10 月，将共青团二团工作委员会改为共青团东风农场委员会，并设立青年科，团委副书记兼任青年科科长，配有 1 名干事。

1977 年，共有分场团委 16 个和团总支 1 个，分场设专职青年干事。全场建立了生产队团支部 221 个，共有团员 2784 人。

1978—1982 年，因知识青年返城，团委工作停止，撤销青年科。

1983 年 5 月，召开共青团国营东风农场第四次代表大会，重建农场团委机构以及分场、生产队的团组织，恢复了因知青返城而中断的团委工作，并重新设立青年科，由团委副书记兼任青年科副科长，配有干事 1 人。分场成立团委，并设专（兼）职青年干事。

1986 年 5 月，东风农场第五次团代会召开，选举产生第五届农场团委，全场建立分场团委 17 个，团支部 167 个，共有团员 1500 人。至 1987 年底，有分场级团委 17 个，团总支 4 个，177 个团支部，团员共有 1692 人。

1988—1999 年，农场团委均设立专职团委书记或副书记，配备团委干事 1 人。按照团组织建设原则，各分场级单位建立团委或团总支，在有 3 名以上团员的生产队建立团支部，在无团员的生产队成立青年小组。分场设立专兼职团委（团总支）书记，1999 年后均转为兼职。生产队设立兼职团支部书记或青年小组长。

2000 年，取消团委干事设置。2004 年随企业精简机构，农场团委书记（副书记）转为兼职。由于农场多年未招工，尤其是 2005 年学校移交地方后，农场团员数量锐减，最少时仅有团员 16 人。2012 年后，团员数量陆续增加，至 2020 年底，农场团委有团支部 18 个，团员 234 人，兼职团干部 31 人。

东风农场 1958—2007 年共青团团组织和团员变化情况见表 5-2-2。

表 5-2-2　东风农场 1958—2020 年共青团团组织和团员变化情况

年份	团委（个）	团总支（个）	团支部（个）	青年（人）	团员（人）	发展团员（人）	专职团干部（人）	兼职团干部（人）
1958		2	17		413			
1959	1	2	17		311	18		
1960	2	12	49		870			
1961	2	12	46	2125	799	22		
1962	2	11	45		579			
1963	1	7	57		579			
1964	1	7	57	824	637	138		
1965	7	1	66	1530	791	124	6	
1972				12785	3252			
1973	16		212	12318	4143	805	7	
1974	16		208	11378	4026	717	10	
1975	16		225	10669	4448	441	6	
1976	16	1	221	11973	4328	327	15	
1977	16	1	221	11587	2784	139	13	
1982	6	4	49	4434	668	169		
1983	17	1	131	5719	1000	313	2	
1984	15	4	161	5910	1376	391	4	
1985	17	4	153	5238	1439	239	3	
1986	17	4	167	5446	1500	257	9	
1987	17	4	177	6654	1692	418	9	
1988	17	6	180	5998	1739	350	10	14
1989	17	2	188	6962	1724	357	4	23
1990	17	1	188	7043	1930	356	9	
1991	18	4	194	7350	2013	300	17	
1992	18	7	185	7492	2133	340	13	11
1993	15	8	188	6604	1969	132	2	
1994	16	6	191	6597	1816	182	1	
1995	16	8	191	4460	1654	196	1	
1996	15	5	177	5326	1618	232	2	
1997	15	4	161	4585	1399	141	3	
1998	17	5	150	3374	1033	119	2	
1999	17	3	105	2561	602	87	1	22
2000	13	5	77	2825	517	155	1	21
2001	12	5	59	4504	401	122	1	
2002	12	6	40	1947	357	158	1	19
2003	7	2	46	1747	355	45		15
2004	9	5	57	3776	279	31		11
2005	6	1	50	3958	240	25		11

（续）

年份	团委（个）	团总支（个）	团支部（个）	青年（人）	团员（人）	发展团员（人）	专职团干部（人）	兼职团干部（人）
2006	1		4	2636	28			9
2007	1		4	2193	21			9
2008	1	1	4	1992	20			9
2009	1	1	4	1850	19			9
2010	1	1	4	1795	18			9
2011	1	1	4	1683	16			9
2012	1	13	133	1574	81			85
2013	1	13	133	1404	97			85
2014	1	13	133	1206	115			85
2015	1	13	133	1008	154			85
2016	1	13	133	980	151			85
2017	1	13	133	810	543			85
2018	1	0	13	720	61			22
2019	1	0	14	637	126			28
2020	1	0	18	561	234			31

二、共青团代表大会

1963 年 3 月，东风农场召开首次团员代表大会。大会选举产生东风总场团委，团委由 13 人组成，李舒杰任书记。

1965 年 1 月 17—20 日，召开共青团国营东风农场第二次代表大会，会议代表 87 人，选举产生东风农场第二届团委，团委由 19 人组成，李舒杰为书记。

1973 年 5 月 4—6 日，二团召开第三次团员代表大会，会议代表 430 人，列席代表 23 人，选举产生二团第三届团委，团委由 27 人组成，陈际瓦、程玉庆为副书记。

1983 年 5 月 4—6 日，东风农场召开第四次团代会，会议代表 152 人，特邀代表 16 人，选举产生共青团国营东风农场第四届委员会，委员会由 21 人组成，李平为副书记。会议听取贺加敏做的《当好党的助手，团结广大青年，为开创农场工作的新局面而奋斗》工作报告，通过了《关于认真贯彻农场第四次团代会精神，努力开创我场共青团工作新局面的决议》和全体到会代表给全场青年的《倡议书》。

1986 年 5 月 6—7 日，东风农场召开第五次团员代表大会，会议 151 人，列席代表 3 人，选举产生共青团国营东风农场第五届委员会，委员会由 23 人组成，梁纪平为书记。会议听取梁纪平做的《团结带领全场青年为实现"七五"规划奋发进取，建功立业，在农场两个文明建设中锻炼成为"四有"新人》工作报告，通过了《关于带领全场青年为繁荣边疆，振兴农场而建功立业的决议》文件。

1988年8月7—8日，东风农场召开第六次团员代表大会，会议代表199人，选举产生第六届农场团委，团委由25人组成，伍平当选书记。会议听取梁纪平做的《勤奋学习，诚实劳动，为建设文明、富裕的国营农场献青春添光彩》工作报告，通过了《工作报告决议》《关于动员全场团员和青年发扬艰苦创业的精神，勇于投身改革，用优异的成绩向场庆三十周年献礼的决议》文件。

1991年5月4—5日，东风农场召开第七次团员代表大会，会议代表212人，选举产生第七届农场团委，团委由27人组成，伍平当选书记。会议听取伍平做的《审视过去，展望未来，立足本职，投身"八五"，奉献青春》工作报告。1993年10月，戴慧任农场团委副书记。

1994年6月25日，东风农场召开第八次团员代表大会，会议代表165人，选举产生第八届农场团委，团委由19人组成，戴慧当选书记。会议听取戴慧做的《在建立社会主义市场经济体制的实践中，为培养和造就跨世纪农垦青年而努力奋斗》工作报告。1996年2月，伍平任农场团委书记。

2000年11月22日，东风农场召开第九次团员代表大会，会议代表54人，选举产生第九届农场团委，团委由15人组成，魏孟芝当选副书记。会议听取魏孟芝做的《认清形势，把握大局，团结和带领广大团员青年为农场两个文明建设建功立业》工作报告。2005年11月，李琼任农场团委副书记。

2011年属地管理后，未再召开团员代表大会，农场团委由农场党委会议研究决定。2013年2月18日，农场党委会议研究同意，团委委员3人，书记、副书记各1人，张泽平任团委书记。2014年3月14日，团委委员5人，书记1人，副书记2人，组织委员、宣传委员、文体委员各1人，明莎任团委书记。2015年12月14日，团委委员8人，书记1人、副书记2人，张勇任团委书记。2019年4月8日，团委委员3人，刘幸福任团委书记。

三、组织活动

建场初期，团组织针对农场的实际情况，开展了一系列的教育和劳动竞赛活动。在青年中开展争当"六好"[①]青年的比、学、赶活动，每年评选一次"六好团员""六好青年"；开展"五四"红旗青年突击手竞赛活动，每年"五四"期间评选一次，并通报全场

---

① "六好"即：学习好、思想好、工作好，技术革新好、团结互助好、遵守政策纪律安全生产好。

表扬；开展以粮食生产和扫盲为中心，大种试验田和"红五月"劳动竞赛等活动；开展"以除害灭病"为中心的爱国卫生运动，要求全场团员和青年带头做到"五勤""灭五病""除七害"；开展"热爱边疆、热爱农场、热爱劳动，在劳动中起模范作用"和"继承革命传统，发扬艰苦创业、勤俭办场、勤俭持家"的教育活动，并树立了朱冬梅、李金祥、杨国汉、刘长方、刘应健、刘坚白、董菊芬、黄才和、陈国兴等一批青年典型。

1963年，三大农场合并为东风总场后，开展了以增产节约和挖梯田为中心的劳动竞赛；开展"认真学习毛泽东著作和扩修俱乐部"的活动；开展"向雷锋同志学习、踊跃争当'五好青年'"以及学习麦贤德英雄事迹的活动，涌现出了丁世琪、许玉、尹金弟、李正学、祁周学、王国平、魏光明、欧阳培华、郁佩佩等一批好青年。同时还加强少先队工作，开展了请老工人讲家史，组织学生听忆苦报告和英雄烈士的战斗故事，组织高年级学生学习毛泽东著作和大唱革命歌曲等活动。

1966年，团组织停止活动。1973年，团组织得到恢复，在各级团组织中开展学习党的"十大"文件的学习活动，各营组织成立了宣讲组对文件进行宣讲；开展争创"先进团支部"和争当"优秀团员"的活动；对青年进行理想、前途和人生观的教育；进行"安心边疆、扎根边疆"的学习讨论活动。树立了吴冬华、吴震、刘红鹰、杨革非、曹兆仁等青年模范。

1974年9月，恢复农场建制后，除对青年进行"热爱农场、扎根边疆"的教育外，还开展了办政治夜校、图书室、黑板报、储金会和美术、书法、摄影等竞赛活动，以球类和田径为主要项目的小型运动会，以及自编自演文艺节目和诗歌朗诵等文娱活动。青年中涌现了一批先进人物，其中上海知识青年沈瑾瑾的事迹被拍摄成纪录片《根深叶茂》在全国放映。

1983年4月，农场进行企业整顿，共青团工作在党委的领导下，贯彻"以四化为中心全面活跃团组织工作"的方针，围绕两个文明建设，开展了一系列适应青年特点的活动，使全场的共青团工作出现一个新的局面。在青年中进行共产主义理想和纪律教育，以及怎样树立正确的世界观和人生观的教育，组织全场青年收看张海迪事迹的电视录像，开展向张海迪学习的活动。先后开展了"青年集体舞"比赛、"振兴中华""学传统、建功业"演讲、"绿化农场、美化家园"绿化活动、"最佳绿化规划图案"征集、"百科知识""青年法律知识""五次最佳团日活动"竞赛等活动。

1984年，各级团组织成立"为民服务"活动小组39个，为职工群众义务理发1066人次，修理自行车160辆、收录机16台、手表3块。举办图书阅览，参观人数达1007人，累计有5048名团员和青年参加活动。

1987年，开展"给边防战士写慰问信"活动。围绕农场橡胶生产，开展"抗灾保产""割胶比武""争创一流岗位"劳动竞赛以及"艰苦奋斗大讨论"，围绕"双增双节"开展义务代病事假胶工割胶、抢收以及回收洗胶桶水和泥杂胶活动。组织看望全场的残疾青年，并赠送学习用品。同时注意后进青年的转化工作，开展谈心活动。全场共组织开展体育活动746场次，共78620人次参加；组织各种文娱活动158次，共17730人次参加。

1984年，在团组织中开展"为团组织自筹资金"活动，至1985年累计自筹资金31126.15元。

1988年，组织开展团员教育评议活动，1616名团员参加评议，占全场团员总数的93.30%，其中，1247人被评为合格团员，350人被评为基本合格团员，19人被评为不合格团员。

1989年，开展"创二百元资金"活动，组织广大团员青年承包中幼林地、鱼塘、捡泥杂胶、拉沙修路，筹集资金，解决团组织无活动经费的难题，3年筹集资金73575.21元。

1989年，开展"让理想在本职岗位上闪光""创十佳青年"活动。同年开展"爱场护场，护林保胶"活动，全场成立爱场护胶小组26个，3612人参加活动，捡泥杂胶11103.27千克，回收长流胶115640.60千克，顶岗代割38.4人次，产胶59382千克。

1989年12月5日，实行团员证制度，召开颁发团员证大会，全场1829名团员，颁证1661本，颁证率90.80%。

1990年3月4日，农场团委在勐龙镇、小街乡、农场部设点，开展大规模"雷锋精神在东风"活动，全场20个分场单位团委576人参加活动。开展了修理自行车、理发、医疗咨询、修理无线电器、裁缝、摆书摊、送开水、擦皮鞋、打扫卫生等活动。5月4日，举办"我为农场做奉献"演讲比赛。

1991年，开展团员教育评议活动，活动分学习提高、民主评议、团委评定、团籍注册4个阶段进行。全场1916名团员参加评议，其中合格1744名，基本合格157名，不合格16名。

1992年1月16—27日，举办首届"共青杯"足球赛，15支代表队、300余名运动员参加比赛。1994年1月12—24日，举办第二届"共青杯"足球赛，16支代表队、320余名运动员参加。1996年12月15—30日，举办第三届"共青杯"足球运动会，16支球队、288名运动员参加。1997年3月28日，成立足球协会和足球队，负责组织两年一届的"共青杯"足球运动会。从自愿参加的团员中培养新秀，组建农场足球队，参加省、州企业或其他性质的足球比赛，宣传东风精神，树立东风良好的对外形象。在条件允许的情况下，还争取承办州、市级或总局、分局范围的足球运动会。农场每年核拨 10000 元作为协会活动经费，职工数在 500 人以上的团体会员每年交纳 1000 元会费，职工数在 500 人以下的团体会员每年交纳 500 元会费，会费专款专用。

1992 年 1 月 30 日，发起为贫困地区失学少年捐款的"希望工程"活动，得到全场194 个基层团支部 3573 名团员、中小学生和部分党员、干部、退休工人的支持，共捐款8802.95 元。

1993 年 12 月，会同工会举办毛泽东 100 周年诞辰"红太阳颂"文艺晚会，上演 20 个节目。

1995 年，以纪念抗战胜利和世界反法西斯战争胜利 50 周年为契机，开展爱国主义教育活动，组织全场职工观看抗日战争时期的图片展，举办抗战歌曲演唱会、职工自行车越野赛、文艺汇演、知识问答。同年，农场团委以《东风第一枝》为教材，通过开展读书活动、举办《拓荒者的故事》演讲比赛等方式，用老农垦艰苦奋斗的优良传统和脚踏实地的敬业精神来引导和激励青年投身农场二次创业。

1996 年 2 月 23—29 日，由 9 名青年组成的《拓荒者的故事》演讲报告团巡回全场演讲，1190 人次聆听演讲。同时，围绕演讲在全场团员青年中开展"农垦青年如何继承和发扬前辈的光荣传统，为农场事业的兴旺再建功勋"大讨论。5 月，开展"奉献在五月"活动，全场团员青年开展护林保胶、捡泥杂胶、为生产队做好事，共做好事 2258 件，护林保胶 4024 次，收捡泥杂胶 15254 千克。10 月，与天保农场签订协议，以"1＋1"助学形式，定点资助 17 名贫困儿童，并为学校和有困难学生捐款 4000 余元。

1997 年，开展首届"十佳青年"评比活动，经基层推荐、分场把关、农场考察，评选出"十佳青年"10 人。同年，联合宣传科举办"迎回归、话统一、颂中华"知识竞赛。

1998 年，开展团员青年思想教育，结合建场 40 年的奋斗历程和改革发展实际，加强青年对干胶生产形势和橡胶市场现状的了解，引导青年从大局出发，正视农场所面临的困难，看到干胶生产发展的潜力和有利条件，树立牢固的市场观、危机观和全局观，坚定发展壮大企业的信心和决心。

1999 年，农场团委从岗位文明、岗位技能、岗位效益三方面入手，选择四分场、一分场、三分场、十分场作为试点，开展共青团岗位达标活动，提高青年岗位技能，促进青年岗位成才。结合十四分场垦荒会战，在全场团员青年中开展艰苦奋斗教育，让团员青年在艰苦的环境中磨炼意志，培养吃苦耐劳的精神，再树团组织形象。从增强岗位技能、提升岗位文明、提高岗位效益入手，广泛开展了争创"青年岗位能手"、青年文明号、文明校园活动，树立青年岗位能手 58 人。

2000 年 4 月 29 日，为充分调动广大青年工人的工作积极性，增强岗位技术和工作效益，在全场形成学技术、比技能、争能手的良好氛围，与生产科联合开展"首届青工割胶技术比武大赛"，12 个农林分场的 39 名割胶能手参加比赛。

2001 年，在全场团员青年中开展"三个代表"重要思想教育活动，各基层团组织为企业办实事做好事 760 件，参加人数达 6679 人，成立护林保护小组 163 个，参加人数达 3851 人次，收回泥杂胶 7257 千克，抓获不法分子 3793 人，收缴盗具 2167 件，义务献肥 220 万千克，修路 42866 米，突击急、难、险、重任务 260 件，购云南电信绿色卡 1500 张。同年，农场团委开展绿色希望工程活动，实施项目 24 个，绿化面积 60.12 亩，绿色通道 3000 米。为促使广大团员青年在生产实践中学科学、用科学，农场团委与十四分场三队团支部联合共建"科技示范园"，农场团委出资，并进行技术指导，三队团支部出劳力，种植试管香蕉，共种植香蕉 13.10 亩，1160 株。

2004 年，与工会联合开展"创建学习型组织、争做知识型职工"知识竞赛活动，增强广大团员青年的政治意识、大局意识、创新意识、责任意识和服务意识。结合开展学雷锋活动 40 周年暨青年志愿者行动实行 10 周年为契机，开展"真情暖万家"志愿服务主题活动，全场做好事 1142 件，参加人数 10364 人次。

2005 年 1 月 20—21 日，配合农场、分公司、工会举办割胶技术技能选拔赛，分别进行理论、磨刀、树桩考试，6 个分场级单位的 19 名选手参加选拔赛。

2006 年，针对农场团员日渐减少，团组织逐步萎缩的现状，农场团委及时调整工作思路，转变工作重心，把团的工作重心转移到青年工作上来。在无团员的分场级单位，撤销团委建制，成立青年办，设青年干事。在无团员的生产队，成立青年小组，设青年小组长。全场共成立分场青年办 3 个，生产队青年小组 100 个。同年 11 月，为推动创建"学习型企业"、争做"知识型职工"活动的深入开展，农场团委在全场团员青年包括下岗待业青年中开展"阅读经典、照亮前程"读书活动，农场团委统一购买《羊皮卷》，发到各青年小组，由青年小组牵头组织学习，全场共发书籍 116 本。同时，农场团委在东风网站开辟读书专栏，开展读书心得交流。

2007 年 5 月 28 日至 6 月 15 日，在全场各级团组织中开展共青团组织文化大讨论活动，全场团员青年围绕"胡锦涛总书记在中纪委七次全会上的讲话精神""如何加强新形势下团（青年）干部的作风建设及针对企业面临的改革""如何认清形势，与时俱进，创新思路，充分发挥青年组织的作用"等 3 个主题展开广泛深入的讨论。

2008 年 5 月 4 日，东风农场团委举办第八届青年职工卡拉 OK 赛，由各单位选拔选手参赛。

2009年3月5日，东风农场团委组织团员、青年开展"弘扬雷锋精神、创建和谐东风"活动，在东风广场清扫垃圾，在俱乐部广场医护人员开展免费义诊、医疗咨询，为群众量血压、测血糖等。5月4日，东风农场团委举办纪念"五四运动"90周年青春之歌配乐诗朗诵比赛。

2012年5月2日，为纪念共青团成立90周年暨五四运动93周年，东风农场团委组织开展"清除城镇垃圾、构建美丽东风"青年志愿者主题活动，农场200余名青年及景洪市第五中学200余名师生参加。同日，举办首届新农场建设与青年发展论坛，共同探讨青年人在农场改革浪潮中如何发挥作用。

农场团委十分重视场内青年的再就业问题，1995年，开展为青工致富服务活动举办养猪、缝纫、种桑养蚕、水果栽培与病虫害防治、橡胶苗木芽接等实用技术培训，并开展青年致富园地试点工作，全场共培养致富能手167户。2003年4月22日至5月22日，工会、团委、女工联合在六分场为场内待业青年举办为期30天的割胶技术培训，64人参训，主要学习橡胶栽培、芽接技术、植保防病、磨刀技术和芒果、东试早柚栽培技术，并进行割胶实际操作；同年9月18日，工会、团委、非公有制经济发展中心共同举办茶花鸡培训班，参加200人。2004年，开展"云岭青年先锋工程·争创青年示范岗"活动，培养青年岗位能手63人，青年创业领头人19人；同年，与工会联合举办一期在职职工、下岗职工和待业青年割胶技术上岗培训班及南药种植、畜牧业冻精改良和东试早柚种植、管理技术培训班，受训人员达6125人，其中待业青年1043人，为下岗待业青年实现再就业创造了条件，为场内社会治安和谐稳定奠定了基础。

在农场中学（景洪市第五中学）移交地方以前，农场团委还经常性组织农场学生开展各种活动，教育、引导学生正确的三观。1995年，举办了首届中学生"爱我中华"演讲赛，4000多名师生参加活动。1997年开展法律意识教育，在4所中学举办法律知识讲座，6月举办首届中学生法律知识竞赛，在高中女学生中进行"自尊、自爱、自强不息"知识讲座。1998年，开展"跨世纪学生素质发展夺杯赛"活动。2001年，开展"跨世纪中国少年雏鹰争章达标"活动，全场小学生人手一册争章手册，全部参加活动，参加达标人数达100%。东风三小少先队大队被团州委授予"雏鹰大队"称号，杨明芬老师被授予"优秀辅导员"称号。2001年3月，在全场广大中小学开展庆祝建党80周年读书教育活动，全场订阅《我爱中国共产党》书籍236册、《中国共产党的80年》258册、《八十年寻路记》63册、《八十年奋斗记》52册，合计3575元。2890名中小学生参加读书答题，600多份答卷参加全国少工委的评比赛，农场团委荣获全国青少年庆祝建党80周年读书教育活动办公室授予的"优秀组织奖"，七分场学校获

"团体优胜奖"。

第三节　女工组织

1958 年建场时，女职工较少。1960 年，湖南支边青壮年到来，女工大量增加，相继成立女工委员会。2007 年在岗职工 5020 人，其中女职工 2999 人，占 59.74%；2018 年，农场总人口 27126 人，其中女性 9743 人，占 35.92%。

一、机构沿革

1960 年 3 月，东风农场成立女工委员会，委员 7 人，各作业区、生产队也都成立了女工委员会，主任委员由党总支书记、妇女副队长或工会女工委员兼任。8 月，大勐龙农场成立女工委员会，作业区、生产队也分别成立女工组织。

1964 年，总场召开女工代表会议，选举产生新的总场女工委员会。

1969—1974 年，农场、分场均未设女工干事。恢复农场建制后，农场、分场级单位配女工干事 15 人。

"文革"期间，大批知青到场，女职工中涌现了不少积极分子，提拔了一批女青年干部，但由于女工工作机构不健全，未开展独立的活动。

1976—1980 年，农场女工干事再度空缺。

1981 年，设置女工干事 1 名兼管计划生育工作。

1983 年，经过企业整顿，分场、生产队健全了女工委员会。

1984 年 3 月，农场召开"三八红旗手表彰大会"，重新选举产生东风农场女工委员会，委员 5 人。同年，农场党委批转了女工委员会《关于 1984 年妇女工作意见的报告》，农场、分场、生产队各级都把女工工作列为考核的一个重要指标，定期检查和评比。女工工作逐步全面地开展起来。

1985 年，设置工会女工干事 1 名，负责全场女工工作和计划生育工作。

1988 年后，每届工会女职工委员会均设主任 1 人，配女工干事 1 人，每个分场配备女工干事 1 名，负责全场女工、计生工作。

2004 年 3 月，农场实行政企分开，全场有分场级女工干事 8 人。

2012 年 10 月 10 日，成立景洪市东风农场管理委员会妇女联合会，委员 5 人，设主席、副主席各 1 人，黄艳任主席、曾玉珍任副主席。

二、女职工代表大会

1964年，东风总场召开第一届工会女工代表会议，会议选举产生总场第一届工会女工委员会。

1988年6月2日，东风农场召开第二届工会女工代表会议，会议代表148人，选举产生东风农场第二届工会女职工委员会，委员13人、常委6人，赵明珍当选主任；配女工干事1人，分场各配备女工干事1人，共21人。

1991年8月15日，东风农场召开第三届工会女工代表会议，会议代表74人，选举产生第三届工会女职工委员会，委员23人、常委7人，赵明珍当选主任；配女工干事1人，分场各配备女工干事1人，共14人。赵明珍做的《努力做好新时期工会女工作，推动农场两个文明建设的深入发展》工作报告。

1996年11月召开，东风农场第四届工会女职工代表大会，会议代表89人，选举产生第四届工会女职工委员会，委员21人、常委9人，戴慧当选主任；配女工干事1人，分场各配备女工干事1人，共21人。

2001年8月29日，东风农场召开第五届工会女工代表大会，会议代表69人，选举产生第五届工会女职工委员会，委员21人、常委7人，戴慧当选主任；配女工干事1人，每个分场各配备女工干事1人，共23人。2004年3月，农场实行政企分开，魏孟芝任农场女工副主任，全场有分场级女工干事8人。2005年11月魏孟芝任农场女工主任。

2007年11月9—10日，东风农场召开第六届工会会员代表大会，协商产生第六届工会女职工委员会，有委员15名，魏孟芝当选主任。魏孟芝做的《围绕中心、服务大局，在农场二次创业中发挥半边天作用》工作报告。

2012年10月18日，召开景洪市东风农场工会第一次代表大会，大会协商选举产生工会女工委员会，委员7人，魏孟芝当选主任，易珍云当选副主任。

三、女工工作

女职工委员会自成立以来，一直致力于提高女职工的整体素质，带领女职工解放思想，与时俱进，开展形式多样的女工活动，不断创新女工工作方法，构建新型的女工工作机制，在农场建设发展中做出表率，并涌现出大批的"三八"红旗手、"五四"青年突击手、先进个人、标兵，有的还获得省级以上党政机关授予的荣誉和奖励，多次获得州、市级党政机关的表彰，为建设农场奉献自己的力量。

（一）思想政治教育

1960 年，湖南支边工人到场时，正值三年困难时期，条件艰苦，农场将加强对女工的思想教育和组织发展生产作为女工工作的重点。在湖南支边工人较集中的生产队配备女干部，还在农场红专学校进行培训，提高思想觉悟和工作能力。向全场女工进行"以场为家，艰苦为荣"的思想教育，组织女工开展"五好"竞赛。

1963—1966 年，在女工中开展学习雷锋、学习毛泽东著作、学习先进等活动。全场出现了许多互教互学、学以致用的生动事例，涌现出一批生产劳动能手、女工活动积极分子等先进人物。

1972 年，女工委员会通过电影《根深叶茂》宣传女知青沈瑾瑾先进事迹，号召女职工向沈瑾瑾学习，树立热爱农场、扎根边疆、艰苦创业、努力工作的决心。

1983 年后，主要是宣传党的方针政策，教育女工成为有理想、有道德、有文化、有纪律的一代新人，要求女职工在四化建设中做到自尊、自爱、自重、自强。在普法教育中，对女职工进行《婚姻法》等法律知识教育，做到知法、守法、用法，学会用法律保护妇女儿童的正当合法权益，并能正确地对待婚姻和家庭。农场还组织巡回放映宣传张海迪先进事迹的录像，组织青年女工、中学生开展向张海迪学习的活动，开展争当"三八红旗手"和"女能人"等活动。

1987 年，组织女职工学习四项基本原则、反对资产阶级自由化、增产节约、增收节支等文件，开展"双增双节"、植树等活动。

1988 年开始，农场女职工委员会把提高女职工思想政治和文化素质摆在女工工作重要位置来抓，以培养"四有"女职工队伍为目标，组织女职工认真学习贯彻党的路线、方针、政策和国家法律法规，不断增强女职工主人翁意识和竞争意识，开展爱国主义、社会主义、集体主义教育；引导女职工树立自尊、自立、自信、自强的精神，积极参与"巾帼建功创第一"竞赛活动和文明家庭建设创建活动，充分发挥女职工"半边天"作用；进行"四情五爱"和《婚姻法》《工会法》《妇女权益保障法》《女职工劳动保护规定》等法律法规的宣传教育，不断强化女职工法律意识；开展"法律知识走进家、生活情趣走进家、科技文化走进家、文明新风走进家、卫生保健走进家，不让黄赌毒进我家"和"订好一份报刊、读好一本书、学好一门实用技术"活动，提高女职工思想道德素质和文化素质。

2001—2005 年，在女职工中开展《公民道德建设纲要》"不让黄赌毒进我家""生殖健康保健宣传月"等教育活动。为鼓励职工家庭学习科学文化知识，走勤劳致富之路。女职工委员会从中央电视台购买了《21 世纪农民致富导航 VCD》和从北京邮购了 54 盘VCD 光盘，在东风电视台播放受到职工们的好评。

2008—2020 年，农场工会女职工委员会注重提高女职工维权意识，通过电视、网络、会议等形式，加强女职工法律法规的宣传，使职工维权意识增强，学会用法律武器维护自己的合法权益。利用"三八"节和禁毒日、防艾日，联合妇联、公安等多个部门，走上街头，先后在原农场俱乐部门口、勐龙镇曼散赶摆场开展大规模"三八"维权和禁毒、防艾宣传活动，发放《云南省职工劳动权益保障条例》《新婚姻法》《劳动合同法》《妇女权益保障法》《反家庭暴力法》《妇女儿童法律法规汇编》以及禁毒、防艾等宣传资料 10000 多份。在加强宣传的同时，还组织职工学习《劳动法》《工会法》《安全生产法》和《职业病防治法》等相关法律法规，选拔推荐优秀女选手参加景洪市总工会举办的"安康杯"知识竞赛，开展女职工权益保护法律法规知识竞赛，与妇联共同开展家庭教育讲座；开展"书香三八"读书活动，以社会主义核心价值观引领职工群众阅读，使广大女职工群众通过阅读拥有更多的幸福感和获得感。

（二）女工保护

从 1960 年起，对女工的"三期"（月经、怀孕、哺乳）给予照顾。在给女工分配劳动时，实行"三调三不调"，即：月经期调干不调湿，怀孕期调轻不调重，哺乳期调近不调远。同时规定，男女混合编组，每月女工比男工多休假一天，以料理家务。

1961 年，女工委员会配合卫生所向职工进行关于妇女劳动保护的宣传教育，说明对妇女实行劳动保护的重要性和方法。农场做出决定，女工月经期休假两天，产期休息 56 天，出工后 100 天内不安排重活或挑担子。哺乳期每天上下午可在工间给孩子喂奶各 1 次。

1962 年，女工委员会协同卫生所对 790 名妇女劳动保护情况进行调查，发现患月经病的 83 人，占 10.5%；患子宫下垂症的 16 人，占 2.0%；患子宫内膜炎、附件炎、乳腺炎等症的 118 人，占 15%。女工委员会、卫生所联合向农场领导提出改进妇女劳动保护的意见，对患病妇女进行了及时治疗。

1966 年以后，女工的劳动保护被忽视，妇女的身体健康受到影响。

1984 年，女工委员会协同医院对全场妇女进行妇科病检查，发现患妇科病者达 60%。经请示农场领导同意，除对患病妇女进行治疗外，在关于加强妇女工作和计划生育工作的文件中，对保护妇女的身体健康和合法权益都做了明确规定，对割胶的女工给予补贴，每人每月 3 元。

1988 年后，为维护女职工在政治、经济、文化、生活上的特殊利益和合法权益，建立健全了两年一次的妇科病普查制度，落实女职工 2 元钱的卫生费，从 1995 年起女职工 2 元钱的卫生费增加到 4 元。遵照《女职工劳动保护实施细则》，做好女职工的"四期"

保护工作和女职工产期保健工作，女工小组的岗位津贴每年都能按时发放。截至 2007 年，共举办女职工卫生保健知识讲座 10 期，开展两年一次的女职工妇检工作 7 次，参加妇检人数达 25857 人次。

2008 年 3 月 18 日在农场第十五届五次职代会上，确定了在岗女工卫生费由原来的 4 元增加到 6 元；兼职女工计生员的岗位津贴由原来的 20 元增加到 30 元。同时，对女职工孕期保健、产期保健、计划生育手术费和休假严格按照《中华人民共和国人口与计划生育法》和《云南省人口与计划生育条例》执行。

同年 7—9 月，东风农场职工医院对全场 6400 余名与农场签订劳动合同的在职在岗、资源配置、停薪留职和离退休女职工进行妇检，体检费用由原来的 30 元增到 70 元，包括妇科疾病的常规检查、乳腺疾病的检查和妇女宫颈癌症的普查，并有针对性地进行 B 超和彩超检查。体检费用由农场和东风分公司全部承担，共 45 万余元。

2012 年 3 月 7 日，东风农场与勐龙镇联合开展女性健康免费检查和女性健康知识宣传活动。2013 年 6 月，东风农场举办女性健康知识讲座，260 名女职工参加，发放宣传册 260 册。

2015 年，为确保女职工合法权益和特殊利益落到实处，东风农场工会女职工委员会与卫生部门联合开展妇女体检健康行动、女性生理健康知识讲座等活动，对全场 1574 名适龄妇女免费进行"两癌"检查筛查，深受广大妇女同胞的好评。

自农场开展职工医疗互助、爱心互助、女性安康互助活动后，农场女职工委员会积极组织广大女职工群众参与。2008—2020 年，全场共有 48389 人次女职工群众参加医疗互助活动，缴纳医疗互助金 437.1 万元，享受医疗互助金 7466 人次，受助金额 385.9 万元；有 56793 人次参加爱心互助，缴纳爱心互助金 132.6 万元，享受爱心互助金 51800 人次，受助金额 107.8 万元；有 10786 人次女职工参加女性安康互助活动，缴纳女性安康互助金 44.378 万元，享受女性安康互助 111 人次，受助金额 16.33 万元。

（三）女工活动

农场女工在农场职工总数中一直占据不小的比例，是农场经济建设中不可忽视的中坚力量，农场女职工委员会围绕橡胶主业生产，结合行业特点，不断创新活动形式，充实活动内容，向全场辐射推广，取得了一定的成绩，在西双版纳垦区历年累计产干胶 90.5 吨以上的 21 名稳产高产胶工中，东风农场女职工占 4 人，其中六分场五队阮凤珍累计产干胶 107.922 吨，为垦区之最。女工工作得到省、州、市级党委政府的肯定及表彰。

1986—1990 年，在全场女职工中开展"四情五爱"教育活动，组织女职工以"过万争百为目标、双增双节为内容、建新功立新业"竞赛活动，为协力实现"三个一"（即干胶增产一成、产值力争过一万、利税增加一百万）的目标，掀起争创"三八红旗手"和女先进、女能人活动高潮。

1991—1995 年，在女职工中开展"四自"教育，掀起"学先进、比贡献"的"巾帼建功创第一"和"再创职均一吨胶"竞赛活动。至 1995 年全场有女胶工 3785 人，完成干胶 3 吨以上的女胶工 485 人，有优秀胶工 175 人，其中有优秀女胶工 122 人，占优秀胶工总数的 70%。

1996—2000 年，农场女职工委员会带领广大女职工以经济建设为中心，深入开展以"学先进、比贡献"为龙头的"女职工双文明建功立业"竞赛活动。全场培养树立"巾帼文明示范岗"1162 个，有优秀女胶工 344 人，优秀女林管工 30 人，巾帼先进女子班组 51 个。同时，从 1996 年起，在全场广泛开展"十星文明家庭"建设达标活动，全场共有 7086 户家庭参加活动，其中五星级文明家庭 194 户、四星级文明家庭 689 户、三星级文明家庭 1041 户、二星级以下文明家庭 1630 户，通过达标活动，队风队貌、人居环境、邻里关系、夫妻关系均得到加强和改善。1997 年 10 月，农场开展首届"十佳老年夫妻"（30 年婚龄的原配夫妻）评选活动。同年成立东风"姐妹爱心基金会"，全场共有 4648 名女职工参加，共捐款 2.86 万元，全场 163 个女工组织拥有自筹资金 17.48 万元。帮助女职工学会"精一业、会两手"技能，举办以家禽饲养、裁缝等实用技术培训班 27 期，参训人员达 616 人。

2001—2005 年，农场女职工委员会以"党政所急、妇女所需、女工所能"为结合点，切实维护女职工合法权益，团结、带领广大女职工积极投身农场三个文明建设，开展"巾帼建功创建"活动。全场有女胶工 2402 人，培养"巾帼模范岗"171 个，优秀女胶工 26 人，义务为胶林献肥 10818.3 吨，参加护林保胶人数达 53437 人次，共回收泥杂胶 916.22 吨。农场女工委还组织女职工开展"一帮一"活动，为特困职工家庭办实事、做好事 210 件，看望生病女职工 1036 人次，捐款 7.041 万元。2004 年农场女职工委员会成立"女职工爱心基金会"，通过女职工之间互助互济，"聚小钱、办大事"，体现"一人有难众人相帮"的姐妹真情，形成"我为人人，人人为我"的良好社会风尚，全场女职工为"爱心基金会"捐款 16.86 万元。

2006—2010 年，根据全国总工会、云南省总工会女职工委员会实施"女职工建功立业工程""女职工素质提升工程"的要求，推动"创建学习型组织，争做知识型职工"活动。农场女职工委员会先后开展争创"突出贡献"竞赛活动和"岗位创优""巾帼建功创第一""巾帼文明示范岗""八比八看"系列活动，同时在女职工中深入开展"54321"创建活动。全场有 2074 名女胶工参加割胶技能大赛，树立技术创新能手、岗位示范标兵和示范岗 99 名，其中，蒋文兰被云南省总工会、云南省争当"云岭优秀职工"活动领导小组授予云南省"云岭优秀职工"光荣称号。

2014—2020 年，在全场范围内开展形式多样的"云岭职工跨越发展先锋活动"和实施"云岭职工人才工程"活动。农场女职工委员会组织全场 85％以上的女职工创造性地开展女职工"94352"提升素质建功立业活动，其中，参加"争创学习型、知识型、创新型职工"建功立业活动 900 人，参加提合理化建议活动 400 人，开展技术练兵、技能比赛和技术创新活动 300 人，提升学历层次和技术职称等级 50 人，培养、树立先进人物 20 人。共表彰优秀女工组织 10 个、先进女职工 35 人，培养"云岭巾帼建功立业示范岗"16 个、优秀党员示范标兵 12 人，优秀参公人员 5 人、优秀参事人员 10 人。

农场女工组织除围绕主业生产开展活动外，还组织女职工群众进行技能培训，为女职工群众拓宽就业途径。从 2003 年开始，各基层工会女工组织就开始帮助女职工家庭，发展二三产业，走科学致富、勤劳致富之路，至 2015 年东风农场非公经济户达 3470 户，从业人员年收入达 2427.9 万元。

同时，还对困难女职工群众家庭进行帮扶，2008—2020 年"金秋助学"活动中对 489 户困难女职工家庭进行资助，资助金额 54.52 万元，对大病职工群众家庭也及时有效地救助，使因疾病致困的职工群众家庭生活压力得到一定的缓解。

2008—2020 年，为使广大女职工群众过一个有意义的妇女节，农场、东风分公司、农场管理委员会累计核拨经费 120 余万元，用于开展妇女节组织活动。

第四节 残 联

自建场开始，农场就设有专用基金，对农场残疾人有一定的补助，由农场工会组织协同其他部门对场内残疾人开展慰问活动，倡导扶残助残的良好社会风尚。2012 年，成立东风农场残疾人联合会、东风农场残疾人协会，开展技能培训工作，扶持残疾人自主创业，健全残疾人信息动态更新。2020 年，东风农场持有二代残疾人证人员共有 595 人，辖区内有 13 个残疾人协会，14 名专职委员，建立健全残疾人工作基础台账，按照"城市抓社区，农村抓乡镇"的要求，加强残疾人组织建设，形成机构健全规范、队伍稳定实干、服务功能完善的残疾人组织网络，不断增强为残疾人服务的能力和水平，保证残疾人工作正常有序开展，对东风农场管理委员会的改革发展稳定发挥了积极作用。

一、机构沿革

残联成立以前，农场的残疾人服务管理工作由工会负责。2012 年 11 月 23 日，成立东风农场残疾人联合会，同时成立东风农场残疾人协会，有农场管理委员会领导分管残联工作 1 人，执行理事会理事长 1 人，理事若干名，生产队有配备的兼职残疾人工作者 14 人，负责全场残疾人技能培训工作，规范残疾人管理，提高残疾人证办理效率，动态更新残疾人信息，优化残疾人康复服务，不断加强基层组织建设。

二、残疾人联合会代表大会

2012 年 11 月 23 日，东风农场残疾人联合会第一次代表大会召开，会议讨论通过《东风农场管理委员会残疾人联合会章程》《选举办法》，选举产生东风农场残疾人联合会主席团和执行理事会成员。同时成立东风农场残疾人协会。

2017 年 10 月 17 日，召开东风农场管理委员会残疾人联合会第二次代表大会，出席代表 80 人，其中正式代表 51 人、特邀代表 7 人、列席代表 22 人。会议听取和审议《工作报告》，讨论通过了《东风农场管理委员会残疾人联合会章程》《选举办法》，选举产生残疾人联合会第二届主席团和执行理事会成员，其中，委员 7 人，主席团主席、副主席各 1 人，残联理事长 1 人，副理事长 6 人。

三、残疾人工作

1958 年农场设有特种基金，1962 年改为专用基金，包括职工医疗及福利，对农场残疾人有一定的补助。1978 年，全场执行国家劳动保险制度，农场职工因工致残可享受劳保条例规定的免费医疗、生活补助、救济等项费用，伤残认定为完全丧失劳动能力的，按规定办理退休或退职，仍能工作的，由农场分配适合岗位，工资低于之前的部分以补助费补足。

农场工会不定期开展助残活动，慰问生活困难的残疾人，发放慰问金，组织残疾人技能培训，为残疾人提供就业条件；团委也多次组织看望全场的残疾青年，开展谈心活动，鼓励他们努力学习，并向他们赠送学习用品。在全场范围内开展"助残日献爱心"募捐活动，其中 1991 年共捐款 2.06 万元、1995 年共捐款 33.53 万元、2007 年共捐款 9.35 万元，所有捐助款项均用于农场残疾人公益事业。

2011 年 9 月 20 日，在东风农场召开西双版纳州人民政府救助残疾人兑付现场会，东风农场符合救助的有 25 人，其中精神残疾免费服药 16 人、义务教育阶段学生补助 3 人、农村残疾人困难补助 6 人，兑付救助金 11400 元。

2012 年，农场在全场范围开展残疾人政策宣传工作，5 月 19 日组织人员到生产队看望慰问生活不能自理残疾人 14 户，发放慰问金 2800 元，并针对未换证和未办理残疾证的残疾人讲解办证和换证的必要性；5 月 20 日开展助残日宣传活动，悬挂宣传标语 2 条、发放宣传笔 500 支、宣传扑克 120 副，并对行人介绍有关残疾人就业条例及残疾证办证程序，各生产队在居民点张贴宣传标语 180 条、宣传资料 30 张。同年 11 月，东风农场成立残联，进一步开展残疾人政策宣传，看望慰问残疾人特困家庭 30 户、发放慰问金 7200 元，救助残疾人 25 人、发放救助资金 11400 元，解决残疾人就业 215 人，资助残疾人就学 2 人，组织残疾人职业培训 14 人次，为 200 名残疾人提供免费体检，投入残疾人扶贫救济资金 6000 元，全面落实残疾人在政治、经济、生活、就业、就医、就学等方面待遇。

2014 年 7 月 17—18 日，东风农场举办残疾人割胶技术培训班，50 名残疾人及其家属参加。

2015 年，推进残疾人事业发展，积极开展助残扶贫工作，发放各种救助金 7.9 万元。

2017 年，开展全国残疾人基本服务状况和需求信息数据动态更新、精准康复服务调查工作，调查人数 510 人，有服务需求残疾人员 214 人。完成贫困残疾人康复项目需求筛查工作，其中，阳光家园计划残疾人托养服务（家庭）资助 34 户、贫困精神病患者服药补贴 30 户及住院救助 10 户、贫困残疾人家庭无障碍改造 8 户、贫困残疾人辅助器具适配 25 户，同时帮助 2 名智力（脑瘫）儿童入住西双版纳州心脑血管康复中心做康复训练。落实困难残疾人生活补贴和重度残疾人护理补贴 932 人次，其中困难残疾人 203 人次、重度残疾人 729 人次，补贴金额 14.54 万元。发放上级部门下拨的各项资金 157 人次、6.14 万元。同年，组织"春节"送温暖活动，慰问贫困残疾人家庭 32 户，发放慰问金 1.6 万元。为 18 位符合条件的创业就业残疾人申请、兑现扶持帮扶奖金 8.1 万元，及时做好信息采集录入工作，为 101 位残疾人办理残疾人证。为肢体残障人士申请轮椅 4 张，帮助听力障碍残疾人免费安装助听器 9 套，价值 5.4 万元。

2018 年，完成贫困残疾人康复需求项目工作，免费发送残疾人辅助器具 50 件，免费为 44 名残疾人体检，组织动员老年人免费白内障筛查活动，为残疾人家庭争取到无障碍改造 11 户，改造资金 6.6 万元。为符合条件的 5 名创业就业残疾人申请、兑现扶持帮扶补贴 2 万元，为 2 名残疾人子女积极申报助学金 5000 元，为 3 名困难残疾人争取生活补助共 3000 元。发放困难残疾人生活补贴和重度残疾人护理补贴 1100 人次，其中，残疾人困难生活补贴 184 人次、残疾人重度护理补贴 916 人次，两项补贴金额共计 16.74 万元。

2019 年，累计慰问贫困残疾人 37 人次、发放慰问金 1.39 万元，发放省级残疾人就业保障金补助 12 人，2400 元，物质慰问困难残疾人家庭 7 户，分别送去米、食用油共 14 件，为残疾人子女申请大学助学金 3000 元。

2020 年，利用各种活动进行残疾预防知识宣传及残疾人法律法规相关知识宣传，做好残疾人的维权、信访维稳工作和残疾人辅具发放、体检等工作。全年共发放轮椅 4 辆、坐便器 4 个、手杖 4 只，为残疾人子女申请大学、高中助学金 2000 元。

农场残联在做好残疾人服务管理的同时，不断发展残疾人事业，以各种方式为残疾人提供就业条件，促进残疾人平等、充分参与社会生活。其中，协助景洪市残联在东风农场先后举办了景洪市残疾人橡胶割胶技术培训班、残疾人养殖技术培训班、东试早柚栽培管理技术培训班，景洪全市 11 个乡镇（街道办）和 5 个农场 125 名残疾人及家属参加，累计培训残疾人 314 人次。组织残疾人参加景洪市残联举办的"景洪市残疾人养殖管理技术培训班""景洪市残疾人种植业管理技术培训班"和省残联举办的残疾人职业技能大赛。鼓励有求职意愿的残疾人报名参加西双版纳全州就业援助专场招聘会。动员组织 15 名残疾人参加 2015 年景洪市第五届残疾人运动会，获得团体总分第六名以及各类个人奖 18 项。组织 11 名残疾人参加 2018 年景洪市第六届残疾人运动会，获得团体总分第四名以及各类个人奖 23 项。

第六编

科教　文体
卫生

中国农垦农场志

第一章 科技发展

农场科技工作与建场同时起步，先后开展过气象观测、南药试种以及橡胶、水果等热带经济作物栽培、植保、育苗和制胶生产等科技试验工作。为促进农场科技发展，提高生产力，1994年农场出台《职工奖励条例》，条例明确规定对发明创造和应用于农场建设的科技成果给予奖励：在引进应用推广已有的先进技术中，结合本场实际做了大量有效的工作，并取得显著经济效益、社会效益、生态效益；在重大工程建设和企业技术改造中，采用新技术创造性地应用并取得显著经济效益；生活中的小发明和小创造对改善生产（工作）条件、方便职工生活起了良好作用；引进人才、资金、技术有利于农场建设等，都给予一次性奖励，奖励最高金额为1000元。1995年农场又出台了《国营东风农场农、林、牧、渔生产技术进步奖奖励条例》，设立新一代胶园技术、经济作物、园地管理、优质高产、畜禽养殖和渔业等方面的生产技术进步奖，每年召开一次总结表彰大会，颁发证书和奖金。

第一节 机构设置

农场的科技机构是以生产技术为中心并开展工作的。1960年初，农场机关设有生产科和畜牧科。1970年，生产技术工作由团司令部负责。1974年10月，恢复生产技术科。

1984年，农场撤销生产科，将其中一部分人员转入试验站，成立农业技术服务站；同年，成立科技委员会。1995年4月，农业技术推广站合并到一分场，属队级单位。2011年后，农业技术推广站并入农林水综合服务中心。

第二节 科技队伍

为适应科技活动的特点，农场建立了从农场到生产队和各行业间的纵、横向科技组织，健全科技工作网络。纵向科技组织是：农场设立科学技术委员会（科委）并下设日常办事机构即科委办公室，分场设立科技工作领导小组，生产队设立科技小组。横向科技组织是：农场科委下设农业、工业、医疗卫生、教育、政工5个专业小组，具体负责组织开展本行业的科技活动。不断健全的科技工作网络为农场科技工作和科技活动的正常开展奠定了坚实的组织基础。

一、科技组织

科学技术委员会　科学技术委员会于1984年初成立，农场场长兼任科委主任，主管生产技术工作的副场长兼任副主任。生产、会计、财务、统计、卫生等部门的负责人兼任科委委员，并在生产科内安排1人兼管科委日常事务。

科委负责编制与审定年度科学试验计划，提交行政领导布置有关单位实施；检查督促计划执行情况；有针对性地组织引进国内外新品种，进行新技术试验；组织科技问题交流，分析总结和示范推广科技成果。

农业技术推广站（农场试验站）1959年10月，农场抽调8名职工组建试验站，场长兼任站长，初步开展气象观测、南药试种等科技工作，后因干部调动，未能坚持试验项目。翌年2月，正式成立试验站，为农场直属的队级单位，开展橡胶、热带水果的育苗、栽培、引种、植保等科技试验工作。1967年，试验站被撤销，编为一分场的十一生产队。1980年，恢复试验站，定为分场级单位。1984年10月，成立技术服务站，原试验站为试验队，归站领导。1985年，改农业技术服务站为农业技术推广站。1995年4月，合并到一分场，属队级单位，设行政、科研两个办事机构，行政管理人员5人。科研设四组四室一哨，即橡胶技术、橡胶栽培、热带作物栽培、植保4组，科研、土壤农化、资料、标本陈列4室和1个气象哨。2011年后，农业技术推广站并入农林水综合服务中心，负责橡胶生产、管理、栽培，割胶技术培训，病虫害防治，动物防疫以及橡胶业和畜牧业投保等工作。

分场科技小组　1974年，以知青为骨干，陆续建立了以生产为单元的科技小组，吸收具有初级农林生产科技知识的人员参加，并由分场技术人员给予指导。1979年知青回城后，科技小组停止活动。1984年，建立以分场为单元的科技小组，分场场长或副场长兼任组长，由分场农林技术员参加组成，参与实施分场的科技管理工作，负责本单位科学试验与推广。由于各分场发展不平衡，未能坚持下来。

气象观测哨　1974年，全场建立4个气象观测哨，分设在五、九、十分场和农场中学。其中五分场、七分场气象哨先后撤销合并，剩九分场、农业技术推广站两个气象观测哨（1980年，农场中学气象哨划归试验站），后随着工作人员变动而逐渐取消。

科学技术协会　2015年1月9日东风农场科学技术协会成立，并召开第一届会员大会，各单位、生产队代表和科普志愿者 119 人参加，选举产生东风农场第一届科技协会领导班子，管理委员会副主任朱继国兼任主席，副主席钟春、黄艳，秘书长陈云发。2015年 12 月，管理委员会副主任黄昌林兼任主席，其他人员未变。

二、科技人员

建场初期，即有农林、畜牧等科技大学大、中专生 5 人分配来场，配合农场行政干部开展科技工作，后又有华南热带作物学院和云南农业专科学校的大、中专毕业生数批分配来场。至 1965 年，农林、农机、畜牧科技人员共有 35 人，开展一系列卓有成效的科技工作。

"文革"时期，试验站被撤销，胶林中的覆盖作物被铲除，部分科技人员离场迁回内地。1979 年，知青返城，科技人员更为紧缺。

1980 年开始，科技工作重新得到重视，农场建立了科学技术委员会，恢复试验站（1985 年改为农业技术推广站），落实知识分子政策、评定职称，提倡尊重知识、尊重科学的良好风气，建立健全相应的科技组织，采取各种方法培训科技人员，选派 8 名职工经考试送入农林院校学习，毕业后充实科技队伍。同年，对科技人员进行职称评定工作，其中农艺师 9 人、工程师 1 人、助理农艺师 3 人。

1981 年，农场开办热带作物专业班，学制 2 年，招收本场高中毕业生 43 人为学员，为生产队或分场培训初级橡胶技术人员。

1987 年，全场有农业技术工作人员 298 人，其中有学历有职称的 6 人、有学历无职称的 30 人、无学历无职称的 262 人（生产队技术员约 220 人）。

随着科技活动制度化的广泛、深入开展，给科技工作创造了良好的学科学、用科学的条件和氛围，至 2006 年，农场有各类专业技术人员 3484 人。坚持以农业科技的持续创新为动力，加强农场科技工作，提高农场橡胶产品的科技含量，实施科教兴场，不断强化"科学技术是第一生产力"的认识，推进农场各项事业的健康发展。

第三节　科研项目

随着科技工作的实践和经验的积累，农场形成了以引进和自主确立科技项目，按试验、开发、推广为核心的一整套科技工作程序。

每年年初，各单位、各专业小组将自主确立的科技项目、引进项目报农场科委，经农场科委按照"立项扎实、开支合理、重视实效"的原则审核、批准立项后，以年度科技计划的形式下达各单位和各专业小组实施。每年年底，农场科委组织各专业小组对各项目单位当年科技计划的实施情况进行考核、评价和验收。对经推广应用证明是经济适用及经济效益、社会效益、生态效益良好的科技项目，按照规定程序申报评奖。同时鼓励小发明、小技改，《东风农场职工奖惩条例》以制度的形式鼓励广大职工从事小发明、小技改，并对此予以精神和物质奖励。1988—2006年，经农场科委立项实施的科技项目共382项，平均每年20.10项，最多一年为57项。

第四节　推广应用

建场初期，3个农场均组织举办职工业余夜校，学习《植物学》《土壤学》《肥料学》和橡胶及各种农作物的栽培知识，以培训学习的方式进行科技推广。同时，为培训科技人员，采用委托代培、选送职工子女外出进修、场内短期培训等方法，补充科技队伍。对干部、工人采用讲课、发科技书籍和资料、电视讲座、召开现场交流会、开展技术比武活动，开展定期检查考核、评选"优秀胶工""优秀技术员"活动等，不断提高科技人员和全体职工的科学技术水平。

1979年后，坚持"科学技术就是生产力"的原则，把科技工作放到重要位置，建立健全各种科技组织，建立技术责任制，与经济责任制紧密结合，提高全体职工的科技素质，不断引进制胶新技术，积极慎重地改革制胶工艺，提高经济效益，并获得省、州、市各级的表彰。其中，煤热空气干燥标准胶的应用于1989年获云南省农垦总局颁发的科学技术进步三等奖；利用综合技术措施实现12万亩开割胶园亩产连续3年超100千克，于1992年获云南农垦总局颁发的科学技术进步一等奖、1993年获云南省人民政府颁发的科学技术进步二等奖；应用烟雾新技术防治芒果害虫的研究于1993年获云南农垦总局颁发的科学技术进步二等奖；云南省橡胶树专用肥料的研制及施用效果的研究于1993年获云南农垦总局颁发的科学技术进步二等奖；西双版纳垦区热带北缘植胶大面积高产综合技术于1995年获云南农垦总局颁发的科学技术进步一等奖；老龄橡胶芽接树新割制大面积推广应用于1995年获云南农垦总局颁发的科学技术进步一等奖；推广应用的云南省三类型植胶区橡胶树高产综合技术于1997年获云南省人民政府颁发的科学技术进步三等奖；高吸水树脂在橡胶栽培中的应用于1997年获景洪市政府颁发的科学技术进步二等奖；高吸水树脂在橡胶抗旱提早定植中的应用于1998年获西双版纳州颁发的科学技术进步奖、2000年获云南省人民政府颁发的科技星火奖、2008年获云南农垦总局颁发的科学技术进步奖；橡胶树专用肥示范推广于1999年获云南农垦总局颁发的科学技术进步奖；东试早柚的选育与示范，于 2002 年获云南农垦总局颁发的科学技术进步三等奖；橡胶树阴线接胶槽的研制与推广于 2003 年获云南农垦总局颁发的科学技术进步三等奖。

一、橡胶栽培

在橡胶栽培方面，农场从开垦定植到引进品种、品系，橡胶越冬类型区小区区划，抚育管理等方面，做了大量的调查、研究、试验工作，并取得了显著的成绩。

1959 年，引进芽接技术，改造了建场初期种植的低产实生树 4000 多亩。自 1963 年开始，未经芽接的实生苗不得定植栽培。先后引进了 RRIM 501、PB 86、PR 107、Tji、青湾坡 17-12、白南 28-32 以及 RRIM 600、RRIM 513、RRIM 623 和 GT1 等 20 多个橡胶无性系品种种植，同时在试验站建立了系比区。经过实践的筛选，至 1987 年，全场 14.27 万亩橡胶林中 RRIM 600、GT1、PB 86、PR 107 四个品系共有 13.26 万亩，占胶林总面积的 95% 以上。其中，RRIM 600 和 GT1 已成为农场橡胶生产的主要品系。

1960 年，采取"建立林粮专业队，长短一齐包"的措施，在 1～3 年生的橡幼林地间种各种低秆农作物。在林地中间种旱稻、花生、黄豆等 8 种农作物 8500 亩，收获 31 万千克，受到思茅农垦局的表扬。

20 世纪 60 年代，云南省农垦局 3 次在东风农场进行机械化开垦梯田试验，通过改装正面推土铲为斜向推土铲，解决了推起的土向外沿均匀翻出的难题，采用机械作业完成斩坝、清坝、推梯田、挖穴，推林间道路等一整套工序，提高了开垦效率。

1976 年初，在云南省农垦局、设计院和热带作物科学研究所的支持下，对农场进行橡胶寒害调查，建立橡胶越冬类型区小区区划，当年在全场推广"环境、品系、措施"三对口的栽培方法。

1978 年，中国科学院、云南省气象局、云南省农垦局与农场联合进行橡胶林间气候越冬考察及防寒措施科学试验，出版《西双版纳大勐龙橡胶树越冬气候和防寒措施的试验研究（1977/1978 年冬）》[①] 图书，为本地区橡胶低温防寒措施全面经验汇编，在全场范围推广防寒措施。

通过技术人员数年摸索，总结出橡胶的抚管措施：定植 1～2 年抓全苗（成活率达 99%）覆盖（营养带种覆盖作物）、定植 3～5 年的胶树抓扩穴改土、定植 6 年以上的胶树抓大覆盖，并在全场推广，保证了胶树能以农业部颁布的标准按期开割投产，十一分场、九分场受到西双版纳州农垦分局表彰。1982 年，九分场在全国中幼林抚管工作检查中受

---

① 1979 年与其他完成单位同时获得云南省科学技术三等奖。

农牧渔业部表扬。

1988年后，又先后应用淋灌十三吗啉技术防治橡胶树根病；橡胶树新的危险性病虫害的防治；营养诊断样品测定分析仪器的改进；橡胶高产无性系、生产性系比试验；橡胶胶木兼优品种适应性试验；"抗病增胶灵"试验；橡胶胶园养分变化监测和专用肥开发研究。

1990年，土壤农化分析室正式工作，开展橡胶树叶片水分和氮、磷、钾、钙、镁及土壤水分、pH、土壤全氮、速效磷、速效钾、有机质等12项的分析工作，每3年1个周期对全农场所有橡胶园进行营养诊断跟踪分析。1993年根据其室内分析结果，进行了自制复混肥的配比应用，同时进行施肥对比试验，试验取得一定成效，为农场18万亩胶园提供了有针对性的施肥依据。

1997—1999年，"高吸水树脂"保水剂试验成功，在全场范围推广，2003年在云南垦区推广应用。

2006年，东风农场开始采用挖掘机全机械化开垦二代胶园，至2013年，更新开垦胶园19527亩，节约成本343.7万元。2013年7月12日，东风农场机械开垦在更新胶园中的运用与推广项目通过景洪市科技局专家组鉴定，并在西双版纳垦区、云南省垦区推广应用。2014年7月31日，东风农场"机械开垦在山地胶园更新中的应用与推广"项目通过西双版纳州科学技术局成果鉴定，达到省内领先水平。

2014年，针对二代胶园定植土壤肥力减退的特点，采用高吸水树脂抗旱定标新技术，使橡胶幼林定植时间提前到3—5月，并配合增施有机肥和复合肥，使当年定植的幼苗生长速度达到两年生的增粗指标。

二、割胶技术

1982年，农业技术推广站对站内1965年和1966年定植的224亩开割胶林进行综合农业技术措施割胶试验。采用合理增施肥料，实施胶林水土保持"三保一护"工程，及时修枝整形，认真防治病虫害，加强病残胶树管理，提高胶工割胶技术水平和严格遵照产胶动态分析安排制胶生产等7项措施，连续进行4年综合试验，由1982年年产干胶22.8吨增至1986年年产干胶39.3吨，增产72.37%；平均亩产由1982年77.5千克增至1986年133.7千克，增产72.52%；平均单株干胶由1982年5.12千克增至1986年的8.6千克，提高67.97%。此项综合技术措施增产效果明显，于1987年元月在全场普遍推广。

1984年，引进防雨帽防病割胶技术，经过两年的示范和总结，1986年在全场推广、安装防雨帽90多万株，占当年开割总株数的80%，平均增加8.8个刀次，增产干胶

379.5吨。2005年，东风分公司四作业区提出橡胶树防雨帽螺旋式安装法，通过2年多生产实践证明，螺旋式安装法具有更强防水性能和防病性能，减少雨水浸湿割面，降低条溃疡发病率，增加有效刀次，提高单株产量和生产效益，对雨季采胶具有较强实用性。于2007年4月5日在6个作业区全面推广使用，成为农场割胶重要技术措施之一。

2007年后，农场逐步推广新割制技术，应用气刺微割采胶新技术84437亩，实行减刀、增肥、浅割，进行橡胶树阴线接胶槽的研制与推广；安装防雨帽、防雨帘，保证雨季割胶有效刀次；胶工须经严格考试取得合格证书才能上岗；推广橡胶树割面宝复合剂的研制与应用，提高防病水平。通过一系列措施的推广，割胶技术水平上了一个新台阶。

三、制胶技术

制胶初期，用脚踏单辊压片机及活动小槽凝固生产烟胶片不能满足日益增长的胶乳产量需要，遂更新并推广"五合一"压片机，把单元式烟片房改为洞道式烟房，活动小槽改为固定长槽凝固。1974年在一胶厂引进快速凝固工艺，因陋就简，扩大工棚，安装一条龙的生产线，此项技术节约了固定资产投资，减轻了劳动强度，节省了生产人员，两三年内即在全场普及。

1974年农场在全农垦分局首家引进褐绉片生产技术，使胶头胶线的价值翻了两番，1986年褐绉片停产，全部转入生产杂标胶（通用胶），更提高了胶头胶线及泥杂胶的经济价值。

从制胶开始，很长一段时间都是用木柴作为烟片的干燥能源，因木柴资源日趋枯竭，农场有关技术人员反复试验电烤胶，解决以电代柴的问题。由于烟片干燥的表面积很小，电能消耗仍然很高，干燥时间长达数天，直至1981年引进快凝标胶生产工艺，标胶的干燥表面积比烟片大得多，为电热风干燥创造了有利条件。1982年农艺师林金振与卢靖生等技术工人采用工业用电热丝，经过多次反复试验，试验成功干燥时间短、耗电省、寿命长的电炉，并从一胶厂推广到二胶厂。1983年在云南省热带作物学会上交流后，云南省农垦总局在农场召开现场会，不少兄弟单位前来观看，并邀请农场派出技术人员为其设计安装电炉。后来，单元式干燥房改为半连续干燥柜，1987年全场采用。同年四厂启用新改进的半连续干燥柜，在全场节能效果最佳，比单元式干燥房节能35％以上。

1983年，在块凝生产线上将原用甲乙酸（混合）作为凝固剂改用以纯甲酸为主的配方，用胶酸并流技术进行长槽凝固取得显著效果，属国内首创，并推广到全场。

1986年，由农牧渔业部牵头，广东、云南（景洪农场和东风农场）两省对浅标胶进一步试制，1987年通过部级鉴定，填补了我国浅标胶生产的技术空白。

四、农作物引种

建场初期起，生产科就一直注重良种的引进，以改变本地品种低产劣势，使产量大幅度提高。如：60年代引进了良种花生永4号，引进了紫皮水果甘蔗；70年代引进了花脸大黄豆；1981年引进了无眼菠萝（无刺长因种）；1984年引进了杂交水稻，随后又引进杂交玉米，并迅速推广。1987年达到"双杂"良种化的要求。

1964年，引进橡胶绿色芽片芽接技术，在本站芽接99个绿色芽片，成活率达100%，继续推广应用。自1963年起，先后引进了无刺含羞草、爪哇葛藤、兰花毛蔓豆等进行种植，成为胶园的优良覆盖作物。1964年建立了迁站后第一个增殖苗圃，从福建引进荔枝良种试种成功。

1965年，引进重庆柚子果实，翌年播种育苗，1966年植于大田，建立了面积为30亩的场内第一个柚子果园，该品种结果多，品质优于当地柚子，1987年总产量为2万千克。

1987年后，进行热带水果的引种、试种及推广，向场内外提供水果苗83802株，其中，芒果12710株、柚子9256株、大树菠萝8000株、荔枝795株、无眼菠萝40000株。

五、病虫害绿色防控

经过多年的实践总结，农场积累了一套有效防治白粉病、季风性落叶病、根病等病害的技术措施，对蚧壳虫的防治也做了有效探索，并延续至今。

2017年，东风农场开展应用绿色防控技术控制东试早柚主要病虫害，通过调查大田主要病虫害的种类、天敌、发生发展规律及危害情况，采取田间与室内结合的方法，研究制定和使用生物、物理等防控措施。少施化学农药并控制在农药使用安全范围内，保证产品的质量安全，提高现有柚子种植管理水平和商品质量。通过病虫害绿色防控技术示范推广实施，深入贯彻"绿色植保"理念，坚持"预防为主，综合防治"的植保方针，以农业防治为基础，大力推广物理防治、生物防治、化学生态防治等绿色防控技术，减少东试早柚在生产过程中对化学农药的依赖，使果皮受锈壁虱为害率降低40%。果树受红蜘蛛为害率降低51%，产量提高10%，售出价格分别增长10%，每千克果用药成本下降0.25元的目标，全面提高柚子的产量、品质，从而获得更有利的商品价值回报。

第五节 科技成果

在北纬18°~24°地区大面积植胶获得成功，创造了突破植胶禁区的神话，橡胶亩产和株产曾领先国内，在橡胶良种推广应用、栽培管理、割胶技术、新产品研发、病虫害综合防治、制胶生产工艺改进等领域近 100 个项目中取得重大突破，制胶技术先后获得了 3 项国家专利。

科技领域也涌现出了林金振、姜锋等一批技术改良专家，为国内乃至世界天然橡胶的发展做出了突出贡献，得到了业界的普遍公认。其中，1990 年，姜锋的"干燥设施辐射热回收利用"获西双版纳州颁发的科技成果四等奖。1998 年，陈云发、邹华阳、穆荣江、彭若清、周文平、杨昆、陈云生、王永优、张云江的"高吸水树脂在橡胶栽培中的应用"获西双版纳州人民政府颁发的科学技术进步三等奖，翌年获云南省人民政府颁发的科学技术进步三等奖。1999 年，陈云发、彭若清、邹华阳、穆荣江的"高吸水树脂在橡胶抗旱定植的应用研究"获云南省人民政府颁发的科技星火三等奖；彭若清的"橡胶树专用肥示范推广"获云南农垦总局颁发的科学技术进步二等奖。2001 年，杨春荣、陈撰祖、何剑、王卫疆、刘为祥、王俊德、彭若清、卢明康的"东试早柚的选育与示范"获西双版纳州颁发的科学技术进步二等奖。2002 年，卢明康、彭若清、何剑、卢云瑞、刘乾盛、穆荣标、罗华向、王卫疆、李晓凌的"橡胶树割面宝复合剂的研制与应用效果研究"获云南省农垦总局颁发的科学技术进步二等奖；肖祖文的"橡胶树高产高效新割制技术"获云南省农垦总局颁发的科学技术进步一等奖。2003 年，何剑、苏开向、罗华向、张长寿、彭若清、杨军、卢明康、黄怀忠、徐作明的"橡胶树阴线接胶槽的研制与推广"获西双版纳州颁发的科学技术进步三等奖；同年，"橡胶树阴线接胶槽的研制与推广"又获云南省农垦总局颁发的科学技术进步三等奖。2004 年，杨军、何剑的"西双版纳农垦橡胶树大面积高产高效栽培技术推广"获云南省农垦总局颁发的科学技术进步一等奖。2012 年，肖祖文的"胶乳生理诊断"获云南省科学技术进步奖。2013 年，陈云发的"气刺微割采胶新技术"获云南省科学技术进步奖。2015 年，何剑、罗永华等人的"机械开垦技术在更新胶园中的应用与推广"获西双版纳州人民政府科技成果三等奖（表 6-1-1）。

表 6-1-1　东风农场发明成果统计

名称	发明人	专利号
橡胶树阴线接胶槽的研制与推广	何剑、苏开向、罗华向等 9 人	未申报
鲜胶乳稀释质量控制装置	姜锋	ZL99232322.3
压薄机助力器	姜锋	ZL99232261.8
气喷标准日期活动卡片模	姜锋	ZL99232278.2
机械开垦技术在更新胶园中的应用与推广	何剑、罗永华等	未申报

第六节　科技活动

一、科技培训

农场建立健全了各种科技组织，每年拨出专款，采取各种办法培训科技人员，对职工普遍开展科普讲座、电视教学，严格培训割胶、制胶工人，要求机关干部普遍学会割胶，做到下队能检查示范。每年年初，对新老胶工都要进行一次系统的培训，主要培训胶树生理、磨刀、树桩操作等内容。随着橡胶资源的承包，培训的人数也不断增加，同时也帮助地方村寨进行培训。除进行割胶技术培训外，还开展病虫害防治培训，包括白粉病防治、各种病害测报、机械操作、机修培训。采取以会代训，以不同形式、不同内容的学习班或会议进行。非公有制经济方面的培训则采用送出去、请进来的多种形式进行培训。2012年开始，开展农村劳动力"阳光工程"培训，科技文化服务走向基层、面向群众，扩大全面推广科学试验。

二、科技试验示范

农场根据实际与相关科研院所联合开展科技试验示范项目取得较好成效。其中，参与农业部组织的"948"项目，为实现农场割胶生产水平与国际接轨储备技术；"国营东风农场农业职工家庭承包经营试行办法"强化职工风险意识，调动了职工生产积极性；"橡胶树阴线接胶槽的研制与推广"给垦区的中老龄树采胶业带来一次飞跃，被云南省农垦总局编入《橡胶树栽培技术规程实施细则》；"东试早柚的选育与示范"选育出本地区早熟、丰产、稳产的柚子种；"橡胶胶木兼优品种适应性试验"取得橡胶产量与木材产量的双丰收；"橡胶树抗寒高产新品种区域性栽培试验示范"使橡胶树耐寒性提高，保质保量产胶；"IUT"试验利用橡胶阴线割胶优势，充分利用橡胶树树皮，使胶树的整个产胶周期都在原生皮上进行；"高吸水树脂在橡胶抗旱定植中应用"充分利用本地区光、热作用，促进胶树生长，提早胶树开割年代；"橡胶营养诊断及对症施肥"的应用解决了不同地段土壤肥力不均衡或缺乏某种元素导致胶树生长受阻、胶乳产量低的现状；"气刺微割采胶"的应用缩短了割线割胶的时间，提高了割胶效率，节省了割胶时间，降低了割胶强度。

第七节　科技经费

自建场开始，农场按规定每年从更新改造（更新旧设备，技术革新改造）资金中提取

2%和利润留成中提取1%作为科技经费，按年度计划实行专项拨款，财务监督使用。

党的十一届三中全会后，每年拨出专款作为科研、科技经费，不断引进新技术，改革制胶工艺，提高制胶厂的投产能力和橡胶的品级率。随着橡胶市场价格大幅度下滑，农场在严重亏损、资金十分紧张的情况下，仍竭力确保科研经费投入，按当年科研项目情况核拨，但每年数额不定，来保证科技工作的持续、顺利开展。

第二章　普通教育

自1958年4月，东风农场在曼别傣族村寨建立第一所小学——曼别小学，1965年成立农业初级中学（半农半读），1983年兴办农场幼儿园，经过多年发展，农场教育自成体系。到2005年11月，农场所属的1所完全中学和8所完全小学全部移交地方政府管理。47年的办学历程为农场和边疆少数民族地区培养了众多的有文化的劳动者和专业人才，同时也将农场职工子女输送到全国各地的大中专学校，让他们走向全国乃至世界。

1958—1987年，累计培养小学、初高中毕业学生近13000人。1980—1987年（1984年高中二年制转为三年制除外）升入大、中专学生共338人。

2005年，全场设中学教学班23个、小学教学班68个、学前班和幼儿班15个。在校学生总数3805人，其中，高中生298人、初中生630人、小学生2156人、学前班466人、幼儿班255人。有教职工313人，其中，中学教师66人、小学教师127人、幼儿教师7人；非教学人员（管理人员、职工）113人。

全场中小学（不含幼儿园）学校占地面积271829平方米，共有房屋建筑面积27451平方米，房屋固定资产1084.45万元，通用设备及专用设备161.57万元，图书等资产10.59万元。

第一节　机构设置

农场教育的领导和管理均由农场自行负责，为农场、分场（教育科）、学校三级管理。

1958—1978年，农场教育行政先后由农场办公室、宣传科（兵团时期政治处）和分场负责，各学校领导负责本校教学业务工作。

1978年，学校由农场宣教科领导，设2人负责管理工作。

1982年10月，农场成立教育科，教育科设正、副科长各1人，干事2人，负责全场教育行政的领导工作，重点管理教师的业务，学年的命题、统考、招生等工作。分场负责本单位学校行政管理和教职员工的思想政治工作。学校领导、教师的任免、调动，工勤人员的调整，由分场提出意见与教育科协商，报农场批准办理。学校教职员的进修由分场与教育科协商，交组织干部科审定。学校的基建工程纳入农场计划，由农场统一安排，分场具体实施。

2003年1月，农场撤销教育科，成立教育管理中心。各校人、财、物及教学业务全部由中心管理。教育管理中心设书记、主任各1名，书记兼任农场中学党支部书记，主任兼任中学校长。另配财务人员2人，政工、行政、保卫干事各1人。

2005年11月26日，景洪市人民政府与农场签订《景洪市国有农垦企业学校移交协议书》，全场共有219名在职教职工和73名退休教师移交地方政府管理，未移交人员由农场负责安置。学校资产除幼儿园外，其余全部移交。农场教育管理中心撤销。

第二节　学前教育

一、托儿所、幼儿园

1960年，为让女职工更好投入农场的建设，缓和工作、母亲、家庭的角色冲突，减少女职工的后顾之忧，全场办起托儿所20个，幼儿园12个，托管、接收场内幼儿。全场有幼师14人，保姆69人，入托、入园幼儿419人，占全场幼儿89％。

1961年，农场成立全日制幼儿园1所，有幼师3人，入园幼儿19人。

1964年，农场托儿所、幼儿园发展到50个，保育员、幼师增加到131人，入托、入园幼儿增加到1000人。

1979年知识青年回城后，有些生产队职工过少，托儿所一度停办。1981年，农场党委明确规定：凡有3个小孩的单位，一定要成立托儿所，停办的托儿所又都逐步恢复起来。随着"职工之家"的建设，各分场、生产队的托儿所更加完善，至1987年，有保育员418人，入托幼儿1691人，占全场幼儿总数的94.5％。1995年，国家教委、财政部等部门联合发布《关于若干城市分离企业办社会职能分流富余人员的意见》的通知，农场自办的托儿所才慢慢取消。

2002年3月，农场第三小学附设幼儿园建成开园，招收3～5岁幼儿。2008年后，东风幼儿园资产对外承包。

二、学前班

各分场学校于1965年起，先后开办了学前班，到1987年分场学校学前班共11个，收幼儿253名，100％的适龄幼儿进入学前班学习。分场学前班使用云南省教育厅按《云南省农村学前一年幼儿班教育纲要》编写的《语言》《计算》《常识》《美工》及粗浅的拼音、写字等课程。学前班收 5～6 岁的幼儿,学完后直接升入小学一年级学习。农场各小学均招收 1～2 个学前班。

第三节　小学教育

1958 年 4 月,东风农场在曼别傣族村寨建立的小学,为大勐龙地区农垦史上第一所小学,学生 18 人,编为一至四年级复式教学班。

1960 年,大勐龙农场建立完全小学 1 所,东风农场将复式班扩充为完小。两校共有学生 300 余人,教师 10 多人。

1963 年 7 月,农场对学校的体制、布局做了调整,原曼沙弯学校命名为"国营农场东风总场中心小学",下设龙泉、温泉、东林、风光 4 个分校。中心小学负责全场的 3～6 年级及附近单位 1～2 年级学生的教学,分校负责本农场 1～2 年级学生的教学。

1964 年 7 月,增设疆锋、前哨 2 个分校,全场有完全小学 1 所,初级小学 6 所,共有 367 名学生,19 个教学班,23 名教师。至 1965 年 9 月,学生增加到 574 人,23 个教学班,33 名教师。

兵团组建后,大批知青来场,师资来源充裕,同时职工子女人数相应增加,对学校的设置提出了新的要求,1970 年 15 个营(分场)都开办了小学,并由初级小学逐渐扩为完全小学。同时,为了解决边远生产队学生读书问题,各营先后办起 26 个教学点,1974 年小学达到 24 所,入学小学生 2111 人,教师 260 人,其中 80% 由文化素质较好的知青担任。

1978 年,知青回城,教师锐减,学校面临停课。农场通过考试选用本场高中毕业的职工子女担任教师。1981 年起教师队伍基本稳定,同年,全场有小学校 20 所,学生 4078 人,教师 297 人。

党的十一届三中全会以后,为加强学校管理,提高教学质量,到 1985 年为止,将原有 26 个小学教学点全部撤除,教师、学生集中到各分场学校。学生上下课由分场派车接送,少数学生住校学习,由生活教师管理其住宿和清洁卫生工作。到 1987 年,全场有完全小学 11 所,初中附设 4 所,学生 2591 人,85 个教学班,小学正式教师 164 人。

1998 年后,农场对全场中小学先后进行多次撤并。1998 年 8 月,原五分场、十分场小学合并到五分场中学,更名为东风第三小学,为农场实施教育发展"九五"和 2012 年远景规划迈出的第一步。学校实行校长负责制,并建立学校党支部,直属农场教委领导,独立于分场管理。1999 年 8 月,原四分场、十二分场小学撤并到东风第三小学。2003 年

8月，原三分场小学撤并到二分场学校，原九分场小学撤并到七分场学校。

2005年11月，农场所属的8所完全小学全部移交地方政府管理。此后按片区划分就近入学，其中一、九、十一分场职工子女划入曼老完小，二、七、八、直属分场职工子女划入小街中心小学，三分场划入曼别小学，四、五、十二分场划入第三小学，六、十分场划入曼宾小学。

1968年以前，小学实行6年制教学，1968年改为5年制，1983年恢复6年制。1965年以前，小学教材采用云南《统编试用教材》；兵团时期，教材采用《云南省编试用教材》；1982年后，教材采用人民教育出版社编辑部出版的全国统一教材。设置了语文、数学、地理、历史、自然、思想品德、写字、音乐、体育、美术等10门课程，采取启发式的教学方法，使学生掌握基础知识、基本技能，历次学年考试均为全县（市）小学中成绩较好的小学之一。

第四节 中学教育

1965年9月，成立"国营东风总场半农半读农业中学"，招收本场小学毕业生。由农场副场长王文希兼任校长，有教师4人，职工3人，学生56人，1个教学班，开设语文、数学、政治、生物、农业基础知识（以橡胶栽培为主）共5门课程。学校有林地224.5亩、菜地10亩、猪35头。学生半天读书，半天劳动，免交学杂费、书籍费、医药费。

1968年9月，部分分场开始设立初中部，接收本分场的小学毕业生。

1972年9月，农业中学设立高中班1个，招收第一批高中生28人。

1975年，农业中学（半农半读）改为普通中学。1977年，最后一届初中生毕业后，农中改建为高级中学，命名为"国营东风农场农业中学"，有高中学生247人，教学班5个，教师15人。

到1978年，除了九、十分场没有初中部以外，其余13个分场均设有初中部，共有初中学生1190人，教学班42个，教师67人。

1979年8月，农业中学又改名为"国营东风农场中学"。教师、学生逐年增多，到1987年，全场有高中学生546人，12个教学班，高中教师37人。

1981年，因部分知青教师回城，教师队伍人数减少，农场将13所初中部合并为6所。1987年，分场建制变动后，初中部再度合并为3所，有初中学生1336人，32个教学班，正式教师93人。

1988年，全场有小学附设初中2所（一分场学校、二分场学校），初中1所（五分场中学），高中1所（农场中学）。

1997年8月，五分场中学合并到农场中学；2003年8月，一分场学校初中部合并到农场中学；2005年8月，二分场学校初中部合并到农场中学，至此，东风农场仅有1所完全中学。同年11月，农场完全中学移交地方政府管理，改名为景洪市第五中学。此后东风农场一、二、三、七、八、九、十一分场及直属分场职工子女进入第五中学就学；四、五、六、十、十二分场职工子女进入景洪市第三中学（原大勐龙中学）。

农场学校的教研活动，以各学科单独成立教研组，初中教研活动分文理两大类成立综合教研组。教师在备课、授课、教材、教法等方面共同探讨，互相交流。经常组织学生开展作文、书法、教学等比赛。每学期累计有半个月的劳动，除平常建校劳动，还参加校外劳动或种植农作物，获得少量经济收入，作为班费使用。

教学方面主要采用教育部或有关省市编写出版的试用教材及正式教材。学制初中为三年，高中在1983年以前为两年，1984年起转为三年。开设语文、教学、政治、历史、地理、英语、物理、化学、生物、体育等课程。"文革"中，初中毕业不经考试直接进入高中学习，1978年，初中参加5个地区（玉溪、东川、德宏、思茅、西双版纳）统一升学考试，1986年起参加全省高中招生考试，也有一部分学生报考小中专（即初中毕业生就读职业学校），平均每年升学率在60％以上。1990年后，高中开设的语文、数学、外语、政治、历史、地理、物理、化学、生物9门课均参加全省统一组织的会考，各门会考成绩合格者参加高考。根据农场教育基金会的有关规定，对每学年小升初、中考考分名列前三名的学生进行奖励。

第五节　职工教育

1958年10月，前哨农场开办业余"红专学校"，成立校务委员会，每班设政治教员1人、文化教员2人、技术教员1人，每月保持15天30个小时的学习。文化方面主要学习"干部职工识字课本"及加减乘除；技术方面主要学习《植物学》《植物生理》《植物营养》《栽培学》等初级技术课程。

1959年1月，东风农场开办"业余中等农业技术学校"，学习《土壤学》《肥料学》《植物营养学》《热带作物》4门课程。

1960年，大勐龙农场成立职工业余教育委员会，下设办公室，有主任、副主任各1人，兼职工作人员20人。以生产队为教学单位，抽出文化程度较高的职工担任初中、高小班的教员，教材以《农民识字课本》《注音识字》《干部职工业余小学课本》为主，有学员 955 人，占全场职工的 73.1%。

1960 年初，前哨、东风农场合并后，于同年 4 月，成立业余文化学习总校，下设 7 个分校，87 个教学班，其中，扫盲班 24 个、初小班 28 个、高小班 25 个，有学员 2041 人，占职工总数的 90%，有兼职教员 159 人。同年 10 月，东风农场又成立了"职工业余红专学校"，对 80% 以上的作业区、生产队干部、班组长干部分批进行轮训，到 1962 年共轮训干部、党团员及工人中的骨干 25 期 800 人次。

1963 年，东风总场成立，将"红专学校"改为干部轮训队，配备专职干部，专门负责轮训工作。

1975 年，全场办有职工业余函授学习班，设有马列、橡胶等课程，每周由分场组织面授讲课半天，1976 年 10 月暂停。

1976 年 7 月 21 日，开办东风农场"7·21 工人大学"，设马列、写作、橡胶 3 个班，学制半年，共办 3 期，于 1978 年 4 月撤销学校。

1981 年 9 月，农场开办专业班，从高考落选学生中选出 40 人，另为小街、勐龙两区代培 4 人，学习热带作物专业，设政治、语文、植物、植保、栽培、土肥、气象、化学 8 门课程。理论学习一年、实习一年，毕业后分配到各分场担任技术工作。1983 年，专业班转入农业广播学校学习，并有 23 名学员获得农业广播学校毕业证书，1984 年停顿。

1982 年初，农场成立"职工教育办公室"，设干事 1 人专门负责职工教育工作。各分场先后开办了文化学习班，并在生产队设置教学点，配备业余教师 30 名，对全场 1968—1978 年毕业的初、高中学生进行文化补课。到 1985 年，全场 1350 名应补对象有 707 名取得初中文化补课合格证，及格率 52.4%。1986 年后，未再开设专业文化教育培训班。

第六节　学校选介

1965 年 7 月东风农场中学，成立"东风总场半农半读农业中学"，招收本场小学毕业生。1972 年 9 月开始招收高中生。1975 年，改名为"东风农场农业中学"；1979 年，再次更名为"东风农场中学"，为一所完全中学。

学校占地面积 71612 平方米，房屋建筑面积 8179 平方米。拥有房屋固定资产 197.31 万元，通用及专用设备价值 40.37 万元，其他固定资产（图书等）2.7 万元。移交地方政府管理前，学校有教职工 91 人，高中生 298 人，初中生 630 人。2005 年 11 月移交地方政府管理后，农场中学更名为景洪市第五中学。

一分场学校　位于一分场场部旁，学校占地面积 26568 平方米，房屋建筑面积 2637

平方米。拥有房屋固定资产 57.7 万元，通用及专用设备价值 14.71 万元，其他固定资产（图书等）0.8 万元。移交地方政府管理前，学校有教职工 25 人，小学生 280 人。2005 年 11 月移交地方政府管理后，一分场学校更名为曼老小学。

二分场学校　位于二分场场部旁，学校占地面积 3380 平方米，房屋建筑面积 5414 平方米。拥有房屋固定资产 291.21 万元，通用及专用设备价值 27.5 万元，其他固定资产（图书等）2.5 万元。移交地方政府管理前，学校有教职工 52 人，小学生 449 人。2005 年 11 月移交地方政府管理后，二分场学校更名为小街中心小学。

第三小学　位于勐龙镇政府旁，学校占地面积 66909 平方米，房屋建筑面积 4105 平方米。拥有房屋固定资产 210.28 万元，通用及专用设备价值 4.23 元，其他固定资产（图书等）1.64 万元。移交地方政府管理前，学校有教职工 37 人，小学生 532 人，幼儿 103 人。2005 年 11 月移交地方政府管理后，第三小学更名为勐龙镇中心二校。

六分场学校　位于六分场场部旁，学校占地面积 13686 平方米，房屋建筑面积 1133 平方米。拥有房屋固定资产 63.6 万元，通用及专用设备价值 5.18 万元，其他固定资产（图书等）0.5 万元。移交地方政府管理前，学校有教职工 14 人，小学生 162 人。2005 年 11 月移交地方政府管理后，六分场学校更名为曼栋附小。

七分场学校　位于七分场场部旁，学校占地面积 28585 平方米，房屋建筑面积 3005 平方米。拥有房屋固定资产 149.51 万元，通用及专用设备价值 13.07 万元，其他固定资产（图书等）0.8 万元。2005 年移交地方政府管理前，学校有教职工 37 人，小学生 307 人。2005 年 11 月移交地方政府管理后，七分场学校更名为曼蚌小学。

八分场学校　位于八分场场部旁，学校占地面积 9621 平方米，房屋建筑面积 1162 平方米。拥有房屋固定资产 39.03 万元，通用及专用设备价值 5.26 万元，其他固定资产（图书等）0.15 万元。2005 年移交地方政府管理前，学校有教职工 14 人，小学生 111 人。2005 年 11 月移交地方政府管理后，八分场学校更名为曼掌小学。

十一分场学校　位于十一分场场部旁，学校占地面积 12481 平方米，房屋建筑面积 1021 平方米。拥有房屋固定资产 58.2 万元，通用及专用设备价值 4.7 万元，其他固定资产（图书等）1.2 万元。移交地方政府管理前，学校有教职工 12 人，小学生 150 人。2005 年 11 月移交地方政府管理后，十一分场学校更名为向阳小学。

十三分场学校　位于十三分场场部旁，学校占地面积 8985 平方米，房屋建筑面积 795 平方米。拥有房屋固定资产 20.14 万元，通用及专用设备价值 7.53 万元，其他固定资产（图书等）0.3 万元。移交地方政府管理前，学校有教职工 16 人，小学生 165 人。2005 年 11 月移交地方政府管理后，十三分场学校更名为坝卡小学。

东风幼儿园　1983 年，农场投资 31 万元建成 1384 平方米的东风幼儿园。1984 年 3 月正式开园，主要招收农场职工子女，开设大班（5～6 岁）、中班（4～5 岁）、小班（3～4 岁），幼儿园招收 3～4 个班，配幼师 13 人，工作人员 7 人，年平均入园幼儿 94 人。幼儿园使用南京师范学院编辑出版的大、中、小班幼儿教材及全国统编教材，开设语言、计算、常识、音乐、美术、体育、游戏等 7 门课程。2005 年，全园有教职工 15 人、幼儿 152 人，未移交地方政府管理，仍隶属于农场，由农场对内承包。

第三章 文化体育

本着丰富职工文化生活，增强职工体质，寓教育于文化活动之中的原则，农场一直以来都积极开展职工业余文体活动。建场之初，在生产队建有俱乐部或文化室，凡遇重要节日或召开重要会议时，都要举行文艺演出或球类比赛。随着职工群众的物质生活水平快速提高，东风农场成立了文化体育广播站，致力于持续开展丰富多彩的文体活动，活跃职工群众的文化生活，把提高职工群众的生活质量和健康需求作为工作的出发点和落脚点，着力增强职工群众的归属感和参与度，不断探索新的组织形式和活动方式，努力推进文体活动的广泛开展。

第一节 机构设置

建场之初，农场未设专门的文化工作机构，文化工作由工会、宣传、共青团分别管理。从建场开始，东风、前哨、大勐龙3个农场都比较重视此项工作，多数生产队建立了俱乐部（或文化室），在重要节日或重要会议时，举行文艺演出或球类比赛，积极开展职工业余文体活动。

1980年，建起电视差转台，并通过数年努力，由点及面，在全场普及了电视。1981年，农场党委召开了文化工作会议，对改善和活跃职工文化工作提出了要求。1982年，将文化工作作为建设精神文明的重要内容，使文化工作进入了新的时期。各项活动由工会、团支部、民兵组织分别举办管理或协作组织。基本做到队队有球场、大多数生产队有文化室、部分队有图书室。广播也有了较大发展，并开展了智力竞赛、电化教学、青年联欢会、迪斯科舞比赛等活动，使职工业余文化生活日益丰富多彩。

2011年，成立文化体育广播站，设有文化体育广播站办公室、文化体育广播站文化市场管理办公室、文化体育广播站文体艺术办公室，并配有农场广播站、职工俱乐部、文化体育活动中心（文化广场、室内门球场、气排球场、地掷球场、篮球场等）、东风博物馆、图书馆、文化信息资源共享工程职工素质教育网络培训学校（电子阅览室）等文化体育活动场所和电脑、照相机等设施。

2017 年 9 月 15 日，为加快西双版纳全州现代公共文化服务体系和推进基层综合性文化服务中心建设，将东风农场文化体育广播站作为西双版纳州第一个"农场综合文化体育服务中心示范点"在东风农场挂牌成立，配备有舞蹈训练室、健身房、广播室、电子阅览室、图书阅览室、羽毛球场、乒乓球场、文化广场等文体设施。通过示范点的建设，逐步健全了农场公共文化设施运行管理的服务标准，完善了内部管理制度，提高了服务水平，满足了人民群众不断增长的文化体育需求，丰富了职工群众的文化生活，举办群众文化培训辅导，形成免费培训长效机制，群众文化体育活动蓬勃开展。同时，努力推动全场公共文化服务、文化惠民工程及文化市场稳步发展，使全场文化建设再上新水平。

2020 年，东风农场管理委员会文化体育广播站被确定为云南省文化和旅游公共服务机构功能融合试点单位。完善分场生产队的公共文化服务体系，利用正在集中打造的生产队文化室，为职工群众在室外建设公共文化服务阵地，并建立分场、生产队文体指导员机制，通过发挥文体指导员的引领作用，带动各分场职工群众就近开展各类文体活动，让公共文化走进分场、走进生产队，形成全民参与的良好群众文化氛围。

第二节 文体活动

群众性的自编自演文艺活动和体育活动自建场以来就十分活跃。"文革"以前，有的分场做到月月有晚会，周周有球赛，天天有歌声。生产队不定期举办拔河、扑克、陀螺竞赛，以及舞蹈、京戏、独唱、太极扇等节目和篝火晚会。

一、文艺活动

建场初期，东风、前哨、大勐龙 3 个农场每逢重要节日或大的集会都要举行文艺演出，或诗歌比赛、游园活动等。

1960 年 7 月，成立了农场业余剧团，有 22 人，编入农场实验站第 2 排。剧团演员既生产，又演出，勤俭办团，送戏上门。1960—1963 年，业余剧团演出 120 场，演出节目 189 个，其中自编节目 72 个，观众 44800 人次。剧团演出的节目，都是围绕着当时的宣传中心安排的。如配合生产建设，编演舞蹈《橡胶工人赞》、快板《大办农业、大办粮食》；配合干部参加劳动，编演花灯剧《走访记》；在增产节约运动中，编演歌舞《镰刀记》；为教育青年安心边疆，编演话剧《刘克先老人》；为加强民族团结，编演说唱《李正学为傣族救火》等。1965 年，业余剧团和实验站分开，改建成专业的文化队，1966 年，参加思茅地区国营农场职工文艺汇演，被评为"四好队"。1977 年，总场及各分场解散文化队、宣传队。

1963年后，随着农场政治、经济形势的好转，群众性的文艺活动蓬勃地发展起来，全场成立文艺小组15个。疆锋农场做到月月有晚会，周周有球赛，天天有歌声，其中疆锋农场1964年共举行文艺晚会69场（包括生产队举行34场）、演出节目762个、歌咏比赛7次、全场普遍会唱6首歌，在1965年春节总场组织文艺汇演时，被评为"开展群众性文娱活动，促进职工思想革命化"优胜单位。

党的十一届三中全会后，群众性的文娱活动正常开展起来。1983年，农场组织文艺汇演，有13个分场级单位254名职工参加，汇演6天，演出节目133个。1986年春节，农场14个分场级单位分别开展游园活动、文艺演出、舞会，与少数民族群众共同联欢。1987年，全场文艺演出86场，1573人参演；演出节目353个；歌咏比赛37次，340人参加；组织舞会221次，3316人参加。

1982年、1985年，农场两次成立职工业余文艺演出队，参加农垦分局的文艺汇演，为州、县、军分区的职工、战士演出，在全场巡回演出，演出后即行解散。

1988年后，农场的文艺活动多数由农场工会牵头组织，先后举办了各种周年文艺晚会、纪念文艺晚会，在春节前夕举办大型的迎新春文艺活动晚会以及场地交易会文艺活动、小城镇建设现场会文艺活动等。在建场30周年举办文艺晚会，在建场50周年举办焰火联欢晚会，在建场六十周年举办"新时代·东风韵"文艺晚会，以多种文艺形式讴歌东风农场建场以来取得的巨大成就。

2006年，组织45人的文艺演出队参加云南农垦集团公司职工文艺汇演，《绣东风》《雨林》分获二、三等奖，并先后在昆明、景洪和农场演出7场次。

2012年，举办"迎州庆、颂改革、庆春节"首届群众运动会和文艺汇演，近6000人参与或观看了活动。

2014年1月21日，东风农场举办"东风韵"职工群众迎春文艺汇演，参演人数350余人，其中年龄最大的80岁、最小的为幼儿园小朋友。邀请西双版纳州农垦局、西双版纳州文化馆和景洪市农垦局、景洪农场、大渡岗农场、橄榄坝农场、勐养农场及勐龙镇等有关单位领导观看。

2016年，东风农场管理委员会代表景洪市参加西双版纳乡村文艺汇演，演出情景歌舞剧"永恒的记忆"，获二等奖。协助景洪市文化体育广播电视局开展的"中国梦、云南情"走进东风农场文艺下基层活动，各生产队自行组织开展基层文化体育活动。同年12月14—16日，以"听党话、跟党走，深入学习贯彻党的十九大精神；保稳定、促发展，群策群力喜迎东风六十年场庆"为主题的"东风韵"文化惠民下乡巡演活动到金沙、西环、风光等生产队进行演出，受众职工群众达 800 多人次。

2018 年 1 月 17 日，由中央电视台策划春节特别节目《美丽中国唱起来》，东风农场文艺队作为云南农垦系统唯一代表承担《点赞新时代》节目伴舞在西双版纳傣族园主会场成功录制。随后围绕东风 60 年场庆开展文艺下乡巡回演出，400 余名演员参加下乡演出。同年 3 月，举办"中国梦—傣乡情、农垦魂—东风韵"2018"百村千队"宣传党的十九大精神文艺下乡巡演 11 场，以快板、诗朗诵、舞蹈、演唱、知识问答等节目形式宣传党的十九大精神。同年 4 月，开展以"阅读·相伴美好生活"为主题的读书、赠书、摄影展等系列活动，200 多名职工群众参加，活动共赠送各类书籍 200 余册，展出摄影图片 70 幅；参与集中阅书和观看摄影展 280 多人次。

2019 年 9 月 26 日，东风农场、勐龙镇联合举办庆祝中华人民共和国成立 70 周年文艺晚会，各族演职人员 270 余人，各族同胞、东风农场职工群众 1000 余人观看。

2020 年 8 月 18—20 日，举办"中国梦—傣乡情、农垦魂—东风韵"2020 年文化惠民文艺演出 6 场，贯彻落实文化惠民，做好文化助力脱贫攻坚、助力创建全国文明城市、助力新冠疫情防控、助力生态环境保护、助力"扫黑除恶"及人口普查等重点工作。活动中，通过发放宣传资料等方式，对创建全国文明城市、扫黑除恶、登革热防治等知识进行集中宣传，发放宣传资料 300 余册。

二、体育活动

农场业余体育活动是经常的、群众性的。建场初期，受条件所限，生产队自制简易篮球架，整理出一块平地即可开展篮球比赛，虽设施简陋，但体育活动十分活跃，每年逢"五一""十一"、元旦、春节等重要节日，农场或分场都要举行球类或其他项目的体育比赛，且随着生活水平的提高，组织开展的体育活动也越发形式多样（参见工会·职工运动会）。同时，积极组织职工队伍参加场外举办的运动竞赛，并取得可喜的成绩。

1964 年，参加西双版纳州春节运动会，取得篮球女子第六名，男子第七名，乒乓球女子第三名，女子篮球队和乒乓球队被评为"五好运动队"。在景洪县春节运动会上，取得篮球女子亚军，乒乓球男子冠军，女子亚军，全队被评为"五好运动队"。

1972 年，参加西双版纳州第一届运动会，取得篮球男、女冠军。

1973 年，参加西双版纳州第二届运动会，取得排球男子冠军、女子亚军，乒乓球团体女子冠军、男子第三名，单打男、女冠军。

1974 年，参加西双版纳州春节羽毛球邀请赛，取得团体男子冠军、女子亚军，单打女子第二名、男子第三名。

1976 年 11 月，东风少年足球队代表西双版纳州参加云南省青少年足球比赛获冠军。

1982 年，参加景洪地区第一届运动会，取得篮球男子第三名、女子第五名。

1984 年，参加景洪地区第二届运动会，取得乒乓球团体男子第四名、女子第五名。

1986 年，参加景洪地区第三届运动会，取得乒乓球团体女子第一名、男子第二名，单打男子第一、三名，象棋团体男子第三名，男子篮球队被评为精神文明队。

1995 年 10 月，西双版纳农垦分局第一届中青年门球运动会荣获第一名。

1997 年 11 月，云南省第五届中青年"农垦杯"门球运动会荣获第二名。

1999 年 9 月，西双版纳农垦分局第二届职工篮球运动会男子荣获第一名。10 月，云南省第七届中青年门球赛荣获第四名。12 月，西双版纳农垦分局第三届中青年门球运动会荣获第三名。

2001 年 3 月，参加在昆明市举办的云南省第七届企业门球赛荣获第一名。

2002 年 1 月，参加西双版纳农垦分局第四届中青年门球运动会荣获第三名。参加第三届职工篮球运动会荣获女子组第三名。

2003 年 4 月，参加云南省第九届"黎明杯"企业门球赛荣获第一名。

2004 年 5 月，组织女子门球队参加云南省第十届企业门球赛荣获体育道德风尚奖。

2005 年 12 月，参加景洪市首届残疾人运动会分别拿下女子乒乓球第一名、象棋第三名、铅球第四名、男女混合投篮第八名。

2006 年，组织少数民族代表队到楚雄州参加云南省"楚雄杯"少数民族门球运动会，组织中青年门球队代表西双版纳到陆良县参加中国门球冠军争霸赛云南分赛区比赛；组织女子门球队到丽江市参加云南省"丽江杯"女子门球运动会。参加首届门球之苑全国读者"弥勒杯"双人赛荣获第七名，参加中国门球冠军赛云南分赛区西双版纳州选拔赛荣获冠军。

2007 年，到昆明参加云南省第十四届中青年门球赛获得第一名，参加安徽黄山市全国门球锦标赛获得第四名，代表云南省参加在河北省秦皇岛市举办的全国门球冠军争霸赛。

2008 年 3 月，东风老年门球队代表西双版纳垦区参加云南农垦举办的"迎奥运"职工运动会门球比赛获冠军。10 月，参加中国门球冠军赛云南省企业门球俱乐部选拔赛获冠军。11 月，参加云南省第五届少数民族运动会门球比赛获第一名。

2009 年 9 月 19—21 日，西双版纳垦区首届气排球运动会在东风农场举行。13 支男女代表队参赛，勐醒农场男子代表队和景洪农场女子代表队分别获男女组冠军。

2009 年 11 月 4—5 日，由昆明康辉文体部门球俱乐部主办，东风农场承办的 2009 年昆明与西双版纳门球邀请赛在东风农场举行，全省各西双版纳州市 28 支球队参赛，比赛 92 场。

2010 年 4 月，云南省门球锦标赛获季军，8 月，中国门球冠军赛企业门球俱乐部选拔赛获第四名，中国门球冠军赛云南分赛区"普洱茶杯"决赛获第六名。

2011 年 8 月，中国门球冠军赛云南省企业门球俱乐部选拔赛获亚军。

2014 年，参加云南省第七届"普洱三八杯"门球赛获第五名，参加云南省首届老年人门球邀请赛获亚军。同年 3 月，东风农场女职工门球代表队代表西双版纳州参加云南省第七届普洱"三八杯"妇女门球赛获第五名，杜松玲获最佳射手奖。

2015 年 5 月，代表西双版纳州参赛获昭通市举办的"云南省第八届老年人体育健身大会"门球赛冠军。同年 9 月，代表云南省参加在四川省达州市举办的"宣汉杯"2015 年全国老年人门球比赛获道德风尚奖。

2017 年 10 月，参加景洪市辖区"歌城杯"首届五人制足球赛获第一名，11 月，参加西双版纳州"贝叶泉杯"五人制足球业余联赛（乙组）获第二名。

2018 年 6 月，参加中冠云南赛区暨西双版纳州足球业余联赛获冠军。8—9 月，组织人员参加景洪市第一届全民健身运动会获乒乓球团体第二名、男子个人第一名。11 月，参加景洪市首届"健康杯"市辖机关事业干部气排球赛，男队获第四名、女队获第五名，东风农场获得"优秀赛区"称号。

2019 年 11 月，东风农场首次组队参加景洪市第二十五届"天立杯"职工篮球运动会，东风农场男子篮球队以 8 战全胜勇夺冠军。

第三节　出版发行

1986 年为庆祝东风农场建场 30 周年成立了场志办，组织人力编写第一轮志书开始，每逢十年场庆节点，农场均组织发行一系列的出版物。1988 年，编纂了《东风农场志稿》《东风农场组织史资料》《东风农场概况》等书籍，编印《春华秋实》画册。1998 年，编辑出版画册《耕耘与收获》、书籍《东风如歌》，邀请中央电视台拍摄制作并播放专题纪录片《胶林丰碑》。2008 年，制作《放飞理想》12 首东风组歌，策划《东风之路》《永恒的记忆》《岁月容颜》等画册，编修第二轮场志《东风农场志续编》。2018 年，出版《东风岁月》画册。除农场组织编纂出版外，农场知青也自发地出版了各种题材的出版物，记录曾在东风农场经历过的难忘岁月。通过这些丰富的出版成果，向世人展现了东风农场一路走来的光辉历程，并从存史、宣传的角度扩大了企业知名度，记录历史以示后人。

一、场志

《东风农场志稿》 1986 年 4 月，农场设立"场志办公室"（志办），进行农场第一轮修志，根据农场实际，场志办拟出篇目十二篇四十七章，向场内外征集到 300 余份文字资料近百万字，照片 500 余张，回忆录稿件 140 多份近 60 万字，查阅场部档案上万份。由于农场体制多变，几经撤并，许多宝贵资料遗失，志办派专人到农垦总局、分局及省、州、县档案馆查找所需资料，找当事人、知情人 100 多人次收集口碑资料，对收集到的第一手资料，按"理证、物证、书证、人证"的方法进行考证，做到文字资料需口碑核实，口碑资料用文字印证。历时两年八个月，完成 65 万字的"东风农场志"，因未能请到修志专家学者审查指导，编委会提出在书名上增加一"稿"字，反映全书面貌，实事求是地反映建场 30 年来经济、政治、文化等方面的历史与现状，最终"东风农场志稿"于 1988 年10 月付印。《东风农场志稿》出版后，农垦分局管理学校将其作为教学参考资料。1991 年5 月，农垦总局在第三次史志工作会议上，将农场"志稿"的编写作为大会的发言材料之一。1992 年 6 月在农垦总局第四次史志工作会议上受到表彰，还被农垦总局和省志办选作优秀出版物在昆明、北京等地参展。

《东风农场志续编》 2006 年 3 月，成立由农场党委主要领导组成的东风农场志编纂委员会，下设场庆办，具体负责场志的续编工作，客观、真实地记录 1988—2007 年的东风农场发展史。同时，这 20 年也是农场改革范围最广、改革难度最大、改革成效最为显著的 20 年，为确保续编工作的顺利进行，场庆办邀请负责第一轮修志的离退休老同志加入第二轮的编修工作，并由云南人民出版社公开出版，从内容到形式，得到专业的指导和规范。续志从拟订编目、分解任务、搜集资料、试写初稿、正式撰写、分纂、总纂，4 易其稿，历时两年，于 2008 年 10 月付印，全书 14 篇 51 章 60 万字，以改革开放为主线、生产经营为主体、经济发展为平台，详细、准确地记载了这一时期东风农场的发展历程。

二、画册

《春华秋实》 国营东风农场三十周年纪念画册，即东风农场第一本画册，1988 年内部出版，画册分关怀鼓舞、橡胶生产、多种经营、工商运输、文教卫生、文化生活、武装保卫、团结进步等板块，记录东风农场 30 年来的真实写照。

《耕耘与收获》 国营东风农场四十周年纪念画册，1998 年中国画报出版社公开出版，通过科技兴场、夯实主业生产，发展二三产业，自办教育、医疗体系，场群和谐共处，展示东风农场 40 年的开拓进取、艰辛与辉煌的历史场景。

《南国东风》　摄影画册，2005 年内部出版发行，画册分美哉东风、时代脚步、走向和谐、步出场界、情浓于水、相传代代、东风战略、橡胶树（人）8 个版块，记录南国东风自建场以来的美丽画卷。

《放飞理想》　歌曲，2008 年，为迎接农场建场 50 周年庆典，农场党委向场内外广泛征集"东风场歌"，经过一年多的时间，征集和整理修改并在全场出版发行《放飞理想》12 首东风组歌 1000 册。

《东风之路》　画册，由国营东风农场、东风分公司共同主编，2008 年云南美术出版社公开出版发行，从创业历程、辉煌成就、美好明天 3 个方面讲述东风农场的创业者们肩负"屯垦戍边、建设边疆、保卫边疆"的历史使命，用智慧与汗水、鲜血与生命一路走来的"东风之路"，表达了东风之路越走越宽的美好愿景。

《岁月容颜——东风农场建场五十周年回忆录》　画册，2008 年 11 月，由国营东风农场编辑出版。全书收录 100 余篇回忆文稿，40 余万字和百余幅珍贵照片。很多回忆文章真实而生动地再现了各个历史时期的故事，反映了各个时期的精神风貌和知青情结，给人以启示和思考。

《永恒的记忆——国营东风农场建场 50 周年庆典活动纪实》　画册，2008 年由国营东风农场工会编辑，内部出版。画册通过庆典前奏、东风欢迎你、真情再现、永恒的记忆、欢聚东风、永远的牵挂、欢聚一堂、寻找记忆共 8 个部分的丰富照片展现东风农场 50 周年《欢聚东风》迎宾晚会及后续系列庆典活动的历史镜头。

《东风岁月——国营东风农场建场 60 周年》　画册，2018 年由国营东风农场工会编辑，内部出版。内容包括农场成立 60 年来的历届领导、知青老照片、革命烈士、先进人物、知青之骄、农场干部职工、各分场职工及家属、各时期的农场活动、农场各时期创作的歌曲等大量新老照片。

三、其他出版物

《大潮中的浪花（1979—1989 新闻选编）》　新闻报道，1990 年，由中共国营东风农场委员会宣传科编。全书分为前言、短讯篇、消息篇、通信篇、工作研究篇，主要收录东风农场业余报道队伍 10 年来的新闻报道作品，作品散见于《云南经济报》《农民日报》《云南日报》《云南经济信息报》《西双版纳报》《云南农垦》《版纳科技报》等报纸杂志，绝大多数出自农场调频广播台业余通信员。

《东风第一枝——东风农场三十五年征程》　文集，1994 年，由国营东风农场编辑出版。全书收录东风农场建场 35 年来两代东风人用信念与追求、热汗与鲜血、奋斗与悲壮建起一座农垦新城——国营东风农场。全书共分四辑，第一辑收录回忆文章 20 篇，第二辑收录回忆文章 20 篇，第三辑收录回忆文章 21 篇，第四辑收录回忆文章 16 篇，由在场职工或已调离农场的同志投稿录用。

《东风工会信息》 报刊，由东风农场工会主办，于 2003 年创刊，包含政策法规、政务信息、劳动保护、扶贫帮困、职工文苑、养生知识及重要文件、重要活动等内容，每月一期，每期印发 250 份，下发至各工会小组，2011 年 1 月停办，共办 92 期。2014 年再度恢复，主要传达省、州、市一级的文件精神，宣传报道农场重大事项、活动等内容，不定期发行，至 2020 年，共印发 387 期，其中 2020 年发行 133 期。

四、知青文集（选录）

《东风如歌》 散文诗，鄢家骏著，1998 年四川文艺出版社出版发行。作品描写了边疆农垦工作者战天斗地的英雄业绩的赞歌。作者以报告体散文诗的形式生动而又真实地表现了东风农场 40 年建设的辉煌成就，是一部东风农场的发展史。

《勐龙记忆》 纪实辑录，上海知青组编，2005 年香港文汇出版社公开出版发行。全书分红土跋行、雨林清籁、南疆飞花 3 辑，收录 112 篇，记述东风知青在大勐龙的红土地上留下的真实故事，凝结了广大知青对"老家"东风农场的心声和情怀。

《最后的绿岛》 长篇小说，刘凌（东风农场北京知青）著，2006 年中国文联出版社公开出版发行。全书在知识青年上山下乡的历史背景下，以一个少女的切身经历，讲述了 30 多年前在西双版纳开垦种植橡胶所衍生的一系列故事。

《时间对话》 知青诗歌，陈与（东风农场重庆知青）著，2006 年作家出版社公开出版发行。诗人以自己的亲历、亲闻为主线，全面、公正、客观、真实地记录了一个知青所经历半个世纪的国内和国际的政治、历史、文化、经济等变化，贯穿着作者对祖国命运的关注、对故土的热爱、对苦难人生的体验，是中国知青诗歌创作的史诗，具有划时代的意义。

《安哥的故事》 纪实文学系列丛书，安哥（东风农场北京知青）著，2009 年花城出版社公开出版发行。此书记录的是一个人和一个时代的故事，也是一个人和一段历史的故事，是作者的青春故事。

《灵魂火焰》 诗集，重庆知青原创诗集编委会编，2014 年内部出版。诗集收录诗歌 72 篇，把所思、所想、所做、所为凝成诗、咏成歌，记录橡胶树下的青春岁月，抒发对生命的敬重与热爱。

《上海知青在西双版纳——勐龙印迹》　画册，2001年，由上海知青组织出版。画册图文并茂地记述了1968年上海知青离开上海到勐龙东风农场屯垦的历史照片、青春年华、南疆纪事、回归故里、知青历史旧物、凭海临风、回访东风、情浓于胶、人生箴言、版纳风情、知青名录等内容。

《真爱永存——重庆知识青年赴西双版纳支边四十周年纪念》　画册，2005年由重庆知青戴玉茹主编出版。2005年12月，召开重庆老知青赴西双版纳支边四十周年座谈会。画册记录座谈会的情况、知青老照片、回忆文章、诗歌等内容。

《八千子弟·云南》　画册，2008年由北京赴云南知识青年纪念画册编委会编辑出版。画册以图文并茂的形式，记述了1968—1969年来自北京的青年们和上海、昆明、成都、重庆等地的知青，在云南国营农场、西双版纳及东风农场生产、生活的历史照片。

《拓疆者之歌》　画册，九分场重庆知青组编，2011年内部出版，以风华放歌、峥嵘赞歌、故土恋歌、战友情歌、四十颂歌，反映重庆知青在东风农场（九分场）支边的农场生活，记录这段不平凡的历史，展示这一时代群体的英姿和风采。

《圆梦印迹》　画册，由东风农场2营6连上海、北京部分老知青从上海返回东风农场59人，结集大量游记照片，2015年内部出版。画册主要收录返场知青回到东风农场的游记、大量照片、名录等，饱含老知青对阔别36年的第二故乡——东风农场的怀念和向往。

《一位老知青的寻梦远征——心灵回归》　画册，由北京知青崔仲伟主编，2017年11月出版。画册记录时年67岁的北京知青贾增良，只身骑行6020.76千米，从北京明城墙遗址公园启程，跨越祖国江、河、山、岭，历时72天最终到达东风农场博物馆的足迹，表达北京知青贾增良对第二故乡的无限热爱。

第四节　广电影音

一、电影放映

农场电影队（原称电影组）成立于1961年10月，隶属于农场工会。有一部35毫米放映机，3名放映员。当时收费很低，主要是为职工服务，保证职工每月看到2～3场电影。1961—1963年，电影组做到放电影之前放映幻灯，图文结合，宣传大好形势，表彰好人好事，仅1963年，自制幻灯就有1190片。对有教育意义的电影，如《燎原》《地雷战》等，组织职工观后讨论，进行革命传统教育。1975年，电影组扩建为电影队，下属3个电影组。有35毫米放映机1部、16毫米放映机3部，放映员8名。1976年建立分片放映点，下放 16 毫米放映机 2 部，分别成立三分场、十三分场电影组。1977 年，成立十一分场电影组，1984 年，成立六分场电影组。至 1987 年，农场有 6 个电影组，11 名放映员，两部 35 毫米放映机，12 部 16 毫米放映机。全场划分为 5 个放映片，30 个放映点，其中分场放映点 15 个，边远生产队放映点因电视普及而略为减少。至 20 世纪 90 年代，随着电视机的普及，全场的放映点逐渐消失，电影组不复存在。

二、农场广播

农场有线广播从 1963 年开始建立，在此之前，农场有一部 5 瓦的直流扩音机，一只 12.5 瓦的高音喇叭，只在开大会或开电话会议时使用。大多数生产队由文书或队干部兼任广播员，使用自制的铁皮“土喇叭”，每日公布生产进度，表扬好人好事。1963 年总场成立后，购置 40 瓦的电子管扩音机 1 部、高音喇叭 4 只，每晚在总场部广播或开大会时使用。1964 年，龙泉、温泉两个农场购置扩大机，开始利用电话线向生产队广播。1969 年，总场购置 550 瓦的扩音机 1 部，配备专职广播员 1 人，利用电话线向前哨、疆锋两个农场的生产队广播。1970 年，在 2 营新建一个广播室，配备广播员 1 人，550 瓦扩音机 1 部，架设广播线 40 千米，向 2 营、3 营、7 营各连队进行广播。1971 年，各营都陆续建起广播室，购置必要设备、配备专职或兼职广播员。全团广播线路长 269 千米。1975 年，农场购置频率为 25 千赫（25KC）20 路载波机，改造旧路线，统一投递稿件和联播时间。广播员由工会管理，广播稿件由宣传科编辑。1978 年，全场 237 个单位，全部通电话、通广播，通信广播线路长 457 千米。1979 年，通信广播线路减至 159 千米。1982 年底，有线广播归宣传科管理。1987 年，全场有扩音器 18 部，总功率 7500 瓦，通信广播线路长 366 千米，广播员 15 人，其中专职 1 人，兼电话员 14 人。广播除每天作息播音，转播中央、省、州电台节目外，每周组织 2 次联播，广播本场新闻，分场每周组织 1～2 次本场节目。1992 年成立东风电视台后，由电视台播出农场自办新闻，农场调频广播站及分场级广播站陆续撤销。

2013 年 11 月 15 日，东风农场与云南广电网络集团有限公司景洪分公司签订 IP 网络广播项目产品（设备器材）安装工程合同和广播系统网络链路租赁及设备维护合同，投入 120 余万元，组建从场部到 13 个生产队队部，再到 147 个居民组的三级分控 IP 网络广播系统。

于 2014 年 4 月 23 日，正式重新启用广播，节目包括“东风新闻”和“党的群众路线教育实践活动专题”等，每周三首播，全年放 48 期 396 篇。

2018 年，《东风之声》广播栏目设立 4 个专栏，即《改革先锋》《美丽乡村建设》《基层党建》《醉美城镇》，对在基层党建、提升人居环境、产业转型升级、单项工作或阶段性工作等方面表现突出的集体和个人先进事迹进行大肆宣传。原则上每个月更新两次专栏内容，实现农场对各个生产队、居民点的广播之间的联动。为全体居民提供语音广播服务，内引外联，全方位开展报道，借助西双版纳州、景洪市新闻媒体的力量，对重点工作、重大活动等进行联合宣传报道，形成有影响的宣传攻势。

三、东风电视台（电视差转台）

1980 年 4 月，建立农场电视差转台，有电视差转机 2 台，功率 60 瓦，安装在勐宋高山顶上。1981 年，增设二分场差转点。1983 年，差转台搬至农场部。1984 年，增设一分场、七分场差转点。1985 年，增设电厂、十二分场差转点。1986 年 1 月，建成卫星电视地面接收站并投入使用，同年增设九分场、六分场差转点。至 1987 年，全场有电视差转点 21 个，电视差转机 23 台，总功率 187 瓦，专职工作人员 5 名，电视覆盖率为 100%。职工中有电视机 1784 台（包括公有的 95 台），每天观看电视的职工、家属近万人。1991 年，农场开西双版纳州闭路电视之先河，场区全部开通闭路电视信号。1992 年成立东风电视台，自办电视节目《东风新闻》，每周一期，每期 30 分钟，经农场有线电视台录制成带后，各分场负责播放。

1998 年 8 月，农场与西双版纳广播电视发展总公司签订《参加地方有线电视光缆联网工程协议条款》。1999 年 9 月，有线电视光缆联网工程竣工，全场职工可收看到 40 多套电视节目，农场从此拥有自己的专用频道，结束了自办节目录带、各分场播放的历史。农场电视台继《东风新闻》后，陆续开办《音乐空间》《纵横谈》《东风人东风事》《家政无忧》等栏目。《东风新闻》节目的制作由原来的每周 2 期改为每周 3 期，每周一、三、五制作播出，二、四、六重播，周日为《一周要闻》。对农场重大会议、重大活动以及大型文艺晚会等，农场电视台都进行现场直播。2007 年 2 月又与西双版纳广播电视发展总公司签订《全场开通数字电视协议》，实现模拟信号转换为数字信号，并为东风电视台设置专用频道。2011 年，农场属地管理后东风电视台停办。

四、东风网站

东风网站（http：//www.yndf.com.cn）于 2005 年 5 月开始筹建，2005 年 9 月正式开通。2006 年 11 月进行首次改版，分别设有农场概况、行业资讯、招商引资、产品种类、政策法规、农场发展史、企业邮箱、留言板、联系我们等 9 个板块。提供农场简介、组织机构、领导介绍、非公有制经济、招商项目、科技推广、家禽家畜、蔬菜瓜果、农副产品、橡胶制品、企业管理、法律法规、行政法规、方针政策、光荣榜、大事记、知青板块、老照片、企业文化、场庆专栏等相关资讯，成为宣传东风，让更多人了解东风、认识东风的信息平台。2017年，网站停办。

五、微信公众号

2020年，为更好掌握新闻报道主动权，对重大事件及突发性问题及时介入，掌握网络舆情，农场开通了"醉美东风"微信公众号，指定专人负责，积极正面引导。利用微信公众号开展平安知识宣传、新冠疫情防控知识宣传、国家安全教育宣传等，及时推送重大政策信息，重视对网络炒作的政治谣言、敏感事件，主动发声、正面回应。2020年发布动态新闻及相关信息共421条，阅览点击量超过6.5万人次，关注人数1446人。

六、影音制作

《胶林丰碑》　场庆五十周年专题片，即真实记录和反映农场建场五十周年发展历程的专题性纪录片，以重要历史人物和历史事件为主线，反映农场发展的艰辛历程。于2008年5月，组织人员开始做准备工作，2008年11月制作完成。

农垦题材电视文献纪录片　2009年4月18日，中国农展60年电视文献纪录片《第一犁》摄制组到东风农场拍摄。9月23日，云南农垦集团公司拍摄的纪录片《1959——大支边》在东风农场开拍。

电视剧《历史转折中的邓小平》取景　2013年7月22日，重大革命历史题材电视连续剧《历史转折中的邓小平》摄制组到东风农场选取外景地。导演吴子牛一行参观东风农场博物馆，并到温泉生产队五居民组胶园、小街原始森林和原小街中心小学实地查看。后于12月5日在东风农场开拍。该剧于2014年8月22日邓小平诞辰110周年之际在中央台首播。

第五节　文体设施

基础设施建设是构建公共文化服务体系，开展文化活动的有效载体，是职工群众求知、求乐、求美的重要场所。东风农场始终坚持为农场服务、为职工群众服务的方向，充分发挥"文化育民、文化乐民、文化惠民"的职能和作用，以西双版纳州建设"民族文化名州"活动为契机，加强文体基础设施建设，不断完善基层文化阵地。

一、文化设施

文化室 文化室在建场初期称俱乐部，在农场的指导下，生产队俱乐部以生产为中心，公布出勤、工效，开辟红旗榜、表扬栏、批评栏、建议栏，公布竞赛评比情况，组织现场会，口头广播，宣传好人好事，组织读报，配合中心出黑板报、写标语口号。1963年，农场俱乐部发展到45个，并增加学习、党团活动、民兵组织活动、时事政策等专栏。

知识青年来场后，文化室活动非常活跃，知识青年回城后，文化室活动基本停止。1983年恢复工会活动后，生产队的文化室又逐步地建立起来，尤其是通过建设"职工之家"，生产队的文化室办得更加活跃。文化室也增加了经济责任制、经济效益、干部职责、队规公约、民族团结等新内容，成为职工学习和开会的主要场所。其中七分场的文化室，设备齐全，形式新颖，内容有"建家"标准、文明条件、各工种职责、生产计划、统计分析、队规公约、党团园地、光荣榜等。2007年，有职工文化室84个。2020年全场有文化活动室120个。

农家书屋 东风农场管理委员会共有农场机关、中林生产队、金沙生产队、东升生产队等4个单位被列为景洪市农家书屋建设单位，另有温泉生产队、红卫生产队为农场自建农家书屋，于2014年8月建成，共有藏书12000余册，在日常工作日对场内职工群众实行免费开放阅读，并利用单位开会学习、节假日活动期间组织集中阅读活动。此外，各农家书屋还定期更换图书、期刊、报纸等资料，不断注入"新鲜血液"，使职工群众能及时读到有用的书籍、新鲜的知识。

至2020年，东风农场共设有农家书屋4个、电子阅览室1个。农家书屋管理员由专人负责，《图书管理员职责》《农家书屋管理制度》《农家书屋图书借阅制度》张贴上墙，配备图书，做到统一编号，综合分类，摆放整齐，杂志分类清晰、出版物档案登记完备、借阅登记完整。种类有科技、政经、文化、生活，各类册数分配合理，总计图书16000册。

图书室 1963年有农场图书室8个，存书1826册。1964年，出现学习热潮，职工购置毛泽东著作4000多册，订报刊1667份。知识青年来场后，图书报刊大量增加。至1987年，全场有图书室35个，图书12804册，报纸6419份，杂志4404份。2007年，建成大型图书室1个。2013年，建成生产队职工书屋暨远程教育活动室1个。

其他活动场所 农场管理委员会整合各项资金，在辖区内开展基层党组织活动场所建设，拓展党员活动、边民服务、信息交流、文化娱乐等服务群众功能，至2016年，全场还有36个空白活动居民组。2017年，由云南省委组织部组织实施，在管理委员会辖区内东河、景观、温泉、五七、中林、风光、前哨、金沙、疆锋等 9 个生产队的 25 个居民组新建活动场所，2018 年通过验收并投入使用，发挥"一室多用"的综合功能，成为居民学习、娱乐、议事的中心。

二、体育设施

2004—2007 年，先后建成综合运动场 1 个（含足球场、田径场），陀螺场 2 个，气排球场 41 个，大棚式（室内）门球场、气排球场、地掷球场各 1 个，安装室外健身器材 32 套。至 2007 年，全场共有篮球场 138 个、门球场 60 个、地掷球场 18 个、足球场 1 个。此后在上级主管部门的支持下，不断加强公益设施建设，为职工开展全民健身活动、提高文化生活水平提供基础，截至 2020 年，全场共有篮球场 137 个、门球场 31 个、地掷球场 15 个、气排球场 60 个、足球场 5 个、陀螺场 4 个，室外健身器材 79 套、室内健身器材 17 套。

第四章　医疗卫生

建场初期，大勐龙、东风、前哨3个农场均设有卫生所。1963年5月，东风总场职工医院建成投入使用，1975年更名为农场职工医院。1996年，被评定为国家二级乙等医院，13个分场卫生院全部被评定为国家级医院。2003年，经昆明医学院考核评估为"昆明医学院实习医院"。2010年6月30日，东风农场职工医院、6个卫生院（所）移交景洪市卫生局管理，更名为景洪市中医医院。

第一节　机构设置

1958年，东风、前哨、大勐龙3个农场分别成立了医务室，各有医务人员2名。

1960年，东风、大勐龙两个农场设卫生所，所内设防疫小组。作业区设医务室，生产队设卫生员。

1963年，总场成立卫生院，为生产队级单位，内设防疫小组。各农场成立卫生所，生产队配备卫生员。

1970年，组建兵团，成立卫生队、医院；各营设卫生所、连队设卫生员。

1975年，东风总场职工医院更名为农场职工医院，为分场级单位，内设防疫小组，分场设卫生所，生产队设卫生员。

1982年，农场成立卫生科，1984年，成立防疫站，各卫生所设专职防疫员。

1987年，农场卫生科设在农场医院，与农场医院合署办公，实行两块牌子一套班子，卫生科下辖13个分场卫生院（所）及1个农场防疫站，农场医院设内儿科、传染科、外产科、药剂科、五官科、门诊部等6个科室及1个院办机关。

1992年，医院、农场卫生科为一套班子，下设13个分场卫生院、1个农场防疫站、7个临床科室及部门。

1994年，医院与农场签订第一轮承包经营合同，实行内部经营管理，对科室实行二级核算。

2002年，全场实施医疗保险，撤销农场卫生科，农场医院下设7个科室、部门。由医院对 14 个分场卫生所进行人、财、物统一归口管理，并改为医院下属分院。各分院以开展社区卫生服务为主，各分场生产队卫生室基本撤销。

2003 年，农场政企分开，农场医院将 14 个分院合并为 6 个（一至六分院），纳入医院归口管理。分院主要开展社区医疗和送医送药上门服务工作。全院设置有内儿科、外产科、药剂科、门诊部、功能科、院办、总务科和设备水电科。

2006 年，医院下设 8 个临床科室及部门，6 个分院、1 个健康咨询中心和 13 个社区医疗服务点。

2007 年，医院下设 10 个科室、部门和 6 个分院。

2010 年 6 月 30 日，东风农场医院、6 个卫生院（所）移交景洪市卫生局管理，更名为景洪市中医医院，移交医护工作人员 254 名。

第二节 医疗队伍

1958 年，东风、前哨、大勐龙 3 个农场在建场时，因陋就简分别建立了医务室（后称卫生所），医务人员很少，每个医务室各有医务人员 2 人。

1960 年，随着职工人数增加，东风、大勐龙两个农场的医护人员队伍也随之扩大，还成立了防疫小组，为基层培训了一批卫生人员，开展除害灭病运动。

1963 年，总场职工医院建成投入使用，全场有医师 10 人、医士 12 人，卫生员 49 人。

1968 年后，知识青年陆续来场，医疗队伍迅速发展，全场医护人员由 1970 年的 300 多人发展到 1971 年的 454 人。知青回城后，医护人员锐减、技术力量大大减弱，生产队卫生人员大量缺失，农场医院有的诊室被迫停诊。1979 年，农场选拔了一批老职工子女充实到医护队伍中，通过自办卫生员培训班及派部分医务人员到云南省、西双版纳州医院进修等方式，使医护队伍和技术力量逐步得到恢复。

1983 年，随着医院大楼的建成，农场医院开设了新的科室，增添一批医务人员。至 1987 年，医院有病床 120 张，职工 120 人，包含医务人员 84 人、医生 22 人，其中主治医师 1 人、医师 10 人、医士 11 人，药剂师 3 人，检验师、助产师、牙科技师各 1 人，护士 7 人。

1998 年，医院共有职工 150 人，包含医务人员 111 人，其中副主任医师 1 人、中级 16 人、助师级 43 人、员级 40 人、卫生员 11 人。

2003 年 2 月，卫生院纳入医院归口管理，全院职工发展到 253 人，其中干部 225 人、副主任医师 1 人、中级 28 人、助师级 136 人、员级等 60 人。至 2007 年，医院开设病床

150 张，全医院总人口 429 人，职工 259 人，其中有主治医师 4 名，医师级人员 25 名，医士级人员 36 名，卫生员 255 名。

第三节 医疗设备

1958 年，初建场时设置的医务室设备简陋，只能治疗一般疾病。

1963 年，总场医院成立，开设门诊室、治疗室、化验室、药房、住院部等，增添了医疗设备，医护水平有所提高，外科能做阑尾切除及疝修补术。作业区卫生所能治疗一般常见病和进行小型外伤处理。

1971 年，总场医院购置了用于检测用的 X 光机、超声波仪、心电图机及牙科、理疗等使用的器械及综合手术床。诊断率、治愈率、危重病人抢救成功率逐年提高，各种传染病的发病率和病人的死亡率逐年下降。

1987 年，医院大中型设备有心电图机、X 光机、牙科多功能治疗台，超短波理疗设备 10 余种。

1990 年后，医院逐步引进先进的医疗设备，不断完善配套功能。

2005 年，以股份制形式购置医疗设备奥林巴斯全自动生化分析仪和岛津 X 光机，合计金额为 150 万元。2006—2007 年，职工先后集资 281.50 万元引进美国双排螺旋 CT 机、212 万元引进日本阿洛卡彩色 B 超仪。

至 2007 年，医院医疗设备总资产达到 1000 多万元。如 24 小时动态心电图机、动态血压监测仪、全能麻醉机、彩色 B 超仪、美国太空运动平板机、美国通用 GE-双排双螺旋 CT 机、北京岛津 500 毫安 X 光机、日本奥林巴斯 AU400 型全自动生化仪和阿洛卡彩色 B 超仪。

2009 年 7 月 28 日，东风农场职工医院与云南远程可视医学诊疗中心联合投资建设的远程可视医疗设备安装调试成功，并进行首例远程医疗会诊。

第四节 医疗成果

农场医院内设儿科、传染科、外科、妇产科、中医科、口腔科、五官科、放射科和理疗室、超声波室、心电图室、B 超室、制剂室、药房、药物站等，是一所人员、设备、门类齐全的县级综合性医院。不仅能治疗一般的常见病、多发病，进行小型的手术清创缝合，而且在诊治疑难病症、抢救垂危病人方面也积累了一定经验。

一、外产科

普通外科 开展部分肝叶切除术、胆囊切除术、胆总管切开取石术、甲状腺次全切除术、脾切除术、乳腺癌根治术、胃癌根治术、结肠癌根治术、胃空肠 Roux-en-Y 吻合术、各种疝修补术、阑尾切除术、植皮术、痔瘘根治术、各种大小外伤清创术等。

泌尿外科 开展前列腺增生切除术、单侧肾切除术、肾实质切开取出术、输尿管切开取石术、膀胱切开取石术、膀胱造瘘术、尿道外伤断裂重建术等。

神经外科 开展颅脑外伤清创、止血、引流、缝合术，颅内硬膜外、内血肿清除引流减压术，颅板凹陷性骨折清创减压引流术，微创颅内血肿清除减压术等。

骨外科 开展四肢骨折创伤复位、手术内外固定术和清创缝合术，骨髓炎根治术，骨肿瘤切除术，截肢术，椎管内神经纤维瘤切除术，骨盆骨折内固定术，锁骨骨折内固定术，下肢畸形矫形术，人工膝关节置换术，石膏外固定技术等。

麻醉 主要有硬膜外阻滞麻醉，气管内插管静脉麻醉，臂丛神经阻滞麻醉，局麻、腰麻、氯胺酮注射麻醉及临床镇痛等。

五官 开展白内障摘除术加人工晶状体植入术，眼睑内翻倒矫正术，鼻泪管吻合术，胬肉切除术，鼻腔赘生物摘除术，鼻中隔偏曲矫正术，鼻骨骨折矫正术，角膜异物取出术等。

妇科 开展子宫肌瘤切除术，卵巢囊肿切除术，子宫全切术，妇科肿瘤根治术，激光、波姆光治疗尖锐性湿疣、宫颈炎等，诊断和诊治各种妇科疑难杂症、重症。

产科 开展剖宫产术，胎吸助产术，宫外孕手术，子痫诊治，能实施各种计划生育手术及产科疑难病诊治等。

二、内一科

开展各种中毒急救、顽固性心衰、各种休克、严重心律失常、哮喘持续状态、甲亢危象、糖尿病酮症酸中毒、急性脑血管意外、多脏器功能衰竭、重症胰腺炎等内科急危重症的诊治。还开展了内科常见操作如胸膜腔穿刺、腰椎穿刺、腹腔穿刺、膝关节腔穿刺、骨髓穿刺、心包穿刺及前列腺按摩、注射治疗术等技术。能够应用心电图机、心电监护除颤仪、呼吸机诊治及监护各种危重病人。积极推广应用新药、新疗法、新技术，如"急性心肌梗死的溶栓治疗""解磷注射液治疗急性有机磷农药中毒""中西医结合治疗急性胰腺炎""顽固性心衰的现代药物治疗""食道心房调搏术""24 小时动态血压监测"等。

科室经常组织疑难、危重病例讨论，同时进行科内教学授课，如"心电图基础知识""常见化验正常值及临床意义""糖尿病诊治进展""慢性心衰现代药物治疗""急性中毒的诊治""艾滋病的防治"等。

三、门诊部

综合门诊 主要对内、外科各种常见病多发病的检查、诊断及治疗，如皮肤病、性病等治疗。

口腔科 开展牙列缺失弹性义齿修复，烤瓷牙修复，铸造钢托义齿修复，活动性可摘除义齿修复，全口义齿，拔牙术，各种牙髓炎、牙周炎治疗等。

中医门诊 可开展中医内科、外科、妇科、儿科、皮肤科、各种慢性病、风湿病及疑难杂症的诊治。此外，还开展了针灸、小针刀术等，对面瘫、中风（卒中）、骨刺等均能获得较好的治疗效果。

四、功能科

化验室 可进行三大常规检查、生化（37项）检查、血流变检查、凝血四项检查、电解质检查、免疫学检查（两对半、HIV、梅毒检验等）、输血前相关检查等。

放射室 开展X射线检查包括普通透视、普通摄片、特殊造影（消化道造影、泌尿道造影等）。CT检查包括全身器官均可行CT扫描或增强成像摄影检查。

B超室 可常规进行肝、胆、脾、胰、肾、膀胱、子宫、附件等疾病检查，以及浅表组织肿块囊实性鉴别、心脏多普勒检查等。

胃镜室 可对胃、十二指肠进行常规检查，对可疑病灶进行组织钳夹活检或治疗，碳14标记检查胃幽门螺杆菌等。

心电图室 可进行常规心电图、频谱心电图、心电向量、阿托品实验、24小时动态心电图、活动平板实验等检查。

远程会诊室 在可视条件下，与院外医学专家运用高科技手段进行医疗文书传递、会诊，对患者进行诊断治疗。

五、医学论文

1988—2006年，全院科技人员共撰写论文114篇，其中国家级8篇、省部级40篇、地州级66篇，获奖论文3篇。2007年，医学论文发表18篇，其中省部级13篇、国家级5篇。

2004 年 1 月，召开农场第二届科技表彰大会，医院三项科研成果《解磷射液治疗急性有机农药中毒新技术》获集体三等奖、《气垫床防治压疮在临床上的应用》获集体三等奖、《剖宫产术后上环》获个人三等奖。

第五节　卫生防疫

一、机构设置

建场初期，大量支边青壮年到场，农场成立了防疫小组（3 人），负责全场的疾病预防工作。按照关于防疟、防痢疾、防伤寒、防钩虫等工作的指示，给农场职工上卫生课，宣传卫生知识，使职工懂得一些疾病防疫的道理和方法，养成良好的卫生习惯；给职工配备预防药、注射疫苗；对室内外环境进行喷洒消毒，实行"两管五改"①，保持饮水、饮食及环境卫生；普查疫情，及时上报下达，做到早防早治，对疟疾进行抗复发治疗。由于上下结合、防治结合，全场卫生工作有了很大的变化，发病率明显下降。

1960—1979 年，农场防疫小组三立三销，由于防疫人员时有时无，防疫工作也时好时差。

1984 年，农场成立防疫站，配合卫生科、职工医院负责全场的卫生防疫工作，其中有 8 个分场卫生所配备了专职防疫人员，5 个分场卫生所指定兼职防疫人员。主要负责对当地流行性传染病进行调查和预防，对本场食品、饮水进行理化检查，对一岁半儿童进行 4 种疫苗接种，对妇女进行妇科检查，对科技人员、离退休职工、独生子女进行健康性检查，对炊事员、托幼人员、教师及副场长等人员进行甲肝和乙肝抗原、两对半检查，并负责分场防疫人员的培训工作。到 1987 年，全场有 226 个生产队，5631 户职工建立了计划免疫卡，建卡率为 90%。

1988 年，农场卫生防疫站经西双版纳州卫生局批准正式成立，设防疫站工作人员 5 人，配合卫生科、医院组织实施全场的卫生防疫工作。全场防疫工作以"预防为主，治疗为辅"，每个分场配备专职防疫员，共 18 人，开展传染病防治、计划免疫、学校卫生、公共卫生、食品卫生、普查疫情等工作，进行疟疾抗复发治疗。防疫经费按每人每月 0.30 元提取，由农场审批核拨，按计划开支。

2011 年属地管理后，管理委员会设社会事务办公室，开展卫生及登革热防控、防艾、慢性病防控等工作。先后召开防艾、慢性病及非传染性疾病、登革热疫情防控等专题会

---

① 管水、管粪；改造水井、厕所、炉灶、畜圈、环境。

议，广泛宣传动员，充分利用黑板报、发放宣传资料等形式，让干部职工进一步了解防疫工作的重要性，并到人口密集地等重点区域进行宣传。

2017年6月8日，成立东风农场管理委员会红十字会，配合社会事务办公室开展防病知识的宣传、普及、培训和艾滋病预防控制宣传教育以及传染病的防治工作等。

二、防艾工作

东风农场为边境农场，人口流动性大，人员构成复杂，艾滋病的预防控制尤为重要，农场专门成立领导小组和督导组，由社会事务办公室负责处理日常工作，落实社区居民委员会工作人员13人、项目社区居民委员会艾滋病综合防治项目领导小组9人及宣传骨干5人。每年召开"防治艾滋病工作部署会""防治艾滋病工作领导小组会议"（农场、社区两级）、"联络员培训会""单位联动会议""艾滋病/毒品综合防治项目协调暨培训会"及"艾滋病/毒品综合防治宣传骨干培训班"等工作会议及培训，不定期对相关成员单位及项目社区进行督查。

通过各类会议、广播、QQ、微信、黑板报、设立宣传栏、粘贴宣传标语、宣传海报、发放宣传册（单）、培训、节假日活动等方式在全场范围内，开展防治艾滋病知识宣传教育。坚持干部职工防艾培训制度，采取集中或各单位自行组织的方式进行防艾相关知识培训。培训辖区领导干部、职工（含社区居民委员会干部、居民小组管理人员）、女工、防艾宣传员、老年人、流动人口、校外青少年每年2000余人次。以元旦、春节、文化科技卫生"三下乡"活动、老年人健身舞比赛、"世界红十字日""科技宣传周""世界献血者日""6·26"国际禁毒日等节假日和登革热防控入户宣传为契机，通过悬挂横幅、粘贴宣传画、发放宣传资料、口头宣讲等方式对东风小城镇、居民组居民、流动人口、校外青少年等进行艾滋病有关法律法规和防治知识宣传教育。防艾宣传覆盖辖区13个社区居民委员会，各社区居民委员会均做到有计划、有总结，进居民组开展宣传活动不少于2次。制定艾滋病防治工作管理台账，按照管理台账要求落实各项工作，健全完善工作资料。全场共设有宣传栏54块，平均每年发放宣传资料16000余份、避孕套1000余只（未加入计生发放数量），宣传教育15000余人次。

对项目点的居民组进行入户摸底调查，居民干预前问卷调查，以户为单位，对13岁以上居民进行宣传干预，宣传员开展入户宣传活动，发放宣传资料300余份。将符合条件、生活困难的艾滋病病毒感染者家庭、艾滋病致孤儿童纳入最低生活保障范围，落实致孤儿童生活补助。

三、登革热防治

预防登革热疫情是防疫工作中的重点，农场领导班子成员对各生产队、站、所、办、中心实行分片包干责任制，成立9个防控网格化管理工作组，各生产队、居民组管理人员实行分片包干、包户到人，每月开展不少于1次登革热防控知识入户宣传工作，全面统筹协调推进登革热防控工作。

利用会议、广播、宣传栏、东风信息网、综合服务平台、QQ、微信、手机短信、发放宣传册（单）、张贴海报、入户和节假日活动等途径进行多方位宣传，强调爱国卫生运动的重要性，引导全场职工群众关注和预防登革热，职工群众防控知识知晓率始终保持在95％以上。

每年组织人员、筹集经费和药物于4月启动防控工作，坚持逢节假日和周五统一开展环境卫生大扫除，严格落实"门前三包"制度，按照"环境治理为主，药物消杀为辅，标本兼治"的原则和"统一组织、统一药物、统一时间"的要求，开展灭蚊药物喷洒。组织开展入户清理积水活动，指导、动员、帮助居民彻底清除积水，做到无卫生死角，切实清除蚊虫孳生场所。对公共场所、辖区道路、集贸市场和人员聚居地等重点区域开展卫生整治行动，创造良好的卫生环境，确保辖区范围内布雷图指数控制在5以下。

2018年，共召开大小会议156次，参会16678人次，发放各类宣传资料3825份，入户宣传检查28647户次，受教育群众达23377人次。全场参加环境卫生整治39349人次，共清运垃圾12125吨，喷洒灭蚊药物9687.2千克（兑水），灭蚊喷洒面积825026平方米。2019年，召开宣传活动会议23167人次，发放宣传材料10465份。全场累计清除垃圾16422.9吨，参加环境卫生整治14093人次，累计喷洒药物708千克、石灰2500千克，喷洒面积2336168平方米，开展督查978次、入户检查49003户。2020年，共召开大小会议690次，参会28350人次，入户宣传66994人次，发放宣传材料15349份。全场累计清除垃圾19382吨，参加环境卫生整治68537人次，打扫卫生面积4798555平方米。累计喷洒药物1510千克，撒石灰20吨，喷洒面积3207869平方米，全场督查1461次，入户检查66994户次。

四、慢性病防控

管理委员会成立慢性病工作领导小组和督导组，由社会事务办公室负责日常工作，将慢性病防控融入单位政策规章制度，制定并落实了烟草控制、降低有害饮酒、减盐、控油、控制体重、全民健身等慢性病危险因素干预、疾病管理相关的政策规章制度。通过多种渠道积极开展慢性病防治的全民健康教育，利用广播、宣传栏、电子屏幕、QQ、微信、会议、节假日活动、健康咨询、登革热防控入户等方式，以元旦及春节、文化科技卫生"三下乡"活动、老年人健身舞比赛、"世界红十字日""科技宣传周""肿瘤宣传周""世界献血者日""6·26"国际禁毒日、"全民健身日""全面健康生活方式日""全国高血压日"和"世界脑卒中日"等多种渠道为契机积极开展慢性病防治和慢性病健康素养知识全民健康教育宣传活动，提高职工群众重点慢性病核心知识知晓率和居民健康素养水平。至2020年，共计5000人次参与，发放慢性病防控各类宣传资料1973余份。

倡导全民健康生活方式，开展"三减三健"（减盐、减油、减糖、健康口腔、健康体重、健康骨骼）活动，逐步提升职工对盐、糖、脂肪摄入过多危害性的认识，进一步了解健康口腔、健康体重、健康骨骼的重要性，科学指导职工群众合理营养、平衡膳食，做到减盐、控油、控制体重等，促进健康生活方式的养成。

大力开展多种形式的全民健身活动。农场辖区公共体育场地、单位健身活动室免费向职工群众开放，结合工作实际和自身条件开展职工群众喜闻乐见、丰富多彩、乐于参与的太极拳、佳木斯、舞蹈、健步走、门球、陀螺、气排球、篮球、拔河、趣味运动会等健身活动，以促进职工群众身心健康，每年都有上千人参与活动。引导职工群众激发参与健身运动的兴趣、乐趣和热情，使健身活动成为职工群众的自觉行动。

将控烟工作制度化，制订工作计划和规章制度，通过广播、微信、节假日活动等开展禁烟宣传，发放宣传册，工作场所设置禁止吸烟警语和标识，其中禁烟标识99块、吸烟区标识51块、吸烟区引导标识68块。全面建设巩固无烟单位成果，降低人群吸烟率。在控烟的同时，也将降低有害饮酒制度化，制定规章制度，同步开展降低有害饮酒宣传教育，提升职工群众对于饮酒危害性的了解，降低人群有害饮酒率。

五、其他

1988—2007年，由防疫站组织对农场食品、饮用水进行理化检查，共分析监测640口水井的水质，办卫生许可证1376本、健康证3129本，监督食品卫生6456人次。每年组织开展2次灭鼠运动，共投入灭鼠经费140万元，有效防止了鼠疫发生。对疟疾进行抗复发治疗，复发率从1988年的40.75‰下降到2007年3.40‰，疟疾流行病调查16500人次。

2003年，抗"非典"防治工作，共接举报电话77次，组织医务人员下分场、生产队调查是否有外来人员和疑似人员共376人次，排查人员261人，家庭观察63人，医学健康观察10人，熬中草药汤剂普服70000人次（其中民族6000人次）。

2019 年，成立新冠疫情防控指挥部、领导小组，充分发挥分场队组、群团组织、职工群众的动员能力，统筹全场做好疫情防控工作。根据中央、省、州、市委的决策部署，东风农场及时组建民兵组织疫情防控应急处置先锋队，制订先锋队工作方案，明确工作目标要求和工作方法。各分场民兵组织先锋队接受任务后，按照"防输入、防扩散"做好职工群众进出登记、测量体温工作，并及时掌握健康状况。场区公共卫生、重点区域要常清扫、常消毒，及时报送信息，对群众耐心细致地解释政策，积极主动帮助群众快速通过卡点，提高工作效率。2020 年，进一步巩固提升边境一线疫情防控"八字工作法"，确保人民群众生命健康安全，保一方平安。辖区暂无疑似病例和确诊病例，疫情防控工作正按照上级要求扎实有效开展，辖区职工群众生产生活一切正常。

第六节　妇幼保健

1988—2007 年，卫生防疫站对新生儿进行 4 种疫苗接种，年度接种 16600 人次，这 4 种疫苗覆盖率达到了 98%。对全场的孕产妇、儿童进行系统管理，建证、建卡，孕产妇体检 16600 人次，0～7 岁儿童体检 41750 人次，对全场 2300 人建立了职工健康档案。

女职工是农场橡胶生产的主力军，农场党委十分关心、爱护女职工，每 2～3 年就安排一次妇科普查。1997 年 1 月，计划生育委员会同农场工会、医院对全场 3391 名已婚育龄妇女进行以防癌为主的妇科普查普治工作。1999 年 11 月 25 日至 2000 年 1 月 9 日，计划生育委员会同农场工会、医院为全场女职工进行了以妇科疾病常规检查、乳腺疾病和宫颈癌症为主的普查普治工作，全场 4369 名已婚妇女参加了检查，检查人数占已婚育龄妇女人数的 82.2%。2002 年 11 月至 2003 年 1 月，会同农场工会、农场医院对全场 4093 名已婚妇女进行妇检，检查人数占已婚育龄妇女人数的 74.10%。2005 年 1 月 10 日至 2 月 5 日，计划生育委员会同农场工会、医院为全场女职工进行了妇科疾病常规检查、乳腺疾病和宫颈癌症为主的普查普治工作，检查人数达 2843 人。

随着 2010 年农场医院、卫生所剥离农场，2011 年属地管理后，农场女职工的保健工作主要由工会及女工委牵头组织（详见女工工作）。

第七编

社会生活

中国农垦农场志

第一章　人口　民族　职工

第一节　人　　口

一、人口来源

农场人员来自全国除内蒙古、宁夏、青海、新疆、西藏、台湾、天津外的 23 个省、市、自治区、直辖市。

1958 年农场初建时，由转业军官、复员退伍军人、下放干部、昆明社会青年及少量的家属小孩构成。其中，省厅局机关干部 109 人、退伍军人 107 人、昆明社会青年 124 人、昆明步兵学校学员 135 人，陆续到达大勐龙曼降村西建立大勐龙农场；思茅地专机关下放干部 278 人、退伍军人 210 人，先后到达大勐龙乡曼景列村建立实验农场（国营前哨农场）；中国人民解放军 39 师转业军官 267 人，37 师转业军官 259 人分别到达大勐龙乡景别村西南选建曼别农场（国营东风农场）。年末总人口为 1863 人。

1959 年 10 月，思茅专区招收 374 名农村青年来场，人口增至 2186 人。

1960 年 1 月，湖南醴陵支边青壮年及家属 3207 人来场，人口骤增，年末人口达 5396 人。

1959—1962 年，转业军官和下放干部先后调出、调回原单位，迁出人口 740 余人。

1965 年，重庆支边青年 516 人来场。1961—1965 年，农场先后安置 7 批人员，共计 1662 人。三年困难时期，从省内外盲目流入 700 余人，至 1967 年末，总人口增至 8958 人。

1968—1971 年，北京、上海、重庆、昆明等地大批支边知识青年相继到场，共迁入 13522 人。还有 300 多退伍军人、科技人员、大专院校的毕业生来场。

1970 年 12 月，调出干部和工人到思茅地区约 400 人。

1975 年，从关坪农场迁入 895 人，到 1978 年农场人口发展到 23514 人、职工 16383 人。

1979 年，知青返城后，从普洱和黎明农场招收 2 批人员进场。至 1980 年，迁出 11000 余人，导致人口骤减，其间因劳力紧缺，职工亲友来场 3023 人。

农场人口经过几次迁入、迁出，人口来源基本趋于稳定。

二、人口发展

1958 年农场初建时，总人口为 1862 人；1959 年，人口增至 2186 人；1960 年人口达 5396 人；至 1967 年末，总人口为 8958 人。

1968—1971 年，支边知识青年共迁入 13522 人；1975 年，从关坪农场迁入 895 人；至 1977 年，人口达到 24364 人。

1979—1980 年，知青返城，到 1981 年末，总人口为 17066 人。

1982 年，开始计划生育，年平均人口稳定在 18000 人左右，人口增长幅度不大，到 1987 年末，农场总人口为 19220 人。1989 年，总人口首次突破 2 万人，增至 20856 人。此后，农场总人口逐年保持在 2 万人以上，2007 年有 8697 户，21019 人，出生率为 4.02‰，自然增长率为－0.04‰。

2017 年，全场有总人口 24434 人，出生 164 人，死亡 143 人，自然增长率为 0.86‰。2020 年，总人口 24930 人，出生 191 人，死亡 144 人，自然增长率为 1.89‰。

2006—2020 年东风农场人口基本情况见表 7-1-1。

表 7-1-1　2006—2020 年东风农场人口基本情况一览

项目	2006 年	2007 年	2008 年	2009 年	2010 年	2011 年	2012 年	2013 年	2014 年	2015 年	2016 年	2017 年	2018 年	2019 年	2020 年
生产队（个）	26	6	7	6	12	75	13	13	13	13	13	13	13	158	158
居民点（个）	—	166	—	—	—	177	158	146	157	157	220	219	219	221	221
年末总人数（人）	20808	21019	20863	23063	23182	23279	24299	24377	24514	24707	24743	24434	24523	24754	24930
家属及小孩（人）	8662	9329	9975	11595	11805	5058	5574	4787	5382	5484	5661	5624	5350	5483	5690
其他人员（人）	2857	2315	1724	1894	2006	1386	1492	859	1225	1228	1159	1148	1204	1273	1438
年内出生人数（人）	79	88	86	81	92	62	221	172	146	164	160	164	272	136	191
年内死亡人数（人）	59	89	99	115	109	58	125	122	119	136	164	143	156	132	144

三、人口结构

1982 年全国人口普查资料显示：全场总人口 17374 人，其中，14 岁以下 5450 人，占总人口的 31.37％；15～24 岁 4816 人，占总人口的 27.72％；25～34 岁 3288 人，占总人口的 18.92％；35～44 岁 1791 人，占总人口的 10.31％；45～54 岁 1391 人，占总人口的 8.01％；55～64 岁 382 人，占总人口的 2.20％；65 岁以上 256 人，占总人口的 1.47％。

2000 年全国人口普查时，全场总人口 22174 人，其中，0～5 岁 1449 人，占总人口的 6.53％；6～14 岁 2337 人，占总人口的 10.54％；15～64 岁 17360 人，占总人口的 78.29％；65 岁以上 1028 人，占总人口的 4.64％。

2004 年，全场总人口 21878 人，按文化结构：硕士研究生学历 1 人，本科学历 18 人，本科学历人数占总人口的 0.82％；大专学历 383 人，占总人口的 1.75％；高中学历 1137 人，占总人口 5.20％；初中以下学历 6420 人，占总人口的 29.34％。按年龄结构：60 岁以上 3924 人，占总人口的 17.9％；50～60 岁 1112 人，占总人口的 5.1％；40～50 岁 3154 人，占总人口的 14.4％；30～40 岁 3210 人，占总人口的 14.7％；20～30 岁 3140 人，占总人口的 14.4％；20 岁以下 7338 人，占总人口的 33.5％。

四、场区分布

农场（分公司）、分场（作业区）、生产队与勐龙镇、原小街乡的民族村寨错落相间，农场职工与各民族群众和睦相处。

1987 年末，农场总人口为 19220 人，男性为 10269 人，女性为 8951 人，性别比例为 1.15∶1，分布于全场 13 个分场和 8 个直属单位的 166 个居民点。

1988—2005 年 2 月[①]，原小街乡设有 8 个村委会、58 个村民小组，在此范围内分布有农场部和一、二、三、七、八、九、十一、十三分场及中学、医院、商贸运输中心、胶厂、电厂等 14 个分场级单位及其所属 13 个生产队级单位。勐龙镇有 20 个村委会，89 个村民小组，在此范围内分布有四、五、六、十、十二分场等 5 个分场级单位及所属 75 个队级单位。

2007 年末，农场总人口为 21903 人，男性为 11343 人、女性为 10560 人，性别比例为 1.07∶1，分布于全场 166 个居民点。

2011 年，全场有 177 个居民点。2020 年，全场有 221 个居民点。

五、计划生育

1981 年，农场成立计划生育领导小组，组长由党委副书记担任，各分场、生产队

---

① 2005 年 2 月，原小街乡拆乡并勐龙镇。

也相应成立计划生育领导小组，组长由党委委员和支部委员担任。职工在 400 人以上的分场，配专职女工干事 1 名，职工在 400 人以下的分场，配兼职女工干事 1 名，负责计划生育的具体工作。1988 年后，农场计划生育工作与工会、女工工作合署在工会办公，计划生育工作由农场工会女工主任负责并主持工作。2004 年 2 月，农场计划生育工作与农场党政办合署办公，同年 12 月，设农场计划生育办公室，配置主任、副主任及干事各 1 名。2006 年 8 月，设人口与计划生育办公室，独立办公，配副主任 1 名。2007 年 3 月，人口与计划生育办公室分立，农场计划生育办公室主任由农场女工委员会主任兼任，另配副主任 1 名。2018 年，农场管理委员会设社会事务办公室，负责计划生育工作，生产队设计划生育宣传员，居民小组配计划生育信息员，全场共计 172 人负责计划生育具体业务工作。

农场的计划生育工作最早始于 1963 年，农场党委按照上级规定的政策精神，提出计划生育的具体措施和要求，并印发《关于开展计划生育的宣传提纲》。

1975 年 10 月，农场召开计划生育工作会议，全场 80％的适龄青年制订晚婚计划，85％的育龄妇女采取避孕措施。

1981—1986 年，农场党委先后制定《关于加强计划生育工作的规定》《关于进一步加强计划生育工作的规定》《关于进一步加强计划生育工作的补充规定》《坚决贯彻基本国策，继续抓好计划生育》，对计划生育的具体工作做出条文规定。使晚婚率、晚育率、计划生育率、独生子女领证率都有了新的进展。1987 年，晚婚率达到 54.1％，计划生育率达到 100％，做到无计划外生育。

1990 年，全场开始实行计划生育工作目标管理责任考核制。1991 年 4 月 25 日，农场根据《云南省计划生育条例》出台《国营东风农场计划生育管理办法》。

从 1999 年起，东风农场每年开展 2 次流动人口婚育检查。1999 年 9 月 2 日，农场下发《关于开展婚育新风进万家活动的通知》，在全场掀起"婚育新风进万家"活动的热潮。2000 年 5 月 15 日，农场下发《关于开展"十星级文明户"活动的通知》，把"婚育新风进万家活动"列为"十星级文明户"的主要考核标准之一。2001 年农场开始实行计划生育"黄牌警告制"。

2002 年 11 月 13 日，农场依据《中华人民共和国人口与计划生育法》《云南省人口与计划生育条例》下发《关于执行计划生育一法一条例的有关规定》，对农场计划生育政策做出新的补充规定。

2007 年，农场计划生育委员会针对场区内流动人口较多的实际，组织开展计划生育"关怀关爱"系列专项行动，首次针对流动人口开展大规模的关爱行动，向行人和流动人员散发宣传单 1000 多份，开展计划生育政策法规咨询和义诊，加强对流动人口计划生育的宣传、服务与管理。此后，农场计划生育委员会在全场广泛开展"计划生育居民自治"工作，引导职工群众自觉参与到计划生育工作中来。

2011 年属地管理后，东风农场会同西双版纳州计划生育委员会和景洪市计生局及勐龙镇政府在"世界人口日"联合开展计划生育宣传活动，全年发放宣传材料 4160 份、避孕用品 3600 份。2013 年展出展板 16 版，发放宣传资料 3 万份、避孕套 4000 只；同时为农场职工群众办理计生服务证、独生子女光荣证、新生儿户籍注册及提供宫颈癌检查等服务。计划生育率一直保持在 100％和综合节育率在 98％以上。

2016 年全面放开"二孩"政策，农场与各生产队签订《人口与计划生育目标管理责任书》，落实计划生育法律、法规，强化对流动人口的管理和服务，同时开展优生优育、防艾知识宣传，进一步提高出生人口素质。东风农场与勐龙镇联合开展"7·11"世界人口日宣传活动，发放生育关怀小册子 300 余本、单独二孩政策宣传册 850 份、叶酸与孕前优生等宣传手册 1300 份、避孕套 4000 只。

2018 年，人口自然增长率为 1.22‰。全面运行使用全员人口信息系统，全场录入辖区人口 25932 人，占全场总人口数的 95.6％。一、二孩生育服务登记全部使用全员人口信息系统进行登记。景洪市计划生育协会（简称市计生协会）计划生育家庭意外伤害保险参保 1614 户，计划生育奖励扶助申报 88 人，计划生育特别扶助申报 99 人，非职工独生子女保健费发放 219 户。2019 年市计生协会统计有计划生育家庭意外伤害保险参保 1700 户，计划生育奖励扶助申报 93 人，计划生育特别扶助申报 113 人，独生子女保健费申报 175 户。

农场除按照国家计划生育的方针政策开展工作外，还积极组织职工参加相关的知识竞赛和业务培训。2000 年，农场计划生育委员会、计生协会组织全场 370 名干部职工参加云南省卫生厅、妇女联合会、总工会、计划生育委员会组织的"妇幼健康知识竞赛活动"，农场有 10 位职工分别获得二等奖或三等奖，农场计划生育委员会获"优秀组织奖"。2001年，农场为提高全场计生干部的业务水平，选送 19 名分场级计生干事参加农垦干校举办的计划生育业务培训班。2004 年，农场计划生育委员会与商贸运输中心组织街面 62 户流动人口家庭举办《流动人口计划生育管理规定》培训班，同时查验《流动人口婚育证明》，还对 62 户家庭发放计划生育知识宣传单。同年，农场计划生育委员会与农场医院在各分场组织开展"计划生育法律法规、生殖健康保健、知情避孕选择"知识讲座。2005 年，组织 12 名分场级计生干事参加分局举办的"垦区计划生育干部业务培训班"。2007 年，农场选送 4 名农场和分场级计生干事参加西双版纳州计划生育委员会举办的"计划生育干部政策法规和业务知识培训班"学习。同年，开展"女职工保健知识讲座"及"婚姻家庭知识讲座"10场次受训人员达1200人次。2012年，东风农场计划生育办公室开展《云南省流动人口计划生育工作规定》学习培训。2019年，邀请景洪市中医院妇产科专家和农场计划生育专干共同授课，开展计生工作培训，组织计划生育宣传员召开月例会，对全员人口系统及云岭先锋业务办理进行培训。经过多年的努力，农场计划生育工作多次受到国家、省、州、市级的表彰和奖励。

第二节　民　　族

农场是一个由多民族组成的大家庭，除汉族外，有20个兄弟民族。人员来自五湖四海，彼此亲密无间，和睦相处，相互尊重民族习俗，并已互相进行通婚。

随着农场的发展，人口增加，兄弟民族也随着增多。1963年仅有少数民族工人263人，1965年在勐海县及本地招收少数民族青年100人，后逐年增多。1982年全国人口普查时，少数民族人口增至2771人，占总人口的15.95％。其中蒙古族9人，回族35人，苗族26人，彝族1012人，壮族49人，布依族7人，满族5人，瑶族14人，白族185人，哈尼族790人，傣族350人，傈僳族34人，佤族38人，拉祜族159人，景颇族16人，土族5人，布朗族14人，普米族7人，基诺族2人，其他未识别的民族14人。

1990年全国人口普查时统计，农场少数民族人口为4492人，占总人口的20.50％。2000年全国第五次人口普查统计，农场少数民族人口为4649人，占全场总人口的20.96％。

2007年，据勐龙、小街边防派出所提供数据，勐龙镇总人口70598人（含农场少数民族人口）。其他少数民族还有基诺族83人，白族21人，蒙古族23人，壮族6人，苗族9人，回族10人，彝族486人，汉族1667人，农场职工中有当地少数民族319人。

2006—2020年东风农场辖区内少数民族人口情况见表7-1-2。

表7-1-2　2006—2020年东风农场辖区内少数民族人口情况一览

年份	2006	2007	2008	2009	2010	2011	2012	2013	2014	2015	2016	2017	2018	2019	2020
少数民族人数（人）	3187	3268	3137	3299	3366	3468	4454	4397	4392	4597	4557	4489	4595	4676	4877

第三节　职　　工

农场职工来源于转业军官、复员退伍军人、下放干部、湖南支边人员、城市知识（支边）青年、招收的农村青年、分配的职工子女、部分职工家属人员和自流人员。职工子女是农场 80 年代职工队伍的主要来源。

1958 年，原东风、前哨、大勐龙 3 个农场来自不同岗位的 1527 人，构成了东风农场（总场）初创时的职工队伍。年内部分人员调离，年末职工总数 1429 人。

1959 年，东风农场调出转业军官 202 人，前哨农场和大勐龙农场的下放干部除留场的 10 余人外，全都调回原单位。同时，从外单位调入 71 人（东风农场 47 人、前哨农场 24 人），安置退伍军人 64 人（东风农场 24 人、大勐龙农场 40 人），由思茅、景谷、景东、澜沧等地农村招收青年 374 人（东风农场 140 人、前哨农场 119 人、大勐龙农场 115 人）。3 个农场年末职工人数为 1737 人。

1960—1962 年，安置湖南支边工人 1958 人（东风农场 1357 人、大勐龙农场 601 人），退伍军人 437 人（东风农场 341 人、大勐龙农场 96 人），昆明知识青年 234 人（东风农场 198 人、大勐龙农场 36 人）。

1963—1966 年，先后安置退伍军人 146 人、昆明知识青年 110 人、重庆支边青年 516 人、景谷农村青年 556 人、勐海县及当地民族 50 人，1966 年末职工总数达 5021 人。

1968 年始，大批城市支边（知识）青年来场，至 1971 年，共接收 13522 人。其中北京市 1525 人、上海市 6598 人、上海县 1339 人、重庆市 2938 人、昆明市 1122 人。年末，职工增至 18402 人。

1966 年，调思茅地区各县 158 人；1970 年 12 月，调勐腊总场近 100 人；1972—1978 年，调出知青 3289 人；1975 年 5 月，从勐养农场四分场（关坪）调入 607 人。

1979 年由于知青回城[①]，职工总数下降到 7643 人。此时，农场劳动力紧缺，许多生产岗位无人，为保证生产正常进行，吸收职工亲友 2887 人作为合同工参加劳动，至 1980 年增至 3023 人。1981 年 9 月 25 日，云南省人民政府以 268 号文批准，从合同工中吸收 2600 人为农场工人，解决粮食户口关系。但农场割胶面积逐年增大，劳动力仍然不足，1982—1994 年，仍吸收部分临时工、合同工参加劳动。

1983 年，企业整顿，职工总数 10177 人。1987 年，职工总数 10982 人，有男职工 5631 人、女职工 5351 人。其中，生产工人 7694 人，管理人员 1165 人，服务性人员 1637 人。

农场自 1968 年起，开始分配职工子女就业，至 1987 年共分配 3055 人，其中 1980—1987 年分配 1531 人，1988—1993 年陆续安排 2285 人，1994 年后没有再安排职工子女

---

① 1979 年，知（支）青大批回城，至 1983 年末累计迁出 14071 人，留在农场的仅剩 311 人，到 1987 年末仅剩 185 人，至 2007 年底不满 100 人。

就业。

政企分开后，农场职工大幅度减少。1992 年，全场总职工人数达 13543 人，农场全面推行橡胶林木职工家庭承包经营之后，到 2001 年全场职工减少到 6719 人，2003 年 6667 人，2005 年、2006 年又继续下降，至 2007 年底全场在岗职工 5020 人、专业技术人员 737 人。其中高级职称 14 人、中级职称 186 人。

2011 年，东风农场管理委员会通过推行全员家庭承包，有效扩大就业范围，基本实现全员就业，新增就业 5063 人。新吸纳就业人员包括职工子女、农场下岗职工、退伍军人、户籍在农场的其他人员。

2013 年，从业人数达到 15058 人，其中承包国有橡胶资源 11877 人，第二产业从业人员 118 人，第三产业从业人员 3063 人。全场在册职工 5183 人，其中在岗职工 4502 人，内部退养 681 人；离退休人员 5476 人，其中退休工人 5445 人，离休干部 31 人；参公参事人员 162 人，其中参公管理 50 人，参事管理 112 人。

2006—2020 年东风农场职工情况见表 7-1-3。

表 7-1-3　2006—2020 年东风农场职工情况

单位：人

项目	2006 年	2007 年	2008 年	2009 年	2010 年	2011 年	2012 年	2013 年	2014 年	2015 年	2016 年	2017 年	2018 年	2019 年	2020 年
从业人数	5209	5020	4940	4858	4491	11908	12276	12300	12270	12329	12064	11670	11577	11433	11099
在岗职工人数	5209	5020	4940	4858	4491	4755	4564	4967	4779	4021	4076	3806	3544	3210	3052
非公经济从业人数	7850	7852	7748	6802	7039	7342	3031	3849	4026	4782	4004	2395	2629	2590	2693
离退休、退职人员人数	4080	4355	4224	4716	4880	4927	4957	6431	5637	5666	5859	5992	6392	6565	6703
离休人员	44	43	42	39	35	35	34	32	30	24	17	15	15	14	12
退休人员	4036	4286	4181	4657	4825	4890	4903	6421	5607	5509	5842	5963	6373	6526	6605

第二章 社会保障

第一节 劳动保障

一、机构设置

建场初期，东风、前哨、大勐龙3个农场均未设立劳动管理专职部门，劳动力的调配和人事调动由各场的行政办公室负责，工资和劳保由各场的生产（财务）办公室管理。

1963年东风总场成立，场部设人事保卫科，有科长1人，人事干事和保卫干事各1人。全场的劳动人事管理由人事保卫科负责，但工资和劳保仍分属于总场计财科管理。东风总场下设疆锋、前哨、风光、东林、温泉、农泉6个农场，各场的劳动人事管理由行政办公室负责，工资和劳保由财务办公室管理。

1970年东风总场改编为云南生产建设兵团一师二团，下设15个营和1个团直单位。各营的劳动管理由军务参谋负责，工资和劳保由财务办公室管理。团司令部有军务参谋2人负责全团的劳动人事管理。团后勤处负责全团的工资和劳保管理。

1974年恢复农场体制，场部设计财科，兼管工资和劳保。全场的劳动人事管理由场行政办公室负责，有专职行政干事1～2人办理劳动管理事务。15个分场和场直单位均设有1名行政干事负责劳动人事管理。工资和劳保由分场财务办公室管理。

1978年，农场设立劳动工资科，有科长1人、干事2人。各分场也相应设人事干事1人，负责办理职工的招收录用、调配、调资、退休及劳保用品管理等工作。

1983年企业整顿后，劳资科有副科长、劳资员各2人，负责劳动工资管理。各分场级单位的人事干事改称劳资员。1984年与经管科合并，设分管劳资的副科长、劳资员各1人。1987年，全场共有劳资员20人。

1988年3月，劳资科与经管科分离，设立东风农场劳动人事科，属农场劳动工资管理职能部门，设科长1人、干事3人，负责全场的劳动、工资、保险福利、劳动保护等工作。各分场级单位均设有行政（劳资）办公室，分别设行政人事干事1人，全场共有行政人事干事（劳资员）26人。

1989年1月，农场老干部科并入劳动人事科，设科长1人、副科长1人、干事4人，将全场老干部工作纳入一起管理。

1995年1月，农场成立社会保险办公室，与劳动人事科合署办公，负责全场社会保险工作的开展。

1997年2月，成立国营东风农场离退休管理委员会办公室，与国营东风农场社会保险办公室合署办公，同时与劳动人事科分离，设主任1人、副主任1人、干事3人，负责全场的社会保险、离退休待遇、老体协工作及日常工作管理。

1999年4月，将农场安全生产委员会办公室并入农场劳动人事科，设科长1人、干事2人，负责全场的劳动、工资、保险福利、劳动保护、安全生产管理。

2001年6月13日，成立国营东风农场职工医疗保险制度改革领导小组及办公室，正式开展农场职工医疗保险制度改革工作。医疗保险办公室设在劳动人事科，设专、兼职主任、副主任各1人，干事3人，负责农场职工医疗保险制度改革文件的草拟及相关工作。

2004年3月，根据云南农垦集团公司政企分开改革的有关要求，按集团公司的机构设置，结合农场的具体情况，将劳动人事科、社会保险办公室、医疗保险办公室、安全生产合并为国营东风农场劳动社会保障科，设科长、副科长各1人（2006年7月增设副科长1人）、干事6人，负责全场的劳动、工资、保险福利、劳动保护、安全生产、职工养老保险、离退休待遇调整和核发、职工医疗保险、城镇居民最低生活保障管理。

2011年属地管理后，设人力资源和社会保障所，围绕农场"老有所养、病有所医、学有所教、住有所居、业有所从、困有所济、劳有所得"的目标任务，开展各项工作，促进农场管理委员会各项改革工作，实现农场经济社会科学发展、跨越发展、和谐发展。

二、劳动报酬

建场初期，下放干部和转业军官均按原工资级别发放工资。1959年，取消转业军官军龄补贴，改套地方行政干部工资级别。

1958—1959年，云南省农垦总局以每人每月28元的标准拨给农场工资款，转业军官工资的差额部分由部队从国防费中拨出补足，下放干部工资的差额部分由原单位补足。

1960年以后，农场全部工资均由云南省农垦总局拨款。农工统一按云南省农垦总局制定的工资标准定级。

1963年，实行"基本工资加奖励"制度。基本工资按工时和定额核定，提取工资总额的 2%为超额完成任务的奖金。

1966 年，在二分场（温泉农场）进行农垦经营管理改革试点，工资总额不动，实行定额记分，按分付酬。同年 5 月 16 日向全场颁发《东风农场贯彻十六条实施细则》，正式执行。

"文革"开始后，停止评分计酬，恢复等级工资制。

1979 年，农场实行"六定一奖"生产责任制。以工定产、以产核工、超产受奖。1980 年，在"六定一奖"的基础上，实行"一专四定一奖赔"的劳动报酬制度，超产有奖，完不成任务按比例扣赔。

1983 年，农场贯彻联产承包责任制，实行联产计酬。

1984 年兴办职工家庭农场，保留职工档案工资级别作为调资、调动和离退休时执行有关规定的依据。劳动报酬采用各种承包经济责任制、岗位责任制和计时计件制等多种分配形式。

1985 年，农场按照中央文件进行工资改革，将原有的 20 多种级别统一成企业工人 15 个级别、企业干部 17 个级别的新工资标准。场内中小学教师和卫生技术人员，执行文教卫生事业单位的结构工资标准。

1994 年，根据《关于深化企业工资改革适当解决部分企业工资问题的意见的通知》文件，实行岗位技能工资制。

1999 年 9 月，根据西双版纳农垦分局关于调整理顺岗位技能工资有关指示精神，制订《调整岗位技能工资实施方案》和《调整岗位技能工资实施细则》，将企业内文教卫生原执行事业结构工资的人员统一改为企业工资，符合条件的正式职工也按此调整。

2003 年，农场制订《国营东风农场岗位绩效工资制实施方案》后，一直延续实行同工同酬、岗变薪变、绩效考核的动态工资管理办法，分别采用计时工资、计件工资、岗位承包、效益浮动等工资支付形式。

2021 年，依据《劳动合同法》逐步建立以劳动合同制为核心的市场化用工制度，根据产业特点和经营方式，制定灵活多元的劳动用工、薪酬待遇制度，保障用工人员能进能出。在用工方式上，采取劳动合同、资源承包、租赁经营、劳务派遣等多种方式。

2006—2020 年东风农场劳动收入基本情况见表 7-2-1。

表7-2-1 2006—2020年东风农场劳动收入基本情况一览

项目		2006年	2007年	2008年	2009年	2010年	2011年	2012年	2013年	2014年	2015年	2016年	2017年	2018年	2019年	2020年
垦区劳动者	人数（人）										13682	13616	13440	13575	13196	12830
	收入（万元）										20576.54	19233.78	18239.97	18583.30	18760.38	21588.61
从业人员	人数（人）	5209	5020	4940	4858	4491	11908	12276	12300	12270	12329	12064	11670	11577	11433	11099
	收入（万元）	6416.72	6140.64	5131.56	5249.04	5233.41	11189.10	9895.70	93527	7653.40	7198.54	15601.61	13657.95	13350.07	14053.09	17064.81
在岗职工	人数（人）	5209	5020	4940	4858	4491	4755	4564	4967	4779	659	310	348	498	232	295
	收入（万元）	6416.72	6140.64	5131.56	5249.04	5233.41	4751.40	6406.70	5244.70	4659.90	987.54	1464.83	2067.89	2350.76	1809.68	4637.74
职工承包岗位人员	人数（人）										3918	3766	3458	3046	2978	2757
	收入（万元）										2698	5027.15	4257.14	3509.09	3936.21	3781.37
劳务派遣人员	人数（人）							0	18	137	0	0	0	0	0	0
	收入（万元）							0	0	39	0	0	0	0	0	0
非职工承包岗位人员	人数（人）						7153	7712	7315	7354	7752	7486	7838	7825	7927	7520
	收入（万元）						6437.70	3489	4108	2954.50	3513	8342.53	7268.58	7112	7724.76	7781.16
其他从业人员	人数（人）	0	0	0	0	0					0	502	26	208	296	527
	收入（万元）	0	0	0	0	0					0	767.10	64.34	378.22	582.44	864.54
离开单位仍保留劳动关系职工	人数（人）	1593	1445	1258	1194	1072	1249	388	658	487	326	199	249	101	69	51
	收入（万元）	581.17	544.14	470.85	961.13	519.45	1170.90	440.50	918.30	689.30	530.30	341.69	266.50	135.01	124.99	89.22

三、职工福利

历年来，农场根据上级规定，随工资给符合条件的职工按月发放粮价补贴、物价补贴、回族职工伙食补助、浮动工资和边疆职工生活补贴。

1979年，农场开始在每年4—9月高温期间每月给每个职工发放2～3元的防暑降温补贴，1985年，每人每月防暑降温补贴增至6元。

1986年，开始按月发放职工洗理费和干部岗位津贴。

1994年，工资制度改革，对原执行的大部分津、补贴转换成基本工资，包含边疆补贴、降温费、水电费补贴、女工卫生费、学历职称浮动、割胶林管补贴、其他特殊津贴等。场龄浮动工资、管理人员职务补贴、月奖金等被取消。

1958—1980年，农场按照《劳动部对于制定国务院关于工人、职员回家探亲的假期和工资待遇的暂行规定实施细则中若干问题的意见》给符合规定条件的职工享受探亲假待遇。1981年起，农场每年给予探望配偶的职工一次为期30天的探亲假，原则上给子女探望父母的未婚职工每年一次为期20天的探亲假。本场已婚职工探望父母的，每4年给假一次，假期为20天。

2011年属地管理后，农场在职职工参照公务员、事业编制管理，按规定享有相应的福利待遇。

农场职工除享有规定的福利外，农场还不定期选拔连续三年被评为优秀的职工到省内外疗养。1989年、1990年、1992—1994年，工会先后组织了5批职工到云南农垦太湖疗养院疗养。疗养条件为连续三年的优秀胶工、优秀林管工、先进工作者、优秀党员、双文明积极分子、离休干部、中级职称人员、50岁以上分场领导和1958年转业干部，人数分别为63人、32人、21人、77人、65人，共258人。1995年3月和7月，工会组织两批人员分别到北京、杭州、苏州、上海等地疗养，疗养时间20天，共42人，其中连续三年的优秀胶工25人、双文明积极分子8人、优秀党员4人、中级职称3人、分场领导2人。1996年4月和10月，工会组织两批人员分别到北京、杭州、苏州、上海等地疗养，疗养时间20天，共33人，其中连续三年的优秀胶工12人、优秀党员和双文明积极分子12人、中级职称2人，分场领导7人。2007年11月，三分场一队胶工蒋文兰参加云南省总工会组织的"云岭优秀职工"疗养。

四、职工生活

建场初期和中期均处在创业阶段，物资匮乏，生活十分艰苦。党的十一届三中全会以后，落实各项政策，有了蓬勃稳定的发展，职工生活状况发生巨大变化。

建场初期（1958—1960 年）系国民经济困难时期，3 个农场部、17 个生产队设 20 个食堂。至 1960 年底合并为 2 个农场部，46 个生产队，设 48 个食堂，均集体开伙，就地取材，以竹筒蒸饭，粮食不足（玉米占口粮 30%）时采竹笋、野苋菜作为辅助主粮，蔬菜数量不多且品种有限，肉油紧张。1960 年只有公养猪产肉 2594 千克，按总人口 5396 人计，平均每人全年仅 0.48 千克。1960 年 4 月农场发出"一手抓生产，一手抓生活"的号召。1961 年按照思茅地委书记彭铭川关于"做到粮食、蔬菜、肉油、水果等七个自给"的指示，农场开展"五好食堂"活动。同时，农场贯彻思茅地委提出的"开展职工家庭副业生产，每户职工可种 0.2 亩自用地，有家属老人的可养猪 1～2 头，实行吃卖各半（卖给食堂）制度，食堂服务性人员按 4.5% 配备，职工吃菜不收费"，后勤生产有较大发展，生活得到明显改善。到 1966 年底，生猪存栏已达 3570 头（含公养、集体和私养），产肉 67665 千克，油料总产量为 56580 千克，家禽业也可提供少部分产品。

"文革"中，职工家庭副业生产受到批判限制，家属养禽限制在 5～10 只，畜牧生产水平下降。

1978 年底至 1979 年初，知青回城，全场生产队大多数生产队食堂停伙。

1979 年 7 月，农场发出《关于开展职工家庭副业生产的有关规定》，允许职工在完成岗位任务的前提下，家庭养猪种菜，饲养家禽，自食有余可以上市，号召"国养、集体养、私养一齐上"，全场职工家庭副业生产迅速恢复和发展起来。1983 年底，按总人口计，人均年食肉达 15.2 千克，私养家禽达到 26959 只。除自给有余外，还支援兄弟农场和地方有关单位。

鉴于大批知青回城后职工骤减，大部分生产队食堂停火。1982 年 8 月底，农场党委召开扩大会议专题研究恢复和办好职工食堂问题，并做出 17 条决议。1985 年 10 月，农场党委又下发"加强办好职工食堂的通知"，对后勤人员比例等有关问题做了明确规定。此后，各单位职工食堂逐步转向服务型，同时，职工家庭副业生产得到持续发展，至 1986 年底止，全场国家、集体、职工家庭养猪年末存栏 14499 头（职工人均 1.4 头），年产猪肉 25.5 万千克，家禽自给有余，大量上市。

1990 年 2 月 20 日，为了办好职工食堂，改善职工生活，保障全场各项生产工作顺利开展，切实解决职工群众的后顾之忧，农场下发《关于切实办好职工食堂，改善职工生活的通知》，提出了 6 条措施之后，各单位相继恢复了职工食堂。职工食堂一直延续到 2003 年政企分开。

2013 年 5 月 2 日，为方便职工用餐，东风农场机关食堂重新启用。食堂占地面积 300 平方米，可容纳 200 人就餐，就餐人员按月交纳固定伙食费，同时餐厅也用于会议和内外接待用餐，可节省接待费用，后因效果不佳，转为对外承包。

至 2020 年，职工群众的居住、出行、就学、就业、就医、养老等问题逐年得到落实，职工生活需求得到进一步满足，全场 158 个生产队全部实现通水、通电、通路、通网络、通电视。通过争取国家政策和资金，新建经济适用房、公租房、廉租房累计达 4000 多套，不仅满足了本场 70% 的职工到城镇集中居住，还吸引了很多村寨和外籍人员来农场定居。从 20 世纪五、六十年代的茅草房，七、八十年代的砖瓦房，九十年代的平顶房，到现在的楼房和别墅；从最初靠"两条腿"走路，到自行车、拖拉机、摩托车，再到现在的私家车；从最初的土井取水，到现在的自来水；数字电视、智能手机、智能电脑走进了普通职工家庭，职工群众文化生活丰富多彩，获得感、归属感和幸福感明显增强。

五、最低生活保障

农场牢记"以民为本，为民解困，为民服务"宗旨，贯彻落实党的方针、政策和国家关于民政政策的指示精神，保障城乡困难群众的基本生活，为维护社会稳定起到一定积极作用。

1998 年 12 月 20 日，农场提高有户口的长期临时工生活补助费。凡 1971 年 12 月 1 日至 1998 年 12 月 31 日期间经农场批准在农场长期顶班劳动，现仍居住农场靠子女或亲属生活的有户口的长期临时工，男满 60 周岁、女满 50 周岁的均可享受固定生活补助费。

1999 年 1 月 30 日，农场出台《关于鼓励职工分流与发展个体私营经济的试行办法》。其中对富余职工（三级管理人员）分流在原职务上任期满 3 年、6 年、9 年、12 年及其以上者都做出相应规定。三级管理人员办理 6 年以上停薪留职手续的，按其对应的工资标准，前 3 年分别按 100%、80%、60% 递减发放生活补助费，第 4 年起不再发放生活补助费。

2001 年，根据《云南省城市居民最低生活保障办法》相关规定，按照当地政府（民政部门）的具体要求，农场开始实施城市居民最低生活保障措施，按照个人申请、分场初审、在本单位公示、报经农场审核的程序，每季一次上报景洪市民政局审批后，低保按时发放到"低保户"手中。

2012 年 9 月 27 日，国务院召开全国加强和改进最低生活保障工作电视电话会议。农场根据省、州、市相关文件及部署，以保障和改善民生为主题，将所有符合低保条件的职工群众纳入保障范围，提高工作透明程度，增强制度执行力度，努力构建标准科学、对象准确、待遇公正、进出有序的低保工作格局。2012 年，发放长期临时工生活补助 83200 元，遗属生活困难补贴 104340 元，发放 460 名特困人员低保金、两补费及慰问费 157.29 万元。

2015 年，规范城乡低保工作机制，城乡新申请家庭按《景洪市城乡居民救助申请家庭经济状况核对办法（试行）》执行，按市级 30%，乡镇、街道办、农场 100% 的核查率到村入户调查核实，对拟符合条件的救助对象逐级进行民主评议、张榜公示后，将材料上传录入核对信息系统，由居民家庭经济状况核对中心出具核对报告，最后由社会救助股审批，确保一个环节不少，一个程序不漏，工作流程公开、公正、透明。对已纳入低保范围的救助对象，按照每年随机入户抽查，不断加强管理服务，定期跟踪低保对象家庭变化情况，切实形成低保对象有进有出、补助水平有升有降的动态管理机制。对保障对象的家庭成员、收入情况、保障金额等实行长期公示，实现"应保尽保、分类施保、超标退保、死亡清保、依法治保"。建立健全各项制度，明确规范申请、评议、公示、审核、审批等环节，及时受理困难群众的低保申请，建立完整低保对象档案，强化痕迹管理。把低保工作作为政务公开和村务公开的重要内容，公开保障标准、审批程序和补差金额，主动接受社会监督和群众监督，为低保工作的顺利开展创造良好的舆论氛围和社会环境。2015 年全场共有低保户 92 户，125 人，总保金额 54.9 万元；2016 年有低保户 101 户，141 人，总保金额 632970 元；2017 年有低保户 98 户，139 人，总保金额 498123 元；2018 年有低保户 86 户，124 人，总保金额 652680 元；2019 年有低保户 92 户，131 人，总保金额 712873 元；2020 年有低保户 102 户，143 人，总保金额 688361 元；均按时发放到低保户手中。

第二节　社会保险

全场执行国家劳动保险制度，全场职工均可按照一定的条件和标准，享受医疗、病假、死亡、伤残和探亲等福利待遇。女职工享受生育福利待遇。劳动模范和转业的战斗英雄等有特殊贡献的职工，享受优异保险待遇。

2006—2020 年东风农场保险福利基本情况见表 7-2-2。

表 7-2-2　2006—2020 年东风农场保险福利基本情况一览

单位：万元

项目	2006 年	2007 年	2008 年	2009 年	2010 年	2011 年	2012 年	2013 年	2014 年	2015 年	2016 年	2017 年	2018 年	2019 年	2020 年
从业人员主要保险福利费用	224.25	323.31	869.66	533.73	2111.05	4656.1	3507.5	5298.6	3882.5	2191.59	2056.72	3939.94	5388.82	3544.38	3297.22
社会保险费用					1669.35	3226.7	3354.1	5160.2	3643.6	1985.06	1780.82	3361.85	5020.06	2952.61	2613.69

（续）

项目	2006年	2007年	2008年	2009年	2010年	2011年	2012年	2013年	2014年	2015年	2016年	2017年	2018年	2019年	2020年
养老保险					1253.14	757.90	2576	2735.80	2572.10	465.60	682.33	2115.10	2935.53	1789.77	1580.09
医疗保险	224.25	126.05	243.13	326.48	376.92	2185.70	704.30	2415.90	1018.30	1407.52	988.90	952.58	1852.69	1153.80	1030.91
失业、工伤、生育保险					39.29	283.10	73.80	8.50	53.20	111.94	109.59	294.17	231.84	9.04	2.69
福利费用					52.23	1296.80	21.60	2.70	2.30	14.49	50.11	46.85	59.80	158.81	104.87
住房公积金		197.26	626.53	207.25	389.47	132.60	131.80	135.40	236.60	192.04	225.79	530.92	308.96	432.96	578.66
非货币性福利					0	0	0	0.30	0	0	0	0.32	0	0	0
单位支付社保外离退休人员费用	410.99	534.90	459.05	474.73		639.90	1565.50	566	969.70	628.89	652.12	667.42	419.17	466.92	780.27

一、养老

1989年9月，农场正式开展社会保险工作，成立社会保险委员会，配备专职业务工作人员。凡属劳动合同制工人从1985年1月开始缴纳（补缴）养老保险费，同时建立劳动合同制工人退休养老保险金台账和手册。临时工按劳动合同制工人办法和标准缴纳养老金。1989年参保人数3740人，1990年达到15369人。

1993年，根据《国务院关于企业职工养老保险制度改革的决定》和云政发文件及相关规定，凡属企业职工（包括固定工、合同制工人、计划内长期临时工）都必须参加职工养老保险，实行个人缴费，全省统一按职工本人工资总额的2%缴纳费用。但为简便手续，利于记账和管理，暂按绝对数金额收缴。全年参保人数14852人。

1995年10月，根据云南省人民政府关于《云南省城镇企业职工养老保险暂行办法》和云劳文件规定，农场按规定从1995年10月1日起为参加基本养老保险的每个职工建立一个基本养老保险个人账户。企业缴纳基本养老保险费的统筹率为本企业职工工资总额的21%，个人缴费工资基数为上一年度月平均工资的3%。参保人数14243人。

1996年4月，农场缴纳基本养老保险费的统筹率调整为本企业职工工资总额的25%，个人缴费工资基数为上一年度月平均工资的4%，合计29%。

1998年4月1日起，实行省级统筹，同时调整缴纳标准，农场缴纳基本养老保险费的统筹率为本企业职工工资总额的29%，个人缴费工资基数为上一年度月平均工资的4%，合计33%。1999年10月，个人缴费工资基数调整为上一年度月平均工资的5%，合计为34%。个体经济组织及雇员、城镇自谋职业者缴费基数按18%缴纳。

2000年，缴费标准调整为农垦企业用人单位按本企业职工工资总额的33%缴纳，个人按本人上一年度月平均工资的 5％缴纳，合计为 38％。参保人数 14123 人。

2002 年，缴费标准调整为农垦企业用人单位按本企业职工工资总额的 26％缴纳，个人按本人上一年度月平均工资的 7％缴纳，合计为 38％。个体经济组织及雇员、城镇自谋职业者缴费基数按 18％缴纳。

2003 年，缴费标准调整为农垦企业用人单位农业一线职工按本企业职工工资总额的 10％缴纳，非农业一线职工按本企业职工工资总额的 20％缴纳，个人按本人上一年度月平均工资的 8％缴纳。参保人数 12492 人，至 2007 年参保人数 10852 人。

2011 年属地管理后，全面落实职工"五险"政策，并在东风农场开展景洪市城镇居民养老保险试点工作，通过开展政策宣传、任务分解等措施使城镇居民进一步了解缴纳养老保险是国家一项民生工程，体现老有所养、发展成果共享的一项有效措施。

2013 年后，由景洪市养老保险基金管理中心工作人员对年内达到退休条件职工档案进行审核，每月将职工退休信息及时反馈给医保中心，审核批准后退休的职工从次月起即可领取退休工资并享受相应医疗报销比例，而农场也不用再缴纳退休职工在档案待审及退休工资待遇表未下发期间的医疗保险费，每年可节省 20 余万元。

2014 年 10 月，机关事业单位养老保险和职业年金制度正式实施，农场所有参公参事人员纳入事业单位的养老保险改革制度范围内，实现全员参保。

2018 年，全场参加养老保险职工总数 3596 人，全年应收缴养老保险 4099.89 万元，受干胶市场低迷、雨水偏多等因素影响，承包户收入锐减，职工养老保险收缴困难，实际上缴地税养老保险 2868.55 万元。

2020 年，全场参加养老保险职工总数 2814 人，应收缴养老保险 946.61 万元，实际收缴 866.95 万元，完成 91.58％，当期欠缴 79.66 万元，历年欠费实际收缴 906.62 万元。自 2003 年起执行全省统一的城镇企业职工基本养老保险办法，随着缴费基数逐年提高，导致职工缴费金额在职工的实际收入中占比过大，降低了职工缴费的积极性。承包经营后，因产胶量逐年递减、干胶价格持续下滑、自然灾害频发等原因，承包人普遍收入降低，农场职工、承包户参保缴费压力增大，导致欠费金额越积越多。农场针对这些情况采取了一系列的应对措施：一是邀请专业人员进行政策法规培训；二是加强宣传引导，工作人员深入生产队、居民组进行宣传培训；三是及时下达催缴通知书并对收缴情况进行公示、公告；四是多种方式收取，交清当年资源承包费、医疗保险金个人部分，可正常享受医疗保险待遇；个人全额缴纳 12％医疗保险金，可正常享受医疗保险待遇，其中 10％可冲抵当年资源承包费。

2016 年，开始在全场范围内开展城乡居民养老保险工作，城乡居民养老保险基金由个人缴费、集体补助、政府补贴构成。年满 16 周岁（不含在校学生）的非国家机关和事业单位工作人员及不属于职工基本养老保险制度覆盖范围的城乡居民，可以在户籍地参加城乡居民养老保险。农场管理委员会召开城乡居民养老保险的动员会将指标分解到各个生产队，2016—2020 年均提前或超额完成上级下达的任务指标，分别为 1393 人、1234 人、1377 人、1810 人、1759 人，截至 2020 年，城乡居民养老保险参保续保人数达 7573 人。

二、医疗

农场最初执行劳保医疗制度，职工就医时除自己负担挂号费和自费营养滋补药品费用外，其他医疗费用由农场负担。常住农场已落户的职工供养直系亲属享受半费医疗补助待遇。办理独生子女证的享受公费医疗。

农场职工享受劳动保险规定的病假待遇。职工连续病休在 6 个月以内的，按其连续工龄的长短，发给本人标准工资的 60%～100% 作为病假工资；连续病休满 6 个月以后，改发本人标准工资的 40%～60% 作为疾病救济费。1985 年农场兴办职工家庭农场后，执行本场的病假补贴规定。承包农、林、牧、渔生产任务的职工，短期病假生活费自理，不减任务及基本报酬；连续病假在 15 天以上，经领导批准的，第 6～15 天每天补贴 0.5 元；第 16 天至第 2 月末每天补贴 1 元；第 3～4 月每天补贴 1.10 元；第 5～6 月每天补贴 1.20 元。连续病假半年以上，执行劳动保险规定的疾病救济费条款。

1984 年，曾在场内部分单位试行医疗费个人包干使用，1986 年停止试行。

1992 年 10 月 15 日，农场出台《国营东风农场职工医疗费用制度改革试行规定》，对职工享受公费医疗的范围、医疗经费的来源及开支范围、享受公费医疗人员自负药费规定等做出明确规定。

2001 年 6 月 13 日，成立国营东风农场职工医疗保险制度改革领导小组及办公室，正式开展农场职工医疗保险制度改革工作。

2002 年 1 月，根据《西双版纳傣族自治州城镇职工医疗保险实施办法（试行）》及有关文件规定，制定《国营东风农场职工医疗保险实施暂行办法》《国营东风农场职工医疗保险定点医疗机构及医疗管理暂行规定》，对基本医疗保险和大病补充医疗保险的缴费标准、个人账户管理、医疗保险待遇、定点医疗机构管理、费用结算等均做出规定。

凡与东风农场签订劳动合同并在合同有效期内的在册在岗职工和退休人员均在参保范围内。由景洪市医保中心委托管理，根据统一制度、统一政策、分级运作、自求平衡的管理办法，逐步过渡为统收统支、统一调剂的州级统筹。

用人单位按上年度在职职工档案工资总额和退休金总额的 8% 缴纳基本医疗保险费；职工个人按上年度本人档案工资的 2% 缴纳基本医疗保险费；退休人员不缴费。参保人员缴纳的基本医疗保险费全部记入个人账户，用人单位缴纳的基本医疗保险费分为两部分，其中一部分用于建立统筹基金，一部分划入个人账户。在职职工 35 岁以下（含 35 岁）的记入 20%，36～45 岁的记入 25%，46 岁以上的记入 35%。退休人员记入 50%（记入基数按上年度本人月平均退休金的 8%）。

参保人员住院就医发生的医疗费用参照统筹基金支付的起点线，起点线以下的由个人负担，起点线以上的按规定比例从统筹基金中支付。基本医疗保险统筹基金的年累计最高支付限额为 3 万元。

在实施过程中，根据参保人员反映的具体问题，每年对住院起付标准、特殊疾病和慢性病的门诊费报销、住院医疗费的结算等问题提交农场职代会进行修改补充。

至 2002 年底，隶属农场各单位及与农场签订劳动合同并在合同有效期内的在册、在岗职工和退休人员均参加了医保，共 13864 人。职工基本医疗保险费由用人单位和职工双方共同缴纳，并建立基本医疗保险统筹基金和个人账户，实施统一管理。与上年相比，节约医疗经费 261 万元，离退休人员减少医疗经费开支 11 万元。

2008 年，在职职工参加医疗保险达到 100%。

2011 年属地管理后，医疗保险移交景洪市医保中心 6472 人，其中在职职工 5988 人、退休职工 480 人、灵活就业 660 人、参公参事 165 人、农场医院 258 人，医疗保险缴费总额 1756.67 万元，缴费率 100%。

2016 年，全场共有 9943 人纳入职工医疗保险系统，其中在职职工 4246 人、退休职工 5697 人，实现全员参保。

2018 年，全场医疗保险参保人数 9723 人，其中在职职工 3596 人、退休职人 6127 人，全年应缴医疗保险金 2141.49 万元，因财政吃紧，企业部分医疗保险只缴纳了 585.36 万元，个人部分 100% 缴纳，基本保障了职工群众的正常开卡看病。

2020 年，全年应缴医疗保险金 1406.49 万元，其中企业承担 1204.50 万元，个人缴纳 201.99 万元，因财政空前入不敷出，全年只上缴了 1～9 月的医疗、生育保险 1152.02 万元，勉强维持医保工作运作。

自 2011 年在东风农场开展城镇居民医疗保险试点工作起，每年完成上级下达任务指标。2018 年，全场有 8875 人参加城乡居民医疗保险，基本实现场区内应保尽保，城镇居民医疗保险金全部收缴并全额上缴景洪市医保中心。2019 年，参加城乡居民医疗保险 100%。2020 年，参加城乡居民医疗保险 9269 人，实现辖区内全员覆盖，全场医保电子凭证实现激活 8703 人。

三、生育

农场建场后，女职工生育均按国家劳动保险制度规定，享受产假 56 天，双产、难产产假 70 天，小产 30 天，产假期间工资照发。

1988 年《女职工劳动保护规定》出台后，农场对生育独生子女的女工产假增至 90 天，达到晚婚晚育标准的另加产假 30 天。女工生育，丈夫可享护理假 3 天；生育独生子女的女工，丈夫可享护理假 7 天。

1994 年 12 月，劳动部颁发了《企业职工生育保险试行办法》，生育保险按属地原则组织，生育保险费用实行社会统筹。

2012 年，施行《女职工劳动保护特别规定》，女职工生育享受 98 天产假，其中产前可以休假 15 天；难产增加产假 15 天；生育多胞胎的，每多生育 1 个婴儿，增加产假 15 天。女职工怀孕未满 4 个月流产的，享受 15 天产假；怀孕满 4 个月流产的，享受 42 天产假。

2019 年，生育保险纳入职工基本医疗保险，两险合并后实现参保同步登记、基金合并运行、征缴管理一致、监督管理统一、经办服务一体化。生育保险待遇包括《中华人民共和国社会保险法》和相关政策规定的生育医疗费用和生育津贴，所需资金从职工基本医疗保险基金中支付。生育津贴支付的期限按照《女职工劳动保护特别规定》规定的产假期限执行。但由于农场财政吃紧，橡胶市场持续低迷，以及自然灾害频繁等因素的影响，再加上承包户收入低，职工医疗保险收缴异常困难，全场参加生育保险人数 3596 人，处于欠缴状态，考虑到农场 98% 的女性为超育龄妇女，由农场按照生育保险相关政策自行实施解决职工生育报账的问题，缓解农场缴费压力。

四、工伤

云南农垦对农业企业职工没有实行工伤保险。农场在册职工因工作发生事故导致伤亡的，且符合工伤保险政策规定者，农场均按照国家工伤保险政策有关规定给予享受工伤保险待遇。

职工负伤、残废均享受劳保条例规定的免费医疗、生活补助、救济等各项费用。工伤治疗期间工资照发；非因工负伤治疗期间按病假处理。医疗终结确定为完全丧失劳动能力的，按规定办理退休或退职。工（公）残后尚能工作的，由农场分配轻工作，工资低于残废前的部分，以补助费补足。

因公死亡的职工，按国家劳保条例规定付给丧葬费，有供养直系亲属的，农场按月发给抚恤费。因病或非因公死亡的职工，农场按劳保条例规定的标准一次发给丧葬费和供养直系亲属生活困难补助救济费。

自 2011 年，农场为职工全面落实"五险"政策后，职工工伤待遇由景洪市工伤保险机构按规定结算支付。首先由市工伤机构进行工伤认定，根据认定结果，市工伤保险机构再进行核算及支付医疗费用、伙食补助费用及一次性伤残补助金。2013 年，农场在册职工工伤保险参保人数达 5190 人。

2013 年，为贯彻落实省人社下发的文件，确保工伤职工伤残津贴和供养亲属提高的待遇标准及时调整兑现落实到位，保障工伤职工和供养亲属的基本生活水平，在全农场进行一次历年老工伤职工数据收集，最后整理出 12 位老工伤职工并上报给景洪市工伤生育管理科。2014 年，对老工伤职工一对一开展工作，从联系工伤指定公司到费用报销全程跟踪办理，为 3 人办理假肢安装，并将老工伤人员纳入工伤保险范畴。

2016 年有劳动合同职工 4246 人纳入国家工伤保险系统，农场每年按时缴清工伤保险费用。2018 年，全场工伤保险参保人数 3596 人，企业缴纳 113.27 万元。2019 年，参保人数 3153 人，企业缴纳 32.28 万元。2020 年受疫情影响，农场工伤保险受到政策减免，全年应缴纳 0.06 万元，已予全部上缴。

五、失业

工会采取不定期开展一些技能培训或选送部分失业人员外出学习的培训方式，改善农场失业职工再就业问题。2004 年，工会成立"困难职工帮扶中心"，制定《东风农场工会困难职工帮扶工作实施暂行办法》，帮助的对象包括下岗失业人员从事再就业，资金特别困难的，缓解一部分下岗失业人员再就业的压力。

2011 年后，全面落实职工"五险"政策，至 2020 年全场在册职工失业保险参保人数达 3011 人。由于实行应包尽包政策，农场已不存在失业的现象，同时职工收入连年下滑，导致失业保险收缴困难，造成较多欠费。

第三节　支农惠农

2007 年，为提高农场职工水产养殖技术，非公中心在农场工会的支持下，举办了首期水产养殖实用技术培训班，全场共有 50 余人参加了培训。同年，为认真贯彻中央农业优惠政策，非公中心为全场 165 户能繁母猪养殖户争取到 19600 元国家良种补贴，并在当年第一时间兑现到各养殖户手中。

2012年，中央支农惠农政策得到进一步落实，累计为群众办理小额贷款和"贷免扶补"276万元，争取农垦农机补贴资金19600元，购置各类农机49台，中央橡胶良种苗木基地建设项目470万元，扶持资金已全部落实到位。完成2011年种粮农民粮食补贴后续工作，补贴面积890.5亩，受益种植户272户。职工群众的社会保障问题得到进一步解决。

2013年，由云南省农垦总局核拨橡胶良种补贴资金110.73万元，用于补贴更新胶园苗木款，农场管理委员会按照《云南省农业厅、云南省财政厅、云南省农垦总局关于印发云南省2013—2015年天然橡胶良种补贴项目实施方案的通知》文件执行，2013—2015年，共更新胶园112611.9亩，补贴橡胶416193株。2016年天然橡胶良种补贴项目取消。

2015年，开始实施天然橡胶林业补贴试点示范项目，根据承包人胶园管理的现状，制定生产考核指标，对不达标的承包人取消享受补贴资格。2015—2016年共落实天然橡胶林业补贴面积21800亩，核拨项目资金266万元，其中2015年造林补贴面积2200亩，项目资金44万元；抚育补贴面积7000亩，项目资金70万元。2016年造林补贴面积2600亩，项目资金52万元；抚育补贴面积10000亩，项目资金100万元。

2016年，为认真贯彻落实中央、省、州、市各项强农惠农政策，加强促进垦区经济持续健康发展。东风农场开展强农惠农资金专项整治的自查工作，成立由管理委员会党委书记任组长、相关部门负责同志为成员的强农惠农资金专项整治工作领导小组，确保强农惠农专项资金足额用到每一个涉及民生的项目上。2014—2016年，全农场涉及强农惠农专项资金项目16个，包括一事一议财政奖补资金、农村税费改革转移支付资金、现代农业示范区建设、农垦天然橡胶基地建设、良种工程建设、农业科技创新能力条件建设、农垦公益性基础设施建设、危房改造及配套基础设施建设、道路建设、新农场建设等项目，到位总金额2597.66万元，已使用1149.5万元。通过查阅资料、核对账簿，各项直补资金指定了专人负责审核和管理，建立台账，根据核定的项目、金额、补助标准等有关资料，足额拨付到项目建设上。确保各项涉农资金安全、规范、高效使用，做到真正地惠及民生。通过开展专项整治，推进农场规范管理使用强农惠农资金，优化政策环境，建立健全本农场强农惠农资金使用监督的有效方式，进一步完善强农惠农政策体系，更好地推动农垦深化改革，加快农场各项产业发展和职工群众稳步增收。

2019年，利用"小额贷款"和"贷免扶补"政策鼓励有条件的农场职工子女、大学生积极参与，以一人致富带动一方创业的方式，扶持农场子女创业就业。

2020年，开展政策性养殖业保险，共有60户养殖户进行投保。其中能繁母猪投保

204 头，投保金额 3337.44 元；育肥猪投保 705 头，投保金额 5160.60 元。

为了让惠农政策家喻户晓，农场通过广播、网站、微信、发放宣传单等形式向职工群众开展政策普及活动，确保党和政府的各项强农惠农政策宣传到位、监督到位、落实到位，将政策的执行与操作公开化、透明化。同时，设立咨询和举报电话，自觉接受社会各界监督，及时受理职工群众来信来访，认真回答和落实职工群众的咨询和举报事项，对存在的问题及时研究整改，对核实的违规违纪行为进行严肃处理。

第四节　爱心互助

东风农场的职工大多数是由全国各地汇集而来，自建场开始就互帮互助，自上而下地形成了"奉献、团结、友爱、互助"的良好氛围，对场内的困难职工群众、因病因残致困的职工及职工子女开展献爱心活动，向受自然灾害影响的灾区人民主动奉献爱心，以涓涓细流温暖职工群众。2004 年 11 月，云南省总工会特为东风农场工会颁发"向困难劳模献爱心"荣誉证书。

1991 年，农场开展爱心助残捐款活动，全场共捐款 2.06 万元。

1996 年，农场成立教育基金会，号召全场职工为贫困学生捐资助学，全场职工个人捐款达 20 万元。

2003 年，开展寒窗助学捐款活动，全场共捐款 3.16 万元。

2004 年 8 月 8 日，工会为四分场四队割胶工普雄之女普美琪患白血病筹集治疗费发出倡议，号召全场职工家属共捐款 3.25 万元。

2007 年 2 月，东风农场组织干部职工向全国"爱心永恒"助残公益活动暨中华人民共和国第七届残疾人运动会捐款，全场干部职工 4807 人参加捐助活动，捐款 9.35 万元。所有捐款将按有关要求部分上交国家"爱心永恒"助残公益活动组委会，部分用于农场残疾人公益事业。

2008 年，东风片区橡胶树白粉病灾情严重，累计灾害面积达到 16 万多亩。全场 460 名管理干部开展捐款、献肥活动，共捐款 8.3 万元，购买化肥 932.58 吨。5 月 16 日，农场、分公司在东风广场举行向四川汶川地震灾区人民抗震捐款献爱心活动，全场干部职工以及在东风城镇的经商人员和建筑施工队人员参与捐款，共募集捐款 8.27 万元，其中吴劳兴捐款最多为 2 万元。5 月 29 日，全场 10300 名干部、职工、离退休人员和家属小孩等为灾区捐款 29.1 万元，全场 1893 名党员为灾区捐献特殊党费 7.7 万元，共计 36.8 万元。

2010 年 1 月 6 日，东风农场在景洪市委、市政府举办的"汇集爱心、点亮未来"捐资助学义演活动中捐款 5 万元。

2012 年 8 月 7 日，东风农场向景讷乡勐板村母子皆患肾衰竭且年仅 19 岁完全丧失劳动能力的姚进祥进行爱心捐助，全场 2865 名干部职工、青年团员和群众共计捐款 2 万元。

2013 年 4 月 29 日，农场残联倡议全场为残疾人公益事业捐款，17 个单位捐款 3.25 万元。5 月 30 日，在"节水抗旱·奉献爱心"捐款活动中，1100 余名爱心人士捐款 1.18 万元。

2014 年 8 月 20 日，东风农场发动党员群众 4753 人为鲁甸地震灾区捐款 7.34 万元。

2015 年，全场 4210 名党员干部为尼泊尔和我国西藏的地震灾区筹集善款 47823.4 元；为本场遭受冰雹灾害的职工群众争取救助金 28 万元、大米 5 吨，灾害保险 50 万元；开展"金秋助学"活动，为 45 名符合资助条件的学生发放助学金 5.2 万元；爱心互助 352 人，共 16.6 万元。

2016 年，组织党员职工开展捐资助贫、响应红十字会抗洪救灾捐款、为"10·2"特大洪灾捐资助困，合计 20.4 万元，其中"10·2"特大洪灾捐资助困 5132 人，捐款 9.55 万元。开展"金秋助学"活动，资助贫困学生 13 名，共 3.92 万元。

2017 年 6 月 8 日，东风农场管理委员会红十字会成立后，组织辖区各单位为景洪市受洪涝灾害的乡镇募捐，共计捐款 4.48 万元。2018 年，组织辖区开展爱心扶贫捐款活动，为贫困人群募捐善款 2.82 万元。2019 年，组织开展景洪市地中海贫血患儿筹款活动和支持全国红十字系统众筹扶贫大赛活动，共 336 人参与捐款，捐款 0.47 万元。2020 年，组织全场干部职工群众开展抗击新冠疫情线上募捐（微信扫码），共 2247 人次参与，募捐 6.4 万元。

2018 年 10 月 17 日，开展扶贫日捐款活动，共 104 人参与，捐款 7000 元。

2019 年疫情期间，全场党员累计捐款 8.98 万元。

2020 年 8 月，协助景洪市人民政府承办首届西双版纳景洪市首届东试早柚文化节，现场共拍卖得爱心善款 11.42 万元，用于资助贫困大学生。

农场党委为鼓励农场职工子女求学上进，每年对高考成绩优异的学生进行嘉奖，考取全省前 10 名者奖励 2 万元、全省前 20 名者奖励 1 万元、考取一本院校者奖励 3000 元。2014 年，获得奖励 10 人，5.4 万元；2015 年，获得奖励 16 人，4.8 万元；2016 年，获得奖励 7 人，2.1 万元；2017 年，获得奖励 5 人，3.5 万元。

第三章　文明创建

在抓好物质文明建设的同时，农场党委高度重视精神文明和生态文明建设，着力营造全面发展的思想氛围，全力打造文明农场品牌，倾力建设和谐社会环境。1986年，被农业部授予"全国农垦思想政治工作先进集体"称号，1988年被国务院授予"全国民族团结进步先进集体"称号，也是云南省委、省政府自1985年起命名并一直保持的"云南省文明单位"，2004年又被云南省委授予"学习实践'三个代表'重要思想先进集体"称号。

第一节　精神文明建设

根据中央关于"两手抓，两手都要硬"的方针，由农场党委挂帅，党政工青妇齐抓共管，全面开展精神文明创建活动。每年由农场宣传部门拟定出台精神文明单位创建规划，并将创建工作纳入各级党组织的年度考核，由党委、行政、工会共同组织实施，按照"职工出一点，生产队自筹一点，企业投入一点"的要求，农场每年拨出部分经费用于文明单位基础建设和环境改造，先后创建一批省、州、市级文明单位。花园式示范生产队、文明家庭、十星级文明户、五好家庭评比开展得有声有色。以活动为载体，不断丰富创建内容，每年节假日期间的职工运动会、文艺汇演和"七一"期间党员争先创优活动、割胶期间的劳动创优竞赛活动、争创优秀割胶工、优秀林管工活动、女职工委员会组织开展的巾帼建功创优和创十星级文明家庭活动，以及团委组织开展的创十佳青年和岗位标兵能手活动，对增加干部职工的综合素质和文明程度产生了积极作用。自开展精神文明创建工作以来，增强了全场干部职工干事创业的内在动力，带动了全场文明素质的提升，涌现出一批先进典型。

1997年3月25日，农场女职工委员会首次在全场开展了"文明家庭"建设竞赛达标活动。竞赛活动以职工家庭为主，从职工居室文化建设入手，广泛开展"五进家"活动。获得五星级的家庭，由农场工会给予表彰，并列为农场的"双文明家庭"，凡连续三年获得"双文明家庭"的职工家庭，夫妻双方均视为农场"双文明积极分子"，并享受"双文明积极分子"待遇。1~4 星级家庭，由分场给予表彰。凡获奖家庭达到 95％的并且分场和生产队级单位环境建设干净、整洁、优美的集体，农场工会将授予"先进职工小区"的荣誉称号。同年 7 月 10 日，为促进"文明家庭"建设竞赛达标活动的开展，农场工会、女职工委员会、宣传科、退管会在全场开展"十佳老年夫妻"评选活动，共有 10 对老年夫妻获此殊荣。1998 年 9 月 8 日，农场在十一分场召开"文明家庭"建设竞赛达标活动表彰会暨经验交流会，表彰 1997 年度五星级文明家庭及文明小区，并做出巩固"文明家庭"建设竞赛达标活动成果，进一步扩大"文明家庭"建设竞赛达标活动面，促进企业两个文明建设向前发展"的决定。2002 年 5 月 28 日，农场召开双文明建设表彰会，各行各业先进职工代表 250 人参加会议，对获得农场双文明的单位、个人及景洪市的文明单位、个人进行表彰。2004 年 1 月 31 日，农场召开先进单位、先进个人表彰大会。六分场和农场医院被授予"双文明单位"荣誉称号；一分场十五队等 10 个生产队级单位被授予"双文明单位"荣誉称号；徐国金等 50 位同志被授予"双文明积极分子"荣誉称号；三分场被授予"发展非公经济先进分场"荣誉称号。

1998 年，农场精神文明建设与省、州、市创建工作接轨，重新制定了《东风农场双文明建设实施办法》《申报省州市级文明单位若干规定》，提出三年打基础、五年基本到位、十年实现双文明单位创建目标的长远规划，确立了以抓好三项建设、强化四项管理、开展五项活动为主要内容的创建原则，健康协调发展精神文明建设。至 2004 年，全场共创建省级文明单位 2 个、州级文明单位 6 个、市级文明单位 26 个。

2002 年 3—4 月，在全场倡导"爱国守法、明礼诚信、团结友善、勤俭自强、敬业奉献"的基本道德规范，推进社会主义道德建设，开展公民道德建设知识竞赛活动，全场 1455 人参赛。

2012 年开始，按照州委、州政府《关于进一步加强新形势下农村精神文明建设工作的实施办法》，进一步推进东风农场精神文明建设，在全场开展精神文明建设创评活动，成立了以农场党委书记、管理委员会主任为组长的活动创建领导小组，制定"文明居民小组""十星文明家庭""孝老爱亲"示范点等创评活动内容，并制定评选办法、评选时间以及奖励措施等。创评活动与农场的各项体育比赛和文艺晚会等系列活动相结合，获评单位及家庭户均可获得经济奖励和农场管理委员会授牌。2013 年，表彰文明居民小组 16 个、十星文明家庭 313 户、孝老爱亲个人示范 52 人。2014 年，表彰先进单位 4 个、先进个人 18 人、文明居民小组 7 个、十星文明家庭 146 户、孝老爱亲个人示范 24 人。2015 年，表彰先进单位 2 个、先进个人 13 人、文明居民小组 6 个、十星文明家庭 131 户、孝老爱亲模范 24 人、优秀通信员 7 人。2017 年，表彰"十星文明家庭"152 户、"平安家庭"151

户、"孝老爱亲个人示范" 26 户、"文明居民小组" 4 个。

2017 年，进一步提升精神文明创建工作水平，以道德建设为中心任务，全面推进"道德讲堂"建设活动，开展"道德讲堂"活动阵地建设和"道德讲堂"宣传队伍建设，落实"五个一"① 工作，引导职工群众接受传统美德和先进人物的优秀品质。深入开展"爱我东风美化家园""学雷锋树新风"志愿服务活动，并形成长效机制，结合实际组织开展关爱邻里、爱心助学、扶贫济困等志愿服务活动，在全场传递奉献、友爱、互助的正能量。从建设优美公共环境、打造和谐公共秩序、提升职工群众文明素质 3 个方面为着力点，全面深入开展精神文明创建活动，加强监督检查和考核，促进文明创建工作再上新台阶。

2019 年，以全力争创全国文明城市为统领，持续开展群众性精神文明创建活动，做好"十星级文明户""孝老爱亲""学雷锋标兵"等各项创建活动，将文明村创建工作与新时代文明实践活动相结合，保证在创建活动中为老百姓实时提供科学、医疗、卫生、农技、文明礼仪、道德素养、就业技能等知识培训服务，高标准开展文明创建工作。同时，把开展文体活动作为加强精神文明建设的载体，利用春节等传统节日的重要节点，组织群众开展形式多样的文体活动，宣传党的十九大精神、党的惠民富民政策，引导群众进行自我教育、自我管理，通过开展丰富多彩的民间文体活动，让广大农牧民群众自觉破除陈规陋习和封建迷信，推动基层文化繁荣发展。探索志愿服务新模式，助推志愿服务从"搞活动"向制度化、常态化转变。至 2019 年底，全场共有 24 支志愿队伍，实名注册志愿者6809 人，各服务组织积极发展志愿服务项目，设计服务内容，积极开展创建全国文明城市、扶贫、济困、扶老、救孤、助残、救灾、助医、助学等志愿服务活动，累计发起 75个志愿服务项目，服务时长达到 29826 小时。增设 8 个志愿服务站，完成《东风农场志愿服务队管理制度》上墙。

2020 年，应景洪市新时代文明实践中心要求，东风农场新时代文明实践工作制度上墙，有组织体系 1 处、新时代文明实践站 13 处，着力打通宣传群众、教育群众、关心群众、服务群众"最后一公里"。24 支志愿服务队、7915 名志愿者在机关、3 个直属事业单位、13 个分场和 7 个州及市级文明村做到全方位覆盖，集中志愿服务力量，开展疫情防控、慰问贫困户，宣传邻里互助、协助疫苗接种工作、环境卫生整治、文明交通、义务理发、文明清明、"我们的节日"等一系列切合实际、行之有效的志愿服务活动。做好"7＋2"专项行动，每周开展爱国卫生运动，单月最后一周的周五进行主题清扫活动，保持辖

---

① 唱一首歌、看一部短片、讲一个故事、做一番点评、诵一段经典。

区路段干净整洁，促进全场爱国卫生行动志愿服务活动经常化、制度化、规范化。通过一做一报形式，将丰富多彩、健康有益的志愿活动以简报形式发布在"醉美东风"微信公众号、雨林景洪 App 上，营造良好氛围，形成和谐社区。2020 年度景洪市创建全国文明城市工作考核结果（二类单位）显示东风农场获 98.5 分，排名第二。

第二节　生态文明建设

一、环境保护

农场管理委员会一直以来都严格规范环保审核工作，从源头控制、执行环境影响评价制度，对于不符合审批条件的项目坚决不予审核。加强环保队伍建设，提升监管和依法办事水平。

为让职工群众进一步了解环保知识，提高环保意识，农场管理委员会环保办及相关部门每年均开展"世界环境日"宣传活动。通过在东风农场管理委员会办公大楼电子屏幕及人口密集、人流量较大的东风文化广场电子屏幕滚动播放世界环境日宣传标语；在单位办公室大门上方及活动现场宣传点悬挂布标；组织工作人员到农贸市场、主要街道、银行门口及超市等人流密集的地方发放宣传单、环境保护知识宣传手册和粘贴宣传画等进行环境保护宣传。2013—2020 年，共发放《环境保护知识》《公民环保行为规范》《中华人民共和国大气污染防治法》《共建生态文明、共享绿色未来》《景洪市大气污染防治倡议书》等宣传材料 2000 余份、环境保护知识宣传手册 800 余本、张贴宣传画 100 余幅、制作生态环境部发布的环境日主题海报宣传展板 10 余块、宣传标语横幅 10 条、发放环保宣传帽和环保手提袋若干。

农场管理委员会环境保护办公室根据《信访条例》有关要求，进一步规范环境信访投诉调处工作，做到件件有落实，件件有答复，确保环境信访调处率达到 100％。2013 年，就龙鑫矿业有限公司在疆锋生产队辖区采矿造成的噪声、灰尘、生活垃圾污染及爆破震动、水资源损坏等情况进行察看，并提出整改措施。2015 年，对群众反映南春车市食堂油烟污染、曼破村生活垃圾和建筑垃圾污染、未批先建炭厂污染进行调查并要求整改。2017 年，对群众多次投诉的无证木炭加工厂进行实地调查取证整改，将曼老小学附近一个违规私人收胶站给予拆除。2018 年，先后对快餐店、餐馆、冰糖厂、无证木炭厂及分场场部废水污染进行调查、核实并下达整改通知；根据提升城乡人居环境五年实施行动计划要求，对多处卫生状况差、噪声污染、气味刺鼻等居民点、住宿区的投诉进行处置和限时整改。2019 年，对云南康万益食品有限公司及西双版纳峻亨贸易有限公司在生产过程中造成的废气、废水、噪声污染进行检查和整改。对群众网络、电话投诉的原东风农场二分场三队一炭厂、阳光小区食馆油烟、原修配厂住宿区垃圾坑及厕所异味及时到现场调查处理并将处理情况回复投诉人。2020年，在多次批评教育无效的情况下将无证违规木炭加工点进行强拆，在东风商业广场配电房变电箱外加盖封闭式隔音房以降低噪声，与养猪场协商将生猪全部处理，将圈舍清扫干净并不再规模化饲养。要求云南康万益食品有限公司未更换生物质燃料和噪声未达标前不得生产，及时解决各种污染扰民问题，得到投诉人的普遍认可。

东风农场负责管护的天然林位于南背龙河上游，面积53986亩，原属勐龙镇管理，2013年1月移交东风农场管理。2014年开始，农场开展天保工程，每月进行4次林区巡查，向全场及山林周边村寨开展法律、法规宣传教育，天然林得到较好保护。按照景洪市委、市政府的要求，积极组织人员对过境东风农场辖区的南阿河、南背龙河、南背囡河和东风水库进行清理整治，平均每年投入500余人次，清理河道长度8.8千米，整治面积1680平方米，开展联合执法，打击制止非法采沙作业点，捣毁工棚，没收锄头、铁铲等工具若干，全面做好"河长制"工作。

2015年，制定了《环保办个人岗位职责》，实行岗位职责明确到人，并将个人岗位职责公开，促进了环保工作责任制的落实。同时，制作了环境保护工作流程图，公开环境保护工作程序，有利于方便和服务群众。

2017年，对辖区内的5个供水人口大于1000人的集中式水源地进行基础信息采集，并将调查表上报景洪市环保局。成立环境安全隐患排查与防范工作领导小组，配合西双版纳州、景洪市环境监测站工作人员，利用专业设备检测疆锋铁矿在生产期间对周边环境产生的粉尘污染数据。与景洪市环保局、勐龙镇城建所、农场、规建所等部门采取联合行动，对辖区内的6家无证木炭加工厂进行强制拆除。对风光生产队十三组饮用水受香蕉种植户污染进行了及时处理，确保职工群众的饮水安全。

2018年，环境保护办公室制订了《景洪市东风农场环境空气污染应急处置实施方案》，与农场综合治理大队一同开展工作，对街道上的露天烧烤摊下发整改通知，对经过城镇的渣土车进行检查，对辖区内的垃圾池开展检查，并明确规定不得私自焚烧，对东风城镇旧城改造项目施工现场进行检查，并提出整改要求。先后组织开展了东风农场管理委员会入河排污口清理排查专项行动、景洪市机动车维修经营行业环境污染专项整治、景洪市打击固体废物环境违法行为专项行动。在第二次全国污染源普查工作中，对辖区内的19家企业、4家企业的排污口开展了全面普查工作。

2020年，农场管理委员会制定了《蓝天保卫战三年实施计划行动方案》《环境重污染天气应急预案》《污染天气应对工作方案》《环境空气质量监管与大气污染防控网格化管理实施方案》，开展网格化管理，通过微信工作群向辖区各分场传达上级各种文件精神。贯彻落实好"六个百分百""四个一律"，督促辖区内驶出施工现场的车辆冲洗干净，渣土运输车辆需加盖篷布；加强对辖区内巡查，发现露天焚烧垃圾、秸秆的行为，及时制止、扑灭，坚决杜绝焚烧垃圾、秸秆行为；对辖区内的2个矿点要求其定时对堆矿点进行有效遮盖洒水降尘。全面实施蓝天保卫战，强化城区污染联防、联控、联治，确保城市空气优良天数达标。

二、人居环境提升

美丽宜居乡村建设是一项关乎职工群众切身利益的民生工作，东风农场管理委员会结合农场实际，确定"将现有居民组提升打造为干净整洁、规范有序的生产用房聚集区，人口向东风城镇集中，着力将东风城镇打造成为美丽宜居、宜业宜游的新型城镇"的工作思路。立足于农垦特色，认真谋划美丽宜居乡村建设，把握重点、强化措施、狠抓落实，在全场范围内开展美丽乡村建设，取得一定成效。

2016年1月，景洪市委、市政府召开集镇精细化管理工作推进会，拉开全市城乡人居环境提升行动工作的序幕。10月20日，成立东风农场管理委员会提升城乡人居环境领导小组，并研究制定《东风农场管理委员会人居环境提升实施方案2016—2020》的五年行动计划。其中包括：道路硬化建设行动方案、违法违规建筑治理行动方案、生活垃圾治理及公厕建设行动方案、污水治理及供水设施建设行动方案。开展"四治三改一拆一清一增"和"七改三清工作"行动，不断完善城乡设施建设和改善居民居住的环境风貌。

2017年，东风农场管理委员会在全场范围内发放和公示《景洪市东风农场城乡人居环境综合整治倡议书》，13个生产队共发放《倡议书》7778份，公示《倡议书》293份，城乡人居环境综合整治行动得到广泛、全面的宣传。3月31日，针对全场城乡环境方面存在的问题，着眼治理"脏、乱、差"现象，大力开展队组环境、公路沿线环境、东风小城镇环境的综合整治行动，彻底改变全场城乡环境"脏、乱、差"现象，使农场整体环境面貌得到提升，把东风农场打造成为"场美""队整""家清"的新农场。整治行动得到了各个生产队和群众的大力支持，东风农场整体的"脏、乱"现象得到了明显的改善和提高。4月6日，由景洪市环保局、监察大队、东风农场管理委员会及勐龙镇政府等相关单位组成专项行动组，针对东风片区及勐龙镇片区的违反城乡规划和土地利用规划、未批先建、无证无照的木炭厂，开展一次木炭加工厂专项整治行动，以健全整治违法违规建筑的长效机制，在为期两天的行动中，对12家违法违规私自搭建的非法木炭厂进行拆除。6

月，依托基层党组织开展对活动场所建设和除险加固工程工作，对农场辖区十余个居民组进行住房整体改造提升，包括住房除险加固、拆除违章建筑、道路硬化、场地硬化、居民区绿化、太阳能路灯亮化、垃圾池建设等，从根本上彻底提升居民区居住环境。

同时在景洪市政府办公室、环保局、国土局、水务局、公安局等单位的指导下抓好河道整治工作。对东风农场辖区内的河流制定严格有效的管理体制、长效机制及整治方案，实行一河一策、一库一策，上下游、左右岸，协调推进，水域与陆地共同治理，发挥河长制统筹协调、督促的作用，确保河流及水库休养生息、维护生态功能。

2018年3月26日，东风农场管理委员会在全场范围内进行城乡人居环境百日集中专项整治行动。重点对农场场部片区按照精细化管理要求，在治脏、治乱、治污和治堵等方面进行整治。生产队、居民组围绕生活垃圾治理、生活污水治理、居民组整体环境整治、文明习惯养成等方面制订相关计划，组织全队对辖区的整体环境进行整治。7月2日，组成百日集中专项整治领导小组督查组对全场各生产队进行督查、验收，并对全场158个居民组进行考评，整体环境提升明显。

整个百日集中专项整治期间，东风农场管理委员会按照"四治三改一拆一清一增"和"七改三清"的要求对全场环境进行了全面的整治和改造。内容包括：

治乱：对场部片区主要街道、重点区域、重要节点各类流动摊点和擅自设置的马路市场和农贸市场外溢摊点以及主干道沿街门面店外经营、店外作业、乱摆乱放、乱扯乱挂等现象进行查处。累计整治占道经营1518件、乱摆乱放135件、乱贴乱画30件、乱排乱放4件、乱搭乱建2件。

治脏：对场部片区主要街道、背街小巷、建筑工地等区域内的垃圾、杂草、杂物、卫生死角、乱堆乱放、污水外溢、路面及墙体污染等进行彻底清理整治。对主要街道、农贸市场等重要区域坚持进行"一天两扫"，定期对垃圾桶、垃圾池等垃圾收集设施进行检查，及时清运街边垃圾送至垃圾填埋场，累计处理生活垃圾约9120吨。

治污：以控制机动车污染和施工扬尘污染为重点，全面整治渣土清运车辆违规清运、带泥行驶、抛洒滴漏等行为，严控建筑施工噪声、交通噪声、商业及社会活动噪声。制定《东风农场管理委员会机动车维修经营行业环境污染专项整治工作方案》，对全场的机动车维修经营行业进行详细的统计和调查，对不符合规范的厂家进行宣传教育和限时整改，以降低噪声及减少机动车维修经营行业固废、废气和废水等的排放，从而减低对环境的污染。

治堵：重点查处各种车辆乱行驶、乱停放、乱调头、占压人行道等行为，规范自行车、摩托车、三轮车的停放。累计整治违规停车212起。

集中查处违法违规建筑（一拆）：依法查处和整改违章、违法搭建的临时建筑物，累计整改违法违规建筑5宗，整改面积394.1平方米。

清理违法违规出租占用土地（一清）：调查出东风农场违法出租占用土地、擅自改变土地用途等案件3件。

增加城市绿化面积（一增）：积极组织全场人员植树造林，美化环境，对公共绿化部分进行管理、保护。

改房：有序推进农场居民组2017年危房改造指标工作，共有348户居民参加危房改造，已完成335户，共计下发补助502.5万元。

改路：积极改善居民组道路，其中红卫生产队道路场地硬化，占地面积3075.17平方米，投资80万元；温泉生产队道路场地硬化，占地面积1855.42平方米，投资42万元；东林生产队道路场地硬化，占地面积536.3平方米，投资8万元；五七生产队道路场地硬化，投资38万元；中林生产队道路场地硬化，占地面积456平方米，投资48.6万元。

改水：金沙生产队第10居民组修复完成居民组断裂主水管、红卫生产队16居民组饮水管道进行维修更换。东河生产队第8居民组改造重建拦水坝和蓄水池工程开工，风光生产队第2居民组蓄水池及引水工程，投资11万元。

改厕：对全场公厕情况进行统计，全场旱厕155个，水冲式公厕3个，公厕年久失修，部分旱厕已出现破损、倒塌等现象，因资金紧张，修缮了部分居民组公厕。

改灶：印发《东风农场提升城乡人居环境办公室关于推进燃气下乡工作实施方案》，对东风农场全场使用液化石油气情况进行调查统计，配合上级单位开展燃气推进工作。

改电：完成中林生产队第16居民组太阳能路灯亮化16盏，红卫生产队第1居民组太阳能路灯亮化6盏，红卫生产队第7居民组太阳能路灯亮化10盏。

改圈：由于农场无大规模养殖情况，只对居民组内养殖家禽情况进行规范和管理。

清洁水源：结合"河长制"工作相关要求，对全场范围内河段开展清理。对河道、库塘等水体清淤治理，实现主要河道、沟渠保洁制度化、常态化。定期组织干部群众清理本辖区河道与河岸垃圾、杂物，清除河岸种菜、渣土污泥，打捞水面漂浮物，确保河道环境整洁优美，劝导居民群众减少乱抛乱扔垃圾入河。此外，为加强饮用水水源环境保护，管理委员会对饮用水源保护区周边污染源进行了全面排查，定期安排相关人员对水源区进行保护和巡查。并且于2018年2月在上级部门的支持下，在生产队水源林保护区设立警示牌11块，以加强对于水源林地区的保护和管理。

清洁田园：以清除田间地头农业生产废弃物为重点，对全场田间地头进行清洁化管理。

清洁家园：在上级部门的督促下，各生产队、居民组门前"四包"，生活垃圾保洁和生活垃圾收费制度基本得到了落实，各生产队积极组织全队居民开展环境卫生大扫除，自行清理房前屋后的垃圾杂物，及时清理畜禽圈养和畜禽粪便。清除卫生死角，整治乱堆乱放、乱扯乱挂、乱停乱放、私拉乱接、乱贴乱画等。做到了无暴露垃圾、无坑洼积水、无污水横流、无乱堆乱放等，大大提高了居民组整体的环境面貌。

2018年8月29日，根据《景洪市美丽宜居乡村建设大比武方案》，开展全场158个居民组美丽宜居乡村建设工作，在《东风农场农村人居环境整治三年行动实施方案》基础上制订《东风农场美丽宜居乡村建设实施方案》，分成"产业兴旺、生态宜居、乡风文明、治理有效、生活富裕"5个方面19项建设内容进行改造提升，全面提升美丽宜居乡村建设整体水平的目标。

2019年，东风农场管理委员会将景洪市扶贫开发领导小组下拨的200吨水泥用于人居环境提升。各生产队组织群众投工投劳，自筹砂石料，投入个人和社会资金20余万元，完成各生产队道路硬化560平方米、地面硬化3259平方米、整治排水沟492平方米，硬化串户道路492平方米。

2020年，东风农场将人居环境整治工作与景洪市"三城联创"工作有机结合起来，成立工作领导小组，制订切实可行的实施方案。在人居环境"大干三十天"集中整治专项行动中，发动职工群众义务投工投劳4435人次，清理生活垃圾352.2吨、农业生产废弃物43吨，清理排水沟渠20千米，清除违章建筑29处。以景洪全市开展的"万吨水泥进村队"工作为载体，向上级请拨水泥700吨，完成12个分场29个生产队场地硬化15956平方米，道路建设3199平方米，铺设串户路1427.2平方米，修缮排水沟742米。在市级政府补助100万元的基础上，多方筹资31.5万元下拨到各分场用于人居环境提升建设。将全农场158个生产队按干净整洁型、提档升级型、生态宜居型3个档次进行分类定档，按照干净整洁型村庄基准进行整治提升，使全场80%的生产队逐步达到提档升级型村庄。建立健全全场生活垃圾收费制度、卫生保洁制度、卫生检查考评制度、公共场所管理制度、公厕管理制度、场规场约、队规队约。充分利用农场IP广播、"醉美东风"微信公众号、LED电子屏等媒体、媒介以及进队入户宣传、发放宣传资料、粘贴宣传标语等方式引导全场职工群众树立"东风是我家、建设靠大家""自己家自己建"的理念。通过开展提升人居环境工作，整个农场、分场和生产队的整体环境明显提升，由过去的杂草丛生、乱堆乱放、乱侵乱占的环境面貌提升成干净整洁、规范有序的新农场。

自开展美丽宜居乡村建设以来，共创建市级美丽宜居乡村示范生产队2个、场级示范点26个、生产队级示范点67个，创建美丽乡村建设示范单位4个。

第八编

综合治理

中国农垦农场志

第一章　社会管理

自建场以来，一直按照"抓稳定就是抓发展，维稳投入也是发展投资"的理念，始终把职工群众根本利益放在首位，把维护社会和谐稳定作为首要责任常抓不懈，以创建"平安东风"活动为载体，实施了"组织、制度、责任制、落实、督查"5个保障机制，与生产队居民组层层签订工作目标责任书，形成党政领导亲自抓、分管领导具体抓、专职干部专门抓、职能部门配合抓的工作局面，加强对社会管理综合治理工作的领导和管理，维护社会稳定。

第一节　社会治安

农场由北至南有30多千米紧靠国境线，边境环境复杂，农场治安保卫工作与民兵组织工作关系极为密切，在许多情况下要与民兵组织联合行动，军民联防，加强站岗放哨、巡逻执勤，开展"四防"活动等工作。

1979年后，由于知青离场回城缺乏劳动力，招收了大批来自农村的合同工，还有其他因农场建设需要的外来人员也常住场内，人员构成复杂，经济案件增多，给治安保卫工作带来了新的问题。

在党的十一届三中全会以来的路线、方针、政策的指引下，农场治安保卫组织机构和人员得到不断加强，在农场党委和上级公安保卫部门的领导和支持下，业务人员加强学习，增强法治观念，通过各种渠道进行业务培训，农场的各基层单位建立健全了治保领导小组和民事调解小组。1980年7月，成立了"东风农场公安派出所"，负责内保和治安双重任务，通过一系列的组织建设、思想建设和业务建设，农场治安保卫工作走上了正轨。

坚持"预防为主，打防结合"，对职工和学生加强普及法律常识教育，建立各级治保组织和个人的岗位责任制，划分治安管理责任区，加强户籍管理，对出现的严重刑事犯罪分子从快从严打击，加强对失足青少年的帮教工作。以打造"平安东风""和谐东风"为目标，开展社会治安、社会管理综合治理工作，促进社会和谐稳定。

治安保卫工作越做越细，适应了边境地区和企业内部的实际情况，出现了新的局面，保卫科连续数年被评为农场"文明科室"，得到了县、州级和省级机关的表彰奖励。

一、机构设置

1958年1月，大勐龙农场由党委办公室的干事兼管保卫工作，同年9月成立人保科，编制2人；1958年2月，前哨农场配备保卫干事1名；1958年3月，东风农场由党委委员兼管保卫工作。

1960年2月，前哨、东风两场合并成立人保科。设科长1人，保卫、人事、干事各1人。

1963年东风总场成立后，设人保科，配备科长和干事2名，总场下属6个农场各配保卫干事1名。1966年，人保科改为保卫科。

1958—1966年农场的保卫工作由农场党委直接领导，业务上受思茅地区公安处和思茅农垦局人保科指导。

1967年4月对边疆农场实行军事管制，设立人保组，由军管会副主任兼管，并配备3名保卫干事（含2名军代表），下属6个农场各配1名保卫干事。业务上受西双版纳州人保组和西双版纳农垦分局人保组指导。

1968年4月，保卫与武装工作合并，称保卫组，配有组长和3名干事，但基层保卫组织和人员不健全。

1970年，建制改为兵团后，团政治处设保卫干事，由政治处副主任兼管，并配备3名干事（其中两名现役军人），15个营各配有1名保卫干事，业务受部队系统保卫部门指导。

1974年9月恢复农场后，场政治部设保卫科，配有科长、副科长和9名干事，后又增2名干事。15个分场各配1名保卫干事，1979年，由于知青返城，全场保卫工作人员仅剩12人。

1979年7月以后，全场保卫工作开始恢复，到年底15个分场的保卫干事全部配齐（部分兼职）。

1980年7月，成立东风农场派出所，编制9人，业务上受西双版纳州公安处、景洪县公安局和西双版纳州农垦分局保卫科双重指导。保卫科和派出所系两个机构一套人员，行使公安派出所的职责，负责内保、治安双重任务。

1983年9月，经过企业整顿后，保卫科从政工系统划归政法系统，行政代管农场武装部和人民法庭。

1984年9月，根据云南省政法工作会议精神，保卫科（派出所）增配干警达12人，1986年7月增配副科长2人。

1987年8月，进行公安工作改革，全场保卫干事编入治安民警，设科长（兼指导员）1名，副科长（分兼所长、副所长）2名，全场共有干警32名。

1988年1月至2004年4月，农场内部保卫工作组织机构、人员编制未变。有保卫科科长1名，副科长2名分别兼任派出所所长、副所长，全场共有干警27名。

1995年8月29日，农场成立社会综合治理委员会，党委书记为第一责任人，各分场也成立了综合治理委员会，分场党委书记为第一责任人。全场共成立18个委员会共148人。11月2日，农场召开签约大会，农场与分场、分场与生产队逐级签订责任书，全场共签订责任书223份。

2004年企业改制，农场派出所于2004年4月30日转交地方政府，保卫科与派出所分离，农场保卫科机构不变，配科长兼办公室主任1名，副科长兼副主任1名。合并后的2个分场级直属单位（医院和非公中心）各配1名保卫干部（兼职），其余6个分场均配有2名干事和人数不等的联防队员。社区保卫干事负责治安保卫和综合治理工作，作业区保卫干事和联防队员则主要从事护林保胶工作。

2011年属地管理后，管理委员会设社会治安综合治理办公室，负责农场的矛盾纠纷调解、依法治场、禁毒、反恐反邪、缉枪治爆、打击传销、民族团结等各项综治维稳工作。

二、综治维稳

农场设有综合治理（综治）维稳办、司法所、信访办、联防队等维稳职能部门，配备专、兼职维稳人员。为加大执法力度，成立农场综合治理队，将联防、消防、城管人员全部整合到综合治理办公室，集中精兵强将开展社会治安综合整治工作。

保卫和综合治理工作主要围绕农场改革、发展、稳定大局展开。多年来，形成了一定的工作格局：年初制定、布置当年综合治理各项工作的计划、措施；层层签订综合治理工作目标责任书；年中、年末对综合治理工作及其他相关工作目标责任书的落实情况进行检查、考评；按照上级相关部门的要求及时上报各种信息报表，负责农场重大会议及节庆活动的保卫，查处职工违章违纪行为，打击刑事犯罪活动。

1958年农场初建时，群众基础薄弱，又因与缅甸接壤，边民出入境频繁，境外残匪、敌对势力时常入境骚扰破坏，进行策反活动，挑拨民族关系，制造事端，致使社会保卫工作任务繁重。

1963年，根据中央军委对边疆防止暴乱的指示，保卫工作贯彻云南省公安厅"关于当前对敌斗争的意见"和"治安管理从严的十四条措施"，坚持"有案破案，无案加强防范"，稳定农场，保卫边疆生产建设。根据边疆情况和农场治安实际，建立农场治安保卫委员会和生产队治安保卫小组，实行党团骨干带头、内紧外松、巡逻放哨和群防群治等一系列有效措施。开展反袭击、反谣言、反派遣、反策反、反行动破坏和防可能发生爆炸事件的"五反一防"工作，并制定内部治安管理制度，进行企业整风、群众肃反运动，进一步稳定社会治安。1958—1963年，共破获凶杀案3起、敌特爆炸案1起、盗窃案40余起。

1964—1966年，根据云南省公安厅公安战备工作会议精神，配合党的中心工作，开展"五反"运动，加强对各分场的治安保卫委员会的组织领导，在原有的基础上进行整顿充实。健全治安保卫委员会7个，治安保卫小组53个，共208人，党团员占85%，做到队队有治保小组、场场有治保委员会。建立落实物资仓库、油库、爆炸品的管理措施，对修配厂、重型机车和文档保密室亦制定了安全措施，还在全场范围内组织消防小组4个，社会治安稳定，刑事案件发案率有效降低，三年只发生刑事案件20余起，为农场的顺利发展创造了有利条件。

1967—1976年，保卫工作受到一定冲击，1977年，治安情况开始好转。

1978年，随着全场万名知青回城，涌入3000多名合同工和外地包工队，再加上部分工人上访要求回城，保卫科和治保组织难以正常工作，社会治安再度混乱。1978年党的十一届三中全会后，全场的治安情况才逐步好转。

1980年，保卫工作贯彻"调整、改革、整顿、提高"八字方针和"对外开放，对内搞活"政策，随着治安管理的需要，派出所设立行政拘留室。按云南省政法工作会议精神进行治安整顿，重新健全治安保卫委员会17个，98人及生产队治安保卫小组186个，613人。按云南省政府关于加强边疆管理规定对全场14岁以上的人员颁发边境居民证。同时加强边境管理，进行法制宣传，学习《刑法》《治安管理处罚条例》等法律法规，在社会治安整顿中依法打击了10名刑事犯罪分子，"三个秩序"（生产、工作、生活）明显好转。

1981年，根据中央相关文件精神，对全场的社会治安进行综合治理。1982年，综合治理工作在全场普遍铺开，充分发挥各部门和工、青、妇、民兵等各群众组织的作用，齐抓共管，加强法纪教育，贯彻"以防为主"的方针，开展"九法一条例"的普法教育。制定和完善场规场约（农场、分场）19份、队规队约134份，实行群众自治，社会治安明显好转，职工群众安全感增强，刑事案件的发案率为总人口的5.4‰，治安保卫工作受到西双版纳州政府的表彰。

1983年，在西双版纳州和景洪县政府机关的领导下，开始"依法从重、从严、从快打击严重刑事犯罪分子"，至1986年10月，全场依法打击刑事犯罪分子42名，其中流窜犯6名，协助外地抓捕在逃罪犯7名，社会治安稳步好转。

1983年以后，按照全国政法会议精神，农场党委把综合治理作为实现社会治安、社会风气根本好转的一项重要工作来抓，充分发挥党、政、群各部门和组织的作用，齐抓共管。充实、健全分场级治安保卫委员会17个、综合治理办公室19个，制定完善保卫科（派出所）、保卫干事和治安保卫委员会职责。制定和逐年完善场规场约20份，队规公约194份，生产队还建立了治安调解小组173个，基本形成全场群众性的自治网络。全场还划分为4个治安责任区，由干警配合分场治保委员会进行分片管理，使治安隐患和突然发生的问题得到及时处理。保卫部门对各类重点人员建立内部档案，开展"帮教学习班"，加强违法犯罪青少年的帮教工作，更好地预防青少年违法犯罪。通过综合治理，社会治安秩序有明显好转，1987年，出现无案件、无事故的分场2个，无案件、无事故、无火灾、无打架闹事、无民族纠纷的"五无"生产队108个。

1988年后，农场逐步建立健全了治保、调解、禁毒、帮教、维护稳定、安全生产、消防安全、联防保安等各类综合治理组织。农场、各分场级单位建立各类综合治理组织总数达20个。

2004年，中学、电厂、木材厂逐步与农场分离，至2005年，各类综合治理组织总数减至8个，成员均为兼职，总人数达500余人。

2006年初，农场被景洪市委、市政府列为创建"平安景洪"首批试点单位，农场党委将创建"平安东风"工作作为综合治理的一项重要内容摆在首位，成立创建工作组织领导机构，制订工作实施方案，层层签订创建工作责任书。同年底，创建工作通过了景洪市委和相关部门的验收。

2011年属地管理后，农场政策边缘化问题得到解决，职工群众收入得到明显增加，就业问题也得到有效解决，但由于经济体制的改革，利益关系的调整，许多社会深层次矛盾逐渐暴露出来，信访事件呈上升趋势，信访对象反映的问题，情况复杂、涉及面广、政策性强，处理起来难度较大，综合治理维稳工作难度加大。综合治理办公室在做好政策宣传和法律教育的同时，成立矛盾纠纷排查化解与综合治理维稳工作组，及时有效地化解各种矛盾纠纷，保障改革期间的社会稳定大局。

2012年，以创建"平安东风"为抓手，把创建"平安东风城镇"的理念和工作目标融入景洪市委、市政府统一行动部署中，农场管理委员会成立创建"平安东风"领导小组，下设"平安东风"创建工作办公室，开展平安创建工作。同时根据东风农场实际，研究制定了社会风险稳定评估机制与应急处置预案，并成立相关领导小组，确保在创建"平安东风"活动中的运行机制和政策保证。对东风小城镇辖区房屋出租户、外来流动人口、建筑工地等一些重点部位和流动人口逐一入户登记。强化特殊群体关怀和重点人员管控工作，实行由社会治安管理综合治理办公室、生产队、居民小组管理人员和刑释解教人员家属"三帮一"的帮教管控制度。有效地排查影响社会治安综合治理和维护稳定的隐患，保障辖区稳定和改革工作的正常推进。

2013年，建立健全维稳工作机制，落实维稳工作责任制，先后出台《东风农场管委会重大事项社会稳定风险评估及群体性事件处置应急预案》和《东风农场管理委员会社会治安综合治理工作实施办法与处置预案》《东风农场管理委员会关于成立综治维稳信访事件受理矛盾纠纷调解室的通知》《东风农场管理委员会维稳工作方案》等多项制度。同年10月，东风农场管理委员会成立群众服务中心，内设群众诉求服务中心、为民服务中心、信访室、人民调解室、群众工作站5个办事机构。整合劳动社会保障、司法、民政、计生、信访等职能，实行"一站式"服务，实现群众办事"少跑一道门、少找一个人、少花一点钱"，为广大群众搭建快捷便利服务平台。主要职责是"一站式"办理群众日常生产生活需审批事项，搞好社会治安综合治理，排查化解矛盾纠纷，解决信访问题，维护社会稳定。加强农场综合治理维稳工作，完善工作机制，实现矛盾纠纷联调、社会治安联防、基层平安联创、社会管理联抓，构建基层大维稳工作格局。

2016年，以反恐防范、情报侦查、应急处置三位一体，做好反恐防恐、反邪教工作。升级反恐视频监控系统，安装反恐视频摄像头22个，与辖区13个生产队签订反恐工作责任书，开展反恐防范宣传7场次，发放宣传资料1200余份。以召开学习会、广播、粘贴标语、黑板报等方式进行反恐宣传，累计粘贴标语2000余条，制作黑板报358期。加强基础设施建设，人防、物防、技防相结合，坚持反恐防范、情报侦查、应急处置三位一体防范为主的工作方针，农场成立24人组成的综合治理大队负责小城镇管理和维护机关站所治安秩序，实行24小时轮流值班制度。

2018年，加强综合治理维稳（平安建设）制度建设和综合治理工作队伍建设，制定《景洪市东风农场管理委员会综治维稳工作责任书》和量化考核表，各生产队成立综合治理维稳工作领导小组，承担分管工作范围内社会治安综合治理的责任，生产队内至少配备一名综合治理干事，负责具体落实各项工作任务。综合治理大队全年合计对街面、学校、市场等重点部位进行整治1987次，出动综合治理大队人员5000余人次。

2019年，推进信访积案化解，创新社会矛盾化解机制。对辖区内的重点人员进行一次拉网式、全覆盖的排查工作，依托网格员184人对辖区内存在的各类风险隐患摸全摸准，建立健全工作台账，逐一制定针对性方法措施。按照"上级部门联系挂钩，农场负责推进，本级部门抓落实、责任到人"的要求着力调处龙鑫公司与六分场一队的搬迁、下岗分流女职工、农场退休医务人员身份待遇问题等影响社会稳定的矛盾纠纷，全力维护场区和谐稳定。

2020年，建立农场党委领导挂钩联系生产队制度，履行领导干部综合治理维稳"一岗双责"本职要求，强化责任担当，积极主动抓好综合治理维稳工作。对农场重大不稳定问题进行领导包案制度，根据分管工作和挂钩单位，严格按照"五个一"的要求进行包案化解。同时完善充实综合治理维稳工作人员、制度、措施、责任和奖惩办法，为综合治理维稳工作提供强有力的组织保障。

三、扫黑除恶

2018年，根据中共中央、国务院《关于开展扫黑除恶专项斗争的通知》文件精神，按照市委、市政府的统一部署，在辖区范围内开展扫黑除恶专项斗争，成立由农场党委书记为第一责任人，分管领导为直接责任人的扫黑除恶工作领导小组，与13个生产队签订《景洪市东风农场管理委员会扫黑除恶责任书》，制订了扫黑除恶专项活动实施方案。

为确保专项行动有序开展，在车站、农贸市场、小区等人员密集地张贴扫黑除恶宣传标语10条，同时在13个生产队、辖区内的娱乐场所、宾馆酒店等重点场所悬挂宣传标语48条，粘贴举报线索海报700张，发放宣传单4000份，宣传画册200余份，在人流密集的市场、车站和管理委员会设置扫黑除恶线索举报箱3个，在职工群众中形成浓厚的扫黑除恶氛围。

开展社会治安乱点摸排工作，对辖区内重点人员、重点行业进行严格管理，摸底排查基层生产队、居民小组50个30余次，娱乐场所4家40余次，未发现涉黑涉恶现象。摸排出两个治安乱点，即景观生产队和疆锋生产队，立即与辖区派出所共同进行整治。摸排期间查处治安案件57起，处理涉案人数58人。

2019年，坚持"有黑扫黑、有恶除恶、有乱治乱、有伞必打"的原则，开展学习贯彻、宣传动员、全面摸排、深挖彻查、整治乱象等系列工作。将扫黑除恶融入"3＋N"主题党日活动，1000余名党员参与，收集意见建议300余条，利用"云岭先锋"App、综合服务平台、各级微信工作群等网络媒体和各级举报热线，发送扫黑除恶知识500余次，覆盖党员群众8000余人。在全场粘贴举报线索海报900张，粘贴"坚决铲除黑恶势力维护社会长治久安·东风农场管理委员会致全场职工群众及辖区居民的一封信"海报300张，发放宣传单1.62万份，发放挂历1万余份，制作固定宣传栏201个，在人流密集处制作悬挂扫黑除恶线索举报箱 15 个。同时利用"千名干部访万户、群众评议考干部"工作、依托各类基层党建阵地群、各类培训班开展主题宣讲。开展扫黑除恶专项斗争宣讲活动 13 场，并进行群众安全感满意度和扫黑除恶调查问卷，共计 1653 人参与问卷调查。通过广播向全场职工群众宣传扫黑除恶相关工作并公开扫黑除恶举报电话，播放《云南省扫黑除恶举报办法》《扫黑除恶应知应会 50 条》《关于开展"黄赌毒"问题专项整治的通知》192 次，共计 3000 分钟。

农场党政领导、机关各部门工作人员、各分场领导干部共签订《东风农场管委会扫黑除恶个人承诺书》316 份，主动参与农场扫黑办公室组织开展的扫黑除恶线索大清查、大起底行动，对辖区内的 3 个站所中心和 13 个分场进行摸排，围绕景洪市的重点打击对象，逐网格、逐户深入群众调查了解，全面摸排涉黑、涉恶问题线索。接到群众举报线索 4 条，经农场扫黑办公室深入核实，均与黑恶线索无关。在全场线索摸排走访中，协同辖区派出所对乱点进行整治，共计查处治安案件 128 起、刑事案件 102 起，查处"三非"人员 151 人。

针对在农场改制过程中出现的强占资源、集体资产等乱象进行大排查、大清理、大整治工作，纵深推进扫黑除恶专项斗争。先对全场公职人员进行摸排，并追回公职人员占用的资源和欠费，按照边清查、边治理的原则对全场资源资金进行排查，累计收回公有房屋资产 69 间、国有土地资源 90.1 亩、开割橡胶资源单元 90 个合计 536.7 亩、中幼林资源 101.1 亩、鱼塘资源 6 个共 25.6 亩，累计追收各项往年欠费及当年费用 2394.175 万元。

为全面掌握全场综合治理维稳、扫黑除恶和平安创建等工作开展情况，综合治理办公室联合纪委对辖区的 3 个站所中心和 13 个分场进行扫黑除恶等工作督导检查。主要针对扫黑除恶专项斗争的政治站位、深挖彻查、线索摸排、宣传动员等方面进行检查，帮助被督查的单位总结经验、发现问题、完善措施，更好地推动专项斗争。全年，东风农场扫黑办公室共计督导辖区 3 家派出所 5 次，常态化督导检查 13 个分场，组织了 15 场扫黑除恶专项斗争知识测评。把扫黑除恶材料工作开展情况纳入东风农场综合治理维稳工作量化考核成绩内，每月针对各分场和站所上报资料信息的情况和具体工作实效具体打分。根据相关的工作措施进行检查考核，确保专项斗争的各项工作任务能够做细压实。

2020 年，继续把扫黑除恶宣传工作当作常态工作来开展，对农场所有的国有、集体的资金资产和资源进行大整治。通过专项治理，累计追回往年欠缴资金 476.86 万元，收回被占用开割橡胶资源 484 亩、中幼林资源 101 亩，追回公职人员欠缴费用 19.53 万元；排查出农场闲置固定资产面积 15289 平方米，清查农场承包人占用农场土地资源面积 13098.9 平方米。综合治理办公室联合派出所、安全生产监察办公室、文化广播站对辖区内的水厂、电厂、医院、学校、药店、车站、超市、娱乐场所等重点场所进行检查和扫黑除恶知识宣传，共检查 10 次，发放资料 400 余份。

自 2018 年 1 月 23 日中央开展扫黑除恶专项斗争以来，农场多措并举开展扫黑除恶专项斗争，共接到线索 10 条，其中景洪市扫黑办移交 7 条，群众举报 3 条（1 条信箱举报、2 条电话举报），严格执行线索受理、移交、核查、反馈等流程，确保问题线索核查准确。开展"回头看"，通过核查，10 条线索均未涉黑涉恶，对举报线索进行落实处理，并将 10 条问题线索台账单独用文件盒分类存档，实现"一线一档"，进一步摸清线索底数。不断增强广度、深度和准度，广泛深挖涉黑、涉恶问题线索，拓展线索摸排渠道，从源头上防范和遏制黑恶势力的滋生蔓延。

四、宣传教育

2007 年 6 月 26 日，是国际禁毒日，农场综合治理办公室、农场计划生育委员会、农场职工医院和小街边防派出所等部门联合行动，向过路行人发送宣传资料 4000 余份并讲解禁毒、防艾知识。

2007 年 9 月 12 日，农场举办为期一天的治保、调解骨干培训班，各分场级单位治保、调解委员会成员和生产队级治保、调解员 100 多人参加培训。受农场邀请，景洪市公安局和司法局的教员分别结合实际讲解了《企事业单位内部治安保卫条例》《治安案件、治安事件、治安灾害事故的预防与处理》《新时期人民调解的性质、任务、职责与纠纷受理范围》等有关法律、法规知识。

2012 年，在创建"平安东风"小城镇建设中，逐步构建"宣传""防控""调解"体系。把普法宣传和政策宣传作为做好综治工作的前提和基础来抓。扎实推进普法工作，与有关部门对接，把常用法律知识印成小册子，发放到职工群众手中，做到一户一册。针对场区职工群众法律意识不强、藐视法律法规、出现的部分群众违法不交承包费及强制占领割胶单元现象，东风农场管理委员会及时制定措施，依托农场机关、站、所、生产队，构建干部直接联系群众制度、"四群教育"制度、挂钩蹲点等活动，逐步建立了三级联动机制，逐步把政策法律知识贯彻落实到基层群众心中，并采取相关措施，主动寻求政府及有关执法机关的支持，使工作取得了一定效果。

2013 年，联合多个部门在小街中心小学、东风广场开展禁毒宣传，共计发放宣传资料 4200 余份，悬挂横幅 2 幅，展出挂图 40 余幅，展板 30 余版，还展出毒品实物麻黄素（小红豆）和鸦片（大烟），提高群众识别和预防毒品能力。

2014 年，联合辖区派出所、景洪市中医院、勐龙镇政府在农贸市场、东风广场、东风俱乐部、曼康湾赶摆场等人流量大的地方，通过设置咨询台、宣传服务点，向过往群众发放宣传单、悬挂宣传横幅等多种形式宣传禁毒、防艾、计生、反恐知识。全年累计发放各种宣传手册、资料5000册，解答群众咨询600余次。

2015年，东风农场按照"预防为主、综合治理、四禁并举"的工作方针，积极联合辖区派出所在人流量大、人员集中区域举办"珍爱生命、远离毒品"禁毒"流动课堂"宣传教育活动。全年组织开展大型禁毒宣传活动3次，发放禁毒宣传单（册）11万份，悬挂横幅12条，张贴宣传画900张。联合辖区3个派出所对13个生产队、158个居民组15~45周岁重点闲散人员开展尿检工作，查出阳性5例。

2016年，对生产队的涉毒人员，进行排查摸底，走访了解真实情况，定期尿检。在辖区重点单位开展"远离毒品、珍爱生命、抵制毒品、打击贩毒"的大规模宣传活动7次，发放禁毒宣传单（册）1.5万份，悬挂横幅12条，张贴禁毒宣传画2000余张。同时，开展反恐防恐、反邪教宣传工作，共组织开展宣传学习会议10场，参会人员500人次；下队入户宣传6次，悬挂宣传横幅9幅，发放各种宣传资料2000多份，挂历海报150多份；粘贴宣传海报87份、宣传标语650份。

五、户籍管理

建场之初，农场常住户口由景洪县公安局允景洪镇派出所管理，场内设有常住人口花名册，进行场内户口管理。

1971年，景洪县公安局将东风农场常住户口移交大勐龙边防派出所管理。

1979年，小街边防派出所建立后，农场一、二、三、七、八、九、十一、十三分场及场直、机关、医院、中学的常住户口归该所管理。四、五、六、十、十二分场常住户口由大勐龙派出所管理。

1980年7月，农场派出所建立后，派出所设立户籍管理。

1987年，全场实行一户一簿的户口簿登记管理，按户口管理的七项登记，以场内管理为主进行。同时，以分场为单位划分户籍段，把2~3个分场划分一片，把户籍管理与治安保卫工作结合起来，由专人负责。

2007年，一分场（原一、十一、十三分场）、二分场（原二、七分场）、三分场（原八、九分场）、五分场（1997年新建）、非公有制发展中心（原农场直属单位）、农场机关、医院、中学（于2005年11月划归地方管理）的常住人口归东风派出所管理，四分场（原三、四、五分场）、六分场（原六、十、十二分场）的常住户口归大勐龙派出所管理。

2020 年，一、二、七、九、十一、直属分场的常住人口归东风派出所管理，三、四、五、六、八、十、十二分场的常住人口归大勐龙派出所管理。

第二节　法治工作

一、审判工作

1958—1970 年，本场未设立人民法庭，场内所发生的刑事案件、民事案件、由西双版纳傣族自治州中级人民法院（一段时间由思茅地区中级人民法院）和景洪县人民法庭受理。

1970—1974 年，农场改建为生产建设兵团，调入大批现役军人。其时，现役军人中，发生的案件由云南军区军事法庭受理。其余案件仍由西双版纳州中级人民法院和景洪县人民法院受理。

1975 年，云南省高级人民法院同云南省农垦总局根据边疆人口集中情况及农场人口比例情况，商定在边疆一线国营农场成立人民法庭。同年 5 月，景洪县东风人民法庭成立。东风人民法庭行政归农场管理，业务受云南省西双版纳州中级人民法院领导。未配备专职干部，处理日常事务由农场武装部或保卫科干部代办。由于机构不健全，职能作用不能发挥，只开展了一些司法行政工作（签发离婚证）和审理简单的民事案件，复杂的民事案件和刑事案件转由西双版纳州中级人民法院、景洪县人民法院审理。

1979 年"中华人民共和国人民法院组织法"颁布后，法庭属西双版纳傣族自治州景洪县人民法院的派出机构，行政仍由农场领导，配备 2 名专职干部。同年开始知青回城，因各城市只接收本市知青，致使离婚案骤增，其中不乏假离婚案，由于该法庭工作人员少，许多案子被当事人强行要求办理，无法进行正常审判和正常结案。

1980 年，该法庭设副庭长 1 名，另配工作人员 2 名，开始进行正常的审判工作。上级业务主管部门给予一定的业务指导，组织学习《中华人民共和国民事诉讼法》《中华人民共和国婚姻法》等法规，正确贯彻人民法院办理民事案件重在调解的原则，使一些民事纠纷得到及时解决。

1984 年底，该法庭改为"人民调解委员会"。因景洪县人民法院按管辖权仍将本场案件转回农场，法庭依然行使审判权，形成一套班子两块牌子（法庭、调解委员会），执行《中华人民共和国民事诉讼法》，按照程序审理案件，依照法律规定巡回办案，就地结案。同时，到边远生产队调解纠纷，利用当事人劳动休息时间进行审理，使当事人未出队便结了案。后来人员几次调动，至 1986 年底，仅剩 1 人办理日常事务。

该法庭在审理民事案件中，认真按照《中华人民共和国民事诉讼法（试行）》的规定，审理民事案件着重进行调解，调解中坚持自愿与合法的原则，并依靠当事人所在单位和基层组织以及当事人亲友做思想工作，使案件早日结案，尽量防止强迫"调解"和久调不决。对于久调不决的案子，法庭将案件处理意见送交景洪县人民法院审判委员会讨论同意后，进行审议、判决。1979—1986 年处理的各类民事案件，大部分是调解结案，采取判决的只有 6 起。

2000 年 8 月，根据景洪市法院做出辖区内农场法庭停止办理案件的决定，撤销农场法庭，停止行使审判权。

二、法制宣传

农场的法制宣传通常由党政办、保卫、宣传、工会等部门负责组织开展，农场法庭在审理案件时，也会进行法制宣传。建场初期，当事人普遍不懂法，审判人员即对之宣读法规，使其学法、懂法、守法，巡回审理时，利用基层人员集中的优势进行法制宣传。

1984 年，农场制定《关于普及法律常识教育的五年规划》，为干部和工人购买《法律常识读本》6000 余册，平均每户 1 册。保卫和宣传科编写普法宣讲材料数十份，培训宣传骨干，在全场宣传法律常识。到 1987 年，组织职工学习"九法一条例"，并进行测验，先后有 1200 多人获得《普及法律常识合格证书》。

1985 年，农场根据上级部署，开始第一个五年普及法律知识教育活动，后陆续开展"二五""三五""四五""五五"普法。采取组织学和自学的两种方式。明确不同人员学习法律的侧重点，主要学习国家当年新出台的法律、法规和条例，学习地方性法规条例。聘请法律顾问，利用农场有线电视台举办法律知识讲座，播放法制教育电视片，举办法律知识竞赛，择时对全场队级以上管理干部集中进行法律、法规知识培训。场办学校未交地方之前，配备法制副校长，定期或不定期对在校学生宣讲法律知识。

2007 年后，经常邀请西双版纳州委党校讲师、州、市级公安局、司法局教员到场，宣讲相关的法律法规知识。2007 年，举办"五五"法制宣传骨干培训班，农场中层领导、机关干部 480 人参加。举办治保调解骨干培训班，各分场级单位治保、调解委员会成员和生产队级治保、调解员 100 余人参加。2009 年，举办中层干部法制教育培训班，农场、分公司全体干部参加。

2013 年，东风农场"法制走边关"活动进入边境沿线生产队、居民组，通过设立咨询台、悬挂横幅、现场讲解和发放宣传单、宣传册等方式，宣传禁毒、防艾知识和计划生育政策法规及尊老爱幼、和睦相处等公民道德知识。

2014 年 12 月 4 日，东风农场与勐龙派出所、东风交警中队在东风俱乐部广场开展宪法日宣传活动，悬挂宣传横幅 4 幅，发放宣传资料 2000 余份，张贴宣传画 10 余张，接受咨询服务 300 余人次。

2015 年，利用宣传月、宣传日和节假日，到辖区主要街道开展"六五"普法宣传活动。以会代训，不定期组织学习国家政策和法律法规，发放法律读本 720 本。

2016 年，依托"法治中国"和"依法治市"开展"七五"普法工作，同时利用安全月、国际禁毒日、世界人口日、世界艾滋病日等宣传日，到辖区内主要街道进行形式多样的普法宣传活动，各类宣传活动中共计发放宣传材料 1 万余份。

2018 年，深化依法治场，推进"七五"普法，成立依法治场工作领导小组及依法执政、依法行政、法治文化、法治宣传 4 个专项组，制定下发《东风管委会全面推进依法治场实施意见》《东风管委会普法依法治理工作要点》等文件。组织学法培训 10 次，600 人次参加培训，110 名参公、参事人员参加学法在线考试，通过率为 94.5%。开展 6 次普法宣传，发放宣传资料 18000 余份，上报法治信息 32 条，法治宣传简报 10 期。

三、调解委员会

1958—1965 年，本场未成立调解委员会，人民调解工作由治保小组代管，生产队发生的民事纠纷大多能得到解决。

1966—1976 年，"调解"工作未正常开展。

1977—1981 年，经过拨乱反正，民事纠纷得以解决，但未正式成立调解组织，调解事务由生产队领导代管。

1981 年 10 月，农场党委发文，全场成立调解组织，全场已经形成上下联通的调解网络，人民法庭内设调解委员会，全场 13 个分场和 5 个分场级单位设调解组织（设在治安保卫委员会内），175 个生产队成立调解小组，调解总人数达 643 人。

调解委员会执行《中华人民共和国人民调解委员会暂行组织通则》，调解一般的民事纠纷，如发生在职工家属中的吵架等纠纷。在调解工作中，按照政策、法令进行调解，一般都是利用生产空余时间开展工作，在各级调解人员的努力下，场内出现的大量民事纠纷都及时得到解决，防止和避免了矛盾的激化。

2013 年，农场成立了信访、诉求、调解、便民、援助"五位一体"的群众服务中心，成功调处各类矛盾纠纷 17 起，在了解民情、沟通民意、满足民愿上做了大量工作。同时，完善矛盾纠纷排查调处机制，提高风险应急处置能力，成功应对并处置了306围堵等一系列突发情况。

2015年，成立人民调解小组14个，260人，通过法律、调解知识培训，260名人民调解员持证上岗，在调处化解矛盾纠纷及法律法规宣传中发挥积极的作用。管理委员会坚持定期开展矛盾纠纷排查化解工作制度，充分发挥司法所人民调解工作室、人民调解委员会的作用，调动各队、组两级矛盾纠纷调解小组成员，实施"组织、制度、责任制、落实、督查"5项保障机制，及时排查调处各类矛盾纠纷。2015年排查出民间小矛盾纠纷33起，化解成功31起；排查出不稳定因素6起，落实稳控工作责任8起，督促办理矛盾纠纷领导包案1件，排查出矛盾纠纷7件，新增并上报重大矛盾纠纷隐患2件。2016年排查矛盾纠纷44件，化解矛盾纠纷39件，化解率为88.6%。

2018年，农场被列为景洪市人民调解"以奖代补"试点单位，将2017年14起"以奖代补"案件申报并全部通过景洪市审核委的审核，兑现案件奖4500元。2018年农场调委会共受理矛盾纠纷共8起，调解成功8起，调解率达100%。

2020年，整合各种资源，发挥各个层面的积极作用，建立立体交叉的矛盾调处网络，建立分场和生产队"两级调解"网格，设立人民调解员。按照"有人管事，有人议事，有人理事，有人办事"的原则，全场共有14个治保队355人，14个人民调解小组226人，聘请法律顾问1人。农场人民调委会全年调解纠纷6起，调解成功6起，调解成功率为100%，为职工群众提供法律咨询38人次。有力地促进了平安建设、法治建设，构建共建、共治、共享的社会治理新格局。

四、依法治场

2015年，东风农场以创建"平安东风"活动为载体，推进依法治场。认真开展"六五"普法工作，利用宣传月、宣传日和节假日，到辖区主要街道开展普法宣传活动，以会代训，不定期组织学习国家政策和法律法规，发放法律读本720本。

2018年，深入开展平安建设工作，以各节假日为契机，联合多部门开展宣传活动，面对面讲解平安知识、测评8个问题。并且，通过入户、微信、广播、黑板报、张贴宣传画报、悬挂横幅等多种方式开展宣传，调动职工群众参与平安建设的积极性。开展争创"平安家庭"活动，评选出"平安家庭示范户"142户，并在颁奖大会面向平安家庭户宣传群众安全感满意度测评8个问题，发放宣传资料，把8个问题知识带回家向家人宣传，发挥好平安家庭示范户的带头引领作用和示范作用，带动身边的群众共同参与平安创建，共同创建"平安东风"。

第三节　武装工作

农场管理委员会不断加强基层治安、调解以及单位治安保卫等基层综合治理维稳组织建设，建立健全群防群治队伍，创新警民协作工作模式，充分发挥群众在治安防范中的作用。"十三五"期间，完善了党政军警民合力强边固防和"五位一体"联控联管体系，持续开展边境地区社会治安整治和开展打击走私专项治理，发动群众积极参与，强化群众边境安全教育。

一、机构沿革

1958年12月，东风农场，前哨农场民兵团成立。

1960年3月，农场调专人到机关负责武装工作，管理民兵事务及军械，与保卫人事科一起办公。

1962年7月，东风农场武装部成立，设副部长1人，仍和保卫科一起办公。

1963年4月，东风农场人民武装委员会成立，吉来喜任主任委员、王玉文任副主任委员，委员5人。同年5月，东风农场武装部成立，设副部长1人，干事3人。各农场设武装干事1人。

1968年，武装工作由总场革命委员会"人保组"接替。

1970年，武装工作归二团司令部管理，配参谋3人。

1975年，重新组建东风农场民兵团，恢复农场武装部。

1984年，武装部和保卫科合署办公。

1988年，武装部和保卫科合署办公，全场有专职武装干事17人，设副部长1人。

1996年，国营东风农场综合治理委员会挂牌成立，武装部、保卫科、社会治安综合治理办公室3个部门合署办公。

2003—2006年，全场合并分场后，有专职武装干事6人。

2006年7月，武装部与保卫科、综合治理办公室分开，农场武装部单独设置专职武装部办公室，并设专职部长、副部长各1人。

2011年属地管理后，农场管理委员会武装部在军分区、景洪市人武部的指导下，负责地方工作和武装工作，全面推动基层武装建设。

2019年，武装部升为科级单位，武装部长进入同级党委班子，享受同级待遇，负责武装、应急、环保、提升人居环境工作，分管党政综合办公室（武装部），挂三分场，设武装干事 1 人，属于事业编制。

二、组织建设

（一）队伍

1958 年 12 月，东风农场民兵团下辖 6 个连，23 个排，55 个班，民兵 694 名。其中基干民兵 6 个连，16 个排，34 个班，共 462 人，王玉文任团长，吉来喜任政委。前哨农场民兵团下辖 5 个连，12 个排，1 个后勤班，1 个卫生班，民兵 354 名。其中基干民兵 5 个连，10 个排，1 个后勤班，1 个卫生班，民兵 269 人，张德珍任团长兼政委。

1960 年，东风农场所辖作业区成立民兵营，生产队成立民兵连，民兵干部由同级行政干部兼任，全团有民兵 2500 人。

1965 年，民兵组织有 1 个团，6 个营，44 个连，33 个直属排，204 个班，全团民兵 2521 名。其中基干民兵 1603 名，民兵干部 221 名。

1970 年，组建为中国人民解放军云南生产建设兵团一师二团，职工均编为兵团战士。1971 年 9 月，组建 5 个武装连，20 个武装班，武装战士共 988 名。

1975 年，恢复东风农场民兵团，下辖 15 个营，45 个连，135 个排，405 个班，民兵 8637 名。

1981 年，贯彻中央〔81〕11 号文件，进行民兵组织调整。整组后，民兵组织建制有 1 个团，5 个连，30 个排，109 个班，民兵 1223 名。其中基干民兵 798 名，执行预备役登记制度，登记预备役官兵 225 名。

1983 年，民兵组织再进行整组，民兵团改为民兵营，建制有 1 个营，12 个连，43 个排，156 个班，民兵 1759 名。其中基干民兵 8 个连，38 个排，128 个班，民兵 1406 名。

1987 年，民兵组织有 1 个营，7 个连，23 个班，民兵 640 名。其中基干民兵 490 名，登记预备役官兵 97 名。

1988 年 3 月，经民兵组织整组后，编制为 1 个营，7 个连，26 个排，78 个班。其中基干民兵 240 人，民兵总数 670 人。

1990 年 4 月，民兵组织整组后，编制为 1 个营，7 个连，28 个排，84 个班。其中基干民兵 140 人，民兵总数 710 人。

1998 年 5 月，民兵组织整组后，编制为 1 个营，7 个连，22 个排，59 个班。其中基干民兵 120 人，民兵总数 640 人。

2002 年 5 月，民兵组织整组后，编制为 1 个营，9 个连，23 个排，70 个班。其中基干民兵 230 人，民兵总数 760 人。

2003 合并分场，2004 年民兵组织整组后，编制为 1 个营，5 个连，22 个排，71 个班。其中基干民兵 285 人，全场共有民兵人数 712 人。

2007 年 4 月，经民兵组织整组后，编制为 1 个营，6 个连，18 个排，58 个班。其中基干民兵 100 人，全场民兵总数 578 人。

2011 年属地管理后，农场民兵组织逐步得到健全，至 2016 年，建有西双版纳州州属民兵应急营 1 个，40 人，民兵应急排 1 个，25 人，普通民兵营 1 个，180 人，其中普通民兵干部有 29 人，包括生产队负责武装兼职干事 13 人，女子民兵小分队 1 个，20 人，医疗小分队 1 个，9 人，全场共有民兵 260 人，已覆盖到全场各基层单位，成为关键时候能够派得出、用得上的一支重要骨干力量。

2016 年，召开民兵组织整组会议，按照民兵组织整组要求，对编组人员超龄、工作调动的情况及时进行调整。明确州属民兵应急营、民兵应急排、女子民兵小分队的人员，主要从农场机关、景观、红卫、东升、温泉生产队中组建。民兵医疗小分队的人员主要从仁济医院组建，普通民兵营的应急班由各生产队从年轻的退役人员和管理人员中组建，一般 10～15 人。

2018 年，民兵组织调整改革整组，围绕落实"平时服务、急时应急、战时应战"的目标，提升应急、专业、特殊分队遂行任务能力，按照"拉得出、用得上、起作用"的要求，编实建强民兵组织队伍。共有民兵 413 人，其中州属民兵应急营营部 1 个，30 人；景洪市应急队伍应急排 1 个，30 人；市专业队伍安全警戒分队（排）1 个，31 人，共计 91 人（党员 32 人、退役军人 38 人）。普通民兵营 1 个，40 人，普通民兵连 3 个，每个连 94 人，共计 322 人（党员 150 人、退役军人 31 人）。

2019 年，按照民兵组织担负任务和潜力布局变化情况，研究民兵组织结构布局，精细化编组整组，共有民兵 502 人。

2020 年，东风农场共有民兵 452 人。

（二）装备

东风农场建场时，由部队带来部分武器有七九步枪、汤姆式冲锋枪、加拿大轻机枪、驳壳手枪、手榴弹等。1960 年，由上级主管部门增发了一部分武器有五〇式冲锋枪、五三式轻机枪、重型武器加农炮等。1970 年组建兵团二团，更新了大部分武器，包括五六式半自动步枪、五四式冲锋枪、五六式班用轻机枪等。1982 年后，又陆续配了一些五六式全自动步枪、五六式冲锋枪等。1985 年，将一部分武器封存，一部分上交，一部分留场执勤使用。

武器管理有专人负责，建有钢筋混凝土的武器库和专用的武器室、柜、架、箱。坚持擦拭和检查制度，做到半月一小擦，一月一大擦；一季一小查，半年一大查。做到了勤擦拭、勤保养、勤检查、无丢失、无损坏、无霉烂、无锈蚀。凡使用枪支均由分场提议，武装部审核，农场领导批准，才能动用。景洪县武装部来场检查，认为本场武器、弹药保管良好，曾两次评定东风农场为"武器、弹药管理先进单位"。

2011年属地管理后，为满足日常训练需要和进一步完善"六个有"和"四无"武装硬件设施建设，农场武装部在经费紧张的情况下每年都筹集资金给基干民兵、民兵干部、武装干事、女子民兵购置配齐服装；景洪市人武部为农场民兵配备通信指挥器材对讲机、警棍、盾牌、头盔等防暴器材以及森林灭火、抗震救灾、抗洪抢险等抢险救灾器材，为应急营部配备迷彩服、迷彩帽、迷彩鞋、腰带、携行具等装具，配置防火防护服，基本达到规范化建设标准。

三、民兵组织活动

根据民兵组织预备役在新形势下的性质、任务，结合农场实际情况组织民兵开展一系列活动，如各分场民兵连、排、班帮助生产队修林间道路，义务献肥；帮助生病胶工代割、代收工作；义务洗水池、修水管、打扫环境卫生；为当地村民群众插秧、种瓜、收稻谷等。

（一）军事训练

建场初期的民兵训练坚持"一手拿锄，一手拿枪"的原则，采用"劳武结合""上下结合"的方式，上午劳动，下午训练，平时生产，假日训练。农场负责训练骨干，生产队负责训练民兵。训练内容有：时事政策，武器常识，单兵技术，班攻防战术，构筑工事等。1964年，民兵训练改在冬春季节进行，当年训练时间为一个月，训练人数1953名，占民兵总数的98%。

"文革"初期，民兵训练受到干扰。知识青年大批到场后，民兵人数剧增，训练采取分期分批进行，方式也多样化。1977年，全场有专职武装干事19人，其中培训15人；民兵干部262人，其中培训100人；武装连15个，参加训练12个连，人数2118名；基干民兵4226名，参加训练1084名。按参加射击的3202名民兵统计，优秀804名，良好792名，及格813名，不及格793名。

1979年后，军事训练多在基干民兵中进行。1984年始，民兵干部和技术兵的训练由县人武部掌握，当年11月，景洪县人民武装部奖给本场"基干民兵训练第一名"锦旗一面。

1987年后，农场的军事训练由景洪市人武部统一计划安排，民兵军事训练根据农场的实际情况进行，一般在停割以后进行，全场民兵连轮流训练，训练主要是基干民兵。训练内容有队列、投弹、射击、军体拳等课目，民兵参加军事训练人数 1362 人次。2003年、2004 年两年被景洪市武装部评为"军事训练先进单位"。

2011 年后，民兵训练严格按照景洪市人武部下达的年度基干民兵训练任务制定《东风农场民兵军事训练方案及民兵军事训练计划》，以抢险救灾、维稳、反恐、队列等科目为主，强化基础专业技能和应用技能训练，采取集中与分片组织相结合的办法组织基干民兵训练。同时积极组织人员参加基干民兵基地化轮训，包括参加军分区基干民兵集中轮训和勐龙镇集训点专业队伍基干民兵集中轮训。

除基干民兵训练外，还不定期组织必要的应急演练或点验活动和武装巡逻工作，积极配合上级开展党、政、军、警、民联合走边关等活动。2009 年 7 月 6—20 日，西双版纳州军警民"六联"试点联合演练在东风农场举行，景洪市人武部、市人防办、市公安局、市森林公安局、市公安边防大队、西双版纳州森警大队、驻地部队、东风农场、勐龙镇等单位 100 余人，就"联训、联防、联勤、联动、联建、联管"内容、方法、程序进行联合演练，东风农场派出 30 名基干民兵参加。2015 年 3 月 23—25 日，响应西双版纳全州民兵应急演练的号召，东风农场武装部挑选出 25 名"精兵强将"与边防某部 2 连协同配合，顺利完成包括武装边防巡逻在内的全部演练科目，提高了农场民兵的应急能力、战斗力和实战化水平。

（二）政治教育

民兵的政治教育的形式：一是在军事训练时，划出 1/10 的时间组织民兵学政治；二是除参加职工一起学习外，还单独对民兵进行一月一次的政治课教育；三是组织民兵参加拥军优属、为民服务等社会活动，使民兵在社会活动中受到教育。

民兵的政治学习的内容有：时事政策、战备形势、民兵任务、英雄人物事迹、光荣传统、遵纪守法等。1984 年，全场有 9 个民兵连，5 个民兵排开了课，集中学习了《兵役法》，受教育面达 9500 多人次。民兵自学小组 39 个，参加者 291 人。民兵义务为群众照相 50 次，修理单车 410 辆，理发 1676 人次。民兵组织在生产中起到了骨干作用，被评为文明单位的有民兵排 1 个、班 13 个、家庭 15 个、生产队 19 个。受到分场、农场、分局奖励的民兵有 166 人。

1987 年后，为保证民兵组织队伍纯洁可靠，每年在民兵组织整组期间都要对全场民兵进行整顿学习，组织民兵学习《民兵工作条例》《中华人民共和国兵役法》《中华人民共和国国防法》。组织民兵进行爱国主义、革命英雄主义教育并到大勐龙革命烈士纪念碑前宣誓。农场武装部还为各民兵连订阅《中国民兵》《西南民兵》《国防报》等刊物。农场武装部先后 13 次受到西双版纳州政府、军分区、景洪市人民政府、景洪市武装部的奖励。李进昌、郭文元荣立个人"三等功"1 次，黄平波荣立"三等功"2 次，四分场民兵连、五分场民兵连各获集体"三等功"1 次。

2011 年属地管理后，农场党委把民兵组织工作摆上党委议事日程，党政主要领导为民兵上党课，指导民兵训练。农场武装部以上级武装部年度工作指示为依据，按照"抓备战、强素质、求发展、上台阶"的工作思路，重点抓民兵政治教育，于年初制定《民兵政治教育计划》，以上大课或报告会的形式组织开展民兵政治教育，确保党对民兵的绝对领导，每年组织教育活动 2～3 次，受教育民兵 200 余人次。

2017 年，按照农场管理委员会党委深入学习党的十八大精神的要求，制定了《东风农场管理委员会民兵政治教育计划》，把《国防法》《兵役法》《民兵工作条例》等法律法规纳入教育学习内容，以开展民兵教育、培训、训练为抓手，通过召开专题报告会、集中动员会等形式组织开展民兵政治教育，确保党对民兵的绝对领导。2017 年共开展政治教育活动 3 场次，参加人数 200 人次。

2018 年，农场企业化改革，职工群众思想活跃、利益诉求复杂、新旧矛盾交织、维稳压力增大，农场党委广泛开展人民战争思想和全民国防教育，加强党史、军史和国防动员史教育，加强党对军队的绝对领导、民兵光荣传统和职能使命、形势战备教育，不断引导广大民兵传承红色基因、担当强军重任，确保了民兵队伍思想不乱、阵地不丢、队伍不散，实现了在思想上、政治上、组织上始终与上级保持高度一致。2018 年共开展政治教育活动 20 场次，参加人数 700 人次；2019 年共开展政治教育活动 24 场次，参加人数 800 人次。

（三）强边固防

民兵执勤主要在两个方面：对外参加当地军民联防，配合部队、地方民兵参加伏击、堵卡、搜山、支前、抓捕企图越境外逃犯、歼灭入侵之敌等；对内配合治安保卫部门，站岗、巡逻、破案、看守、打击刑事犯罪分子，保卫场内重大目标等。

1958—1982 年，农场民兵配合部队作战 14 次，抓获敌特、外逃犯 7 名，击毙敌特 10 名，缴获武器、军用器材、反动传单等 600 多件。农场民兵单独堵卡，抓获敌、特、外逃犯 24 名。1960 年 12 月至 1961 年 1 月，民兵两次支前 700 人，完成任务出色，有 461 人立功受奖。

1968 年 3 月和 8 月，先后有民兵 200 人、80 人参加波荷战斗、三岔河战斗，有 35 人受到思茅军分区的表彰；卫生员李桂秀被军分区命名为"战地模范卫生员"。

1981—1985 年，农场民兵共计执勤 7284 人次，其中守护场内重大目标，如大桥、仓库等，执勤 4388 人次；傣历年执勤 456 人次；抓捕、看守、押送犯人执勤 1137 人次；其他执勤 1303 人次。执勤期间抓获犯人 30 名。

1988—2007 年，全场民兵重大执勤任务是护场、护胶。参加治安巡逻 13360 人次，抓捕、看守、押送犯罪嫌疑人 1543 人次，其他执勤 3266 人次，抓获各类违法犯罪嫌疑人 126 人。

2011 年属地管理后，不断健全落实党、政、军、警、民合力强边固防机制。把打击整治跨境违法犯罪工作纳入重要议事日程，强化整体联动、形成合力，切实履行领导辖区工作主体责任，加强边境管控，配合各级相关职能部门及辖区派出所做好打击涉枪、赌、毒、爆，打击走私、打击野生动物贩卖非法交易等工作。在与缅甸仅有一河之隔的九分场（东河生产队）设置抵边生产队 5 个，沿边生产队 14 个，在公路沿线打造了一条 28 千米 51 块宣传栏的边疆党建长廊，内容包括国家政策法律法规、党规党纪、统一战线与平安建设、保护环境和安全生产；涵盖禁毒、禁赌、反邪教、反传销、反家庭暴力；社会主义核心价值观、跟党走、听党话以及《中国共产党党内监督条例》《廉洁自律准则》等，时刻教育和提醒农场职工群众遵纪守法。为加强边境分场职工群众的法治意识，农场还以打击整治跨境违法犯罪专项行动为契机，到边境生产队入户宣传，重点宣传讲解《国家安全法》《反恐怖主义法》《反间谍法》《网络安全法》等法律法规，张贴《关于打击跨境违法犯罪活动举报奖励办法的通告》《关于严厉打击偷越国（边）境违法犯罪行为的通告》等各类通告、标语横幅，发放宣传单，以微信群、QQ 群转发信息等方式，提高职工群众的防范意识。

2020 年，完善立体化防控体系建设，加大人防、物防、技防的建设力度，为建设平安、和谐的东风提供有力安全保障。综治巡逻队达到 759 人。全场 158 个网格、191 名网格员，配齐配强网格长和网格员队伍，做到把社会风险预警在先、防范在前。推进防控精细化，在抵边分场建盖 5 个移动板房，添置 5 台执法记录仪、5 台对讲机、10 个钢叉、20 根甩棍等安保器材；在重大风险源、重点单位、重点部位安装视频监控探头 550 个。精准打击整治跨境违法犯罪，在抵边分场设置 4 个防控点，3 个分段开展 24 小时巡逻值守，共出动 101220 人次，查获偷渡人员 489 人、拟偷渡人员 641 人、运送其他人员 12 人，车 8 辆、摩托车 2 辆。

（四）拥军优属

农场拥军优属工作由武装部配合行政部门进行。多年来，凡逢年过节都召开烈军属座谈会，征求意见，进行慰问。对有困难的家庭给予救济和照顾。不少分场的民兵和共青团员还定期帮助烈军属搞生产，给烈军属挑水、送柴。1984 年始，对应征入伍青年的家属实行一次性补助制度。

1986年始，实行固定性补助制度，对在职工人应征入伍者，每人每月补助33.3元；学生应征入伍者，每人每月补助31.8元。1987年8月，中共西双版纳州委、州人民政府授予本场"拥军优属先进单位"称号。

1988—2006年，农场对回场的153名退伍军人，根据他们的特长在同等条件下优先安置就业，解决其后顾之忧，较好完成退伍兵安置工作，得到上级肯定。每逢"八一"建军节，农场拿出资金慰问当地驻军，春节期间还常与驻军联欢。2006年被西双版纳州、景洪市人民政府授予"拥军优属先进单位"称号。

2011年属地管理后，农场党委坚持宣传到位、教育到位、创建到位的总体思路，广泛开展各种形式的双拥活动，不断密切党、政、军、民血肉联系，营造爱国拥军、爱民奉献、军民和谐、共创共建的浓厚氛围。结合农场实际，协助有关部门做好拥军优属、退役军人安置、涉军维权和军烈属抚恤优待工作，认真贯彻落实《军人抚恤优待条例》，关注、关心、关爱现役军人和困难军人家属，把党和各级政府给予军人家属的政策不折不扣地落实到位，帮助解决他们在生活上的难题。每年"春节""八一"期间，看望慰问伤残军人、军烈属及现役军人，"八一"建军节期间，还组织退伍老兵及边防某部二连官兵开展"八一"座谈会。军政、军民关系密切，为农场各项工作的开展发挥了积极作用。

2019年，根据《景洪市退役军人事务局关于开展悬挂"光荣之家"牌匾活动的通知》，农场管理委员会通过广播、微信、QQ等多种方式对悬挂光荣牌工作进行宣传报道，同时宣传国家优抚政策，在全场营造尊重退役军人、尊崇现役军人的浓厚氛围。4月23日召开为烈属、军属和退役军人等家庭悬挂"光荣之家"牌匾活动工作会议，举行集中悬挂仪式，共悬挂825块，弘扬拥军优属优良传统，增强军属家庭自豪感、光荣感、荣誉感。

截至2020年，建立退役军人服务保障体系，东风农场场部和13个分场基层退役军人服务站点挂牌成立，实现退役军人服务站点全覆盖，形成横向到边、纵向到底的"三级管理"的工作体系。东风农场完成录入退役军人信息880人，完成全场880户家庭"光荣之家"牌匾悬挂工作，完成农场退役军人就业、创业信息采集归类及汇总工作。经统计，东风农场创业、就业人员880人，未就业人员15人，有就业意愿22人，有创业意愿33人，有培训意愿67人，为全面准确掌握景洪全市退役军人就业创业、培训需求及今后各项政策的制定和落实提供可靠的数据支撑，助力退役军人就业创业。

（五）其他任务

农场民兵担负着急、难、险、重的任务，有应急营、应急排和应急分队，在抢险救灾的工作中始终走在前列，并制定了《武装部行动预案》《东风农场民兵动员预案》《东风农场抗震救灾预案》《东风农场森林防火预案》《东风农场维护社会行动预案》《东风农场民兵快速结集方案》《东风农场民兵抢险救灾方案》等一系列应急预案。辖区内出现险情时，农场民兵第一时间出现在抢险救灾前线，坚定"有险必抢，抢则必胜"的信念，保护辖区职工群众的生命财产安全，险情过后，还帮助受灾群众灾后重建，修复房屋。

民兵在维护社会治安的同时，在护林保胶工作中也发挥了主力军作用。其中，2004年10月17日，六分场联防队员张胜辉和其他队员在执行护林保胶任务中，为保护橡胶产品，在抓捕2名不法盗胶分子时，挺身而出与不法分子展开英勇博斗，被歹徒持刀砍伤，张胜辉在严重受伤后，仍紧紧抱住歹徒不放，在及时赶上来的联防队员的配合下制服了歹徒，为企业挽回了经济损失。张胜辉用自己的行动，代表农场民兵组织对党、对人民、对事业的忠诚，用满腔热血谱写了一曲新时代见义勇为的壮歌。据不完全统计，1988—2007年东风农场民兵参加护林保胶31526人次，护林面积达126万亩，抓获重大偷胶、破坏割胶生产犯罪分子74人。

每年组织民兵开展防灾、减灾、救灾专项技能训（演）练及森林防火演练，参加生产队、居民组道路维修、水池清洗、水管维修等义务劳动，协助非洲猪瘟防控查缉点，确保不放过任何可能运输生猪及肉制品车辆，降低疫情在境内发生的可能。配合派出所协助重要节庆及重大活动的安保街面巡逻，依托国界线、242界碑，开展走边关、打击边境线走私护私安全巡逻活动，充分发挥抢险救灾突击队作用。

2020年受疫情影响，建立完善应急机制，确保一旦发生境外疫情引发边民涌入时，能够立即动员社会各方面力量及时采取有效措施。组建759人的应急队伍（东风农场管理委员会90人、分场669人），承担疫情人员核查以及突发事件处置。对辖区14.3千米边境线划分为3段，设置总段长1人、常务副段长1人、分段长6人，每段1支巡逻队伍开展24小时巡逻；全场分为13片，设一级片长1人（农场党委书记、管理委员会主任担任）、二级片长12人（农场领导按挂钩分场分片）、三级片长13人（各分场党总支书记担任）、四级片长158人（各生产队队长担任），共设疫情监测点163个，出动值守巡逻力量482人，其中针对1个边境分场、5个边境生产队和3条边境通道，设置防控点4个，每天出动综合治理队员18人值守。针对辖区3条边境便道成立防止边民涌入应急队伍3支，每支队伍由24名综合治理队员、4名警力、2～3名医护人员组成。全面筑牢疫情联防联控的防线，加强与其他乡镇、农场的信息交流，进一步建立、健全协作机制，加强联防联控，形成防控工作合力，全年共出动24人、210天、504人次共同开展防控工作。

四、征兵工作

1973 年，农场知识青年经群众和组织推荐，有 60 人应征入伍。1976—1982 年，共应征入伍 31 人（3 年无征兵任务）。

1983 年后，农场实行家庭承包责任制，应征青年担心走后影响家庭收入，加上对应征青年文化条件要求提高，使征兵工作增加了难度。通过宣传《兵役法》开展向"两山"英雄学习，落实应征入伍青年家属的优抚政策后，报名参军的人数逐渐增多。1983—1987 年，上级下达农场征兵任务 46 人，报名人数达到 908 名，实际应征入伍 48 名。西双版纳州人民政府、西双版纳军分区两次授予农场"征兵工作先进单位"称号，景洪县人民政府奖给农场"兵之源"奖牌一块。

1987 年后，农场征兵工作是按照景洪市政府、市人民武装部下达名额、指标和严格的征兵工作规定执行的，年年完成或超额完成征兵任务，据 1988—2006 年征兵工作统计，有 1216 人应征报名，入伍青年 153 人，其中参加中国人民解放军 120 人、参加中国人民武装警察部队 32 人、参加空军部队 1 人。被西双版纳州武装委员会、军分区授予农场"兵之源"奖牌，连续 5 年被景洪市人民政府、市人民武装部评为"征兵工作先进单位"。

2011 年属地管理后，为更好地开展征兵工作，农场武装部不断拓展征兵宣传方式，组织各基层单位武装干事和征兵宣传员，在农场俱乐部广场以流动宣传车、咨询台、播放影碟、散发资料等形式向群众宣传依法服兵役是每个公民应尽的义务。严格按照高标准、高学历、保证兵源质量的工作原则，结合农场实际，做好兵役登记、初检初审、确定预征对象等工作，协助上级兵役机关搞好征兵体检、政审和走访以及发放服装、组织欢送、新兵运输等工作，征兵工作做到公开、公正、公平，接受人民群众监督，并设有举报电话。

2015 年开始，高标准、高学历、高质量完成征兵工作，全年送检 35 人，应征入伍 13 人，其中大学生 3 人，女兵 1 人；2016 年送检 32 人，应征入伍 11 人，其中专科学历 3 人、高中学历 8 人；2017 年应征报名 26 人，入伍 2 人；2018 年应征报名 24 人，入伍 4 人；2019 年应征报名 42 人，入伍 7 人，其中大学生 6 人。新兵质量较往年都有了明显提高，圆满完成了上级下达的征兵任务。

五、军警民共建

2019 年，根据《中共景洪市委办公室印发〈关于组建边境乡镇军警民共建联合党工委的实施意见〉的通知》要求，农场党委将军、警、民共建联合党工委工作纳入议事日程，积极主动联系驻地军警，及时召开联席会议，统一思想，取得共识，完善边境乡镇军警民共建联合党工委组建工作。充分发挥边境乡镇军警民的各方优势，全面推进边疆党建长廊建设工作，拓展军警民共驻共建的服务功能，实现"基层党组织有新活力、党员素质有新提高、组织生活有新提升、服务群众有新举措、边疆稳固有新成效、边疆发展有新突破"的目标，使边境乡镇军警民共建联合党工委成为边境地区推动科学发展的组织核心、维护边境安宁的坚固基石、抵御敌对势力渗透的钢铁长城，为边境繁荣稳定提供坚强的政治保障。

第二章　场群关系

自建场开始，东风农场的各分场、生产队就和附近的民族村寨坐落相间，158 个居民小组与勐龙镇 22 个村委会、169 个村民小组、8 万多名民族兄弟交错居住生活在一起，当地农民在农场土地范围内耕种有 29 个村，108 户，用地 600 余亩，形成民族杂居地区。附近的民族村寨包括傣族、哈尼族、拉祜族、布朗族、基诺族、白族、蒙古族、壮族、苗族、回族、彝族等少数民族，农场职工中也有不少当地少数民族，所以做好民族工作对搞好场群关系尤为重要。

建场初期，东风、前哨、大勐龙 3 个农场党委对民族工作都十分重视。东风农场 1958 年 3 月中旬建场，3 月 28 日下发《关于政治工作的八条要求》的文件，其中就提出：要认真执行党的民族政策，尊重兄弟民族的风俗习惯。要求各生产队派 1~2 人到附近村寨去帮助工作或组织放牛。广大职工发扬党的光荣传统，维护民族群众利益，广泛开展做好事活动。农场和民族之间互相支持和帮助，关系十分融洽。

1965 年，贯彻中共云南省委关于国营农场要发挥"三个队"（生产队、工作队、战斗队）作用的指示，总场成立了办公室，全场派出 121 人的工作组进村，帮助兄弟民族发展生产，宣传党的民族政策，开展文化活动，组织民兵联防队。

"文化大革命"中，民族工作基本停止。1970 年至 1971 年 6 月，在上级政府领导下，农场曾派出部分职工参加当地政府组织的工作队，到民族村寨工作。

党的十一届三中全会后，党的民族政策得到落实。农场成立了民族科，分场配备民族干事。在全体职工中进行了党的民族政策再教育，会同当地政府妥善处理了场群纠纷，积极帮助少数民族发展生产，改善物质文化生活，共同建设文明村，使场群关系明显改善，民族团结进一步加强，促进农场和边疆建设的发展与社会的稳定。

1984 年 4 月，两区一场联席会议做出开展"场群共建文明村活动"的决定，农场成立共建领导小组，制定"共建"标准和实施办法，农场民族工作进入了一个新的阶段。

1988 年，农场将每年 4 月定为"民族团结月"，动员职工主动与民族群众开展团结互助活动。

1989 年后，农场党委围绕民族工作"共同团结奋斗，共同繁荣发展"的主题，始终将民族团结、场群共建文明、场地协作发展摆在重要议事日程，并在组织和制度上予以保证。同时，在全体职工中进行了党的民族政策再教育，会同当地政府妥善处理场群间存在的问题和矛盾，积极帮助少数民族发展生产，改善物质文化生活，共同建设文明示范村，进一步改善场群关系，加强民族团结，促进农场和当地经济的发展与社会的稳定。

第一节 民族工作

一、机构设置

建场初期，民族工作由党委办公室和行政办公室负责。

1965年，在总场政治部，各农场政治处内配备了7名专职民族工作干部。1974年，全场配备14名民族工作干部。

1981年，农场成立民族科，配备科长1名，干事2人，各分场配备民族干事1人（全场15人，其中专职10人，兼武装干事5人）。民族工作由一名党委副书记兼管。

1988年，农场设民族工作科，配备科长1名，副科长1名，干事1名。2003年后，各分场也配备民族干事1人，全场有专兼职民族工作干部10人，民族工作由1名党委副书记或副场长兼管。

2018年，东风农场管理委员会设综合治理办公室，负责场区民族工作。

二、农场支援地方发展

自1957年开始，大批的开荒者到达勐龙坝，在建设农场的同时，派遣职工帮助当地少数民族生产劳作，仅1960年，就支援傣族群众秋收用工1500个，帮助放牛用工1040个，派到村寨的工作组，用工1890个；1966年，帮助少数民族犁田476亩，插秧90亩，收获稻谷6.36万斤；1960—1963年，帮助村寨建起砖瓦窑3个，培训技术工37名。农场职工还指导当地少数民族种植橡胶，1963—1966年共帮助少数民族定植橡胶3700亩。

农场除了在生产生活上给予当地少数民族帮助，还派遣部分干部职工到村寨、山区在农业科技、文化教育等方面给予指导和帮助。1958—1963年，东风、前哨、大勐龙3个农场，抽调干部、工人100多名到勐龙区、景洪县参加边沿山区武工队和从事水利、商业、邮电等项工作。1964—1966年，总场抽调知识青年和有文化的职工200多人，到思茅专区各县担任乡村教师。

1972 年农场电站建成投产，指导和帮助附近少数民族村寨架设电线，向附近村寨送电，使部分群众用上了电，生产生活发生了巨大变化。1972—1987 年，共架设电线 41.5 千米，向 94 个村寨、两个区的 31 个机关单位送电。每年供电 130 万千瓦时，使两个区大部分群众用上电灯，安装了打米机、抽水机、锯木机、弹棉花机等 500 多台，促使村民购置了收音机、收录机、电视机 3300 多部。

1976—1985 年，农场先后架起 6 座永久性的大桥，使沿河两岸的群众不为过河发愁，结束了当地群众雨季靠竹筏过河的历史。1980 年后，农场每年从利润中提取 3％支援两区建设，到 1987 年累计达到 323.19 万元。

1981 年，农场帮助少数民族大力发展橡胶，并提供技术指导。从规划、开垦梯田到育苗、芽接、定植、管理，从培训割胶工到割胶、胶乳加工，在橡胶生产的每一道工序上，农场都派人到现场给民族干部、村民做示范作业，并传授技术。为少数民族提供物资支援，供给橡胶苗、芽条、胶刀、胶碗、胶舌、胶桶、磨石等，有部分物资未收费。场群联营，农场出资金、出技术、出种苗，村寨出土地、出劳力，合股经营，林权双方所有，收益后利润三七分成（农场三成，农村七成），1981—1984 年，场群联营橡胶累计达到522.9 亩。到 1987 年，农场支付联营投资 10.68 万元。

在帮助当地村寨开展橡胶生产的同时，农场还协助村寨开挖鱼塘，架设电线，修桥铺路。1981—2007 年，农场帮助村寨推挖鱼塘 570.6 亩，其中 336.8 亩未收费；推挖水沟59791.8 米，其中 42986 米未收费；推挖地基 15472 平方米，其中 6169 平方米未收费；推挖道路 118.2 千米，其中 67.9 千米未收费；修涵洞 240 个，其中 216 个未收取费用；砌围墙 14516 米，其中 14060 米未收取费用；修理电器 2033 台（件），其中 1623 台（件）未收取费用；架设电线 101.90 千米，无偿提供电杆 41931 根；安装水管 6444 米，其中52882 米未收取费用；加工粮食 46929 千克，其中 331239 千克未收取费用；运输 100898吨/千米。

2000 年后，农场集中小城镇建设，投入大量资金进行基础设施建设，东风小城镇的建设，不仅方便了农场职工，也为附近村寨民族群众提供了便利。2000—2007 年，农场分公司投资 796 万元维修乡柏油路面；投资 1850 万元进行东风集镇基础设施建设，便利村民交通，改善经商条件；投资 1400 万元建设东风自来水厂，为东风城镇附近 1 万多村民提供了生产、生活用水。2005 年，东风城镇举办农副产品交易会，人员日达 30000 余人，最高日达 37000 余人，进入城镇街道机动车辆高峰日高达 6000 余辆；村民进入城镇交易农副产品达到 600 余人，占城镇经商人数的 40％左右，呈现出团结、和谐、繁荣的新景象。

农场自 1958 年在曼别傣族村寨建立第一所小学起就开始招收当地民族学生，1965 年专设 4 个民族班，接收民族学生 165 名。1965 年成立农业初级中学，办一个混合班，接收民族学生 14 名。党的十一届三中全会后，民族学生又陆续增多，直至 2005 年 11 月农场学校移交地方政府管理前，为边疆少数民族地区培养了众多有文化的劳动者和专业人才。1958—2005 年，农场中小学校接收民族学生 4641 人（次）。

农场医院、卫生所自建立之日起就坚持为少数民族看病治病，农场医院为方便群众就医，先后吸收具有初中文化程度的傣族、哈尼族各 3 人担任护士工作；医院各科室门牌上，既写汉文，也写傣文，方便群众就医。医务人员还经常到村寨给群众看病治病，对经济困难的村民实行免费、少收费，直至 2010 年移交景洪市卫生局管理。1980 年以前缺少资料统计；1981—1987 年，给少数民族治病 17.95 万人次，接收住院 2.6 万人次，其中 1568 人未收费，少收费 6534 元；1988—2007 年，农场医院和各级医疗点为当地民族群众看病门诊 228489 人次，住院 59500 人次，抢救急性病人 4861 人次。

农场为丰富职工的业余生活经常组织播放电影，附近村寨的少数民族群众也可到场观看，20 世纪 60 年代实行半价优待，70 年代后取消收费，遇到重大节日时，还到村寨为少数民族群众放映专场，1981—1987 年共免费放电影 615 场。1980 年农场建立起电视差转台，两个区的大部分群众都可以看到播放的电视节目。1986 年 1 月建成卫星电视地面接收站并投入使用，模拟电视信号覆盖场区和原小街乡、勐龙镇的大部分村寨，极大地丰富了当地居民的文化生活。

2007 年，农场、分公司把当地民族村寨的社会主义新农村建设作为改善场群关系、加强民族团结、促进共同发展、构建和谐社会的一项重要内容来抓。先后赞助曼景湾村修路使用的水泥 50 吨，合 1.75 万元；赞助叭尖村修路使用的水泥 20 吨，合 0.7 万元；赞助南盆中寨修沙石路 0.5 万元；赞助贺南东新村修沙石路 0.2 万元；赞助红堡村修水泥路 5 万元；赞助曼扎罕丙村引水工程 0.5 元；为曼勐村修长 860 米、宽 10 米的沙石路，投资 96 万元；为曼掌村修长 460 米、宽 6 米的水泥路，投资 30 万元，共计投入 134.65 万元。

2008 年，东风农场、东风分公司向勐龙镇嘎园村委会曼掌村民小组赠送水泥 30 吨、向勐龙镇坝卡村委会向东寨赠送水泥 20 吨，支援该村新农村建设。

2013 年 1 月，东风农场中林生产队五组出资 3150 元购买水泥与勐龙镇嘎囡村委会曼掌村民小组共同修复林间道路 410 米。8—11 月，东风农场东林生产队与勐龙镇贺南东村委会前卫村民小组共同投资 90 余万元实施道路硬化 1600 米，解决了 1500 余人出行难的问题。

2017 年 12 月东风农场被纳入景洪市扶贫工作挂包帮单位后，重点帮助勐龙镇曼宛注村委会曼札坎少村小组以及该村 27 户建档立卡贫困户。通过开展"挂包帮、转走访"工作，力所能及地为挂钩村群众办好事、实事，按照"因地制宜、分类指导、精准识别、精准管理、精准帮扶、精准脱贫"原则，找准致贫原因，制定帮扶措施，精准施策，于 2019 年末全部脱贫出列。

三、地方支持农场建设

建场时，当地群众帮助农场打草排、盖房子。没有菜送菜，没有米借米，房子盖好后，勐龙区曼坡村的群众到六队祝贺，给每户职工送一只小鸡表示吉祥，称六队为"上曼坡"，本村为"下曼坡"，表示亲如一家。

1961 年试验站迎接知青建房，在山上砍木料 10 立方米，无劳力运回，曼南坎村干部动员全村村民帮助运输（距离 3 千米），用数十头水牛将木料拉到试验站。1964 年，民族群众帮助农场围篱笆 1800 米；1965 年，帮助农场林地铲草 30 亩，收水稻 140 亩，收玉米、花生、小饭豆 20400 斤。风光农场基建队失火，附近 9 个村寨的群众赶来抢救，支援草排 1259 片、竹子 155 根、茅草 26 捆、竹篾 72 把、布票 195.4 尺①、布 32 尺、钱 130 元。

党的十一届三中全会以后，场群关系进一步改善，民族群众帮助农场的事例更多了。1981—1987 年，民族群众帮助农场犁水田 422.2 亩、插秧 422 亩、支援稻种 1000 斤、收获花生 45 亩、管林地 750 亩、砍坝 52 亩、修水沟 765 米、送胶乳 875 吨，支援竹竿、竹条 25083 根，烤胶用柴 128 立方米，优质肥料 7.8 亿斤，放电影 11 场，演出 35 场，派出长年护林员 98 人。其中小街区曼养广乡曼燕村岩帕，1982 年 2 月到七分场五队当护林员，吃住在林地，日夜巡逻，从不离开岗位，岩帕看守的林地从无牛害。1985 年，农场的橡胶得了白粉病，严重影响了干胶生产，勐龙区曼戈龙下寨的群众，在干部的带动下，家家户户积肥料，送到四分场七队林地里，合计有 7.8 万斤。多年来，两个区的大部分村寨把保护农场橡胶工作订在自己的乡规民约里，小街区贺南东新寨和三分场 4 个生产队相邻，他们教育群众遵守公约，多年来，没有人拣过农场的泥杂胶，也没有人放牛损害过农场的橡胶树。

1988—2007 年，勐龙镇、小街乡各村寨为农场橡胶提供有机肥 7218098 千克，为建设中幼林防牛工程提供防牛桩 63138 根，支援竹子 178017 根，协助农场护林员 160 人次，帮助管理橡胶林 14799 亩，犁田 30274 亩，栽秧 6565 亩，收割谷子 24919 亩。

---

① 尺为非法定计量单位，1 尺约为 33.33 厘米。

2003年，小街乡曼老村民小组的干部群众克服传统习俗制约，为农场建设"龙泉公墓"提供便利，得到全场干部职工，特别是离退休老同志的称颂。曼康湾村民小组干部为农场小城镇建设发展主动做村民的思想工作，对农场规划内的该村土地17亩，经协商后，与农场土地同等面积调换，确保了农场小城镇建设的顺利进行，受到广大职工、村民的好评。

四、民族团结

一直以来，有关场群关系、民族团结的事项，均由农场与县（市）、区（镇）协商解决。

1958—1966年，农场民兵、村寨民兵和当地驻军一起组织军民联防，担负边境巡逻、守护场区、保卫群众等任务。多次配合部队堵卡、搜捕、追歼入境之敌。农场还负责帮助村寨培训民兵，仅1966年就培训356名。

1980年冬至1981年春，农场党委共召开四次扩大会议，组织分场级领导干部开展"全国人民大团结是一项基本国策""平等、团结、互助、和谐的社会主义民族关系""农场离不开当地民族，当地民族离不开农场"的教育，确定了四条原则：一是党的民族政策必须落实；二是民族群众的利益必须兼顾；三是对当地党委和政府必须尊重；四是农场的各项工作都必须从边疆多民族的特点出发，有利于边疆稳定，有利于民族团结，有利于发展生产，有利于改善生活，和少数民族走共同富裕的道路。农场党委扩大会议之后，下属各单位采取大会报告、下队讲课、有线广播等形式向全体职工广泛深入地进行党的民族政策再教育。1981年起，农场每年都请两个区的领导人和部分乡、村代表到农场开1~2次联席会，总结交流经验，表彰先进，商讨下年度的工作，并和地方达成了"改善场群关系，增强民族团结"的协议。1982年，制定了"场群公约"。

在进行民族政策教育提高认识的基础上，农场各单位普遍进行了执行民族政策情况大检查，领导带头，走村串户，广泛听取民族干部和村民的意见与要求。检查中发现一些如砍伤群众牲畜、土地争执、侵害群众利益等问题，农场在处理这些问题时，尊重地方政府意见，照顾民族群众利益，该赔偿的赔偿，该道歉的道歉，对有争执的土地，能归还的归还，能调换的调换，不能归还调换的，或换工或赔款做了赔偿。1981—1982年，农场让出土地1030亩。1983年后，又陆续让出土地2570亩。

1982年开始开展"文明礼貌月"活动，1983年开始开展"民族团结月"活动，广大职工走进村寨、走上街头为少数民族做好事，并一直延续下来。

2015年，全场开始民族团结进步示范创建工作，为开展好民族团结进步创建活动，管理委员会加大宣传力度，利用会议、板报、墙报、宣传栏、广播等形式，深入生产队、居民组、校园开展宣传教育活动，向广大群众宣传民族团结创建、普法、民族宗教、禁毒防艾、反邪教等知识。利用各种会议对干部进行民族团结进步知识培训，搭建民族团结进步文化交流平台，组织开展民族传统体育文化活动，生产队与周边村寨联合举办晚会，丰富精神文化生活，使民族同胞在增进了解、相互沟通的同时，交流文化、交流感情、增进友谊。

为进一步改善场群关系，加强民族团结，促进共同发展，做到上下工作畅通，及时化解各类场群矛盾，建立长效工作机制，逐步改善职工群众居住环境条件，完成环境建设工程，如厕所、门球场、垃圾池、饮水工程、龙泉公墓扩建工程等基础设施建设；帮助职工群众落实支农、强农、惠农政策，大力宣传信贷政策，鼓励群众创业致富；抓好信教群众的思想建设、组织建设、制度建设，加强宗教教职人员的政治思想教育工作，深入基层，为信教群众排忧解难，组织宗教教职人员和信教群众开展以《宗教事务条例》为主要内容的法律法规宣传学习教育活动，从而依法加强对宗教事务的管理，确保民族工作稳步发展。

根据《西双版纳州创建全国民族团结进步示范州景洪市行动方案》和《关于推进全国民族团结进步示范州景洪市创建工作有关事项的通知》的文件精神，配合景洪市创建办公室做好景洪市"一乡一村、一场一队"民族团结样板生产队，结合农场实际情况，将中林生产队列为东风农场民族团结进步样板生产队。

2018年，为使广大干部职工群众深刻认识民族团结的重要性，组织相关部门强化宣传力度，深入开展民族团结进步宣传活动，全方位、多角度地宣传党的民族政策和全场民族团结创建工作取得的新成就。通过广播、LED显示屏、横幅、板报等方式，不定时向辖区内各族职工群众滚动播报党的惠民利民政策、民族宗教政策和农场助力少数民族脱贫致富的信息，引导各族职工群众一同努力创造民族团结、宗教和顺、社会和谐的良好环境。全年共下队设点宣传6次，受教育1000余人次，同时发放《党的民族宗教政策知识读本》《民族团结进步创建知识读本》等宣传资料800多份。

2020年，对民族群众一如既往地开展民族宗教政策和民族团结进步的宣传工作，进一步巩固和发展平等、团结、互助、和谐的社会主义民族关系。

第二节　扶贫工作

一、挂钩扶贫点

1986年，农场党委发出"定点挂钩团结紧，场群共建双文明"的号召，全场有88个生产队与87个村结为共建"双文明"兄弟单位。

1988年，农场党委根据州委文件精神，农场下发了《关于1988年民族工作安排意见》文件，将靠近农场比较困难的8个村寨分别明确落实到靠近的分场，把积极协助区乡进行对口帮助作为农场党委的一项重要工作来抓。其中，一分场与叭罕黄村，五分场与曼蚌村，六分场与曼老村，七分场与曼扎罕丙村，十分场与光明村，十一分场与向阳村，十二分场与邦飘村，农场和电厂与曼扎坎扫村分别结为对口扶助对象。

1996年，农场与原小街乡南嗨村委会曼先坦村民小组开展"挂钩结对扶贫工程"。

2004年，勐龙镇帮飘村委会星光二队贫困村作为开展扶贫的重点对象。

2017年12月，东风农场被纳入景洪市扶贫工作"挂包帮"单位，具体挂包勐龙镇曼宛洼村委会曼札坎少村小组以及该村27户建档立卡贫困户。

二、扶贫措施

建场初期，农场为执行党的民族政策，要求各生产队派人到附近村寨，帮助困难群众发展生产，总场成立后，组建121人的工作组进村，帮助当地群众改善物质文化生活条件。

1984年，生产队与村寨结成对子，在生产、生活上给予帮助。1986年，生产队与贫困村结为共建"双文明"兄弟单位，在人力、物力、技术等方面给予一定的支援和扶持。1988年，将靠近农场比较困难的8个村寨明确落实到靠近的分场，进行对口帮助。

1996年，贯彻云南省、西双版纳州、景洪市"八五"攻坚扶贫计划，开展"挂钩结对扶贫工程"，成立扶贫工作领导小组，办公室设在农场民族工作科，由九分场具体负责开展实施扶贫工作。

2004年后，贯彻落实云南省委实施"云岭先锋"工程，多次深入勐龙镇帮飘村委会星光二队，探索行之有效的扶贫方案，引导村民依靠科学自强自立，转变思想观念。

2015年，根据景洪市农业委员会办公室关于"新农场建设驻村帮扶"的决策部署，农场党委专门成立新农场建设办公室，负责统筹协调、指导、督促、检查和日常管理工作。由西双版纳州、景洪市下派6名指导员组成工作队，分别进驻红卫、温泉、五七、中林、金沙、景观生产队工作（西双版纳州直单位指导员抽调乡镇后，工作队队长由农场党委副书记、纪委书记兼任），定期、不定期召开例会，搭建学习交流平台，研讨阶段性工作任务。工作队按照"生产发展、生活富裕、乡村文明、村容整洁、管理民主"的总体要求，坚持以中心工作为主，突出抓党建工作，健全各项管理制度，以构建和谐文明新东风为出发点，结合实际，为生产队产业结构转型献计献策，做好群众思想教育工作，化解农场与职工群众的矛盾，促进社区和谐稳定。根据指导员专业及特长，开展科技、法律、医疗卫生和解难助困 4 个特色服务，为群众办实事、做好事。在红卫等生产队遭受风雹灾害后多方筹措，扶贫帮困。

2016 年，把"挂包帮""转走访"工作纳入领导综合考核内容，作为干部评先评优重要依据，真正落实中央精准扶贫政策，建立健全挂钩扶贫长效机制。制订单位和个人脱贫攻坚挂队联户工作方案，确定农场领导各挂联 1～2 个生产队、帮扶 2 个贫困户，各部门挂包 1～2 个生产队（居民组），干部帮扶 1～2 个贫困户，做到帮扶全覆盖。开展入户调查，制定帮扶措施，完善建档立卡资料，实现精准扶贫动态管理，宣传扶贫相关政策，引导贫困群众转变观念，克服"等靠要"思想，增强脱贫致富信心和决心。完成"转走访"任务后，每年不少于 1～3 次回访，并形成制度。

2017 年 12 月，东风农场列为挂包帮单位后，成立了由管理委员会主要领导为组长，分管领导为常务副组长，其他班子成员为副组长，各职能部门为成员的扶贫工作领导小组。明确社会事务管理办公室为扶贫工作办公室，配备扶贫工作专干，先后多次召开扶贫工作专题会议安排部署扶贫工作，将 27 户贫困户分解到每个班子成员及相关职能部门，确保农场领导、各站所办公室中层干部（不含非公非事干部）人人头上有任务，每个贫困户家家有人帮。

2018 年，按照"挂包帮、转走访"回头看工作要求，农场管理委员会领导干部深入挂钩村，对曼札坎少村小组新识别的 27 户建档立卡户进行调查摸底，了解贫困户家庭人口数、生产经营、经济收入、现阶段的思想动态、种植和养殖、房屋和基础设施建设等情况，对生产生活方面的主要打算和诉求进行交流，工作组按照贫困户不同的发展意愿进行登记造册，做到情况清、底数明。进一步健全挂钩户建档立卡档案信息，全面摸清贫困村的贫困户底数，了解掌握贫困村的贫困户基本情况，导致贫困的原因和实际需要，细化完善建档立卡资料和精准扶贫信息动态管理，填写《西双版纳州建档立卡贫困户精准扶贫帮扶手册》《2018 年度景洪市建档立卡贫困户帮扶联系卡》，并挂贴于建档立卡户家显眼的位置。

按照致贫原因不同，结合实际情况，帮扶责任人制定不同的帮扶措施。针对因病致贫的贫困户，根据家庭成员具体患病情况，帮助其享受相应的健康扶贫政策，帮助申请大病救助、参加建档立卡贫困户人身财产综合保险等。针对因缺土地致贫的贫困户，结合村小组实际情况发展新的产业资源，提高现有土地利用率，参加劳动技能两项劳动力转移（就近务工）就业培训，以多种方式入股合作社，申请护林员、河道治理员等。针对因缺劳动力致困的贫困户，采取多种形式入股合作社、兜底保障（低保）等。针对因缺资金致贫的贫困户，帮助办理扶贫小额信贷、产业扶持等。针对因自身发展动力不足致困的贫困户，采取参加素质教育，鼓励劳务输出、技能培训，参加集体经济，多种形式入股合作社等。通过不同方式帮助挂钩村、挂钩户脱贫致富。

2019年，继续按照精准帮扶、精准施策原则，针对27户贫困户的致贫原因和贫困现状，采取短期与中期相结合、整体推进与个体帮扶相补充的方式，开展技术培训和技术指导服务。配合村寨开展村容村貌整治和环境治理，与上级政府及相关部门沟通协调，为贫困户争取更多的惠民政策，包括入学、就医、低保等方面的优惠政策。由挂钩领导和挂钩部门针对所挂钩的贫困户，按照"一户一策"原则，在精准摸底、精准核实和反复征求贫困户意见的基础上，制定个体帮扶计划和帮扶措施。

2020年，严格落实"蹲点日"活动及上级文件指示要求，开展"自强、诚信、感恩"教育、"访民情、讲党课、感党恩"活动、"10.17扶贫日活动"。立足东风农场现有情况，积极为挂钩点长远发展考虑，为挂钩扶贫点购买橡胶苗，为挂钩点长远发展打下基础，以实际行动助力脱贫攻坚工作。

三、扶贫成效

1972年，农场就开始为曼扎坎少村免费供应照明和生活用电。1987年，东风电厂免费架设一条400米长的低压线，更新村寨住户的内用皮线，安装240米水管，为曼扎坎少村解决了安全用电和吃水远的问题。

1986—1987年，农场无偿支援勐龙区帮飘乡帮飘村橡胶苗9500株，并派出技术干部做该村橡胶技术指导工作。无偿支援小街区曼洼乡曼扎坎少村（拉祜族）橡胶苗7550株、香蕉苗250株、菠萝苗10000株，帮助他们拓宽经济来源。

1988年后，农场除了在橡胶技术上给予指导，还对特别困难的村寨在人力、物资和种苗上给予一定的支援，在双方自愿的原则下，开展横向经济联营。

1989年，农场抽调七分场民族干事长期帮助曼扎坎扫村做技术指导工作，无偿支援胶苗1000株、菠萝苗14455株、香蕉苗489株。东风电厂为解决红光村用电困难，帮助测量规划2.20千米10千伏高压线路，无偿支援变压器一台，磁瓶、横杠等26件。七分场无偿支援曼扎罕丙村胶苗1290株，带领村民开垦定植橡胶43亩。为解决村民经济收入偏低的问题，动员村民发展养殖业，将放养猪改为圈养猪，全村42户圈养猪108头，卫生环境也得到改善。

1996年，农场选派一名技术员，不定期地到曼先坦村传授生产技术知识，提高村民的科学技术管理水平。

1997年，曼先坦村在原有橡胶面积735亩的基础上，农场派出技术力量帮助规划、开垦、定植橡胶 1036 亩，西番莲种植 70 亩，支援胶苗费 10000 元，无偿支援胶碗、胶刀、胶桶、胶舌 6786 个（只），支援铁丝、汽油、硫黄粉 2089 千克，帮助培训胶工 30 人次，防治白粉病喷药 802 亩。

1998 年，农场又从曼先坦村生活、娱乐、交通等方面入手，帮助推宽改建生产公路 5 千米，支援电杆 8 根，架电线 800 米，架设安装闭路电视 48 户，支援水管 300 米，帮助架通自来水管 52 户等，各项材料折合人民币 23300 元；支援 5000 元帮曼先坦村小学校修建教室。

2004 年，农场出车、出资，组织勐龙镇后山贫困村星光二队村民及红光村、松林村、星光村村民共 30 人，到澜沧县东朗乡勐滨村委会松山林村民小组考察、学习，听取松山林村民小组干部介绍自身发展的经验，与松山林村民同吃、同住、互相沟通、互相交流。返回农场后，农场专题召开扶贫考察座谈会，参与考察的干部、村民对如何动员群众发展生产、改善生活、改变贫困面貌有了更深层次的理解，增强了脱贫信心。年内，农场还捐赠了 2 吨大米，解决了星光二队村民吃饭问题。

2006 年，农场帮助曼先坦村铺设宽 6 米、长 1.80 千米的石子路面，修建长 8 米、宽 4 米小桥 1 座，修筑涵洞 18 个，共投资 19.30 万元。

2007 年后，农场一如既往坚持"各民族都是一家人，一家人都要过上好日子"的信念，使"各民族共同团结奋斗，共同繁荣发展"的民族工作主题内化于心，外化于行，从生产生活、基础设施、科学技术、文化娱乐等方面给予贫困村寨帮助，扶持贫困户发展产业和改善生产生活条件。随着橡胶市场的低迷，农场经济逐年下滑，在财政经费紧张的情况下，农场依然各方筹措资金，捐资捐物用于新农村建设。

2013 年，落实挂钩联户制度，化解基层矛盾，解决民生热点，破解收费难题，共建立联系户 443 户，走访居民户 9700 户，调解矛盾纠纷 150 起，召开各种座谈会 188 次，收集群众意见和建议 120 条。

2017 年 12 月，勐龙镇曼宛洼村委会曼札坎少村民小组被列为农场"挂包帮"对象，共有挂钩联系户 37 户，150 人。为扶持贫困户发展产业，农场发放猪仔 6 头、鱼苗 6600 尾、东试早柚苗 80 株、蜂箱 27 个及各类生活用品，共计 3.61 万元。扶志、扶智、扶制相结合，组织全村村民割胶技术培训一次，让贫困户群众懂技术、懂方法，增加就业技能和生产性经营收入。此外挂钩领导深入贫困户积极宣讲党的脱贫攻坚政策和"劳动光荣、懒惰可耻"等思想，改变贫困户懒惰不主动、不思进取等靠要的落后思想，充分调动生产生活积极性，唤起贫困群众自我脱贫的决心，为脱贫攻坚打下良好的基础。

2018 年，先后为曼札坎少村贫困户捐赠衣物 400 件，为贫困户危房加固，重要节日走访慰问 27 户贫困户，发放油和大米，对曼札坎少村建档立卡及曼宛洼村 61 户人员进行割胶技术培训。资助曼札坎少村小组文化室建设，为贫困户送猪、鸡、鱼等产业物资以及产业资金帮扶，为贫困户添置家电、家具等物资，为贫困户下载注册社会扶贫 App，帮助贫困户发布需求信息到平台。在勐龙镇"万企帮万村"活动中农场捐款 10 万元，帮扶干部个人为挂钩联系户补助孩子在校生活费，全年共计投入资金 14.75 万元。至年底，有 10 户挂钩联系户脱贫出列。

2019 年，东风农场党政领导、机关干部到曼札坎少村小组开展"五级书记遍访贫困户""访民情、讲党课、感党恩""自强、诚信、感恩"主题教育。联合景洪农村商业银行股份有限公司到挂钩贫困村开展"牵手扶贫、传递爱心"捐赠活动，向 24 户贫困户捐赠价值 36120 元生活必需品，向 37 户贫困家庭学生发放东风农场机关干部捐助的爱心助学款 11300 元。紧扣"两不愁三保障"，按照"因地制宜、分类指导、精准识别、精准管理、精准帮扶、精准脱贫"原则，有针对性地开展帮扶，累计投入各类扶贫资金 15.1 万元，于 2019 年末全部脱贫出列。

2020 年，严格落实"蹲点日"活动及上级文件指示要求，累计入户 146 人次、电话回访 70 余次。为挂钩点长远发展打下基础，以实际行动助力脱贫攻坚工作，购买橡胶苗800 株，累计投入各类资金 13.54 万元。

第三节　场群共建

自农场创建以来，一直重视加强民族团结，对全场职工和附近村寨群众进行党的民族政策再教育，坚持开展"民族团结月"的团结互助活动，还建立了"场区联席会议制度"，共商建设"两个文明"活动事宜。1984 年，农场党委制定了创各种文明单位、文明家庭、场群共建文明村、先进个人的评比条件。平时开展争创活动，半年和年终检查总结评比，经审批后分别由分场和农场召开年度双文明建设表彰大会。

1984 年 4 月，在两区一场联席会议上，做出"场群共建文明村"的决定，成立领导小组，制定"共建"标准及实施办法，农场 18 个生产队均和村寨结成对子，开展场群文明共建。1985 年，有 6 个生产队和 6 个村被评为"共建"文明村的先进单位。

1986 年，农场党委发出"定点挂钩团结紧，场群共建双文明"的号召，要求全场职工进一步做好民族工作，做到"定点挂钩不脱钩，场群共建有目标"，全场有 88 个生产队与 87 个村结为共建"双文明"兄弟单位，并将 8 个贫困村的扶贫工作落实到了靠近的分场，在人力、物力、技术等方面给予一定的支援和扶持。至年底，有 12 个村寨被评为

"共建"文明村的先进单位。其中，一分场十一队和小街区叭罕黄村结对，十一队帮助叭罕黄村铺设水管、砌水池，推挖山间道路；叭罕黄村群众协助一分场盖房、插秧，并组织演出队到一分场演出慰问。六分场五队和勐龙区曼栋乡曼康村结对，五队帮助曼康种橡胶，划出林地给曼康群众放牛；曼康帮助五队秋收，保护胶树和胶具。五队和曼康连续三年被评为"文明队""文明村"。

1988年后，农场坚持定点挂钩、扩大共建成果，注重工作实效。全场各分场级单位及生产队与村委会、村民小组定期召开场群共建、场地协作联席会，确立分场与村委会场群共建、场地协作工作领导小组32个，生产队与村民小组场群共建、场地协作工作领导小组147个，制定切合实际的公约155份，完善工作措施142个，坚持开展每季度一次的定期检查、督促工作。其中，勐龙镇的曼金烈、曼龙扣、贺南东村委会与四分场，曼栋、曼宾村委会与六分场，南嗨村委会与三分场，曼康湾村委会与二分场等定点挂钩单位，经常走访、互通信息，根据形势变化和工作任务的要求，及时做好村民、职工的思想教育和政策引导，实事求是地按照场群共建文明18公约妥善处理各类纠纷，对出现的问题做到不推、不拖、不留尾巴。

1991年3月23日，小街乡曼宛洼村发生特大火灾，受灾47户，计265人，受伤7人，死亡1人，造成经济损失24.34万元。农场、地方和当地驻军以及附近村寨1200多人参与灭火，出动车辆54车次，其中农场动员800余人、6辆汽车、8辆拖拉机参与救火，并组织干部职工为曼宛洼村捐款5367元和价值2.19万元的粮食、衣物和生活物品。2000—2003年小街的曼老村、南盆新寨、勐龙镇的星光二队村民，为本地区公益事业的建设，做了大量的实际工作，受到广大职工、村民的好评。

1995年5月30日，场、乡、镇在农场俱乐部召开场群共建工作表彰大会，三分场、勐龙镇曼栋办事处等26个单位，岩旺、吴礼杰等158人受到表彰，会上还通过了场群共建公约修正案。

2015年，按照《云南省深入实施兴边富民工程改善沿边群众生产生活条件三年行动计划（2015—2017年）》文件要求，根据西双版纳州民族宗教事务局工作安排部署，成立东风农场管理委员会专项工作组，重点开展兴边富民三年行动计划工程工作。

2018年，在"大众创业、万众创新"的浪潮中，疆锋生产队与河北邯郸"禾下土"农业有限公司合作，投资300万元在勐宋村委会种植脱毒红薯、培育种苗，盘活勐宋村委会撂荒多年的土地，增加村民的土地收入，还为当地村民解决100多个就业岗位，带动当地老百姓就业增收，切实践行"各民族共同团结奋斗，共同繁荣发展"的民族工作使命。

至2020年，在农场长期坚持民族团结和"三个离不开"的指导思想下，始终坚持帮扶、引导并带领当地民族群众发展经济、建设家园，并取得了可喜的成绩。其中，勐龙镇叭罕黄村是最早受益农场扶持政策的村寨之一，20 世纪 80 年代初期，东风农场为鼓励村寨百姓种植橡胶，采取农场出资金、出技术，村寨出土地、出劳力，效益三七分成的方式带动村民发展橡胶。在农场的扶持下，村民们通过种植橡胶过上了富裕的日子，并在 20 世纪初就实现脱贫，由一个贫穷落后的村寨一跃成为当地的文明富裕村。2017 年，勐龙镇曼宛洼村委会曼札坎少村民小组被列为农场"挂包帮"对象，共有挂钩联系户 37 户，150 人，在东风农场和曼札坎少村民小组的共同努力下，于 2019 年末实现全部脱贫出列。

在扶持地方发展经济的同时，农场还通过各种方式支援地方基础设施建设，累计投入资金近亿元，农场的橡胶树种到哪里，经济发展的脚步迈到哪里，路、水、电就通到哪里，哪里的群众就受益。在长达半个多世纪的交往中，农场和当地民族群众彼此结下了深厚友情，形成了"你中有我、我中有你"的和谐关系。

中国农垦农场志

第九编

人　物

中国农垦农场志

第一章　人物传记

刘　德（1937.09—1958.08）

刘　德　云南省宜良县人，初中学历。1937 年 9 月出生，1953 年初中毕业。因家庭贫苦未能继续升学，经学校教师推荐，于 1954 年 7 月到云南省水利局晋宁水利处参加工作。刘德在水利局工作期间，思想要求进步，工作积极，被吸收为共青团员，定为技术 16 级，享受助理技术员待遇。1958 年 1 月，刘德随省级机关下放干部一起来到大勐龙农场，在一队参加劳动；6 月，被借调到勐龙区曼兵水库，参加施工测量工作；8 月 31 日凌晨，同另一名民工去工地取土质样品时，突遭窜入国境之蒋军残部袭击，刘持枪准备抵抗，不幸中弹牺牲。他不怕苦，不怕死，临危不惧，敢于同敌人斗争，体现了忠于祖国、热爱人民的高贵品质。云南省人民政府 1982 年 11 月 20 日批准，追认刘德为革命烈士。

华红根（1953.03—1970.07）

华红根　回族，上海市普陀区人，初中学历。1953 年 3 月 11 日出生，1969 年为响应"知识青年到农村去，到祖国最需要的地方去"的号召，于 1970 年 3 月到云南生产建设兵团一师二团 9 营工作。1970 年 7 月在一次军事训练中为保护战友，不幸牺牲。华红根在农垦兵团工作期间，思想要求进步，工作积极，带病坚持生产劳动，团结战友，被吸收为共青团员，体现了当代青年忠于祖国和人民的精神，为建设边疆做出了贡献。1971 年 1 月 13 日，上海市人民政府批准为革命烈士，1983 年 6 月 15 日，中华人民共和国民政部追认为革命烈士。

李开寿（1963.07—1991.06）

李开寿　云南省景谷县人，高中学历。1963 年 7 月出生，1981 年 10 月参加工作，先后从事过林地管理和割胶工作，1987 年 11 月起担任东风农场二分场学校保卫干事。1991

年 6 月 4 日晚，在校区执勤巡夜时，遭歹徒围攻，在与歹徒搏斗时，不幸壮烈牺牲，年仅 28 岁。李开寿勇于同违法犯罪行为做斗争，无愧为光荣的人民卫士。1993 年 3 月 14 日，云南省人民政府追认李开寿为革命烈士。烈士证号为云烈字 015835。

刘全智（1955.09—1991.08）

刘全智 湖南省醴陵市人，初中学历。1955 年 9 月出生，1959 年 12 月随父母支边来东风农场，1974 年参加工作，先在十一分场四队从事橡胶林地管理工作，后调机务队任手扶拖拉机驾驶员。1991 年 8 月 26 日凌晨，刘全智在抢险救火中，冲锋在前，不顾个人安危，不幸触电牺牲，年仅 36 岁。刘全智烈士用自己年轻的生命谱写了一曲见义勇为、不怕牺牲、无私奉献的壮丽诗篇。1993 年 4 月 12 日，云南省人民政府追认刘全智为革命烈士。烈士证号为云烈字 015836。

王文希（1921.09—1993.05）

王文希 山东掖县人，1921 年 9 月出生，1945 年 9 月参加革命，1946 年 8 月加入中国共产党，历任班长、副排长、连长等职。1952 年转入农垦战线，是我国第一批从事农垦事业的开拓者，历任华南垦殖局农场场长、总务股长、作业区主任。1957 年 1 月调来云南，先后任红河坝沙农场副场长、勐腊农场生产办公室主任代副场长、景洪农场副场长。1963 年调东风总场，任副场长、场长、顾问，工作期间一心为公，耿直无私，尊重科学，为农垦的橡胶事业做出了重要的贡献。1981 年 9 月离休，1993 年 5 月逝世，终年 72 岁。

王文剑（1932.10—1997.07）

王文剑 河南荥阳人，小学学历。1932 年 10 月出生，1948 年 10 月参加工作，1949 年 10 月加入中国共产党。1948 年 10 月在荥阳参加县大队，同年到七十四团 2 营 4 连当战士、副班长、班长；1952 年 2 月任三十九师——团 2 营 4 连副班长、事务长、指导员；1958 年 3 月转业到东风农场；1960 年 1 月调大勐龙农场五队任支部书记；1961 年 6 月任大勐龙农场小学副校长；1963 年 5 月任东风农场职工医院党支部书记、副书记；1979 年 8 月任东风农场组干科长；1982 年 10 月任东风农场纪委副书记；1988 年 4 月任东风农场纪委书记。工作期间，以身作则，埋头苦干，无私奉献，清正廉洁，为农场的纪检工作做出应有的贡献，1990 年被授予"云南省优秀纪检干部"称号。1993 年 2 月离休，1997 年 7 月病故，终年 65 岁。

陈阿甲（1936.08—2006.02）

陈阿甲 普米族，云南墨江人，中共党员。1936 年 8 月出生，1956 年 1 月在勐海参军，退伍时为中士。1960 年退伍后到东风农场第六作业区参加工作，参与公路建设、边疆生产建设等。1970 年调至八营工作，1971 年 10 月任八营副教导员，1974 年 10 月任九分场党委书记，带领职工群众开垦荒地，建设边疆。1991 年调至东风农场木材厂任党支部书记直至退休。陈阿甲时刻冲锋在前，勤勤恳恳，常为他人着想，乐于助人，连续多年被评为优秀党员、优秀干部等称号，为边疆建设、农场发展奉献了自己的一生。1961 年，在参与支援"中缅勘界树桩"警卫战中表现突出，被景洪县委授予奖章；同年 5 月 4 日，被中国共产主义青年团云南省委员会授予"五四"红旗青年突击手；1963 年当选景洪县第三届人民代表大会代表；1964 年被评为云南省农业先进生产者；1964 年、1965 年连续被云南省农垦局授予"五好干部"称号；1980 年、1987 年先后当选为中国共产党西双版纳州第一次、第二次代表大会代表；1995 年，被中共云南省委、云南省人民政府授予"解放边疆、建设边疆"称号。1993 年 2 月退休，2006 年 2 月逝世，终年 70 岁。

丁世琪（1944.08—2017.08）

丁世琪 湖南醴陵人，1944 年 8 月出生，1959 年参加工作，1971 年 3 月加入中国共产党。1959 年 12 月在前哨农场工作，先后在加工厂、七队当工人、事务员，1969 年 1 月在东风农场五分场场部任管理员、保卫干事，1974 年 4 月任保卫科科长，1988 年 4 月任东风农场副场长，1992 年 5 月至 2002 年 12 月，任中共东风农场党委常委。在农场工作期间勇于担当，秉公执法，为农场的社会治安保卫工作做出了重要贡献。2000 年，被全国第五次人口普查办公室授予"先进个人"称号。2002 年 10 月退休，2017 年 8 月 18 日逝世，终年 73 岁。

徐 千（1943—2019.12）

徐 千 重庆 65 支边青年，高中学历，中共党员。1943 年出生，1965 年参加工作。

1965 年 12 月支边东风农场四分场（风光农场），其间当过农场职工、机务连的驾驶员和司务长、修配厂厂长、东风农场工业电力公司经理、东风农场直属分场场长和党委书记，1992 年 7 月任东风农场副场长、中共东风农场党委常委，工作期间兢兢业业，追求卓越，勇于革新，为农场的场办企业做出了重要贡献。2004 年 6 月退休，2019 年 12 月 13 日逝世，终年 76 岁。

李正学（1936.06—2020.08）

李正学　哈尼族，云南墨江人，小学学历，中共党员。1936 年 6 月出生，1956 年 3 月 1 日入伍，1957 年在 0059 部队荣立三等功。1960 年初，李正学复员来到东风农场三分场开垦戍边，一天能挖 108 米梯田，多次被树为标兵及榜样。1961 年在"中缅勘界树桩"警卫战中，李正学表现优秀，被景洪市委授予一等奖。1963 年 3 月，邻村曼景法发生火灾，27 岁的李正学主动带头参与到救火中，给寨子挽回了大部分经济损失。当时寨子里的村民生活比较困难，李正学经常购买办公用品送给邻村寨子，让村民能够学到更多的知识和较好的办公环境，得到大家的一致好评。1963 年 3 月，当选为景洪市、西双版纳州第三届人大代表；1964 年，被评为云南省农业先进生产者；1965 年，当选为西双版纳州第四届人大代表。2020 年 8 月病逝，终年 84 岁。

卢明康（1944.06—2022.06）

卢明康　云南永善人，大学学历，高级政工师。1944 年 6 月出生，1971 年 10 月加入中国共产党。1968 年 12 月在中国人民解放军 0268 部队锻炼，1970 年 3 月由部队分配到农垦后来到农场，历任分场宣传干事、政治处主任、农场党委秘书、宣传科长；1983 年 7—11 月任农场党委副书记主持党委工作；1983 年 12 月至 2002 年 11 月任农场党委书记，其中 1994 年 7 月至 2001 年 4 月任代理场长；2002 年 12 月退居二线，不再担任领导职务；工作期间敢于担当，率先垂范，无私奉献，为农场的党建工作、企业文化、社会经济发展做出了重要的贡献。2004 年 6 月退休，2022 年 6 月 28 日逝世，终年 78 岁。

李广济（1928.08—2022.07）

李广济　河北永年人，1928 年 8 月 31 日出生，1945 年 8 月参加工作，1974 年 2 月入党。1945年8月在河北冀南平汉支队2连当战士，同年11月在河北冀南独立三团当战士、副班长；1947年8月在十九纵队九十四团1连任班长；1948年2月在湖北省枣阳支队1连任副排长、排长，同年12月在五十九军五二二团任保卫干事；1949年2月在五二二团2营保卫股任干事、指导员；1952年9月转业到广东幸福农场任书记兼场长。1956年调云南垦区，任景洪曼境农场副场长；1957年12月奉调筹建大勐龙农场任副场长；1963年与东风农场合并后，历任龙泉（红卫）农场场长、革委会副主任、商店主任、一分场副场长；1984年5月离休。李广济在部队时表现优秀，曾在河北独立三团立过战功一次，在十纵队九十团渡大别山时期立过战功一次。转业后在建设边疆屯垦戍边的工作中，践行"艰苦奋斗、无私奉献，敢为人先，追求卓越"的工作作风，兢兢业业，出色完成各项任务。2022年7月1日逝世，终年94岁。

第二章 人物简介

第一节 历任领导

一、历届党委书记

许汉青 原东风农场创建时期的第一任党委书记。河北省人，1915 年出生，1938 年 6 月参加革命，1940 年 9 月加入中国共产党。1958 年 2 月之前在十三军任文化处长，同年 3 月转业到东风农场担任党委书记，同年 4 月被原部队调离。

范天锡 原前哨农场创建时期的第一任党总支书记。云南巍山人，1929 年 8 月出生，1949 年 5 月参加革命，同年 12 月加入中国共产党，历任武工队队长、县人民政府科长、县委会秘书、地委党校教研室主任。1958 年 2 月下放创建前哨农场，同年 9 月调离农场。

张好修 兵团建制时期的二团政委。河南滑县人，1928 年 4 月出生，1944 年 7 月参加革命，1946 年 1 月加入中国共产党，历任县大队保卫干事、团保卫股副股长、团政治处股长、团副政委等职，1970 年 1 月任云南生产建设兵团一师二团政委，1974 年 9 月调墨江县人民武装部工作。

吉来喜 陕西阳城人，1922 年 10 月出生，1942 年 4 月参加革命，1943 年 7 月加入中国共产党，历任班长、中队长、指导员、副营长、营长、团参谋长、师后勤部政治委员，1958 年 6 月转业创建东风农场，任党委书记，云南生产建设兵团 1 师副政委，1965 年 10 月调云南省农垦总局任副局长。1983 年 4 月离休，享受副省级医疗待遇。2016 年 4 月逝世，终年 94 岁。

钱明达 云南丘北人，1927 年 7 月出生。1947 年就读于昆华高级农业职业学校时加入"民青"，1948 年 8 月加入中国共产党。1947 年 9 月参加游击队，历任游击队中队长、地下党支部书记、武工队大队长、教导员、宣传部长、区委书记、县宣传部长、副县长、地委干校组教科长、代县长、县长、土改工作队长、地委办公室负责人、陆良农场党委书记、副场长、勐腊农场场长、六团副团长、勐捧农场场长、党委副书记。1979 年 3 月调任东风农场党委书记。1982 年 5 月调云南省农垦总局。1987 年离休，2021 年 9 月逝世，终年 94 岁。

张跃东 山东聊城人，1926年2月出生，1948年9月参加革命，1949年1月加入中国共产党，历任班长、连司务长、军女子学校管理员、师部管理员。1958年3月转业到农垦战线，历任党支部书记、西双版纳州农垦局供应站负责人、勐腊农场计财科科长、农垦分局办公室主任、副局长。1982年5月至1983年6月到东风农场代职，主持党委工作。1986年3月离休，2009年5月逝世，终年83岁。

杨 军 傣族，云南景谷人，硕士研究生，1959年12月出生，1979年5月参加工作，1986年6月加入中国共产党。1979年5月至1998年9月在国营勐捧农场历任生产队司务长、生产队长、分场工会干事、分场共青团委副书记、分场党委副书记、代场长、党委书记、场长等。1998年10月至2006年1月任国营东风农场党委副书记、副场长、党委书记、场长。2006年1月后分别调普洱市农垦分局任局长、云南省农垦总局任处长等职务。在东风农场工作期间，与农场领导班子一道带领全体东风人改革创新，全面建设农场小康社会，从农场的城镇化建设、农场的公益性公墓、职工群众饮用水建设工程、非公有制经济发展、生产经营管理模式、人才队伍培养和干部选拔任用等为云南农垦乃至地方树立了榜样。先后获得西双版纳州十大杰出青年、云南农垦十大杰出青年、云南省人民政府科学技术进步二等奖、中华人民共和国农业部先进科技工作者以及被各级组织授予优秀共产党员、优秀干部、劳动模范等称号。

唐保国 湖南祁东人，大专文化，1958年4月出生，1975年9月参加工作，1984年6月入党。1975年9月至1982年10月在黎明农场四分场三队当工人，后任司务长；1982年11月调东风农场，先后在九分场九队当工人、任劳资员；1985年4月在九分场机关工作，1989年10月任九分场党委副书记，1992年3月任九分场党委书记；1995年3月任东风农场组干科科长；1999年4月任二分场场长；2002年11月任东风农场党委副书记，2012年5—7月主持党委工作，2012年12月退休，任东风农场管理委员会副调研员。第七、八届党委委员、常委。在东风农场任党委副书记期间，注重企业文化建设，主持编纂出版了《职工文化手册》《岁月容颜》《东风农场志续编（1988—2007）》，成功打造了东风企业文化。

李建军 湖南祁东人，大学学历，2003年9月参加工作，2006年7月2日加入中国共产党。2003年9月，在景洪市橄榄坝农场中学执教；2005年12月，在景洪市橄榄坝橡胶分公司办公室工作；2008年3月，在景洪市橄榄坝农场办公室工作；2011年3月，在景洪市农垦局办公室工作；2013年4月，任东风农场党委副书记、纪委书记。2016年12月至2017年10月，任东风农场党委副书记，分管党政综合办公室、规划建设环保土地所，于2016年7—9月和2017年7—10月先后两次主持东风农场全面工作。2017年10月调橄榄坝管理委员会。

张泽平 云南勐腊人，大学学历，1995 年 12 月参加工作，1998 年 3 月 20 日加入中国共产党。1995 年 12 月，在武警云南总队大理支队服役，任战士、文书、班长；1998 年 9 月，在武警昆明指挥学校读书；2000 年 7 月，任武警云南总队大理支队服役排长；2003 年 3 月，任武警大理支队永平县中队服役副指导员、指导员；2008 年 3 月，任武警大理支队后勤处服役助理员；2011 年 10 月，任景洪市安全生产监督管理局股长；2012 年 11 月，任景洪市东风农场管理委员会副主任、武装部长、组织委员；2017 年 11 月至今，任东风农场党委副书记、管理委员会常务副主任，分管规划建设环保土地所。2017 年 11 月至 2018 年 6 月期间临时主持东风农场全面工作。2019 年 3 月调大渡岗管理委员会。

丁光宏 云南墨江人，大学学历，中共党员。1995 年 1 月参加工作，2000 年 7 月加入中国共产党。1995 年 1 月，在东风农场工作，先后任九分场青年干事兼宣传干事、五分场宣传干事以及在党政办公室任党委秘书、副主任、主任（2010 年 12 月过渡为国家公务员）。2011 年 8 月，任景洪市勐龙镇人民政府副镇长（2012 年 1 月任主任科员）。2012 年 12 月，任景洪市农垦局副局长（主任科员）。2013 年 8 月，任景洪市勐养农场党委书记、管理委员会主任。2016 年 3 月，任景洪市委、市政府农村工作委员会办公室副主任、人民政府扶贫开发办公室主任。2018 年 6 月，任景洪市东风农场党委书记、管理委员会主任。2019 年 6 月，任景洪市东风农场党委书记、党校校长、管理委员会主任。2020 年 8 月，任景洪市东风农场党委书记、党校校长、管理委员会主任、一级主任科员。2021 年 3 月至今，任景洪市东风农场社区党委书记、党校校长、管理委员会主任、一级主任。

二、历届场长

陈仪庭 原大勐龙农场创建时期的第一任场长、党委书记。山东莘县人，1915 年 3 月出生，1940 年 1 月参加革命，任副区长。1945 年 4 月加入中国共产党，1947 年 4 月南下，任南京市工商局秘书，川南粮食局秘书副主任，云南省粮食厅处长。1958 年 1 月下放创建农场，1961 年 10 月调回原单位。

杨耀清 农场进入"文革"后的主要领导人。任总场军事管制委员会主任、总场革命委员会主任（军代表），1969 年 2 月调离农场。

宋天明 "文革"初期的农场主要领导人。山西高平人，1925 年 10 月出生，1945 年 6 月参加革命，10 月加入中国共产党。历任副班长、班长、副排长、排长、副连长、连长、营参谋长、教导队队长、营长、师司令部科长等职。1967 年 4 月担任东风总场军事管制委员会副主任，1968 年 4 月任总场革委会副主任，1969 年 2 月调为主任，党的核心小组组长，1970年1月调离本单位。

龙兴歧　兵团建制时期的二团团长。山西沁县人，1927年5月出生，1939年11月参加革命，1945年6月加入中国共产党，历任决死纵队电话队班长、排长，军分区团通信参谋、作战参谋。1951年入西南军区高级步校深造，毕业后任团作战训练处主任，军分区作训科长、昆明予科研究处研究员、副团长等职。1970年1月任云南生产建设兵团一师二团团长，1974年9月调西双版纳军分区工作。

徐作民　江西玉山人，高中学历，1931年6月出生，1950年1月参加工作，1956年8月加入中国共产党。历任团司令部军务书记、见习参谋、防化学指导员、作训参谋等职。1958年3月转业到农垦战线，曾任党支部书记、总支副书记，"文革"中参加劳动，1970年恢复工作，任生产队长、副营长、分场副场长、场长、农场副场长、场长等职。1981年10月调橄榄坝农场任场长，1985年9月又调回东风农场任场长，1993年6月退休。

何天喜　湖南祁东人，大学学历，政工师、经济师职称。1952年10月出生，1968年12月参加工作，1973年4月加入中国共产党。1968年12月至1983年7月在勐醒农场历任工人、文书、司务长、排长、副指导员、分场党委副书记、代理分场党委书记、分场场长；1987年5月至1991年10月在勐满农场任场长兼党委书记；1991年10月至1994年7月在东风农场任场长；1994年8月调西双版纳州农垦分局任党委书记、局长；2001年6月任云南农垦集团公司副总经理，任云南农垦总局巡视员；2013年1月退休。

李秉成　云南祥云人，大专学历、农艺师职称。1955年3月出生，1979年4月参加工作，1988年6月加入中国共产党。1979年在东风农场工作，历任工人、植保员、文书、队长、分场副场长（主持行政工作）、分场场长；2002年11月任农场党委副书记、农场副场长；2003年12月任农场党委副书记、东风分公司副经理（主持分公司工作），2005年6月任农场党委副书记、东风分公司经理，2012年10月任东风农场管理委员会副主任，东风农场管理委员会调研员，2014年7月退休。

王玉文　山西榆社人，1916年11月出生，1937年9月参加革命，1941年9月加入中国共产党。历任游击队中队长，部队排长、连长，旅部家属工厂经理、团司令部参谋、军部随校队长、团参谋长、军司令部科长等职，1958年3月转业创建东风农场，任副场长（主持工作）、场长。"文革"中参加劳动。1970年恢复工作后调生产建设兵团一师工作。1981年5月离休，1995年11月逝世，终年79岁。

张德珍　1922年出生，1945年1月参加革命，同年2月加入中国共产党。1953年，在中国人民解放军某部任营副教导员。在战争年代，张德珍作战勇敢，屡建战功，先后记大功 3 次，被纵队授甲等战斗英雄称号，多次负伤，为二等二级残废。1954 年转业到地方工作，1958 年 1 月参加国营农场的创建并任前哨农场副场长、书记等职，1960 年 3 月调任东风农场副场长，1963 年调勐腊总场任监委副书记、农场纪委书记等职。在东风农场工作期间，张德珍继续发扬人民解放军的光荣传统，对工作认真负责，不谋私利，是党的好党员。1980 年 1 月因病离休，1984 年 6 月病逝，终年 62 岁。

李国荣 河北抚宁人，1925 年 7 月出生，1945 年 8 月参加革命，1948 年 4 月加入中国共产党。1945 年 8 月至 1954 年 1 月，在部队先后任战士、班长、副排长、副指导员、队长（班主任）等职；1956 年 1 月至 1957 年 11 月，在景洪农场任工会主席；1958 年 1 月到大勐龙农场；1962 年 1 月至 1963 年 9 月，在东风农场任工会主席；1963 年 9 月至 1970 年 10 月，在东风总场任党委常委；1970 年 10 月至 1975 年 5 月，在一师六团 20 营任营长；1975 年 5 月至 1984 年 7 月，任勐捧农场工会主席。1984 年 8 月离休，2019 年 8 月逝世，终年 94 岁。

阎荣杰 河南镇平人，1929 年 12 月出生，1948 年 9 月参加革命，1949 年 1 月加入新民主主义青年先锋队，1950 年 9 月加入中国共产党，历任师部粮工队队员、后勤处科员、师部司务长、团司令部参谋等职。1958 年 3 月转业到农垦战线，曾任东风农场生产队副队长、队长、试验站副站长、计财科副科长、科长。"文革"中参加劳动。1970 年恢复工作，任副营长、分场场长、农场生产科长、副场长、场长，是东风农场进入新的发展时期的主要领导人之一。1985 年 8 月调云南省农垦总局联谊食品厂工作。1990 年 1 月离休，2016 年 7 月逝世，终年 87 岁。

三、景洪市农垦集团东风农场有限责任公司领导简介

宁新功 云南景洪人，祖籍云南宣威，省委党校大学学历，1988 年 12 月参加工作，1991 年 6 月加入中国共产党。1988 年 12 月在东风农场工作，先后任十二分场四队、八队的队长、党支部书记，四分场十二队、六分场十二队队长，六分场（六作业区）副主任，金沙、五七生产队党总支书记、队长；2018 年 11 月，任景洪市国营东风农场副场长；2021 年 1 月，任景洪市农垦集团东风农场有限责任公司党委副书记，副董事长、副总经理；2021 年 6 月至今，任景洪市农垦集团有限责任公司党委委员、副总经理，任东风农场有限责任公司党委副书记、副董事长、副总经理。

赵维瑜 云南景谷人，大学学历，2009 年 5 月参加工作，2011 年 1 月加入中国共产党。2009 年 5 月，任云南天然橡胶产业股份有限公司景洪分公司第六作业区五队技术员；2011 年 10 月，任景洪市东风农场橡胶公司第一作业区十队副队长兼植保员；2012 年 4

月，任东风农场管理委员会东升生产队机关干事；2013 年 1 月调东风农场管理委员会东河生产队先后任副队长、党总支副书记；2016 年 10 月任东风农场管理委员会党政综合办公室副主任兼党委秘书（2018 年 8 月至 2019 年 4 月主持党政办工作）；2019 年 4 月，任党政综合办公室主任；2019 年 11 月任国营东风农场场长助理；2020 年 3 月，任国营东风农场工会主席（2020 年 12 月当选为景洪市总工会第七届委员会常委）；2021 年 1 月至今，任景洪市农垦集团东风农场有限责任公司党委副书记兼纪委书记。

凌帮武 云南景洪人，祖籍湖南醴陵，中央党校大学学历，1990 年 12 月参加工作，1992 年 5 月加入中国共产党。1990 年 12 月在云南省总队德宏武警支队机动一中队服役；1995 年 5 月分配到景洪市东风农场工作，先在一分场联防队，后任一分场二队党支部副书记、书记，一分场场直一队党支部书记、十五队支部书记、二队支部书记，红卫生产队机关干事，东升生产队副队长，红卫生产队副队长、队长，红卫生产队党总支副书记、书记；2018 年 11 月，任景洪市国营东风农场副场长；2021 年 1 月至今，任景洪市农垦集团东风农场有限责任公司副董事长。

茹兴荣 云南景谷人，大专学历，1992 年 12 月参加工作，1994 年 9 月加入中国共产党。1992 年 12 月，在武警贵州省总队第三支队七中队服役；1995 年 12 月，到景洪市东风农场一分场工作，先后任东风农场橡胶公司第一作业区三队党支部书记，东风农场红卫生产队第三居民组党支部书记、组长，东风农场红卫生产队党总支副书记；2015 年 2 月，借调景洪市东风农场管理委员会党政综合办工作，2017 年 7 月，任党政综合办公室副主任；2019 年 1 月，任景洪市东风农场红卫生产队党总支书记，国营东风农场一分场场长；2021 年 1 月至今，任景洪市农垦集团东风农场有限责任公司副总经理。

第二节 突出贡献人物

林金振 归国华侨（1939 年 10 月出生于印度尼西亚，1952 年回国），东风农场高级工程师，副总工程师，中国热带作物加工学会会员。1964 年华南热带作物学院热带作物栽培本科毕业后在一分场从事橡胶栽培的技术工作，1980 年被调到农场生产科从事橡胶加工的技术工作。由于肯下功夫钻研理论知识，敢于大胆实践，业务技术水平和工作能力较强，在制胶战线上做出了较大的贡献。

1982 年与卢静生合作，成功完成"电热干燥标准胶"试验，为农场解决标准胶干燥的能源问题，每年减少采购油料费用 10 余万元，科研成果在西双版纳、红河、临沧等垦区得到大力推广应用。1983 年进行"三合胶"的试生产工作，找到鲜胶、杂胶、泥胶合适的混合比例，产品质量达到二级胶标准，每吨提高产值 1500 元，消灭了等外胶，提高了橡胶产品的品质。1984 年进行"用甲酸代替醋酸凝固胶乳"的试验获得成功，每吨干胶节约凝固费用 25 元，每年为农场节约资金 15 万元，"用甲酸代替醋酸凝固胶乳的实验和推广应用"项目获云南农垦总局科技成果四等奖、获 1990 年度西双版纳州农垦分局科技成果三等奖；同年进行国产浅色标准胶的试制，并取得成功，该产品在 1992 年度获全国农业博览会银奖，"国产浅色标准胶的研制"获农业部科学技术进步二等奖（第三完成人）。1989 年引进和改进煤炉干燥生产，降低煤耗，使干燥费用降低，获 1990 年度西双版纳州农垦分局科技成果二等奖。除研究改进橡胶加工工艺外，还参与胶场的设计建造，1984—1987 年由他主持改扩建和工艺改造后的东风农场第一、二、三、四制胶厂生产力得到大幅提高，产品质量好，能源降低，操作方便，而且厂房布置合理美观，多年来获得众多参观者的一致好评。20 世纪 90 年代，他受邀帮助西盟、孟连、墨江、河口、耿马、绿春、勐腊、景洪等县市新建加工技术工艺先进的胶厂 26 个，为他们填补了没有加工橡胶胶乳的技术空白。

1992 年 10 月他获得中华人民共和国国务院政府特殊津贴，1999 年 7 月获国务院侨务办公室中华全国归国华侨联合会颁发的"全国归侨侨眷先进个人称号"。1984 年 3 月获云南省农林科技推广先进工作者，1991 年 10 月获云南农垦总局有突出贡献优秀专业技术人才一等奖，1993 年 7 月获云南农垦科学技术进步一等奖，1996 年 5 月获云南省农垦总局颁发的"特别嘉奖"奖励，1992 年 10 月获云南省农垦总局"侨务先进工作者称号"，1998 年 2 月获云南省人民政府侨务办公室、云南省归国华侨联合会颁发"云南省归侨、侨眷、侨务工作者先进个人"的光荣称号。1990 年 1 月荣获西双版纳州农垦分局科技成果四等奖，1990 年 7 月被西双版纳农垦分局评为"先进科技工作者"，1990 年 7 月荣获西双版纳州农垦分局科技成果一、二、三等奖。

陈石生　湖南醴陵人，1928 年出生，1949 年参加土地革命，1959 年末支边云南，1960 年加入中国共产党。1960 年 1 月至 1968 年 12 月，先后在东风农场一分场六队、二队工作，在龙泉农场二队任班长。1969 年 1 月至 1970 年 12 月在一分场革委会任副主任。1971 年 1 月至 1984 年 12 月在一分场制胶厂任党支部书记。1964 年被评为云南省先进生产者。1984 年退休。

陈云发　湖南醴陵人，1985 年 8 月参加工作，东风农场农业推广研究员。从品种优良、技术先进、制度健全操作规范等方面进行技术集成，认真贯彻推进科技创新。主持"高吸水树脂"应用于橡胶苗抗旱提早技术，于 1999 年获云南省科技星火奖、2008 年获云南农垦总局科技进步奖；主持橡胶树气刺微割采胶新技术，于 2013 年获云南省科学技术进步三等奖；参与的西双版纳地区橡胶树胶乳生理诊断项目，于 2012 年获云南省科学技术进步三等奖。多次在《中国热带农业》《热带农业科技》《云南农展信息网》《中国热带农业信息网》等刊物发表论文 26 篇，部分论文曾多次获得云南农垦、中国热带作物学会年会专业学术论文优秀论文奖。2000 年，获全国农业科技推广先进工作者称号；2014 年获云南省有突出贡献优秀专业技术人才称号，享受政府津贴；2018 年获云南省农业科学技术进步奖。

王卫疆　河南荥阳人，1968 年 1 月出生，1988 年 8 月参加工作，一直从事橡胶栽培、割胶辅导、水果栽培、橡胶植保、农化分析及科学试验、科学技术普及工作。2012 年当选为云南省第十二届省人大代表，履职 5 年，向省人大提交建议 10 余件，向西双版纳州人大提交建议 5 件。参与和主持完成的《兰花毛蔓豆适应性研究》获景洪市农垦分局科学技术进步四等奖，《大翼豆适应性研究》获云南省人民政府自然科学技术进步三等奖，《东试早柚的选育与示范》获云南省农垦总局科学技术进步三等奖、西双版纳傣族自治州人民政府科学技术进步二等奖，《橡胶割面保复合剂的研制与应用效果研究》获云南省农垦总局科学技术进步二等奖、西双版纳傣族自治州人民政府科学技术进步三等奖；在省级、国家级刊物发表论文 14 篇。

楚保玉　河南新野人，1930 年 3 月出生，1950 年 10 月参加革命，1953 年 4 月加入中国共产党。1950 年 10 月至 1953 年 8 月，先后在十五军四十三师一二七团 1 营 3 连任战士、四十三师一二七团 1 营部任通信员、三十九师一一七团团部任联络员、三十九师一一七团工兵连任副排长；1958 年 3 月转业到东风农场，先后在东风农场六队当工人、三作业区六队任副支书、三作业区任保管员、东风电站任党支部书记、电站办公室主任、电站副厂长，1984 年退休。1960 年 4 月，全国民兵代表会议授予"民兵积极分子"称号。

李德明　云南普洱人，1933 年 3 月出生。1950 年 12 月加入中国人民解放军十三军三十九师，1958 年 3 月来到东风农场工作，先后在三作业区六队、四分场六队、八分场五队、九分场工作。1974 年 4 月后调勐满农场，在供销科、基建科、商业服务公司工作，1993 年 3 月退休。2006 年 3 月病故。在东风农场工作期间表现突出，于 1954 年出席昆明军区劳模代表大会获二等功，1959 年先后出席云南省召开的社会主义建设积极分子代表大会和民兵积极分子代表大会，1959 年 10 月出席全国工交财贸社会主义先进集体、先进生产者代表大会。

许万才　云南石屏人，小学学历。1936 年 6 月出生，1955 年在景洪县大勐龙镇服兵役。1958 年 3 月退役后分配在东风农场前哨生产队工作。在职期间思想上进，工作积极，曾担任该队工会主席，1983 年 10 月获得全国总工会积极分子称号。1986 年退休，1988

年逝世，终年 52 岁。

王友英 女，湖南祁东人，1954 年 12 月出生，1960 年随父母支边来到农场，1980 年 7 月加入中国共产党。1970 年，勐腊农场四分场小学毕业后在勐腊农场四分场六队工作，1979 年 8 月出席昆明团代会全国"新长征突击手"受过多次奖项；技术 14 级，享受技术职称待遇。1985 年调东风农场四分场，先后在五队、一队工作。1996 年 2 月退休，2004 年 11 月病故。

蒋文兰 女，云南景谷人，1963 年 8 月出生，1983 年 3 月参加工作，1999 年 6 月加入中国共产党。1983 年到东风农场八分场参加工作，在八队任林地管理员；1984 年调到八分场三队，成为一名胶工；1988 年调到八分场一队仍为胶工，直至退休。蒋文兰在割胶生产线上做出显著成绩，1992 年云南农垦总局授予她"省级优秀割胶工"称号；1994 年获全国"优秀割胶工"称号；1999 年获省政府"云南省工人农民学科学、用科学积极分子"称号；2006 年获省总工会"云岭优秀职工"称号、省总工会女职工委员会"云南省女职工"称号；2008 年获省政府"云南省劳动模范"称号、省妇联"三八"红旗手称号、省总工会"云南省五一劳动奖章"。

高美琼 女，云南墨江人，1953 年 11 月出生，1971 年 3 月参加工作，一直在东风农场十一分场十一队（原一分场三队）从事割胶工作，1996 年 3 月退休。由于割胶表现突出，1989 年、1994 年被农业部评为全国优秀胶工，1993 年被中华全国总工会授予"全国先进女职工"称号。1986 年、1993 年两次被云南省农垦总局评为省级优秀割胶工。

赵明珍 女，重庆人，1947 年 11 月出生，1965 年 12 月参加工作，1991 年 12 月 20 日加入中国共产党。1965 年 12 月支边东风农场在风光农场 6 队参加工作，担任过工人、保管员、修理工、文书、信访员、女工干部、女工主任、计生委主任等职务。1996 年 1 月 31 日退休。1987 年被评为"西双版纳州计划生育先进个人"、1988 年她被农垦分局评为"计划生育优秀先进个人"、1988 年被省农垦总局工会评为"先进女工干部"、1991 年被云南省总工会评为"先进女职工工作者"，1994 年被中华全国总工会授予"先进工作者"称号。

李荣才 彝族，云南景谷人，1936 年 7 月出生，1959 年 10 月在东风农场二分场三队参加工作，1964 年 3 月被评为云南省农业先进生产者，2009 年病故。

李永芳 女，云南宁洱人，1979 年到东风农场二分场二队当割胶工人，1982 年转为干胶测含员直至退休，因工作表现突出，1983 年在西双版纳农垦分局先代会中获"先进生产者"称号，1983 年在云南省第十一届先代会中被授予"云南劳动模范"称号。

邓新民 重庆大足人，1950 年 8 月出生，1968 年 12 月参加工作，2002 年 8 月获内科主任医师职称。1968年12月农中毕业后分配到农场医院工作41年，先后担任农场医院内儿科主任、业务副院长兼外产科主任、东风农场卫生科科长及农场医院支部书记、农场医保办副主任、农场职政办卫生职称评审委员会副主任兼秘书。在《中华误诊学杂志》《昆明医学院学报》《西双版纳医药》《云垦医疗卫生》等杂志上发表论文24篇。多次被农场党委评为"先进工作者""优秀共产党员"，1990年7月被西双版纳州政府、农垦分局评为"专业技术先进个人""先进科技工作者"，2000年11月获西双版纳州"科技兴州"先进个人。

姜 锋 重庆人，1961年6月出生，1978年参加工作，1988年加入中国共产党。1978年9月在东风六分场四队当胶工，1979年2月到六分场学校当教师，同年8月到东风勐龙中学任教师；1980年3月在六分场制胶厂当电工，1987年1月任东风第四制胶厂厂长；2007年6月在东风农场橡胶分公司工作，2012年1月退养，2021年7月退休。1990年获西双版纳州农垦分局科技成果四等奖，1991年被共青团云南省委、云南省农垦总局评为"经营管理最佳青年"，1997年先后被评为西双版纳州"先进科技工作者"、第三届"十大杰出青年"，1998年被云南农垦集团责任公司评为"先进生产（工作）者"，1999年被评为云南农垦首届"杰出青年"，2001年被共青团西双版纳州农垦分局评为"青年岗位能手"。

高 锋 云南玉溪人，1988年12月参加工作，任景洪市东风农场有限责任公司十二分场一、二、四、五队党支部书记兼经济员；2006年度获景洪市见义勇为先进个人，2007年度获"云南省见义勇为先进个人"；2008年获"西双版纳州道德模范"称号。

张胜辉 云南宣威人，中共党员，1970年3月出生，1987年10月参加工作，任东风农场十分场胶工；1991年8月在十分场联防队担任队长；2010年在十分场一队任副队长主持工作；2012年任西环生产队副队长；2014年任西环生产四组组长及文书；2019年任十分场四队队长、技术员、文书。2004年获云南省人民政府颁发的"见义勇为"先进个人。

周济民 四川成都人，1929年1月出生。1949年5月参加工作，先后在云南省税务局、云南省人民政府工作团、云南省专卖局、云南省商业厅工作；1958年1月在国营大勐龙农场任职工；1961年1月在思茅专区农垦局供应站工作；1961年7月在云南省农科管做美术工作；1963年1月在国营东风农场任采购员；1975年1月至1984年2月先后在东风农场十三分场、四分场、农场宣传科和工会工作，1984年3月离休。曾任云南省书法家协会会员、西双版纳州书法家协会主席，在诗、书、画艺术领域颇有建树。2015年12月病故，终年86岁。

第三节　知青之骄

邵琪伟　浙江湖州人，原国家旅游局党组书记、局长，兼任中国旅游协会会长。1970年4月到东风农场四分场六队支边当知青，在农场工作期间，先后担任农场工人、班长、排长、指导员、分场政治办公室主任、农场宣传科干事。1978年云南省委党校学习后调离农场，曾任云南省昆明市委副书记、政法委书记，云南省人民政府副省长。

周　宁　北京人，原中央社会主义学院党组副书记、副院长（副部级）。1969年从北京赴西双版纳东风农场基建大队工作，1979年回京进入中央社会主义学院工作。

孙晓青　山东乐陵人，原《解放军报社》社长，少将军衔。1969年5月上山下乡到东风农场三分场七队，1970年3月应征入伍，离开农场。

黄建国　云南昆明人，原湖南省委常委、纪委书记。1969年3月至1979年6月为东风农场知青，先后任分场党委副书记、农场宣传科科长。曾任云南省政府副秘书长、西双版纳州委书记，党的十五大、十六大、十七大、十八大代表，十七届中央候补委员、十八届中央纪律检查委员会委员。

沈红光　浙江奉化人，原上海市委常委、组织部部长。1968年12月参加工作，云南省西双版纳国营东风总场风光分场七队职工。1970年4月入伍，任0281部队政治部宣传科战士、电影队放映员、新闻干事。1979年12月转业。

陈际瓦　女，四川广安人，全国政协文化文史和学习委员会副主任（正部级）。1971年4月到东风农场八分场11队支边当知青，在农场工作8年，先后担任农场工人、分场宣传报道员、农场青年干事、团委副书记兼青年科科长。1979年6月返城回重庆。

黄寅敏　上海人，原云南省文联副主席、正厅级巡视员。1968年12月从上海下乡到东风农场一分场四队工作，1972—1973年在农场场部政治处工作任青年干事，1973—1974年在九分场任分场党委副书记，1974年至1976年1月在八分场任分场党委书记，1976年1月至1978年10月在六分场任分场党委书记，1978年10月调云南省委宣传部工作。

陈　尧　安徽五河人，原商务部中国国际电子商务中心党委书记（正司级）。1969年5月赴云南省景洪县东风农场红卫分场工作，任云南生产建设兵团一师二团1营3连班长、1营"一打三反"办公室工作人员、4连副连长。其作品及个人传略编入《和平颂·中国文化和平奖诗书画集》，作为国礼赠送各国使馆、文学学术机构及世界和平组织永久珍藏。

华天礽 浙江慈溪人，原上海音乐学院副院长，从事乐器修造艺术、音乐声学、弦乐艺术史的研究和教学，是我国在这些领域主要的学术带头人。曾于1970年4月赴云南生产建设兵团一师二团，先后在5营5连、5营宣传队、二团宣传队、云南省农垦总局宣传队、东风农场宣传队、东风农场八分场十三队工作。

余德庄 重庆人，原重庆文学院院长，是国家一级作家，享受国务院政府特殊津贴。1965年12月至1972年5月在国营东风农场工作期间，曾任基建大队工人、测绘员，农场政治处《军垦战士报》主编、报道组成员。从1971年在东风农场工作期间发表散文《哨兵的眼睛》（翌年即编入云南省初中二年级语文课本），迄今发表小说、散文、纪实文学、评论、随笔等文学作品400余万字，出版文学专著12部，8次获省部级文学奖，3篇作品分别入编大、中、小学教材，其中《橄榄坝》一文从1983年编入全国小学语文课本，一直沿用至今。

吕中华 女，重庆人，原重庆市农业科学院副院级领导，二级研究员，享受国务院政府特殊津贴专家。1971—1977年曾为云南生产建设兵团一师二团7营（后改为东风农场七分场）宣传队队员、电话员、广播员、卫生员。获省部级科学技术进步二等奖6项、三等奖3项，多次获得国家级、省（市）级荣誉表彰。

蔡梅孩 国家一级作曲，原重庆电视台音乐总监。曾于1968年12月上山下乡分配到国营东风总场红卫分场四队工作，1970年11月参军离开东风农场。从事影视艺术30余年，作为主创人员先后为100余部电视剧、电视艺术片、纪录片、大型文艺节目作曲、配乐，并获得多个全国性奖项。曾在东风农场建场50周年为东风知青之歌《心相连》作曲。

杨革非 重庆人，国家一级美术师，中国艺术研究院特邀书画师，苏富比艺术学院教授。曾于1971年7月赴云南生产建设兵团一师二团5营屯垦戍边，任5营7连副班长、副连长、副指导员，任国营东风农场五分场保卫干事，1978年恢复高考回渝。自幼钟情翰墨丹青，六十余载笔耕不辍，作品收藏于北京人民大会堂及国内外专业机构。

刘新民 重庆人，原西双版纳绿友咖啡种植场董事长。1971年3月支边云南，在二团7营3连负责种橡胶、伐木木工、打砖烧砖等工作，1979年3月返城。1996年10月重返西双版纳创建西双版纳绿友实业公司，开创特色农业咖啡产业，2011年创建西双版纳共语咖啡发展有限公司，创建农村专业合作社，带领村民种植咖啡脱贫致富，连续3年获得国际咖啡大赛一等奖，为中国咖啡走向世界打下基础。

蔡家顺 回族，江苏南京人，原上海市卢湾区第十三届人民代表大会常务委员会委员、财经工作委员会主任。1968年12月自上海上山下乡到云南省国营东风农场，曾任生产队副指导员、云南生产建设兵团二团政治处组织干事、国营东风农场党委副书记，1980

年 5 月回沪。

张维竞　上海人，原上海交通大学动力机械工程系副系主任、动力与能源工程学院副院长、船舶海洋工程系副主任，曾于 1970 年 3 月赴云南生产建设兵团一师二团，分别在 5 营 12 连、5 营营部卫生所、13 营 5 连、汽车连工作，1974 年返沪。长期从事高等教育和科学研究工作，主持过科技部"863"和国家自然科学基金委科研课题，也承担过来源于国防军工和大型企业的科研项目。编著教材 4 本，发表学术论文 100 余篇，授权国家发明专利 3 项。

张兆田　江苏建湖人，原上海市南汇区政协副主席、浦东新区政协副主席。1970 年 6 月参加工作，历任云南生产建设兵团一师二团战士、副班长、排长、副政治指导员，借调团部机关工作，后任团政治部宣传科干事；兵团改制以后，历任云南省国营东风农场宣传科干事、农场工人大学政治教员、一分场四队党支部副书记，1979 年 3 月返沪。

刘红鹰　重庆人，第四届全国人大代表。1971 年 4 月参加工作，1972 年下半年在东风农场八分场三队种植橡胶试验田，1975 年 1 月参加全国第四届人民代表大会，任连队副指导员，1976 年 7 月调东风农场场直办公室任青年干事，1979 年 7 月回重庆市工作。

陈　与　重庆人，中国作家协会会员，重庆渝中区作协副主席。1971 年 7 月来到云南景洪市东风农场十分场五队。1972 年 5 月加入共青团，担任连队司务长，1974 年借调东风农场宣传队。1975 年参加东风农场"农业学大寨"首批工作队，到达九分场二队。1976 年 3 月，在六分场参加东风农场组织的文学创作班，时间 1 个月。1977 年元月，调入十分场机务队。1979 年回重庆工作。

马小军　北京人，中国著名国际问题学者，国际战略研究院博士后工作站合作导师。1969 年 5 月 23 日抵达国营东风农场三分场三队，成为农场工人。1970 年为演出样板戏先后抽到三分场文艺宣传队及总场宣传队演艺，除演出各种样板戏外，更编写排演各式歌舞节目，以娱乐东风农场农工及服务于各类政治庆典活动。1971 年被发回 3 营砖瓦窑排，至 1976 年 11 月调离东风农场，是其最重要的人生阶段。

丁　品　北京人，原中国传媒大学动画学院教授、动画艺术硕士研究生导师、画家和美术评论家。1969 年下乡到西双版纳东风农场七分场，后调云南生产建设兵团（云南省农垦总局）宣传处工作，1978 年考入中央美术学院回京。

殷爱荪　上海人，原苏州大学副校长。1970 年 3 月赴云南生产建设兵团一师二团 1 营，先后在 1 营 5 连、1 营 7 连、1 营小学校工作。1978 年 9 月被西南政法学院（现西南政法大学）录取后离场。长期从事法学教学和高等教育管理研究，完成研究成果 10 余项。

苏升乾　北京人，原云南大学公共管理学院党委副书记，马克思主义研究院书记、院长。1969 年 5 月到达东风农场二分场一队参加工作。1970 年国营农场组建生产建设兵团时，任二团政治处报道组副组长，改制后为东风农场宣传科科员。1978 年考入云南大学，毕业后留校任教，曾在中央电视台《跟着书本去旅行》节目中介绍西双版纳的建设和新风貌。

闻　闸　北京人，原北京广播学院（现中国传媒大学）团委书记。1969 年 5 月 27 日到达东风农场温泉分场三队参加工作，1974 年在温泉分场营部宣传组工作，1975 年在东风农场宣传队任指导员，1978 年 3 月考入北京广播学院离场。

朱建民　上海市人，原东方国际物流集团董事副总经理。1970 年 4 月至 1979 年 2 月在东风农场工作，为七分场一队职工，后任八分场三队支部书记、指导员和九分场党委副书记、副教导员。

戴玉茹　女，重庆人，画家，原云南省文化馆副研究员。1965 年 12 月从重庆到东风农场一分场八队工作，1973 年 8 月调到东风一分场学校从事教师工作，1976 年 8 月调到云南省群众艺术馆工作后离场。从事群众文化工作 25 年，对云南少数民族风情有独到的见解和深刻的体验。

丁家义　原上海文洋实业发展有限公司董事长。1970 年 6 月至 1974 年 9 月在云南东风农场九分场一队任副指导员。

王美泉　四川广安人，云南南极律师事务所副主任。1969 年 3 月 26 日至 1979 年 6 月在云南景洪东风农场三分场工作。

李建国　山东荣成人，上海华侨国际教育服务有限公司经理。1970 年 6 月到云南生产建设兵团一师二团，先后在 2 营 6 连、7 连和西双版纳农垦分局胶鞋厂工作，1979 年返回上海。

何　宣　云南石屏人，原云南省人民政府参事。1969 年 12 月至 1979 年 4 月，到东风农场下乡任知青。先后主持 20 余项重要课题研究，2006 年被评为"云南省有突出贡献的社会科学专家"。

陈静芳　女，浙江杭州人，新民晚报优秀记者。1970 年 6 月参加工作，先后在云南生产建设兵团一师二团 8 营 9 连任文书、8 营小学校任教师、八分场场部机关任干事，1979 年回沪。先后有数十篇报道分别获上海市好新闻奖、华东九报新闻奖、文化部新闻奖等奖项。

吴国平　江苏昆山人，原上海市普陀区体委跆拳道队任教练组组长。1970 年 3 月至 1975 年在云南生产建设兵团一师二团 13 营 7 连（原前哨 7 队）列任排长、司务长，曾任斯大林 100 型推土机手。1976 年进入省体委举重队，1979 年回沪，1981 年入选国家柔道队。

郑有为 女，北京人，原民革中央办公厅副主任、主席、办公室主任。1969 年 5 月至 1978 年 11 月在东风农场一分场四队、一分场场部宣传报道组、东风农场中学工作，送走 78 届毕业高考生后，于 1978 年 11 月返城回北京。

刘亚平 女，上海人，高级政工师，原中商企业集团公司党委副书记、纪检委书记。1969 年从北京赴东风农场云南建设兵团一师二团 1 营 4 连工作，1979 年回京进入中华人民共和国商业部工作。

唐 明 女，重庆永川人，原重庆市九龙坡区人大常委会副主任。1971 年 4 月云南生产建设兵团一师二团 6 营 11 连副班长、班长、副连长，1974 年 11 月云南景洪国营东风农场六分场政治处女工干事、行政秘书，1977 年 9 月任云南景洪国营东风农场政治部女工干事。1979 年 6 月调回重庆。

陈世明 四川武胜人，原重庆市九龙坡区政协副主席，副巡视员。1971 年 3 月云南生产建设兵团一师二团 9 营战士，1973 年 12 月昆明军区六三零团 1 营战士。

眭京玲 女，山西昔阳人，原重庆市九龙坡区政协副主席、副巡视员。1971 年 3 月支边成为云南生产建设兵团一师二团 9 营 1 连战士、班长，1974 年 10 月任云南国营东风农场九分场场部女工干事、人事干事，1979 年 6 月回重庆。

郭子龙 上海人，总工程师，原上海工业设备安装公司第七分公司经理、总经理。1970 年 5 月到达云南生产建设兵团一师二团 5 营 5 连参加工作，1976 年被选为第五届全国人民代表大会委员并到北京参加全国大会，1979 年 6 月随最后一批知青返回上海。

余志刚 北京人，博士，原中央音乐学院教授。1969 年 5 月知识青年上山下乡到云南生产建设兵团二团 3 营 5 连（即东风农场三分场五队）种植水稻，因会拉小提琴从营部调到团部（大勐龙），又从团部（景洪）调到师部（思茅），从事宣传工作，排演样板戏，编创配合政治时事的宣传节目和一些反映基层生活的小节目。1978 年恢复高考后考入中央音乐学院后离场。后在中央音乐学院任教，主要从事音乐学，特别是西方音乐史的研究和教学工作，云南兵团（农场）的宣传工作经历是其从事音乐工作的一个重要起点，奠定了其良好的基础。

孙向荣 高级工程师。1968 年 12 月下乡至东风农场，曾任东风农场和西双版纳农垦分局保卫干事；1974 年入读武汉理工大学后离场。退休后，于 2008 年 4 月以志愿者的身份参加东风农场博物馆、知青纪念碑的建设和东风农场建场 50 周年庆典的筹备工作；2013 年 7 月被东风农场聘为高级顾问，参与东风农场小城镇旧区改造和知青文化旅游项目的前期策划工作；2018 年 10 月参与东风农场博物馆的修复工作。还发表了多篇与东风农场相关的论文，其中 2012 年参加中国"首届知青博物馆建设和发展研讨会"与东风农场唐保国、刁晓明联名发表论文《青石铸胶魂、红土立丰碑》；2017 年 11 月，在上海知青历史文化研究会"云南知青文化"专题研讨会上和东风农场刁晓明联名发表论文《试论西双版纳知青文化旅游》。

彭振戈 1968 年 2 月上山下乡到东风农场疆锋五队当橡胶工人。1975 年回城到了广州，四年后入职中国新闻社广东分社当摄影记者。2001 年出版个人摄影集《生活在邓小平时代》。2003 年担任广东美术馆主办的"中国人本·纪实在当代"摄影收藏展策展人，随后在多个国家巡展。

第三章　人物名录

第一节　东风农场因公殉职人员名录

汤爱莲（女）　杨忠有　沈发才　郭丰云　黄玉福　严香华（女）　张德康

黄光明　尹　连　刘章云　匡云和　易建群（女）　吴宝全　陈　芳（女）

陈讯芳　陈良城　刘　德　华红根　李开寿　刘全智　依　罕（女、傣族）

邱世明　柳文英　景克恭　戴阿龙　黄春权　周光茂　陈国全　李传浩

蔡康明　王注明　徐汝违　易光华　张连富　钟富轩　戴德仁　徐定文

张申庭　周合望　张建环（女）　周保明（女）　李爱云（女）　袁明样

胡国权　自汝聪　刘永刚　何志敏（女）　李维清　朱发理　刀雪静（女）

王辰龙　钟长顺　李德明　周绍永　王通华　尹广洪　蔡国清　陆顺初

瞿绍群　康庆渝　张庭华　张兰英（女）　方从佑　伍爱琼（女）　王开平

游永贵　李二兵　杨建立　杨龙凤（女）　王荣华（女）　顾益民　罗绍祥

范仁舟　赵玉生　方明海　黄桂华（女）　杜春娣（女）　罗汝驷　施德全

刘国民　郝华清　李有银　刘有生　周金芳（女）　张艳庭（女）　邬培琴（女）

王国全　彭选顺　钟增勇　马永兴　钟述林　王和平

第二节　东风农场获西双版纳州厅级以上表彰先进个人名录

（一）国家级荣誉表彰

1959 年 10 月，李德明出席全国工交财贸社会主义先进集体、先进生产者代表大会。

1960 年 4 月，楚保玉被全国民兵代表会议授予"民兵积极分子"称号。

1979 年 9 月，王友英被共青团中央授予"新长征突击手"称号。

1981 年 4 月，毛秀清被农垦部授予"全国农垦系统普通教育先进教师"称号。

1983 年 10 月，许万才被全国总工会授予"优秀工会积极分子"称号。

1985 年 9 月，王远锋被农牧渔业部授予"全国农垦系统先进教师"称号。

1990年，李英顺被授予"全国民族团结进步先进个人"称号。

1991年，郭尚德获"全国优秀胶工"称号。

1993年，何剑被农业部农垦司、中国热带作物学会评为"全国天然橡胶新割制推广先进个人"。

1994年，赵明珍被中华全国总工会授予"先进工作者"称号；高美琴连续十年荣获"优秀胶工"称号，被中华全国总工会女职工委员会授予"先进女职工"称号；胶工赖修存、蒋文兰被农业部授予"全国优秀胶工"称号。

1995年，李明珍、张文琼、滕德古被农业部授予"全国优秀胶工"称号。

1996年，普云忠、陈炳能、宋元芬被农业部授予"全国优秀胶工"称号。

1998年，郭尚德被农业部授予"全国优秀胶工"称号，徐春玲被农业部授予"全国优秀割胶工"称号。

1999年7月，林金振获国务院特殊津贴；12月，陈云发获"全国农业科技推广先进工作者"称号。

2000年，丁世琪被全国第五次人口普查办公室授予"国家级先进个人"称号。

2005年，张登红被国家农业部农垦局、中国农林水利工会授予"全国农垦系统再就业明星"称号。

2010年，刘明友、邹湘云分别获"全国割胶技能大赛"第二和第八名。

（二）省级荣誉表彰

1964年3月，李正学被中共云南省委、云南省人民政府授予"农业先进生产者"称号。

1964年3月，陈阿甲、陈石生、李荣才获云南省农业先进集体、先进生产（工作）者代表大会的"先进生产者"称号。

1979年3月，郭子龙被云南省农垦总局授予"先进生产者"称号。

1981年11月，张裕豪被云南省总工会授予"优秀工会积极分子"称号。

1983年5月，李永芳被云南省人民政府授予"劳动模范"称号。

1986年1月，欧阳培华、吴吉昌、苏美兰、温琼慧、茹世昌被云南省农垦总局授予"先进个人"称号。

1986年3月，温琼华被共青团云南省委授予"争创五能手"活动先进个人称号。

1986年5月，车松、张爱云被云南省卫生厅授予"心灵美护士"称号。

1987年2月，李琼芝被云南省农垦总局授予"优秀林管工"称号。

1990年，王文剑被授予"云南省优秀纪检干部"称号；赵明珍被授予"云南省优秀女工干部"称号。同年，陈正龙、朱兴芬、周菊英、易建国、彭学萍、陈阿甲、王伯献、郝庭芬、罗家泽等被农垦总局评为"先进工作者"。

1991年，赵明珍被云南省总工会授予"学先进、比奉献"活动先进工作者称号；张双琪被云南省总工会授予"工会积极分子"称号。

1992年，魏孟芝被共青团云南省委授予"优秀共青团员"称号；高美琼、王俊玲、徐达开、李兴珍、阮应和、白忠维、李勤芝、吴光芬、何运泉、宋俊辉、陈揆祖、祁周平等被云南农垦总局评为"先进工作者"；邓庚生获云南农垦工会"职工之友"称号；张双琪、吴艳芳获云南农垦工会"优秀工会工作者"称号。

1994年，马丽、马亚敏被云南农垦总局评为优秀胶工，魏孟芝被共青团云南农垦总局委员会授予"优秀共青团员"称号。

1995年，杨安彩、普云忠、陈炳能、宋元芬被云南农垦总局评为优秀胶工。

1996年，蒋文兰被云南省总工会授予五一劳动奖章。同年，谭丽华被云南农垦总局评为优秀胶工。

1997年，马金萍、胡美会被云南农垦总局评为优秀胶工。同年，付开荣夫妇被云南省精神文明办协调领导小组授予"五好家庭标兵户"称号。

1998年，白惠芬获农垦总局1998年度"先进生产者"称号。同年，李海涛被云南共青团省委授予"云南省二级新火炬"奖章。

1999年，杨军、姜锋被授予"云南农垦杰出青年"称号。同年，陈虹宇、李伟萍、刘明友被云垦集团公司评为"青年岗位能手"，伍平、白云江、邓建萍被评为"优秀团干部"，蔡新华、黄玉辉被评为"先进女职工工作者"；向和梅、吴琼瑛、张以英、王凤琨、缪世琼被评为"先进女职工"。

2000年5月，曾令德被云南农垦总局团委评为"优秀团干部"；6月29日魏孟芝被共青团云南农垦总局委员会授予"优秀团干部"称号。

2001年，李加菊、张以英、谢红珠被云南农垦总局授予"学科学用科学积极分子"称号。

2003年，蒋文兰、杨庆芳、张以英、李加菊、张家兰被授予云南省"学科学用科学积极分子"称号；钟春、张治书被省农垦集团公司工会评为"优秀工会工作者"，张建胶被评为"工会积极分子"，杨军被评为"支持工会工作先进工作者"。

2004年，张胜辉获云南省人民政府颁发的"见义勇为"先进个人称号。

2005年，魏孟芝、阮凤珍被云南农垦集团有限责任公司工会授予"先进女职工工作者"称号。同年，董贞旺获得"云南省职工橡胶割胶技术能手"称号；杨军、蒋文兰、郭尚德、朱丽、夏昌富等被农垦总局评为 2002—2004 年度劳动模范；李家武、陈洪珍被云南农垦集团公司授予"学科学用科学积极分子"；董贞孝获得"云南省优秀割胶工"称号；蒋文兰、郭尚德、潘世跃被云南农垦集团工会授予"云南农垦云岭优秀职工"称号。

2006 年 5 月，蒋文兰被云南省总工会授予"云岭优秀职工"称号，并颁发"五一劳动奖章"；11 月蒋文兰获云南省总工会女职工委员会"云南省女职工技术技能竞赛个人成果展示赛"一等奖。同年，兰加华被云南省委授予"优秀党员"称号、被云南省农垦集团公司评为云岭先锋工程"优秀共产党员"；邓宗昌获得农垦总局"先进党务工作者"称号；唐保国、钱光宏被云南农垦集团公司评为"十五"期间安全生产先进个人。

2007 年，李平获云南省总工会"优秀工会工作者"称号及云南农垦省集团公司党委"厂务公开民主管理先进个人"称号；李平、董贞旺、李家武、易兰春被评为云南农垦集团公司 2005—2007 年度劳动模范；高锋获"云南省见义勇为先进个人"称号。

2008 年 3 月，蒋文兰被云南省妇联授予"云南省三八红旗手"称号；4 月，蒋文兰被云南省人民政府授予"云南省人民政府第十九届劳动模范"称号。12 月，曾龙秋被云南省财政厅评为"云南省先进会计工作者"。

2013 年 5 月，秦海雁撰写的《对进一步加强农场党务公开工作的思考》调研论文，被中共云南省纪委办公厅授予"优秀论文"奖。

2014 年 8 月，陈云发获云南省政府特殊津贴奖人员。

（三）州级荣誉表彰

1984 年 4 月，吴志和、李平被西双版纳军分区批准为"民兵工作先进个人"。

1993 年，李如忠获"西双版纳州劳动模范"称号。

1996 年，秦海雁在第二批农村基层组织建设工作中，被州委评为"优秀工作队员"。

1997 年，谢汉民获"西双版纳州劳动模范"称号。同年，姜锋被州委、州政府授予"十大杰出青年"称号，被州政府授予"先进科技工作者"称号。

2001 年，郭尚德、韩昆龙获"西双版纳州劳动模范"称号。同年，杨明芬被州委授予"优秀辅导员"称号；李平被州委评为"优秀党务工作者"；段锦华被州委评为"优秀共产党员"。

2002 年，王树山被州委、州政府评为"档案工作先进个人"。

2004 年，郭尚德、蒋文兰获"西双版纳州劳动模范"称号。何剑被州委、州政府评为"科技工作先进个人"。

2006 年，西双版纳农垦分局工会授予东风农场工会"为群众办实事做好事"先进集体称号；授予李平、兰家华"为群众办实事做好事先进个人"称号。

2008年，高锋获"西双版纳州道德模范"称号，董贞旺获"西双版纳州劳动模范"称号。

2011年6月，李平、兰加华被评为"西双版纳州优秀共产党员"。7月，朱武军被州委、州政府评为"2006—2010年全州法制宣传教育工作先进个人"。

2016年6月，钱光剑、易珍云、黄昌云被评为"西双版纳州优秀共产党员"；2020年吴志红被评为西双版纳州"三八"红旗手。

第三节　全国人大代表名录

刘红鹰　第四届全国人民代表大会代表。

郭子龙　第五届全国人民代表大会代表。

第四节　获西双版纳州厅级以上表彰的先进集体

（一）国家级表彰

1981年4月，三分场学校被国家农牧渔业部批准为"全国农垦系统教育先进单位"。

1982年，农场荣获橡胶种植北移成功国家科学技术发明一等奖。

1985年9月，农场中学被国家农牧渔业部批准为"全国农垦系统教育先进单位"。

1986年3月，东风农场被国家计划生育委员会批准为"计划生育工作先进集体"；10月，被国家农牧渔业部农垦局批准为"全国农垦政治思想工作先进单位"。

1988年，中华人民共和国国务院授予东风农场"全国民族团结进步先进集体"称号。

1992年1月，农场荣获农业部授予的"全国农垦企业思想政治工作先进单位"称号，同时，获1991年度全国农垦系统"天然橡胶单产高产"奖。

1993年9月，农场被农业部中国热带作物协会授予"全国天然橡胶新割制推广先进单位"。

1999年9月26日，东风农场团委被共青团中央组织部授予"全国五四红旗团委"创建单位。

2000年，农场被农业部授予全国农垦系统"扭亏增盈先进单位"。

2001年10月，中共中央宣传部、国家计划生育委员会授予东风农场计划生育委员会"全国婚育新风进万家活动先进单位"称号。

2004年3月，东风农场工会女职工委员会被全国农林水利系统工会授予"全国农林水利系统工会先进女职工集体"称号。

2005 年，国营东风农场工会被中华全国总工会评为"模范职工之家"称号。

2006 年，中华全国总工会授予国营东风农场工会为"全国工会促进再就业行动先进单位"称号。

2007 年 6 月，被农业部评为"全国农垦现代农业示范区"。同年，被中国热带作物学会授予"农业科技示范基地"（橡胶）。

（二）省级表彰

1964 年 3 月，疆锋农场二队被云南省人民政府批准为"农业先进单位"；11 月，疆锋农场民兵营、龙泉农场工程连被昆明军区、云南省人民政府、省军区批准为"民兵工作先进单位"。

1975 年 3 月，农场保卫科被云南省公安厅批准为"治安保卫工作先进单位"。

1978 年 5 月，五分场五队三班被云南省革命委员会批准为"农垦系统先进单位"。

1979 年 3 月，一分场八队被云南省农垦总局批准为"1978 年度先进集体"。

1981 年 2 月，东风农场被云南省人民政府批准为"计划生育先进单位"。

1982 年 2 月，东风农场被云南省人民政府批准为"计划生育先进单位"；10 月，被云南省人民政府、省军区批准为"民兵组织调整工作先进单位"；11 月，被云南省人民政府批准为"整顿治安先进单位"。

1983 年 5 月，七分场被云南省人民政府批准为"先进单位"；6 月，东风农场被云南省人民政府批准为"计划生育先进单位"；9 月，被云南省人民政府批准为"民族团结先进单位"。

1984 年 3 月，农场生产科被云南省经济贸易委员会、科学技术委员会、农牧渔业厅、林业厅批准为"农林科技推广先进单位"；4 月，农场派出所被云南省公安厅批准为"先进单位"。同年，农场纪律检查委员会（以下简称纪委）受到云南省农垦总局纪委表扬。

1985 年农场中学被评为云南省农垦系统先进单位，幼儿园被评为云南省农垦总局先进单位。同年 6 月，东风农场被中共云南省委、省政府批准为"文明农场"。

1986 年 1 月，十分场、第三制胶厂、农场幼儿园被云南省农垦总局批准为"1985 年度先进集体"。6 月，东风农场被中共云南省委、省政府批准为"增收致富"先进单位。

1988 年，东风农场被中共云南省委、省政府授予"文明单位"称号。

1990 年，东风农场第三制胶厂被云南农垦总局评为"先进集体"。

1991 年，农场被云南省政府评为"人民信访先进单位"。同年，五分场工会女职工委员会被云南省总工会授予"学先进、比奉献"活动先进集体称号；原四分场被云南省绿化委员会授予绿化工作先进单位称号。

1992年2月，农场医院被云南省卫生厅授予医院省级"文明医院"称号。同年，十二分场、一分场十二队、电厂供电所被农垦总局评为先进集体。

1993年3月，农场获云南农垦1992年度"粮食农业丰收奖"和"养猪农业丰收奖"。5月，农场被云南农垦总局评为"交通运输安全生产先进单位"。

1997年4月，农场获云南省"重合同、守信誉先进企业"称号。同年，农场被省农垦总局评为"思想政治工作优秀企业"、1995—1996年度"尊师重教"先进单位，被云南省政府授予"全国第一次农业普查先进单位"称号；原九分场获得云南省政府"三类植胶区亩产过百千克科技进步奖"。

1998年，东风农场经云南省人民政府批准荣获云南省1998年度安全生产工作先进集体。同年，农场工会被云南农垦总局授予"工会财务先进集体"称号。1998年，云南省大中学校跨世纪学生素质发展夺杯赛中，农场中学获得共青团云南省委颁发的"理想杯"。

1999年3月，东风农场女职工委员会在云南农垦"女职工双文明建功立业"活动被授予"先进集体"称号；5月，农场团委被中共云南省委授予"先进团组织"称号。同年，十三分场卫生所被农垦集团公司授予"青年文明号"；农场工会被云南总工会授予"安置下岗职工再就业先进集体"称号；十三分场团委被云南农垦总局团委授予"青年文明号"称号；二分场少先队被省教委、团省委、省少工委授予"云南省雏鹰大队"称号。

2000年4月27日，东风农场女职工委员会在参加云南省组织的"妇幼健康知识"竞赛活动中被云南省妇女联合会、卫生厅、计划生育委员会授予"优秀组织奖"称号。

2001年，农场被中共云南省委、省政府授予"云南省文明单位"，自1985年以来连续17年获得荣誉。

2002年，农场机关被中共云南省委、省政府授予"文明单位"称号；农场六分场五队被中共云南省委、省政府授予"文明单位"称号；农场工会被云南省总工会授予"模范职工之家"称号；八分场一队被团省委授予"云南省红旗团支部"称号。

2003年，三分场工会被农垦集团公司工会授予"先进职工之家"称号，三分场十二队被授予"先进职工小家"称号。

2004年，东风农场被中共云南省委授予"云南省学习实践'三个代表'重要先进集体"称号，被云南省总工会授予"工会促进再就业工作先进集体"称号，获云南省"厂务公开民主管理先进集体"称号。同年，二分场学校荣获云南省农垦总局"先进学校"称号；农场医院被云南农垦集团授予"2002—2004年度劳动竞赛"先进集体。

2005年2月，东风农场被云南省老龄委授予"老龄工作先进单位"称号；3月，东风农场、东风农场职工医院被云南农垦集团授予"2002—2004 年度劳动竞赛"先进集体；11 月，东风农场女职工委员会被云南农垦集团工会授予"先进集体"称号。同年，三分场一队共青团被云南省委授予"青年文明号"称号。

2006 年，东风农场被云南农垦集团评为"十五"期间安全生产先进单位。三分场一队"青年文明号"被共青团云南省委授予"云南省青年文明号"荣誉称号。

2007 年，东风农场被云南省（工会）"争创"领导小组授予"创学习型组织先进集体"称号；东风农场团委被共青团云南省委授予"云南省五四红旗团委"称号；同年，农场内部审计工作被云南农垦集团评为"云南农垦内部审计 2004—2006 年先进单位"；三分场一队被中共云南省委、省政府评为 2006—2008 年"文明单位"。

2008 年，东风农场在云南农垦 2005—2007 年度劳动竞赛活动中被云南农垦集团有限责任公司授予"先进集体"称号；农场工会被授予"云南省创建学习型企业先进集体"称号。

2014 年 2 月，景洪市东风农场工会女职工委员会被省总工会女职工委员会指定为"工会女职工工作联系点"。

（三）州级表彰

1982 年 2 月、1984 年 1 月，农场武装部被西双版纳军分区两次批准为"先进武装部"。

1984 年 1 月，三分场被西双版纳州人民政府批准为"民族团结先进单位"。4 月，七分场民兵连被西双版纳州、军分区批准为"先进民兵连"。同年，农场纪委受到西双版纳州纪委的表扬。

1987 年，农场被西双版纳州评为"计划生育先进单位"。

1991 年，东风农场女职工委员会被西双版纳州工会女职工委员会授予"先进女职工委员会"称号。

1994 年 9 月，农场纪委被西双版纳州纪委评为"先进单位"。

1998 年 4 月 30 日，农场计划生育委员会被西双版纳州政府授予"1995—1997 年'三为主'先进集体"称号。同年，东风农场获西双版纳州"科技工作先进单位"称号；八分场党委被中共西双版纳州委评为"先进党组织"。

1999 年，东风农场被西双版纳州人民政府授予"全州民族团结进步先进集体"称号。同年，农场工会被西双版纳州总工会授予"工会财务先进集体"称号。

2001 年 3 月 22 日，农场计划生育委员会被西双版纳州计划生育委员会授予"1996—2001 年计划生育协会工作中成绩显著"先进集体荣誉称号。7 月 1 日，八分场党委被西双版纳州党委评为"先进党组织"。同年，八分场一队被西双版纳州团委命名为"青年文明号";东风三小少先队大队被团州委授予"雏鹰大队"称号。

2002年,八分场三队、九分场二队被西双版纳州评为"文明单位"。

2003年,东风农场被西双版纳州委、州政府授予"全州民族团结进步先进集体"称号。同年,八分场一队被西双版纳州委、州政府评为"文明单位"。

2004年,农场工会被西双版纳州总工会授予"先进工会组织"称号;农场医院内儿科被州农垦分局团委授予"青年文明号"称号。

2006年6月,二分场十队党支部在保持共产党员先进性教育活动中荣获西双版纳州"先进党支部"称号。7月,非公有制经济中心党委被西双版纳州委授予"云岭先锋'流动红旗'"称号。12月,三分场被西双版纳州评为"西双版纳州人民调解工作先进单位"。同年,东风农场被西双版纳州政府授予"拥军优属先进单位"称号。

2007年5月,三分场团委被共青团西双版纳州委评为2005—2006年"五四"红旗团委;7月,五分场党委被州委授予"云岭先锋先进基层党委"。同年,农场被评为西双版纳州"敬老先进社区",六分场获西双版纳州"敬老先进社区"称号,农场医院被州精神文明工作指导委员会授予"州级文明单位"称号。

2008年9月,东风农场被西双版纳州委、州政府授予"全州民族团结进步先进集体"称号。

2009年11月,东风农场工会女职工委员会被州委、州政府授予"三八"红旗集体称号;东风农场工会被州总工会授予"先进工会组织"称号。

2014年12月,东风农场工会被州总工会授予"先进工会组织"称号。

第五节　东风农场获副高级职称专业技术人员名录

自1986年改革职称评定、实行专业技术职务聘任制度开始,至2020年农场取得高级专业技术职称者82人,见表9-3-1。

表9-3-1　东风农场副高级职称专业技术人员名录

单位	职务	姓名	性别	出生年月	民族	文化程度	参加工作时间	入党时间	技术职称	取得时间	职称级别	职称系列	籍贯	备注
农场	党委书记	卢明康	男	1944.06	汉族	本科	1968.12	1971.08	高级政工师	1990.04	副高	政工	云南永善	已故
农场	史志办主任	杨璧	男	1931.10	汉族	高中	1947.05	1981.10	高级政工师	1990.04	副高	政工	云南元谋	离休
七分场	党委书记	尹忠厚	男	1930.09	汉族	中专	1949.08	1953.07	高级政工师	1990.04	副高	政工	江西永新	已故
农场	公墓办负责人	彭向东	男	1947.03	汉族	大专	1969.03	1975.07	高级政工师	1933.08	副高	政工	湖南醴陵	已故

（续）

单位	职务	姓名	性别	出生年月	民族	文化程度	参加工作时间	入党时间	技术职称	取得时间	职称级别	职称系列	籍贯	备注
农场	工会主席	刁光明	男	1943.10	汉族	大专	1967.04	1970.05	高级政工师	2000.11	副高	政工	广东紫金	退休
农场	武装部部长	刘华生	男	1954.04	汉族	大专	1971.04	1976.06	高级政工师	2000.11	副高	政工	重庆市	退休
农场	工会副主席	王树山	男	1956.12	汉族	大学	1974.12	1977.07	高级政工师	2002.11	副高	政工	河南封丘	退休
农场	书记场长	杨军	男	1959.12	傣族	研究生	1979.05	1986.07	高级政工师	2003.12	副高	政工	云南景谷	2006.01调思茅农垦分局
农场	党政办主任	李派华	男	1964.05	哈尼	大学	1982.01	1985.07	高级政工师	2005.01	副高	政工	云南普洱	
农场	场庆筹备组长	欧阳孝清	男	1953.01	汉族	大专	1967.10	1975.05	高级政工师	2005.11	副高	政工	湖南醴陵	退休
农场	科员	朱明寿	男	1932.12	汉族	大专	1952.09		高级农艺师	1987.12	副高	农业	四川成都	已故
农场	生产科科长	吴惠芬	女	1932.12	汉族	大专	1952.09	1985.06	高级农艺师	1987.12	副高	农业	四川成都	已故
胶厂	技术员	曾琳华	男	1939.03	汉族	大学	1964.10		高级农艺师	1933.12	副高	农业	广东梅县	已故
技术站	副站长	杨春荣	男	1939.06	汉族	中专	1963.08		高级农艺师	1993.12	副高	农业	云南景东	退休
农场	生产科技术员	张政学	男	1935.06	汉族	大学	1963.09		高级农艺师	1994.11	副高	农业	福建闽清	已故
十三分场	技术员	刘为祥	男	1945.08	汉族	中专	1963.08		高级农艺师	1996.02	副高	农业	云南墨江	退休
	综管科副科长（主持）	毛克明	男	1965.07	汉族	大学	1987.07	2000.06	高级农艺师	2000.07	副高	农业	云南楚雄	调出
农场	生产计划部副主任	宋泽兴	男	1967.09	汉族	大学	1991.07	1996.03	高级农艺师	2004.07	副高	农业	云南江川	
分公司	生产计划部副主任	陈云发	男	1964.03	汉族	大学	1985.08	1997.06	农业推广研究员	2014.12	正高	农业	湖南醴陵	退休
分公司	生产计划部副主任	庞湘彦	男	1965.03	汉族	大专	1985.08	1991.03	高级农艺师	2007.07	副高	农业	山东即墨	
分公司		王俊德	男	1972.12	汉族	大学	1996.08	2009.06	高级农艺师	2008.07	副高	农业	云南嵩水	
农场	农场副场长	张云江	男	1962.02	汉族	大学	1980.11	1996.04	高级农艺师	2008.07	副高	农业	河南济源	退休
农场		王卫疆	男	1968.01	汉族	大专	1988.07		高级农艺师	2008.07	副高	农业	河南荥阳	
分公司		李明	女	1961.08	汉族	中专	1984.07		高级农艺师	2009.07	副高	农业	湖南醴陵	退休
农场		廖玲	女	1963.09	汉族	大专	1984.07	1987.09	高级农艺师	2010.07	副高	农业	云南江川	退休
农林水		李雄武	男	1967.08	汉族	大学	1989.08	2000.06	高级农艺师	2012.09	副高	农业	江苏南通	
农林水		邓新华	男	1963.06	汉族	大专	1982.07	1993.06	高级农艺师	2013.09	副高	农业	重庆	退休
农林水		杨硕	男	1969.03	汉族	大专	1990.12		高级农艺师	2014.09	副高	农业	云南景东	
农林水		沐荣标	男	1962.12	汉族	大学	1982.07	2005.07	高级农艺师	2014.09	副高	农业	云南普洱	退休
农林水		邓雪辉	男	1966.05	汉族	大学	1986.09	1998.05	高级农艺师	2015.09	副高	农业	湖南醴陵	
农林水		钟萍	女	1968.10	汉族	大专	1988.12		高级农艺师	2015.09	副高	农业	湖南醴陵	退休
农林水		万斌泉	男	1965.09	汉族	大专	1981.09	2001.11	高级农艺师	2015.09	副高	农业	云南景东	退休
农林水		苏开相	男	1960.07	汉族	大专	1979.05	1990.01	高级农艺师	2015.09	副高	农业	云南墨江	退休
分公司	财务科科长	卢泽波	男	1935.10	汉族	初中	1950.03	1972.11	高级会计师	1969.03	副高	会计	四川富顺	已故
农场	工业科科长	林金振	男	1940.12	汉族	大学	1964.10		高级工程师	1987.12	副高	工程	广东花岭	退休
医院	医生	陈唐杰	男	1936.02	汉族	中专	1955.03	1987.09	副主任医师	1994.08	副高	卫生	广东紫金	已故
医院	医生	张继胜	男	1937.11	汉族	中专	1950.01		副主任医师	1994.08	副高	卫生	辽宁沈阳	退休

（续）

单位	职务	姓名	性别	出生年月	民族	文化程度	参加工作时间	入党时间	技术职称	取得时间	职称级别	职称系列	籍贯	备注
农场	医保办主任	邓新民	男	1950.08	汉族	大学	1968.12	1976.06	主任医师	2002.08	正高	卫生	重庆大足	退休
医院	院长	戚建新	男	1953.02	汉族	大专	1970.06	1985.02	副主任医师	2003.08	副高	卫生	浙江余姚	退休
医院	副院长	谢秋良	男	1962.09	汉族	大学	1980.09	2000.11	副主任医师	2005.08	副高	卫生	湖南醴陵	退休
医院	内一科主任	周寿成	男	1963.04	汉族	大学	1980.06	1993.06	副主任医师	2005.08	副高	卫生	四川乐至	退休
医院	妇产科主任	张礼云	女	1959.10	汉族	大专	1976.08		副主任医师	2008.08	副高	卫生	湖南醴陵	退休
教育中心	教师	李景成	男	1938.02	汉族	大学	1965.07		中教高级	1989.03	副高	教育	四川安岳	移交地方
教育中心	教师	吴文学	男	1954.08	汉族	大学	1977.09	1976.05	中教高级	1994.12	副高	教育	四川内江	调出
教育中心	教师	黄明远	男	1949.09	汉族	大学	1969.03	1971.08	中教高级	1995.12	副高	教育	四川内江	移交地方
教育中心	教师	苏六零	女	1960.05	汉族	大学	1979.06	1989.12	中教高级	1999.07	副高	教育	湖南醴陵	移交地方
教育中心	教师	杨中平	男	1962.08	汉族	大学	1980.09	1988.10	中教高级	2000.07	副高	教育	湖南醴陵	移交地方
教育中心	教师	谢贤芬	女	196411	汉族	大学	1983.08	1998.07	中教高级	2000.07	副高	教育	四川富顺	调出
教育中心	教师	张成章	男	1948.11	汉族	大专	1969.03	1971.03	中教高级	2001.06	副高	教育	四川内江	移交地方
教育中心	教师	陈春南	女	1954.03	汉族	大学	1978.09		中教高级	2001.06	副高	教育	湖南醴陵	移交地方
教育中心	教师	崔马东	男	1962.01	汉族	大学	1978.08	2000.04	中教高级	2001.06	副高	教育	山西长治	调出
教育中心	教师	邓建萍	女	1964.11	汉族	大学	1981.09	1998.07	中教高级	2003.07	副高	教育	湖南醴陵	移交地方
教育中心	教师	蒋景元	男	1963.10	汉族	大学	1988.07		中教高级	2003.07	副高	教育	四川简阳	移交地方
教育中心	教师	何选萍	女	1966.08	汉族	大学	1986.08	1992.07	中教高级	2003.07	副高	教育	湖南醴陵	移交地方
教育中心	教师	刘宏坤	男	1963.03	汉族	大专	1980.03		中教高级	2004.07	副高	教育	湖南醴陵	移交地方
教育中心	教师	赖跃明	女	1958.08	汉族	大专	1977.10	1992.06	中教高级	2004.07	副高	教育	湖南醴陵	移交地方
教育中心	教师	王友平	男	1962.03	汉族	大专	1980.08	1987.06	中教高级	2004.07	副高	教育	四川金堂	移交地方
教育中心	教师	朱新云	男	1963.07	汉族	大专	1980.09	2000.12	中教高级	2004.07	副高	教育	湖南醴陵	移交地方
教育中心	教师	鲁秀芝	女	1964.11	汉族	大学	1983.08		中教高级	2004.07	副高	教育	云南景谷	移交地方
教育中心	教师	张垠	女	1960.05	汉族	大专	1978.08		中教高级	2004.07	副高	教育	云南景谷	移交地方
教育中心	教师	杨芳	女	1963.06	汉族	大专	1982.08		中教高级	2004.07	副高	教育	云南临沧	移交地方
教育中心	教师	林桂秋	女	1962.10	汉族	大专	1978.09	1993.07	中教高级	2004.07	副高	教育	湖南醴陵	移交地方
教育中心	教师	王娅红	女	1961.08	汉族	大专	1978.09		中教高级	2004.07	副高	教育	云南普洱	移交地方
教育中心	教师	周云湘	男	1960.07	汉族	大学	1977.08	1984.07	中教高级	2005.07	副高	教育	湖南醴陵	移交地方
教育中心	教师	赵娉	女	1959.01	汉族	大专	1976.09		中教高级	2005.07	副高	教育	河南内乡	移交地方
教育中心	教师	张珍	女	1965.05	汉族	大专	1983.09		中教高级	2005.07	副高	教育	云南昭通	移交地方
教育中心	二校校长	徐建明	男	1962.11	汉族	大学	1980.09	1986.09	中教高级	2005.07	副高	教育	湖南醴陵	移交地方
教育中心	教师	谢秋云	女	1961.10	汉族	大专	1978.09		中教高级	2005.07	副高	教育	湖南醴陵	移交地方
教育中心	教师	李伟萍	女	1967.12	汉族	大学	1988.12		中教高级	2005.07	副高	教育	云南宣威	移交地方
教育中心	教师	周建军	女	1957.08	汉族	大专	1974.03		中教高级	2005.07	副高	教育	湖南醴陵	移交地方
教育中心	教师	吴芝华	女	1960.06	汉族	大专	1978.09		中教高级	2005.07	副高	教育	湖南醴陵	移交地方
教育中心	教师	钟秀莲	女	1960.07	汉族	大专	1976.09		中教高级	2005.07	副高	教育	湖南醴陵	移交地方
教育中心	教师	周平	男	1965.03	汉族	大专	1986.03		中教高级	2005.07	副高	教育	四川蓬溪	移交地方
教育中心	教师	江孝瑜	男	1957.09	汉族	大专	1975.07	1985.07	中教高级	2005.07	副高	教育	湖南醴陵	移交地方
教育中心	教师	胡明秀	女	1962.07	汉族	大学	1979.08		中教高级	2005.07	副高	教育	四川富顺	移交地方

（续）

单位	职务	姓名	性别	出生年月	民族	文化程度	参加工作时间	入党时间	技术职称	取得时间	职称级别	职称系列	籍贯	备注
教育中心	教师	黄绍江	男	1960.09	汉族	大学	1977.04		中教高级	2005.07	副高	教育	湖南醴陵	移交地方
教育中心	教师	林启填	男	1964.05	汉族	大专	1984.09		中教高级	2005.07	副高	教育	湖南醴陵	移交地方
教育中心	教师	贺西森	男	1955.02	汉族	大专	1979.04		中教高级	2005.07	副高	教育	河南嵩县	退养
规建所	副所长	陈敏	女	1979.05	汉族	大学	1997.07	2003.12	高级工程师	2017.08	副高	建筑	湖南醴陵	
农场社区管委会	党委委员、管委会副主任	邱军	男	1975.07	汉	大学	1997.07	2002.06	高级会计师	2012.12	副高	会计	湖南醴陵	
财政统计办公室	会计	李虹	女	1973.01	汉	大学	1990.09	2012.12	高级会计师	2016.06	副高	会计	湖南醴陵	

附　录

回忆录择录

随彭局长选场址

李广济

1957年10月14—16日，我和李国荣同志在当时担任省农垦局副局长彭名川同志的带领下，骑着单车从景洪出发，到大勐龙勘察选择建新场场址。彭副局长当时为建新场呕心沥血，在困难面前一往无前的精神永远铭刻在我心中。

一

1957年6月，我在曼增农场（现景洪农场六分场）担任副场长，参加了省农垦局在昆明召开的农场工作会议，会上聆听了江洪洲局长的讲话。会议根据中央要求云南大力发展橡胶生产的决定，部署了建一批新场的任务。接着江局长还到西双版纳地区考察种植橡胶和建新场的可行性，同时派出总局设计队到大勐龙地区进行初步勘察设计，得出的结论是：大勐龙地区可发展橡胶20万亩以上，可建数个新场。江局长还到曼增农场对我面示，为建新场可能调动我的工作，要我做好思想准备。

同年10月11日，省农垦局彭名川副局长在景洪热带作物试验场（现热带作物科学研究所）召开橡胶生产会议。会上他宣布调我和李国荣（李当时任景洪农场副场长）到大勐龙负责创建新场，要求我俩立即到职。他说："大勐龙有很多可以种植橡胶的土地尚未开发利用，还是个空白点，派你们去建个新场。"散会之后又把我俩专门留下，交代了5件事。他说："第一，勐龙坝是垦殖战线上的新区，要靠你们去开创，要做长期打算，在那里扎根、安家；第二，土地安排上要以种植橡胶为主，其次安排种植其他经济作物和农作物，要先种受益快的作物，以资助橡胶发展；第三，勐龙坝物质条件差，要有克服各种困难的思想准备，无论如何，一定要抓好生产；第四，要抓好职工思想教育工作，人员来自四面八方，团结教育工作最重要；第五，要尊重地方党委和政府的领导，认真执行党的民族政策，取得当地政府和各族群众的支持和帮助才可能把工作搞好。在大勐龙建新场，我已向州工委做了汇报。他们会将这一情况通知景洪县和勐龙区。你们两人近日就去勐龙区先与区委取得联系，顺便勘察一下那里的土地，看能否将场址也确定下来。"彭副局长的安排使我们进一步明确了任务，对如何开展好工作充满了信心。

二

1957年10月14日清晨，李国荣同志和我按电话通知赶到彭副局长的住处。见到彭副局长后，他告诉我们："到大勐龙去勘察场址，我们3人一块去。但路况不好，只能骑单车，赶快准备，马上出发。"我们各自借了一辆单车，于当日10时左右，在彭副局长的带领下，向勐龙坝进发。

由景洪到大勐龙，那时只有一条旱季才能通马车的毛公路。由于雨季刚过，路面被牛踩马踏，到处坑坑洼洼，沿途泥坑很多，桥涵垮塌也不少。我们得经常绕道而行，有时扛上单车越过泥泞的坑洼。显然这路近年没有维修过，两旁的竹林、灌木林的枝叶把路面上空遮盖，由于得不到阳光照射，道路更加泥泞不堪，我们真尝到了行路难的滋味。从曼飞龙寨（现曼飞龙水库）再往勐龙方向行走，路况更坏，我们简直无法骑车。彭副局长年龄比我俩大，战争年代又负过伤，体力弱，走这样的路更加困难。但看到他身先士卒，一往无前的坚毅神情，也增加了我们克服困难的勇气。我们继续赶路，当行至曼格寨旁上一土桥时，我差点摔倒。彭副局长凝视路面，自言自语诙谐地说："现在道路你憋我们，看你能憋多久？总有一天要你畅通无阻，不信！咱们走着瞧吧！"我俩一听，很想发笑。又不好意思笑出声来。我接着说："再难走，也不能返回去。过去我曾两次参加建新场，也遇到不少难题，困难毕竟是暂时的。"就这样，我们经过6小时的跋涉，进入勐龙区地界，这时道路逐渐好走，骑自行车较轻松，心情也顿觉舒坦了。我们边骑车、边观察、边议论，道路两旁被热带雨林和杂草等植被覆盖，青翠的枝叶重重叠叠，从山形地貌看得出是沟渠纵横、延绵起伏的丘陵地。我们盛赞这是发展橡胶的宝地。

临近傍晚，我们来到曼景弯寨旁，见路边有一块较大平台地（即现在二分场一队林地及农场部），估计是块撂荒地，只长着一人高的飞机草和少量的杂木树，是一块建场或种植作物的好地方。彭副局长兴奋地说："怎么样，这里不错吧！这平台周围的土地、丘陵地、山坡可以开发几万亩，不是很有前途吗？"我和李国荣同志听了，疲劳顿消，心情特别兴奋。我们继续赶路至小街，遇见一位解放军，向他说明来意，便在他们简陋的营房暂住一宿，得到了他们热情的接待。

次日一早，我们又走了15千米的路，到了勐龙区政府，见到区委书记彭开玉和秘书杨和录同志。当我们说明来意后，彭开玉同志当即表示："县委已通知我们这件事，欢迎农垦局来此建新农场。我们区委将尽力给予支持和帮助。"彭副局长说："建新场将于最近开始，职工也很快到来，请区委发动群众支援农场盖草房，场址暂定小街附近。农垦场利用的土地多为25°～35°以下的荒山荒地，种植橡胶和一些农作物，不占用群众的田地，不侵占群众的利益，请区委转达让民族群众放心。"他指着我俩说："今后由两位老李在此负责建新场。"并告诉我俩要主动找区委汇报请示工作，加强联系，避免发生不必要的问题。区委书记彭开玉当即表示："没问题，这里多的是荒山和撂荒地，该用的就用，盖房子或有别的需要，只要农场提出来，我们就尽力支持，要人有人，要工具有工具。不过，这里离国境线较近，你们要提高警惕，防止敌特破坏。"在勐龙坝建立第一个国营农场的事，就这样商定下来。

三

当我们与区委取得联系，基本确定了勘察的场址之后，吃过早饭，我们3人怀着愉快的心情，又蹬着单车返回景洪。途经曼达纠寨，我们刚从一棵大树下经过，彭副局长突然丢车倒地，霎时不省人事，处于昏迷状态。新中国成立前，彭名川同志在部队担任团政委时，我在该团4连任政治指导员。1953年末一起转业到广东的粤西区农垦系统工作。后来他被调到云南省农垦局担任副局长，我也于1956年4月调云南农垦工作。彭名川同志仍然是我的直接领导，但从未听说他会出现这种病状。这时，既无一过路人，又不懂傣语，我们急得团团转。我蹲下去，将他的头和胸扶起，用我的手臂担着，轻声呼唤："彭副局长，您怎么啦？"没有一点回声。我俩越发感到不安，不知如何是好。过了一会，彭副局长似乎苏醒，微微睁开眼睛并示意我们不用怕。幸亏路边就是寨子，我和李国荣把他抬架着到一家傣族老乡竹楼上。傣族群众一见，便把彭副局长安置到火炉旁，拿来一床草席，一床毯子让他躺下。由于语言不通，无法与房东交谈，但从他们和善的眼神里看出，知道我们在照顾一个生病的同志，忙着给我们烧开水，协助照料。我们十分感谢傣族群众的淳朴善良，但又无法表达，只能内心怀着感激之情。彭副局长躺下后，他用手示意，让李国荣回景洪报信，要我留在他身边。李国荣走后，他稍能说话了，用微弱的声音对我说："没关系，不知什么病使我突然昏倒，但不要紧，慢慢会好的。你们放心。人总会有个好歹，过去打仗没有死，现在还怕什么？"我一听更加心情沉重，找不到什么适当的话来安慰他，赶忙给他倒了碗热开水。我一直处于焦急中，心里也在埋怨自己：一路上为什么未能发现彭副局长的病情，让他这样奔波、劳累以至昏倒。要有个好歹，那可怎么办呢？他为了工作奋不顾身的拼搏精神，加深了我对老领导的崇敬之情！

过了一段时间，我走下竹楼，怀着侥幸心情，看能否找到一个解救的办法。这时恰遇一位解放军战士路过，我叫住他，向他说明情况，当他听说有位首长发生急病时毫不犹豫地说："你等着，我去找个卫生员来。"不一会，他带来一位卫生员，热情细致地为彭副局长诊断并打了针，服了药。彭副局长病情渐渐有些好转，从昏迷中醒过来。这时我紧张的心情才有些缓解。匆忙之中，竟忘记问两位军人的姓名和部队番号，今天更无从打听了。彭副局长病情虽有缓和，由于发病突然，人仍昏昏沉沉，我只好坚守在他身旁，度过了紧张而焦虑的一夜。

16日，由李国荣引路，热带作物试验场场长石明辉从部队借来1辆三轮摩托，驾驶来到曼达纠寨，把彭副局长接回景洪，送入州人民医院。经诊断和化验检查，确定是患了恶性疟疾。因他体弱，长途跋涉，劳累过度而昏倒。虽经几天治疗，仍不能动弹。我们数次到医院去看望他。约五六天后，省农垦局派娄殿武同志开小车来接他回昆，娄殿武找到石明辉和我悄声说："省局领导得知彭副局长病情严重，为防不测，让财务室给我带来400元钱，在需要办理后事时开支。"石明辉同志说："好，知道了，钱你先拿着。"后来州医院将彭副局长从死亡线上抢救过来，待病情有所稳定，派一名医生护送彭副局长回昆明。彭副局长临走时，置病体不顾，又向我们交代："建新场的事，你们要抓紧，可能快来职工了，要尽快盖好两个生产队的职工住房，把来的人安置好，做好思想工作，创业嘛，就要能吃苦。你们几个领导是新凑到一起的，要注意团结，克服困难，力争早日投入生产。场址就这样定了，今后就看你们的了。"我们默听着他的嘱咐，心里十分感动。他被病魔缠身，仍然不忘建新场之事，躺在病床上向我们做了全面细致的安排，使我们在工作中增添了战胜困难的信心和勇气。

屯垦戍边新征程

牛 平

新的征途

1958年初，党中央号召精兵简政。中国人民解放军某部决定转业1000多名干部，其中直属机关有 200 余名军官退出现役，1 月下旬开始集训转业干部。经机关党委决定抽调王玉文同志任集训大队队长，由我担任集训大队政治协理员，我们两人负责集训队的领导工作。我当时想，军队干部转业到地方，这是一个革命军人一生中的重大转折，将会产生思想情绪波动。领导集训队的担子是重的，而领导将重担交给我们二人，这是对我们的信任，我们愉快地接受了任务。

集训队第一阶段是听取首长的动员报告，学习文件，认识精兵简政的重大意义。第二阶段是明确去向和表决心。去向有两个：一是到边疆建设国营农场，二是去建新厂矿。军队干部大多能做到有令必行、有禁必止。多数人都表态到最艰苦的地方去，到边疆去。在这样一个由官到民的大转折关头，大多数人下了决心，报了名，使我感到由衷的敬佩，也还有少数人想不通。我们深深感到，思想工作必须言传身教，干部必须带头，于是我产生了与同志们一道转业到边疆去的想法。我将这一想法与王玉文同志交谈，他也有同感。我俩商定，各自向妻子做好动员，得到她们的支持。于是我们两人一道找了军长徐其孝，谈了我们的想法。徐军长说："你们的想法很好，但还需军党委讨论后才能答复你们。"经过一段时间的学习，多数同志都关心着具体去向，确实那时只知道大去向，具体到哪儿我们也不知道。看来思想工作已基本成熟，剩下只是少数人的工作。我们正在研究第二阶段的工作如何深入下去，电话通知老王和我到司令部开会。我们到了司令部会议室，首先看到的是一桌丰盛的宴席，吴效闵副军长已坐在那里等我们。我心想，一定是答应我们和学员一起转业的请求了。吴副军长热情地对我们说："请坐、请坐！"接着门外又传来报告声，进来的是后勤部的梁明智同志，我正纳闷时，吴副军长说："今天请你们 3 位同志来，一是答复王玉文和牛平两位同志的请求，梁明智同志也和你们一道去；二是交代任务；三是借此机会为你们送行。"接着他又说："这次军直转业干部大部分到红河州的河口办农场，你们不到那边去，少数人留在开远发电厂参加电力建设工作。"听到这里，我想糟了！准是要我们去发电厂，这怎么好做到河口去的同志的思想工作呢，这不是给我们出难题吗？紧接着他又说："你们几位既不到河口，也不留开远，由你们带领 500 多名转业干部到西双版纳大勐龙，总的任务是建设边疆、保卫边疆、巩固国防，具体说是办'香蕉'农场。橡胶是战略物资，新中国成立 9 年来一直靠进口，帝国主义对我们实行封锁禁运，卡我们的脖子。我们要改变这种状况，自己种胶，这个任务是光荣的，也是艰巨的。"这时我才听清楚是橡胶农场，不是"香蕉"农场。他继续说："这是为国争光的一件大事，汽车无轮跑不动，大炮无轮拖不走，飞机无轮也上不了天。这件事就由你们去办，我国在海南岛已种植橡胶，西双版纳是我国适合种植的第二块地方，在那里要建设我国的第二个橡胶基地，这是一块宝地。但那里紧靠国境线，与缅甸毗邻，境外还有蒋残匪，边境还不安定，所以非你们去不可，要一手拿锄，一手拿枪，与大自然斗，与敌人斗，要准备吃苦，要有克服困难的思想准备，要发扬我军的优良传统，团结边疆各族人民，来完成这一战略任务。我们先吃饭，饭后请政治部吴副主任把干部班子、连队的编组及云南省农垦局联系的情况再向你们谈谈。"席间，吴副军长首先端起酒杯来说："我代表军党委、军领导和干部部门向你们敬一杯酒，祝你们成功!"告别会不仅体现了我军的光荣传统，它还寄托着军首长对我们的期望和党对我们的信任。

饭后，军政治部副主任吴清卓对我们说："受云南省农垦局的委托，要我们组建一个农场，并配好领导班子和场部工作人员，场部暂由许汉清、王玉文、牛平、梁明智、王铸九、甘海臣、李世轩、张昆山、何端章9人组成。王玉文同志为副场长，党委书记由军政治部宣传处处长许汉清同志担任，但他还不能和你们一道前去，还需报军区批准和移交完工作才能到农场去。党委和思想政治工作由牛平同志负责。转业干部共530人左右，共编6个连，连长、指导员由各师配备。3月13日各师集训队出发赴边疆。王玉文、牛平要等军直转业队工作结束后，立即到昆明与云南省农垦局取得联系。看大家还有什么意见?"我提出武器配备和下去的经费开支两个问题，吴副军长一一做了答复："武器由军后勤部拨给你们部分步兵武器，经费可找省农垦局解决。"梁明智同志是在毫无思想准备的情况下在席间才通知他转业的。他二话未讲，服从了组织的决定，只提出要等手续移交了才能和大家一块走，不能先去打前站，军首长同意了他的要求。从这件事可以看出，人民军队一切行动听指挥的光荣传统。从领受任务那天起，我晚上常常辗转反侧睡不着，想着美丽富饶而又神秘的西双版纳，想到新的任务和未来。小时在家劳动是搞小农经济，参加革命已经20年了，现在上级让我去办农场能行吗? 过去习惯于打仗、练兵的工作，现在要搞好农场生产建设中的思想政治工作，确实是个新课题。

当集训队的同志们得知王玉文和我到西双版纳去的消息之后，都投来了敬佩的眼光。在宣布了他们具体去向之后，除个别人外，基本上做到了走者愉快，服从分配。集训队放假给大家做准备，听候通知集中出发。至此，我们结束了集训队的工作。

进军边疆

3月5日是个难忘的日子，我们像往常那样打上背包，登上列车，开始了新的征途。王玉文、王铸九、李世轩我们4人为创建国营农场打前站。在与送行的战友握手告别时，我们的眼睛湿润了，喉咙发哽了，从此告别了军营生活。是党、是军队这个大熔炉造就了一大批党指向哪里就奔向哪里的革命干部，他们能上能下，能官能民，是历史上任何一个朝代，任何一个政党也办不到的。这次转业的520多名干部除少数是工薪制人员外，全是尉级至校级的军官，他们将接受新的考验。

5月4日与省农垦局取得联系，负责接待我们的一位同志说："省局已派李××前往西双版纳打前站，并为你们建造房屋。"接着我们提出预支点经费，这位同志问："干什么用？"我说："到那里首先要进行宣传教育，还有安家、生产、生活、办公都要开支。"他说："生产用款等你们到达后造出生产计划报上来再拨给，其他费用没有这笔开支。"听这样一讲，我心都凉了。真是要"白手"起家办农场了，就是白手起家连最低限度的费用不拨点行吗？当时我们转业干部的月工资平均在80元左右，但在建场的头两年之内，省农垦局只支付每人每月28元的工资，其余是由国防费用拨给的。尽管建场没有开办经费，但工作还得干，我们4个只好用自己的钱筹集几十元购买了简单的办公用具。

我们3月10日从昆明乘车出发，12日到达思茅，与当地转业某部干部集训队领导办好交接手续，13日带领267人一起出发，分别乘坐20多辆大卡车。当地驻军师首长特为我们几名领导安排了一辆中吉普，同车护送的还有一名团长和转业干部王志芳同志。一到普文坝，就感受到西双版纳特有的亚热带风光，更加剧了我们想早日到达目的地的心情。下午2时，到达自治州首府允景洪，我们先到中共西双版纳州工委，接见我们的是州委书记孙明同志。王玉文同志汇报情况后，孙明同志说："欢迎！欢迎！省农垦局在大勐龙区建农场，我们已接到通知，但具体位置不清楚。那里已办了两个农场，省级机关下放干部办的大勐龙农场，另一个是思茅地专机关下放干部办了一个农场。你们去后可找勐龙区委书记彭开玉同志。"听到这里我急了，问道："省农垦局说已派一位同志打前站，并说盖了住房，州里是否知道？"孙明同志说："没有和我们联系过，也没有听说过有打前站的人来。"我又问："这里离大勐龙还有多远？道路怎样？"孙明说："还有60千米，是条马车便道，汽车可勉强通过，但有些地段恐怕不行，必要时还得步行或蹚水过河。现在是旱季，河水不大，我给区委挂电话，有什么困难，可以请他们帮助。"我们离开州工委已是下午2时30分了。我们4人一合计，觉得情况不妙，再过3小时，大部队将到达目的地，现还不知道农垦局打前站的人在哪里，天黑后怎么办？既然省农垦局接待我们的人说已派人到勐龙打前站盖了房子，我们只有到勐龙才能弄个明白。我们把了解的情况告诉护送干部常祯祥政委，请他留人等部队，我们火速赶往大勐龙。出了景洪坝子，好似走进了另一个世界，山峦起伏、古木参天、绿荫蔽日、流水潺潺，宽大的芭蕉叶翠绿欲滴，婀娜的凤尾竹在微风中晃动，好似在迎接我们的到来，好一派亚热带风光！我正陶醉于这风景如画的绿色原野之中，忽然眼前一片开朗。汽车将我们带入一个长形的大坝子，一条大河从南向北流来，估计是地图上标的南阿河了。河两岸是已收获的水稻田，靠东西两边山脚丘陵地此起彼伏，水草丰盛，的确是一个美丽富饶的地方。年纪较大的王玉文同志也不顾汽车的颠簸和旅途的劳累，被边疆的景色吸引，往车外四处观望。他说："这地方真美啊！"突然一群肥大的水牛挡住了去路，驾驶员按响喇叭，水牛才慢慢走开。这就是我们的家——勐龙坝，后来大家称它为第二故乡。

到达勐龙区政府，将近下午 5 时，找到区委书记彭开玉同志，我们说明来意，他说："同志们辛苦了！州工委孙书记已打电话通知我，热情欢迎同志们到来！省农垦局过去曾派人到这里勘察规划过，要在这里建农场，但这次未见有人来打前站。按原来的规划在南坝龙河（小街河）以北已建立了大勐龙农场，在南阿河以东上段也建立了一个农场，河的下段是个空白。我建议你们以曼别乡为中心，把农场建在这一带。"话毕，彭开玉同志和我们一起乘车返回小街，他隔河指了曼别乡的方位。按照区委意见，我们基本同意在曼别乡建场，具体方案还有待现场勘察之后才能确定。但从小街到曼别乡还有 3 千米，路无一条。当地群众顺田埂弯来拐去地行走，还要涉水过河，第一批 20 部卡车载着转业干部和家属即将到来，怎样通过这 3 千米路是亟待解决的问题。彭开玉同志看看手表说："现在社员劳动还未收工。我打电话给曼别乡小学老师，让他带领学生为你们修路。"我们几人立即行动，首先测出路线，标明方位，以 3 米为宽度，挖去田埂即可。不久，先头车辆已经来到，同志们立即下车和小学生一起挖，用手把土块搬至低洼处填平，修至河岸。夜幕已经降临，多数车辆已经到达。南阿河隔断了去路，汽车无法通过，大家只好下车徒步涉水过河，走 1 千米才能到曼别。部分转业干部已将家属带来，有的老人已年过花甲，也有刚出生的婴孩，还有一些家具和行李。此时，超过吃饭时间已几个小时了，虽然大家饥肠辘辘，但都急于过河到达目的地，似乎忘了饥饿。针对这种情况，王玉文同志向带队干部做了简短的布置，要求干部要保证大家安全过河，先将老人、小孩和女同志送过河至目的地，留女同志做饭，男的再返回搬东西。这样一直搬到 14 日零时才搬了一半。同志们已经十分疲乏，只好留人看守，到曼别先吃饭，然后继续搬完已到深夜三、四点了。

安营扎寨

过了河已到深夜，不便打扰曼别寨的兄弟民族。我们 270 多人就露宿在森林边沿和芭蕉树下，虽然一天的劳累，但在这繁星闪烁、安静而又难忘的夜晚，仍有些同志未入睡，不时传来了谈笑声，有的谈起过去战斗中露宿野外的情景，有的议论着未来，不时还传来了密林深处的麂子、马鹿的叫声，偶尔还听到婴儿咿呀学语的声音。天未黎明，傣家人咚咚的舂米声和雄鸡的啼叫声把同志们从睡梦中惊醒。林中小鸟已开始鸣叫。我们起床顶着晨雾劳动；雾气长，久久看不到太阳；远处的山峦似少女披着纱巾在晨雾中隐现，蕉叶上"珍珠"串串，大青树上的雾气变成了水珠滴答滴答地落到地上，蚊帐被子都被淋湿了，但同志们毫不在意，而是沉浸在拓荒者的豪情之中。

第 2 天，我们召集各队干部到现场勘察选择建队位置。计划将还未到场的 259 人编为

一、二、三队，建队于曼别寨以北至曼景法寨一带；将已到达的 267 人编为四、五、六队，建队于曼别往南至曼坡一段。原来的连长、指导员改称生产队长、支部书记。吴建益、杜朝金、景克恭、刘海旺、韩宝祥、王庭方分别任一至六队队长；薛振乾、程明垣、候宪仓、任承印、高贵芝、王志芳分别任一至六队党支部书记。我们先勘察四、五、六队地址。至曼坡有 7.5 千米，一大片原始森林，一条蜿蜒的小路穿林而过。王玉文同志带着 3 个队的干部钻进了密林，踩着软绵绵的陈腐土质，他抓起一把油黑的泥土在手中捏了捏说："好肥的土地啊！"穿树林被树藤、荆棘拦住，他们用刀开路。林中的昆虫也很多，遍地旱蚂蟥，随着脚步声，你毫无感觉，它却迅速爬上你的脚上、腿上，吸血饱餐之后才会让你发觉，但它已溜掉了，被叮咬处还不断地渗出血来，还有可恶的花蚊叮咬之后皮肤起红泡、奇痒，还有疟蚊传播疟疾。来到这里的人都不知被蚂蟥和蚊虫叮咬过多少次，但谁也顾不上计较这些事。后来我们爬上东边的山腰，因林深树密，无法远眺，只好爬上一棵高树上观察，选择 3 块较平的地方作为各队营地。到实地看时，却是高低不平之地，因为植物的枝叶掩盖了地形。这里不行，又重新勘察，选择 3 个队的营地位置，我们将近花了一整天的时间。选好队址，决定四队建于曼井坎寨附近，五队建于曼改后的小溪旁，六队建于曼坡寨东面的一块较平的地上，接着，王玉文同志布置了近期任务。要求各队派部分强劳动力修通曼别到曼坡的道路，其余职工在本队平地基。二是迅速备料建房，就地取材，用竹木在 1 个月内盖好本队住房。王玉文最后说："请同志们发表意见，看牛平同志还有什么讲的？"我说："我同意老王对工作安排的意见，先盖住房是迫在眉睫的事，是办场建家的安定思想的关键。在工作中，我们会遇到许多困难，由部队转入农场，由官到民对每个同志都是一场严峻的考验。原说住房已经修好，现在不仅没有房子住，还要自己动手盖房子，有的同志可能想不通，这就需要干部加强思想工作。我们是来自英雄的军队，这点困难还不能克服吗？但是具体困难要认真对待，目前基建资金尚无分文，工具没有半件，怎样解决呢？还是要靠我们的光荣传统及自力更生、奋发图强的精神去战胜困难，动员私人暂借出钱来买部分草排，还要发动大家上山割茅草打草排；劳动工具先向傣族群众借用，损坏了照价赔偿，严格执行民族政策，注意搞好农场团结。要求共产党员、共青团员充分发挥模范带头作用，及时总结交流经验、表扬好人好事，关心同志们的生活，为我们建场创造一个良好的开端。"接着六队支书王志芳首先表态："我队晚上就召开党员大会，进行动员并保证按期完成建房任务。"

　　3 月 20—23 日，其他转业干部相继到达，一、二、三队分别建在曼勒、曼米、曼别寨子附近。场部选在曼别寨西南的一块大平地，但暂时不建房。住宿在乡政府仓库内，白天到现场指挥生产。10 天后，六队任务完成已过半，除备料外还盖好了一幢草房，我们在六队召开了现场会，让六队介绍经验。他们除介绍组织领导工作外，还汇报了许多感人的事迹，如家属全部报名参加劳动，女同志背着孩子上山割茅草，还创造了编草排的全场最高工效。现场会对其他5个队的建房起到很好的推动作用，1个月之内，各队人员均搬入了新居。为了更好地执行党的民族政策，搞好场群团结，我们深入傣族群众中了解他们的风俗习惯之后，农场于3月28日，即建场两周时向全场下发了第一个文件《关于政治工作的八点要求》，主要内容是尊重地方政府，正确执行党的民族政策，遵守兄弟民族的风俗习惯，严格执行三大纪律八项注意，维护群众利益等。我们每个人都严格执行上述规定并积极开展为群众做好事的活动。

建好的房屋和室内的用具全是竹子制的。当时组织的文艺晚会上，还有的同志编了"歌颂竹器化"的文艺节目参加演出呢！当年共建草房10319平方米，其中6410平方米宿舍，都是在这20多天内盖起来的。当时，资金没有一分，工具没有一件，就靠500多名转业军官和家属们的双手，自力更生建起了住房。所有同志的手、臂、脚都被茅草划了横七竖八的一道道伤口，蚊叮虫咬，皮肤痒痛出红点，有的腿臂肿了，但无人叫苦。当时生活十分艰苦，野地里挖个灶洞架上铁锅就是厨房，几片芭蕉叶就是锅盖。特别是买不到蔬菜只好用开水下饭。初来半年多，口粮全是糯米，许多同志买了当地的红糖下糯米饭。生活虽艰苦，但大家充满了革命乐观主义精神，个个都是乐哈哈的。有个河南籍家属，扛着茅草从山上下来，汗水浸透了全身衣服，我问她："苦不苦？"她说："苦是苦点，但比俺住营房吃闲饭有意义。"我又问她"有什么意义？"她说："劳动创造世界嘛，俺也有了一份。"她为成为一个劳动者而自豪。

四月的一场暴风雨，将我们新盖的草房屋面吹成了"卷毛鸡"，被子、蚊帐等全被打湿，夜间只好坐等通宵。吃一堑，长一智，我们发现傣族竹楼的茅草屋面未被损坏，它的结构是四周为封闭形，风雨灌不进去的。我们在房子两头加盖偏厦，有人称为"马屁股"。这样结构的茅草房，在风雨交加的季节，避免了许多损失。

确定场名

农场像新生的婴儿一样诞生了，得起个名字，最初因场部建在曼别寨附近，为处理日常行政事务和个人书写信之便，暂名"曼别农场"。对于场名大家议论纷纷，一致认为要好好起一个，我们发动大家集思广益，从中择优。因此在劳动场地或业余时间几个人在一起议论起来，有的翻报纸，有的查字典，为寻找一个有意义的名字而思索。在正式讨论场名的会上，有的提出以成员来自解放军的背景而命名，有的提出根据时代特点而命名，也有的以全民所有制企业性质而提出用"国光"农场命名。我从报刊上登载的我国自己设计制造的"东风"牌小轿车问世受到启发，毛主席分析国际形势时提出"东风压倒西风"，而当时帝国主义对我们采取封锁禁运政策，在橡胶上卡我们的脖子，我建议场名为"东风农场"，这个场名可以鞭策激励我们种出"争气胶"，逐步自给，打破帝国主义的封锁垄断。经过大家一番争论比较，认为用"东风"场名符合时代精神和事业发展的象征。以后又征求各队意见，都同意用此场名。五月报省农垦局批准备案后，就正式启用"东风农场"的场名了。

弹指一挥间，东风农场已走过 30 年的历程，广大职工保持和发扬了党的艰苦创业的光荣传统，虽经过曲折的道路，但她一步步地发展壮大了。如今东风农场已成为一个大型的国营企业，对国家做出了自己的贡献。"东风"这个名字也增添了光辉。我调离东风 20 多年后，于 1986 年 9 月回场观看，感到无比欣慰。

一张白纸绘新图

——对东风农场创业初期的回忆

吉来喜

东风农场是 1958 年 3 月由中国人民解放军 500 多名转业军官组建的，至今已经历了 30 个春秋。我作为原来东风农场的一名老农垦战士，虽然在东风工作仅 7 年多时间，但回想农场职工最初开创新业、披荆斩棘、艰苦奋斗的历程，心情一直不能平静，许多往事仍然历历在目。30 年来农场的发展步步渗透着每个职工的心血。在东风农场建场 30 周年之际，我将自己的回忆片段，整理出来奉献给农场职工，以表达我对当年一起奋斗的同志们的深深敬意！

奉命转业　接受新任务

1958 年 5 月，欢送转业到农场的同志还不到 3 个月，师部就接到昆明军区调我到曼别农场（后改为东风农场）任党委书记的电报。师政委李吉泰同志马上找我谈话，首先拿电报给我看。电报内容为经军区党委研究决定：调你师后勤部政委吉来喜同志到曼别农场担任党委书记。因时间紧迫，不用到军区报到了。望通知本人，在 10 天内办完转业手续，直接到农场报到。

我看完电报，迅速考虑好如何回答组织的决定，我虽然舍不得离开军队，但在军队养成了党指向哪里就到哪里的思想作风，我必须像过去一样毫不犹豫地接受新任务，才是一个军人应有的品质，李政委等我看完电报就亲切地问："来喜同志，你有什么意见？"我当即表示："没有意见，服从命令。"李政委说："这样就好，那里的条件艰苦，你还有什么要求也可以提出来。"我考虑到大勐龙靠近国境线，敌特活动猖狂，先去建场的战友经师首长的批准，已带去一批步兵武器，我到那里工作，也很需要武器，就说："政委，请让我带一支手枪和一副望远镜吧!"李政委爽快地说："可以"。最后我问："政委，还有什么指示?"他说："提点希望吧，军区首长对你们这批转业军官寄予了很大的期望，要你们尽快地开发边疆、建设边疆，早日为祖国生产出急需的橡胶。你是一位老同志，经过党多年的培养，一定不会辜负党的期望。另外，边境一线还流窜一股蒋残匪，希望农场的转业军官继续保持和发扬中国人民解放军的光荣传统，提高警惕，随时对入侵之敌给予打击，保卫边疆安宁，这些话就算我的临别赠言吧!"

6月8日清晨，我告别了首长和战友们，告别了妻子和幼小的女儿，乘坐部队送给农场的一辆旧汽车离开了军营，踏上了艰苦创业的征程。从思茅到大勐龙只有200多千米路，我想一天可以到达，但实际足足用了3天。第一天还没到大渡岗汽车就出了故障，驾驶员宁功、何杰雄进行修理，到天黑也未修好。天又下起了小雨，只好在公路上露营了，没有睡觉的地方就在公路上走或坐在路旁休息，一直熬到天亮。第二天好不容易把汽车修好，但走没多远又出了故障，只好边走边修，停停走走，100千米的路程，直到天黑才到。第三天到大勐龙，路就更难走了，车子虽然故障少了，但路面坑坑洼洼，遍地泥泞，车轮常常陷到泥塘里，有些地方还得垫上树枝，很费劲才能开出来。从景洪到小街50多千米足足走了8个小时，下午5点才到。从小街到农场才3千米，因为没有公路，我们只好步行。过勐龙河时，只有傣家人用竹子搭起的一座简单竹桥，过桥后的路均为稀泥小路。有些路段，稀泥足有膝盖深，我们只好脱了鞋赤着脚走。到6点多钟，终于到达场部，我算正式进入农垦的行列了。

艰苦创业 面临新课题

一到场部，先来的同志忙出来热情地接待我们，当时任副场长的王玉文同志外出开会没有在家。牛平同志对我说："我们已接到调你来的通知，现在场部的茅草房还没有盖起来，我们办公、住宿都是借了乡政府的一个仓库。"我点了点头，牛平同志看我很疲倦就说："你们一路上太累了，先洗一洗，等会吃了饭就休息吧，好好睡个觉。"

说是吃饭，那真是名副其实，除了糯米饭外，一样菜都没有。当夜在曼别乡政府的仓库里住下，虽然3天的旅途奔波，使我疲惫不堪，但躺在床上，却久久不能入睡。我想到过去一直在部队工作，从南京总高级步兵学校刚毕业不久就调来农场，自己熟悉的工作要搁置下来，新的工作从来没干过。今后要与橡胶打交道了，如何种橡胶这是一个新课题啊!又想到自己在部队时有通信员，生活上享受干部小灶，现在一切都要自理，但现实迫使我不得不尽快地适应这的生活。由军队到地方，由内地到边疆，在我前边下来的500多位同志已来此两个多月，决定第二天去了解他们的情况如何，碰到了什么困难，还有些什么想法？

第二天一早，我就到了各生产队。看到一个基建队的摊子已初步铺开，烧石灰，打砖瓦，铁、木工班都已开始工作。6个队的茅草住房，全盖在荒野上，房子周围是密密麻麻的灌木林和杂草。一条刚砍出来的小路通到院子里，院子还未平整。这时候大部分同志都已上山劳动去了，留在家里的有认识我的同志就问："政委，你怎么也来了？"我说："和你们一样，一切行动听指挥，到这里和你们一块当农垦战士！"同志们都哈哈笑了起来。虽然和他们分开才两个多月，但就像久别重逢的亲人一样格外亲切。在和他们握手时，感到他们个个满手老茧，有的手上还留有血泡。我问他们："手还痛不痛？"他们说："比刚来时好多了。"我又问他们："劳动习惯了吗？"他们很风趣地说："政委，我们现在上山劳动个个都往前冲，生怕落后。""为什么？""嗨嗨，这是血的教训。西双版纳山上的干蚂蟥多得很，走到前面的人刚惊动它，就跨过去了，接着蚂蟥蜂拥而来，毫不客气地爬到后面的人脚上，钻到腿上，有时拉许久才能将蚂蟥拉下来。"我又问："生活习惯了吗？"他们说："现在总算有茅草房住了，虽然天晴怕火，下雨怕漏，刮风怕倒，但总比刚来时有的同志还露宿野外强多了，刚来时向崇梅同志的妻子生孩子都在大青树下呢。"

在交谈中，我了解到有些转业同志的思想波动较大，有的说："我没犯错误，为什么叫我来农场劳动？"有的说："乡不亲，土也亲；不回家，不甘心！"没有结婚的同志还提出来："我们从内地到边疆，从当军官到当农垦工人，谁还找我们？"针对这些问题，我们很快召开了党委扩大会议。在听取各队汇报之后，我们统一了看法。首先要正确地认识这批转业军官是有觉悟的职工，组织观念强，纪律性好。他们中大部分同志是经过战火考验的老同志，为祖国的解放事业做出过贡献。今天由部队转业到农场，由内地到边疆，由官到民，这是180°的大转弯。在这过程中，产生一些思想问题是可以理解的，何况在这样艰苦的条件下，他们中绝大多数同志对工作仍然是兢兢业业，表现了老战士本色，这批转业军官必定是东风农场进一步发展的骨干力量。党委扩大会议对反映出来的问题进行了分析，认为转业干部主要存在3个方面的问题：一是对转业农垦战线理解不深，对靠我们自己的双手来开发边疆、种好橡胶的意义认识不足；二是对新的生活不习惯，一方面是由于边疆的天气炎热、条件艰苦，给生活上带来种种困难，加上恶性疟疾病流行，医疗条件差，给生命带来威胁；另一方面是对农场工作不熟悉，劳动强度大，一时难以适应；三是未结过婚的近百人，大多数人连对象还没有。在掌握情况和分析研究的基础上，党委认真部署了下一阶段的工作。从以后的实践来看，这些工作确实取得了很好的效果。

第一，重温入党志愿书。这500多名转业军官，党员占75%，党团员合计占86%。

只要充分发挥党支部的战斗堡垒作用和党、团员的先锋模范作用，目前的困难是完全可以克服的。党赋予我们新的任务也是可以圆满完成的。因此决定以各队党支部为单位，组织党员学习党章，重温入党志愿书。在学习中，以整风精神联系实际，按照党员标准，开展批评与自我批评。通过一个阶段的学习，党员的思想觉悟都有不同程度的提高。有的同志说："我们自己就是劳动人民出身的，过去参军、入党就是为了打倒蒋介石，解放全中国。在战争中出生入死，把自己的生命都交给了党，没想到能活到今天，更没想到要当官。现在转业当农垦工人，重新握起锄头把，我们没有任何理由轻视劳动，丢掉劳动人民的本色。"有的同志说："我们由内地到边疆，由当军官到当工人，从个人利益来说是受了点影响，但国家和人民需要我们去开发边疆、种植橡胶，个人利益就必须服从国家和人民的利益。"

第二，办学校，提高他们的业务技术水平，掌握橡胶等生产技术，变外行为内行。1958年12月，在全场范围内开办职工业余中等农业技术学校，我兼任校长，聘请技术人员、机关干部和生产队文化较高的同志担任教员。学校下设6个班，生产队领导担任班主任。组织职工和家属学政治、学文化、重点学习生产科技知识。主要课程有：土壤学、肥料学、植物学和橡胶、咖啡、甘蔗栽培学等，利用晚上每周学习16小时。由于讲课内容与生产实践紧密结合，学员边学边用，兴趣越来越高。通过学习培养了一批既懂生产技术，又有组织生产能力的骨干队伍。更重要的是，同志们对橡胶产生了深厚的感情。有的同志说："我一天不到地里去看看胶苗，心里就不踏实。如果胶苗遇到了风雨危害，心里比什么都难过！"

第三，关心群众生活，解除群众后顾之忧。建场初期，转业军官购买生活日用品、看病、子女入学都需要到大勐龙、小街，甚至还要跑到景洪，不仅影响了生产劳动，也给大家的生活带来很多困难。场党委认为，要帮助大家解决这些实际问题。在当时物质条件差、资金紧张的情况下，农场因陋就简地办起了卫生所，医务人员还到各生产队巡回医疗，使患一般疾病的职工和家庭可以在场内看病治疗。1958年还办起了代销店，使大家不再为买日用品跑十几千米路。同时，还办起了小学复式班，使职工子女能就近入学。此外，还修筑场区公路，靠自己的力量和技术架设了勐龙河上的4座大木桥，解决了场内外的交通问题。

对于转业军官的婚姻、家庭等个人问题，我们分别按实际情况逐步给以解决，已结婚的家属，动员他们来场落户，分配适当工作，吸收为农场职工。未结婚但已有对象的同志，或批准他们探亲回家完婚，或动员他们的对象来场结婚。农场特别重视连对象都还没有的同志的困难，招工时尽量招收一些未婚女青年，要求各队党支部为他们牵线当红娘；

有在家乡联系好的，就批假让他们回去解决。建场两年后，未婚的绝大多数同志都已建立了美满的家庭。

经过一年的努力，这批转业军官，不仅思想觉悟有了较大提高，而且在生产上也取得了丰硕的成果。全场当年就建草房 10000 多平方米，斩坝开荒 1500 多亩，育橡胶苗 85 亩，定植橡胶 31.4 亩。此外种植了咖啡、棉花、花生等各项作物。不少同志成为生产劳动标兵，李德明同志就是一个突出的代表。他创造了全场砍坝、挖穴的最高工效，其他工作也干得很出色。

在进行生产建设的同时，转业军官始终保持着人民军队的本色，坚持一手拿锄，一手拿枪；白天劳动，晚上轮流站岗放哨，时刻警惕着境外蒋残匪的窜扰破坏，真正发挥了屯垦戍边的作用，1958 年 12 月，农场正式成立了民兵组织。这年的一个夜晚，两名匪特窜入五队附近的一个村寨。傣族群众向五队报告后，五队全体转业军官赶去搜捕，发现敌特逃入村后的原始森林，妄图逃窜出国。同志们乘着月光，穷追不舍，当场抓获 1 名，另 1 名被击中负重伤钻入草丛中，第二天又被上山劳动的群众发现后抓获。

敌人并不甘心于他们的失败，1958 年冬季的一天，上级通知我们，境外蒋残匪将对大勐龙边境线和农场进行大规模的骚扰和破坏。接到通知后，我们立即召开各队干部会议，做了统一的战斗部署，做好打击入侵之敌的准备。将家庭、小孩和生病职工转移到小街，同时场领导又带领各队干部察看了地形，制订了协同作战方案，各队对负责地段进行严密分工。为了不耽误生产，除前沿哨所监视敌人行动的同志外，其余同志每天带武器到工地劳动。后来上级通知说敌人得知我们已做好了充分准备，不敢行动。我们才将家属小孩撤回。

农场 500 多名转业军官在保卫边疆中成为边防军的得力助手。在军民联防中，农场民兵在站岗、巡逻、堵卡、参战过程中都发挥了重要的作用。1960 年 5 月，大家推选楚保玉同志出席全国民兵代表会议。他被授予"民兵积极分子"称号，国防部还奖励一支半自动步枪。

1958 年终，全场进行了工作总结，评出了一批先进集体和一批先进个人，并召开了表彰先进大会。大会颁奖那天，大家自编自演、载歌载舞，以文艺演出的形式庆祝建场第一年所取得的胜利。转业军官的原单位和思茅军分区等单位也派代表前来大会祝贺，并赠送了锦旗，旗上赠言："东风万里意气发，边疆沃野建新家，尽显当年英雄色，汗滴培育幸福花。"虽然只是短短的四句话，充分说明部队首长和战友们对转业军官的关怀和鼓励，也说出了我们已转业同志心中的豪情壮志。赠言极大地鼓舞着大家在新的征途中不断开拓前进。

从小到大　农场迈出新步伐

　　1960年初，上级决定将前哨农场与东风农场合并。这年的元月，1300多名湖南支边青壮年和几百名退伍战士来场参加建设。1961年开始，昆明知青也分批来到农场。1963年初，大勐龙农场又与东风农场合并成立东风总场。农场的规模迅速扩大，总场下属6个农场，53个农林生产队，1个基建大队，6个直属队级单位，职工总数达3000多人。农场迅速发展，摆在我们党委面前的一个重要问题是：如何带领大家进一步改变农场的面貌，为以后进一步发展打下基础。1960—1965年，我们做了以下工作：

　　第一，重在教育，积极培养干部。1960年，我们原有的干部有的调回部队或地专、县机关，有的抽调到其他农场或外系统，新来的干部对农场的工作还不熟悉。因此，现有干部不仅在数量上不能满足需要，而且在干部素质上也有待进一步提高。这个问题不解决我们的事业就很难办好。经过党委研究决定，于1960年10月开办了"东风农场职工业余红专学校"，修建了校舍，分工一名党委成员专管学校，聘请了兼职教员，除有计划分期分批地轮训党员干部和生产班组长以上职工外，还培训了计划、统计、财务、卫生、专业人员和兼职文化教员、生产技术辅导员等。学习时间一般在1~2个月，共办了25期，800多人次参加了学习，90％以上的干部参加了轮训。学习内容是根据各类人员的具体情况而定，学习方法形式多样。队以上干部的学习，除有重点地安排一些人讲课外，强调理论联系实际，要求自己总结经验教训。有的还把工作中的难题提出来，大家商量讨论如何解决。这样做使每个人既是学员也是教员，互相取长补短。根据每个时期的中心工作，党委要求机关蹲点工作组把点上取得的经验在红专学校向大家介绍，以推动面上工作。这种办学方式得到了广大学员的赞同。有的学员对我说："原先听说要学个把月就头痛。因为在生产队天天劳动习惯了，坐不住；同时文化水平低，不善于记笔记，脑子也记不住，怕考不好丢脸。现在用理论系实际的学习方法收效大。这样学好！"还有的说："生产队干部一天忙到晚，两头受气。我打算到红专学校发完牢骚，学完就不干了。这一次学了如何依靠群众，抓住工作中的主要矛盾，回去要改进工作方法，抓主要矛盾。"

　　我到生产队，工人们也向我反映，到红专学校学习过的干部回来以后，工作方法和工作作风和以前大不一样，不仅能带头劳动，以身作则，而且能深入调查，倾听群众意见，很受欢迎。当时我们抽查了200名生产队干部劳动情况，人均年劳动123天，最高的达到260天。有的干部说："干部不参加劳动，就不了解情况，表扬好人好事也不确切，讲起话来也不响亮。"

　　由于各级干部思想水平和管理水平普遍提高，积极性发挥出来了。他们带领广大职工，逐步做到粮食基本自给。此后几年里副食品也做到自给有余，如蔬菜、油、肉、豆等，甚至种的花生卖给职工都没有人买了，不得不在场部放电影时买一张电影票搭一碗炒花生。在橡胶生产方面也没有放松，农场坚持了橡胶开垦的十大工序，加强了林地管理，使橡胶苗壮成长。到1961年11月，为了让职工看到自己的生产成果，我们对三分场一队定植4年的实生树进行了试割。当天许多干部和工人都来了，当大家看到洁白的胶乳一滴滴流到胶碗里，都高兴得跳跃欢呼，无不喜气洋洋，心中异常激动。这一事实充分说明，通过大家的努力，使橡胶达到速生、优质、高产、低成本的要求是完全可以做到的。

第二，抓好思想工作，加强生产队的建设。60年代初期，我们的干部都比较明确，思想政治工作就是要改变人的精神面貌为生产服务，加强生产队的建设。当时农场的思想政治工作有两个特色：

（1）群众性的思想政治工作有声有色。农场从组织职工读革命书籍到群众性地学习毛主席的著作，从远学雷锋到近学本单位的先进典型，从"创五好"活动到比学赶帮超热潮的兴起，全场范围内形成了先进有人学，后进有人帮，力争上游的良好风气。前哨农场（现五分场）有一个队，安置城市社会青年和知青38人，占全队职工总数的50％，这些青年到生产队后，对劳动和生活都不习惯。有的无故旷工，有的搞偷摸、赌博、打架等。有的一天吵嘴打架多起，搞得队里很不安宁，成了全场有名的"老大难"单位。为了使这个队尽快改变后进状态，我们组成总场和分场的联合工作组到该队与党支部一起调查研究，开展工作，除生活上关心青年外，更重要的是从教育入手，组织全队职工学习毛主席著作，广泛开展"一帮一、一对红"活动。采取多种形式大力表扬好人好事，树正气，立新风，还成立了"青年之家"，通过唱革命歌曲、演戏、打球、出墙报等活跃了职工文化生活，经过一段时间的工作，青年们不仅出勤率高了，还自觉地参加义务劳动。许多青年还纷纷写申请，争取入团。偷摸、赌博现象逐渐绝迹，助人为乐的人多了，一些青年把自己节余的200多斤粮票送给食堂，有的把自己养的17只鸡送给托儿所，全队出现了团结互助、生产蒸蒸日上的新局面。一个青年在日记中写道："赤足踏出青山路，双手创造万年福，革命儿女到边疆，龙腾虎跃展新图。"这个队也变成了先进队，他们的经验在全场介绍后，震动很大，大家真正看到了思想政治工作的威力。

（2）思想政治工作始终注意围绕生产这个中心，保证生产任务的完成。每年初，在职工代表大会上农场公布全年生产计划，经过代表们反复讨论，修改后下发，并提出当年的行动口号，将全年工作按生产季节分成几个阶段，每个阶段的工作都要深入层层发动群众，使职工明确完成任务的意义和奋斗目标、要求和措施，力争做到上下思想一致，行动统一。在完成任务过程中，各单位还通过黑板报、表扬栏、红旗榜、口头广播、检查评比等形式开展以创"五好生产队"为中心的劳动竞赛。当时斩坝开荒的任务很重，班组之间、生产队之间都开展了劳动竞赛。工人们顶烈日、冒酷暑，身上的衣服被汗水浸透了，脱下来扭干再穿上，有的同志干脆光着背膀只穿短裤劳动，身上晒脱了皮也无所畏惧，队长吹了收工哨，同志们还不肯下班。当时，没有人计较劳动时间和报酬，只是一心扑在橡胶事业上。生产队各项工作搞得热气腾腾，农场年年都有一些新变化。

第三，注重调查研究，努力实现领导班子和机关革命化。1963 年，全场学习雷锋同志的活动形成热潮。接着贯彻全国农垦工作会议精神，落实"四个革命化"，即领导班子革命化、机关革命化、职工思想革命化、企业革命化。重点是领导班子和机关革命化。总场党委根据学习大庆油田"三老""四严""四个一样"的先进经验，规定了各级干部全年参加劳动天数，建立了《干部劳动手册》；要求各级干部改进领导作风，大搞干部试验田，样板田。机关实行"三三制"，即在机关工作的、下队跑面了解情况和到基层蹲点的各占机关干部总数的 1/3。要求留机关工作的同志把下队同志的工作顶起来，不仅要处理日常工作，还要经常与跑面、蹲点的同志联系，做到上情下达，下情分类综合，及时汇报；要求跑面的"出门一把抓，回来再分家"，及时发现和解决面上问题；要求蹲点的同志带毛主席著作和劳动工具与群众同吃、同住、同劳动、同商量，在队党支部的统一领导下开展工作；抓好典型、推广全面。当时机关干部做到了面向基层、面向生产、面向群众、兢兢业业，白天工作 8 小时外，晚上还自觉到办公室再工作两小时，有的加班到深夜。

一次我带领工作组到风光农场（现四分场）三队蹲点，了解到他们在完成生产计划的前提下，发动职工通过义务劳动自备建材盖砖瓦房，只花费国家少量资金。工作组的同志认为，虽然当时基建下马是统一部署的，但鉴于我们的职工还住着"三怕"茅草房，应鼓励他们发扬自力更生的精神，少花钱、多办事，自己动手解决住房问题。我提请党委讨论，党委成员也一致认为，允许生产队在完成计划任务的前提下自力更生建砖瓦房。为保证质量，总场还要求各农场要派出基建队的技工到生产队给予技术指导。我们采用这种方法解决了当时职工的部分住房问题。

橡胶是农场的主业。为了尽快发展橡胶，各级领导和技术人员经常深入生产队调查研究，认真总结经验。1964 年在全场范围内组织了林管专业队，实行"任务到组，责任到人"的林管责任制。同时在实现梯田化、良种化、覆盖化等方面的工作抓得早、抓得扎实，开梯田的机器少，就大量由人工开垦；良种化方面除引进优良品系外还建立增殖苗圃，解决苗木自给，还将过去定植数年的实生树锯秆芽接，改造为优良品系；覆盖作物于1963 年开始种植无刺含羞草、葛藤等，至 1965 年已覆盖幼林 60％以上，不仅控制了茅草生长，就地有了绿肥，而且缓解了劳动力紧张的情况。林管工作由过去一人管 20 多亩增到可管 40 亩以上。1964 年，总场召开了橡胶幼林管理现场会，组织干部和林管工参观学习龙泉农场（现一分场）一队易冬祥、颜学梅和风光农场（现四分场）三队李湘华小组所管的林地，在全场推广了他们的林管经验。由于全场职工的共同努力，到 1966 年"文革"之前，全场橡胶已达到 3.15 万亩。肉、油、蔬菜等副食品达到基本自给、口粮达到部分自给。

回顾这一段历史，值得叙说的是我们有一个团结协作、艰苦奋斗的农场领导班子。主要成员场长王玉文、副场长王文希、副书记牛平等同志都能积极主动挑起重担，有问题能互相商量，分头去办，工作中的失误都主动承担责任，从不互相推诿。还值得一提的是橡胶技术员吴惠芬等同志，她们对农场的橡胶发展做出了显著成绩。实践使我们深深地体会到，只有充分发挥党委一班人的领导作用，团结奋斗，同时充分发挥科技人员和全场职工的智慧和力量，农场和橡胶事业就能较快地发展。

第四，采取了多种形式开展文体活动，活跃职工文化生活。农场虽然在 1960 年就成立了业余演出队，后来又有了电影队，但群众性的文化生活的广泛开展是在 1961 年昆明知青来场后。知青比较多的疆锋农场（现六分场）在这个方面带了个好头，他们在劳动之余，自发地唱歌、打球、演节目。各生产队党团支部因势利导、有组织地开展多种形式活动，到 1964 年已形成天天有歌声、周周有球赛、月月有晚会的单位。一年内该场共组织大小晚会 34 次，演出节目 475 个，参加演出职工 223 人，占该场职工总数的 62％；组织球赛 120 场。我们到疆锋农场了解情况时，发现他们不仅文化生活活跃，而且生产进度快，质量也好。一些职工反映说："劳动回来唱唱歌，打打球，心情舒畅得多，谁在这方面有兴趣，都可以发挥其特长。这样，我们感到农场有干头，越干越想干，越干越有劲。"有一个老工人说："《社会主义好》这首歌我越唱越爱唱、想想自己在旧社会吃不饱、穿不暖，过着悲惨的生活，没有社会主义，哪有我今天！现在唱这支歌时，我更加热爱社会主义，热爱农场。"

我们及时总结了疆锋农场的经验，要求各场和生产队向他们学习，并于 1964 年、1965 年两次组织全总场的文艺汇演和体育运动会。特别是 1965 年的文艺汇演影响较大，不仅节目大多是职工自编自演，而且内容丰富、形式多样。有的是宣传党的方针政策，有的是表扬先进或歌颂民族团结，有的把定植橡胶十大工序、林管措施也编成节目搬上舞台，还有的节目表达了农垦工人的豪情壮志，给人印象最深的是对口词《接过革命的传家宝——锄头和砍刀》。内容是这样的：

"想当年场长使大刀，劈过日本狗强盗，老革命举锄头，南泥湾开荒立功劳。如今我们接过这革命的传家宝——锄头和砍刀，我们是革命的后代，我们是时代的英豪。我们是党的好儿女，牢记毛主席教导。举起我们手中的锄头和砍刀，迎接一个个生产高潮。我们挥动砍刀，披荆斩棘，我们挥动锄头，播下籽种，在美丽的边疆，种上万亩橡胶。"

健康的文化生活，鼓舞了农垦工人的斗志，农垦职工凭着自己的双手，把理想变成了现实，现在东风农场已成为拥有14万余亩胶园、年产干胶近万吨的大型国营企业。回首往事，我们怎能忘记把青春献给农场的老农垦战士！没有他们的艰苦创业，哪有今天胶树成林，瓜果飘香，公路成网，教育、文化、卫生、商业、交通运输等各业兴旺发达的新气象？我们也不能忘记边疆少数民族对农场的支持和帮助。我们有了一定物质基础后，又主动抽出一定的人力、物力帮助附近村寨发展橡胶，免费为少数民族看病、吸收少数民族子女入学，还多次抽调职工组成工作组深入到村寨，在当地党委领导下，帮助少数民族开展政治、文化和科学卫生知识教育，开展文体活动，建立民兵组织，进行军事训练。农场与少数民族互相支持，互相帮助，亲如骨肉。没有这样好的场群关系，我们农场怎能在边疆扎根、发展？

农场的事业正在发展，老一代农垦战士的艰苦奋斗、自力更生精神将激励农场青年一代把农场建设得更美好，为国家做出更大的贡献！

勐龙河畔建新场

李广济

1958年1月，大勐龙农场在美丽富饶的西双版纳大勐龙坝正式成立。成员来自四面八方，有部队转业退伍军人，有省级机关下放干部，有昆明知青和社会青年，有本省农村青年，还有几名广东垦区调来的干部。大家都有一个共同的心愿："以边疆为家，以艰苦为荣，把自己的青春和热血贡献给祖国的橡胶事业。"同志们艰苦奋斗、披荆斩棘，在5年时间里，开垦了万亩荒山，种植了数千亩橡胶和各种农作物。在同大自然的斗争中，唐志华等6位同志因公殉职，献出了年轻宝贵的生命，他们的事迹使我难以忘怀，他们的音容笑貌至今仍历历在目。

1963年1月，大勐龙农场与东风农场合并。转眼间30年过去了，抚今追昔，当年职工们勇于开拓、奋斗献身的精神却是十分鼓舞人心，催人奋进的！

一

省农垦局副局长彭名川同志带领我们勘察选定场址之后，1957年10月24日，筹建大勐龙农场的 9 位同志乘坐由王修权赶着的一辆黎明农场支援的马车,其中我和李国荣、张景兴 3 人骑自行车,同时向大勐龙进发。经过七、八个小时的行程,到达原确定建场的地方,暂住在曼将寨的傣族竹楼上。次日,与寨西侧的驻军联系后,我们住进了他们的旧草房。我们向勐龙区委做了汇报后,便开始了筹建农场的紧张工作。数日后,任顺、郭荣安、杨爱民、李承教、丁荷清、李顺英、李南喜、胡玉娟等人也来到农场。上级为我们配齐了场部机关的各项工作人员,还配了两个生产队的干部。

我们决定将场部建于曼将寨西侧(现二分场场部),还选定两个队的队址,计划在 3 个地方盖 20 幢草房约 2000 平方米,我们将建房计划向勐龙区汇报后,立即得到区委的大力支持。区委动员了 4 个乡的 150 名民兵和 1 名翻译帮助我们建房。他们自备伙食、工具和盖草房的竹木材料。当地群众听说我们在这里建农场、开发建设边疆都表示欢迎,盖房的热情很高。区委书记彭开玉同志骑单车从勐龙赶来指导,前后一个月只耗资 1000 元,便全部完工。12 月上旬,我们 18 人全部搬进了新盖的草房,开展了建场的业务工作,准备迎接新职工的到来。12 月 29 日,张景新同志的妻子孙瑞芳生下了农场新一代的第一个婴孩。同志们都欣喜地叫她"小勐",并说:"热烈欢迎农垦事业未来的接班人——小勐宝宝的到来!"现小勐已成为一名农垦医务工作者。

为了给即将开始的开荒生产和继续扩建新队做准备,我和李国荣、任顺、李承教、杨爱民等人由翻译带路,对场区周围的土地资源做了认真的勘察,发现除平坝由当地群众耕种的水田外,其余都是箐沟密林的山地或丘陵地。这一带水源充足、土地肥沃,的确是发展热带经济作物的好地方。我们初步估计,可发展利用的土地约 3 万~5 万亩,可建 20 多个生产队。

省农垦局任命陈仪庭同志任场长兼党委书记,任命我和李国荣、任顺 3 人为副场长,分别主管生产经营、政治工作和行政管理。1958 年 1 月 9—10 日,农场迎来了省级机关下放干部 109 人,分到一、二生产队。蔡希友、张景新担任一、二队队长。4 月下旬,又迎来昆明警备部队退伍军人 105 人,昆明知青及社会青年 120 人,昆明步兵学校学员 135 人,家属 10 人。人员增加,又建立三、四、五、六队。1959 年下放干部调回原单位,又增加从永平农场调来的部分工人和从思茅地区农村招收的青年 40 名。

无论是下放干部、城市或农村的青年,还是脱下戎装的军人,大家为了一个共同的目标——建设边疆,种好橡胶而贡献自己的青春。他们一到场,便立即要求参加劳动,决心用一把锄头,一把砍刀,战天斗地,垦荒植胶。在艰苦的环境中大家团结互助,勤俭办场。没有蔬菜自己种,煮饭没有锅盖先用芭蕉叶代替,住房里没有家具就用竹子制成,有的同志称这是"竹器时代"。大家在酷热的气候中你追我赶地开展劳动竞赛,工作不计时间，十天半月才休息一次；劳动不计报酬，一个月只拿20余元的工资，再大的困难丝毫影响不了同志们建设边疆的豪情壮志。大家用勤劳的双手和集体的智慧垦荒造田，挖穴植胶，用土法加工各种农副产品满足职工的需要。种胶不懂技术便虚心向技术员和华南垦区来的几位老农垦人学习。在坡地上植胶，由挖小平台发展到挖环形等高梯田，由定植实生苗到选用优良品系芽接桩上山，在实践中学会了技术并积累了经验。

为贯彻省农垦局提出的扭转亏损的号召，农场除以种植橡胶为主业外，还种植了棉花、甘蔗、花生、黄豆、玉米等农作物，开展多种经营，实行"以短养长"的经营方法。上山劳动，红旗插在地头，中午吃饭也在山上，劳动中你追我赶，职工提出："小雨大干，大雨小干，不下雨拼命干"的行动口号，这反映了拓荒者无私奉献的精神。1958年6月，五队退伍军人唐志华送饭上山时被毒蛇咬伤，因当时缺医少药，在送往景洪州医院的途中不幸死亡，因公殉职。唐志华是云南马龙县人，为第一批到农场的退伍军人。他在五队担任炊事员，不怕苦，不怕累，工作勤勤恳恳、起早贪黑，保证了全队的一日三餐。他还利用工余时间做好事，为别人安锄把，磨砍刀。他为了农垦事业，第一个在边疆献出了宝贵的生命。

通过大家的努力，建场第一年就取得了可喜的成绩。全场开荒1214亩，植胶48亩，育苗48.8亩，种咖啡1765株，种花生、黄豆、玉米、芝麻等作物共862.9亩，收获总产量80442斤，还饲养猪牛、马及家禽，种上了水果。

为了改善生产、生活条件，我们将第六生产队改为加工队并成立了铁工组和木工组，在全场开展了技术革新活动，加工队为克服运输困难，铺设了木轨车代替部分肩挑人背。他们还制造木轮牛车、犁耙和风车供各队使用，解决了当时运输小农具不足的问题。1959年大面积的甘蔗需要加工制糖，开始采用当地傣族木榨土法加工，但进度缓慢。加工队的同志想办法用河水作动力，架上水轮车，并将傣族同胞们"双棍榨蔗机"改为"三棍榨蔗机"，提高了工效，我们用几口大铁锅熬制红糖，并利用蔗渣酿造白酒。1960—1962年共产红糖8.2万斤，白酒1.2万斤，满足了职工的需要，产妇用红糖不用到商店去买了。加工队还制作豆腐、咸菜等供应各队食堂。

1960年是农场大发展的一年，年初增加了湖南支边青壮年601人，并有家属396人，还有退伍军人、昆明知青及其他人员162人来场，人口猛增1959人，职工达到1200多人，生产队增至15个。上级从东风农场调来干部45人加强干部队伍。农场建立4个作业区，体制为场、区、队三级管理。这期间吃粮是个大问题。农场组织强劳动力到坝卡乡、波荷寨和景洪挑粮食，两年时间仅挑运粮食就耗工35000多个工日。那时口粮标准低，各队组织职工到山上挖野山药、找野菜弥补粮食不足。即使处于这种情况，全场职工仍以坚强的毅力完成了各项任务。

1960年，为贯彻省农垦局提出的："以粮食为基础、以橡胶为纲、粮畜并举、多种经营、全面发展"的经营方针，农场发动职工开荒种植粮食作物。开始有的职工想不通，认为我们是来种橡胶的，现在怎么又要种粮食了？经过学习局领导们讲话和进行了全国形势教育，大家明确了种粮食的重要道理，各队选择了箐沟中的沼泽地及低洼旱地进行农田基本建设。职工们不怕蚂蟥叮、蚊虫咬，清除杂草，挖出排水沟，将沼泽地变成了良田。旱地改水田工程更大，地里树头多，除人工挖外，还得用拖拉机拔树头，没有钢丝绳，工人砍竹子搓竹绳来代替。经过大家的努力，终于开垦出600多亩基本农田，生产了部分口粮。

建场初期的5年时间里，在各级领导、地方政府和当地兄弟民族的大力支持下，职工们发扬了自力更生的精神，累计开荒土地11872亩，定植橡胶6715亩，育苗208亩，垦出农用地3840亩，水稻田665亩，基本菜地131亩。农场由一辆马车起家到拥有拖拉机10台，牵引农机具17台，建竹草结构房屋18285平方米，土木结构房屋1282平方米。共生产粮食26.9万斤，油料5.3万千克。并自己烧砖瓦、烧石灰、饲养各类畜禽。各生产队修通的简便公路可通拖拉机，架设电信线40千米。还办起了职工子弟小学和卫生所、代销店。各项工作取得了显著成绩，为农场的发展打下了坚实的基础。

二

建场伊始，农场就得到当地各级政府的关怀和大力支持，同时还得到当地各族人民的热情帮助。为建场，曼康湾乡等4个乡的群众无偿帮助建盖住房，为方便工作给农场派来翻译，借给籽种、耕牛、农具，提供竹、木建材和售给部分蔬菜、肉食等副食品。由于兄弟民族的支持，使生产得以顺利发展。为使农场至景洪一段公路通车。农场人员还未安顿好，就派出徐所桥等20人和当地群众一起修筑景龙公路上的桥涵。

为落实"三个队"（生产队、工作队、战斗队）的措施，农场派出工作小组到各村寨宣传党的民族政策。全场职工广泛开展做好事活动，帮助少数民族放牛、防止伤害农作物和帮助群众秋收等，共耗工14000多个工日。1958年6月，我场派出水利技术员刘德同志支援勐龙区修建曼兵水库，8月31日凌晨，他同一民工去工地取土质样品时，突遭窜入国境的蒋残匪袭击，刘德临危不惧，持枪抵抗，不幸中弹牺牲，献出了年轻的生命。经云南省人民政府于1982年11月20日批准，追认为烈士。

为了发挥农场战斗队的作用，建场初期建立了民兵组织，战备执勤，开展"四防"，参加当地军民联防，多次配合部队完成任务，有力地保障了边疆和农场的安全，职工和勐龙区的各族群众得以安心从事生产建设。

农场还与边疆各族人民开展团结互助活动，交朋友，并有少数职工与民族联姻，使民族关系亲如一家。

三

大勐龙农场创建的五年间，全场职工艰苦奋斗，开垦了大量荒地，初步掌握了在亚热带地区种植橡胶和其他作物的基本规律，锻炼了职工队伍，培养了人才。我们既有成功的喜悦，也有工作中失误或受到灾害后的辛酸和苦涩，教训是深刻的。我作为当时主管生产经营的领导应负有重要的责任，这些问题是：

（1）生产计划制订过一些不切实际的高指标。一方面没有认真分析当时农场缺资金、缺工具、职工缺技术，结果出现欲速则不达的局面。另一方面建场开始的3年，人员增加过猛，住房、生活都是从零开始，未能解决职工的物质生活需求。

（2）经营管理不善、导致广种薄收。1959年10月，曾开展"三包三定一奖"的生产责任制，这是克服"大锅饭"建立责任制的良好开端。但刚开始就因责任不明确，结果橡胶与各项农作物往往有数量而无质量，有的农作物平均亩产量不到百斤。

（3）忽视本地区牛害严重的特点，致使橡胶大面积受到损失。初建的勐龙农场与11个村寨交错在一起。当地兄弟民族又有放野牛的习惯。当时未能采取有效的防牛害措施，橡胶遭受了严重的牛害。原种植的6715亩胶林到两场合并时，仅剩1200余亩。

（4）行政管理中的防火制度不严，使职工住房（草房）遭受大灾。1960年第七生产队一个孩子用燃着的竹棍赶小鸡，不慎点燃鸡棚引起大火，烧毁全队住房，职工财物全部受到损失。

抚今追昔，历史是面很好的镜子。过去的挫折和失误究其原因最重要的是没有坚持党一贯倡导的实事求是的思想路线。正反两个方面的经验教训使我们认识到，不论什么时候、什么地点、什么工作，只要能坚持实事求是，因时、因人、因地制宜地制订本单位的工作计划和实施方案，我们的工作更能健康稳步地向前发展。

四

1962年，大勐龙农场与东风农场合并。1963年1月，东风总场成立。原大勐龙农场一分为二，以南贝囡河（农中河）为界，分为龙泉和温泉农场（现一、二分场），隶属于东风总场。

农场合并后，在上级党委的领导下，贯彻了中央"调整、巩固、充实、提高"八字方针，加强了思想政治工作，深入开展学习毛主席著作和学习雷锋的活动。在经营管理上开展以计划管理为中心，以定期管理为基础的生产管理方法，充分调动了职工的积极性，出现了学先进、赶先进、超先进的热潮。在生产技术方面采取了两项重大的改革行动：一是对实生苗定植的橡胶林地进行大田芽接改造，并选择优良品系芽接桩定植，以提高产量；二是在省农垦局的支持与指导下，于 1963 年在龙泉农场三队进行山地机械化开垦梯田试点，成功地开垦出 500 余亩梯田，对推动全场山地机械化作业起到重大的作用。农场的各项工作顺利开展，面貌日新月异。

大青树下

向崇梅口述　吕明整理

1958 年 3 月中旬，我们 200 多名干部即将转业到西双版纳创建农场。我妻子毛桂仙怀孕也即将分娩，部队领导动员她留下来，生了孩子，满月后再派车派人送她到边疆找我。她当时想，孩子出生还有一个月，还是和丈夫一块走比较好，免得再麻烦部队为她一个人派车送。于是她谢绝了领导的关怀，和我一起乘着大卡车，经过 5 天的旅途颠簸，于 3 月 20 日到达勐龙河边，当时天已黑下来，河上无桥，目的地是曼别寨附近，还有 1.5 千米。由于水深浅不明，挑行李过河有困难等原因，只好在河边露宿了一夜。第二天到达曼别寨，我们 80 多人被编为第三生产队，借住在傣族竹楼上。接着就是斩坝、开荒、建茅草住房。开始几天工具没有发下来，只得向傣族群众借用，加之建队地址改变了 3 次，因此建房速度较慢。当时，农场强调搞好民族团结、尊重兄弟民族风俗习惯，因语言不通，无法与当地群众交谈，不知道傣族群众允不允许别人在他们的竹楼上生孩子。眼看妻子生育时间越来越近，我心中十分着急。我们结婚两年，第一个孩子即将出世，可她跟着我到这样艰苦的地方来，不仅蔬菜和其他副食品买不到，主食也只供应糯米，红糖做菜，大家都不习惯吃，真难为了她。可妻子显得十分平静，在班组会上说："这点苦也算不了什么，大家能过我也能过。"她这样淳朴善良，顾全大局，通情达理，我也为有这样的好妻子而感到幸福。

我和其他同志白天去砍竹子、树杈，备料建房；早晚为傣族房东做好事，舂米、挑水、劈柴，晚上为防止敌特破坏，和大家一起轮流站岗，工作很忙，也没有时间陪妻子说说话，由于她临近产期，队领导让她一人在傣族竹楼上休息。4 月 22 日上午 10 时左右，她感到肚子疼痛，预感到快分娩了，可我们在离曼别寨 400 多米的地方建住房，她无法喊人过来。她想，不能在竹楼上生孩子，如果胎盘、血水落在竹楼上，把房屋弄脏了，群众不高兴，影响了民族团结就是大事了。她忍着疼，抱起一件军用雨衣和一个床单，又拿起一把旧剪刀，慢慢地走下了竹楼，走到离寨子100多米的地方，发现一棵大青树下还有一块未长草的空地，她将雨衣和床单铺在树下，躺下身体，自己挣扎着，于11时生下了我们的小宝宝。小孩的哭声惊动了过路的女职工杨万英同志，小杨顺着哭声找到了躺在大青树下的妻子，看见她已经拿出剪刀准备剪小孩的脐带，小杨大吼一声："毛桂仙，你不要命了，躺在地上生孩子，还要用未消毒的剪刀。你先别动，我去找医生来。"她急忙奔到工地找来医生。我听到此事，也跟着来到大青树下看妻子和我们刚出世的女儿。我们三队的同志是各单位调到一起来的，队上有医生，我们夫妻事前也不知道，现在有医生来照料她，我心里宽慰多了。两位医生从竹楼上取来卫生工作箱，给婴孩剪去脐带，用布把小孩包了起来，他们说："这地下到处是蚂蚁和昆虫，母女都不安全，向崇梅你守着，我们到工地上向队长和支书汇报，想想解决的办法。"此时工地上两幢长长的草房屋架已经竖起，有的班组已经开始上竹椽子了，大家听说农场的第一个小公民诞生了，都欢呼起来，队长景克恭动员大家加油干，用实际行动庆贺第一个小公民的诞生，并让其他班组也来协助我们一组建房，先建成一间给产妇住。大家在组长陈再力的带领下，有的绑椽子，有的盖草排，有的夹竹笆墙，有的人还用竹子帮助做一张床，床腿也是竹筒做的。大家中午也没有休息，七手八脚，忙到下午2时，一间草房终于建成。队长又派来几个人，到大青树下把产妇抬到新建的草房里，我抱着孩子来到队上，全队的同志都跑过来祝贺，有的还说，得给在农场出生的第一个小公民好好取个名字。景队长和党支书候宪仓同志给我一周的假来照顾妻子。他们还反映到场部给产妇弄几斤粳米，管理员王铸九到小街粮管所找来7斤粳米。我给妻子煮稀饭吃，又到寨子中向傣族群众买得两包笋叶包红糖和几个鸡蛋，生活上仅此而已，但我们十分庆幸母女平安和为农场生了第一个小公民而感到荣幸。

过了几天，我们夫妻二人商量着给孩子取个有纪念意义的名字，想来想去，认为我们来到美丽富饶的西双版纳建设社会主义新边疆，农场的前途是光明远大的，于是决定给女儿取名向光丽，意为向着光明而美丽的农垦大道前进。

东风城镇化建设发展历程

唐保国

国营东风农场始建于1958年3月，现有总人口21903人，其中：职工7349人，离退休人员4330人，农场（分公司）下设8个分场级单位，其中：农林分场（作业区）6个，二三产业单位2个，有生产队级单位98个。党的十六大以来，为贯彻《中共中央国务院关于促进小城镇健康发展的若干意见》和云南农垦总局《关于加快垦区小城镇建设的意见》，东风农场坚持"长远规划、市场运作、逐步推进"的原则，以农场部为中心，全面实施城镇化发展战略，目前，东风小城镇建设初具规模，对农场和本地区经济发挥了辐射和带动作用，推进了社会主义新农场建设。

一、东风城镇建设的起源与发展

东风城镇建设经历了4个发展阶段。第一阶段：1975—1985年，为初始发展阶段。1975年1月东风农场部从勐龙镇搬迁到现址，小城镇建设开始起步，这个阶段的特点是农场以发展生产为主，农场部建设规模小、人口少、发展缓慢。标志性建筑是农场老式办公室、招待所。第二阶段：1986—1995年，为自由发展阶段。这个阶段的特点是受商品经济的带动，形成了"路边市场"，以简易棚、简易房为主，发展不规范，标志性建设是东风俱乐部、东风公园。第三阶段：1996—2002年，为规范发展阶段。这个阶段农场把小城镇建设列入经济发展的重点，制定了农场部第一个发展规划，对街面简易商业门面房和简易棚进行整治，重建农场办公大楼和农贸市场，新建砖混结构商业门面房等，东风小城镇得到初步发展，标志性建筑是农场新办公大楼、新农贸市场。第四阶段：2003年至今，为快速发展阶段。党的十六大以后，农场党委调整工作思路，加快了城镇化建设步伐，修订城镇发展规划，加大基础建设投入，大规模开展旧城区整治改造，进行城镇绿化、美化、亮化，兴建标准化商业门面房和职工住宅新区。这5年是东风小城镇发展最快的5年，改造老街道1200米，新修小康路和景观大道1400米，新增商业门面房300多间，兴建3个职工住宅新区。完善城镇服务功能，包括兴建了东风自来水厂、职工运动场、东风广场、东风养老院、东风客运站，改造了东风公园、东风宾馆、农场老年活动中心等。目前东风小城镇已扩展到1.5平方千米，城镇人口达到12000余人，城镇的发展带来了经济的繁荣，在东风城镇年个体经商户超过800户，其中：外来经商户408户，从业人员超过2000人，职工及职工子女903人，有商业门面房672间，个体经营摊位903个，年营业收入突破8000万元。现在东风城镇呈现出良好的发展势头，东风花园职工住宅新区、东风福泰商业开发区、景观大道步行街正在兴建之中。东风农场通过实施城镇化发展战略，加快了社会主义新农场建设的进程。

二、党委高度重视，精心组织实施

党委重视、长远规划，是推进东风小城镇建设的前提。东风小城镇的建设与发展，是历届农场党委和农场领导重视的结果。20世纪70年代，老一辈农场领导，以发展的眼光对东风农场部进行选址与搬迁，为今天东风小城镇建设奠定了发展的根基。20世纪90年代，当时的农场党委班子对农场部的建设与发展，提出了规范发展的思路，制定了第一个小城镇建设发展规划并付诸实施，探索小城镇建设的新路子，通过职工集资的形式建盖了5栋商业门面房，拉开了新一轮小城镇建设的序幕。进入21世纪，特别是党的十六大召开和云南农垦深化改革为东风小城镇的发展注入了新的活力。第七届农场党委班子以全新的理念，提出了"转变工作职能、调整两个结构、实现一个目标"的工作思路，把加快东风城镇建设作为调整农场经济结构、促进农场全面发展、实现小康农场的重大举措。在一期规划的基础上，对东风城镇未来的发展制定了45年的长远规划，并制作成沙盘模型，规划总面积为3.4平方千米，可容纳居住3万人。在此基础上，开展了大规模的城镇改造和建设。现在新一届农场党委班子以农垦"二次创业"为契机，以社会主义新农村建设为动力，从战略的高度制定了"巩固提升橡胶产业、发展壮大非公经济、推进建设东风城镇、积极拓展二三产业、努力构建和谐东风"新的工作思路，把城镇化作为农场重大发展战略，确立了"长远规划、市场运作、逐步推进"的发展方针，继续快速推进东风小城镇建设，掀起了新一轮城镇化建设的高潮。

加大投入、完善功能是推进东风小城镇建设的重要条件。东风农场部距景洪市有45千米，距勐龙镇有18千米，由于不靠城镇，水、电、路等基础设施及公益设施建设全靠农场投入。为加快发展东风小城镇，2004年以来，农场先后筹措资金5205万元投入城镇基础公益设施建设，改造老街道、修建下水道、铺设人行道、安装街道灯光、进行街道绿化，使东风小城镇变得亮丽；兴建38米宽的小康路、60米宽的景观大道和知青路，为拓展城镇规模、吸引外来投入、繁荣东风城镇提供了良好的条件；改造东风公园、东风俱乐部和老年活动中心，兴建东风广场、养老院和大型文化广场、东风博物馆，完善了东风城镇的文化、娱乐、休闲功能。提供土地等便利条件，吸引金融、通信、公安、司法等社会服务职能机构到东风小城镇安家落户，为农场职工和周边群众提供了便捷的服务。开发利用土地，进行"三通一平"，发展房地产业，为聚集城镇人口创造条件。东风小城镇基础设施和服务功能的不断完善，为城镇的发展打下了良好的基础。

市场运作、吸纳民资是推进东风小城镇建设的重要途径。做大东风小城镇，仅靠农场的投资和行政手段的推动是有限的，必须解放思想、更新观念、创新发展思路。为此农场唱响了"人民城镇人民建，建好城镇为人民"的口号，按照"谁投资、谁经营、谁受益"原则，制定土地使用和个人集资建房等优惠政策，鼓励职工参与小城镇开发和经营；按照"统一规划、市场运作、集中建设"的方法，对外招商引资，开发东风小城镇。2005年以来，职工私人资本投入就达到7847万元。具体做法：一是集资建房。以市场为导向，采取职工个人集资，农场统一规划、统一图纸、统一施工的形式进行动作，集资 3000 多万元，兴建商业门面房 4100 多平方米；集资 1900 多万元，兴建农场机关住宅新区、小康路职工住宅区、胶林别墅区。集资建房为东风城镇商贸业的发展和聚集城镇人口创造了条件。二是盘活资产。对小城镇内农场的房屋土地资产通过公开竞标的形式对外承包经营，充分发挥现有资产的效应，东风宾馆和东风休闲中心对外承包后，承包人投资 485 万元进行扩建，新增住宿标准间 60 套，新增餐厅面积 850 平方米，提升了东风城镇对外接待的能力和档次。三是招商引资。大力发展房地产业是扩大城镇规模、增加城镇人口、提升城镇品位的重要途径。2006 年以来，农场以房地产开发为重点，对外招商引资，已引进了两家房地产开发商和 10 多家建筑工程队。西双版纳铭信房地产开发有限公司和西双版纳福泰房地产开发有限公司分别开发东风花园住宅区、东风福泰商业区，共计 100987 平方米，其中：住房 590 套，单身公寓 206 间，商业门面房 230 间。西双版纳沧江建筑公司等 10 多家施工队，承建的景观大道步行街商住两用房 738 套，共 30000 多平方米，西双版纳建疆建筑公司两家施工队承建的东风农贸市场扩建工程商业门面房 72 套，共 4824 平方米，大棚 1362 平方米。四是促进就业。为解决下岗职工和待业青年的就业问题，农场以东风小城镇发展为平台，大力发展现代服务业，采取多种形式，拓宽就业门路，增加就业岗位，现在场内人员有 903 人在东风小城镇实现了就业，仅东风华联超市和南春车市使用员工就有 62 名。为促进就业，根据小城镇发展的需要，有针对性地开展职业技能培训，农场出资 46 万元，选送 227 名下岗职工和待业青年到昆明、上海进行缝纫、美容、美发、厨艺、茶艺、汽修、摩托车修理、电脑维修等实用技能培训，鼓励他们自主创业。现在他们中有的在东风小城镇开餐馆、茶馆、美容院、修理店等，有的走出去发展，培训后的 90％的人员实现了就业。

场地共建、共同繁荣是推进东风小城镇建设的必然选择。东风农场 50 年发展离不开当地党委政府和当地民族的支持与帮助，东风小城镇的建设与发展离不开当地村寨和村民的参与。在东风小城镇发展的过程中，农场党委始终坚持"场地共建、共同繁荣"的方针，通过共同建设小城镇带动当地村民致富，改善他们的文化生活条件。具体做法：一是统一城镇用地规划，在小城镇规划时，将 3.4 平方千米内的 3 个民族村寨纳入总体发展规划，并在城镇建设用地上进行协调，实现城镇规范发展、互利共赢；二是统一建设整治街道，农场出钱，村民让地，共同清理整治临街的民族商业铺面，撤除了杂乱无章、影响街道美观的建筑，铺设了人行道，种上了行道树，形成了民族商铺一条街；三是统一供水供电，3 个民族村寨用水用电，由东风自来水厂和东风电厂统一供应，用水实行优惠价，解决了村民用水用电难的问题，提高了村民的生活质量；四是统一城镇治安联防，3 个村寨派出 30 个民兵，除维护本村寨的治安外，参与城镇治安联防，有效地维护了东风小城镇的社会治安。如今，当地民族在东风城镇开店等生意兴隆，本地土特产交易活跃，当地民族在东风小城镇经商的有 65 家，上规模的宾馆就有 3 家，傣族烧烤店、民族服饰店等生意兴隆，本地土特产交易活跃，当地民族在东风小城镇经商从业人员超过 300 人，东风小城镇的建设，实现了农场和地方和谐发展，繁荣了边疆经济，带动了周边百姓致富，提升了当地民族文明素质，带动了社会主义新农村建设。

三、东风城镇化建设带给我们的启示

启示之一：以企业化理念经营城镇。企业办城镇没有现成的经验可循，特别是在没有财政资金支持的条件下，要解决城镇发展的资金、管理和服务等问题，必须创新城镇发展理念，用企业化管理方式来经营城镇，以效益为中心、市场为手段整合城镇各种资源要素，实施城镇开发和管理，通过经营城镇获取经济效益，实现城镇可持续发展。

启示之二：走小城镇特色发展之路。东风农场地处边疆和少数民族地区，农场部不靠城市和乡镇，在城镇发展上要创出自己的特色，将企业文化和当地民族传统文化融为一体，城镇建设既要展现农垦现代文明特色，也要体现当地民族传统文明特点。城镇经营要充分挖掘当地资源，开发当地民族特色小吃、特色商品、特色旅游、特色服务；要利用地缘优势，开发边贸业；利用热带气候资源优势，开发度假休闲、观光旅游业；城镇发展要走绿色、生态可持续发展的道路。

启示之三：开放式发展。加大招商引资力度，利用场内和社会力量推进小城镇的发展。

最新最美的图画
——东风农场部城镇发展三十年变迁记

王树山

每当我登高远眺，看到如诗如画的东风城镇，就会想起伟人毛泽东的名句：一张白纸没有负担，好写最新最美的文字，好画最新最美的图画。30 多年前，这里还是一片荒野、一片沼泽，如今是一座美丽的边境城镇，东风农场部的发展变化经历了如下 4 个阶段。

初期发展阶段

1975 年春，我应征入伍来到云南省西双版纳大勐龙坝的小街 83 分队。我们连队营房的东边是曼将村寨子，西边紧连东风农场二分场场部。我们部队与东风农场在一个坝子，

并且经常开展军民共建活动，我对农场部初期建设情况比较熟悉。农场部是 1975 年从大勐龙镇搬迁过来的，当时边建设、边搬迁，位置建在"景大"公路西面（西双版纳州府所在地景洪县城至大勐龙镇），距景洪县城 42 千米，距大勐龙镇 17 千米。农场机关正在修建和刚建好的一排排、一栋栋砖木结构的青瓦房，与部队的营房相似，因为农场是部队转业官兵为主组建起来的，在很多方面保持着部队风格。还有正在兴建的两层的办公楼，是农场自行设计、自己的施工队伍修建的，它是农场第一栋两层高的楼房，楼层面是预制板，抗震能力差，在当时算是农场部最高大建筑物标志。整个农场部建设房屋不多，路的西面，除了正在建设的机关用房外，直到曼将村中间的 500 米内全是沼泽地，沼泽地长满了茂盛的大型香附草，经常有一群群小鸟在上空飞来飞去。路的东边有两栋较长的砖瓦房，是汽车队的办公用房和职工住房；有一个木架子房的照相馆，有一小栋傣式瓦房的书店，还有一个三合院布局东风招待所，如果不挂"东风农场招待所"的牌子，还以为是个小兵营。招待所南边的地形是一个斜坡，下面是一大片水葫芦塘，面积约七八十亩，一片连一片的水葫芦盛开着白里透紫的鲜花，塘里经常有傣族牧童坐在水牛背上玩耍。水葫芦塘南边有一栋砖瓦房，是东风农场商店，商店前面有一块空地，空地中间有一棵开满着火红凤凰花的凤凰树，凤凰树下坐着一排傣族妇女，有老有少，她们前面摆些新鲜野菜、野果之类，这是农场职工与当地少数民族群众最初进行商品交易的集市。再往南过去一片杂草地，是东风农场修配厂，厂房都是简陋的傣族式的瓦木结构，职工住房是竹笆房。当时农场部的范围内，农场机关属于北端，农场修配厂属于南端，全长约 500 米。农场部附近南边的曼坎湾寨子和北边的曼景湾寨子离景大公路约 100 米，被黑心树林遮蔽着，农场部周围到处是野芭蕉林和飞机草丛。这是 30 年前我对农场部最初的记忆。

雏形发展阶段

1978 年以后，党的十一届三中全会给西南边疆送来了春风，东风农场的经济也开始复苏，农场的商贸业发展有了生机。我于 1980 年退伍荣幸地融入了农场的建设队伍，更直接地目睹了农场的发展变化。1982 年建成了第一栋三层楼的东风百货商店；同时，修建东风农场职工医院综合大楼，这两项工程是农场最大的建筑工程，又是外施工队承建的工程。东风百货商店和职工医院综合大楼的兴建，标志着农场走上改革开放的新起点，也是农场部建设进入小城镇雏形发展阶段的转折点。

1983 年，农场开始重视场部小城镇发展规划，请云南农垦总局规划设计院对农场部小城镇发展进行了 1 平方千米的规划，按照规划于 1984 年兴建了农场第一栋四层的东风招待所大楼，招待所有床位 200 个，餐厅可接待 300 人用餐。在 80 年代中后期，东风招待所在西双版纳州接待档次较高，接待过全州、全省及全国性会议。同年，还建有东风幼儿园，是农场基建科设计的，从建筑风格到建园规模在州和全省农垦系统都是一流的，成为农场部景观的一大亮点，曾引得州内外众多单位前来参观。

1987 年，农场为了庆祝建场 30 周年（1988 年 3 月），顺景大公路，北起一胶厂，南至曼将村口，修建了 4 千米的柏油路面，为农场小城镇建设打下基础。同年，农业银行在公路边建起营业大楼；农场沿公路建起了新华书店、邮电所、饭店、商品专卖门市。出现了集体、个体户的食馆、服装店、杂货店、钟表电器修理部，在东风百货商店前的空地上已形成小规模的集市，市场内分为肉食、蔬菜、粮食、成衣等摊位群，平时每逢星期日如同赶集。与此同时，东风俱乐部也拔地而起，俱乐部设置 1000 个座位，建有图书室、陈列室、放映室，是集会议、演出、放映等综合性活动为一体的场所。利用水葫芦塘因地制宜兴建了东风公园，公园占地 70 亩，其中水面 23 亩。公园内建有休闲的亭阁、游泳池，娱乐设施有游玩飞机、过山火车、碰碰车、水上脚踏船，标志性石雕是"东风创业碑"。东风公园建好的近几年中，每天到公园游玩观光的人络绎不绝，特别是节假日，公园人群熙熙攘攘，热闹非凡。同年，还兴建了东风农贸市场，农场市场占地 50 亩，建有 60 个商铺，100 个固定摊位，两个钢架大棚，吸引众多商客在农贸市场做生意，日常集市人流数达上千人，成为大勐龙地区农副产品主要销售集散地。农贸市场的建成，为农场小城镇带来了初步繁荣，为加快农场小城镇的发展起到促进作用，是农场建场 30 年取得重大发展的标志。

1988 年 3 月，30 年场庆过后，随着改革开放形势的发展，城乡经济的活跃，农场又先后在农业银行营业所旁建起 4 层的商业大楼，在农贸市场前建起 3 层的商用房大楼，建成 5 层的现代化办公大楼。在国家提倡发展个体经济政策的新形势下，私人资本开始投入小城镇的商铺建设，北起农场医院，南至曼坎湾路口，1 千米长的路段上各种各样的商业铺面拔地而起，路两边的空地已基本形成商业街道。1998 年建场 40 年时，农场部的建设已形成小城镇的雏形。

新兴发展阶段

进入 21 世纪之时，东风农场部小城镇建设步入了科学规划发展进程，农场把小城镇建设放到了带动农场经济发展的战略地位。2000 年，农场编制了《东风小城镇规划发展建设方案》。方案提出了小城镇 50 年的发展方向和目标。农场请西双版纳州设计院对农场部 3 平方千米的面积进行了总体规划。农场在城镇建设中，坚持解放思想、放宽政策、对外开放、对内搞活、动员群众、多方筹资、统一规划、统一设计、统一实施、规范有序、科学发展。"十五"期间，小城镇建设有了全新的发展。

城镇街道建设。2003 年顺延景大公路北起东风农场中学，南至曼坎湾村，已建成南北长 3 千米、宽 20 米的"东风路"商业街。从东风路的东风休闲中心对面的沼泽地往西延伸，建成东西长 0.6 千米、宽 40 米的"小康路"商业大街，小康路与东风路形成丁字路形。

商业设施建设。2004 年对东风路商业街南段的老铺面进行改造，对新建小康路两侧地段进行开发，建设成清一色崭新的欧式商业建筑群，别具一格，给人以异国风情之感。2005 年对东风路北段进行开发，路的西边兴建东风客运站，新商业楼群。路的东边有曼景湾村开发建设傣式风格的商业楼群。

居民小区建设。2003 年建成两个居民小区，即位于小康路的 100 套别墅式"小康住宅区"和位于机关院内的 30 套别墅式"文化住宅小区"；2005 年建设位于景观大道的 80 套别墅式"景观住宅小区"。

文化设施建设。2004 年建成了大型综合运动场，运动场设有足球、田径、草地门球等多种项目。修建了街心花园广场；对东风公园进行了功能改造，公园里绿树成荫、湖光掠影、小桥流水、亭台楼阁；可以划船游玩、垂钓纳凉、游泳溜冰、休闲娱乐、喝茶聊天、住宿餐饮，成为东风小城镇居民的主要休闲活动场所。

公共服务设施建设。2004 年建成可供 3 万人日常使用的自来水厂，为小城镇建设和发展提供了极大便利。2005 年建成了设施宾馆式、环境花园式的东风养老院，养老院可接纳 60 位老人居住生活。同时，对城镇街道全部实施了亮化工程，街道夜间灯火通明。

大型市场建设，2002 年对农贸市场进行改造扩建，由私人投资建设商业铺面 80 套，封顶式彩钢大棚 3000 平方米，容纳摊位 500 个，人员流量 2000 多人；2005 年建有大型东风华联超市，商场经营达 3000 多平方米。

生态环境建设。东风街道配套工程建设达到了绿化和美化，人行道上两排整齐的小叶榕绿荫繁茂，隔离带上的花园式绿化带生机盎然。公共区、生活区、住宅区绿树成荫，花簇似锦。

超越发展阶段

2006 年以来，农场小城镇建设实现了超越发展，借 2008 年东风农场建场 50 周年契机，新增了一批重大经济设施和文化设施项目，为打造百年东风文化城镇奠定了基础。

基础设施建设。2006 年从小康路西头起向北拓展到二分场一队，建成南北长 1 千米、宽 60 米的"景观大道"，2007 年从景观大道北端向东转延长 200 米，与东风路相连，形成东风城镇主干道环形框架。

商业设施建设。2007 年东风路北段从客运站到东风中学 500 米延长开发，路西面有开发商建设三大综合商场，路东面有农场医院和曼景湾村组织开发，建设商业街。同年，农场组织景观大道两侧土地进行开发，规划出 142 个商业铺面，由个人投资建设，建设规模和风格自定，景观大道两侧各式各样的楼群已拔地而起，一条宽广美丽的商业大街让人耳目一新；建有大型"东风南春"车市，建筑面积 5000 平方米；对农贸市场西部进行扩建增容，增大一倍的面积，新建两层结构的商铺 62 个，彩钢大棚 3000 平方米，增容摊位 500 个，增加人流量 1000 人；5000 平方米的"东风福泰"商业广场正在建设中，2008 年 11 月竣工。

建设"东风花园"住宅区。2007 年启动建设位于东风路和景观大道之间的 500 套复式楼东风花园住宅区，于 2008 年 10 月竣工。

建设室内文体活动场馆。2006 年在农场部老年人活动中心建起钢架彩钢封顶式文体活动场馆，场馆面积 2000 平方米，有室内门球场、室内气排球场；2007 建设室内地掷球场，面积 800 平方米。场馆可兼用室内健身房，如进行健美操、太极拳演练活动；还可以进行文艺节目排练，举办大型舞会。解决了城镇居民因天气炎热、太阳暴晒和刮风下雨不能进行文体活动的困难。现室内活动场馆里，每天有球赛，每晚有操舞，为丰富活跃居民的文化生活提供优越条件。

建设学习型俱乐部。2007 年对原东风俱乐部进行了功能档次升级改造。按现代影剧院灯光、舞台技术要求，装配全套电子灯光、音响、多媒体等设备，座椅改用为高档舒适型，扩大座位空间，增强座位的舒适感，配置 500 个座位，外观装饰一新。对使用功能进行改造，俱乐部大堂具有文艺演出、放映电影、会议转播、投影培训等多种功能。俱乐部二楼有东风群艺馆，三楼有东风图书馆。改造后的东风俱乐部成为东风城镇居民学习知识、开展文艺活动、陶冶情操的主要文化场所。

建设东风创业雕塑群。2007 年建成的东风创业雕塑群是东风农场 50 年创业纪念标志性文化设施。东风雕塑群坐落在东风城小康路西段与景观大道南段结合部位，与文化广场相连，是东风城镇主要文化景观之一。东风雕塑群高 13.58 米，标志东风农场是 1958 年建立，雕塑群由土红色岩石塑造，是三代东风人劳动形象的造型。雕塑群底盘是直径 30 米长的台式圆盘，形成圆盘式街心花园，圆盘上培育着五颜六色的花圃，在鲜花簇拥下，雕塑群巍然屹立，巍峨壮观，激励起人们对创业者的敬仰之情。

2007 年兴建东风博物馆。正在建设的博物馆占地 2000 多平方米，属永久性历史博物馆，成为东风城镇的重要文化设施之一。通过实物形式反映东风农场建场 50 年艰苦创业的历程、取得的辉煌成就及企业文化成果。使东风博物馆成为对职工及子女进行优良传统、企业精神和热爱农场教育的基地；成为东风农场提高社会知名度，增加社会实力信誉度的形象窗口。

2008 年 3 月动工兴建东风文化广场。东风文化广场占地面积 20000 平方米，位于东风城小康路西段北侧，西临东风城景观大道，与东风雕塑群街心花园连为一体。东风文化广场有多种功能：分为中心广场区，可容纳10000人集会活动；绿荫林园休闲区，可供数千居民在林下休闲活动；水上观礼台及文艺活动区，用于大型庆典活动和文艺演出活动；茶道园区，可供数百人品茶；还有水幕喷泉景观，白天可观赏自动喷泉喷花，晚上节日可以观看水幕电影，成为东风城镇居民娱乐休闲活动的主要场所。

2008年农场建场50周年，此时，东风路、小康路、景观大道3条繁华的商业街上，各式各样的楼群鳞次栉比，商业广告牌绚丽多彩，有综合商贸大楼、大型家具城车市、超市、宾馆、银行、电信、书店、邮政及其他各种商铺680多家。经营的项目林林总总，有百货、餐饮、服装、电器、美容、医药、维修、数码彩扩、网吧、酒吧等应有尽有，一派繁华都市景象。

三十年弹指一挥间，农场部的每一个细节变化，我都熟于心间，东风小城镇已成为祖国南疆一颗绿色明珠，一座文明、生态、现代、活力的边陲名城，像美丽的图画，镶嵌在碧波荡漾的万顷胶园中。

勐龙河上架设民族团结桥

吴德国口述　吴志红整理

美丽富饶的勐龙坝子，丰富多彩的民族风情，热情好客的少数民族兄弟，奔流不息的勐龙河……

半个世纪以前，我作为湖南青壮年支边人员的一分子，在这里成长、生活、战斗。我作为农场建立、发展、壮大的见证者和亲历者，自然也经受了种种艰苦环境的锻炼与考验，我砍过坝、开过荒、修过梯田、筑过路、架过桥……

现在，我已经退休安度晚年，但已过耄耋之年的我常常想起以前，怀念垦荒的岁月，而最让我梦萦魂绕的是1974—1979年在勐龙河上架设曼龙扣大桥的经历。

建场初期，农场内道路是在乡村小路的基础上略微加宽，由新建的生产队靠人力开出路形，慢慢地踩出路来。到雨季时道路泥泞，难以通行。勐龙河上，也只是当地老百姓架设的竹桥，洪水一来，竹桥冲毁，只得涉水过河，常常听到农场职工和当地老百姓涉水过河时被河水冲走的噩耗。1979年以前，农场内河溪上架设的都是大小不一的竹桥和木桥。

勐龙河上没有永久性坚固的桥梁，严重阻碍了河两岸人民群众的贸易往来、文化交流及生产生活。1973年底，农场党委班子经过研究讨论决定在原四分场境内的勐龙河上，曼龙扣寨子边投资 34 万元，建一座长 34 米、宽 6 米、承载重量 60 吨的钢筋混凝土桥。经过请示农垦总局，得到了批准。

1974 年初，在农场的安排下，四分场成立了架桥队，张连才任总指挥长，楚宝玉任队长，队员是从每个队抽调有一技之长或吃苦耐劳、精干的青壮年和知识青年，木工组长是邓光禾，施工组长是张振芳，司务长是张振和……当时我在原四分场一队任副队长，有幸被调往施工组成为架桥队的一员。我们架桥队共有 25 人，驻扎在离架桥 200 米处闲置的曼龙扣佛庙里。架桥队里的队员，只有总指挥长张连才在这之前参加过曼桂跨径 3.2 米石拱桥的修建，算是有一点经验。张振芳的父亲是泥瓦匠，略懂一点架桥的知识，其余的人是和尚头上的虱子——明摆着一窍不通。

奠基了，农垦总局派来了一位桥梁工程师。工程师带来了曼龙扣桥梁图纸。工程师带领张连才和楚宝玉在架桥的两岸，勘察了两天，晚上回来在灯光下，参照图形讲解建造桥梁理论，大家都聚精会神认真地听，但由于大家文化有限，很多人还是一问三不知。第三天一早，工程师因为别的地方需要他，一去就不返了。

架曼龙扣大桥是十分艰苦的，一群大字不识的青壮年和几个年轻的知识青年，就是凭着无论如何也要在勐龙河上架出第一座钢筋混凝土桥梁的激情，一切从零开始，白手起家。拿着生涩难懂的桥梁图纸，摸着河架桥，在没有任何机械辅助作业的情况下，完完全全靠纯粹的人力来完成混凝土搅拌、石料搬运、浇灌任务。大家的双手和双脚被水泥腐蚀得一层一层地蜕皮。

西双版纳特殊的气候，使这里一年的节气只分雨季和旱季，为什么建一座曼龙扣桥我们用了 5 年时间，就是当时由于技术、天气的原因。我们架桥队只能在旱季抓紧时间架桥。雨季，山上的洪水倾泻而下，汹涌的勐龙河像一匹脱缰的野马，让我们束手无策，只能干瞪着眼，看着河水冲走我们架好的建桥设施，冲垮我们才砌好的工程，同一个建桥步骤往往我们要重复几次，但我们谁也不气馁。

最艰难是浇灌两个长桥墩的工程，那时勐龙河旱季的流量比现在大得多，大家都没有建桥的经验，只好采取最原始的办法——苦干。测量选择好桥墩地基后，砌好分河坝，启动十几台抽水机，不停地抽桥基处的水。张连才、楚宝玉指挥并带领附近村寨和连队前来支援的 200 多人，有的拼命快速地挖桥基、有的精心地搭建桥墩的模架、有的费力地搬运着钢筋、有的不停地搬运模板……大家不敢有丝毫的怠慢，通宵达旦地干，紧张有序地忙碌着。经过三天三夜的奋战，桥墩的模板顺利地按图纸要求支好了。第四天，开始浇灌桥墩。总指挥长张连才、队长楚宝玉明确分工后，带着 200 多人，有的搅拌混凝土、有的运送混凝土、有的抽水、有的浇灌混凝土、有的检修模板……一切都在有条不紊地进行着。

在建设曼龙扣桥的过程中，由于技术条件、保护措施、建桥经验的限制，常有人从建桥的脚手架上跌落到冰冷的河水中，常有人被石头砸伤、擦伤，常有人累得站着就睡着了。一个建桥部位因为数据的一点小误差，经常返工是家常事了，我们这群老粗人就是在张连才、楚宝玉精益求精、不等不靠的思想指导下，建成了这座长34米、宽6米、承载重量60吨的曼龙扣大桥，在历经27年的风雨后，曼龙扣大桥依然牢固坚实，屹立在勐龙河上为两岸的人民造福。

在建曼龙扣大桥的几年间，我们得到了勐龙地方政府和村寨老百姓的鼎力相助。架桥用的木板基本上是地方上无偿支援。架到桥梁的关键工程时，需要大量的人力物力，地方上也是无条件地积极配合，当地老百姓还经常赶着猪、牛、羊前来慰问我们。1979年，曼龙扣桥竣工时，农场和大勐龙政府经过协商，把这座桥命名为"民族团结桥"。

魂牵梦萦红土地

阮丹娣

记得离开这片红土地的时候，我是在山谷中狠跺了三脚，发誓从此永远再也不回头！可刚踏上归途的第一个夜晚，在梦中我又回到了茅草屋，在如豆的煤油灯下，偷偷读着《秋海棠》……

人的记忆真是太不可捉摸，相隔时间越是遥远，留下的记忆越是美好。所有的痛苦，所有的烦恼，都会随着时间的流逝，渐渐远去……剩下的只有回味，只有欢笑。

第一次站在这片红土地上，一切是那么新鲜，那么震撼！从没见过，世上居然有这么红的泥土，它能把你的裤脚都染成红色，洗也洗不掉；从没见过，平时天天吃的食盐，在这里却居然像一块大石头，被我踩在脚下；从没见过，那莽莽原始大森林，居然就在我的房前屋后，来到了云南，我见到了太多从没见过的东西。

我们领到的第一批"福利"品，是一顶斗笠，一把砍刀，一把锄头，外加一个饭盒。吃到的第一餐"欢迎大宴"，是一碗米饭，三根辣椒，一碗"玻璃汤"。由于宿舍还没有完全盖好，我们北京来的全体知青，统统挤进一大排茅草屋，中间由两条床单隔开，男生一边，女生一边，互不干涉。

虽然一切是那么简陋，但新鲜感占据了上风。那一夜，我们几个好朋友兴奋地聊了又聊，在大家的撺掇下，我还高歌了一曲"老房东查铺"。没想到，歌声一停，刚刚还有些嘈杂的周围，忽然寂静一片。接着，不知从哪里传来一片被压抑的啜泣声。"是上海女生在哭！"有人在判断。那啜泣声逐渐变大，是因为不断有人加入，最终被压抑的哭声成了被释放的号啕。但北京女生这边却一直没有动静，这也许是因为地域不同造成的性格不同，相比之下，北方姑娘似乎不太愿意在人前流露自己的软弱。突然我旁边的几个女同学用被子蒙住了头，被子里的身体在剧烈地颤抖，被子里传出了几声压抑不住的低声啜泣，我的眼睛也湿了，我明白不管来自山南海北，思乡的情感却是同样的。

那时的劳动强度很大，挖橡胶树坑、扛木头、扛毛竹、割茅草……可真正留在我记忆中的却是——馋，不可抵御的馋。回想起来，我真是什么都尝过了——让太阳晒得干焦的生花生。尽管指导员教导我们说："每一颗花生都是射向苏修的子弹"，但这"子弹"太好吃了，比家里油炸的都好吃。于是，所有的兜都装满了，这是准备带回宿舍晚上慢慢品尝的美味。可万万没想到，这美味耗子也喜欢。第二天一早，剩下的花生不见了，留下的是衣裤上的几个大洞，这是耗子们给我们的回信：美味我拿走了，谢谢！

再有就是吃南瓜和冬瓜，先是吃烤的，用晒干了的花生秆做燃料，上面放上一个大南瓜，一边劳动，一边用眼睛紧紧盯着那个逐渐变黑的东西。"熟了！"犹如一声令下，我们打着冲锋扑了上去，不顾烫手，不顾形象，一瞬间，一只硕大的南瓜没了踪影，连南瓜子都不见了，干脆利落。后来，馋虫实在是闹得不行，等不及把瓜烤熟，我们打起了吃生瓜的念头。头一个吃螃蟹的人，都是勇敢的先驱者，那么先尝尝生南瓜吧，反正也没有什么危险，顶多就是不好吃而已。找来一个熟透的南瓜，经验告诉我们说，熟的肯定比生的好吃。用砍刀将瓜切成若干份，一人一份，人人平等。小心翼翼地捧起南瓜，咬上一小口……好吃！虽不如木瓜，但也差不了多少。于是，从吃生南瓜发展到生冬瓜，从生冬瓜发展到生地瓜，从生地瓜发展到野芭蕉，从野芭蕉发展到芭蕉秆、野果子、野鸡枞、竹笋、野木耳……天哪！还有什么东西没有吃过？吃得我自己都觉得成"野人"了，好一个"馋"字了得！

知青之间的感情是其他任何感情都不能比拟的，这是同生死、共命运的一种感情，是在一起吃大苦、赴大难的心心相印的感情。好难忘那一次次的"会战"，晚上就睡在篝火边。男男女女，单纯而又执着，前面烤得烫人，后背却冻得冰凉，不管是谁睁开眼，看到篝火要灭，都会迷迷瞪瞪地爬起来，为大家添上几根干柴，直到天亮，那篝火居然没有熄灭。不熄的篝火，象征着我们不熄的生命，知青的命运，是紧紧连在一起的，曾经有一次劳动的间歇，我们平躺在茅草上休息，眼望着碧蓝的天，一位知青双手枕在头下神秘地说：你们看，看天上的白云……再往上看……是不是会想到很多很多……我真的抬头看去，深深地看去，时间忽然逝去。我想到了什么？现在似乎记不起来了，但当时的情景却永远地印在了我的心中。蓝蓝的天空下，十七、八岁的知青们，躺在一片绿绿的茅草地上，他们手枕着头，眯着眼，一起朝天空看着……周围散发着青草的香味，耳边是虫鸟的鸣唱，大家都在想些什么呢？

与我住同屋的上海女知青，教会了我许多的东西——用小铁桶改成炉子，上面架上一只铁锅，立刻就能炒出馋死人的菜，让我用什么换都行；一条肥大的裤子，只几剪刀，立刻变得合体；织毛衣、绣花……我觉得自己忽然变得能干得不得了，这怎么可能？我可是有名的"笨蛋"呀！有一天这位上海姑娘忽然对我说，她想尽快地回上海，去和男朋友结婚，可还轮不到她探亲。"我快轮到了，咱们俩换！"我想都没多想就给了她承诺。她激动得两眼冒着泪光，紧紧拉着我的手。我们没有再说什么多余的话，知青都是朋友。

几十年过去了，我和知青伙伴们并没什么特殊的联系，但我忘不了他们。一想起知青朋友，立刻就会产生一种格外亲切的情感。这是一种永不磨灭的回忆。知青生活没有大起大落，没有生死场面，但就是这小小的篝火，淡淡的草香，一件毛衣，一顿晚饭，串联起我对知青伙伴们刻骨铭心的情感。

记得离开这片红土地的时候，我是在山谷中狠跺了三脚，发誓从此永远再不回头！但现在我却特别想回去看看这片黏黏的红土地。

戍边卫生工作四十年

邓新民

1968年12月，农中毕业分配到农场医院工作41年，在这40年工作中，受到了各级党和人民的培养，各级领导的关怀，从一个门外汉成长为内科卫生高级知识分子。自己也在工作中做到了刻苦学习、努力工作，做出了一些成绩。先后在《中华误诊学杂志》《昆明医学院学报》《西双版纳医药》《云垦医疗卫生》等杂志上发表论文24篇。

1980年担任农场医院内儿科主任，1984年11月任业务副院长兼外产科主任，1988年任东风农场卫生科科长及农场医院支部书记，2002年任农场医保办副主任。1987年任农场职政办卫生职称评审委员会副主任兼秘书。1994年任西双版纳农垦分局卫生初级职称评委会副主任兼秘书。1996年任云南农垦总局卫生初中级职称评选委员及卫生高级职称推荐委员。1996年任云南农垦伤残评定委员。

由于农场不断扩大，农场卫生科人员不足，农场领导决定自办卫生员培训班，自己先后在农场举办的六期卫生员培训班上授课，培训的卫生员达300人。

能对内儿科的常见多发病及各种危重症做出诊断及治疗。1984年11月，由于各种原因，医院外产科主任没有到位，自己服从院领导安排，担任了业务副院长兼外产科主任。

由一个内科医生向外科、妇产科医生转变，在当今的卫生行业极为少见，自己感受到了很大的压力，为了克服困难，购买了有关书籍，虚心学习、大胆实践，在长达4年多的外产科工作中，主刀了急性阑尾炎、各种疝气、各种痔疮、肠吻合、胃穿孔修补术、男女性绝育、人工胎盘剥离、剖宫产等手术，没有出一件手术意外。有一段时间，由于医院麻醉医生缺人，自己通过自学从事了腰麻、硬膜外麻、开放点滴全麻，共操作了150余例，使病人得到了及时救治。通过自学血液细胞分析，检验出了原三分场四队吴桂兰患慢性粒细胞白血病的诊断，经上级医院核实诊断正确。

1994年2月19日，勐龙镇曼兵寨一位21岁产妇在我院手术剖宫产下一死婴，术后54小时病人突然出现呼吸困难，血压下降、呼吸40次/分、心率160次/分。自己及时做出了羊水栓塞的诊断，提出了急救措施，经过16小时急救，病人转危为安，康复出院。羊水栓塞，基层医院死亡率可高达80%～90%，条件较好的医院死亡率也高达40%～50%，该病人的康复证明了诊断及时正确，措施适当。

1988年起从事卫生科科长14年，为了落实国务院六部委关于在全国基层创建初级卫生保健工作，起草了我场创建初级卫生保健工作的规划及步骤。通过初级卫生保健建设，使我场的计划免疫工作由不足40%达到98.37%，学校健康教育普及率达100%，健康知识知晓率为87.2%，生产队卫生室覆盖率为100%，法定传染病下降为33.09%，0～7岁儿童系统管理率为96.26%，孕产妇管理率为93.33%，产妇住院分娩率为100%。并对我场177个水井进行了按《农村生活饮用水卫生要求》18项普查。根据普查情况对一分场三队、一分场四队两个无法改造的两个水源进行了封闭，其他不合格的水井按不同要求提出了整改方案，提高了职工饮用水安全。通过计划免疫工作落实，保证了我场1987年以后出生的小孩不患计划免疫范围内6种病。

在40年的工作中，党和人民也给了不少荣誉，先后12次被农场党委评为"先进工作者""优秀共产党员"和其他专项奖励。西双版纳农垦分局奖励3次，景洪市政府奖励2次，省农垦总局奖励1次。选写的论文获省农垦局优秀论文二等奖一次，三等奖一次。

岁月如歌

季仁林口述　季宝红整理

1971年3月，我们响应党中央关于知识青年上山下乡运动的号召，告别亲人，告别了生活22年的故乡——上海市马桥镇旗忠村，怀着对未来无限的憧憬，在锣鼓喧天的热闹场面中，我同众多的知识青年一起坐上火车，换乘汽车，经过几昼夜的颠簸，来到了西双版纳东风农场。

来农场后，我被分到14营7连（现在的一分场二队）工作。那是怎样的劳动场面哟：天刚蒙蒙亮，漫山遍野都是劳动的人，红土地上一片欢声笑语，成百上千的人奋力在山上开垦梯田。一会这边响起了冲刺的口号声，一会那边又唱起了挑战的山歌，只见锄头上下翻飞，铁铲掀起一阵阵尘土，不到半晌功夫，原本光秃秃的山包已被有序地开垦出一层层梯田，挖出了一个个穴坑。远远的炊事班的同志送饭来了，不知谁大吼一声："再前进10米!"一刹那，本来准备休息的人们又来了劲，在一片高亢的气氛中，工程突飞猛进。吃饭了，白米饭里夹着黄灿灿的苞谷米、红薯，菜全是山里的山药、蕨菜、苦竹笋、芭蕉花。野菜苦吗？苦！野菜香吗？香！丢下饭碗，浑身是劲，甩开膀子接着干！手掌被磨破了，满是燎泡，红润的脸膛晒得黝黑的，曾经单薄的臂膀而今隆起了雄健的肌肉，东风人个个被磨炼成了好男儿、铁娘子。

三伏天里，一棵棵才有筷子长短的胶苗有气无力地耷拉着头，而我们则一改往日豪爽的作风，小心地在密密的胶苗间穿行，用锄头仔细地锄草、松土，一绺汗水慢慢凝聚成小溪沿着脊梁奔流而下，衣服湿了又干，干了又湿，动作是小心又小心，生怕把幼嫩的胶苗给弄折了，这可是农垦人的宝呀！

三月抗旱定植，一株株半人高的胶苗被抬上山，我们小心翼翼地把胶苗放进坑里，扶正、掩土、压实。这时候最期望的就是下几场春雨，可是西双版纳三月的太阳每天依旧无情地炙烤着地里幼嫩的胶苗，眼见胶苗叶子打卷，队长一声令下，大家二话不说，挑起水桶就出发了，一桶桶水从山下挑到山顶，累了，活动一下臂膀，渴了，喝口凉水，接着干。连续几天的作战，胶苗的叶子舒展了，抽条了，大家伙儿的眉毛也笑弯了。

无论走到哪里，无论哪个岗位，到处洋溢着建场的热情，豪言壮志充斥着农场的每一道山腰，每一条箐沟。1974年，我被调往石灰排烧石灰，在采石场，一群生龙活虎的年轻人掌钎的掌钎，抡锤的抡锤，凿眼的凿眼，抬石头的抬石头，在一片叮叮当当的敲打声中，沉寂了千百年的大山沸腾起来了！技术员老董装好炸药拖着悠长的声调吼起来："放炮喽！放炮喽!"随着"轰!"的一声，成块的巨石滚落山间，也传来了大伙儿的欢呼声。

紧接着的工作是填窑、封顶，熊熊的火焰燃起，映红了我们的脸膛，点燃了我们青春的激情。一个星期不间断地烧炼，石灰终于出窑了，看着用辛勤和汗水换来的成果，我们此时的心可真是比蜜还甜呀！

1979年，知青们掀起了回城的浪潮。一边是千里之外的老母，一边是柔弱的妻儿，经过几天激烈的思想斗争，我最终选择了继续留在农场。看着昔日的战友一个一个离去，我的心中也产生了巨大的失落感。

在后来的 30 多年里，我亲眼见证了农场翻天覆地的变化：昔日莽莽无边的原始森林变成了郁郁葱葱的橡胶园；当年亲手栽下的小胶苗早已流淌着洁白的胶乳；茅草房也逐渐变成了瓦房、平房、楼房；出门靠双脚走路也被自行车、摩托车和小汽车所代替；吃的不再是老三样，只要到市场上转一转，北方的水果，南方的海鲜，应有尽有。

30 多年过去了，我们这帮热血方刚的青年人如今已是两鬓斑白，女儿时常盯着我花白的头发问我：爸爸，如果你不参加支边，如果你和大家一起返城，如果你不把青春献给农场，也许你在上海什么都有了，你不后悔吗？听了这话，我在沉思中仿佛又听到了那熟悉的声音："放炮喽！放炮喽！"

我发现：我的热血又在沸腾，投身农场，我无怨无悔！

湘江儿女在边疆

李舒杰

50 年代末期，党和国家为了尽快发挥西双版纳这块宝地的自然优势，改变我国军需民用橡胶长期依赖进口的现状，要求湖南省动员一大批青壮年到云南加快开发这一热带资源。我们湘江儿女响应党的号召，到云南支援边疆社会主义建设，仅醴陵县浦口公社就动员了 1370 余名青壮年到东风农场。

一

1959 年 12 月初的一天，县里召开三级干部会议后；公社也召开了有大队和生产队干部参加的支边动员大会，传达了国务院的决定及湖南与云南两省协议精神。当时从县到公社宣传声势很大，参加会议的干部听了动员后，议论纷纷，精神振奋，纷纷报名去云南边疆参加社会主义建设。公社还宣布了县委决定：由我和博春生两同志担任浦口公社赴云南支边青壮年带队的主要干部。

公社会议之后，各大队通过层层动员及做深入细致的工作，"支边光荣"的号召深入人心。几天内全公社 90％以上的青壮年都报了名，有的怕得不到批准，找干部苦苦要求，甚至有的还写了血书表示决心，我们根据上级规定的条件，审批了 1376 人，另有家属小孩 800 余人，组成支边团。于 12 月 23 日、24 日分两批出发，在热烈的锣鼓声和鞭炮声中，含着无限激动的热泪告别了父母、亲友与乡邻，告别了抚育我们成长的故乡——

醴陵。

二

1960年元月初，1300多名湖南支边青壮年先后到达早已向往的目的地——大勐龙东风农场，一下汽车就看到远处高高的彩门上，悬挂着"热烈欢迎来自毛主席故乡的亲人"的横幅布标，我们在锣鼓鞭炮声和夹道欢迎人群欢呼声中走过。老同志热情为我们接行李、铺床铺，送来自制的小凳子，端来茶水，嘘寒问暖，亲如一家。我们住进了老同志为我们新盖的茅草房，睡上了老同志为我们搭起的新床，吃上了他们为我们做的糯米饭团。一切是那么新鲜、亲切、感人至深。

在农场召开的欢迎大会上，党委书记吉来喜同志致了欢迎词，场长王玉文讲了话，党委副书记牛平介绍了艰苦创业的建场情况。他们的讲话激起了大家开发建设边疆的激情。支边青壮年代表邓竹青等几位同志在会上发了言，表达了要学习老同志一把锄头、一把砍刀办农场的艰苦创业精神和克服困难的雄心壮志。要和老同志一起让荒山换上新装，建设好第二故乡。

按上级通知，支边工人到场后，要进行一段时间休整与学习，让大家熟悉一下环境和本地生活习惯。两天以后，干部都到场部反映大家坐不住了，要求发给生产工具去参加劳动，当时吉来喜、牛平和张德珍副场长要我与张家骥同志到几个队去听听意见，看还有哪些安置得不够妥帖的工作再做一下。第二天，我们到了三、四个队，进一步了解情况，大家共同的要求还是要早日投入生产劳动，许多同志对我们说："我们是来开发和建设边疆的，不是来享受的。"为了不挫伤大家的积极性，让各生产队发给大家劳动工具，作为平整院内场地之用。工人们有了劳动工具，没有去平场地，收拾家园，而是去挖地、修路、种菜，平场地都是用业余时间干的。如四作业区三队在干部朱发宜、张家富的带领下修曼光寨到队里的路，转业干部队长安旺、支书靳何成同志对我说："李团长，我们没劝住他们，只好也跟来了，请你给我们说一下吧，不然我们要挨场里批评的"。我说："现在大家的积极性正高，说也无用，就让他们以自己的实际行动表达支边的心愿吧！"五作业区一队支边干部彭月全、陈从炎、夏启云也与转业干部支书李云忠同志带领七八十人在挖场部到队里的公路。加工厂的支边工人在邓竹青同志的带动下挖地种菜。一二三作业区各队支边工人也不示弱，积极主动地参加了劳动。

面对支边工人建设边疆的热情，场党委一方面发简报表扬大家，另一方面决定在一段时间内半天学习，半天劳动。决定实施后，大家干得更欢，干劲十足，起早贪黑，有的吃喝都在工地上。五作业区一队职工吴从新的父亲和夏玉兰、邓绍全的父亲是家属，但他们也闲不住拿起砍刀，清理住地周围的杂草，真是出现了"战地高歌传捷报，先进人物层出不穷"的初战竞赛热潮的场面。春节后不久，就修好一条20多千米可通汽车的公路，从一作业区一队到五作业区三队可以畅通无阻了。四作业区三队砍坝平均工效达5亩多，个人高工效邹业炳斩坝17亩（飞机草地）。个个都为早日种出军需民用的橡胶，为打破帝国主义的封锁垄断而努力。

三

支边工人来到边疆正遇上国家遭受连续三年的自然灾害。几个月后，支边职工们刚来时感到新鲜、美好的东西没有了，饭吃不饱，加上境外蒋残匪窜入骚扰破坏，部分人产生不安全感和思乡感，有的年轻人思念父母亲友，有的老年人怕死后在这里被蚂蚁吃掉。五作业区二队又不慎失火，全队烧光，职工们刚建起的新家被化为灰烬，支边工人傅存雪夫妇一个不满周岁的男孩被烧死，不安全感加深了。全社会性的困难又加上特殊性灾难，这个队的支边工人像闷雷击顶，原来的雄心壮志、竞赛热潮受到了极大的影响，部分人开始动摇了，五、六月间，一些人悄悄离开了边疆。有的白天还在山上劳动，晚上却悄悄地走了。尽管场里各级干部做了不少工作，还是没有奏效，私自离场的现象经常发生。对此，农场党委十分重视，党委书记吉来喜与几位场领导找我和傅春生同志商量，要我们到各队去了解私自离场的原因与情况，牛平同志也亲自带了工作组到各作业区做工作。我们分别到了问题较多的几个生产队。其原因有思想问题，也有各自的实际问题，最主要是对形势认识不足。当然，多数人思想还是稳定的。针对这些情况，党委召开了三级干部会议。会上统一了认识，研究了方法，提出了做好工作的几点要求：

（1）要求各级干部要主动团结支边带队干部，遇事多商量，发挥支边干部的作用，共同做好支边工人的工作。

（2）联系实际，搞好形势教育，强调既要看到困难，也要看到光明。同时要结合支边工人的出身特点搞好忆苦思甜的教育。

（3）根据支边工人的生活习惯和存在的具体问题，在可能情况下，限期解决一些具体问题。

（4）根据边疆当时对敌斗争情况，干部、党团员建立站岗制度，保卫农场的职工安全，消除一些人的恐惧感。

（5）派出有威信的支边干部到景洪、思茅等地做离场职工的思想工作，劝他们回场。

三级干部会议后，各作业区与生产队着重抓了以下三方面的工作：

①搞好新老职工与干部之间的团结，老同志主动团结支边干部，并积极开展谈心活

动。三作业区三队党支部书记邓世鸿同志遇事常与支边干部商量，研究工作，尊重支边干部的意见，增进了友谊。他对工人也广交朋友，工人病了，送水、送药、送鸡蛋。支边工人谢自莲工地受伤后，邓世鸿更是关怀备至多次到医院看望。群众都把干部当作知己，有话愿跟干部们讲。

②结合形势，搞好忆苦教育，在调查摸底的基础上各队都搞了忆苦思甜教育活动。三作业区三队让在旧社会受苦最深的曹大妈在会上现身说法，控诉了旧社会封建地主和反动政府的残酷剥削和压迫，新旧社会的对比，对大家启发很大，受教育很深。支边工人黄普生、吴清华夫妇发言时说："曹大妈所受的苦，对我们教育很深，旧社会的许多事她若不讲我们青年一代哪里会知道。现在虽说苦，吃不饱饭，比旧社会吃观音土不知要好多少倍，在政治上也不受人欺压。我们没有理由遇到一点困难就动摇，翻了身不能忘记党的恩情，要坚决在边疆干下去。"这个作业区二队黄升喜、陈敬才等同志也做了回忆对比，并表示坚决在边疆干一辈子的决心。他们的发言带动了许多同志共忆旧社会的苦，谈共产党、毛主席领导穷人翻身做主人的幸福。加工厂丁世琪同志说："我们是自愿来支边的，现在国家有困难，相信很快会好起来，不能遇到困难就见异思迁。我们一定要把第二故乡建设好"。

③根据需要与可能，切实解决一些具体问题。有支边工人的生产队先后盖起了男、女简易洗澡间，有热水洗澡，女同志实行了"三调三不调"，解决了妇女一些特殊困难；吃糯米不习惯，经与粮食供应部门协商，供应农场部分粳米；炒菜放些辣椒。为了消除一些人的不安全感，由干部和当过兵的同志和一些党团员担负站岗放哨任务。

经过一段时间的工作，多数人稳定了，已走到景洪或思茅的人，经过做工作回来了不少，表示不再离场了。我在思茅开会时，在街上遇到黄普山同志，开导说服后买了车票回到单位，一直工作很好，还成了队里的生产骨干。

地州党委对做好支边青壮年的工作都十分重视，思茅地委副书记彭名川同志和农村工作部副部长李德云同志也来到东风农场做工作，召开座谈会，找人谈心，解决具体问题。对支边干部的工作做了指示。农场党委对此做了适当安排，有的在任职上做了调整。党内任命我为农场党委委员，行政职务也由初任的畜牧科长调整为团委书记。有的干部的工作也进行了调整，都是为了进一步做好支边工人的工作，对稳定支边职工队伍产生了积极作用。这些工作不仅在场里收到了效果，而且也影响到湖南的亲属和朋友。有的父母来信，安慰子女不必挂念他们，要听党的话，坚持在边疆做出贡献。如张振谷的父亲张国光老人，不远千里来到农场看望儿媳、慰问乡亲，并针对一些人的思想情况写了一首诗交给我，鼓励做好支边青壮年的工作。诗的内容是：男子有志出乡关/建设边疆理应当/尸骨何须还桑梓/西双版纳有青山。他的意思很清楚，这首诗不是写给个人的，而是写给全体支边人员的，是鼓励教育大家建设边疆，巩固国防，匹夫有责，为祖国为人民何惧困难？何惜尸骨埋异土呢！我盛情地接过老人的赠诗，并向老人保证，一定将老人的教诲传达给全体支边人员。

支边青壮年的思想基本得到了稳定，扎根边疆的认识有了提高，劳动效率也在不断增长。如四作业区三队在开荒大会战中出勤高、工效高、质量好，受到了农场表扬。三作业区三队挖梯田由于质量好，农场在这个队召开了现场会。基建大队支边老人刘克先在工作中不怕苦、不怕累，砌三米高的砖柱，一天定额3个，他完成7个，被评为场里的标兵，先进生产者。"建设好第二故乡，为毛主席争光"的口号又在这支工人中响亮地喊起来。

1961年，农场根据省委自力更生大种粮食的指示，种了大面积的粮食作物并获得丰收，农场职工的吃饭问题基本得到解决，这对稳定职工队伍打下了坚实的物质基础。在艰苦环境中锻炼成长的湖南支边青壮年，已成为农场生产建设中的一支主力军。

湖湘文化对"东风文化"的影响

吴志红

新中国成立初期，我国边疆地区人烟稀少，劳动力短缺，交通不便，农业生产力水平低下，面对大面积的原始森林、戈壁荒滩、沼泽滩涂，在恶劣的气候条件下，仅仅靠边疆各族人民自己的力量很难进行大规模的开发，一般内地个体农民或农业组织又无力涉足，在这样的背景下，屯垦戍边就成为历史上"治国安邦"的重要举措，屯垦戍边既是开发边疆、建设边疆、加快边疆发展、繁荣边疆经济的重要力量，又是坚持劳武结合、保卫边疆、巩固国防的重要力量，在维护边疆稳定中发挥十分重要的作用。而新中国成立初期，百废待兴，面对各项建设对天然橡胶的需求，针对西方列强对新中国的严密封锁，政务院第100次会议做出"为保证国防及工业建设的需要，必须争取橡胶自给"的决定。在西双版纳种植橡胶及在莽莽的原始森林开垦种植橡胶需要大批的壮劳力，1959年初，正当中央高层决策者们商讨从哪调人员时，毛主席说："我家乡人多，就从湖南调人吧。"

正是在这种历史背景下，湖南青壮劳力踊跃报名，1960年1月，首批湖南支边人员3129人，移民迁居到东风农场。

移民是决定人口地理分布及各地区政治、经济、文化发展的重要因素，从社会史的意义上说，移民以其特有的方式对人类历史的发展起着发酵和催化作用，中国历史上出现过计划移民和自发性移民，湖南支边人员来东风农场属于计划性移民，它的到来影响了东风农场人口地理分布和社会经济的发展。同时，湖南支边人员的到来，也影响着东风观念及习俗的变化和发展，并为形成"东风文化"奠定了基础。

湖南人深深影响了东风这片土地，尤其是他们带来的湖湘文化和来自全国各地的其他地域文化相融合，形成了独特的"东风文化"。促进了少数民族地区的文明发展进程，任何社会都是经济、政治、文化三位一体的有机构成。湖南支边人员的到来，对促进汉文化在边疆的发展、汉文化精髓的发扬起到了很重要的作用。试想，在沉睡千年的原始森林里开辟出一片片良田绿洲，在西方专家誉为植胶禁区的北纬 21′46″开垦出了万亩胶园，创造了农业史上的一个个奇迹，靠的是什么？这绝不仅仅是物质的力量所能成就的，这是一种信念，一种情操，是以爱国主义为核心的湖湘文化的优良传统在屯垦戍边事业中的一种体现和延伸。其实是一种萌发于故土、根植于边疆的文化，这种文化包括精神、理念、思想道德、意识形态、生活习俗等。湖湘文化的开放性，使这种移民文化具备了兼容并蓄、适应性很强的特质，生命力巨大，毫无疑问，因为湖湘人和来自全国各地的下放军官、转业军人、城市青年、知青、思普青壮年在这里屯垦，才把盛行于华夏大地五千年的汉文化在东风传播开来，发展壮大。

在东风屯垦的湖南支边人员是一支有人文品格、思想灵魂的队伍。湖湘人忧国忧民、实事求是、变通求新、兼容并蓄、敢为人先的优秀传统对东风这块土地产生的影响不言而喻。

湖湘文化的渗透，使得东风人比其他土著居民更重视子女教育，更关心国运，更注重文化的传承，更加开放、灵活、追求进步，使得东风比周边少数民族地区发展更快。

无论走到东风农场的哪个连队，都能听到浓浓的充满湘味地道的湖南土话，在一些村寨，少数民族同胞以会讲湖湘话为荣；特别是在建场初期，湖湘人居住比较集中的原三分场、四分场、五分场不管男女老少，来自何方，都操一口流利、土得掉渣的湖湘话，让人误以为在湖南本土。颇具湖湘特色的汉文化，顽强地在东风扎下了根，一直散发着独特的魅力。

现在，湖南支边人员的后代，经过时间的洗礼和不断锤炼，已活跃在东风的各条生产战线上，成为东风农场的中坚力量。

随意走进一家湖南支边老工人家，你都会感受到湖湘文化和本土文化的柔和与交融，浓浓的湘音，红红的辣椒，香香的熏制品，香辣的湖南风味家常菜。这些远离故土的老人尽量入乡随俗，但乡音难改，饮食也常常思念故乡风味：香辣，并固守着这一乡情，引发了东风饮食辣文化的盛行。

边陲卫士

包崇敏

东风农场五分场坐落在勐龙区南部，过贺管新寨便是中缅国境线。在这条中缅国境线上，我们的老前辈为捍卫祖国边境领土，曾与缅甸境内蒋军残匪做英勇斗争，有的为之献出了生命，谱写了可歌可泣的英雄篇章。前辈用生命捍卫了祖国的领土，使我们后辈人有了一个安宁和平的边境环境，在这里安居生活、辛勤劳作。然而，维护边境稳定是我们保卫边疆、建设边疆的重要保障。为此，做好边疆维稳工作，是我们每个人义不容辞的责任。这里，我要讲述的就是五分场民兵智擒外逃人员的故事……

那是 1991 年 7 月的一天，时任五分场保卫干事和武装干事的我接到民兵报告：据说有一伙由 30 多人组成的团队，听口音像是江浙一带的人，包了一辆车说是去大勐龙。奇怪的是这伙人在半路上就下了车。从他们的行为上看，不像是来旅游的，也不像是来探亲访友，行为诡秘，估计是准备外逃。为此，我立即布置民兵严密注视这伙人的行踪。果然，31 日晚上 11 时，二队民兵钟国林看见本队道路旁到处是被人扔下的衣物、纸屑、饼干等残物，觉得可疑，于是他迅速向民兵班长黄平波报告了情况。黄平波马上意识到有人外逃，立即把民兵集合起来，简要地做了布置，民兵分两路行动：一路向小科目村寨去追，一路由黄平波带领吴国强、苏明华、李志平、李成忠等 5 人向国境线追去。通往国境线的山路狭窄、泥滑，杂草丛生，藤条缠绕，不时被蚊虫、蚂蟥叮咬，此时民兵们已顾不得这么多，一心直追目标。一路上看到被人踩倒的小草，丢弃的衣物、纸屑、饼干，这些迹象表明这伙人确实是向国境线方向逃逸。班长黄建波果断命令全速追踪。就在民兵们奋力追踪外逃团伙时，我在分场也接到了二队支书、队长的报告，便立即组织几个民兵一同火速赶去增援。两路人马以包围圈式逐步向通往缅甸的路口靠近。班长黄平波带的二路人马在离路口 500 米的地方发现了目标，只见外逃人员像蚂蚁一样向边境路口慢慢移动着。民兵们迅速靠近目标，只听黄平波大声喊道："不许动，你们被包围了！"其他民兵同时也喊道："一班在前，二班在后，不要让他们跑了。"突如其来的吼声把毫无戒备的外逃人员吓得浑身发抖，呆呆地站在原地动也不动，几分钟后才慢慢地醒悟过来，这时一路人马也及时赶到，和二路人马把外逃人员团团围住。醒悟过来的外逃人员见来人不是边防军，而是一些民兵，人员没他们多，又无一人带枪，其中有一人伺机欲逃，被李志平发现，立即冲上前将这人制服。这次抓获外逃人员，曼新村武装干事也闻讯赶来，协助民兵将这伙外逃人员全部控制住。这时我和增援人员赶到，把外逃人员全部押回分场审讯，这时已是凌晨两点。经审讯知道这伙外逃人员共有 36 人，其中男 25 人，女 11 人，来自浙江、江苏两省。从他们身上收缴出现金：人民币 2713 元、美金 2053 元、德国马克 1000、法郎 2000。审讯结束后于 8 月 1 日早上，我们把外逃人员全部送交给了曼栋边防站。

同年，9 月 22 日夜，由班长黄平波带领民兵，在同一地段又抓获了非法外逃人员 22 人，其中境外"蛇头"2 人，收缴现金人民币 8400 元、美金 2000 元。

同年 11 月 11 日，六队民兵在班长吴德云带领下，与曼那村民兵在国境线上也抓获了非法外逃人员团伙 35 人，其中男 23 人，女 12 人。收缴现金：人民币 3422 元、美金 1372 元。

在以上 3 次抓获非法外逃人员行动中，二队、六队民兵班充分发挥了积极作用，为维护边疆稳定做出了贡献，为此，得到了上级的大力表彰。在 1992 年 5 月由景洪人武部召开的民兵预备役先进表彰会上，给予二队民兵班记二等功一次，给五分场民兵排记三等功一次，给黄平波个人记三等功一次。

随着时间的推移，五分场的民兵换了一代又一代，代代继承前辈民兵的光荣传统，为维护祖国边疆稳定站好岗，争做永保边疆稳定的坚强卫士。

为圆知青梦， 甘当志愿者

孙向荣

在美丽的西双版纳，有一个让我难以忘怀的地方——云南东风农场。

我是 1968 年底下乡到云南东风农场的上海知青，1974 年被推荐上了大学。虽然在农场只有短短的 7 年时间，但我在生产队开过荒、种过地，在农场机关当过干部。没想到，离开农场 30 多年后，我居然又回到农场工作，但这一次不是上山下乡当农民，而是当一名志愿者，为建设农场博物馆服务，同时也圆了知青们一个共同的梦想。

一、甘当农场志愿者

东风农场地处中缅边境的云南省勐龙镇境内，始建于 1958 年。一批下放干部、退转军人和昆明市社会青年在大山里创建了这个农场。1968—1972 年，东风农场共安置了京、沪、渝、滇的知青 14000 余名。兵团时期，被改编为一师二团，兵团撤销后又恢复了农场建制。

大批知青在农场工作的 10 年，正是农场创业和发展时期。知青的到来给农场注入了新的活力，原 6 个分场扩建为 15 个分场（营），191 个连队（生产队），人口增至 2 万余人。天然橡胶的种植面积由 4.5 万亩发展到 10.5 万亩，橡胶开割面积由 0.2 万亩扩大到 3.8 万亩，年干胶产量从 5 吨增至 2000 多吨。

知青来场时，除少数分配到老连队外，绝大部分分在以知青为主体的新建连队，从事着开荒斩坝、开挖梯田、橡胶定植和幼林管理等繁重的劳动。当时交通闭塞，物质和文化生活极度匮乏，生活条件异常艰难。知青们虽然思念故土，向往城市，但仍然为建设祖国第二个天然橡胶生产基地，为边疆的稳定和繁荣奉献了青春热血，有的甚至献出了年轻的生命。

如今东风农场是一个以天然橡胶产业为主的大型国营农垦企业，拥有土地 25 万亩，天然橡胶 18 万亩，年产标准胶逾 2 万吨，平均单产达到世界一流水平，"东风牌"橡胶荣获中国第二届农业博览会金奖。

农场在取得辉煌成就的时候，没有忘记开拓者，没有忘记知青。为记载历史、缅怀先烈、继承传统、激励来者，2007 年农场决定建造一座"东风农场博物馆"，展示农场的历史和知青的创业历程，迎接建场 50 周年庆典。

农场成立了场庆筹备工作办公室，派出两个工作组分赴京、沪、渝、滇召开知青座谈会，传达农场党委的决定，盛情邀请知青们参加建场 50 周年庆典。听到这个喜讯，我们知青无不欣喜于怀，感谢农场为包括知青在内的拓荒者建馆纪念，感谢父老乡亲一如既往地关爱知青。当农场开始征集博物馆布展实物的时候，大家踊跃把珍藏的物件捐献出来，纷纷为博物馆献计献策。

当时我即将退休。怎么安排退休后的生活是我正在思考的问题。我离开西双版纳后，进入武汉理工大学材料科学与工程系学习，毕业后留校任教；1993 年调回上海，从事中心城区的旧区改造工作，并取得了高级工程师职称；在 55 岁的时候，我又考入同济大学继续教育学院建筑室内设计专业学习。我想农场要建博物馆，是我们知青和农场共同的梦想，我有这方面的专业特长，何不为农场做一点实实在在的事情呢。于是，我产生了退休后重返农场做一名志愿者的想法。我认认真真地写了申请书寄给农场党委。2008 年 3 月，农场党委批准了我的申请，热情赞扬我的无私奉献精神。我觉得，农场的表扬是对知青群体的肯定，是对知青精神的赞扬。我去农场做志愿者决不能给老知青丢脸，要把蹉跎留在过去，把真情献给今天。2008 年 4 月 5 日我离别上海那天，10 多个知青战友赶到上海南站来送我，还打出欢送横幅，足见大家的心愿了。

此一去，便在农场工作了 9 个多月。

二、为建东风博物馆竭尽全力

农场为我的重返做了充分准备，把场部办公楼不远处的一栋小平房腾出来做我的工作室兼宿舍。小平房砖木结构，原是场部的卫生所。里面分作两间，较大的一间 10 余平方米，是我的工作室，小间是我的卧室。虽然窗框已经锈迹斑斑，上厕所要到 30 米外的职工大院去，但老职工送来了木床，农场宾馆提供了被褥蚊帐，使我的新家十分温馨。而我的办公室在场部办公大楼的二楼，与场庆办主任同在一室，我俩的办公桌紧挨着，桌上配置了可上网的电脑。与主任相对而坐时，常聊起 40 年前在农场工作的情形，往事如烟，今非昔比，真为农场今天的成就而高兴。场部安排我在老职工子女柴英办的小食铺就餐，9 个月来我 3 餐无忧，都多亏有她们的精心照顾。农场干部职工对我很热情、很尊重，亲切称呼我"孙老师"，把我视为他们中的一员，所以 40 年后回到农场工作，一点都不陌生，反倒觉得回到了自己熟悉的环境中了。

博物馆位于场部的西南面，坐落在小康路和景观大道交汇处。它是一栋一字形布置的单层建筑，与东风文化广场相连。广场对面是 20 米高的东风农场主题雕塑，北面是约 1000 平方米的人工湖。展馆建筑面积 2400 平方米，广场很大，可容纳 15000 人集会。我到农场时，博物馆的土建工程已经基本完成，即将转入室内装饰施工。

我的工作主要是协助农场对博物馆的装饰工程进行现场监理、整理收集到的实物、图片及文史资料、与设计单位协调做好布展工作，以及完成知青纪念碑浮雕的组装。

由于博物馆的室内设计和施工不是同一单位。承包方的项目经理熟悉土建施工却不熟悉室内设计，而设计单位的专业人员又不在施工现场，农场也没有专业技术人员做施工监理，因此在施工中常会出现一些问题。我运用专业知识及时处理这些问题，并在装修和布展方面提出了不少修改意见。比如，原设计博物馆的大门外有一架花岗岩小拱桥，我认为不利于博物馆的大人流进入和疏散，感官上也不大气。农场领导觉得我说得有理，拆除了那座小拱桥；比如，展馆序厅原设计是一面巨幅写真图片墙，我觉得此处应该突出展馆主题，建议改为展示农场五十年光辉历程的主题浮雕，两侧设立云南天然橡胶种植创始人钱仿舟和刀安仁两位前辈的塑像，浮雕下方铺设热带花卉，加强艺术感染力；再比如，我建议在艰苦创业展示区增设知青旧屋和老职工住宅一角，还原当年住茅草房时竹床、竹凳、竹笆墙的情景；用当年知青的生活用品和劳动工具作为室内陈设，烘托气氛，再现当年的生活场景；展馆内的天花吊顶为白色塑料条形扣板，色彩达不到预期的视觉效果，我建议做二次吊顶，增设一层黑色方格状吊顶；我还对展馆的灯光照明、消防设施等提出修改意见，使之满足专业规范和展览要求；我还在展品摆放、空间布置等方面提出多项建议，都得到农场领导的采纳，改进后取得了良好的效果。

特别是我建议增设以梯田开垦、胶苗定植、林地管理、割胶制胶为主要内容的劳动实景模型，形象反映天然橡胶从开垦种植到橡胶加工的生产工艺和行业特点，使得这座博物馆成为国内首例展示天然橡胶加工工艺的展馆。

经过一年多的筹备与建设，东风农场博物馆于2008年12月8日竣工。1800平方米的布展面积中，实物展品达1600余件，文献资料和历史照片多达数千张。东风农场博物馆展示了农场的昨天、今天，也展望了农场的明天，是云南农垦和中国天然橡胶事业发展的一个缩影，是迄今为止云南农垦系统的首家博物馆，也是首家收藏和展示知青在西双版纳上山下乡史料的博物馆，是一个集收藏、展示和教育功能于一体的教育基地。

三、立一座东风知青纪念碑

农场要建博物馆，知青们想送个大礼。上海知青提议，京、沪、渝、滇知青共同出资在农场建一座知青纪念碑，作为献给农场50周年庆典的礼物，也是对下乡40周年的纪念。倡议得到四地知青的热烈响应，也得到农场的支持。农场将纪念碑的选址确定在场部知青路和景观大道交汇处，要求在建场50周年庆典前竣工。

老知青们成立了纪念碑筹建小组，在网上征集设计方案，并征求各地知青的意见。经过一个多月的筛选，最终确定了重庆大学人文艺术学院院长、中国美术家协会重庆创作中心主任、著名女雕塑家江碧波教授的设计方案。受知青委托江教授担任知青纪念碑的总设计师，我担任副总设计师和总监制。纪念碑在四川完成碑体制作后运至东风农场组装。我的任务是负责钢筋混凝土基础施工、碑体现场组装施工管理和竣工验收等。

纪念碑的现场施工时间并不长，但不巧的是，因受凉和过度疲劳，我在国庆期间患了重感冒。预定10月4日上午开工，而那天早晨我的体温升至39℃，浑身乏力酸痛。为了按时开工我仍坚持去了工地。在基础施工的一周内，我一边输液治疗，一边坚持工作，一天都没有耽误，按时完成了基础施工。

10月20日，重达20余吨的青石浮雕部件从成都运抵农场，组装施工人员同车到达。我为他们安排了住宿，接通了施工的用水和用电，落实了大型吊车和脚手架。9天后，50余块部件组装完成，江碧波教授飞抵西双版纳，亲临现场对浮雕主体进行修正。11月2日知青纪念碑工程通过了竣工验收。

这座知青纪念碑是江碧波教授按知青的要求，根据六、七十年代知青垦荒的历史照片创作设计的。竣工后的纪念碑碑体为青石浮雕，长5.5米、高2.8米、厚0.8米，基座是黑色大理石贴面，碑体正面浮雕中，处于前景的 3 名拓荒知青按真人大小比例雕刻，最大刻深 220 毫米，背景是层层梯田和拓荒者群体的身影，粗犷凝重、简洁写实，艺术地再现了当年知青在西双版纳热带雨林中披荆斩棘、开荒种胶的劳动场面，有很强的立体感、厚重的历史感和视觉冲击力。我们给浮雕取名为《记忆》。碑体背面用魏碑体刻着："谨以此铭记：1961—1979 年拓荒于云南东风农场的昆明、重庆、北京、上海知识青年，二〇〇八年立"。

建立知青纪念碑的意义远超过纪念碑本身，它告诉人们知青曾在西双版纳拓荒与耕耘；曾在这片土地上爱过、恨过、抗争过，也奋斗过；它将青春记忆和知青气质在红土地上烙下了不可磨灭的印记。我们建立知青纪念碑并不是纪念上山下乡运动的伟大，也不是纪念知青历史的辉煌，而是纪念逝去的青春；纪念知青为建设祖国第二天然橡胶基地所做出的贡献；纪念知青在屯垦戍边的岁月中和边疆各兄弟民族所结下的深情厚谊。

大型浮雕《记忆》是迄今为止云南农垦系统和西双版纳第一座知青纪念碑，它的建立表达了云南东风农场知青的愿望，也是当年赴云南农垦系统十万知青的共同心愿。

2008 年 12 月 19 日，东风农场建场 50 周年庆典在东风文化广场上隆重举行，农场博物馆开馆迎客，知青纪念碑剪彩揭幕，我能为京、沪、渝、滇四地知青共同梦想的实现尽了一份力而感到自豪。

《我是东风人》演讲（选录）

幸福的"长征"

朱密密

说到长征，大家都不陌生。二万五千里红军长征，不仅改变了中国的命运，其铸就的长征精神更伴随和激励着中华儿女不断奋勇前进，缔造辉煌。我今天想跟各位分享一个小故事，我在她的身上看到了长征精神；而她正是因为这种精神改变了自己的人生道路。

肖细珍，一个普通的农场工人，她一出生就长着一对畸形足，而且是极其罕见的一种，因为她的脚掌是反长着的，直到她五六岁时都还不能独立行走，能"走路"便成了她最大的梦想。在哥哥的肩膀上她走进了校园，但却因为脚的原因，她的校园生活到了初中就戛然而止，想通过读书改变命运的梦想也随之破灭了。为了生活，肖细珍到缝纫社当了一名学徒，她想通过自己的双手自食其力，可惜好景不长，没有几年的时间，缝纫社就实行了自负盈亏的改革方案，因为手艺不精，再加上腿脚不利索，她的生意也越来越差。

1986 年，一本《上海医学》杂志给她的梦想带来了一丝光亮，一则治疗畸形足的消息让她看到了希望，她抱着渺茫的希望给北京、上海、广州能做手术的医院都寄了信，没想到的是，她居然收到了上海骨科医院的回信，信中说道，"你的病我们可以医治，请你立即到上海来！"看到这里，肖细珍再也坐不住了，她没想到救命的稻草来得如此突然，心底一直有个声音在重复着"抓住它、抓住它"。信中还注明了这个手术的花销在 2 万元左右，可是对于一个每月只有 30 多元收入的家庭来说这就是一个天文数字，家里是无法实现她的愿望的。怎么办？一天，大院里的广播播放着红军过草地的故事，爱听故事的她被红军不怕远征难的精神感染了，她告诉自己不能放弃！哪怕只有一丝希望也要坚持，一定要坚持！于是在哥哥的帮助下她开始逐级向领导汇报她的情况，连队不行就找分场，分场不行就找农场，农场还不行就到分局。可令她没想到的是，农场领导居然同意了她的请求并做出了报销所有费用的指示，幸运之神终于眷顾了这个苦命的孩子！她说"原来幸福的极点不是笑，而是无声地痛哭"。在她的身上，我看到了百折不挠、坚持不懈的红军精神，正因为有了这些精神，她的梦想才能实现，她的人生才能改写，她的生活才能充满阳光！

一年之后，肖细珍重生了，虽然不能像正常人那样能跑能跳，但是走路的愿望却实现了。重生之后的肖细珍把精力都投入了缝纫事业中，她用感恩的心去对待每一件衣物，她要用长征精神再一次挑战自我，在她的努力下，细珍缝纫店的名字逐渐被人熟知，她缝纫的手艺也越来越好，十里八乡找她做衣服的人也多了起来，并且通过缝纫结缘的她从此开始了她理想的幸福生活。2010年她参加西双版纳州第一届残疾人职业技能竞赛获得服装制作、剪裁项目二等奖；2014年参加西双版纳州第二届残疾人职业技能竞赛荣获服装制作项目一等奖；2015年参加景洪市首届残疾人职业技能竞赛荣获服装制作一等奖。她感谢组织给了她重生的机会，感谢一路走来所有给予她帮助和关心的人，她更感谢自己拥有长征一样的精神，让她获得拥有幸福的权利。她说她的前半生是泪水和坚持不懈的精神伴她走过的，后半生她要用欢笑和热情去面对。她的故事让我明白，一个人做任何事情一定要有信仰，有了信仰做任何事才能事半功倍。正因为这心中永存的信仰，她百折不挠战胜自我迎来了光明。正因为这心中永存的信仰，她坚持不懈挑战自我迎来了成功。正因为这心中永存的信仰，她的长征路收获了"幸福"！

作为一名共产党员，我自豪！虽然长征已经离我们远去，但在新时代下，在新的长征路上，你、我、他一定要牢记宗旨、不忘初心，发扬百折不挠、坚持不懈的长征精神，点亮自我，在工作岗位发光发热，把长征精神传承下去。燃烧自我，在新的征途中排除万难、继续前进！

以爱国之心履行敬业之职

朱秘莹

您，爱国吗？我相信在座的各位都会说：当然，我热爱我的祖国！怎样做才算真正的爱国？似乎又没有一个明确的标准。景洪市东风农场职工董明顺，从1967—2018年义务看守国防工程50年，曾被云南省军事设施保护委员会评为"国防工程军民共管先进个人"。他在平凡的岗位上用自己的智慧和力量，以一名"国防人"的身份表达着他对国家的忠诚和热爱。

董明顺家住在境外经勐龙镇进入西双版纳的必经之路，堪称景洪市的门户。20世纪60年代，这里驻扎着一支军队，军队撤离后，景洪市武装部负责人找到为人老实、身体素质好的董明顺，把10个国防工程的20个看守点交给他，同时要求他严格保密，不能告诉任何人，包括自己的父母妻儿，每年必须给国防工程的入口和出口砍草，不允许任何单位和个人去破坏它。这是一个没有工资、没有利益、完全出于义务的工作。当时还是一名民兵的董明顺怀着一颗赤诚的爱国之心毫不犹豫地接受了这个任务。

当他第一次去看护点的时候才发现，这20个看护点大多在山上，路远不说还十分难走。在杂草丛生的灌木丛中穿行，还要非常小心地避让蚊虫、蚂蟥，所有的看护点巡查一遍需要两天的时间，每个点上杂草丛生，灌木乔长得十分茂盛，想要清理干净并不容易。一到周末，董明顺就背着水、带着干粮到各个看护点去砍草、修路。有一次他在砍草时因用力过猛，脚下一滑，人一下子就从山坡上滚了下去，一头栽进刺棚里，手指被砍刀划破，无数根小刺扎进皮肤里，浑身钻心的痛，头晕目眩的他忍着浑身剧痛连滚带爬地下了山。回到家中，妻子看着面前这位满脸血污、衣服裤子又破又烂的男人，差点没有认出他来。

看护国防工程，表面上看是一件平淡无奇的事情，实际上却是一个困难重重的艰难工作，不但要与自然做斗争，偶尔还需与人较量。国防工程属于地下工程，进出口是封闭的，有的地面上种着橡胶树。其中有一个进口点在农场的橡胶林内，当时橡胶树要更新换代，场里就安排挖机去挖树根，正在作业时被董明顺看到了，他急忙跑过去站在挖机前面阻止挖机工作，在场负责的领导和工人们都感到莫名其妙，大声质问："董明顺，你在那干嘛，太危险了，赶紧让开。"由于在场的人太多了，出于保密的考虑，董明顺只能说："必须停下来，这里不能挖。"无法对所有人解释清楚缘由的他只能站在那里用自己的身体去阻止挖机继续工作，大家都不理解，纷纷指责他："你怎么这样啊，太不讲理了。""你这样我们还怎么干活啊？"董明顺一言不发，默默忍受着各种横眉怒眼、冷嘲热讽。过了好久，待大家的情绪慢慢地平静下来后，董明顺把领导拉到没人的地方，在领导答应绝对保密后才给解释道："这里有国家的国防工程，挖机有可能给国防工程造成损害。"领导听后，马上命令挖机停止了工作。

董明顺爱国，所以他将国防工程视作珍宝，几十年如一日兢兢业业；他敬业，所以无论环境多么艰苦，血肉之躯受到多少折磨，都默默坚持。我们作为农家书屋管理员管理农家书屋，要像董明顺一样尽职尽责，深入了解职工群众需求，创新农家书屋阅读活动方式，丰富职工群众的精神文化生活，给职工群众创造学习新知识的条件，让农家书屋成为一个有书读、有人管、有活动的地方，形成聚人气、有活力、可持续的生动局面。让想读书、爱读书的人拥有一个良好的环境，用书籍传播知识、以书籍传播文明，让读书的氛围温暖每一个人。

我们将会像董明顺用血肉之躯守护国防工程不受人为破坏那样奋勇前进，让我们团结起来，为美好的明天而努力奋斗，让我们鼓起激情，一路披荆斩棘，砥砺前行！

青年论坛（选录）

论新时代的青年力量如何助推农场梦的飞翔

吴　敏

"国以才立，政以才治，业以才兴"，如今是信息时代，人才已经成为一种重要的战略资源。人才资源是企业的第一资源，人才队伍的建设是企业必不可少的"生命线""向心力"，尤其是青年人才队伍的建设。企业的发展在于创新，创新的希望在于青年，青年人才具有文化程度较高、思想观念超前活跃、建功立业愿望强烈和可塑性强等特点。现如今农场正处于破冰攻坚、产业结构转型的关键时期，挖掘和储备青年人才已成当务之急。

2011 年，农场推行家庭承包制，恰逢胶价高涨，许多在外工作多年，甚至发展很好的农场青年人纷纷辞去工作，回到农场割胶。可近年来干胶价格持续下跌，橡胶行业的前景一片黑暗，许多回到农场的青年人想放弃割胶，却又不能回到原来的工作岗位。现在，割胶对于他们来说更像是一块鸡肋，他们看不到出路在何方，有的已经慢慢地磨掉了自己的锐气；有的已经没有了斗志；有的抱着得过且过的想法过日子。导致当前农场青年人才队伍的成长出现了困境，使当前农场的改革发展没有"新鲜血液"的注入。农场青年人只有走出困境才能为农场的改革发展尽一份力，才能加快农场改革发展的步伐。

我认为，农场青年人首先应该有一颗爱农场的心，有立足农场、为农场改革发展建功立业的决心。只有这样，农场青年才能扎根农场，才能保证农场青年人才为农场所用，保障农场青年人才不流失；其次，坚定理想信念，树立正确的人生观、价值观和择业观。理想指引人生方向，信念决定事业成败，没有理想信念就会导致精神上缺少自信，只有坚定理想信念，才能对农场的未来充满信心，才能安心于本职工作，才能关心农场的发展，才能献身于农场的改革发展；再次，要有危机意识、责任意识和使命意识。这样才能不断提高自身的综合素质，有责任感、有进取心；最后，农场青年应该积极参与农场的改革发展，在农场即将迎来的新一轮的发展机遇里获得自我展现的平台，施展自身才华，充分体现自我价值，为农场的改革发展增添锐气。

农场青年人要练就过硬的本领，就应该把学习作为首要任务，作为一种责任、一种精神追求、一种生活方式，树立梦想从学习开始、事业靠本领成就的观念，让勤奋学习成为青春远航的动力，让增长本领成为青春搏击的能量。要坚持学以致用，掌握真才实学，增强自身的能力，为农场改革发展增底气。如果青年人没有才干，没有过硬的本领，就不能适应农场转型发展的需要，就不能抓住此次农场发展的机遇，就不能为农场的再次腾飞增加动力！

农场青年人要勇于创新，走在创新创造的前列；要有敢为人先的锐气，勇于解放的思想、与时俱进，敢于上下求索、开拓进取，树立在继承前人的基础上超越前人的雄心壮志；要有探索真知、求真务实的态度，在立足本职的创新创造中不断积累经验，取得成果。就像创业小伙张绍军，23 岁时就自主创业，经过 3 年的摸爬滚打，有了自己的养猪场，养猪场里养的不是普通的白猪，而是野猪。他细心摸索、研究，吸取了教训，积累了经验，逐步掌握了养野猪的基本方法，使养猪场慢慢获得了经济效益。他矢志不移、专心创业、初获成功的事情在东风、大勐龙地区口口相传，成为佳话，为农场的发展增添了新气。

农场青年人要艰苦奋斗。当前，我们农场既面临着重要的发展机遇，也面临着前所未有的困难和挑战，为加快实现农场的发展目标，就需要农场青年锲而不舍地奋斗，农场青年要立足本职、埋头苦干，从自身做起，从点滴做起，勇于到条件艰苦的基层经受锻炼、增长才干。今年新招聘的后备干部石斌接受组织安排，从东河生产队机关到东林生产队蔬菜大棚当一名技术人员，他不畏辛苦，发扬青年人吃苦耐劳的精神，与工人们同吃同喝，每天看到的都是他忙碌的身影，他用自己的行动为农场的改革发展贡献着自己的力量。

农场青年人要锤炼高尚品格。农场青年要把正确的道德认知、自觉的道德养成、积极的道德实践紧密结合起来，自觉树立和践行社会主义核心价值观，带头倡导良好的社会风气；农场青年要加强思想道德修养，自觉弘扬爱国主义、爱场主义，以实际行动促进农场的进步。

现如今，东风农场有让青年人展现自身才华的平台，农场的发展空间是在发挥青年人优势的领域中创造出来的。所以，使用人才应当唯器是适，用其所长，各得其宜。在这个时代，青年人的梦想能够得到绽放，农场青年人当前的使命就是勇于担当、砥砺前行，向着农场的美好明天迈进！

改革中我听到的　现实中我看到的
回眸中我想到的
——记东风农场二次产业转型之所见

罗双雁

当农垦的改革在逼着东风人向产业转型的路上艰苦的探索时,《中共中央国务院关于进一步推进农垦改革发展的意见》犹如一剂强心剂再一次把东风农场产业转型推到了全州,乃至整个云南农垦风口浪尖上,我们只有继续昂立浪尖,不断筑波涌上更大更高的浪头,才不会被下一波浪花所湮灭,最终冲上岸,那闪烁的浪花将是我们东风人浓墨重笔的篇章。开弓没有回头箭,开好头,起好步,我们将继续沿着《发展意见》谱写好我们东风人的篇章。

瑞雨春风普照大地,"谁说我们东风人不能做事,只要我们肯干,照样能干出一片新天地"一句真诚朴实的话语道出了我们东风人的心声。二百亩的无筋豆,绿油油屹立在东林生产队五居民组的田边,等待采摘;三百亩的基地芒果,在阳光的照耀下,茁壮成长,明年将满山芒果飘香;环境友好型胶园引来了无数朋友驻足取经;东风城镇的建设在整个云南省也有一席之地,现在我们将做大做强城镇化,打造勐龙片区的中心城市。这就是东风人真实的写照。

梧桐树已种好,即将引来金凤凰,大众创业、万众创新的进行曲正在全场奏响,在美妙的旋律中,一些跟不上音符的节拍,总是发出一些刺耳的声音。当下,正是风劲扬帆时,借力新体制、拿出新业绩为农场经济发展分担更多责任的时候,条件论为一些人迟迟打不开局面的托词,千难万难,发展转型是第一难,是摆在一些干部面前的一道坎,且不说没有条件,职工群众不给力。其实现在的关键是人的问题,是干部的思想解放的问题。红塔卷烟厂在濒临倒闭、负债累累的时候,换了一位新厂长——褚时健,把红塔集团打造成一座享誉全国的百强企业。当他年已古稀时,再度出山,把褚橙打进了国内高端水果市场,成为创业的一段佳话。条件不是问题,我们有他人无法比拟的优势,从气候到土地我们占尽天时地利,就缺全场上下心往一处想、劲往一处使的劲头。现实中我们已做出了一些成绩,但没有达到大家的期望值,只要我们一直往前走,我们的队伍将不断成长壮大。面对条件论,其表现的是我们干部的能力问题、思想解放问题,背后的实质是一种对农垦事业和企业发展不负责任的表现,而这样的精神状态,必将给农场的二次创业造成消极影响，使一些单位在二次创业中迟迟打不开局面，成为农场二次创业的绊脚石。此种现象应该引起高度警惕，必要时应该通过组织措施进行整治。把思想统一到促进农场产业转型的发展路子上。

克服了条件论，现在就是有所为的时候了。心中没底气畏首畏尾，也成不了气候，所以全场上下要树立信心。虽然近几年来农场的改革已让人们的希望在一点点破灭，但东风人不怕吃苦、勇于奉献、敢于奋斗的精神应得到发扬，新一代东风人应树立再来一搏的信心。农场的蓝图已绘制，发展的思路已较清晰，规划的方向已明确，我们有信心做好东风人的事。我们的信心来自对形势逼人的客观分析和理性判断。当前等待观望没有出路，因循守旧没有前途，墨守成规、畏缩不前，只会错失良机，只要有定力、信心、不观望、不徘徊，就能开辟局面，实现新的发展。同时既要看到光明的前景，也要正视眼下的困难。道路不可能一帆风顺，蓝图不可能一蹴而就，梦想不可能一夜成真，越是美好的未来，越需要付出艰辛努力。今年以来农场、生产队已根据自己的路子在探索发展的未来，已走出了第一步，就是这一步已表明我们改革的信心，有能力干好东风人的事，表明我们是第一个敢吃螃蟹的人。实干兴邦，空谈误国。任何一个企业的光明前景都是干出来的，拼出来的。越是改革步子大，起步起得早的，越能赢得主动和先机，反之，则压力比较大，日子就不好过。所以实干苦干、稳扎稳打最后总能出成效，这是提升我们信心的必由之路。

企业的发展要求我们要有更多先进理念及专业的人才。东风最缺的是人才，缺管理人才、经营人才、专业技术人才，更缺领军型人才。农场必须采取超常规的措施，广纳贤才，重金之下必有勇夫，另外必须建立一套选聘、考核、奖惩和退出的人事管理制度，形成符合市场规律和企业发展需要的选人、用人、管人机制。打造一支想干事、能干事、干成事的干部队伍。对工作主动、成效突出的给予奖励；对工作不力、打不开局面、贻误时机的要启动问责。形成有奖有罚、有进有出的激励机制。按照垦区集团化、农场企业股权多元化的指导思想，农场应积极探索农业规模经营方式，试行职工全员持股，以农场"三果一蔬"战略规划，打造一方富裕的土地。

农垦改革的春风已吹遍天南地北，产业转型的集结号已吹响，征战脚步已迈出，面对前面的荆棘，只要有信心，面对再大的困难也不怕，办法总比困难多，狭路相逢勇者胜。信心催人奋进，实干成就伟业，信心加实干必将累积成强大动力，引领农场经济爬过这个坡，走过这道坎，农场的明天一定会更美好。

放大你的格局， 你的人生将不可思议

陈洁明

摘要：人生所能达到的高度往往就是人们在心理上为自己选定的高度，现今农场正处于深化改革发展的关键期，我们应该重新评定自己，在农场这个广阔的平台上向一个新的高度迈进，与农场共同发展进步！

关键词：格局、改革、发展、视野、人才

我曾听说这么一件事：3 个工人在工地砌墙，有人问他们在干嘛？第一个没好气地说：砌墙，你没看到吗？第二个人笑笑说：我们在建一座高楼。第三个人笑容满面：我们正在建一座新城市。10 年后，第一个人仍在砌墙，第二个人成为了一位工程师，而第三个人成为了前两位的老板。这充分说明了独具匠心的长远眼光对于人生格局的定位和自我价值的实现起着巨大的作用，也就是要放大你的格局，你的人生将不可思议。

然而一个人的发展往往受到诸多因素的影响，历史以来凡是成大事者要拥有胸怀大志、掌控全局的智慧，多视角、全方位细致入微地分析、判断、推理、验证可能出现的各种问题及解决方案，力求使工作进程完成得更好、更快、更高效。当然，作为一匹千里马，虽食饱力足能日行千里，但是没有提供给它驰骋的广阔天地，它也只能慨叹：怀才不遇好伯乐，生不逢时空悲鸣。而现今的农场正迎来新一轮的改革热潮，促使许多饱学之士摩拳擦掌、跃跃欲试、一显身手。因此我们应该认真地审视、评定自己，以积极向上的良好心态、丰富的学识、优秀的道德品质和求真务实的工作作风，随时准备迎接农场改革的召唤。现在的农场生产格局主要还是依靠天然橡胶产业支撑，几十年以来，农场为国家的橡胶事业做出了巨大的贡献，但是近年随着一代胶园的老化，产胶能力减弱，市场干胶价格持续低迷，收缴承包费用变得日益艰难，我生产队今年应收缴承包费 159.3 万元，实缴 46.6 万元，仅占 29%，如此下去，农场安于现状的生产模式与长远发展将不相适应，深化改革刻不容缓，寻求新出路、发展多元化的产业链迫在眉睫，为此，我场决策层的领导们高瞻远瞩，于 2020 年 3 月成立了产业发展领导小组，整合资源把产业划分为三大板块：一是大力发展立体农业，加快推动环境友好型胶园建设，推动"三果一菜"示范区建设，引进和发展高端特色养殖业；二是配套开发新兴旅游业，建设傣乡雨林水果庄园，打造高端养老养生温泉基地；三是配套做好物流业和服务业，推动城市化建设，使得农场在发展中稳步转型。

对于垦区的改革，也引起了中共中央、国务院的高度重视，于 11 月 27 日颁布了《中共中央国务院关于进一步推进农垦改革发展的意见》，意见提出，深化农垦管理体制和经营机制改革。要继续推进垦区集团化改革，改革国有农场办公室社会职能，创新农业经营管理体制，构建新型劳动用工制度，完善社会保障机制，健全国有资产监管体制，创新土地管理方式。因农垦的历史遗留问题多，包袱重，同时也带来一个好消息：将农垦全面纳入国家强农、惠农、富农和改善民生政策覆盖范围，以便更好地发挥农垦独具特色的体制优势。而我场正处于深化改革的关键时期，中央的政策扶持给我场深化改革带来了强大的助推力，为进一步推进农垦改革发展，从根本上仍然需要依靠农垦自身努力。农垦各级领导干部要率先垂范、廉洁奉公、敢于担当，团结带领广大干部职工积极投身农垦改革发展。农垦干部职工要以主人翁精神，克服"等靠要"思想，发扬农垦优良传统作风，牢固树立开拓创新和市场竞争意识，增强推进农垦改革发展的自觉性主动性。加强农垦经营管理人才引进和培训，着力培养一批懂市场、善经营、会管理的优秀企业家，造就一支热爱农垦、献身农垦的高素质干部职工队伍。大力弘扬"艰苦奋斗、勇于开拓"的农垦精神，推进农垦文化建设，汇聚起推动农垦改革发展的强大精神力量。这就要求我们青年人应重新定位自己的人生坐标，展望新的起点，站在农场这个广阔的发展平台上积极进步、茁壮成长。

许多有理想、有志向、有学历的青年，奔涌出校门，迈入社会洪流，他们渴望成为人才队伍中的健将，为此，他们北漂，磨炼自己的意志、毅力，从基层做起，数年后，他们如愿以偿地成为了国家、企业中的骨干。但是并不是所有的人都拥有那么好的条件和机遇去成为对社会有用的人才，这时充分地去认识并挖掘出自身的潜能是拓展能力的唯一方法。正如于丹所说：成长问题的关键在于自己给自己建立生命格局。可是，如何建立自己的生命格局呢？刘邦创造了"草根也能当皇上"的奇迹，很好地诠释了这个观点。作为新时代的青年人，我们应立志存高远、百折不回头。我们不仅要把日常的工作量化、细化，做到今日事今日毕，或提前完成上级交付的任务并积极请战为上级分忧解愁，还应摒弃只为口粮奔忙的生活态度，我们青年人应该不断刷新自己的知识结构，利用新颖的思维方式和独特的工作方法处理解决层出不穷的新问题。未来，在农场深化改革的发展过程中还会存在着许多未知的困难和瓶颈，这些问题仅靠墨守成规的工作方法、态度，根本无法解决，在此形势下，我们青年人敢想、敢说、敢干的工作热情就会起到很大的作用。敢想，不是胡乱地、任意地去猜想，而是充分地应用马克思主义辩证唯物论并结合我场实际情况，进一步分析、归纳后，做出符合场情发展的一系列方案。敢说，是青年人浑身热血、胆气豪迈的具体表现，说要说在点子上，勇做敢言人，正直无私是敢说的前提条件。敢做，需要具备一定的勇气和豁得出去的精神方可行之。这些都需建立在有利于企业的发展和创收，而且不违反国家有关法律的政策条件下，去求真务实地加以实施。我们青年人应积极发动自身人脉的优势和利用网络信息化平台，组建拥有强大能量的各方面人才汇集而成的核心智能团体，为企业的各方面发展出谋划策。作为农场坚实的后备力量，我们要积极开阔视野、充实才干，把前进的步子迈大，把改革的胆魄放大，把自己的工作能力加强，现在许多青年人都豪情壮志地融入农场里，他们通过组织的培养和领导的教育，已经成为了羽翼丰满的雏鸟，凭借充分的自信和实力，他们期待能在农场改革转型的大潮中冲天而起，展翅翱翔！作为四有青年，这样去放大你的格局，你的人生在未来将不可限量！

经济转型多样化是农场改革的希望之光

李思贤

众所周知，国营东风农场的经济一直是以天然橡胶产业发展为主导。然而近年来，由于天然橡胶市场持续萎靡，橡胶价格也持续走低，从而使职工的生活受到了严峻的威胁与考验，因此二次创业经济转型多样性发展迫在眉睫。下面就二次创业经济转型多样化发展谈谈个人的几点想法。

一、建立良好的企业文化形象

我认为：要进行农场二次创业和企业经济转型多样性发展，首先要建立良好的企业文化机制。因为企业文化是企业发展最核心的要求，建立良好的企业文化也是一个企业谋求发展的重中之重。诚信是中华民族传统的美德，诚信是企业文化的灵魂。没有诚信，企业文化"毛将附焉"。即使再优秀的企业文化，如果缺乏诚信，也会被曲解，失信于团队，失信于股东，失信于客户。长此以往企业就会丧失其原有的核心竞争力，这会对企业造成很大的伤害。

诚信文化，是企业立足之本。一个企业不讲究信用，不诚信经营，必然给国家和企业造成重大损失，最终使企业无法经营下去。现代企业管理的重要环节就是要讲究信用，诚信经营，建立诚信至上的企业文化。唯有如此，企业经营才会逐步得到发展，才会树立良好的企业形象。

农垦精神是企业文化的内涵之一。农垦精神之所以能有历久感人至深的力量，我觉得并不是凭借宏伟的想象和华丽的文字记载，而是凭借它的朴实、真情、无私无畏和永不褪色的实干精神而铸就的。

农垦精神就是不怕苦、不怕累的实干精神。它代表着农垦人的精神风貌，是农垦文化精髓的缩影，是我们走向富强的指导思想。农垦人的正义、爱心、良知和社会道德责任，以及勤劳吃苦和牺牲精神，使那些想贬低、淡化他们的人都不得不感叹和赞赏。我为我是一个农垦人的后代而感到骄傲和自豪！

二、以发展第一产业为主，产业转型调整和大胆创新为辅

东风农场位于西双版纳傣族自治州境内景洪市南端的勐龙坝，其东南部与缅甸接壤。地处澜沧江流域气温高，湿度大，常年无冬，雨量充沛，季风亚热带半湿润性气候适合热带作物的生长。优越的地理位置可以为东风农场的转型发展提供强大的助推力。

由于气候适宜，交通便利，我们可以以发展第一产业为主，调整和创新其他产业为辅；良好的天气以及充沛的雨量可以为我们的绿色生态蔬菜提供良好的生长环境；充足的阳光照射以及巨大的昼夜温差，可以为我们的生态水果提供足够的甜度和水分；常年无冬可以增加我们的种植次数从而提高收成。因此我们可以开动脑筋种植特色生态蔬菜和水果。完善生产、销售等环节。

我们要在传统的第一产业下进行创新。依靠东风农场的地理位置和气候环境，我们可采取走出去、请进来的方法引进最新的科学技术和人才，进行反季节生态蔬菜水果的种植，再由我们的物流渠道销往内地，甚至国外更大的市场。

新型产业的发展产生的量变，促进了农场由单独依靠橡胶产业发展到由橡胶产业发展以及各种农作物共同发展的全新经济结构的转变这个本质的变化。

三、建立一条健全的生产、经营、销售供应链，树立属于东风的品牌效应

我们要建立一条健全的产业供应链，做好各个环节及物流管理。要想发展，我们不能只做原材料的供应商，我们还要做制造商、分销商、零售商，以及产品的物流管理。这种高效率供应链管理可以在不影响销售额的基础上降低我们的销售成本从而达到利润最大化。

我们还要树立和打造属于我们东风的绿色蔬菜、绿色水果、特色旅游知青文化等过得硬的品牌，从源头、品质上着手，认真经营和打好这张牌。通过品牌效应促进经济发展。

四、拓展农产品二次加工和深加工渠道

对我们生产出来的农产品可以进行二次加工和深加工。我们有充足的并且质量有保证

的水果和蔬菜，所以在销售水果、蔬菜的同时，我们可以加工水果罐头、果酱、果圃、生态果汁饮品，脱水蔬菜、酸菜为我们的经营扩展更大的销路。

五、弘扬企业文化和农垦精神，发展特色旅游

我们可以利用优美的风景和便利的交通条件积极发展旅游业，利用我们现有的土地资源、温泉、鱼塘、优美的风景和人文吸引外商投资；建立和利用好属于自己的旅游资源，将土地盘活、盘好；许多外地人看西双版纳都觉得很神秘、很向往，而我们又有充足的青山绿水资源，可以尝试着开发一些户外探险项目，诸如登山赛、山地汽车拉力赛、自行车环城赛等以及开发知青红色旅游线、挖掘少数民族民间文化和传说并将之融于特色旅游当中；进一步规范民风，培养传统文化的发展，弘扬企业文化和农垦精神，打造品牌效应。让人们一想到中国就想到云南西双版纳还有一块很神奇的地方——东风农场热情好客的少数民族文化和农垦企业文化、农垦精神。同时我们还可以依靠我们的绿色生态蔬菜、水果进行生态农庄的建设，建立以农家乐或家家乐的形式如"家庭挂牌认种、认养""开心农场"等形式吸引那些想要体验生活或者释放压力放松自己的各种游客。

六、囊括各类人才，并选送学习深造是必不可少的关键一环

橡胶产业是农场的立足之本，然而橡胶产业却走到了一个发展的瓶颈期，农场职工家庭的生活质量和水平已经呈现日日下滑状态，想要改变这个状态，农场改革势在必行。然而农场正处于一个人才空档期，人才青黄不接。新招录的年轻干部工作时间都不长，工作经验也不够丰富，需要时间的打磨才能担当重任，所以农场对于人才的培养迫在眉睫。

确立人才优先发展的战略布局是发挥人才资源对经济社会发展的基础性、战略性、决定性作用。在二次创业举步维艰的情况下，我们要着眼于长远规划，制定和确立并实施未来人才发展战略。

农场目前加大了对人才的培养力度，其目的就是通过让农场人才的发展产生的量变来推动农场改革进步和发展这个质变的过程。事物的发展是一个由量变到质变的过程，当量变发展到一定的程度时，便引发了事物本质的变化。

很久以前有一个愚笨的人，到朋友家做客，尝了朋友做的菜后觉得很淡，朋友听到后就在菜里加了一点盐，愚人觉得菜很美味。于是他对自己说"菜很好吃就是因为加了盐的缘故"。于是在朋友目瞪口呆下抓了大把的盐往菜里放，结果导致可口的菜变得苦涩难咽。同样的故事也发生在一个很呆的人身上。一天，这个很呆的人觉得自己非常饿，然后就去吃了两块饼，但是他还觉得饿，直到吃了第七块半的时候才觉得吃饱了，而这个人心里想

"我是吃这最后半块饼才饱的，前面七块都白吃了"。这是非常出名的《愚人吃盐》和《笨人吃饼》的故事。

笨人不知道其实是由于他之前吃下的饼产生的量变引发了他觉得吃饱了的质变。而愚人则是没有明白加大量的盐产生的量变使本来很好吃的菜变得苦涩的质变。这就是唯物主义思想最著名的形而上学论，它对我们的生活有着巨大的影响，所以同时注重量变到质变的形成发展是农场改革的重要环节。

为了二次创业的顺利推进，保证现代化设施农业在东风农场获得良好的经济效益，具备打造高原特色农业产业链的基本能力，要把储备人才、培养人才的工作作为发展方向，以强烈的人才意识，培养人才、凝聚人才、使用人才，促进经济社会可持续发展。同时，农场还要积极发掘潜在人才，加大对年轻干部的挖掘以及培养力度。

农场改革的希望之光正由茁壮成长的农场新星缓缓点燃。这些量的变化，最终会让我们看到质的结果。想要实现这些设想也许要经历五年、十年甚至更长的一段很长的路程，但是，坚持诚信的基本原则，并坚持不懈地做下去，这些想法终将成为现实。相信东风农场的明天会更加美好！

散　文

那 123 座胶魂坟茔

陈　与

云南西双版纳东风农场龙泉公墓（原云南生产建设兵团一师二团所在地），一年不分四季，总有一群群来自北京、上海、重庆、昆明的老者，围着一座座墓碑，献花、祈祷、默哀、秉烛、抽泣，在烟雾缭绕里，他们为一个个亡灵胶魂送去一阵阵热泪。在老者的身旁，跟着一群群年轻人，有的牵着女孩，有的牵着男孩，他们指着墓碑上镌刻的碑文，告诉孩子们，在墓碑里躺着他们的舅公、姨妈或姑爹或姑妈。

庄严肃静的龙泉公墓是一个强大的磁场，伫立在墓碑的一群群老者，是原云南生产建设兵团的北京、上海、重庆、昆明知青，这 123 座胶魂坟茔是 20 世纪 60 年代末期到 70 年代初期，为了祖国的橡胶事业，有 123 条鲜活生命倒在了西双版纳亚热带丛林之中，他们把花季青春嵌进了橡胶树的年轮，把所有的鲜血浇灌在橡胶树的乳汁里。

解放军奖章、军装、军帽埋在西双版纳密林

在一座坟茔上，有一张烤瓷的军人照片，上书 1968 年 12 月来场，北京知青，空军大校尹正之墓。一个空军大校的坟茔怎么不在北京，而在千里之遥的西双版纳呢？原来是空军大校的亲人遵循了尹正的临终遗嘱，"我要回到东风农场，那是我的第二故乡"。2007 年 11 月 11 日上午，尹正妻子李德信手捧尹正生前的奖章、衣冠、军帽从北京专程来到墓地，当一群人把尹正生前的奖章、衣冠、军帽放进了墓地，俯首默哀时，灰蒙蒙的天空遮住了露脸的太阳，西双版纳这时节不该有的雨水突然光临，让曾经是西双版纳密林里的梯田、锄头、砍刀、橡胶树林悲痛欲绝。尹正魂归林莽，回到了他眷恋的红土地，在他的墓碑旁紧挨着从北京一起来的王开平、凌瑜同学，还有上海、重庆、昆明知青的墓穴。

在雨水里，我仿佛回到了 1968 年 12 月，一脸稚气但带着坚韧、身材瘦削的尹正来到云南生产建设兵团一师二团 6 营 5 连。他鼻梁上架着斯斯文文的眼镜，一副书香门第的君子风度，并发出誓言："我活着为橡胶事业奋斗一生，死后把骨灰撒给橡胶树施肥"。尹正

到达连队之后，放下行李就上山挥镰割草搭房。他钻进不见天日的莽莽森林，在藤蔓绕枝的山地里穿行，面对群饿得嚎叫的野猴，面对瘴气萦绕、阴雨淋沥路的原始状态，在草丛间的他挥汗如雨，哪里草密哪里就有他割草的身影，直到渴得嗓门冒烟，他才嚼着草根。

黄昏收工时，他出汗最多，茅草割得最多，蚊虫叮咬的脸上、脖颈上的血痕也最多。在他的胳膊和手上，清晰可见一条条草刺划伤的印记。他背着遮没了瘦削身躯的大捆茅草，下坡时，他抱着茅草滚出一条通道。为了解决在山上割茅草口渴的问题，他带着砍刀、锄头在荒山老林中寻找水源，他喝着随身带的水壶，饿了就吃野香蕉，在寻找水源的山中，碰到一个马蜂窝，被惊扰群飞的马蜂，以为是偷蜂蜜的不法之徒，它们立即对尹正展开了强势攻击，采取半空俯冲，迂回包围的合成作战，躲不开马蜂攻击的他，从头上、颈项到背部受到蜂毒的大规模蔓延，脸部胖得像馒头，额头肿得发亮，眼睛只剩一条缝，嘴唇比猪八戒的还厚，脖子粗得如大象腿……

有了茅草，盖房需要木料，尹正进山找房柱。不料，他掉进了3米深的防牛沟，左腿扭伤，肿得厉害，但他坚持一跛一跛地伐木、拉锯、抬料。有一天，他发现两棵盖房的大树，但它们缠在一个巨大的蚂蚁包上，他不顾危险地挥斧砍去，有一棵大树猛地朝他砸来，在千钧一发之际，他拖着受伤的左腿从蚂蚁包上一跃而下，大树轰隆倒地，他被强大的气流震昏过去，鼻梁上的眼镜摔得粉身碎骨。

尹正接受了开发橡胶苗圃地的任务，由于地处深山，苗圃地需要平整，便于浇水除草。而深山里有很多竹篷，还有盘根错节的树根和藤蔓荆棘，他手上没有炸药雷管，身先士卒的他使用锄头和砍刀，对竹篷、树根、荆棘有时挖、有时撬、有时绳拉，依靠"蚂蚁啃骨头"的精神，连续奋战了两个月。他在苗圃地浇水时，左脸突然神经麻痹，面部肌肉半边松弛，右眼也难以睁开了，于是他开玩笑地说："这一次上台演戏可以不化妆了"。

面对铁骨铮铮的汉子，谁不肃然起敬，经过营部卫生所诊断，他面部瘫痪是因为积劳成疾所致，营长到了连队，没收了他的砍刀、锄头、斧子，亲自把他送到卫生所，给医生下达命令，看住尹正，病不治好，不准回去。但谁也看不住他，天不亮他溜出卫生所回连队，又是挖地又是锯料，晚上再回卫生所。营部卫生所开出检查面瘫的透视报告，让他到团部医院做进一步确诊，他没去团部医院，又回连队，和大家一起又挖出了连队的第一座砖窑。

每天晚上的政治学习，一盏马灯挂在树上，在灯光中，人影绰绰。由于没有板凳，连队的坐相歪七扭八，有的坐锄头，有的坐塑料布，有的蹲在地上……看到如此混乱情景的尹正，他一个星期住在木工房里，为连队的每个战士做了一个小板凳。即使回北京探亲返回连队，他挑着两个大大的旅行包，在旅行包里是连队急需的木工工具，有凿子、推刨、墨斗、大大小小的油石和大大小小的砂轮等。

老战士张明宗有了孩子，生活困难，他把工资捐出来，写信从北京寄来奶粉，送给张明宗。当他生病时，战士杨大富送来红烧猪肉罐头，他拿到伙房放在茄子汤里，和战友们一起分享肉味。上海知青战友龚从华家里来信，经济拮据，他以龚从华的名义寄钱到上海。重庆知青战友林勇到云南边疆没带蚊帐，他拆下自己的蚊帐，送给林勇，而他穿着补了又补的衣服，一双鞋子破了用绳子捆着，腰带断了系麻绳，眼镜坏了用胶带粘上……

1974年6月，在西双版纳亚热带丛林，拼命苦干了6年的尹正，被推荐到北京理工大学读书，毕业后分配到国防科学技术工业委员会工作。在工作中，他发挥出云南生产建设兵团人敢于吃苦、不怕吃苦的硬骨头精神，攻克了一个个国防顶尖的技术难关，他多次获得嘉奖勋章，晋升大校。由于他身体严重透支，患上肝病，在他50岁时倒在了工作岗位上，临终时他留下遗言，"回到西双版纳，回到东风农场"，于是在龙泉公墓里出现了解放军大校尹正之墓。

仅仅是中毒痢疾就夺去了壮汉生命

尹正坟茔的旁边是北京知青战友凌瑜的墓碑，病逝的凌瑜年仅21岁，他1968年12月到达云南生产建设兵团一师二团6营5连。凌瑜性格内向，沉默寡言，身高1.75米，体魄健壮，浑身有使不完的力量。在开荒战役中，他一马当先，只穿一件红背心，往手心吐一口唾沫，便抢锄猛挥。在西双版纳亚热带的原始森林里，青藤倒悬、阴暗潮湿的密林深处，瘴气弥漫，落叶枯草被扬至空中，在气流里滴溜溜地飞转。在天不亮时，凌瑜就扛着锄头上山开荒了，当他走拢山坡时，路上的草垛、树枝的雾水已把他的衣服裤子打湿了，他挥锄大挖，让自己的体温当作一只烤箱，把打湿的衣裤烤干。

在山上，他挖出一条条彩虹梯田，与被太阳晒成棕色的皮肤交相辉映，丰满的肌肉如同丰满的山间。这时，他连续奋战了3个多月，凌瑜觉得白天的时间不够，他想晚上的月亮好大、好圆、好亮，可以开荒垦地，于是他扛着锄头又上山了。月光在奇异的蔓草中挂满苔藓，雾气攀着长长的青藤滑上滑下，在蛛网密集的树木里悬浮着畸形叶片，厚厚的、绵绵的，他一脚踩上去，半只脚就被掩埋了，腐败了的藻类中寄生着怪模怪样的蚊蝇，它们不分贵贱、贫富、性别、大小、体积等，一起向凌瑜发动进攻，在凌瑜身上、手臂、背部进行啃、咬、撕、拖、拉、扯、拽等。

凌瑜停下锄头，用手打死叫不出名字的蚊蝇，但他身上有了无数的疙瘩，有的奇痒无比，有的疼痛难忍，他借着月光看见，林莽里有巨大的蚁冢，很像椭圆形的坟茔。在月光的弧线中，他看到北边发绿的山地，那是他栽下的胶苗，他能感觉胚芽在新绿里继续着它们的青春生命，就像现在挥汗如雨的他，在他生命历程中，一把锄头建起一座座绿色城堡，他就是绿色城堡的主人，而他内心的温度就是青春岁月。

1970年3月15日，凌瑜病了，上吐下泻，他对谁也没说。在前几天，他觉得乏力倦怠，又打呵欠，食欲不振，后来四肢发凉、背部发冷、颜面苍白、关节酸痛、牙齿打战，有时体温上升后冷感消失，尤其是跑厕所，他认为自己是拉肚子。上山挖梯田不行了，他拖着病体，就在连队搬运建房土坯。在搬运土坯时，他呕吐了，体温再一次升高，有人劝他休息，但他不听，又吐出了绿色胆汁，连队卫生员给他吃药，他的病情似乎稳定了，这时的他已经昏昏沉沉，几个战士用担架把他抬到了营部卫生所，随后转到团部医院。

躺在团部医院的病床上，凌瑜感觉心慌，他仿佛觉得自己的肠胃是水泄四溢的一片泽国，比意大利水城威尼斯的水还多，他的身体轻飘飘地浮在水中，脚下很虚，根本踩不到底，人往下沉，他手一抓，手上软软的。他觉得自己的体内，有一群饥饿的穿山甲把他的五脏六腑当成打穿的大山，有的把脾脏凿穿了，有的沿着肺腑继续挖洞。在泽国里，他觉得有很多蚂蟥吸盘嵌进胸腔、背部和颈椎，把他拖入水中。冷风嗖嗖，他越着急爬起来，人越往下沉，一群蚂蟥在他身上滚腾、翻越、伏踞、起落不已，他全身的骨节啪啪地爆响起来，他又向上一蹿，抓住了沼泽边上的一把草，不料草茎承受不住重力，连根带泥断在他的手中。

凌瑜恍惚时，他的体内屏障仿佛被穿山甲挖通了，这样的状况是，他在泽国在挣扎呼救，跑厕所的次数已使他不想躺在床上了，就蹲在厕所里。而他体内的所有物资只有一个想法，逃离是非之地，它们倾其一切，从只有一个通道的地方排成长队，有的还嫌逃离的速度太慢，就采取了插队方式，非常规地钻出来。整整48小时，他连腰带也不拴了，团部医院也采取了积极的应对措施，但陷入诊断水平有限，没有治疗的药物，两天以后，凌瑜病逝了，后来查明凌瑜的死因是得了中毒性痢疾。

一个大活人，说没就没了，他是周恩来总理1968年亲自批准到云南"屯垦戍边"的55个北京知青之一，在追悼会那天，众多的北京战友围在凌瑜的遗体身旁，男同学把他的遗体放进黑棺材里，女同学的手里扎着白花，凌瑜永远和红土高原融为一体了，永远和他的橡胶林生活一起了，从北京出发到他魂归橡胶树，只有短短的一年半时间。在这期间，他定下的目标是："小病大干，大病小干，无病拼命干"，为的是把莽莽荒原变成祖国的橡胶园，为了这一个伟大目标，他把青春生命献给了红土高原。

一座空坟的墓碑上有一张照片

在龙泉公墓中，有一座空坟，在墓碑上只有21岁上海女战士朱梅华的照片，她漂亮的脸蛋镶着一双大眼，灿烂的笑容充满朝气蓬勃的青春。在她的坟茔里，没有一根尸骨，没有一丝头发，更没有衣服裤子鞋子，这是怎么回事呢？这个谜语已有35年了，她的父母已进入耄耋之年，还在盼望有人来揭开谜底，告慰白发苍苍。

1974年4月2日，晚上8点多钟，云南生产建设兵团一师二团7营3连的政治学习结束之后，每个战士就可以休息了。朱梅华所在的连队是一个四合院，由土基垒起篱墙，从宿舍到厕所有一些距离。由于厕所没有电灯，女战士如果解决内急，都是邀三约四地壮胆。9点35分，朱梅华来约同宿舍的重庆战士刘桂花上厕所，刘桂花说去过了，朱梅华披上一件两用衫，穿上粉红花的衬衣，一条很薄的睡裤，还有一双黑色搭襻的布鞋，她拿上火柴，就出门了。

晚上10时许，连队的上空飘来大雨，伴着霹雳闪电，雷声滚滚。这时，准备睡觉的刘桂花见天色已晚，朱梅华还没有回来，她就在寝室门口大喊了几声："朱梅华，朱梅华，"刘桂花喊了以后，无人应答，她以为朱梅华为了躲雨，在另外女战士的房间睡觉了。西双版纳的4月，正处于旱季和雨季之分的路口，4月2日晚上的那场大雨，谁也没有注意会发生重大事件。

第二天上午，刘桂花像往常一样的时间起床，洗脸刷牙，吃完早饭，准备出工了，她还不见朱梅华的身影，便感觉有异样，她立即报告了连队指导员。"朱梅华不见了"的消息在连队炸开了锅，连长命令全连战士四处寻找。在连队厕所的边角，在通向8营13连的小路上，有人发现了一双黑布鞋，左脚在前，右脚在后，两个鞋子相差90厘米，鞋面朝上，经过刘桂花的辨认，是朱梅华穿的鞋子。

上海女战士朱梅华的失踪案件，惊动了国务院知青办公室、昆明军区、云南省军区、西双版纳州公安局、上海知青安置办公室等各级机构。在"活要见人，死要见尸"的命令中，朱梅华所在连队，以及其他连队的配合下，实行了挖地三尺的政策，开展地毯式的摸排搜索，不放过任何一座山，任何一座树林，任何一条水沟，凡是有可疑脚印，一律上报。从朱梅华的连队开始，定位查人，从营部到团部，全团20000多名干部战士，人人过关。为了寻找朱梅华，从团部到师部，从师部到兵团司令部，再到昆明军区、云南省军区、云南省公安厅、西双版纳州公安局组成了联合专案组。

7营的所有连队，地处大山的包围之中，干部职工有1000多人，他们带上砍刀和锄头，像梳子一样，把搜山、搜沟、搜水当作梳头理发，反复梳理，没有任何发现。在朱梅华连队附近，有爱伲族的红堡寨，专案组联合了爱伲族干部，对红堡水库进行了打捞，凡是有一点可疑之物就捞起来，遗憾的是，仍然没有发现朱梅华的失踪线索。随后，专案组带着警犬沿着大勐龙河，从南向北，沿河搜寻。因大勐龙河地处中缅边境，注入澜沧江。

为了寻找失踪的上海女战士朱梅华，专案组列出了重点嫌疑人名单，对重点嫌疑人一个个定位审查，尤其是朱梅华所在连队，对每个干部战士的审查，就像"白色恐怖"时期，所有的男女知青都可能被怀疑，都有可能作案。专案组丁科长，是一个刑侦专家，他找人谈话，问了你的名字后，再不说话了，他用眼神从上往下看，再从下往上看，足足5分钟，或者更长。上海男战士祝为鸣被定为有情杀的可能，因为他是朱梅华的同学，曾经和朱梅华谈恋爱，最近传说他们分手了。

祝为鸣的最大嫌疑是，在朱梅华失踪之前，他找过朱梅华。那天晚上9点多钟，在朱梅华上厕所时，一个名叫李新惠的重庆女战士，在篮球场里学骑自行车，据她反映，在9点多钟时，她看到祝为鸣去了朱梅华的寝室，祝为鸣出来后，朝厕所方向走去。因此，祝为鸣被专案组带走了，受到了残酷的审查。在专案组强大的审查力度下，被吓成烂泥的祝为鸣，一会承认朱梅华是他所杀，一会又不承认，后来就胡言乱语。

祝为鸣实在吃不消了，在关押的仓库里，他用皮带做绳索自杀。当他在颈项套上皮带，一只脚蹬在门上发出了声响，被看守人员发现，捡回一条命，但他的脖子全部发紫，他称自杀就是为了证明朱梅华失踪与他无关，他受不了肉体和精神的折磨。随后，他绝食了，在床上躺着不动，使自己的肌肉萎缩，以求一死。专案组审查祝为鸣几个月后，找不出祝为鸣的作案证据，只得把他放了，但他的嫌疑并没有解除，继续跟踪，监督劳动等。

当朱梅华失踪案件的查处工作陷入绝境时，一个有作案重大嫌疑的怀疑对象又浮了出来，他就是前任指导员蒋井杉，一个退伍军人，怀疑的根据是他和自己小侄女，长期乱搞男女关系，他对西双版纳亚热带丛林和地理条件特别熟悉。因此，蒋井杉受到更严厉的隔离审查，专案组希望取得重大突破。据专案组分析，蒋井杉既然跟侄女乱搞，那么对漂亮可爱的朱梅华，难道会放过吗？在重压之下，蒋井杉说把朱梅华害死了，埋在猪圈。于是，专案组兴师动众，把蒋井杉押回连队挖猪圈，把猪圈翻成底朝天，哪有朱梅华的影子呢？

蒋井杉又说："自己屈打成招，他没办法，7天7夜不准睡觉，活又活不成，死又死不了，为了缓一口气，就说朱梅华死在黄豆山里。"专案组组织推土机作业，组织大规模的人员开挖黄豆山，还是竹篮打水一场空。由于找不到朱梅华的下落，后来的传闻就多了起来，有人说朱梅华在缅甸首都仰光，做了一个酒吧女。有人说朱梅华在老挝首都万象，开了一间茶铺，还有传说朱梅华成了境外军方的压寨夫人？但失踪朱梅华的真正去向，让专案组雾雨朦胧扑朔迷离。

据传，朱梅华失踪案件的专案组，采用了非常规的国际侦查手段，在与西双版纳接壤的缅甸和老挝国家，派出了侦查员。经过他们的侦查确定，在朱梅华失踪期间，没有发现有中方人员非法越境事件。再后来，中国的侦查员通过在境外的眼线和卧底打探消息，也没有线索，朱梅华在人间彻底蒸发了。

回身侧望的杨建立被滴水岩瀑布吞噬了

勐龙河，瞬间窒息了，巨大瀑布的浓厚雾霾，卷来一阵阵荒凉的碎片云雨，但掩不住撕心裂肺的一群叫喊："杨建立……杨……建……立……"在河边是云南生产建设兵团一师二团10营5连的战士陈世国、吴代明、江中华等，他们接受连长命令，从勐龙河上游左岸游到对岸，把堆在左岸的盖房木料抛进河里，让河水作为运输通道，重庆男战士杨建立就是从左岸游到右岸时，掉入了滴水岩瀑布。

1977年8月8日早晨，当陈世国从勐龙河滴水岩瀑布跑回连队报告杨建立出事时，已近中午，我们扔下锄头拔腿飞奔，我心里"扑通扑通"乱跳，像怀里揣了一只兔子。勐龙河滴水岩瀑布我并不陌生，那滴水岩有10多米高，在两边巨石的夹击下，湍急河水陡然变窄地形成一条白色巨龙，巨声如雷，它昂着头，不知是兴奋过度还是狂欢不已，在垂直砸向河底的时候，居然推着一片片形状各异的巨大石头，有的咆哮震天，有的怪石嶙峋，有的尖如竹刺，有的竖起狼牙棒，有的如一把把砍刀，瀑布砸在乱石上，溅起耀眼的一道道闪电，如果杨建立掉了进去，后果难以想象。

我跌跌撞撞跑到滴水岩瀑布时，脚长和脚快的一群人已到了，我把脖子伸得像岸边的樟树，那白色巨龙把瀑布河水当成一大股龙须，吐出一大股冷风冷气，裹挟着阴云雾障劈头盖脸地砸来。这时，名叫罗安平的战士，脱下衣服和长裤，只穿短裤，在赤裸的腰部拴着一根牛鼻绳，一个纵身就跳进了滴水岩瀑布。由于没有氧气瓶，跳进滴水岩瀑布捞人的罗安平，几分钟就起身了。在岸上的所有男战士，一个个排成一行纵队，像一个个敢死队员，每一个人必须冲进滴水岩瀑布实施救助。

随后赶来的陈世国讲述了杨建立掉进滴水岩瀑布的经过。那天早上，他们5个战士到滴水岩瀑布上游放木料回连队，那堆木料在滴水岩瀑布右岸，他们从左岸游过去。前面的3人顺利到达了，第4个下水的杨建立，他个子虽高但水性不好。前面几个人下水后，猛挥双臂，奋勇当先地游过一段激流，因为在十几米的地方，就是汹涌澎湃的滴水岩瀑布。当杨建立下水后，不知是内心产生恐惧？还是慌张不熟悉水性，他向前游了几米后又犹豫不决，就在短短的瞬间，湍急的河水把他往下冲了几米。

见此情景，左岸的人大吼："杨建立赶快使劲，向前冲！"右岸的人也大叫："不要回头，快游自由泳……"在河水里已乱了方寸的杨建立，一会忽前忽后，一会忽左忽右，他被河水冲到离滴水岩瀑布只有几米了，左岸和右岸的人不约而同地大喊："危险了杨建立，干脆往回游……"也许是左岸和右岸的大叫起到作用，被河水冲到瀑布礁石上的杨建立，侧身回头望了望右岸，又向左岸扬了扬生命最后的一次挥手，就被巨龙瀑布吞进了肚子，再没有任何消息了。

在滴水岩瀑布上的我们，一次次舍命跳进河水，有的腿被瀑布下的尖石划伤，有的腰部被巨流撞在礁石上，我们脸上和身上被礁石撞得青一块紫一块，哪有杨建立的影子呢？让我们担心的是，在连队有杨建立的妻子，还有不满一岁的儿子，如果他的妻子知道杨建立发生了不幸事件，又该怎么办呀？我们在滴水岩瀑布抢救杨建立的时候，10营的民族干事郭俊通知了沿河村寨，请傣族人民注意观察勐龙河水，有没有从上游冲下来的人影？与10营紧挨的6营和5营，也接到了团部指示，在勐龙河边筑起篱笆，派人拦截可疑之物。为了不让杨建立的尸骨飘到缅甸，以产生负面的"国际影响"，团部还联系了沿岸部队，让他们帮忙搜索。

那一夜，10营、6营、5营的搜救人员在勐龙河边一字排开，巡查河中漂浮的竹篷、树枝、木材等，一些傣族村寨也发动起来了，沿河撒网，布桩拦截。在10营5连的茅草房里，一盏孤灯像杨建立妻子黄才昭的哭红双眼，几个无语的女战士陪着她，如同茅草房的竹排。从中午到晚上，只要几个女战士开导黄才昭，就会传来一阵撕心裂肺的哭声。坐在竹床上的黄才昭一动不动地摸着竹床，在竹床上，杨建立不满一岁的儿子杨波睡得很熟，小嘴吧咂着梦中的糖水，他不知道自己从此失去了爸爸，失去了爱他疼他一生的血缘亲情。

第二天中午，我听到一个被证实的噩耗，杨建立的尸体在6营的曼档寨河边找到了，是傣族人发现之后，通知了10营。我和连队战友赶到营部，杨建立的遇难遗体放在营部的院坝上，几个女战士搀扶着黄才昭走到杨建立尸体旁边，"哇……"黄才昭扑向棺材，大声质问杨建立："你为什么丢下孤儿寡母就走了？为什么不承担家庭责任了？杨波还不到一岁呀……"黄才昭的哭诉让在场的所有人都泪流满面，有人低泣，有人叹息，有人摇摇晃晃走了又来了。

杨建立躺在棺材里，年仅23岁，他需要换一套新衣服、新裤子、新鞋子，由谁来换呢？22岁的我，不知从哪里来的勇气胆子，自告奋勇。我想到的是，我和杨建立来自重庆，他还有一个不满一岁的儿子！当我把杨建立抱起来时，他僵硬的尸体仿佛重了几百斤，我试图发现他被乱石撞击的伤口。奇怪的是，在他的脑壳和脸上找不出一丝乌青颜色，他被河水泡得发白的脸庞像睡熟了的安详，一套上班穿的劳动服原封不动地打着补丁，裤脚的布疤是黄才昭几天前缝补上去的……

傣族姑娘发现刘永刚倒下了，他身边还有一捆竹子

昆明男知青刘永刚走了，猛然撒手，离开了云南生产建设兵团一师二团5营2连，离我们远去，年仅25岁，时间标注在1972年5月25日。他是老战士，为了连队盖茅草房，一个人在深山砍竹子，在砍到一定数量后，连队再派其他战士们进山扛走。一个人在深山砍竹子的刘永刚，虽不是牛高马大，但精瘦力够，炯炯有神的脸上洋溢着青春活力，身高1.72米，当时是标准体型。

刘永刚在西双版纳的亚热带密林生活了6年，经历了病痛的磨难：生黄水疮双脚肿得如象腿，拉痢疾使人瘦得像魔鬼，被毒蜂、蚂蚁、蚂蟥咬得像枯槁……自恃身体健康的他，一个人猛挥砍刀，砍倒一棵棵笔直挺立的竹子，然后堆在工棚旁边。在深山里，夜晚很冷，为了驱寒，他在工棚外边燃起一堆柴火，烤火升温，但他感觉还是很冷。在一个星期之前，他得了疟疾刚好，是不是又复发了呢？烤了一阵火后，他又觉得很热，全身冒汗。在冷热交替中，他冷得上牙打下牙，磕磕碰碰，一会他又热得像柴焰，呼呼冲火，他吃了几颗感冒药，感觉好了一些，便进工棚睡了。

在刘永刚砍竹子的地方，有一群傣族姑娘也在挥刀砍荆棘，播种旱谷。那时，傣族人实行刀耕火种，每年砍几座山就烧几座山，把木灰、草灰当肥料。在砍山的人群里，有一个名叫依香的姑娘，她注意到在密林中砍竹子的刘永刚，一个人在深山砍竹子，对于兵团战士来说，早已司空见惯。但她发现，这个兵团战士有时砍竹子起大早，有时拖到中午才上山，她不明白这是为什么？但她有事无事关注着刘永刚的一举一动。

连长派人给刘永刚送来了大米和蔬菜，顺便看看他砍竹子的进度，来人告诉他，连队急需竹子盖伙房、盖猪圈等，刘永刚说自己感冒了，但不会耽误工作。5月的西双版纳密林，亚热带丛林有时潮湿晦暗，有时热如蒸笼，到处弥漫着令人窒息的宁静和植物腐烂的气息。刘永刚为了加快砍竹子的进度，他拖着病体又上山了，用随身携带的砍刀支撑自己无力的肢体，一刀刀砍着竹子，竹子好砍，但在藤萝缠绕的山林里拖出竹子，确实费力。他大口大口地喘着粗气，用力拖拽竹子，那一根根竹子离他那么近却又那么远，它们若隐若现，如同海市蜃楼遥不可及。

他把竹子拖出密林，堆放在工棚边上，才完成任务。有一天，在山间劳作的依香看到刘永刚，扛着一捆竹子，沿着泥泞山路，弓着腰，跪在地，一手拖着竹子，一手抓住路边杂草，一点点往山下爬行。那捆竹子完全把刘永刚遮盖了，在依香眼里，慢慢往山下移动的竹子像一只长尾翼的绿孔雀，速度慢得像蜗牛，有时还不动了。在一段陡坡中，不知是刘永刚没有力量了，还是图省事，他抱着竹子顺着像抹了油的山路，一路滑落，当他坐在稍缓的草坡时，他回头望了望滑坡地带，那里有几根掉落的竹子。

他又站起来，抱了抱自己的身体，把砍刀插在竹子中间，便朝掉落竹子的山上走去。站在比刘永刚还高的山上，依香看见刘永刚走路的姿态很怪，有时摇晃几步停下来，扶住树林休息，有时跟跟跄跄像一个醉汉，如同东倒西歪的茅草。原来，他要捡回掉落的竹子，当他捡起一根掉落的竹子，谁也没有想到，竹子卡在藤条之中，刘永刚使劲拖拽时，竹子的疙瘩被藤条枝蔓缠住，那些藤条枝蔓仿佛织起了一张大网，有杂草荆棘，有枯叶长藤，有腐枝败叶，它们好像故意与刘永刚进行拔河比赛，几个回合下来，有一根竹子被刘永刚从藤条网里解救出来。

取得胜利的刘永刚从衣兜里掏出香烟，点燃后猛吸了一口，似乎像饿汉见到了米饭，随后吐的一串烟圈带来了灵感。他站起身来，不料脚一滑，摔倒了，他扶着一棵小树站起来，拍了拍溅在身上的枝叶，一步三摇地拖着竹子回到了有砍刀的地方。这一次他坐了很长时间，没有抽烟，离他很远的傣族姑娘依香不知他在做什么，只见他坐竹子堆里指指点点，随后又再一次朝山坡走去。

刘永刚走到掉落竹子的山坡时，已近中午，太阳把身上所有的银针都抛出来了，直刺刘永刚。他走走停停，停停走走，有时又蹲下来，或坐上半个时辰。他抬头望了望天空，在上坡时他抓住树枝藤蔓，借助它们的帮忙爬了上去。在太阳刺眼的光芒下，他断断续续地挥刀砍向缠绕竹子的藤条枝蔓，动作之慢，好像有气无力的样子，在山上的依香看得不清楚，但他的身影歪得更倾斜了。

他终于把两根竹子从藤条枝蔓里拖了出来，扛起竹子往山下爬行，他好像觉得不舒服，把竹子甩在地上，脑壳奇怪地摇摇晃晃，然后身子一歪就倒下了，他没有叫喊一声，空荡荡漾漾的莽莽山野，只有斑驳陆离的树影和各种鸟类的混鸣欢聚。他倒在竹子旁边，一只手摸着微黄尚青的竹子。在山上的依香以为他又在休息了，便没有在意，当依香把随身带的芭蕉叶包的饭吃完后，已近下午两点钟了，刘永刚还倒在那里。

感觉不妙的依香惊呼一声，冲向半坡的刘永刚，随后与依香一起的傣族姑娘，也冲了下来，她们七手八脚地想把刘永刚扶起来，但刘永刚没有反应，稍懂一点医疗知识的依香把手伸到刘永刚鼻孔上，发现没有一点热气，她大喊起来："这个兵团战士已经死了……"有一个叫枝花的傣族姑娘跑下了山，通知了刘永刚所在的连队，下午3点，随着拖拉机"突突突"的发动机声音，2连的干部和战士来到了刘永刚逝世的地方，在他身边，有好多捆好的竹子。他来到云南边疆已经6年了，每一次砍竹子他都带头进山。

有人想起了6年前，刘永刚进山砍竹子，当他挥刀砍伐时，带队的连长发话了，竹子要砍半青半黄的颜色，这样的竹子盖房才结实牢固。如今，刘永刚病逝了，他砍的竹子，每一根都半青半黄，正如他的人生，处于青春与成熟的阶段。我们在盖茅草房时，当拖出一根竹子时，我们就想起了刘永刚，那一颗坠落的星辰。

在龙泉公墓上的山峦，一棵棵胶树面对一座座墓碑，是生者对逝者的尊重，还是逝者的永生，两者相对而立。葱葱郁郁的红土高原和夕阳下的暮色墓碑，形成了交流沟通，是胶林的倾听身姿，还是墓碑向上伸延？那每一块墓碑都是我们的精神天空。墓碑里的亡灵都是为了一棵棵生命的橡胶树，它们深情凝望，读着墓碑逝者的生平年月。在光线里，我听不出是普通话？是软软的上海侬语？是重庆歌乐山还是滇池时光？所有的光线停留于此，塑造着伟大意义，塑造着不朽功勋。

一把圆头刀

陈 与

在家里的杂物堆里，我找新立柜的垫板时，无意间摸到塑料薄膜包起来的铁器。这一层层缠绵悱恻的黄胶带，当初我在包装铁器的过程中，一定给予了许多感情投资。我打开塑料黄胶带，铁器的光线起源于圆头、宽刃、腰身、篾条刀柄……这是我50多年前在云南边疆丛林里劳作的生产工具。我反复打量这把圆头刀，仿佛手握过去的星辰日月，生锈的圆头刀在我的摇摆之中，掉落的铁渣和氧化的铁锈提醒我的无穷回味。

圆头刀不圆了，呈现出椭圆形，我想起在云南西双版纳东风农场的梯田大会战，我在砍伐一片荒竹时，那硬竹不知是考验我的力气？还是对圆头刀进行肆无忌惮的挑衅？我砍完第6根硬竹之后，有横七竖八的竹桩，还有盘根错节的竹根，在竹桩和竹根中间，有一根笔直挺拔的竹王，那是我修复草屋的最好横梁，我当然不会放过。为了多砍直径20厘米的竹王，我的圆头刀从竹桩里斜插进去，在竹根群中闯荡江湖，不料圆头刀被卡住了，深陷于竹桩的夹击之中。

竹桩像一只巨蜥，它们虽没有牙齿，但比闭合的牙齿咬得还紧，我使出了九牛二虎之力，左撇右捺，横拖竖顺，铁了心的竹桩把圆头刀视为"来犯之敌"，就是不放。情急之下的我，左右摇晃，上下撬力，只听"啪"的一声，圆头刀的圆头在我的力量中缺了一块，落下了终身残疾。我回到连队，试图通过我和磨刀石的努力配合，让缺口圆头刀恢复它的前世今生。我的想法很丰满，现实很骨感，由于缺口太大，圆头刀的头部开了一个小天窗，更主要的是，梯田大会战砍竹桩不是只有一次，接下来还有苗圃大会战，定植胶树大会战，还有很多的竹桩、竹根、竹林等着它。

圆头刀的宽刃已是窄刃了，云南西双版纳东风农场的飞机草，腰身粗壮、坚挺硬朗，何谓飞机草呢？1960年，为了建设中国第二个橡胶基地，国家采用飞机撒草籽的方法，据称哪个山峦长飞机草就能种植橡胶树，所以北纬24°的西双版纳丛林，飞机草长得像一片片芦苇。因此，我的圆头刀的宽刃就是腰斩飞机草，在钢铁与柔韧较量里，正如一句俗话："杀敌一千，自伤八百"。当圆头刀的宽刃劈头盖脸冲向飞机草群时，以柔克刚的飞机草虽忍受剧痛，而它们反击的方法就是内功韧劲，一次次不愿倒下，一次次让圆头刀的宽刃卷曲缺口，长出一排不关风的牙齿……

经过与飞机草大战 300 会合，圆头刀的宽刃在一次次磨掉卷曲的缺口之后，就像一张国字脸变成瓜子脸了，但它的闪光锋利一如当初，只要它出现在飞机草的面前，那种坚不可摧的精神，在腾起的刀锋中豪迈苍茫，回荡激情。即使圆头刀的宽刃一天天消瘦，即使一天天巨大的付出，在坚持不懈的青春岁月里，在屯垦戍边的重任中，透过一道道月影在连绵山峦呼唤修行的夜晚，这是圆头刀宽刃的职责所在。

圆头刀腰身是最灵活的部位，是我畅快淋漓的手挥驱动，在与枝藤的较量中，圆头刀的腰身潜于枝藤设下的陷阱，浮出黎明悲悲切切的雨声。由于圆头刀腰身频繁出入枝藤的洪荒群体，被洪荒枝藤一次次缠住纠葛，仿佛讨要说法，有时被洪荒枝藤一点点地折磨，被洪荒枝藤一寸寸摧毁，被洪荒枝藤一节节死绕乱扣，但它的使命依然如故。在一大片洪荒枝藤的群里，圆头刀腰身是浪里白条，似蛟龙入海，身轻如燕，随时置身于山野丛林。

腰身灵活的圆头刀，出没在沟壑山谷，有一次被岩石撞得直不起腰来，那暗藏在洪荒枝藤里的巨大岩石，长得与洪荒枝藤如出一辙，像了无痕迹的进化方式，像嗜血的莽林火焰，当腰身灵活的圆头刀毫无防备迎面相碰时，"咔嚓"一声的清脆黎明，使腰身灵活的圆头刀震颤不已，痛麻了的腰椎，在暮色里渲染，无声无语。在轻伤不下火线、重伤继续奋战的口号下，拖着一身腰病的圆头刀又一次次冲锋陷阵，以胜者为王的姿态，让旧伤未消又添新任务中。

圆头刀的刀柄不是木制品，而是一圈圈篾条缠绕，在一圈圈篾条之中，我的手血已被篾条刀柄全部吸收，并呈现出赭红赤黄。那是我在砍伐荒树时，被小枝丫戳破了手指，流出的鲜血滴进了篾条刀柄。当时，已有温度的篾条刀柄陪同手指，虽不言语但祈愿小树丫不再暗箱操作，但愿流血手指只是皮外伤，没有伤到筋骨。不知是鲜血浸进篾条刀柄激活了斗志？还是篾条刀柄让鲜血留在最深刻的记忆里，在以后的岁月里，柔软的篾条刀柄使我手感舒适，得心应手。

为了保护我在劳作时不发生意外，篾条刀柄死死缠住刀刃，它像红土高原的古铜色，或者是我的肤色。在一片丛林荆棘上坠落，在黄昏山间云雾缭绕，透过黎明唤醒一座山，刮起我与它的时间对话。多少年过去了，我的篾条刀柄虽千疮百孔，经我一次次修复黏合，一次次鲜血浸泡，篾条刀柄留下了暗影微明的系列碎片。

20 世纪 70 年代末期，我踏上了返回重庆的旅途，在离开云南边疆的红土地时，带一件青春的纪念品作为纪念，锄头太重，割胶刀太锋利，而圆头刀轻便，且有防身壮胆、狐假虎威的功能，于是我带它返回故乡。在重庆，好几次搬家的我，让圆头刀随着搬家具的车轮东跑西颠，之所以让它拥有一条生路，是因为有了它，我可以回望云南边疆的西双版纳，直抵生命的过往。说实话，我不知道这把圆头刀的年龄？是谁打制？多年来，这把圆头刀在喧嚣的城市里，始终以安静的姿态构成纯粹的独立。

几十年过去了，掂在我手上的砍刀渐渐淡出了红土高原的味道，云南边疆丛林的苍穹拂荡、亚热带雨林的一夜滂沱、开荒奋战的一轮新月、刀劈荆棘杂草的血溅黎明？都是圆头刀的模糊记忆了。我望着圆头刀，它跟我在西双版纳密林里多年，又随我在城市漂泊多年，圆头刀没有了价值取向，但它落叶归不了根，它的生命历程应在云南边疆丛林里，从生下来到老骥伏枥。

我突然同情圆头刀了。为了满足我的要求，它远离孔雀开屏的沐浴傣寨，远离香蕉树飘香的红土高原，在重庆酷暑的蝉鸣里消失英姿飒爽，然后蜷缩在遗忘角落里。但它是不是时常想起鸟语花香的生命原点，那就是云南边疆的西双版纳，当圆头刀窜入亚热带丛林，可以挑翻毒蛇头颅，可以腰斩野狼后腿，可以截断黄鼠狼的退路。20 世纪 80 年代初期，我举起圆头刀劈柴、调教煤渣、增添防贼胆量。有一次，圆头刀不见了，急得我吹胡子瞪眼睛。几天后，邻居李婆婆来还圆头刀，原来她找我儿子借去劈柴了，几天不见的圆头刀，因质量优秀，看不出外出辛勤工作后，没有一点损伤的倦容。

新房装修后，掉在地上的黏稠胶乳，手掏费力，抹布也揩不掉，我请圆头刀帮忙。这圆头刀很适合此项工作，它贴着墙脚游刃有余，有时直上直下，有时侧身匍匐，有时趴在地上直接进入最佳状态。它把新房的旮旯角落寻查了几遍，当我把它放回原处时，我发现窄刃和刀腰发光发亮了，那是我数次擦掉粘在它身上的胶乳，想不到亚热带丛林勇士能在钢筋混凝土的城市森林找到用武之地，恢复它野性的遥远旧梦。

有一天晚上，我听到"咣当"一声，这熟悉亲切的声音从屋角传来，是靠墙的圆头刀立姿不对摔倒，是圆头刀思念云南边疆发出的叹息？还是有落叶归根的想法？以至于站不稳了，我走过去，把倒地的圆头刀扶正靠墙，事实上，它已经倒地多次了。每次倒地，我从响声里体会它的孤独坍塌，但我不可能带它回西双版纳了。

我找新立柜垫板时触碰的圆头刀，还在我的手上，它锈迹斑斑，身上铺满了红色铁渣，如同披挂云南红土地的颜色，篾条刀柄蒙上了灰尘，窄刃钝了，瘪下去的圆头像一个疲倦老人，几十年前散发的西双版纳原始丛林的气息也消耗殆尽。我把圆头刀握在手里，然后用纱布轻轻打磨，既是安慰又是关爱，让圆头刀找回它的渴望血性，可以削铁如泥，可以削木如纸。在亮光中的圆头刀，它牵出落雨的下午，云南边疆此时应该进入雨季了，在光影里透出一丝红晕，那是圆头刀常怀的旧梦，在一次开荒中，圆头刀削掉了遮蔽一堆花朵的杂树，其中有一朵金色睡莲，对圆头刀看了又看，金色睡莲的神态，刻在圆头刀的心中，有金色睡莲的打湿叶蝶、有雨声回响的神秘力量、有雾气涌动的精美图案。在 40 多年的时间堆叠里，圆头刀在我的生存环境里、在我的精神境界里，成为我的最佳图腾。

诗　歌

一个人的东风时刻（组诗）

陈　与

东风博物馆，一只飞翔的山鹰屹立在那里

看似一动不动，西双版纳的亚热带丛林是它的羽毛

东风农场是它情感的澎湃汹涌

在它的眼睛中嵌着一棵棵橡胶树

嵌着勐龙河的两岸

在它的灵魂中，六十几年前的部队转业官兵是它的第一滴鲜血

毛主席故乡的人，强壮了它的骨骼

大批的北京、上海、重庆、昆明知青丰满了它的血肉

而第四代农垦人

让兵团和农场的历史再一次流传经典

在它的心房，一张张黑白照片叙述着勐龙河畔的鸟鸣黎明

部队转业官兵举起开荒的锄头

唤醒了深闺里的处女地

毛主席派来了一群湖南青壮年，他们走了几千里路

来到疟疾瘴气的西双版纳

向莽原要粮食、要橡胶，湘江水从此扎根了

一滴滴湘竹泪从静致远

后来，在屯垦戍边的伟大号召中

北京紫禁城的中学生向周总理提交申请

开发西双版纳，建设云南边疆

上海知青闻讯而动，已成黄浦江的浪潮

重庆知青向往异域风情

缅寺和傣家竹楼，犹如一块块牛皮糖

在之前的昆明知青捷足先登占尽了天时地利人和

一把把锄头，有部队转业官兵洒下的鲜血和汗滴

那是他们的第二战场

一副副犁铧，有湖南青壮年犁地的晚霞

犁出了一块块稻田

一把把砍刀，有的缺口，有的伤背，还有的断成两截

那是北京、上海、重庆和昆明知青砍坝的场景

一把把胶刀记下了第四代农垦人披星戴月上山割胶的拂晓黎明

看似一动不动的东风博物馆

其实早已魂不附体，它的心灵飞往了遥远的四地

在北京，它是一个时代的象征

在上海，它是回忆的唠叨话题

在重庆，它是水水水的喝酒行令

在昆明，它是刻骨铭心的难忘岁月

而在第四代农垦人的眼里

它是父母和爷爷婆婆，他们把异乡当作了故土

他们就是东风农场的亚热带丛林

就是世世代代的橡胶树

知青路虽不长却是我们的凝固泪滴

只要我回到东风农场，就要打卡知青路

在它的两旁，一棵棵橡胶树不认识我

但我认识它们的爷爷婆婆

在勐宋山下，我到疆峰农场捡拾橡胶籽开始

回到曼宾寨子附近苗圃地

随后是芽接和移栽

在这一整套操作的流程里
还不包括挖梯田、挖标准穴位与填埋表土
从一颗橡胶籽到一棵橡胶树
我干了 8 年，从少年步入了青春时期
直到步入了生命的旺盛时代

三千多个日日夜夜，我就是勐龙河畔的橡胶树
从胶苗到开割的胶树
是我抗击孤独、抗击思乡之苦的一盏油灯
在漏雨的茅草房中，男儿的眼泪不挂在脸颊，而在内心的悬崖里
我手上的半个月饼犹如半个月亮
另外的半个月亮挂在重庆的大梁子上
在油灯下，我读着一封家书
弟弟把工具模型做坏了，吓得神经出问题，半夜拉二胡
指着自来水开关说是一条小龙

我不能回家，我的探亲假还要再等 1 年零 3 个月
我邮寄 5 斤白糖到重庆
安慰哭干眼泪的母亲
安慰抑郁症严重得住院的弟弟
让他吞药后喝一口糖水
我没有忘记，移栽的橡胶树需要多次浇水
有一棵橡胶树很瘦也不高
犹如我的弟弟，我水桶里的水不多了
我的泪水顺着树枝流了下去

我走在知青路上，心里由衷地感谢东风农场
不因我和我们离开了橡胶树，离开了西双版纳
就把我们打入另一册东风农场以路命名，就是把我们曾经洒下的青春生命
以固定的形式而固定历史
让我们终身牵挂，终身想起就泪流满面

恍惚中的知青路是凝固的眼泪

挖梯田浮雕，让我想起了 50 天的大会战

在 20 世纪 70 年代初期　我从重庆来到东风农场

从学生成为了农垦人

成为一棵橡胶树

那时，橡胶是祖国的急需物资

祖国赋予我的责任

我 16 岁的肩膀，虽有些稚嫩但咬牙扛下来

即使压弯了腰

喝一碗盐巴汤后又扛着锄头

走上了薄雾缠身的山峦

栽种橡胶树，必须挖梯田还要挖大穴

芽接后的胶苗，移栽时有严格要求

如果耽误了时间，胶树命短

胶乳不多，还会让病虫害钻空子

50 天的梯田大会战

口号响亮，我沸腾的青春挥动山羊牌锄头

当山羊牌锄头倒下

马头牌锄头又冲锋陷阵

紧接着公鸡牌锄头既不打鸣也不伸颈

只是狠狠地嗑动红土

我是班长，我的身边还有 8 个人

他们都在看我的力量全部使出来没有

天黑了，应该收工了，班上有两个女生

今天的定额没有完成

一班之长的我，只能留下来继续开挖

因为明天有新的任务指标

新定额与今天一模一样

当月亮升起，山影朦胧树影也朦胧
芭蕉叶片摇曳兽吼
两个女生害怕了，我也好不到哪里去
我建议下山吃晚饭
提一盏马灯再来挖梯田

一盏马灯在山上亮起来，我烧了一堆篝火
听说野兽怕光怕火
挖梯田的山上，两女一男
原先又在一个学校
我们一边挖梯田，一边说起重庆火锅、怪味胡豆、固体酱油和固体豆瓣
午夜时，定额的梯田完成了
其中一个女生说，我们把明天的梯田带挖出来
明天就轻松了
我笑也笑不出来，哭也哭不出来
那一晚我们没有睡觉

东风赞歌

（合唱）

陈 与 词
集体改词
张永安 曲

1=E 2/4

中速有信心地

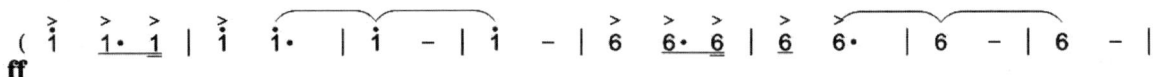

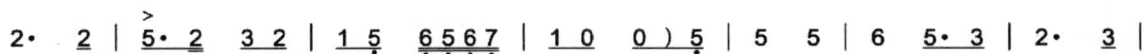
在 西双版纳的 原 野
在 西双版纳的 原 野

上，（啊）东风 农场是 我们的 希 望， 我们 随风雷 激
上，（啊）东风 农场是 我们的 希 望， 我们 的发展 成

荡，（啊）我们 的意志 刚 强。 山峦 上那 层层
长，（啊）我们 的灿烂 辉 煌。 勐龙 坝那 蒸蒸

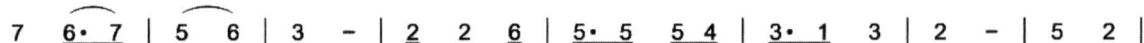
挺拔的 橡胶 树， 谱写着 东风人的 创业篇 章。 山峦
日上的 新城 镇， 绽放着 东风人的 时代风 彩。 勐龙

上那 层层 挺拔的 橡胶 树谱写着 东风人的 创业篇
坝那 蒸蒸 日上的 新城 镇绽放着 东风人的 时代风

章。 有 兄弟 民族的 情 怀，有 团 结奋战的
彩。 有 敢为 人先的 气 概，有 追求卓越的

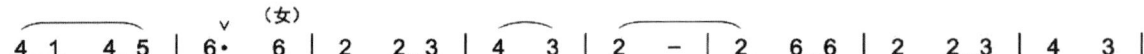
（女）
激 昂。 啊亲爱的祖 国， 我们立 下的 誓言
理 想。

2·2 31 | 50 06 | 2 23 | 4 1 | 6 - | 61 11 |
从 来未改 变。 在 红土 高原上， 我们把 东风 的

（结尾）
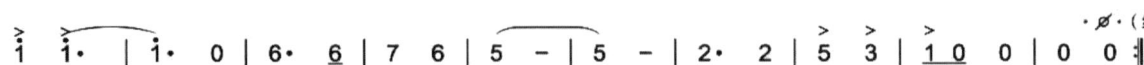

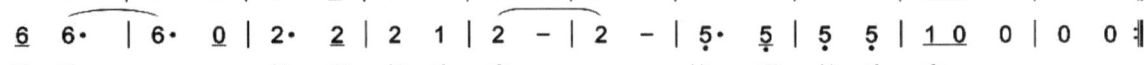
赞歌 越唱越响 亮， 越 唱越 响亮，

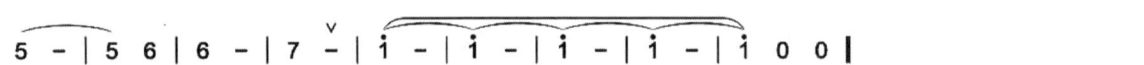

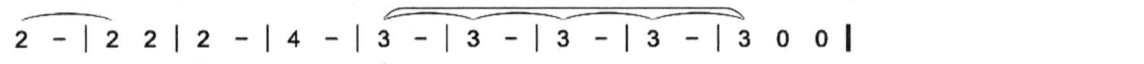
越 唱越 响 亮。

心相连

（东风知青之歌）

1=C 2/4 3/4 4/4
d=130

词：吴鹤翔
曲：蔡梅孩　翟建东

3/4
(3 6 1̇ | 3̇ - 2̇ | 4̇ - - | 4̇ - - | 3 6 1̇ | 2̇ - 1̇ | 3̇ - - | 3̇ - - | 6 2 6 |

f　　　　　　　ff

1̇ - - | 1̇ - - | 7 6 1 | 5 - - | 5 - - | 6 - | 3 - | 2 - | 6̣ - - | 6 - - -) |

2/4　d=65　　4/4

2/4
0 5 6̇ 5̇ | 3 2 3 5 | 2 1 0 6 | 5 - | 5̇ 1̇ 3̇ 1̇ | 7 6 5 3 | 1 0 5 | 2 - | 0 3 2 3 |

1. 我 徜徉 在弯 弯的 勐龙 河畔， 听 清澈 的河 水深 深 流 淌， 勐 龙

| 1̇ 6̣ 5̣ |

2. 我 漫步 在密 密的 橡胶 林 间， 看 满山 橡胶 树把 乳汁 奉 献， 橡 胶
3. 我 眷恋 边 疆的 山山 水水， 我 依恋 着知 青的 纯朴 情 怀， 朋

5 1 | 0 7 3 7̣ | 6̣ - | 0 5̣ 6̣ 3̣ | 2 3 | 6̣ 5̣ 6̣ | 2̇· 1̇ | 1 - - | 1̇· 1̇ 1̇ 1̇ | 1 - |

河啊 勐龙 河， 你又 把 我们 唤回 了 当年
林啊 橡胶 林， 你又 拨 响了 我们 的 心弦
友啊 朋 友， 我们 有 共同 的经 历和 语言

> > > >
1̇ 1̇ 1̇ 1̇ | 6̣ 1 4 6 | 6̇ - 7 1̇ 2̇ 1̇ | 7· 1̇ 7 3 | 3 - 6 4 | 3 6̣ - 7 1̇ | 2̇ 4 3· 2̇ 3 |

酸甜 苦涩， 书写 生 活 的 艰难。 凄风 苦雨， 经受 岁月 的磨
战天 斗地， 纺织 青 春 的 期盼。 一腔 热血， 浇灌 美好 的心
山高 路远， 我们 心 总 相连。 地久 天长， 我们 情 永相

3/4
⌐1.
7 - - | 7 - - | 6 7 1̇ | 2̇ 1̇ 7 | 6 7 1̇ | 2̇ 1̇ 7 | 6· 6 7 | 3 - - | 3 - - |

练， 边疆 的 山路 上 留下 我们 的汗 滴 和泪 水．

1̇ 2̇ 3̇ | 2̇ 1̇ 7 | 1̇ 2̇ 3̇ | 2̇ 1̇ 7 | 6· 6 7 |

愿， 生活 的 道路 上用 苍桑 铸造 我们 的脊 梁．
伴，

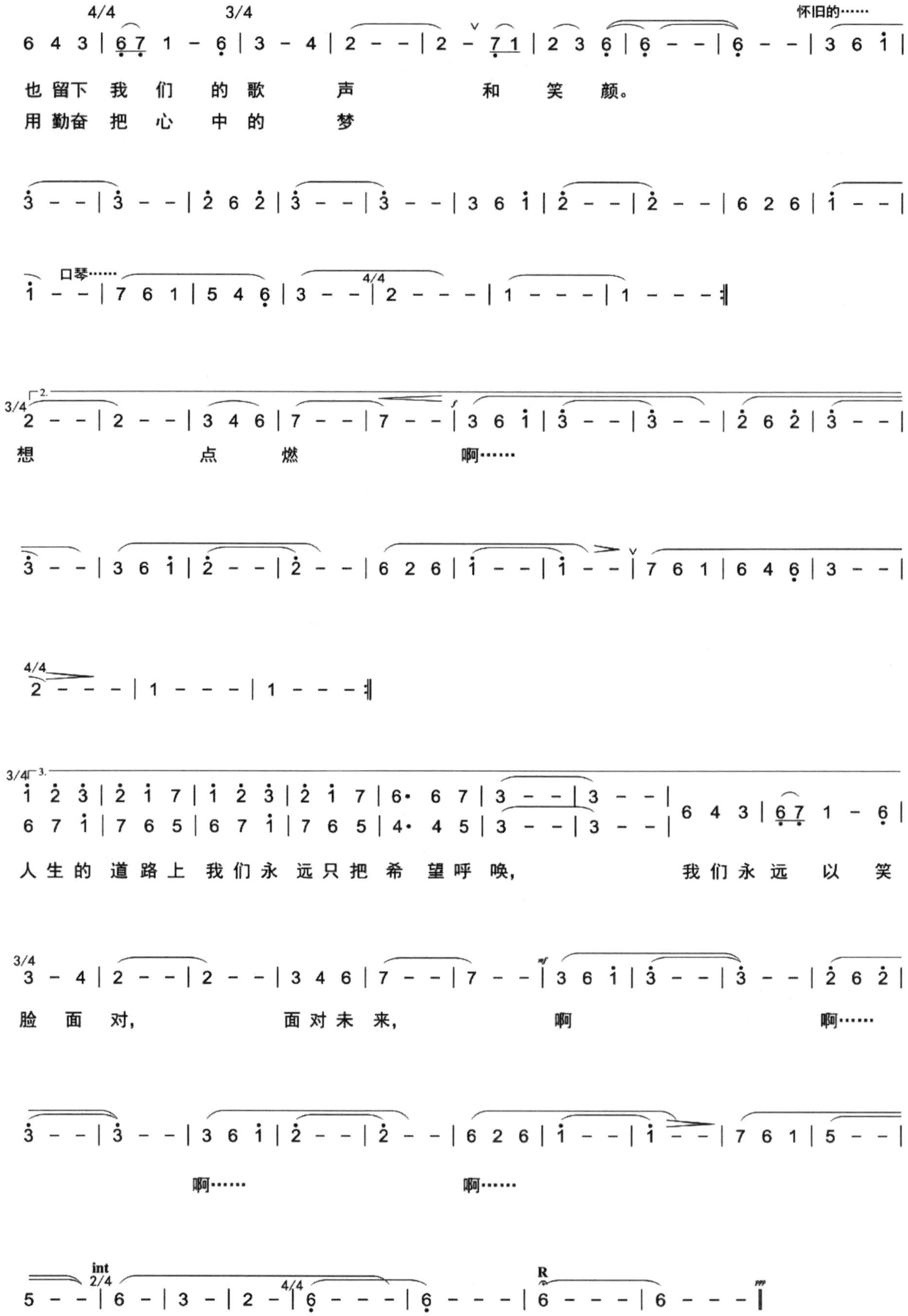
怀旧的……
也留下我们的歌声和笑颜。
用勤奋把心中的梦
口琴……
想点燃啊……
人生的道路上我们永远只把希望呼唤，我们永远以笑
脸面对，面对未来，啊啊……
啊……啊……
int
R

永恒的爱留在心里

1=C 2/4

刀正明 词曲

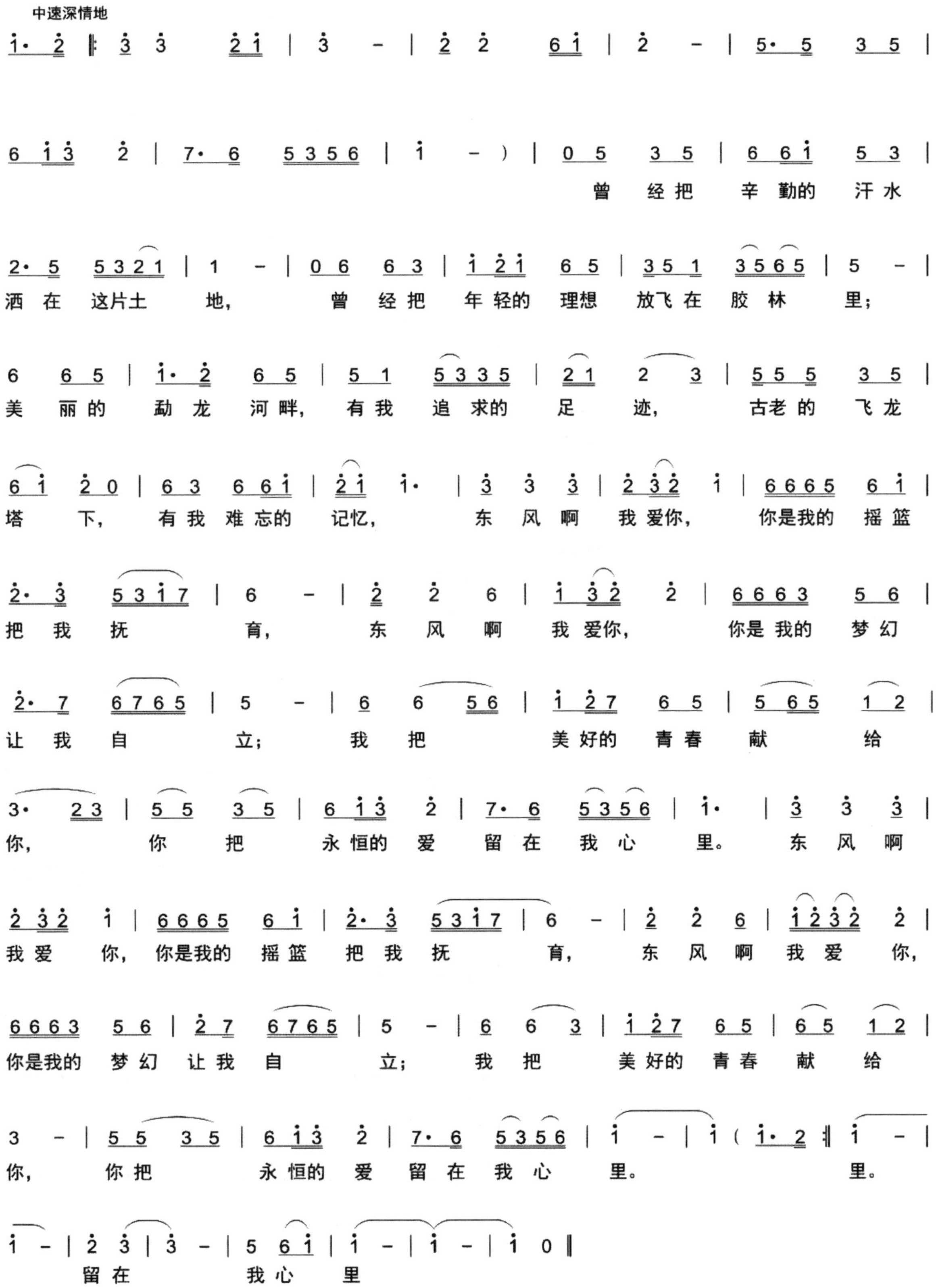

六十年峥嵘岁月，六十年春华秋实，六十年砥砺奋进。

东风农场区位、资源优势独特，人杰地灵，自成立以来，硕果累累、成就显著，同时非常重视档案管理和志书编修工作，曾先后编纂出版了《东风农场志（1958—1987）》《东风农场志续编（1988—2007）》两轮志书。2021年4月，《云南东风农场志》（1958—2020）的编纂出版工作被列为中国农垦总局扶持项目，重新修改审定篇目，以新方志要求组织编纂。分为5个阶段。

第一阶段为篇目设置、审定阶段。《云南东风农场志》的篇目设置有别于以往，先由农场志编委会组织人员结合前两轮志书编纂情况与近年来农场实际拟定篇目，经农场老领导、老同志修改后，再报由中国农业出版社编辑修改、调整。最后发函，报中共西双版纳州委党史研究室修改、审定。经编委会审议后最终确定。

第二阶段为组织收集资料、编纂阶段。为尽可能向精品佳志方向努力，组织专门团队，一方面对前两轮志书内容按照农垦总局要求和新地方志工作条例相关规范进行全面调整、梳理；另一方面对2007年以后的资料、档案进行大量查阅和收集，并对有遗漏的内容列出清单，从各种渠道进行查补。

第三阶段为分纂、总纂、初审阶段。为

确保全书统一性，在各章节分纂结束后，对全书书稿进行总纂，统一各种表述和规范。对形成的初稿广泛征求意见，进行初审，由初审人员提出修改意见和建议。

第四阶段为复审和终审阶段。针对征求意见和初审反馈意见，编委会组织了为期4个月的补充、修改，然后组织由西双版纳州、景洪市地方史志部门领导和专家组成的审稿专家团队，从严对志稿政治关、政策关、资料关、史实关、保密关等方面提出了进一步修改、完善和提升志稿质量的专业意见和建议。

第五阶段为设计编排、出版阶段。根据出版精品佳志的要求和编委会意见，在编排印制阶段，采用大量征集的新、老照片，在保证内容质量的前提下，增加图片的穿插使用，使之展现得更加图文并茂。经编委会、出版社数次审、改、修订最终于2022年12月出版。

在《云南东风农场志》的编纂过程中，得到了中国农垦总局、中国农业出版社、云南省农垦总局、中共西双版纳州委党史研究室、中共西双版纳州委机要和保密局、西双版纳州档案馆、西双版纳州农垦分局、景洪市档案馆等单位及个人的大力支持，特别是得到农场历任老领导、老同志的热心帮助，借此出版之际，一并表示衷心感谢！由于志书时间断限长，时间紧、任务重，涉及领域广，加之在数次机构改革变迁中部分档案资料遗失，书中难免存在疏漏之处，敬请读者批评斧正。

编者

2022年12月

中国农垦农场志